한자의 새김과 千字文

이 저서는 2014년도 정부(교육부)의 재원으로 한국연구재단의 지원을 받아 연구되었음(NRF-2014S1A6A4A02024326).

한자의 새김과 千字文

[朴秉喆]

태학사

박병철 朴秉喆

　　대전 유성에서 출생하여 전남 구례에서 성장하였다. 충북대 국어교육과를 졸업하고
인하대 대학원(석사, 박사)을 수료하였다. 관동대, 서울시립대, 충북대, 인하대, 한국교
원대 강사를 역임하였으며 1989년부터 서원대학교 교수로 있다.
　　한자의 새김과 한국의 지명에 관심을 갖고 연구하였으며『韓國語 訓釋 語彙 硏究』,
『韓國 地名語 硏究』등 몇 권의 저서와 80여 편의 논문을 발표하였다. 국어사학회 회장,
구결학회 대표이사, 한국지명학회 회장을 역임하였고, 나포리 동양학대학과 프라하 찰
스대학에 파견되어 한국학을 강의하기도 하였다.

한자의 새김과 千字文

초판 1쇄 인쇄 | 2016년 10월 3일
초판 1쇄 발행 | 2016년 10월 9일

지은이 | 박병철
펴낸이 | 지현구
펴낸곳 | 태학사
등　록 | 제406-2006-00008호
주　소 | 경기도 파주시 광인사길 223
전　화 | 마케팅부 (031) 955-7580~82　편집부 (031) 955-7585~89
전　송 | (031) 955-0910
전자우편 | thaehak4@chol.com
홈페이지 | www.thaehaksa.com

ISBN 978-89-5966-773-4　93710

머리말

학문 중에서 그 중심에 있는 것이 인문학이요, 인문학 중 으뜸이 언어학이다. 그러므로 한국인이 탐구해야 할 가장 소중한 것이 국어의 역사를 연구하는 것이라고 생각했었다. 한국어의 역사를 연구하는데 빼놓을 수 없는 자료가 『三國史記』 지리지를 비롯한 지명 자료와 한자입문서에 올라 있는 새김 자료이다. 녹음기가 발명되기 이전 시기의 언어는 문자 자료밖에 없으므로 우리의 옛말을 연구하기 위하여 나는 오랜 시간 동안 『千字文』을 비롯한 이들 역사문헌자료를 만지작거렸다.

교수가 된 후 외국인을 위한 한국어 교육에 관심을 둔 인연으로 이탈리아의 나포리동양학대학 아시아학과와 체코 프라하의 까렐대학교 철학대학에 파견되어 한국학을 강의하기도 하였다. 이를 계기로 한국어교육으로 전공을 바꾸어 볼까 하는 생각도 했었지만 응용학문보다는 이론학문인 중세국어·국어사가 변함없는 내 주전공이 되었다. 정교수 승진을 앞두고 인문학자로서 이론서 한 권은 있어야 할 것 같아 1997년에 『韓國語 訓釋 語彙 硏究』라는 책을 엮어 냈었다. 이제 그 연장선상에서 연구된 결과물로 본 저서를 출판하고자 한다.

한자의 새김과 천자문에 대한 관심을 본격적으로 갖게 된 것은 대학원에 입학하면서부터이지만 그 이전부터 이 주제는 내 마음속 깊이 자리 잡고 있었던 것 같다. 나의 가족은 500년 넘게 世居해온 유성에서 구례의 金環落地로 이주하였다. 그 마을에는 詩賦와 書藝로 당대를 풍미한 顧堂(1906~1966) 선생의 서당이 있었는데 알게 모르게 나에게 많은 영향을 주었다. 어린 시절 그곳에서 뛰어놀면서 현재 우리나라 서예가로 이름이 높은 苔石 김창동 선생의 정진하는 모습을 보기도 하였고, 대학시절 방학이면 아저씨뻘 되는 고당 선생의 제자들과 四書를 읽기도 하였다.

지금은 일가친척 하나도 남기지 않고 천하의 명당 金內里를 떠나왔지만 마음 속 깊은 곳에 龍巖齋와 講修堂이 있다. 구례에 갈 때면 다른 곳보다 먼저 찾아가고 싶은 곳, 마음이 편안해지고 자신을 더욱 성찰하게 하는 곳, 그곳이 바로 고당 선생의 서당이다. 개화기 이후 근대적 교육제도가 도입되면서 서당은 나의 세대 이전에 퇴락의 길로 들어섰다. 하지만 놀이공간에서 『千字文』을 비롯한 전적들을 쉽게 접함은 물론 호남의 마지막 유학자들의 숨결을 접할 수 있었던 것은 큰 행운이었다. 이러한 인연이 바탕이 되어 주저 없이 한자의 새김과 『千字文』 연구에 뛰어들게 된 것이 아닌가 한다.

이 책은 제1부와 제2부를 이론편으로 구성하였고 제3부는 자료편이다. 제1부 한자의 새김에서는 훈과 석을 비롯한 새김 관련 용어를 정의하고 그동안 이루어진 새김어휘 연구사를 기술하였다. 나는 일찍이 새김 관련 용어를 정의하기 위하여 역사문헌에서 각각의 단어들이 지닌 의미에 주목하였다. 특히 조선왕조실록에 나오는 새김 관련 어휘를 수집, 각각의 단어가 뜻하는 바를 탐구하기 위하여 2000년 초쯤인가 서울시스템에서 발행한 CD-ROM 국역 조선왕조실록을 구입하여 검색 작업을 시작하였다.

하지만 이 자료는 국역 자료로만 되어 있고 원문 자료가 제공되지 않아 목적을 달성할 수 없었다. 그런데 국사편찬위원회에서 2006년부터 조선왕조실록 원문과 국역문 웹 서비스가 개시되었다. 그 후 원본 이미지까지 이 사이트에서 볼 수 있게 되어 손쉽게 새김 관련 어휘를 검색할 수 있게 되었다. 훈과 석 그리고 이와 관련된 단어들이 쓰인 환경을 분석하여 보다 진전된 새김 관련 용어를 살필 수 있었던 것은 온라인으로 제공되고 있는 조선왕조실록 덕분이라 할 수 있다.

제2부는『千字文』과 그 새김에 대하여 논의하였는데, 국어학자가『千字文』에 주목하는 것은 그 새김 때문이다.『訓蒙字會』,『新增類合』등을 비롯한 다른 한자초학서에도 새김이 달려있지 않은 것은 아니지만『千字文』의 새김은 여타 문헌의 그것과는 특징적인 일면을 지니고 있다. 아마도『千字文』에 가장 먼저 새김이 달렸을 것이라는 점, 註解本『千字文』을 제외하고는 一字一訓을 원칙으로 하였다는 점, 가장 많은 異本이 존재하여 새김의 변천을 파악하기에 용이하다는 점 등이 그것이다.

초기의 연구에서 나는 다른 연구자들과 같이『千字文』의 새김 어휘에 주목하였다. 그러나 이에 만족하지 않고 5~6세기경 중국 남조 양나라의 周興嗣에 의한 천자문의 형성과 한자문화권으로의 전파, 그리고 시대와 지역에 따른 편찬방식의 변화 등에까지 관심을 갖게 되었다. 특히 중국에서 만들어진『千字文』이 우리나라와 일본에 전파되어 습자교본 또는 한자학습서로 활용되면서 시대적 상황을 반영, 발전해 가는 모습을 추적하고자 하였다. 아직은 기초적인 연구에 머물렀지만 학문 간의 융합과 통합을 강조하는 추세 속에서『千字文』에 대한 복합적 연구의 발판을 놓은 것으로 만족하고자 한다.

제3부는 이론편에서 주로 참고했던 이본들을 간행 연대와 지역을 고려하여 선별한 후 각 이본에 나오는 새김을 한자별로 정리하여 자료화한 것이다. 각 句를 한 면으로 구성하고 매 구에 대한 通解도 정리하였다. 이 분야의 전공자들에게는 앞으로의 과제 도출에 보탬이 되면 좋겠

다. 더불어 일반 독자들의 경우 여러 이본을 한눈에 볼 수 있는 효과를 거둘 수 있으리라 기대한다.

　석사논문 작성에서부터 본격적으로 한자의 새김에 관심을 갖게 된 것은 지도교수이신 蘭汀 南廣祐 선생의 〈古今漢韓字典〉 편찬과 관련이 깊다. 나는 이 작업을 거들면서 많은 영감을 받았고 결국 이 책을 내기에 이른 것이다. 부족한 사람 곁에서 늘 함께 해준 아내에게 고마움을 표한다. 더불어 IMF구제금융 시절보다도 더 힘들다는 요즘, 선뜻 출판을 맡아준 태학사 지현구 사장과 편집 관련 담당자에게도 감사의 말씀을 드린다.

2016. 7. 12.

서원대학교 미래창조관 504호에서 저자 씀

목차

제1부 漢字의 새김

제2부 『千字文』의 변모와 새김

제3부

제1부

漢字의 새김

제1장 '釋'의 개념과 '釋' 관련 어휘

1. 서론

개별 한자가 가진 의미를 나타내는 우리말을 가리키는 용어로 새김, 訓, 釋 등이 쓰이고 있다. 이들 세 개의 낱말 중에서 '訓'이 일본의 경우와 더불어 가장 보편화된 용어가 아닌가 한다. 그러나 이희승(1955: 14)에서는 "漢字가 가진 意味의 우리말"을 '釋새김'이라 하였다. 이기문(1972: 231) 또한 "古代에는 우리나라에서도 훈이란 말이 대표적인 것으로 추측되나 현대에 와서 우리 학계에서 訓이란 말이 사용되어 온 것은 고대의 전통을 잇는 것이라기보다 일본 학계의 影響"이라는 이유를 들어 '訓'이라는 용어 대신 '釋'이라는 말을 사용하고 있다.

'訓'과 '釋' 그리고 순우리말 용어인 '새김' 외에도 한자, 한문의 의미를 표현한 우리말을 지칭하는 어휘가 다양하게 사용되어 왔다. 본 연구에서는 우선 '釋' 관련 어휘에 대하여 살피고자 한다. 여기서 '釋' 관련 어휘라 함은 '釋'을 비롯하여 이 한자가 다른 한자와 결합하여 한자, 한자어 또는 한문이 지닌 의미를 풀이하는 개념으로 쓰인 단어군을 일컫는 개념이다.

한자 '釋'의 개념과 우리나라에서 이 글자가 쓰인 예를 검토한 후『朝鮮王朝實錄』을 중심으로 '釋' 관련 어휘를 수집하여 각 단어의 개념을 탐구하고자 한다. 어휘의 수집은『朝鮮王朝實錄』홈페이지인 http://sillok.history.go.kr의 검색을 통하여 이루어질 것이다. 일차적으로 '釋' 관련 어휘 원문을 검색한 후 국역한 것을 대조해 봄으로써 원문에 쓰인 검색어가 문장 속에서 어떤 개념으로 쓰였는지 추적하게 될 것이다.[1]

'釋'을 비롯한 '釋' 관련 어휘가 쓰인 환경을 검토하여 각 단어가 지니고 있는 개념을 파악하고 나면 '釋'이 뜻하는 바를 보다 구체적으로 파악할 수 있으리라 기대한다. 또한 후속작업으로 이루어질 '訓' 그리고 '새김' 관련 어휘들에 대한 탐구가 이루어지면 이들 어휘가 각각 지니고 있는 의미의 차이도 파악할 수 있을 것이다.

본 연구를 비롯한 일련의 작업이 이루어지면 그동안 우리 학계에서 동일한 대상에 대하여 논자마다 다른 명칭으로 사용하고 있는 용어의 통일에 이론적 기초를 제공하게 될 것이다. 즉 한자의 '音'과 더불어 그 의미를 나타내는 우리말에 대한 명칭을 '訓'으로 해야 할 것인지 아니면 '釋'으로 해야 할 것인가를 판단하게 하는 기초적인 자료가 될 것으로 기대한다. 또한 새김, 訓, 釋이 지닌 각각의 의미범주를 설정하고 그에 따른 명확한 용어의 설정과 사용에 기여할 것으로 기대한다.

---

1 '釋' 관련 어휘를 한국고전번역원 홈페이지(http://itkc.or.kr) 검색을 통하여『韓國文集叢刊』, 국학원전 등에 나오는 자료까지 포함시킬 수 있으나 본 연구에서는 원칙적으로『朝鮮王朝實錄』을 검색 대상으로 삼기로 한다. 원문과 국역이 함께 나오는 이 자료만으로도 본 연구의 목적을 달성하는데 부족하지 않을 것으로 판단되기 때문이다. 다만 한국고전번역원 홈페이지에서 검색한 자료는 각 항목을 논의하면서 보조적인 자료로 活用될 것이다.

2. 한자 '釋'에 대한 기초적인 검토

한자 '釋'은 『說文解字』에도 나오는 글자로 중국은 물론 우리나라에서 古來로 그 쓰임이 활발한 글자이다. 우선 段玉裁(1970)의 『說文解字注』에 나오는 이 글자의 설명을 보면 다음과 같다.

> (1) 解也(廣韻曰捨也解也散也消也廢也服也按其實一解字足以包之) 从釆釆取其分別从睪聲(考工記以澤爲釋史記以醳爲釋皆同聲假借也古音在五部音轉則廣韻在二十二昔施隻切是也徐鉉所引唐韻賞職切)〈說文解字注 二篇上4ㄴ〉

(1)을 통하여 '釋'은 형성자로 '分別'의 뜻을 지닌 '釆'과 '睪'성이 결합되어 만들어진 한자임을 알 수 있다. 그리고 그 본래의 의미는 '解也'로 '풀이하다'이다. 『廣韻』에서는 이 한자의 의미를 捨也, 解也, 散也, 消也, 廢也, 服也 등으로 설명하고 있다. 본래의 의미 '解也'를 바탕으로 의미 적용의 전이 내지는 파생이 이루어진 것이라 할 수 있겠다.

2.1. 한자학습서와 자전류에 나오는 '釋'

'釋'은 대표적인 한자초학서인 『千字文』과 『新增類合』에는 표제 한자로 올라 있으나 『訓蒙字會』에는 올라있지 않다. 그러나 이 글자는 『訓蒙字會』 범례에서 한자가 지닌 의미를 나타내는 우리말을 지칭하여 '釋'이라 표현하면서 몇 차례 등장한다.[2] 오늘날 이 한자는 한문교육용 기초한

---

2 『訓蒙字會』는 『千字文』과 『新增類合』보다 많은 수의 한자인 3,360자를 표제자로 삼

자 1,800자 중 고등학교용에 속하는 글자이며, 북한의 교육용한자 3,000
자에도 포함되어 있다. 중국의 현대한어상용자 2,500자와 일본 상용한자
1,945자에도 들어있는 글자이다. 우리나라에서 한문교육용 기초한자 중
900자에 속하는 중학교용이 아니라는 점, 일본에서 소학교용 한자 1,006
자에 들어가지 않는다는 점 등을 고려하면 상용성이 매우 높은 한자라
고 볼 수는 없다. 우리나라 한자 학습서와 자전류에 보이는 '釋'에 대한
풀이를 옮겨보기로 한다.

(2) 표제한자: 釋

그를석〈千字文 光州本 39ㄴ, 육자본〉〈新增類合 하60ㄴ〉,

그롤석〈千字文 내각문고본, 경인본, 칠장사본, 신미본, 영남대본, 병자
본, 용문사본, 송광사본, 갑술본〉

슬롤석〈千字文 서릉부본〉

노흘석〈千字文 정사본, 행곡본, 갑오본, 홍수동판〉

풀석解也【本】노흘석放也【又】훈석석訓~上文八子技術之巧固有長
短得失而要之皆能釋紛而利俗也〈註解 千字文〉

【셕】捨也置也放也註解消散佛號~迦【陌】〈全韻玉編 하54ㄴ〉

　　노을ㅅ석 捨也置也註解消散佛號~迦〈字類註釋 상65ㄱ〉

【셕】舍也놓을석, 註解주낼석, 消也소석할석, 佛號~迦부처일홈석

【陌】〈字典釋要 하88ㄴ〉

【셕】捨也놀[管子]~實而功虛, 放也내놀[書開]~無辜, 消散풀릴[淮南子

고 있다. 그러나 이 책의 편찬자인 최세진의 실용주의적 정신에 따라 실생활에서 흔히
볼 수 있는 글자 즉 구체적인 사물을 나타내는 한자를 다수 포함시켰다. 그러다보니 활
용도가 높지만 추상적인 개념을 나타내는 한자가 상당수 누락되었다. '釋'의 경우도 이런
연유로 표제자가 되지 못한 것으로 보인다.

有不~之冰, ~迦佛號부처이름[梁書昔聞孔道貴今都~花珍, 置也둘, 註解주낼【陌】〈新字典 4:24ㄱ〉

　『千字文』의 표제자 1,000자 중 929번째 글자인 '釋'은 "釋紛利俗(분란을 해결하고 世俗(世人)을 이롭게 한다)"이라는 句에 포함되어 있는 글자이다. (2)에서 보듯 비교적 이른 시기에 간행된 『千字文』에서는 '그를/그를 셕'으로 이 한자의 새김과 음을 달았다. 그러나 후대의 판본으로 오면서 '노흘 셕'으로 교체되었음을 확인할 수 있다. 이는 상용지석의 교체라고 할 수 있는데 『註解 千字文』에서 文脈之釋인 "풀셕解也"을 먼저 제시하고 【本】노흘셕放也'라 한 것을 통해서도 이를 확인할 수 있다. 또한 '釋'을 '놓다'로 풀이한 예는 19세기말~20세기 문헌인 『國漢會語』, 『眞理便讀三字經』, 『初學要選』 등에서도 확인된다.[3] 이런 점을 감안하면 조선시대 언어에서 '釋'의 상용지석이 초기에는 '그를'이었으나 후대로 오면서 '노을/노흘'로 정착되었음을 알 수 있다.

　『千字文』 중 복수의 새김을 보여주는 『註解 千字文』에서 '풀' 그리고 '노흘'과 더불어 '훈셕'이라는 낱말을 발견할 수 있다. '訓釋'과 유사한 개념으로 『全韻玉編』에서는 '註解' 『字典釋要』와 『新字典』에서도 "註解 주낼"로 이 한자를 설명하였다. 한국어를 모국어 즉 제1언어로 사용하는 사람에게 있어서 일반적으로 한어를 표기하기 위하여 마련된 한자는 제2언어적인 것이라 할 수 있다. 그러므로 어려운 제2언어를 모국어로 알기 쉽게 주해하는 것은 '풀다'라는 개념과 유사한 것이다. 한자 '釋'을 설명함에 있어 『說文解字』에서 볼 수 없었던 '註解'라는 항목이 우리나라

---

　3 노을 석(釋), 노아 부내라(放釋), 놋타(送釋)〈國漢會語 62〉, 노흘셕(釋)〈眞理便讀三字經 3b〉, 〈初學要選 91〉

에서 생겨난 이유가 바로 여기에 있는 것이다. 결국 '訓釋' 또는 '주낼'은 한자 '釋'이 지닌 본래의 의미 '解也'와 한자를 쉽게 우리말로 풀이하는 것이 모두 어려운 것을 쉽게 풀이한다는 공통된 개념을 바탕으로 하고 있다. 그러므로 '訓釋' 또는 '주낼'은 '解也'에서 의미적용의 전이가 일어나 생겨난 것으로 보아도 무리가 없을 것이다.

자전류에서 '釋'을 풀이한 항목 중 앞에서 다루지 않았던 새김으로 "消也소석할, 佛號~迦부처일홈/부처이름, 消散풀릴" 등이 있다. '消也' 또는 '消散'으로 풀이한 것은 『說文解字』에서도 볼 수 있는 것으로 특이하다 할 수 없겠으나 "佛號~迦부처일홈/부처이름"의 경우는 후대에 추가된 항목으로 특이한 것이라 할 수 있다. 또한 1905년에 간행된 것으로 보이는 『訓蒙排韻 17a』에 '釋'의 새김이 '즁'으로 나오는데 이 또한 "佛號~迦부처일홈/부처이름"과 연관된 것으로 보아야 할 것이다.[4]

2.2. 문장에서 쓰인 '釋'

'釋'은 문맥에서 '새김'의 뜻을 지닌 경우도 있으나 상당수는 불호 즉 석가, 나아가 불교와 관련된 것을 비롯하여 인명, 책명 등으로 쓰였다. 또한 "願上釋其罪, 釋奠于文廟, 願殿下釋臣此任, 日沒乃釋, 手不釋卷……" 등에서 보는 바와 같이 풀다, 놓다, 벗다 등의 뜻을 지닌 동사로 여러 문맥에서 다양하게 쓰였다. '釋'의 쓰임이 다양한 것은 一字數義의

---

4 『訓蒙排韻』에서 한자마다 하나의 새김을 달았음에도 불구하고 '釋'의 상용지석이 아닌 '즁'을 새김으로 삼은 것은 문맥을 고려하였기 때문이다. 참고로 이 한자를 전후하여 나오는 글자를 보이면 다음과 같다.

"……施 줄 시, 佛 부쳐 불, 不 아닐 불, 尋 ᄎ즐 심, 蕭 쑥 쇼, 寺 절 ᄉ, 釋 즁 셕, 咀 셥을 져, 霞 노을 하……"

특징을 지닌 한자의 특성상 당연한 것이다. '釋'을 한 요소로 하여 우리 나라에서 형성된 한자어인 한국한자어가 상당수 있다. 『韓國漢字語辭典』에 등재된 한자어에서 '釋'의 개념을 추출해보면 "부처, 불교, 스님, 벗다, 버리다, 풀다……" 등이 확인된다. 참고로 몇 개의 어휘를 제시하면 다음과 같다.

(3) 【釋屩(석갹)】 짚신을 벗는다는 뜻으로, 처음으로 벼슬길에 오름을 이르는 말.

　　 【釋慮(석려)】 염려하는 마음을 풀어 없앰.

　　 【釋務(석무)】 맡아 보던 정무나 직무를 내어 놓음.

　　 【釋祀(석사)】 부처에게 드리는 공양.

　　 【釋苑(석원)】 중들이 사는 곳.

　　 【釋慙(석참)】 부끄러운 마음을 풀어 없앰.

본 연구에서 관심을 두고 있는 것은 (3)에서 볼 수 있는 '釋'의 개념이 아니고 우리나라 한자학습서와 자전류에서 '釋'을 풀이했던 한 항목 '訓釋' 또는 '주낼'과 관련이 있는 것이다. 『朝鮮王朝實錄』의 검색을 통하여 살필 수 있는 예는 3장으로 미루고 한자의 '새김과' 관련하여 표현되었던 '釋'에 대하여 살피고자 한다. 한자의 '새김' 즉 "한자나 한문이 지닌 의미의 우리말"이라는 개념으로 쓰인 경우를 『訓蒙字會』(凡例)와 『頤庵先生遺稿集』에서 확인할 수 있다.

(4) 가. <u>凡一字有數釋字 或不取常用之釋</u> 而先擧別義爲用者 以今所在此不在彼也(무릇 하나의 한자에 두어 가지 釋이 있는 것은 어느 것은 <u>常用의 釋을 취하지 않고</u>, 別義로 쓰이는 것을 먼저 들었으니, 이

제 취한 것은 여기(別義)에 있고 저기(常用之釋)에 있지 아니하다.)〈訓蒙字會, 凡例〉

　나. 二十九日 礪城君宋公寅 書送類合下卷字諺釋疑辨處 凡可用者一百餘字 大槪用余說 而小變處多 通上卷采用一百數十字之釋(이십구일에 礪城君 宋寅이 類合 下卷 한자 중 의심스러운 諺釋을 글로 보내 왔는데 무릇 일백여자였다. 대체로 나의 의견과 같았으나 약간씩 수정된 것이 많았다. 上卷을 통하여 一百數十字의 釋이었다.)〈頤庵先生遺稿 卷之十一附錄一 實紀 祭頤庵文八谷具思孟〉

　(4)가, 나에서 '釋'이 대표적인 한자학습서『訓蒙字會』그리고『類合』과 관련되어 나온다는 점에서 매우 흥미롭다. (4)가의 "凡一字有數釋字 或不取常用之釋" 그리고 (4)나의 "下卷字諺釋疑辨處, 通上卷采用一百數十字之釋"에서 "釋, 常用之釋, 諺釋'이라는 용어를 얻을 수 있다. 여기서 우리는 제시된 한자에 대하여 그 한자가 지니고 있는 의미를 표현하는 우리말 단어(또는 구)를 '釋'이라 표현했다는 사실을 확인할 수 있다. 이상의 기초적인 논의를 바탕으로 '釋'에 대한 보다 구체적인 개념 파악은 이 한자가 다른 글자의 앞 또는 뒤에 놓여 결합된 어휘를 살핌으로써 보다 구체화될 것이다.

3.『朝鮮王朝實錄』에 나오는 '釋' 관련 어휘

　'釋' 관련 어휘란 단독 한자 '釋'을 비롯하여 이 글자가 앞이나 뒤에 놓여 이루어진 단어들을 함께 일컫는 말이다. 그리고 이들 어휘 중 본 논의의 범주에 포함되는 것은 한자, 한문을 풀이하는 의미를 지녀야 한다.

이 한자가 가지고 있는 다른 의미인 놓다(放也), 두다(置也), 부처이름(~
迦佛號)…… 등의 개념으로 쓰인 것은 본 논의의 대상이 아니다. 본장에
서 '釋' 관련 어휘로 채택된 것은 '釋'을 비롯하여 '~釋'형의 "字釋, 語釋,
文釋, 諺釋, 註釋, 解釋, 吐釋, 訓釋" 등과 '釋~'형의 "釋解, 釋義" 등이다.
단어 형성에서 '釋~'형에 비해 '~釋'형이 생산적임을 알 수 있다. 각 단
어별로 『朝鮮王朝實錄』에서 검색한 예문을 바탕으로 그 개념을 파악하
기로 한다.[5]

3.1. 釋

『朝鮮王朝實錄』에서 '釋'에 대한 검색 총수는 7,265건이나 된다. 이 기
사들 중 가능한대로 '釋'이 '새김'의 의미를 지니고 있는 항목들을 가려내
어 그 개념을 구체화하고자 한다. 일반적으로 '釋'은 한자, 한문이 지닌
의미의 우리말, 또는 그 해석이라는 개념과 더불어 '釋讀'의 개념으로도
쓰였다. 먼저 '釋'이 한자가 지닌 의미의 우리말임을 알 수 있는 기사를
보기로 하자.

> (5) 가. …(전략)… 兩儀之稱, 先儒曰: '儀者匹也. 如俗所謂一雙一對' 云, 而
> 儀字之釋以匹字, 果見於何書耶 …(후략)… (양의의 호칭에 대해
> 선유들이 말하기를, '儀라는 것은 쩍(匹)이라는 뜻으로 세속에서
> 이른바 일쌍(一雙)·일대(一對)라고 하는 것이다.'라고 하였는데,
> '儀' 자를 '匹' 자로 해석한 것이 과연 어느 책에 보이는가?)〈正祖

---

5 이들 각 항목을 논의하면서 '釋'자가 포함되지는 않았으나 개념이 유사한 "諺譯, 諺
解, 註解" 등도 부분적으로 논의하게 될 것이다.

11卷, 5年(1781 辛丑 / 청 乾隆 46年) 3月 18日(辛卯) 2번째 기사, 이문원에서 『근사록』을 강하고 이어 홍문관에서 『심경』을 강하다)[6]

나. …(전략)… 天地之於萬物, 爲大父母則人無貴賤, <u>竝不諱天字之釋</u>, 獨孼子之於其父, 諱其父字之稱者, 其冤之固也. …(후략)… (천지는 만물의 부모이므로 귀천을 막론하고 <u>모두 하늘을 하늘로 부르고 있는데</u>, 유독 서얼만 그의 아비를 아비로 부르지 못하고 있으니 그 원망은 당연한 것입니다.)〈純祖 26卷, 23年(1823 癸未 / 청 道光 3年) 8月 2日(戊戌) 1번째 기사, 성균관에서 거재 유생들이 서얼들이 상소한 것에 대해 권당한 소회를 아뢰다〉

(5)가에 나오는 '儀字之釋'에서 '儀'자의 의미는 '匹'이며 세속에서 일쌍, 일대라 하는 것이라 하였다. 즉 '儀'를 다른 한자로 풀이하면 '匹'인데 세속의 말로는 일쌍, 일대라고 한다는 것이다. 여기서 세속의 말이란 곧 우리말이니 한자 '儀'가 지닌 의미를 우리말로 표현하면 일쌍, 일대라 한다는 것이다. 이를 통하여 우리는 여기에 쓰인 '釋'의 개념이 "한자가 지닌 의미를 표현하는 우리말"을 나타내는 것임을 알 수 있다. (5)나의 '天字之釋'을 통해서도 '天'이라는 한자의 석이 '하늘'임을 알 수 있다.

(6) 가. …(전략)… 一, <u>朝講, 音・釋各三遍後, 上讀音釋各一遍; 晝講, 上讀朝授音・釋各一遍.</u> 一, 朝講, 當直院相二人, 經筵堂上一人, 郎廳二人, 承旨一人, 臺諫各一人, 史官一人; 晝講, 承旨一人, 經筵郎廳一

---

6 예문 제시의 방법은 검색어를 중심으로 전후 문맥을 파악하는데 지장이 없을 정도의 원문을 제시한 후 ( )안에 국역문을 제시하기로 한다. 더불어 탐구 대상 어휘가 포함되어 있는 구절에 밑줄을 그어 표시하기로 한다. 또한 〈 〉안에 기사의 출처를 제시하기로 한다.

人, 史官一人, 入侍宮中, <u>常讀音二十遍, 釋十遍,</u> …(후략)… (1. 조
강에는 음·석을 각각 3번씩 하고 난 후에 임금이 음·석을 각기
1번씩 읽고, 주강에는 임금이 아침에 배운 음·석을 각기 1번씩
읽도록 할 것. 1. 조강에는 당직 원상 2인, 경연 당상 1인, 낭청 2
인, 승지 1인, 대간 각 1인, 사관 1인과, 주강에는 승지 1인, 경연
낭청, 사관 1인이 궁중에 입시하여 상시로 음 20번, 석 10번을 읽
을 것.)〈成宗 1卷, 卽位年(1469 己丑 / 명 成化 5年) 12月 9日 戊午
2번째 기사, 신숙주가 경연을 행하는 방법에 대한 사목을 만들어
아뢰니 원상과 논의하다〉

나. …(전략)… <u>上讀前受一次 玉音琅琅 臣以經筵上番 進講大學正心章
自所謂修身在正其心 至或不能不失其正矣 音讀二度 釋一度 上卽
音讀一度 釋一度畢</u> …(후략)… (임금께서 먼저 한 번 읽으셨는데
옥음이 낭랑했다 신이 경연의 상번이 되어 대학 정심장을 강함에
所謂修身在正其心에서부터 或不能不失其正矣까지였다. <u>음독으로
두 번 새김으로 한 번, 임금께서 音讀으로 한 번 새김으로 한 번
읽은 후 마쳤다.</u>)〈眉庵(柳希春)日記抄(丁卯(서기 1567) 11월 5일)〉

(6)은 '釋'이 새김으로 읽는다는 개념으로 쓰인 예인데 (6)가는 성종 卽
位年(1469)에 신숙주가 경연을 행하는 방법에 대한 사목을 만들어 아뢴
것이다. 여기에 보면 '音讀'은 '音'으로 표현하고 '釋讀'은 '釋'으로 표현하
였음을 알 수 있다. '釋'이 '釋讀'의 의미로 쓰인 예는 (6)나 유희춘의 『眉
庵日記抄』에서도 분명하게 확인할 수 있다. 더불어 여기서는 '音'으로 읽
는 것은 '音讀'이라 한 반면 '새김'으로 읽은 것은 '釋讀'이라 하지 않고
'釋'이라고만 하였다. 이는 '音讀'에서 '讀'을 사용하였으므로 번거로움을
피하기 위하여 '釋讀'에서는 '讀'을 생략하였다고 볼 수도 있다. 그러나

『朝鮮王朝實錄』 전편을 통하여 '音讀'의 경우 10건이 검색되나 '釋讀'은 단한 건도 검색되지 않는다는 점에서 '釋讀'을 '釋'만으로 표현하였다고 할수 있다.

한국고전번역원 홈페이지 검색창에서 '釋讀'을 검색하면 『韓國文集叢刊』 중 魏伯珪의 『存齋集』에서만 4건이 검색된다. 이 책은 1875년에 간행된 것으로 비교적 늦은 시기의 자료라 할 수 있다. 이를 통해서도 '音讀'과 대립되는 개념으로 쓰였던 말은 '釋讀'이라기보다 '釋'이었음을 알수 있다. 결국 '釋讀'이라는 말이 일반화된 것은 후대의 일이며 문자생활의 변화와 더불어 '音讀'과 대응되는 용어가 '釋'보다는 '釋讀'이 낫기 때문으로 보인다.

3.2. 字釋

'字釋'에 대한 총 검색건수는 9건으로 태조(1), 세종(2), 성종(1), 연산군(1), 중종(1), 광해군일기(정족산본)(1), 영조(1), 정조(1) 등이다. 『韓國文集叢刊』에서 '字釋'은 "仁義禮智四箇字釋"〈退溪先生文集卷之三十七 書答李平叔問目〉을 비롯하여 91건이나 검색된다. 문집류에서 훨씬 활발하게 이 단어가 쓰였음을 알 수 있다. '字釋'이 나오는 성종과 중종 때의 기사를 보이면 다음과 같다.

> (7) 가. ○金克忸上疏曰: <u>臣謹按字釋</u>, 義者, 心之制·事之宜也. 若臣父述義
> 不克, 則猶盜跖之不如, 臣愚未知列聖之遇臣父者何事, 臣父之所以
> 得遇列聖者, 又何事也 …(후략)… (김극유가 상소하기를: <u>신이 삼</u>
> <u>가 자석을 살피건대</u>, 의라는 것은 마음이 바른 것이요 일이 마땅
> 한 것이니, 신의 아비가 의를 베풀되 잘하지 못하였다면 도척만도

못할 것인데, 열성께서 신의 아비를 대우하신 것은 무슨 일이며 신의 아비가 열성께 대우받은 까닭은 또 무슨 일 때문인지를 어리석은 신은 모르겠습니다.〈성종 131권, 12년(1481 신축 / 명 成化 17년) 7월 28일 신축 3번째 기사, 아비의 시호를 바꾸어 달라고 하는 김극유의 상소문〉

나. …(전략)… 大抵學問之事, 掩卷卽忘. 凡聖賢嘉言‧善行, 須常常討論, 援古而證今, 乃爲有益矣. 若徒以口讀字釋進講, 不可也. 且自上雖已知之, 亦爲時時下問論難, 則未必無補於治道也.(대저 학문은 책을 덮으면 곧 잊어버리기 마련이므로, 모든 성현들의 아름다운 말과 착한 행실을 항시 토론하여, 옛일을 인용하여 지금의 일을 증거할 수 있어야 유익한 것입니다. 한갖 구두와 글자풀이만을 진강해서는 안됩니다. 또 상께서 비록 알고 계시는 것일지라도 수시로 하문하고 논란한다면 반드시 다스리는 데에 도움 되는 점이 없지 않을 것입니다.)〈中宗 65卷, 24年(1529 己丑 / 명 嘉靖 8年) 5月 25日 己未 1번째 기사, 대사간 어득강이 경전의 훈고 해석‧악포의 금단‧서점의 설치 등에 대해 건의하다〉

(7)가에서 '字釋'의 개념은 '義'라는 하나의 글자에 대한 풀이임을 확인할 수 있다. 또한 (7)나에서는 문장 전체가 지니고 있는 실제적인 의미를 파악하지 못하고 문장에 나오는 하나하나의 글자에 대한 뜻풀이라는 의미로 '字釋'이 쓰였음을 알 수 있다. 그러므로 '字釋'은 개별한자가 지니고 있는 의미, 나아가 개별한자가 지닌 의미를 나타내는 우리말 단어(또는 구) 정도로 그 개념을 정리할 수 있다.

3.3. 語釋

'語釋'을 검색하면 성종과 명종 시기에 각각 하나씩 모두 2건만이 나타난다. 『韓國文集叢刊』에서 검색되는 건수도 21건으로 자석에 비해서 활발하게 쓰이지 않은 단어이다. 명종 때의 기사를 보기로 한다.

(8) …(전략)… 凡文字間所書之辭與俚語, 言勢不同. 其曰: '敎子, 當於年少.' 其曰: '主上豈不從慈殿之敎?' 其曰: '年少主上, 豈不染於慈殿之所習?' 等語, 以文字觀之, 則似無甚可駭, 以俚語釋之, 則言勢不遜, 極爲悖慢, 而 '子'字·'年少'字·'染'字, 極爲不敬 …(후략)… (무릇 문자로 쓴 말은 보통 말과는 어세가 같지 않습니다. 그 '아들을 가르치는 데는 마땅히 연소할 때에 가르쳐야 한다.'라든가 '주상이 어찌 자전의 분부를 따르지 않겠는가.'라든가 '연소한 주상이 어찌 자전의 습관에 물들지 않겠는가.'라는 등의 말을 문자로 본다면 그다지 놀랄 만한 것이 없는 듯하지만 보통 말로 풀이한다면 말투가 불손하여 몹시 거친데 그 '子'자, '年少'자, '染'자가 극히 불경스럽습니다.)〈明宗 10卷, 5年 (1550 庚戌 / 명 嘉靖 29年) 5月 23日 丙戌 2번째 기사, 양사가 진복창을 율에 의거하여 죄줄 것을 아뢰다〉

보통의 우리말을 뜻하는 '俚語'로 풀이한다는 '以俚語釋之'에서 '俚語釋' 나아가 '語釋'이라는 단어를 상정할 수 있다. 이 기사의 내용은 양사가 진복창이라는 사람을 율에 의거하여 죄줄 것을 아뢴 것이다. 기사를 보면 진복창이 쓴 문장 전체를 문제 삼지는 않았다. 문장 속에 들어있는 '子', '年少', '染' 등의 단어를 우리말로 풀이하면 그것들이 내포하고 있는 미세한 의미가 극히 불경스럽다는 것이다. 그러므로 '語釋'이란 개념은 하나의 개별한자에 대한 풀이가 아니고 단어를 우리말로 풀이한 것을 가리키는 개념으로 보아야 한다. 결국 '語釋'이란 한자어가 지니고 있는 의미를 나타내는 우리말 단어나 구로 그 개념을 정리할 수 있다.

3.4. 文釋

'文釋'은 단 하나의 예가 (9)와 같이 책명에서 검색된다.

> (9) …(전략)… "倭學『捷解新語』, 只以諺字, 注釋其方語, 故業是學者, 莫辨旨趣. 譯官金健瑞與倭人, 反覆問難, 彙作十二篇, 名曰 <u>『捷解新語文釋』</u>. 請頒行." 允之.("왜학『첩해신어』는 다만 그 방언을 언문으로 주석하였기 때문에 이것을 배우는 사람들이 뜻을 알기가 어렵습니다. 역관 김건서가 왜인들과 여러 번 문난하여 12편을 만들어 <u>『捷解新語文釋』</u>이라 이름하였으니, 이것을 반포하여 시행하소서." 하니, 윤허하였다.〈正祖 44卷, 20年(1796 丙辰 / 청 順治 1年) 2月 4日 庚辰 3번째 기사 『첩해신어문석』을 반포·시행케 하다〉

(9)를 통하여 우리는 『捷解新語』를 우리말로 풀이한 책의 이름을 '諺解'라 하지 않고 '文釋'이라 한 점에 주목하고자 한다. 굳이 『捷解新語文釋』이라 한 이유를 "譯官金健瑞與倭人, 反覆問難"에서 찾을 수 있다. 어려운 부분 즉 해석이 간단하지 않은 부분을 역관 김건서가 왜인들에게 반복해서 여러 번 물어 문장의 미세한 의미까지 밝혀 적은 것이기에 이 책의 표제를 '文釋'이라 한 것으로 보인다. 이를 통하여 필자는 문석도 언해의 일종이기는 하나 문장을 대상으로 한 것일 뿐만 아니라 원문이 지니고 있는 문맥의 미세한 의미까지 헤아려 풀이한 개념으로 보고자

한다. 그러므로 '文釋'은 문장이 지니고 있는 의미의 우리말 풀이로 그 개념을 정리하기로 한다.

3.5. 諺釋

우리말과 우리글을 지칭했던 諺語, 諺文 諺字 등에 보이는 '諺'과 관련하여 대상어인 한어나 한문을 우리말로 풀이하는 것과 관계있는 용어를 상정해 볼 수 있다. 諺釋, 諺譯, 諺解, 諺註, 諺訓 등이 그것인데 검색 결과 諺註와 諺訓은 발견되지 않으며 諺釋, 諺譯, 諺解 등이 검색된다. 이들 어휘 중 오늘날 '諺解'가 가장 우리에게 친숙한 단어이며, 이희승 편 국어대사전에도 오직 이 단어만이 등재되어 있다.[7] 이들 어휘가 지니는 의미는 "한문을 한글로 풀이함" 정도로 정리될 수 있을 것이다.

다른 용어에 비해 '諺解'가 가장 일반적인 용어인 것은 오늘날뿐 아니라 조선시대에도 그러하였음을 검색 빈도를 통하여도 확인할 수 있다. '諺解'의 검색 건수는 모두 56건으로 중종 시기 6건을 비롯하여 인종(1), 명종(2), 선조(9), 광해군일기(정족산본)(7), 인조(3), 효종(1), 현종(1), 현종개수(4), 숙종(2), 영조(7), 정조(9), 헌종(1), 철종(1), 고종(2) 등 전시기에 걸쳐 분포함을 알 수 있다. '諺譯'에 대한 총 검색건수는 4건으로 선조와 영조시기에 각각 2건씩이다. '諺釋'은 선조(1), 선조수정(1), 인조(1), 효종(1), 현종(1), 현종개수(1), 영조(2), 정조(1) 등에서 9건이 검색된다. '諺釋'은 그 검색 건수가 '諺解'에는 미치지 못하지만 선조 이후 정조 때까지 간간이 쓰여 왔던 용어로 '諺譯'보다는 그 쓰임이 활발했던 것으로 볼 수 있다.

---

7 국립국어원(1999)의 『표준국어대사전』에는 諺解와 諺釋이 등재되어 있다.

'諺釋'은 『經書口訣諺釋』이라는 책명으로도 사용되었으며 글자대로 풀이하면 "언문으로 풀이함"이라는 의미를 지니고 있다. 앞에서 논의하였듯이 '諺解' 또는 '諺譯'과 유사한 개념으로 볼 수 있다. '諺釋'의 개념은 '諺釋'만이 등장하는 (10)가를 통하여 파악할 수 있다. 또한 '諺釋'과 '諺解'가 함께 나오는 (10)나의 기사와 '諺譯'이 나오는 (10)다의 기사를 통하여 이들 세 단어가 유사한 개념임을 확인할 수 있다.

(10) 가. …(전략)… 此書若刊布, 則必有補於閨範, 而第有諺釋, 然後可易曉.命校書館印進, 使提調李德壽諺釋(이 서적을 만약 간행하여 반포한다면 반드시 규범에 도움이 있을 것이나, 다만 언문으로 해석한 후에야 쉽게 이해할 수가 있을 것이다. 하고, 교서관으로 하여금 간행하여 올리게 하였으며, 제조 이덕수로 하여금 언문으로 해석하도록 명하였다.〈英祖 39卷, 10年(1734 甲寅 / 청 雍正 12年) 12月 20日 辛酉 1번째 기사, 『여사서』를 언문으로 해석하여 교서관으로 하여금 간행하여 올리게 하다〉

나. …(전략)… 以本院入達『大學』註脚諺釋與否, 問于師傅事, 王世子下令矣. 問于傅金壽恒, 則以爲王世子文理, 旣已長進, 註脚雖不諺釋, 自可通曉, 講官則逐句解釋, 而王世子則除諺解誦讀似當云矣.(본원이 입달한 바 『대학』 주각을 언해로 풀어야 되는지의 여부를 사부에게 물어보라고 왕세자가 하령하였기에, 사부 김수항에게 물어 보았더니 왕세자의 문리가 이미 장족의 발전을 보이고 있으니 주각을 언해로 풀지 않더라도 스스로 이해가 가능할 것이니, 강관은 구절마다 해석을 하고, 왕세자는 언해는 제외하고 송독하는 것이 마땅할 듯하다.[8]〈顯改 26卷, 14年(1673 癸丑 / 청 康熙 12年) 2月 29日 己巳 1번째 기사, 시강원이 『대학』 주각을 언해로 풀

이함을 아뢰다〉

다. …(전략)… 芑從遠接使以通事, 持諺譯『小學』, 對天使之問, 只爲考見 …(후략)… (임기가 통사로 원접사를 따라갔을 적에 <u>언문으로 번역된『소학』을 가지고</u> 갔었는데 이는 중국 사신의 질문에 대답할 적에 단지 참고해 보기 위한 것이었습니다.)〈宣祖 10卷, 9年 (1576 丙子 / 명 萬曆 4年) 8月 4日 甲子 1번째 기사, 조강 후, 대간과 옥당에 이어 유희춘도 임기의 상소에 대해 죄주기를 청하다〉

'諺釋'은 '口訣'과 함께 출현하는 경우가 일반적인데 (11)가, 나의 예가 그것이다.[9] (11)가의 "今四書經書口訣諺釋, 卿無不定"을 통하여 사서에 '口訣'을 달고 그것을 바탕으로 '諺釋'이 이루어짐을 알 수 있다. 이는 3.10.에서 논의할 '訓釋'이 '句讀'과 관련해서 나타나는 것과 대비되는 것이라 하겠다. 결과적으로 '句讀'를 놓은 후에 문장을 풀이하는 것은 '訓釋'이고 '口訣'을 단 후에 한문을 풀어 언문 즉 한글로 옮기는 것은 '諺釋' 또는 '諺解'라 하였다. (11)다의 예는 '口訣'과 더불어 '諺解'가 나오는 예문이다.

(11) 가. …(전략)… 凡文字吐釋之間, 或者以爲小事, 不必留意. 然聖賢有言, 未有不得於文義, 而能通其精微者. <u>今四書經書口訣諺釋, 卿無不定.</u>

---

8 번역문에서 원문의 '諺釋'과 '諺解'를 모두 '諺解'로 번역하고 있다. 이는 번역자가 두 낱말을 같은 개념으로 보며 의미상 별 차이가 없는 것으로 본 것이다. 이 기사만을 통하여 굳이 '諺釋'과 '諺解'의 차이를 찾아본다면 교육을 목적으로 한문 문장을 풀이할 때는 '諺釋'이라 하였고, 학습의 관점에서 언문으로 풀이된 것은 '諺解'라 하였음을 알 수 있다. 두 단어의 의미 차에 대하여는 보다 다각적이고 심도 있는 연구가 필요하다.

9 한문을 우리말 즉 언문으로 풀이하기 전에 이루어지는 과정이 원문에 구결을 다는 것이다. 그러므로『韓國文集叢刊』에서도 '口訣諺釋', '口訣及諺釋' 또는 '音吐諺釋'이라는 표현이 보인다.

卿之學問精博, 世所罕有. …(후략)… (무릇 글 속의 토석을 혹자들
은 소소한 일이어서 꼭 유의할 것까지는 없다고 하지만 성현들의
하신 말씀이 '글 뜻을 알지 못하고서 정미한 내용을 통할 수 있는
자는 없다.' 하였다. 지금 사서와 경서의 구결과 언석을 경이 정하
지 않은 것이 없으니 경의 학문이 정밀하고 해박함은 세상에 드
문 일이다.)〈宣祖 8卷, 7年(1574 甲戌 / 명 만력(萬曆) 2年) 10月 10
日 辛亥 1번째 기사, 서경을 진강하고 유희춘이 정유길의 일, 가
공의 폐단, 사서오경의 구결을 논하다〉

나. …(전략)… 希春不好詞章, 其所撰述編輯, 甚多. 所進『儒先錄』・
『新增類合』, 皆命刊行. 又有 『六書附註』・『綱目考異』・『歷代要
錄』・『續蒙求』・『川海錄』・『朱子大全語類箋釋』等書, 皆羽翼經傳,
揚扢古今, 有益於後學. 晚年奉旨, 撰定『經書口訣諺釋』, 先奏『大學
釋義』, 餘未及就而卒.(희춘은 사장을 좋아하지 않았다. 그가 찬술
하고 편집한 것이 매우 많았는데, 그가 올린 『유선록』・『신증유
합』은 모두 간행하도록 하였다. 또 『육서부주』・『강목고이』・『역
대요록』・『속몽구』・『천해록』・『주자대전어류전석』 등의 책은 모
두 경전을 보충하고 고금을 파헤친 것으로 후학들에게 도움이 있
었다. 만년에 교지를 받들어 『경서구결언석』・『선주대학석의』를
찬정하였고, 나머지는 미처 완성 하지 못하고 죽었다.)〈宣修 11卷,
10年(1577 丁丑 / 명 萬曆 5年) 5月 1日 戊子 2번째 기사, 홍문관
부제학 유희춘의 졸기〉

다. …(전략)… 臣頃蒙上命, 詳定四書五經口訣諺解, 固知臣力小任重,
難以善成, 人或以爲不必爲. 若不得已爲之, 則須以李滉說爲依據,
而廣問諸儒臣儒生之說, 乃庶幾爾. …(후략)… (그리고 신이 지난
번에 성상의 명을 받고 사서와 오경의 구결과 언해를 상정하게

<u>되었습니다마는</u> 진실로 신은 힘이 적고 책임이 무거워 잘 만들기 어려울 듯싶습니다. 사람들 중에는 혹 할 것 없다고 하는데, 만일 부득이 해야 한다면 모름지기 이황의 해설을 근거로 삼고 널리 모든 유신 및 유생들의 말도 물어보아야 거의 되어질 것입니다.) 〈宣祖 8卷, 7年(1574 甲戌 / 명 萬曆 2年) 10月 19日 庚申 1번째 기사, 조강에 가공에 대해 토론하고, 사서오경의 구결과 언해를 논의하다〉

　구결이란 한문 문장을 보다 쉽게 이해하도록 하기 위하여 한문에 토를 달아 놓은 것이다. 한문에 우리말 토가 결합된 문장을 구결이라 하는데 결국 구결은 한국적 요소가 개입된 것으로 한문에서 우리말 문장으로 가는 중간단계의 기형적인 문장이라 할 수 있다. 여기서 기형적이라 함은 한문도 아니고 그렇다고 한글문장으로도 보기 어려운 것이라는 뜻이다. 원문인 한문에 구결토가 달린 문장은 손쉽게 한글문장으로 바꿀 수 있다. 언문 즉 한글로 전환하는 것을 '諺釋' 또는 '諺解'라 할 수 있기 때문에 이 낱말들이 '口訣'과 결합되어 나오는 사실을 확인할 수 있다.
　'諺釋'과 대비되는 단어 '漢釋'은 검색되지 않는다. 원문인 한문을 다른 한자와 한문을 활용하여 풀이하는 경우도 '漢釋'이라는 용어는 사용하지 않았음을 알 수 있다. 반면에 '註釋'이나 '註解' 또는 '訓義'라는 말을 사용하였음은 뒤에서 논의하게 될 것이다. 또한 한글 즉 언문으로 풀이하는 경우 '諺釋'과 더불어 '諺訓'이라는 말이 사용되었을 법한데 이는 검색되지 않는다. 이를 통하여 볼 때 문맥과 관련하여 한자나 한문을 우리말로 풀이할 때 '釋'은 가능하나 '訓'은 자연스럽지 않음을 알 수 있다. 결국 '諺釋'이란 한문을 언문 즉 우리말로 풀이한다는 뜻이며 이 과정에서 생겨난 것이 구결이라 할 수 있다.

3.6. 註釋

이희승(1961: 2635)에 보면 '註釋'을 "낱말이나 문장의 뜻을 알기 쉽게 풀이함, 또는 그 글"이라고 풀이하고 '註解'를 유의어로 제시하였으며 '註'를 준말로 표시하였다. '註釋'은 『朝鮮王朝實錄』에서도 총 70건이 검색된다. 103건이 검색되는 '註解'보다는 적게 검색된다. 이런 경향은 『韓國文集叢刊』에서도 확인할 수 있는데 여기서는 '註解' 447건, '註釋' 342건이 검색된다.

『朝鮮王朝實錄』에 쓰인 '註釋'의 의미는 현대국어에서 사용되는 뜻과 별 차이가 없는 것으로 보인다. '註解'가 일반적으로 구절 단위 이상에 대한 풀이라고 한다면 '註釋'은 문장은 물론 하나의 글자나 단어에 대한 세밀한 풀이까지도 포함하는 개념으로 보인다. (12)가에서 하나의 한자 '蔭'자에 대한 풀이를 '註釋'이라 하였으며, (12)나에서 하나의 단어 '當東榮'의 '東榮', '房戶間'의 '房戶'에 대하여 풀이하는 것도 '註釋'이라 하였음을 알 수 있다. 그리고 경 전체를 풀이한 사람을 일컬어 '釋經之臣'이라 하지 않고 '解經之臣'이라 하였음을 볼 수 있는데 여기서도 '註釋'과 '註解'의 개념이 약간의 차이가 있음을 발견하게 된다.

> (12) 가. …(전략)… 觀此上疏, 公事間顯然之事, 多有失實. 至以李珥不能辨釋蔭字爲罪, 國家之務, 果在於釋蔭字, <u>而其以蔭字之註釋</u>, 爲內修外攘之策耶? 腐儒之言, 可哂也. 姑置之.(이 상소를 보니 공사간에 드러난 일이 사실과 달리 전해지는 경우가 많구나. 심지어 이이가 '蔭'이라는 글자를 변석하지 못한 것이 죄라고 하니, 국가 사무가 과연 '蔭'자를 해석하는 데 있으며, <u>蔭자를 주석하는 것이</u> 내수·외양을 위한 정책이던가. 썩은 선비의 말이라서 웃음이 나올 뿐이

니 그냥 두라.)〈宣祖 17卷, 16年(1583 癸未 / 명 萬曆 11年) 8月 21
日 庚午 2번째 기사, 성주 사는 생원 하항이 이이의 잘못을 논하
니 우습다고 답하다〉

나. …(전략)… 『鄕禮合編』之出也, <u>鄕飮·鄕射篇中註釋</u>, 多所欠明. 此
乃任事之臣, 以其難書易之見, 不念易書難之弊, 當東榮之 '東榮, 房
戶間之 '房戶', 旣不爲指定其處, 斯禁之 '禁', 弓二寸之 '二寸', 又不
能明其所用. …(중략)… <u>臣請更命解經之臣</u>, 詳加証正, 以之頒於外
而垂於後, 則其爲四方之儀則, 後聖之法程, 爲如何哉?(『향례합편』이
나왔을 때는 <u>향음례·향사례 편의 주석들</u>이 분명하지 못한 곳이
많았습니다. 그것은 물론 그 일을 맡았던 신하들이 어려운 것을
쉽게 풀이한다는 생각만 가지고 쉬운 것이 오히려 어려울 수도
있다는 것은 염두에 두지 않았기 때문으로, 가령 當東榮의 '東榮'
이라든지 房戶間의 '房戶'가 과연 어느 곳임을 지정하지 않았고,
斯禁에서의 '禁'과 弓二寸에서의 '二寸' 같은 것도 어디에 어떻게
쓰이고 있음을 밝혀두지 않았습니다. …(중략)… <u>신이 바라는 것
은 다시 경의 주해를 맡았던 신하에게 좀 더 상세한 고증을 하도
록 명하여 분명한 전례를 중외에 반포하고 후대에 물려주어 사방
의 의칙이 되고 후왕의 법정이 되게 하는 것입니다.</u>)〈正祖 53卷,
24年(1800 庚申 / 청 嘉慶 5年) 2月 22日 乙巳 1번째 기사, 지평 이경
신이 『주자어류』 주해와 의례, 비축물 등에 대해 상소를 올리다〉

'註釋'과 '註解'가 넘나들며 쓰일 수 있는 개념임을 이 두 단어가 함께
등장하는 기사 (13)가에서 확인할 수 있다. 반면에 기사 (13)나에 나오는
"今所撰註解稍疎略, 欲令詳加註釋"을 통하여는 '註釋'이란 一字一句에 대
하여 상세하게 풀이한다는 개념이 있음을 알 수 있다. 또한 여기 '註釋

과 '註解'는 한글 문장만으로 이루어지는 것이 아니고 한자, 한문으로도 작성될 수 있는 것이다.

(13) 가. …(전략)… 且慮初學未能遍覩, 表章曾先之『歷代世年歌』, 命尹淮註釋, 獨元朝闕焉, 補以臨江張美和之詩. 至於東國年代, 亦不可不知也, 命吏曹判書權蹈撰次, 仍爲註解, 篇帙雖簡, 開闢以來, 運祚長短・國勢離合本末, 大略一覽瞭然.(또 초학들이 표장을 고루 보지 못함을 염려하여 증선지의『역대세년가』를 윤회에게 명하여 주석하게 하였으나, 원나라 시대만이 빠졌으므로 임강 장미화의 시로 보충했으며, 동국의 연대에 이르러서도 역시 몰라서는 아니 되므로, 이조 판서 권도에게 명하여 편찬하고 주해까지 하게 하였는데, 편질이 비록 간단하나 개벽한 이래로 국운의 장단과 국세의 이합의 본말을 대략 한눈에 똑똑히 볼 수 있었다. …(후략)…〉〈世宗 72卷, 18年(1436 丙辰 / 명 正統 1年) 4月 4日 庚子 1번째 기사, 주자소로 하여금 역사서를 박아내게 하다〉

나. …(전략)… "今所撰註解稍疎略, 欲令詳加註釋, 以敎世子與宗親." 檢討官成三問對曰: "今之註解, 唯次對經筵官二人, 草率考閱, 多未詳盡. 宜別命一・二儒士, 責成." …(후략)… ("이제 지은 주해가 조금 소략하므로 상세히 주석을 더해서 세자와 종친을 가르치고자 한다."하니, 검토관 성삼문이 대답하기를,"지금의 주해는 오직 차대경연관 2인이 대강 고열한 것이므로 상세하지 못한 것이 많으니, 마땅히 따로 한 두 유사에게 명하여 책성하도록 하셔야 합니다.")〈文宗 8卷, 1年(1451 辛未 / 명 景泰 2年) 7月 12日 戊申 1번째 기사, 최항으로『대학연의』의 상세한 주석을 다는 일을 맡게 하다〉

3.7. 解釋과 釋解

'解釋'은 "문장을 알기 쉽게 풀어서 설명한다"는 의미를 갖는다. 이 단어는 오늘날 흔히 쓰이는 낱말인데『朝鮮王朝實錄』에서도 160건이나 검색된다. 반면에 음절을 도치시킨 '釋解'라는 단어는 1회 검색된다.『韓國文集叢刊』에서도 '解釋'은 478건이나 검색되지만 '釋解'는 周易釋解, 四書釋解, 釋解鬱抑, 苟非釋解事務 등의 구를 비롯하여 24건이 검색된다.

(14) 가. …(전략)… 人才作成之方, 古今無異, 而人之不學, 在今尤甚. 祖宗朝, 講經之法甚嚴, 非館中師席所講音釋口解, 則不取於場中, 故無僥倖者, <u>今則人人各以己意, 爲釋解</u>, 故多背經意. 以此無有精通者, 每不充大比之數 …(후략)… (인재를 양성하는 방법은 예나 지금이 다를 것이 없으나 사람들이 배우지 않음은 지금이 더욱 심합니다. 조종조에서는 경서를 강독하는 법이 매우 엄해서, 관중의 사장에게 배운 음석이 아니면 과거 보는 마당에서 취하지 않았습니다. 그런 때문에 요행이란 것이 없었는데, <u>지금은 사람마다 각각 자기의 뜻대로 해석하기 때문에</u> 경서의 뜻에 어긋나는 것이 많으며 이 때문에 정밀히 아는 자가 없어 매양 대비의 액수도 채우지 못합니다.)〈中宗 91卷, 34年(1539 己亥 / 명 嘉靖 18年) 8月 1日 乙丑 1번째 기사, 시강관과 특진관 등이 유생들에게 학문을 권장시킬 것을 건의하다〉

나. …(전략)… 選諸員養理馬之年少穎悟者, 分隷二醫, 傳習『馬醫方』及經驗藥名‧治療之術. <u>不識字者, 則以言語解釋敎訓</u>, 其醫員能否則本寺提調 …(후략)… (여러 인원에서 말을 기르고 다스릴 연소하고 영리한 사람을 골라서 두 의원에게 나누어 붙여서 마의방 및

경험한 약명과 치료하는 술법을 전습하게 하되, 글자를 모르는 자에게는 말로 해석하여 가르치며, 그 의원의 능하고 못함은 본시의 제조가〉〈世宗 52卷, 13年(1431 辛亥 / 명 宣德 6年) 6月 22日 甲寅 4번째 기사, 말의 병의 치료를 위해 체아직을 두고, 마의방 등을 전습케 하다〉

다. …(전략)… 大妃曰: "予不解文字, 聽事亦難." 叔舟啓曰: "承旨解釋文字以啓, 則聽之無難矣." 大妃曰: "然則予當親聽".(대비가 말하기를, "나는 문자를 알지 못하니, 정사를 청단하기가 또한 어렵겠다."하였다. 신숙주가 아뢰기를, "승지가 문자를 해석하여 아뢴다면 청단하기에 어려움이 없을 것입니다." 하였다. 대비가 말하기를, "그렇다면 내가 마땅히 친히 청단하겠다.")〈成宗 2卷, 1年(1470 庚寅 / 명 成化 6年) 1月 13日 壬辰 5번째 기사, 한계미 등이 권맹희가 최세호의 사건에 관련됨을 아뢰니, 권맹희를 국문하게 하다〉

라. …(전략)… 判三司事偰長壽乃以華語解釋『小學』, 名曰直解, 以傳諸後 …(후략)… (판삼사사 설장수가 화어로써 소학을 해석하고 이름하기를 직해라 하여 후세에 전하였사온데)〈世宗 93卷, 23年(1441 辛酉 / 명 正統 6年) 8月 11日 乙亥 3번째 기사, 『직해소학』을 전한 설장수의 공을 기려 아들을 등용하다〉

'釋解'는 '解釋'과 그 의미가 유사한 것으로 보이는데 (14)가를 통하여 확인할 수 있다.[10] '解釋'은 한문 즉 원문에 쓰인 하나하나의 글자(한자)

---

10 '解釋'과 같은 의미로 쓰인 '釋解'는 『註解 千字文』에서도 보인다. 이 책의 표제 아래에 작은 글씨로 다음과 같은 풀이가 달려있다.
每字釋解 主本句文義 次書別義 標以又字 本義在後 則標以本字 本句亦不可無解 故略註於逐行下 …(후략)… (매자의 풀이에서는 本句의 文義를 주로 삼고, 다음에 別義를 쓰

에 얽매이지 않고 문장 전체의 맥락과 의미를 파악하여 풀이하는 것임을 (14)나를 통하여 알 수 있다. 또한 (14)나에서 보다시피 말을 기르고 다스릴 사람을 양성함에 있어 글자를 모르는 사람에게는 말로 풀어 가르친다는 구절[不識字者, 則以言語解釋敎訓]이 있다. 이 때 해석은『馬醫方』에 나오는 글자나 문맥에 얽매일 필요 없이 문장 전체의 맥락과 의미를 파악하여 학습자가 알아듣기 쉽게 말로 풀어 가르치라는 의미이다. 원문에 구결을 달고 그에 따라 언석을 하는 것이나 구두를 치고 훈석하는 것과는 그 의미가 크게 다름을 알 수 있다.

'解釋'이란 한자 하나하나가 지닌 의미와 문장의 구조를 파악하여 그 뜻을 풀이하는 것이 아님을 알게 해 주는 예는 (14)다에서도 확인할 수 있다. 대비가 문자 즉 한자로 기록된 글을 알지 못하므로 승지가 문자를 해석하여 아뢰면 그것을 바탕으로 청단하겠다는 것은 각각의 문자와 문맥을 직접적으로 파악한다는 것은 아니다. 문장이 담고 있는 전체적인 뜻을 승지가 전달하면 그를 듣고 결심, 처리한다는 의미이다.

(14)라를 통하여 '解釋'은 諺釋, 諺解, 諺譯과는 달리 언문 즉 한글로만 이루어지는 것이 아님을 알 수 있다. "偰長壽가 華語로써 小學을 해석하고 이름하여 直解라 하였다"는 것을 볼 때 어떤 언어로든 알기 쉽게 풀이한 것이면 해석이 되는 것이다.

'解釋'과 더불어 '註解'에 대하여 검토하기로 한다. '註解' 또한 현대국어에서 적극적으로 사용되는 일반화된 단어다. 『朝鮮王朝實錄』총 검색 건수 103건이나 되어 활발하게 쓰였음을 알 수 있다. 현대 국어사전류에서는 '註解'를 "본문의 뜻을 알기 쉽게 풀이하는 일, 또는 그 글"이라 풀

되 又字를 가지고 표를 하였다. 本義가 뒤에 있을 때에는 本字를 가지고 표를 하였다. 本句도 또한 풀이가 없을 수 없으므로 줄을 따라 略註를 해 내려갔다.)

이하고 있다. 검색된 기사 (15)에서도 본문의 뜻을 알기 쉽게 풀이한 것이 '註解'임을 확인할 수 있다. '註解' 또한 한문으로 이루어 질 수 있음은 물론이다.

(15) …(전략)… 但『小學』之書, 蒐輯經史子集要語, 多有難解處. 本朝刊本 『小學』, <u>音訓註解未備</u>, 唯『集成小學』, <u>音訓註疏</u>·名物圖象, 極爲明備, 童蒙之輩, 可以易知.(다만『소학』이란 서적은 경사자집의 요긴한 말을 모아 편집한 것이기 때문에 이해하기 어려운 곳이 많습니다. 우리나라에서 출판한 소학은 <u>음훈과 주해가 미비하고</u>, 다만 〈중국의〉『집성소학』은 <u>음훈과 주소와</u> 명물도상이 지극히 분명하게 갖추어져서, 아이들이 쉽게 알 수 있습니다.)〈世宗 30卷, 7年(1425 乙巳 / 명 洪熙 1年) 12月 23日 戊子 3번째 기사,『집성소학』1백 권을 중국에서 사오게 하다〉

3.8. 釋義

'釋義'에 대한 총 검색건수는 40건[11]으로 그 원초적 개념은 "뜻[義]을 풀이한다[釋]"일 것이나, 여기서 나아가 "한자 또는 한문 구절이나 문장이 지닌 뜻풀이"를 나타내는 것으로 보아야 할 것이다. 아래의 (16)가, 나는 개별 한자가 지닌 뜻풀이를 나타내고 (16)다~바는 한문구절이 지닌 뜻풀이를 나타낸다. 상대적으로 여기서는 글자나 구절에 대한 풀이보다 한문 문장이 지닌 뜻풀이를 나타낸 것이 대부분임을 알 수 있다.

---

11 분포를 보면 태종(1), 세종(5), 세조(1), 성종(3), 연산군(2), 중종(3), 선조(2), 선조수정(1), 인조(3), 현종(1), 현종개수(1), 숙종(3), 경종(1), 영조(6), 정조(1), 순조(1), 헌종(1), 고종(4) 등과 같다. 이들 기사 중 일부는 본고의 대상과 관련이 없는 항목도 있으나 구체적으로 밝히지는 않기로 한다.

(16) 가. …(전략)… 然予觀『通鑑』, 柔而不剛, 屢見夷狄之禍, 何可比擬於大
行王盛德乎? 且成字釋義皆美, 而予從群議定之 …(후략)… (그러나
내가 『통감』을 보니, 인종이 유하기만 하고 강하지 못하며, 여러
번 이적의 화가 있었으니, 어찌 대행왕의 성덕에 견줄 것인가. 또
성(成) 자의 해석이 다 아름다우므로 내가 여러 사람들의 의논을
따라 정한 것이니, 사퇴하지 마오.)〈연산 2권, 1년(1495 을묘 / 명
弘治 8년) 1월 20일 갑진 3번째 기사, 노사신·신승선 등이 중국
인종의 시호를 씀이 참람된 것이 아님을 서계하다〉

나. …(전략)… 弓弓, 似指弓腰也 藏於劣處之謂也. 【弓腰俗音與劣字釋
義同.】 烽火事, 淸州烽火, …(후략)… ('궁궁'은 활의 허리[弓腰]를
가리키는 것 같다. 따라서 구부러진 곳劣處에 숨으라는 말이다. 【궁
요는 속음이 열 자의 뜻을 해석한 것과 같다.】' 하였고, 봉화에 대
한 일은, 청주의 봉화는)〈英祖 67卷, 24年(1748 戊辰 / 청 乾隆 13
年) 5月 23日 丙午 3번째 기사, 금상문에 나아가 호서의 죄인 이지
서 등을 친국하다〉

다. …(전략)… 至楊且之哲也, 釋義錯誤, 景祐以司諫入侍, 執不可, 講
罷駁論, 乃遞輔德 …(후략)… ('양차지석야에 이르러 그 해석을
그르쳤는데, 권경우가 사간으로 있으면서 입시하여 그 불가함을
고집하니, 강이 파하자 논박당하여 보덕에서 체직되었다.)〈成宗
270卷, 23年(1492 壬子 / 명 弘治 5年) 10月 25日 壬戌 2번째 기사,
권경희의 직첩만을 거두고 홍천에 부처하라고 사헌부에 명하다〉

라. …(전략)… 知經筵許傳釋義訖 …(후략)… (지경연사 허전이 뜻풀
이를 하였다. 〈高宗 10卷, 10年(1873 癸酉 / 청 同治 12年) 10月 27
日 壬寅 1번째 기사, 지경연사 허전을 홍문관 제학에 임명하다〉

마. …(전략)… 考閱『資治通鑑』, 其文義難曉之節, 參究『源委輯覽釋

義』, 以至諸書, 撰其所解, 逐節附之, 名之曰 『通鑑訓義』 …(후략)… (『자치통감』을 고열하게 하여, 그 글 뜻의 알기 어려운 구절은 『원위집람석의』로부터 여러 서적에 이르기까지 참고하여, 그 해설이 있는 것을 뽑아서 그에 해당한 마디마다 끝에 붙여 편찬하고 이름을 『통감훈의』라 하였다.)〈世宗 64卷, 16年(1434 甲寅 / 명 宣德 9年) 6月 26日 辛未 2번째 기사, 『자치통감』을 고열·해설·참교하다〉

바. …(전략)… 句讀訓釋, 皆不錯誤 …(중략)… 句讀訓釋皆熟 …(중략)… 旣能句讀, 明白訓釋 …(중략)… 句讀訓釋·義理旨趣, 旣皆曉釋, …(중략)… 試官等當講經時, 生徒句讀及釋義, 或異於己, 指爲不通者有之, 今後生徒所見雖異, 文義皆通 …(후략)… (구두와 훈석하는 것이 모두 착오가 없고, ………구두와 훈석하는 것이 모두 익숙하고………구두에 이미 능하고 훈석함에 명백하며, ………구두와 훈석하는 것이며, 의리와 취지를 이미 모두 밝게 해석하고………시관 등은 강경할 때를 당하여 생도의 구두와 뜻풀이가 혹 자기와 다르면 불통으로 지적하는 것이 있사오니, 이 뒤로는 생도의 소견이 비록 다를지라도 글 뜻을 모두 통하거든)〈世宗 103卷, 26年(1444 甲子 / 명 正統 9年) 2月 9日 己丑 1번째 기사, 예조에서 아뢴 문과의 강경하는 절목〉

문장의 뜻을 풀이한 개념으로 쓰인 '釋義'가 '訓義'와 같은 개념으로 쓰인 예를 위의 기사 중 (16)마에서 볼 수 있다. 이는 "뜻[義]을 풀이함"에서 '풀이함'과 관련하여 '釋'과 더불어 '訓'이 쓰일 수 있음을 알 수 있게 한다. (16)바에서는 '訓釋'이 '釋義'와 같이 모두 "한문의 뜻풀이"라는 의미로 쓰였다. 다만 '訓釋'은 표준화 내지는 정형화된 뜻풀이를 의미하고 '釋義

는 개별적이거나 공식화되지 않은 뜻풀이의 개념이 강함을 알 수 있다.

3.9. 吐釋

'吐釋'은 원문에 토를 달고 풀이를 한다는 개념이다. 예문 (17)을 통하여 '吐釋'은 '口訣諺釋'과 같은 개념임을 확인할 수 있다. 즉, '吐'는 '口訣'이고 '釋'은 '諺釋'인 셈이다. 보다 구체적으로 설명한다면 (17)에서 凡文字吐釋之間에서는 '吐釋', 今四書經書口訣諺釋의 경우 '口訣諺釋'이라 쓰고 있는데 이는 엄격히 같은 개념을 달리 표현한 것이다. '吐'와 '口訣'을 다른 개념으로 보는 경우도 있지만 여기서 '吐'란 '口訣'과 같은 개념으로 한문 문장을 보다 쉽게 우리말로 풀이할 수 있도록 그 사이사이에 개입시킨 문법적 요소이다. 그리고 '釋'의 개념은 문맥에 따라 각 한자의 의미를 바탕으로 풀이한 해석이라 할 수 있다.

> (17) …(전략)… "凡文字吐釋之間, 或者以爲小事, 不必留意. 然聖賢有言, 未有不得於文義, 而能通其精微者. 今四書經書口訣諺釋, 卿無不定. 卿之學問精博, 世所罕有. 四書五經口訣及釋, 卿皆詳定. 亦可以設局(무릇 글 속의 토석을 혹자들은 소소한 일이어서 꼭 유의할 것까지는 없다고 하지만 성현들의 하신 말씀이 '글 뜻을 알지 못하고서 정미한 내용을 통할 수 있는 자는 없다.' 하였다. 지금 사서와 경서의 구결과 언석을 경이 정하지 않은 것이 없으니 경의 학문이 정밀하고 해박함은 세상에 드문 일이다. 사서와 오경의 구결 및 언석을 경이 모두 자상하게 정해 놓았으니, 하나의 국을 설치할 만하다.)〈宣祖 8卷, 7年(1574 甲戌 / 명 萬曆 2年) 10月 10日 辛亥 1번째 기사, 서경을 진강하고 유희춘이 정유길의 일, 가공의 폐단, 사서오경의 구결을 논하다〉

한문 해독의 편의를 위하여 토를 단 후 언문 즉 한글로 풀이함을 '吐釋'이라 하였고 언문으로 풀이하는 것만을 일컬어 '諺釋'이라 하였다. 한편 '吐釋' 대신 '吐訓'이라는 말은 사용되지 않았으며,[12] '諺釋' 대신 諺解, 諺譯은 가능하나 '諺訓'은 거의 쓰이지 않았다.[13] 그러므로 한문이나 한자를 우리말로 풀이함을 뜻하는 한자로는 '釋'이 보편적으로 쓰였음을 확인할 수 있다.

3.10. 訓釋

'訓釋'에 대한 총 검색건수는 모두 13 건으로 세종(1) 성종(3) 연산군(1) 선조(1) 현종(1) 현종개수(2) 숙종(1) 숙종보궐정오(1) 정조(2) 등에 보인다. 柳希春이 저술한 책명으로『朱子語類訓釋』,『綱目訓釋』이 있음도 알 수 있는데 앞의 '釋義'항에서도 보았듯이 '訓釋'은 표준화 내지는 정형화된 뜻풀이를 의미한다. 이는 (18)의 예를 통하여 알 수 있는데 정현, 가공언 그리고 주자와 같이 뜻풀이를 집대성한 학자들의 註說을 '訓釋'이라 하였음을 알 수 있다.

---

12 『한국문집총간』에서 검색되는 '吐訓' 1건은 心不存愼終之規, <u>口不吐訓格之言</u>(마음에는 일의 끝마무리를 신중하게 하는 규계를 두지 않고, <u>입으로는 훈격의 말을 하지 않으며</u>)〈尹鑴의 白湖全書, 권제24 跋 [御製舟水圖說後小識])인데 여기서 논의하는 것과는 관련이 없는 것이다.

13 '諺訓'은 『朝鮮王朝實錄』에서는 검색되지 않으며 『한국문집총간』에서는 2건이 검색된다. 모두 李德懋의 靑莊館全書 卷之五十六에 나오는데 "如俗所謂蹇攊柿 諺訓作애감"과 "此我國所謂時時薰也 諺訓시시버섯"이 그것이다. 蹇攊柿와 時時薰을 우리말로 각각 '애감', '시시버섯'이라 한다는 것이다. 하나의 글자 즉 개별한자나 문장에 대한 풀이가 아니고 단어 풀이에서 '諺釋'대신 '諺訓'이라 한 특이한 예를 발견할 수 있으나 참고적인 자료에 불과하다.

(18) …(전략)… 朱子以前, 已有諸家註說.如鄭玄·賈公彦之類, 訓釋亦頗明
白, 至朱子而大備, 此所以有大功於後世者也. …(후략)… (주자가 등장
하기 전에도 이미 제가의 주설이 있었습니다. 이를테면 정현과 가공
언 등의 <u>훈석도 꽤 명백하였는데</u> 주자에 이르러 크게 정비되었으니
이것이야말로 후세에 대단한 공헌을 한 셈입니다.)〈顯改 13卷, 6年
(1665 乙巳 / 청 康熙 4年) 6月 10日 乙丑 2번째 기사, 옥당 관원과 송
준길을 소대하여 『심경』을 강하고 경서 주석에 대해 논하다〉

'訓釋'이 공식화되고 정형화된 것임은 '句讀'와 함께 출현한다는 점에
서도 확인할 수 있다. 한문을 바르게 풀이하기 위해서는 일차적으로 구
두가 이루어지는 경계를 분명하게 찾아내야 한다. 이를 바탕으로 올바
른 뜻풀이를 하게 되는데 공인할 수 있는 대가의 풀이를 '訓釋'이라 할
수 있을 것이다. 또한 해당 한문을 학습하는 사람들은 모범적인 뜻풀이
라 할 수 있는 '訓釋'을 바탕으로 원문의 뜻을 파악하고 자신의 사고를
넓혀가는 과정을 밟게 되는 것이다. 그러므로 '句讀'와 '訓釋'은 일련의
한문학습 과정에서 뗄 수 없는 요소이므로 '訓釋'에 앞서 '句讀'가 나오는
구절이 많음을 확인할 수 있다. 이와 관련된 기사는 여러 개가 보이나
하나만 예를 보이면 다음과 같다.

(19) …(전략)… <u>蓋句讀訓釋, 皆不差誤</u>, 講論雖不疏通, 不失一章大旨者爲粗,
<u>句讀訓釋</u>, 皆分明, 雖通大旨, 未至融貫者爲略, <u>句讀訓釋</u>, 皆精熟融貫,
旨意辨說無疑者爲通. …(후략)… (대체로 <u>구두와 훈석</u>에 모두 틀리지
<u>않고</u> 강론이 소통되지 않더라도 한 장의 대의를 잃지 않은 자는 조가
주어지고, <u>구두와 훈석</u> 모두 분명하고 비록 대의에 통하고 있으나 융
회 관통에는 이르지 못한 자는 약이 주어지고, <u>구두와 훈석</u> 모두 정밀

익숙하고 대의를 융회 관통하고 변설에 의심할 것이 없는 자는 통이
주어집니다.)〈顯宗 17卷, 10年(1669 己酉 / 청 康熙 8年) 12月 20日 己卯
2번째 기사, 집의 이단하가 식년시 문과 복시, 종친의 시취, 각사의 숙
직 규정을 아뢰다〉

아래 (20)의 예문에서는 '訓釋'이 '釋'과는 의미 차가 있음을 알게 한다.
여기서 '音釋'은 음독과 석독을 함께 일컫는 말로 보이며 뒤에 나오는
'句讀訓釋'과 직접 관련이 있는 것은 '釋'으로 볼 수 있다. 이 문장을 통하
여 우리는 '釋'은 개인적인 것임을 내포하고 있는 반면에 '訓釋'은 대표적
내지는 표준적인 것임을 느끼게 한다.

> (20) …(전략)… "粗通者, 僅解音釋而已, 不可取也." 克基曰: "非特音釋, 句讀
> 訓釋皆不差誤, 又不失一章大指者, 爲粗通矣". …(후략)… ("조통인 자
> 라면 겨우 음독과 해석을 이해할 정도이니, 뽑을 수가 없다." 하였다.
> 이극기가 말하기를, "음독과 해석뿐 아니고, 구두와 훈석도 모두 착오
> 가 없으며, 또한 장의 대의를 알고 있는 자라야 조통이라고 합니다.")
> 〈成宗 98卷, 9年(1478 戊戌 / 명 成化 14年) 11月 25日 壬午 2번째 기사,
> 우승지 이경동이 명경과의 절목이 너무 높다고 하자 대신들과 이를
> 논의하다〉

'句讀訓釋'은 있으되 '句讀諺釋'은 없으며 대신 '諺釋' 앞에는 '口訣'이
놓여 '口訣諺釋'이라 하였다. 이는 '諺釋'을 위해서는 '口訣'이 '訓釋'을 위
해서는 '句讀'가 선행되었음을 짐작하게 하는 것이다. 특히 '訓釋'은 원문
에 정확하게 句讀點을 찍은 후에 이루어지는 표준적인 해석으로 보인다.
'訓釋'의 음절을 도치시킨 '釋訓'이라는 말은 『朝鮮王朝實錄』에서는 검색

되지 않으나『韓國文集叢刊』에서는 "足字之釋訓也"를 비롯하여 22건이 검색된다.

4. 결론

한자 '釋'이 지닌 원초적인 개념은 '解也'이다. 우리나라에서 한자 '釋'은 본래의 의미를 바탕으로 의미 적용의 전이 내지는 파생의 과정을 거쳐 '訓釋' 또는 '주낼'의 뜻도 갖게 되었다.『朝鮮王朝實錄』을 주자료로 하고 한국고전번역원의『韓國文集叢刊』을 보조자료로 삼아 '釋' 관련 어휘를 檢索, 整理, 分析하여 다음과 같이 그 의미를 파악하였다.

'字釋'은 개별한자가 '語釋'은 한자어가 그리고 '文釋'은 한문 문장이 갖고 있는 의미를 풀이하거나 그 의미를 표현하는 우리말을 일컫는 개념이다. '諺釋'은 漢文을 우리말로 풀이한다는 뜻이며 '吐釋'은 한문에 토를 달고 우리말로 풀이한다는 뜻이다. '吐釋' 대신 '吐訓'은 가능하지 않으며 '諺釋' 대신 '諺訓'도 자연스럽지 못하다. 이를 통하여 우리는 한문이나 한자를 우리말로 풀이함을 뜻하는 한자로 '訓'보다 '釋'이 보편적으로 쓰였음을 확인하였다.

註釋과 註解는 원문을 알기 쉽게 풀이한다는 개념이나 註解에 비해 '註釋'은 원문에 나오는 글자나 단어에 대한 세밀한 풀이까지도 포함하는 개념임을 확인하였다. 반면에 解釋과 釋解는 원문의 一字一句에서 벗어나 문장 全體의 脈絡과 의미를 파악하여 학습자가 이해하기 쉽게 풀이한다는 의미이다. '釋義' 또한 뜻풀이를 나타내는 것으로 '訓義'와 유사한 개념으로 쓰였다. 註釋, 註解, 解釋, 釋解, 釋義, 訓義 등은 한자, 한문을 우리말로 풀이하는 것은 물론 다른 한자나 한문으로 풀이하는 개념까지를 포괄하는 개념이다.

'訓釋'와 '釋義'가 함께 나오는 기사의 비교를 통하여 '訓釋'은 標準化 내지는 定形化된 뜻풀이를 의미함을 확인하였다. 반면에 '釋義'는 교습 과정 등에서 나타나는 개별적이거나 공식화되지 않은 뜻풀이의 개념이 강함을 확인할 수 있었다. '訓釋'이 공식화되고 정형화된 모범적인 풀이 임은 '句讀'와 함께 출현한다는 점에서도 설명이 가능하다. '句讀'는 '訓 釋'과 '口訣'은 '諺釋'과 짝을 이루고 있음을 통하여 원문을 한글로 풀이하 는 경우에만 '釋'을 사용함을 알 수 있다. 한문으로 되어 있는 원문을 다 른 한자나 한문 또는 한글로 풀이하는 경우 '釋'과 더불어 '訓'도 사용하 였음을 알 수 있었다.

이상의 논의를 통하여 '釋'을 비롯한 그 관련 어휘에 대한 개념을 상당 부분 파악하였다. '訓'과의 비교 검토도 부분적으로 이루어졌으나 '訓'을 비롯한 관련 어휘에 대한 논의는 제2장에서 이루어 질 것이다. 또한 제3 장에서는 우리말 용어 '새김' 관련 어휘와 釋·訓이 지니는 의미를 비교, 고찰하여 보다 분명하게 각각의 의미를 파악하게 될 것이다.

제2장 '訓'의 개념과 '訓' 관련 어휘

1. 서론

'한자의 의미를 나타내는 우리말'을 지칭하는 용어로 '새김'을 비롯하여 '釋' 또는 '訓'이라는 말을 사용하고 있다. '새김' 관련 어휘인 '釋'과 '訓' 등의 개념을 분명하게 하여 용어 사용의 정확성을 도모할 목적으로 제1장에서는 '釋'에 대하여 검토한 바 있다. 본장에서는 '訓'의 기본적인 개념과 이 한자를 바탕으로 형성된 관련 어휘에 대하여 살피기로 한다.

'釋'에 이어 '訓' 관련 어휘에 대한 일련의 연구를 통하여 訓, 釋 그리고 새김이 지닌 뜻을 보다 분명하게 파악하고자 한다. 각 단어가 지니고 있는 의미를 분명하게 파악하고 나면 환경에 따라 사용할 수 있는 적절한 용어가 어떤 것인지 분명하게 알게 될 것이다. 결과적으로 본 논의를 비롯한 일련의 연구는 그동안 학계에서 통일되지 못했던 '새김' 관련 용어 확립에 기여할 것이다.

2. 한자 '訓'의 기본적인 개념

'訓'이라는 한자는 『千字文』을 비롯하여 『訓蒙字會』, 『新增類合』, 『兒學編』 등 우리나라의 전통적인 한자학습서에 빠짐없이 올라있는 한자이다. 또한 1972년 문교부에서 제정 공표한 한문교육용 기초한자로 중학교용이다. 북한의 교육용 한자 3,000자와 중국의 現代漢語常用字 2,500자에도 물론 포함되며 일본의 소학교용 한자 1,006자에도 속하는 글자이다. 고래로 상용성이 높은 이 글자에 대하여 段玉裁(1970)의 『說文解字注』에서는 다음과 같이 풀이하였다.

> (1) 訓 說教也(說教者說釋而教之必順其理引伸之凡順皆曰訓如五品不訓聞六
>   律五聲八音七始訓以出內五言是也) 从言川聲(許運切十三部)〈說文解字
>   注 三篇上十ㄱ〉

(1)의 설명을 통하여 보면 '訓'의 본의는 '說教也'임을 알 수 있다. '說'은 형성자로 '言'+'兌'인데 '兌'는 "맺혀져 있던 것이 풀리다"라는 의미를 지닌다. 그러므로 '說'은 "말로 풀다"라는 의미를 지닌다 하겠다. 결국 '說教也'란 "말로 풀어 가르치다" 정도로 풀이할 수 있다. '訓'의 본의는 '說教也'인데 우리나라의 한자학습서에서 이 글자는 '誨也'라는 뜻 즉 '가르치다'를 상용지석으로 삼고 있음을 알 수 있다.

(2) 표제한자; 訓
　フ르칠 훈〈訓蒙下14ㄱ, 32ㄱ〉〈類合下42ㄴ〉〈光千, 石千15ㄱ〉〈倭解上37ㄴ〉
　フ르칠 훈 誡也又]훈고훈 釋也 說也〈註千15ㄱ〉
　【훈】誨也導也誡也說教註解~詁〈全玉下41ㄴ〉

갈을칠 훈 誨也誡也註解~詁〈字類上60〉

가르칠 훈〈兒學下4ㄱ〉

【훈】誨也갈아칠 훈〈釋要下66ㄴ〉

【훈】誨也가라칠[禮敎~正俗, 導也인도핰書以~于王, 誡也경계핰[魏書臣被敕以爲酒~, 說敎뜯일너줄, ~詁註解주닐〈新字4:2ㄴ〉

[一] ① 가르칠 훈 ② 가르침 훈 ③ 이끌 훈 ④ 새길 훈 ⑤ 새김 훈 ⑥ 따를 훈 [二] 길 순〈民衆書館 漢韓大字典 1899〉

① 가르치다 ② 훈계하다, 타이르다 ③ 본보기, 준칙 ④ 훈련시키다, 익히게 하다 ⑤ 길들이다 ⑥ 해석하다, 설명하다 ⑦ 이름짓다, 명명하다 ⑧ 따르다, 쫓다 ⑨ 문체 ⑩ 성〈漢韓大辭典 12:728〉

(2)를 통하여 알 수 있듯이 'ㄱ르칠 〉 가르칠'은 우리나라에서 중세이후 오늘날까지 '訓'의 상용지석이었다. 『全韻玉編』의 경우를 통하여 보더라도 다른 자전에서와 마찬가지로 그 배열에서 '誨也'를 가장 먼저 배열하고 있다. 반면에 본의인 '說敎'는 마지막에 배열하였다. 우리나라 자전에서의 이런 태도는 후대에 간행된 『新字典』에도 그대로 이어지고 있음을 알 수 있다. 그런데 특이한 것은 〈註千 15ㄱ〉의 예이다. 이 책에서도 'ㄱ르칠(誡也)'을 우선적으로 배열하여 이것이 常用之釋임을 알게 하고 있으나 『全玉』, 『字類』, 『新字』 등에서 '訓詁/註解'보다 앞에서 배열한 '導也'와 '誡也'는 제외하고 '훈고훈(釋也)'만을 제시하였다. 이는 한자 '訓'의 쓰임이 'ㄱ르칠(誡也)' 다음으로 '훈고(釋也)'의 의미로 활용되는 경우가 많았기 때문에 나타난 결과로 보인다. 이를 통하여 우리는 한자 '訓'이 '새김'을 뜻하는 훈고, 주닐, 새길, 해석하다, 설명하다 등으로 활발하게 사용되어 왔음을 알 수 있다.

중국의 근대 사서를 살펴보면 '訓'에 대하여 『康熙字典』의 경우 『說文

解字』의 ① 說敎也를 맨 앞에 제시한 후 전거를 밝히면서 ② 古言可爲法也 ③ 誡也 ④ 男曰敎 女曰訓 ⑤ 順也 ⑥ 詁訓, 註解之別名 ⑦ 官名 ⑧ 鳥名 ⑨ 獸名 ⑩ 州名 순으로 제시하고 있다. 현대 사서인 『辭源』과 『辭海』에서는 '訓'을 다음과 같이 풀이하여 제시하였다.

(3) 표제한자; 訓
① 敎誨 ② 法則 ③ 訓練 ④ 解說 ⑤ 順從〈辭源(수정본) 2877〉
① 敎誨 ② 典式 ③ 解釋 ④ 通"順'〈辭海 434〉

『辭源』은 1915년에 출판된 초판을 1982년에 수정하여 간행한 것이며, 『辭海』는 1989년판으로 모두 현재 민간에서 널리 사용되는 한자 및 한자어사전이다. 『康熙字典』에서는 한자의 뜻만을 풀이하였는데 이 두 책에서는 관련 한자어까지 제시했다는 점이 다르다 하겠다. 『說文解字』에 이어 『康熙字典』에서도 '訓'을 풀이한 첫째 자리는 '說敎也'가 차지하고 있다. 그러나 '訓'을 바탕으로 형성된 어휘인 訓人, 訓迪, 訓誘, 訓導, 訓練, 訓辭 등에서 확인할 수 있듯이 이 글자는 '가르치다'라는 뜻으로 쓰이는 경우가 매우 생산적이다. 이런 점이 고려되어 현대 사서에서는 '說敎'를 '敎誨'로 바꾸어 처리한 것으로 보인다. 요컨대 한자 '訓'에 대하여 그 해설 항목을 배열함에 있어 중국 사서의 경우 근대까지는 전통성을 중시하였으나 현대에 와서는 그 현실성을 우선하여 '가르치다'는 의미를 지닌 '敎'와 '誨'를 활용하고 있다.

이상의 논의를 통하여 '訓'의 本義 '說敎也'를 바탕으로 중국의 경우 '詁訓, 註解之別名', 우리나라에서는 '주낼' 또는 '새김'이라는 의미가 파생되었음을 알 수 있다. '說敎' 즉 '말로 풀어 가르침'은 상대방이 알지 못하는 것 또는 어려운 것을 쉽게 풀이하여 알 수 있게 한다는 뜻이다. 이는 어떤 대상을 알기 쉽게 풀이한다는 주해 또는 새김의 뜻으로 의미의 전이가 일어날 수 있는 것이다. 결국 한자 '訓'이 '새김'의 의미를 갖게 된 것은 우리나라에서만이 아니고 중국에서부터 본의 '說敎'을 바탕으로 의미의 전이가 일어나 형성된 것으로 보인다.

3. 조선왕조실록에 나오는 '訓' 관련 어휘

조선왕조실록 홈페이지인 http://sillok.history.go.kr에서 원문에 나오는 '訓'을 검색하면 총 8,281건이나 나온다. 이들 각 기사에 쓰인 '訓'은 인명, 관직명, 시설명, 기관명 등의 명칭으로 쓰인 것이 있다. 通訓大夫, 中訓大夫, 承訓郎, 訓鍊大將, 醫書訓導, 訓鍊都正…… 등은 벼슬명칭에 '訓' 자가 들어간 것이다. 시설명이나 기관의 명칭에 '訓'이 포함된 것으로 訓鍊觀, 訓鍊院, 表訓寺, 訓鍊都監, 訓局, 訓局都監…… 등이 있다. 인명은 거론하기 힘들 정도로 많다.

如奕碁之有訓手也(바둑을 둘 적에 훈수하는 것과 같은 것이다), 訓令于十三道(13도에 훈령을 내렸다) 등의 구절에서는 '訓手'와 '訓令'이라는 단어를 발견할 수 있다. '훈수'의 경우 '가르치다'라는 개념이 남아있기는 하지만 특정인에게 유리하도록 한다는 점에서 상당한 의미의 분화가 있음을 알 수 있다. '訓令' 또한 그 의미 상 [法則]과 관련되는 것으로 보아야 할 것이다. 하지만 이런 예는 그 수가 많지 않고 '訓'은 '가르치다' 또는 '가르침', '훈계하다' 또는 '훈계/교훈'이라는 뜻으로 많이 쓰였음을 확인할 수 있다. 다음은 그 실제의 예를 몇 개 든 것이다.

(4)

　古訓(옛사람의 가르침), 民間訓蒙(민간에서 아이들을 가르침), 訓誨童蒙(아이들을 가르침), 訓誨仁宗(인종을 가르침), 師儒亦不訓誨(사유들 역시 훈도에 힘쓰지 않아서), 或弁棄經訓(경전의 가르침을 쓸모없는 것처럼 버리며), 訓諸子婦常戒驕奢(여러 자부들에게 항상 교만과 사치를 경계하여 가르쳤는데)

　訓戒深切(훈계가 매우 간절했으며), 禮經明訓(예경의 밝은 훈계), 朱之訓(주자의 훈계), 遵守其訓(훈계를 지켜), 伊尹作書訓之曰(이윤이 글을 지어 훈계하기를), 早承家庭之訓(어려서 가정의 교훈을 이어받아), 古之明訓(옛날의 명철한 교훈), 聖人之訓(성인의 교훈)

　본고에서 '訓'이 지니는 개념 중 우리가 관심을 갖고 있는 바는 (4)에서 보인 것이 아니고 『新字典』의 풀이를 빌면 '~詁註解주낼'과 같은 경우이다. 즉, '訓'이 '새기다/새김'의 개념으로 쓰인 것에 대하여 탐구하고자 하는 것이다. 문헌에서 '訓'이 새김의 의미로 쓰인 가장 오래된 예는 '京'字의 訓이 '徐伐'이라고 밝힌 『三國遺事』의 기록이 아닌가 한다.[1]

　본고의 검토 대상인 『朝鮮王朝實錄』에도 한자 '訓'이 '새김'의 뜻으로 쓰인 경우가 상당수 있으리라 추정한다. 우선 (5)의 기사에 나오는 '訓'을 통하여 새김의 뜻으로 쓰였음을 확인하기로 한다.

　(5) 가. …(전략)… "今年二月, 本府受教, 圖畫訊杖之狀, 頒諸中外, 其圖畫杖頭, 正當膝下, 暫不犯腿, 然更參詳, 腿字之訓, 「玉篇」云: "脛也,"

---

1 『三國遺事』卷一 新羅 始祖 赫居世王條에 "國號徐羅伐又徐伐今俗訓京字云徐伐以此故也"가 있다.

又云: "股也, 脛, 本曰股, 輔下體者." 「資生經」云: "風市二穴, 在膝下兩筋間, 立舒下兩手, 著腿." 其訓義不分析. …(후략)… ("금년 2월에 본부에서 교지를 받자와, 심문하는 형장을 칠 때의 상황을 그림으로 그려서 중외에 반포하였사온데, 그 그림에는 형장의 머리가 바로 무릎 아래에 닿고 조금도 넓적다리[腿]에는 범하지 않게 하였사오나, 그러나 다시 腿라는 글자의 뜻을 자세히 상고하온즉, 옥편에 이르기를, '脛'이라 하고, 또 이르기를, '股'이니 '脛'의 밑둥이 '股'인데 아랫몸을 돕는 것'이라 하였으며, 「資生經」에 이르기를, '風·市' 두 혈이 무릎 아래 두 힘줄 사이에 있는데, 서서 두 손을 펴 내리면 腿에 닿는다.'고 하였사오나, 그 뜻은 분석하여 말하지 아니하였습니다.)〈世宗 87卷, 21年(1439 己未 / 명 正統 4年) 10月 17日(壬辰) 1번째 기사, 의정부에서 죄인을 심문하는 형장의 방법을 정하여 아뢰다〉

나. …(전략)… 正字之訓, 旣不見於註疏, 則臣等亦不敢質言 …(후략)… (正이라는 글자의 뜻풀이가 주소에 나오지 않았고 보면 신들도 감히 확실하게 말할 수 없습니다.)〈顯改 15卷, 7年(1666 丙午 / 청 康熙 5年) 4月 19日(己巳) 2번째 기사, 복제에 관한 생원 윤택 등의 상소문〉

다. …(전략)… 隅字之訓爲廉角, 蓋指外面工夫而言也. …(후략)… (隅라는 글자의 뜻을 풀이하면 바로 모퉁이처럼 각이 나게 행동해야 한다는 것이니, 이는 대체로 외면 공부를 가리켜서 말한 것이다.)〈정조 42권, 19년(1795 을묘 / 청 乾隆 60년) 6월 16일(을미) 1번째 기사, 고성 군수 이성보를 소견하여 첫 번째 의리에 관하여 대화하다〉

(5)가의 腿字之訓을 통하여 보면 『玉篇』에 '脛也' 또는 '股也'라 하는 것이 '腿'字의 訓이라 하고 있다. 이는 (5)나와 (5)다의 예문에서 각각 正字之訓, 隅字之訓에 '訓'이 나오는데 같은 개념이다. 여기서 우리는 '訓'이 한자의 뜻풀이 즉 새김을 의미함을 알 수 있다. 『朝鮮王朝實錄』에 '訓'이 8,000여 회나 출현하기 때문이 여기에 나오는 한자 '訓'을 검색, 분석하여 '새김'의 뜻을 지닌 경우를 추적하는 것은 매우 힘든 일이다. 일단 '訓'이 '뜻풀이' 또는 '새김'의 의미로 쓰인 예를 확인하였으므로 이 한자가 다른 한자와 결합한 경우도 '새김'의 개념을 지니는 단어들을 수집, 정리하여 논의하고자 한다. 이들 어휘를 본고에서 편의상 '訓' 관련 어휘라 하기로 하며 이에 속하는 것으로 字訓, 漢訓, 鄕訓, 語訓, 訓義, 訓詁, 訓註, 訓說, 訓解 등이 있다.

3.1. 字訓

『朝鮮王朝實錄』에서 '字訓'은 성종(4), 중종(1), 선조수정(2), 숙종(2), 영조(1), 정조(1) 등에서 모두 11건이 검색된다.

(6) 가. 承文院判校鄭孝恒等五人輪對, 孝恒啓曰: "吏文・漢訓, 非一朝一夕成就, 而通事通經書者蓋寡, 世祖慮此, 揀選文臣, 名曰: '漢訓學官,' 隨赴京文臣質正之,…(중략)… "國家選衣冠子弟, 充漢學習讀官, 又設遞兒職以勸之, 然不過副司果, 故不用心肄業. 願擇其能通譯語字訓者, 敍東班顯官, 以敦勸之."(승문원 판교 정효항 등 5인이 윤대하였는데, 정효항은 아뢰기를, "吏文・漢訓은 일조 일석에 이루어지는 것이 아닌데, 통사로서 경서에 통달한 자가 대개 적으니, 세조께서 이것을 염려하여 문신을 간선하여 이름을 '漢訓學官'이라

하고, 북경에 가는 사신을 따라가서 질정하게 하였습니다. …(중략)… "나라에서 衣冠子弟를 뽑아서 漢學習讀官을 채우고, 또 遞兒職을 설치하여 권면하였으나, 부사과를 넘지 못하기 때문에, 마음을 기울여 학습하지 아니합니다. 원컨대 <u>譯語·字訓에 능통한 자를 택하여</u> 동반의 현관에 서임하여서 권장하소서."〈성종 38권, 5년(1474 갑오 / 명 成化 10년) 1월 19일(을사) 4번째 기사 정효항과 김자정이 역관들을 이문·한훈에 능통하게 하는 방도를 논하다〉

나. …(전략)… 侍講官李昌臣啓曰: "臣曾以聖節使質正官赴京, 聞前進士邵奎以親老居遼東, 回來時尋問之, <u>該通經史, 精審字訓矣</u>. 世宗朝遣申叔舟·成三問等到遼東, <u>就黃瓚質正語音字訓</u>, 成「洪武正韻」及「四聲通考」等書. 故我國之人, 賴之粗知漢訓矣. 今須擇年少能文如申從濩輩, <u>往就邵奎質正字訓書籍</u>, 則似有利益. …(후략)… (시강관 이창신이 아뢰기를, "신이 일찍이 성절사의 질정관으로 북경에 갔다가 들으니, 전 진사 邵奎는 어버이가 늙어서 요동에 산다 하여 돌아올 때에 방문하였는데, <u>경사에 널리 통하고 字訓에 정밀하였습니다</u>. 세종조에 신숙주·성삼문 등을 보내어 요동에 가서 <u>황찬에게 語音과 字訓을 질정하게 하여</u>「洪武正韻」과「四聲通考」등의 책을 이루었기 때문에, 우리나라 사람들이 이에 힘입어서 漢訓을 대강 알게 되었습니다. 이제 모름지기 나이가 젊고 글에 능한 신종호와 같은 무리를 택하여 <u>邵奎에게 가서 字訓의 서적을 질정하게 하면</u> 이로움이 있을 듯합니다.)〈성종 200권, 18년(1487 정미 / 명 成化 23년) 2월 2일(임신) 1번째 기사시강관 이창신이 젊은 문신으로 하여금 요동의 소규에게 질정하도록 아뢰다〉

(6)에서 '字訓'과 더불어 '漢訓', '漢訓學官', '語音' 등의 단어를 발견할 수 있다. (6)가에서 "吏文·漢訓, 非一朝一夕成就"에서 '吏文'이란 중국과 주고받던 문서에 쓰던 특수한 관용 공문의 용어나 문체를 말한다. 咨文을 비롯하여 書契, 關子, 甘結, 報狀, 題辭 따위와 같은 문서에 쓰인 한문의 한 종류로 관리들의 전유물이었다. 吏文에 이어 나오는 '漢訓'이란 한자 또는 한문의 뜻을 의미하는 것이다.

"願擇其能通譯語字訓者"에서 '譯語'와 '字訓'이 나오는데 '譯語'란 중국어를 번역한다는 뜻이고 '字訓'은 '한자의 뜻'을 의미하는 것이다. 문장 전체를 풀이한다는 개념으로 보이는 '譯語' 다음에 앞에서 사용한 '漢訓'을 쓰지 않았다는 점에서 '字訓'은 '한문의 뜻'이라고 보기는 어렵다.

(6) 나의 "該通經史, 精審字訓矣(경사에 널리 통하고 자훈에 정밀하였다)에서 '字訓'도 '한자의 뜻'이라는 의미로 보인다. 그러나 "就黃瓚質正語音字訓(황찬에게 語音과 字訓을 質正하게 하여)"라는 구절을 통하여 보면 음과 훈을 구분하여 표현하였는데 "精審字訓矣"에서는 음과 훈을 구분하지 않고 '字訓'으로만 표현하였다. 여기서의 '字訓'은 '語音字訓'을 뜻하는 것으로 보인다. 그러므로 '字訓'은 때때로 한자의 음과 훈을 모두 가리키는 개념으로도 쓰였음을 알 수 있다.

'訓'이 한자의 뜻뿐만 아니라 경우에 따라서 음까지도 함께 가리키는 개념으로 볼 수 있는 것은 "故我國之人, 賴之粗知漢訓矣"를 통해서도 알 수 있다. 전후문맥을 통하여 살펴보면 우리나라 사람들이 '漢訓'을 대강 알게 된 것은 황찬에게 '語音'과 '字訓'을 질정하여 『洪武正韻』과 『四聲通考』 등의 책을 이루었기 때문이라고 하였다. 황찬에게 질정한 '語音'과 '字訓'으로 인하여 '漢訓'을 알게 되었다는 것은 '漢訓'이 '語音'과 '字訓'을 모두 포함하는 개념임을 알 수 있는 것이다.

조선시대의 벼슬 명칭을 통해서도 '漢訓'의 '訓'이 '음'의 개념까지 포함하고 있다는 것을 알 수 있다. 漢訓學官 또는 漢訓質正官을 통해서 이런 추론이 가능하다. 북경에 가는 사신을 따라가서 한훈을 질정하는 임무를 띠고 있는 이 벼슬아치는 한어의 훈뿐만이 아니라 '음'도 당연히 질정하였을 것이기 때문이다.[2] 요컨대 '字訓'의 기본적인 개념은 '한자의 뜻'이지만 경우에 따라서 한자의 음과 뜻을 모두 가리키는 개념으로 쓰였음을 알 수 있다.

『千字文』에 나오는 개별한자의 뜻을 의미하는 말로 '字訓'이 쓰였음을 숙종 때 간행된 『御製千字文』序에서 볼 수 있었다. 그런데 이 『千字文』과 관련된 내용을 숙종 17년(1691 신미/청 강희(康熙) 30년) 윤7월 25일(무인) 1번째 기사에서 확인할 수 있다. 이 기사는 본 논의와 관련하여 활용도가 높은 것이므로 전문을 옮기기로 한다.

(7) ○戊寅/上親製「千字」序文, 下春坊. 春坊請刊出弁卷, 待東宮開筵, 以此文進講, 許之. 其文曰: "予惟「千字」一書, 卽梁朝周興嗣之所撰也. 昔武帝教諸王書, 令殷鐵石. 于鍾·王書中, 楊一千字不重者, 每字片紙, 雜碎無序, 令興嗣韻之. 興嗣編綴於一日之內, 鬢髮爲之盡白, 可見用力之勤, 而其所以排比者, 亦可謂精且切矣. 仍又思惟, 春宮方講習是書, 而性旣聰明, 心智日長, 加意學問, 正在匪遠. 每當誦讀之際, 不惟只識字訓而已, 必須反覆紬繹, 觸類而長之. 如讀孝當竭力之句, 則思文王之日三朝. 而必也愉愉怡怡, 洞洞屬屬, 讀尺璧寸陰之句, 則如舜投珠璧, 禹惜寸陰, 而必也賤寶貴德, 學如不及. 讀尅念作聖之句, 則念聖狂之判, 在乎理欲, 而必也遏爾人欲, 擴爾天理. 讀知過必改之句, 則體「羲易」之風雷益, 而必也遷善如風之速, 改過如雷之猛, 讀務玆稼穡之句, 則知盤中粒米, 皆

2 '漢訓'의 개념에 대하여는 '鄕訓'과 대비하여 3.2.에서 보다 상세히 논의하기로 한다.

出辛苦, 而必也尙儉節用, 爲國惜福. 日夕孜孜, 體驗于身, 則未必不爲
開發成就之一助云爾."(임금이 친히 千字序文을 춘방에 내렸는데, 춘방
에서 권두에 붙여서 찍어내어 동궁에서 서연을 열 때에 이 글을 진강
하겠다고 청하니, 윤허하였다. 그 서문에 이르기를, "내가 생각하건대,
천자의 글은 양나라의 주흥사가 지은 것이다. 예전에 무제가 제왕에
게 가르칠 글을 은철석으로 하여금 종요·왕희지의 글 가운데에서 중
복되지 않게 1천 자를 베껴 내게 하였는데, 글자마다 다른 쪽지이고
번잡하여 차서가 없으므로, 주흥사로 하여금 운문을 만들게 하였더니,
주흥사가 하루 안에 엮어 내고 머리가 죄다 하얘졌으니 힘쓴 것이 부
지런함을 알 수 있고, 그 배열한 방법도 정교하고 절실하다 하겠다.
또 생각하건대, 춘궁이 바야흐로 이 글을 강습하는데, 천성이 이미 총
명해서 마음과 지혜가 날로 자라나면 학문에 뜻을 두는 것이 틀림없
이 멀지 않을 것이니, 글을 읽을 때마다 글자의 새김만을 알 뿐이 아
니라, 반드시 반복하여 주역하고, 유에 따라 장점을 얻게 해야 할 것
이다. 효도에 힘을 다하여야 한다는 글귀를 읽으면 문왕이 하루에 세
번 문안한 것을 생각하여 반드시 즐거운 낯빛으로 성실하고도 전일할
것이며, 성인은 척벽을 귀하게 여기지 않고, 촌음을 아낀다는 글귀를
읽으면 순임금이 주벽을 버리고 우임금이 촌음을 아낀 것같이 하여
반드시 보배를 천하게 여기고 덕을 귀하게 여겨 학문에 미치지 못하
듯이 할 것이며, 능히 성인이 되기를 생각한다는 글귀를 읽으면 성인
과 광인의 구별이 천리와 인욕에 달려 있다는 것을 생각하여 반드시
그 인욕을 막고 그 천리를 넓힐 것이며, 허물을 알면 반드시 고친다는
글귀를 읽으면 「周易」 풍뢰익을 체득하여 반드시 바람처럼 빠르게 선
으로 옮겨가고 천둥처럼 맹렬하게 허물을 고칠 것이며, 농사를 힘쓴
다는 글귀를 읽으면 소반 안의 쌀 한 톨도 다 신고에서 나온 것을 알

아서 반드시 검소를 숭상하고 절약하여 써서 나라를 위하여 석복하여 밤낮으로 부지런히 제 몸에 체험하면, 개발하여 성취하는 한 도움이 될 것이다." 하였다.)〈숙종 23권, 17년(1691 신미 / 청 康熙 30년) 윤7월 25일(무인) 1번째 기사 천자 서문을 춘방에 친히 내리다〉

(7)을 통하여 알 수 있듯이 '千字文'은 단순히 1,000자의 漢字[千字]만을 배열한 것이 아니고 四字一句 도합 250句, 125節로 된 古詩文이다. 단순한 한자의 나열이 아니라 고대 중국의 고사·국명·인명·지명·윤리 등의 사실을 체계화하여 편찬된 것이다. 그러므로 '千字文'은 各 句의 내용을 학습하는 과정에서 사람으로서 갖추어야 될 도리도 함께 익히도록 한 것으로 볼 수 있다.

숙종의 이 서문은 『千字文』이 단순한 한자초학서가 아니라 한문 학습서 나아가 인간 교육서로서의 위상을 확보하게 하는 데 크게 기여한 것이라 할 수 있다. 이 글의 내용 중 핵심적인 구절은 "每當誦讀之際 不惟只識字訓而已 必反覆紬繹觸類而長之"이다. 이는 각 한자에 달려 있는 訓만을 익히는데 그치지 말고 각 句의 깊은 뜻을 파악하여 궁극적으로 생활화하라는 것이다. 여기서 '字訓'이란 『千字文』의 각 한자에 달려있는 새김을 뜻하는 것이다. 『註解 千字文』을 제외한 일반적인 형식의 『千字文』에는 예외 없이 하나씩의 새김만이 달려있는데 이것을 일컬어 자석이라 하지 않고 '字訓'이라 했다는 점에 주목하지 않을 수 없다.

각 한자는 하나의 의미만을 지니는 것이 아니라 여러 개의 의미를 지니고 있다. 이를 일컬어 일자수의라 하는데 표현해야 할 개념은 무한한데 문자인 한자는 한정되어 있기 때문에 당연히 나타나는 현상이다. '尺璧寸陰'에서 '寸'의 자훈은 대분의 『千字文』에 '마디'로 달려있고 늦은 시기에 간행된 일부 판본에 '치'로 되어 있다. 그러나 이 구를 해석할 때

'寸'을 '마디' 또는 '치'라고 하지 않고 '짧은' 정도로 풀이한다. 이렇듯 한자는 문맥에 따라 그 의미와 해석이 얼마든지 달라질 수 있다.

특정 한자가 문맥적 상황에 따라 그 의미가 달라질 수 있고 여러 가지의 의미를 지님에도 불구하고 『千字文』을 비롯한 漢字初學書에서는 일반적으로 하나의 한자에 하나의 새김만을 제시하고 있다. 이 때 이 새김은 대상 한자의 일차적인 의미를 표현하는 우리말이 사용되었다. 그러므로 우리는 이를 일컬어 常用之釋이라 하는데 (7)에서는 '字訓'이라 하였음을 알 수 있다. 특정한자가 지닌 일차적이고 대표적인 의미를 표현한 '字訓'만을 익히는데 만족하지 말고 그 문맥의 의미를 잘 파악하여 행동에 옮길 수 있도록 하라는 숙종의 서문에서 '字訓'의 개념이 분명하게 드러나 있음을 알 수 있다. 여기서 '字訓'이란 개별한자의 대표적인 의미를 표현한 우리말 새김이라 할 수 있다.

이상의 논의를 종합하면 '字訓'의 개념은 (6)을 통해서는 기본적으로 한자의 뜻, 경우에 따라서 한자의 음과 뜻으로 정리할 수 있다. 그리고 (7)의 검토를 통해서는 개별한자의 대표적인 의미를 표현한 우리말 새김이라 할 수 있다. 결과적으로 새김과 관련된 '字訓'의 개념은 (7)의 검토를 바탕으로 이루어져야 할 것이며 '개별한자의 대표적인 의미를 표현한 우리말'이라 하여야 할 것이다.

3.2. 漢訓과 鄕訓

'漢訓'은 세종(7), 세조(7), 성종(22) 등 36건이 검색된다. 반면에 '鄕訓'은 4건이 검색되는데 세종(3)과 선조(1)이다. '鄕訓'이 나오는 세종 때의 기사 3건 모두에서는 '漢訓'도 함께 나온다.[3] 漢訓과 鄕訓이 함께 출현하는 이들 기사를 검토하여 그 개념을 살피고자 한다.

(8) 가. …(전략)… 臣問: "讀詔依上國訓乎? 本國訓乎?" 兩使云: "殿下不知
漢訓, 當用鄕訓 …(후략)… (신이 묻기를, 조서를 읽는데 중국 음
으로 읽을까, 본국 음으로 읽을까, 하니, 두 사신이 이르기를, 전
하가 중국의 음을 알지 못할 터이니, 본국의 음을 사용하여야 한
다.)〈세종 26권, 6년(1424 갑진 / 명 永樂 22년) 10월 13일(갑인) 7
번째 기사 두 사신이 보고 칙서를 맞이한 뒤에 상례를 거행하기
를 말함을 정여가 아뢰다〉

나. ○遣禮曹正郎安自立于碧蹄驛, 問使臣曰: "詔書開讀, 用漢訓乎? 鄕
訓乎? 殿下卽位以來, 皆讀鄕訓, 唯康獻・恭定兩王朝, 兼讀鄕・漢
訓, 今將何如? 願從使臣指揮." 使臣曰: "先讀漢訓, 次讀鄕訓."(예조
정랑 안자립을 벽제역에 보내어 사신에게 묻기를, "조서를 펴서
읽을 때에 漢訓으로 읽을 것입니까, 鄕訓으로 읽을 것입니까, 전
하께서 즉위하신 이래로 모두 鄕訓으로 읽었사온데, 오직 강헌・
공정 양조 때에는 鄕訓과 한훈을 겸용하였으니, 이번에는 장차 어
떻게 할 것인지 사신의 지휘대로 따르겠습니다." 하니, 사신이 말
하기를, "먼저 한훈을 읽고 다음에 향훈으로 읽으십시오." 하였
다.)〈세종 127권, 32년(1450 경오 / 명 景泰 1년) 1월 29일(을사) 2번
째 기사 조서를 읽을 때 먼저 한훈을, 다음에 향훈을 읽기로 하다〉

(8)은 모두 임금이 조서를 읽을 때 漢訓으로 읽을 것인가 鄕訓으로 읽
을 것인가를 사신과 협의한 내용이다. (8)가에서는 漢訓을 '上國訓', 鄕訓
을 '本國訓'이라고도 표현하였다. 한문으로 작성된 조서를 읽음에 있어

---

3 선조실록에서 검색되는 '鄕訓'은 본고의 논의와 관련이 없는 것이므로 '鄕訓'이 나오
는 기사에는 모두 '漢訓'이 함께 출현함을 알 수 있다.

서 漢訓으로 읽는다는 것은 중국의 한자음으로 읽는다는 것이고 鄕訓으로 읽는다는 것은 조선 한자음으로 읽는다는 것이다. 그러므로 여기에 쓰인 '訓'은 한자음을 의미하는 것이다.

'漢訓'은 그 출현 빈도가 '鄕訓'에 비해 많은데 '漢訓'만이 출현하는 기사를 살펴보면 '한자음'이라는 의미로 쓰인 경우도 있지만 대부분 '漢語' 즉 '중국어'라는 의미로 쓰였다.

(9) 가. ○命崔有江學漢訓, 以眞立請之也.(최유강에게 명하여 중국말을 배우게 하였으니, 진입이 이를 청한 때문이었다.)〈세종 47권, 12년(1430 경술 / 명 宣德 5년) 2월 29일(경자) 3번째 기사, 최유강에게 명하여 중국말을 배우게 하다〉

나. …(전략)… 我國與中國, 語音不相通, 非知漢語者, 不能道達上意也. 何通曉漢訓, 可以任專對之責也 …(후략)… (우리나라는 중국과 어음이 서로 통하지 않으므로 중국말을 알지 못하는 사람은 임금의 의사를 능히 일러 통달할 수가 없습니다. 김하는 중국의 말을 통달 이해하니, 외국에 사신으로 가서 능히 응대할 책임을 맡길 만합니다〉〈세종 113권, 28년(1446 병인 / 명 正統 11년) 8월 15일(경술) 2번째 기사, 김하를 주문사로 삼아 중국에 세자의 관복을 청하기로 하였다〉

다. …(전략)… 承文院無敎訓者, 命仕本院, 使誨漢訓, 實爲便益 …(후략)… (승문원에 교훈할 자가 없으니, 명하여 본원에 근무하도록 해서 漢訓을 가르치게 하는 것이 진실로 편리하고 유익할 것입니다.)〈성종 246권, 21년(1490 경술 / 명 弘治 3년) 10월 16일(갑자) 3번째 기사, 심회 등과 유자문과 이창신의 일을 의논하다〉

라. …(전략)… "卿等何爲固執耶? 頃者天使之來, 以漢訓讀詔書者, 只士

洪一人而已 …(후략)… (경들이 어찌하여 고집하는 것인가? 지난
번에 중국 사신이 왔을 때 漢訓으로 조서를 읽은 사람은 단지 임
사홍 한 사람뿐이었다.)〈성종 234권, 20년(1489 기유 / 명 弘治 2년)
11월 20일(갑술) 5번째 기사, 대사헌 권정 등이 임사홍이 과오를
뉘우치고 있다고 말한 손순효를 국문할 것을 청하다〉

(9)에서 (라)는 漢訓이 '중국의 한자음'이라는 개념으로 쓰인 것으로
(8)에서 살펴본 경우와 같은 의미로 쓰인 예이다. 그런데 세종 때 기사인
(9)가, 나와 성종 때 기사인 (9)다에서는 '漢語 즉 '중국어'라는 의미로 쓰
이고 있음을 알 수 있다. 鄕訓은 세종 때의 기사에서만 나오고 漢訓은
세종, 세조 성종 때의 기사에만 나오는 것으로 보아 조선전기에 주로 사
용했던 용어로 보인다. 결국 漢訓과 鄕訓에 사용된 '訓'의 개념은 '한자
음' 또는 '언어'의 뜻으로 쓰였음을 확인할 수 있다.

3.3. 語訓

語訓에 대한 총 검색건수는 7건이나 본 논의와 관련이 있는 것은 세
종과 정조 때의 다음 기사 2건이다.

(10) 가. …(전략)… 我國事大, 莫重譯學, 今司譯院生徒, 但習語訓, 不曉文
理, 接待上國使臣及我國使臣入朝之日, 傳譯舛訛, 以致譏笑.(우리
나라가 事大하는 데 있어서 역학보다 더 중한 것은 없습니다. 그
런데 지금 사역원의 생도들은 다만 語訓만 익히고 문리를 알지
못하여 중국의 사신을 접대할 때나 우리나라의 사신이 명나라에
들어갔을 때에 통역이 잘못되어 조롱과 비웃음을 받게 됩니다.)

〈世宗 45卷, 11年(1429 己酉 / 명 宣德 4年) 9月 6日 己酉 1번째 기
사, 신상이 전문적인 통역관 양성을 위해 이번의 등용을 아뢰다〉

나. …(전략)… 昔程夫子論生之謂性曰: '理有善惡, 紫陽釋之曰: '理當
作合字看', 明其理無善惡, 以解後人之惑. 大賢猶有語訓之起疑處,
則無識武倅之率口恒談, 無足爲罪. …(후략)… (옛날 정자가 生之
謂性을 논하면서 이르기를 '이치에는 선과 악이 있다.' 하였는데,
紫陽이 이를 해석하기를 '이치 리(理) 자는 당연히 합할 합(合) 자
로 보아야 된다.' 하여 이치에는 선과 악이 없다는 것을 밝혀 후인
들의 의혹을 풀어 주었던 것이다. 대현자도 그가 한 말의 뜻을 새
기자면 의심을 일으키는 곳이 있는데 무식한 무관 출신 수령이
입에서 나오는 대로 내뱉은 말을 죄로 여길 것 없다.)〈正祖 38卷,
17年(1793 癸丑 / 청 乾隆 58年) 11月 11日 庚子 1번째 기사, 장령
강봉서의 상소에 따라 제주도의 기민 구제책을 논의하다〉

　(10)가에서 "但習語訓, 不曉文理"란 사역원의 생도들이 공부하는 책에
나오는 말의 뜻만을 익힐 뿐이어서 어떤 문장이든 상황에 따라 이해하
고 구사할 수 있는 능력이 없다는 뜻이다. 그리고 (10)나의 "大賢猶有語
訓之起疑處"란 대현자도 그가 한 말의 뜻을 새기자면 의심을 일으키는
곳이 있다는 것이다. 그러므로 이들 기사에 나오는 語訓이란 한자의 뜻
을 의미하는 것이다.

3.4. 訓義

　'訓義'는「通鑑訓義」,「訓義通鑑」,「資治通鑑訓義」,「訓義綱目」,「綱目
通鑑訓義」,「思政殿訓義」,「宣政殿訓義」등의 책이름으로 쓰인 경우가

많다. 訓은 '풀이하다'는 의미를 갖고 있고 義는 '뜻'이므로 訓義는 '字句의 뜻을 풀이함'이라고 그 개념을 정의할 수 있다. (11)을 통하여 『資治通鑑訓義』의 편찬과정을 살펴보면 '訓義'의 개념 파악에 도움이 될 수 있을 것으로 보인다.

(11) ···(전략)··· 上卽位之三年庚子, 始置集賢殿于禁中, 妙選一時文學之士, 備顧問·掌讎校, 日引經幄, 講論經史. <u>歲甲寅七月, 以司馬公「資治通鑑」, 史學之淵源, 而諸家訓註, 詳略不同, 難於編考, 乃於是殿, 召會文臣, 取諸家之註, 兼廣閱書傳, 參而校之, 附於「通鑑」本文, 名曰「訓義」,</u> 每成藁以進, 悉皆賜覽裁決. 至期事將就緒, 上親御慶會樓, 賜宴以慰之. ···(후략)··· (임금께서 즉위하신 지 3년 경자에 비로소 금중에 집현전을 두시고, 당시의 문학의 선비를 정선하여 고문에 대비하고 교정을 맡게 하여, 날마다 경악에 이끌어서 경사를 강론하였다. <u>갑인년 7월에, 사마공의「資治通鑑」은 사학의 근원인데, 제가의 訓詁와 註釋이 자세하고 간략함이 같지 아니하여, 편찬하고 고증하기가 어려우므로, 이에 이 전당에 문신들을 불러 모아 제가의 주를 취하고, 겸하여 서와 전을 널리 열람하여 참조하고 교정하여, 통감 본문에 붙이고 이름을 「訓義」라고 하였다.</u> 매양 초본을 만들어 올리면 모두 다 보시고 재결하시었다. 돌이 되어 일이 장차 완성하게 되매, 주상께서 친히 경회루에 거둥하시어 잔치를 내리시어 위로하시었다.)〈世宗 68卷, 17年(1435 乙卯 / 명 선덕(宣德) 10年) 6月 8日(戊申) 2번째 기사 윤회 등이 응제시를 편찬하여 축을 만들고 권채가 서문을 짓다〉

(11)을 통하여 『資治通鑑訓義』를 편찬하게 된 동기를 살펴보면 기존의 『資治通鑑』이 諸家의 訓詁와 註釋이 자세하고 간략함이 같지 아니하

여, 편찬하고 고증하기가 어렵다는 점이다. 그리고 편찬과정은 문신들을 불러 모아 제가의 註를 취하고, 겸하여 書와 傳을 널리 열람하여 참조하고 교정하였다는 것이다. 여기서 우리는 기존의『資治通鑑』본문에 붙어있는 訓詁와 註釋이 마땅치 않아 제가의 주를 비롯하여 서와 전을 열람하고 바로잡아 편찬한 것이『資治通鑑訓義』임을 알 수 있다. 그러므로 訓義란 훈고와 주석을 참고하여 본문의 자구를 풀이한 것이라 할 수 있다. 결국 訓義의 기본적인 의미 '자구의 뜻을 풀이함'과 크게 차이가 없는 것이라 하겠다. 다만 그 풀이를 한문으로 한 것이지 언해 즉 우리말로 풀이한 경우를 가리키는 예는 발견되지 않는다.

예문 (5)가의 마지막 문장에서도 '訓義'가 나오는데 '뜻'의 개념으로 쓰였다. "其訓義不分析"은 "그 뜻은 분석하여 말하지 아니하였습니다."로 해석되는데 여기서 '訓義'는 이 기사의 앞부분에 나오는 '腿字之訓'의 '訓'과 같은 개념으로 쓰였음을 알 수 있다. 요컨대 '訓義'의 일차적인 개념은 '자구의 뜻을 풀이함'이지만 경우에 따라서는 자구가 지닌 '뜻' 또는 '의미'로 쓰이기도 한다.

3.5. 訓詁, 訓註

'訓詁'에 대한 총 검색 건수는 43건으로 '訓註'에 대한 총 검색 건수 4건에 비해 월등히 많다. '訓詁'는 경전이나 고서의 자구에 대한 기존의 해석이라는 의미로 쓰인 경우가 대부분이다. 그리고 '訓註'는 '訓詁註釋'의 의미로 쓰여 기존의 해석인 훈고와 본문의 자구에 주를 달고 풀이한다는 의미를 두루 포함하는 개념으로 쓰였다.

(12) 가. …(전략)… 今之學者欲求經旨, 以待有司之問, 其志先局於句讀訓詁

之間, 專務記誦, 取辨於口, 其於義理之蘊, 文章之法, 有不暇致力焉. …(후략)… (지금의 배우는 자들은 경서의 뜻(經旨)을 알아 가지고 유사의 물음에 대답하고자 하여, 그 뜻이 먼저 句讀와 訓詁 사이에 국한되어, 오로지 기억하고 외우는 것만 힘써서 입에만 담으려 하니, 의리의 깊은 것과 문장의 법에는 힘을 쓸 여가가 없습니다.)〈태종 13권, 7년(1407 정해 / 명 永樂 5년) 3월 24일(무인) 1번째 기사, 길창군 권근이 권학에 대한 조목을 아뢴 상소문〉

나. …(전략)… 往在庚申, 臣於胄筵, 進講「孟子」, 至「咸丘蒙章」, 殿下拈出志意二字, 下詢於臣. 臣仰對以志意訓詁, 而殿下遽曰, "志與意, 皆心之所爲, 吾心正則萬事自正矣. …(후략)… (지난 경신년에 신이 주연에서 「孟子」를 진강하였는데, 咸丘蒙章에 이르러 전하께서 '志意' 두 글자에 대해 신에게 하문하셨습니다. 신이 志意의 訓詁로 대답하자, 전하께서 갑자기 말씀하시기를, '志와 意는 모두 마음이 하는 바이니, 내 마음이 바르면 만사가 저절로 바르게 된다.')〈純祖 13卷, 10年(1810 庚午 / 청 嘉慶 15年) 11月 21日(壬申) 2번째 기사, 부제학 김이교가 상소하여 임금의 실천이 부족하다고 하니 가납하다〉

(12)가 권근의 상소문에서 학자들이 구두와 訓詁에만 치중하여 경전의 각 문장이 담고 있는 깊은 뜻과 문법에는 힘쓸 여가가 없다고 하였다. 여기서 訓詁의 개념은 경전의 章句에 달려있는 선학의 해석을 뜻한다. (12)나에서 '訓詁'로 대답했다는 것은 志와 意에 대하여 선학이 달아 놓은 풀이대로 답변했다는 것이다. 이에 대하여 임금이 "志와 意는 모두 마음이 하는 바이니, 내 마음이 바르면 만사가 저절로 바르게 된다"고 한 것은 訓詁가 아니며 순조 임금의 새로운 해석인 셈이다.

4건이 검색되는 '訓註'의 경우 본 논의와 관련이 있는 것은 2건에 불과하다. 그 중 하나는 앞서 3.4. 訓義에서 살펴본 예문 (11)에 나오는데 '諸家訓註가 그것이다. 이는 『通鑑』의 本文에 달려있는 제가의 訓詁와 註釋이라는 뜻이다. 이 訓詁와 註釋을 참고하여 새롭게 편찬한 것이 『通鑑訓義』인 것이다. 그러므로 訓義, 訓詁, 訓註 등에 나오는 訓은 '풀이한다'는 개념임을 알 수 있다.

3.6. 訓說, 訓解

訓說과 訓解는 '뜻을 풀이하여 설명함'이라는 비슷한 의미를 지닌 말이다. 그 검색 건수도 많지 않아 각각 4건과 5건이 검색되나 두 단어 모두 '가르침을 풀이함'이라는 의미로 쓰인 것도 있다. 訓解의 예를 통하여 살펴보기로 한다.

(13) 가. …(전략)… 惟胡氏音註之精微, 炳如指掌; <u>集諸家訓解而纖悉</u>, 誠宜服膺. 且刊缺之諸書, 許刊補而續賜. 殊私至此, 前昔所稀. …(후략)… (다만 호씨의 음주본의 정미함은 명백하기가 손바닥을 가리키는 것과 같고, <u>제가의 訓解를 모아서 자세하매</u> 진실로 마땅히 잘 지켜야 될 것입니다. 또 완결된 여러 서적도 보간하여 계속해 내리심을 허락하시니, 특수한 사정이 이에 이르게 됨은 옛날에는 드문 일입니다.)〈세종 71권, 18년(1436 병진 / 명 正統 1년) 1월 19일(을유) 1번째 기사, 남궁계를 보내어 「음주자치통감」의 사례를 하게 하다〉

나. …(전략)… 嘗有家訓, 一曰忠君, 二曰孝親, 三曰友愛同氣, 四曰睦宗族, 五曰處鄕黨交朋友, 六曰愼言語, 七曰愼行, 八曰居官, <u>皆有訓</u>

觧, 以教其子弟及學者. 門下之士成就者, 亦多. …(후략)… (가훈이
첫째는 임금에게 충성할 것, 둘째는 어버이에게 효도할 것, 셋째
는 동기간에 우애할 것, 넷째는 종족들과 화목할 것, 다섯째는 향
당(鄕黨)에서는 벗들과 사귈 것, 여섯째는 말을 삼갈 것, 일곱째는
행동을 삼갈 것, 여덟째는 벼슬살이에 근신할 것이었는데, 모두
訓解를 하여 자제들과 배우는 사람들을 가르쳤다. 문하의 선비들
중에도 성취된 사람이 많았다.) 〈명종 17권, 9년(1554 갑인/ 명 嘉
靖 33년) 9월 15일(계축) 2번째 기사, 홍언필·김안국을 인종의 묘
정에 배향하다〉

(13)가의 '集諸家訓解'는 '제가가 뜻을 풀이한 것을 모아서'라는 뜻이
다. 그리고 (13)나의 훈해는 忠君, 孝親, 友愛同氣, 睦宗族, 處鄕黨交朋友,
愼言語, 愼行, 居官 등 8가지의 '家訓' 즉 가정의 가르침을 풀이한다는 뜻
이다. 訓說과 訓解를 통하여도 훈이 가진 의미 중에 '뜻을 풀이하다'라는
의미가 있음을 확인할 수 있다.

4. 결론

'釋'과 '訓' 그리고 '새김'이라는 용어의 올바른 사용을 위하여 그 개념
을 분명하게 하고자 본장에서는 '訓'과 더불어 그 관련 어휘에 대하여 논
의하였다. '訓'이라는 한자가 지니고 있는 기본적인 의미에 대하여 고찰
한 후 『朝鮮王朝實錄』에 쓰인 '訓' 관련 어휘를 검색, 수집하여 문맥에서
'풀이하다' 내지는 '새기다'의 의미로 사용된 어휘를 고찰하였다.
'訓'이라는 글자는 기초한자에 속하는 것으로 『說文解字』에서는 '說敎

也'라 하였다. 그런데 우리나라의 한자학습서나 자전류에서는 '가르치다[誨也]'를 중세이후 상용지석으로 삼아 왔다. 이는 이 한자가 '가르치다'라는 의미로 쓰이는 경우가 가장 많기 때문에 그렇게 된 것으로 보인다. 상용지석은 아니지만 '訓'이 지닌 다른 의미 '주낼' 또는 '새김'은 그 本義인 '說敎'를 바탕으로 意味의 轉移가 일어나 형성된 것으로 보인다.

『朝鮮王朝實錄』에 '訓'은 8,000여 회나 출현하며 "腿字之訓, 正字之訓, 隅字之訓" 등에서 보이는 '訓'은 각각 腿, 正, 隅라는 한자의 풀이 내지는 새김이라는 뜻으로 쓰였다. 이런 의미로 쓰인 '訓' 관련 어휘로는 字訓, 漢訓, 鄕訓, 語訓, 訓義, 訓詁, 訓註, 訓說, 訓解 등이 있다.

'字訓'은 기본적으로 한자의 뜻, 나아가 개별한자의 대표적인 의미를 표현한 우리말 새김이라는 의미로 쓰였음을 확인하였다. 더불어 경우에 따라서는 한자의 음과 뜻을 함께 일컫는 개념으로 쓰였음을 알 수 있었다. 특히 '漢訓'과 '鄕訓'을 통하여 '訓'이 '음'의 개념으로도 쓰였음을 보다 분명히 알 수 있었다. '漢訓'은 종종 '漢語'의 개념으로도 쓰였다.

'語訓'은 '한자어 자구의 뜻을 의미하는 것이었으며, '訓義의 일차적인 개념은 '자구의 뜻을 풀이함'이지만 경우에 따라서는 '자구가 지닌 뜻'을 의미하기도 한다. '訓詁'는 경전이나 고서의 자구에 대한 기존의 해석이라는 의미로 쓰였다. 그리고 '訓註'는 '訓詁註釋'의 의미로 쓰여 기존의 해석인 訓詁와 본문의 자구에 주를 달고 풀이한다는 의미를 두루 포함하는 개념으로 쓰였다. '訓說'과 '訓解'는 '뜻을 풀이하여 설명함'이라는 뜻과 '가르침을 풀이함'이라는 의미로 쓰였다.

요컨대 '訓'이라는 한자는 '가르치다'를 비롯하여 수 개의 의미로 쓰이지만 '뜻' 또는 '뜻을 풀이하다'라는 개념으로도 활발하게 쓰여 온 글자이다. 다만 뜻을 풀이함에 있어 한자나 한문을 우리말로 풀이한 것을 가리킨 경우는 많지 않고 원문을 다시 한문으로 풀이한 것을 가리키는 경우가 대부분이었다. 한자를 우리말로 풀이한 것을 字訓이라 한 것은 숙종의 『御製千字文』序에 나오는 "每當誦讀之際, 不惟只識字訓而已"의 字訓이 아닌가 한다. 여기서 '字訓'은 해당 한자가 문맥에서 지니는 구체적이고 상황적인 의미가 아니고 개별 한자의 일차적, 대표적인 의미 즉 상용지석을 나타내는 개념으로 쓰였다.

　본 장의 논의를 통하여 새김의 의미를 지닌 '訓' 관련 어휘의 개념과 그 출현 환경에 대하여 파악하였다. 제3장에서는 제1장에서 논의한 '釋' 관련 어휘에서 밝혀진 사항과 대비하고 종합하여 '訓'과 '釋' 그리고 '새김'의 의미를 정밀화하고자 한다.

제3장 '釋'과 '訓' 그리고 '새김' 관련 어휘에 대한 대비적 검토

1. 서론

학술어를 비롯한 전문어에서는 보다 분명하고 정확한 용어 사용이 요구된다. 그러나 경우에 따라서는 동일한 개념을 여러 개의 단어로 표현하기도 하고 하나의 낱말이 수 개의 개념을 나타내기도 한다. 이렇듯 혼란스런 용어의 사용은 마땅히 개선되어야 하며 이를 위한 노력은 각 분야에서 우선적으로 이루어져야 한다.

특정한 낱말의 의미를 분명하게 파악하기 위해서는 그 낱말이 쓰인 환경을 광범위하게 수집하고 분석하는 일이 이루어져야 한다. 『朝鮮王朝實錄』은 한문으로 기록되어 있는 방대한 자료로 '釋' 그리고 '訓' 관련 어휘를 다수 포함하고 있다. 필자는 이 자료를 활용하여 논자에 따라 다른 개념으로 사용하기도 하고, 같은 개념으로 사용하기도 하는 '釋'과 '訓'에 대하여 제1장과 제2장에서 각각 논의한 바 있다.

본장에서는 이미 살펴본 '釋'과 '訓' 관련 논의에서 미처 다루지 못했던 부분에 대하여 대비적, 종합적으로 고찰하고자 한다. 이를 통하여 '釋'과 '訓'이 각각 그 사용 환경과 의미를 달리하고 있는 부분이 있음을 밝히고

자 한다. 특히 동일한 환경에서 분포의 제한이 있음을 밝힘으로써 궁극적으로 '새김' 관련 용어 사용의 정확성을 도모하는데 이론적 기초를 제공하고자 한다.

2. '釋'과 '訓'에 대한 대비적 검토

2.1. 자전과 한자학습서에 나오는 '釋'과 '訓'

'釋'과 '訓' 모두 『說文解字』에 나오는 한자이다. 또한 우리나라의 전통적인 한자입문서 대부분에 등재되어 있다. 段玉裁(1970)의 『說文解字注』에 보이는 '釋'과 '訓'의 풀이를 보이면 다음과 같다.

(1)

釋：解也(廣韻曰捨也解也散也消也廢也服也按其實一解字足以包之) 从釆釆取其分別从睪聲(考工記以澤爲釋史記以醳爲釋皆同聲假借也古音在五部音轉則廣韻在二十二昔施隻切是也徐鉉所引唐韻賞職切)〈說文解字注 二篇上4ㄴ〉

訓：說教也(說教者說釋而教之必順其理引伸之凡順皆曰訓如五品不訓聞六律五聲八音七始訓以出內五言是也) 从言川聲(許運切十三部)〈說文解字注 三篇上十ㄱ〉

(1)을 통하여 '釋'과 '訓'의 원초적인 뜻[本意], 글자의 구조 그리고 음을 분명하게 알 수 있다. '釋'과 '訓'의 본의는 각각 '解也'와 '說教也'이다. 글자의 구조는 두 글자 모두 형성자를 표현하는 書式 '从○ ●聲'의 형식을 지니고 있으므로 복체 중 형성자임을 알 수 있다. '从釆睪聲'에서 '釆'이

의부임을 알 수 있고 그 뜻이 '釋'에 이어짐을 알 수 있는데 이 글자를 『說文解字注』에서는 다음과 같이 풀이하였다.

(2)

釆 : 辨別也　象獸指爪分別也(倉頡見鳥獸蹏迒之迹知文理之可相別異也遂造書契釆字取獸指爪分別之形凡釆之屬皆从釆讀若辨蒲莧切〈說文解字注　二篇上4ㄱ〉

(2)를 통하여 '釋'의 意符인 '釆'의 의미가 '辨別也'임을 알 수 있다. 짐승의 발톱 모양을 본 떠 만든 상형문인 이 글자는 그 형상이 갈라져 있으므로 '분별하다'라는 뜻을 지니게 된다고 한다. 나아가 獨體 '釆'이 音符 '睪'과 결합하여 '釋'을 이루면서 '解也' 즉 '낱낱이 분해하다' 즉 '덩어리를 분해하다'라는 의미로 발전하였음을 알 수 있다. 그 후 本意를 바탕으로 의미 적용의 확대 내지는 새로운 개념의 파생 과정을 거쳐 이 한자는 "捨也 解也 散也 消也 廢也 服也" 등의 뜻도 지니게 되었음을 알 수 있다.

'訓'의 本意는 '說敎也' 즉 '말로 풀어 가르치다'인데 '說'은 '言'+'兌'로 분석되며 '兌'는 회의자로 '분산/갈라짐'을 뜻하는 '八'과 '기도함'을 의미하는 '兄'이 결합된 글자이다. 이는 기도함으로써 맺힌 감정이 분산된다는 것이고 그렇게 되면 망아의 경지에 이르게 되어 기쁘게 된다는 것이다. 이런 과정 속에서 한자 '兌'는 '기쁘다'라는 의미도 갖게 되었지만 그 본의는 "맺혀져 있던 것이 풀리다"이다. 그러므로 '說'은 '言'+'兌'이므로 "맺힌 것을 말로 풀다"라는 의미를 지니게 되는 것이다.

한자 '訓'도 意符 '言'과 성부 '川'의 구조를 지닌 형성자이다. 그런데 '川'은 '따르다[順]'의 의미를 지니고 있으므로 '訓'의 의미가 "말로 이끌어

따르게 함" 나아가 "가르쳐 깨우침" 등의 의미로 발전하였음을 알 수 있다. '訓'의 본의는 '說敎也'이나 오늘날로 오면서 '誨也' 즉 '가르치다'라는 뜻으로 흔히 쓰이게 된 연유가 여기에 있음을 알 수 있다.

이상에서 우리는 '釋과 '訓'의 본의에 대하여 살펴보았다. 그러나 모든 한자는 하나의 뜻만을 지니는 것이 아니고 수개의 의미와 대응된다. 一字數義는 한자에만 국한 되는 것이 아니고 모든 언어에서 나타나는 일반적인 현상이다. 어휘 또는 문자의 수는 유한하나 표현해야할 개념은 무한하기 때문이다. 원초적으로 지녔던 本意를 바탕으로 의미 적용이 확대되거나 새로운 개념의 창출 등으로 각 한자는 수 개의 의미를 지니게 된다. 한자 '釋과 '訓'도 예외는 아니어서 여러 개의 의미와 대응되는 예를 제1장과 제2장에서 이미 밝힌 바 있다. 여기서는 "漢字가 가진 意味의 우리말"을 뜻하는 개념으로 쓰인 경우에 주목하고자 한다.

중국의 역대 자전과 우리나라의 자전 및 한자학습서에서 '釋과 '訓'에 대하여 어떤 풀이가 나오는지 살피고자 한다. 중국의 자전 중 訓詁, 즉 문자의 뜻을 해설하는 것을 주로 한 것으로 周公의 찬술이라고 전해지는 『爾雅』를 필두로 漢나라 때에 만들어진 『小爾雅』나 『釋名』 그리고 明나라 때 찬술된 최초의 숙어사서 『騈雅』를 거쳐 청나라 때의 『別雅』, 『字貫』 등이 있다. 그런데 이들 문헌에 나오는 설명을 모두 참고하여 집대성한 것이 『康熙字典』이다.

『康熙字典』 전 42권은 강희제의 칙명으로 당시의 大學士 陳廷敬, 張玉書 등 30명의 학자가 1716년(강희 55)에 완성한 것이다. 이 책은 오늘날 한자 자전의 체제를 정립한 책으로 평가 받고 있으며 오랫동안 가장 좋은 자전으로 널리 애용되었다. 오늘날 중국에서 쓰이고 있는 『辭源』이나 『新字典』, 『新華字典』 등도 이 책의 계통에 속하는 것이다. 그러므로 『康熙字典』은 중국 사서의 과거와 현재를 알게 하는 매우 가치 있는 자료이다.

『康熙字典』의 각 한자에 대한 설명에는 『說文解字』를 비롯한 『爾雅』, 『釋名』, 『正字通』, 『玉篇』…… 등 역사적 사서에 나오는 풀이를 앞세우고 추가적인 개념에 대하여 풀이하였다. 그러므로 이 책만을 참고하여도 각 한자가 『說文解字』에 제시된 본의 이후 어떤 뜻으로 의미 확장이 이루어졌는지 쉽게 알 수 있다. 이제 『新修 康熙字典』에 나오는 '釋'과 '訓'의 자의 관련 풀이를 보기로 하며 현대 사서인 『辭源』과 『辭海』의 풀이도 참고로 덧붙인다.

(3)

표제 한자 釋：① 【說文】解也 ② 【廣韻】捨也 ③ 消也, 散也 ④ 放也 ⑤ 【爾雅釋詁】服也 ⑥ 【書大禹謨】廢也 ⑦ 【禮王制】釋奠弊禮先師也 ⑧ 【禮禮器】猶去也, 回邪辟也 ⑨ 【儀禮士虞禮】猶遣也 ⑩ 【書大甲】弦發矢 ⑪ 潤也 ⑫ 【詩大雅】淅米也 ⑬ 釋迦佛號 ⑭ 姓 ⑮ 【韻會】言土解也 ⑯ 【集韻】悅也 〈康熙字典2006-2007〉

[一](shi) ① 解开 ② 解释 ③ 消溶, 消除 ④ 放下, 釋放 ⑤ 通 "舍" 舍弃 抛弃 ⑥ 浸漬 ⑦ 淘米 ⑧ 中国佛教对释迦牟尼的简称 [二](yì) 通"怿" 喜说 〈辭海 2221〉

① 解說 ② 釋放, 捨去 ③ 置, 放 ④ 溶解, 消散 ⑤ 浸漬 ⑥ 淘米 ⑦ 僧曰釋 〈辭源(수정본) 3145〉

표제한자 訓：① 【說文】說教也 ② 【正字通】古言可爲法也 ③ 【玉篇】誡也 ④ 【廣韻】男曰敎 女曰訓 ⑤ 【博雅】順也 ⑥ 詁訓, 註解之別名 ⑦ 官名 ⑧ 鳥名 ⑨ 獸名 ⑩ 州名 〈康熙字典1764-1765〉

① 敎誨 ② 法則 ③ 訓練 ④ 解說 ⑤ 順從 〈辭源(수정본) 2877〉

① 教誨 ② 典式 ③ 解釋 ④ 通 "順"〈辭海 434〉

(3)을 통하여 보면 '釋'과 '訓'이 각각 本意 '解也'와 '說敎也'를 바탕으로 여러 개의 의미로 확장되었음을 알 수 있다. 그런데 '釋'에서는 "字句의 解釋" 즉, "낱말이나 문장의 뜻을 알기 쉽게 풀이함"이나 "본문의 뜻을 알기 쉽게 풀이하는 일" 등의 뜻이 있음을 별도의 항목으로 제시하지 않았다. '訓'의 경우『康熙字典』⑥에서 "字句의 解釋"을 뜻하는 "詁訓, 註解之別名"이 별도의 항목으로 제시되었다. 중국의 사서와는 달리 우리나라의 한자입문서나 자전에서는 '훈석'을 비롯하여 "註解, 주낼, 풀이, 훈고, 새길, 새김" 등이 (4)에서 보듯 별도 항목으로 처리되어 있다.[1]

(4)

표제한자 釋 : 그를셕〈千字文 光州本, 육자본〉『新增類合』하60ㄴ〉, 그롤셕〈千字文 내각문고본, 경인본, 칠장사본, 신미본, 영남대본, 병자본, 용문사본, 송광사본, 갑술본〉, 흘롤셕〈千字文 서릉부본〉, 노흘셕〈千字文 정사본, 행곡본, 갑오본, 홍수동판〉, 풀셕解也【本】노흘셕放也【又】훈셕셕訓～上文八子技術之巧固有長短得失而要之皆能釋紛而利俗也〈註解千字文〉,【셕】捨也置也放也註解消散佛號～迦【陌】〈全韻玉編 하54ㄴ〉, 노을ㅅ셕 捨也置也註解消散佛號～迦〈字類註釋 상65ㄱ〉,【셕】舍也놓을셕, 註解주낼셕, 消也소셕할셕, 佛號～迦부처일홈셕【陌】〈字典釋要 하88ㄴ〉【셕】捨也놀[管子]～實而功虛, 放也내놀[書開～無辜, 消散풀릴[淮南子]有不～之冰, ～迦佛號부처이름[梁書昔聞孔道貴今都～花珍, 置也둘, 註解주낼【陌】〈新字典 4:24ㄱ〉,【셕】① 풀

석 ② 풀릴 석 ③ 벗을 석 ④ 내놓을 석 ⑤ 용서할 석 ⑥ 놓을 석 ⑦ 버릴 석 ⑧
쏠 석 ⑨ 젖을 석, 추길 석 ⑩ 일 석 ⑪풀이 석 ⑫석가 석 ⑬성 석〈漢韓大字
典 2109〉[一]【석】① 풀이하다, 해설하다, 해석하다 ② 풀리다, 녹다, 용해되
다 ③ 끄르다, 맺은 것이나 맨 것을 풀다 ④ 쏘다 발사하다 ⑤ 벗다 옷을 벗다
⑥ 포위나 경계를 풀다, 해제하다 ⑦ 근심 걱정을 풀다, 해소하다 ⑧ 버리다
폐기하다 ⑨ 내려놓다 ⑩ 남기다 남겨두다 ⑪ 석방하다 ⑫사면하다, 면제하다
⑬ 내쫓다, 추방하다 ⑭ 적시다, 담그다 ⑮ 쌀을 일다 ⑯ 석가모니의 약칭 전의
되어 불교나 승려를 두루 이른다 ⑰ 문체의 이름 ⑱ 심복하다, 복종하다 ⑲
성, 비구 비구니의 성 [二]【역】기쁘다, 기뻐하다〈漢韓大辭典 14:99-100〉

표제한자 訓 : ᄀ᷂ᄅ칠 훈〈訓蒙下14ㄱ, 32ㄱ〉〈類合下42ㄴ〉〈光千, 石千15ㄱ〉
〈倭解上37ㄴ〉, ᄀ᷂ᄅ칠 훈 誨也又]훈고훈 釋也說也〈註千〉,【훈】誨也導也誠也
說教註解~詁〈全玉下41ㄴ〉, 갈을칠 훈 誨也誠也註解~詁〈字類上60〉, 가르칠
훈〈兒學下4ㄱ〉,【훈】誨也갈아칠 훈〈釋要下66ㄴ〉,【훈】誨也가라칠[禮教~
正俗, 導也인도할[書以~于王, 誡也경계할[魏書臣被敕以爲酒~, 說教뜻일너
줄, ~詁註解주낼〈新字4:2ㄴ〉, [一] ① 가르칠 훈 ② 가르침 훈 ③ 이끌 훈 ④
새길 훈 ⑤ 새김 훈 ⑥ 따를 훈 [二] 길 순〈漢韓大字典 1899〉, ① 가르치다 ②
훈계하다, 타이르다 ③ 본보기, 준칙 ④ 훈련시키다, 익히게 하다 ⑤ 길들이다
⑥ 해석하다, 설명하다 ⑦ 이름짓다, 명명하다 ⑧ 따르다, 쫓다 ⑨ 문체 ⑩ 성
〈漢韓大辭典12:728〉

(4)에서 표제한자 '釋'에 대하여 一字一訓을 원칙으로 했던 일반적인
형식의 『千字文』에서는 '그를/그룰/슬룰' 또는 '노흘' 만을 새김으로 삼
고 있으나 복수의 새김을 보이는『註解 千字文』에는 文脈之釋 '풀'과 本
義之釋 '노흘' 그리고 '훈석' 등 세 개의 새김이 제시되었음을 볼 수 있

다. '훈석'이 당당하게 별도의 항목으로 올라 있음에 주목하지 않을 수 없다. 그리고 '훈석'과 유의어로 볼 수 있는 '註解'를 『全韻玉編』과 『字類註釋』에서, '註解주낼'은 『字典釋要』와 『新字典』에서 확인할 수 있다. 또한 『漢韓大字典』에서는 ⑪항의 '풀이'를 볼 수 있다. 그러나 가장 많은 새김 항목을 제시한 『漢韓大辭典』에서는 별도의 항목으로 제시하지 않고 ①항의 '풀이하다, 해설하다, 해석하다'에 포함하였음을 알 수 있다.

'訓'에 대하여도 일자일훈본인 한자입문서에서는 'ᄀᄅ칠'을 새김으로 삼고 있으나 『註千』에서 '훈고훈釋也說也'를 볼 수 있다. 『全玉』의 '訓'에 대한 풀이를 보면 誨也, 導也, 誡也, 說敎 등이 앞에 나오고 마지막에 '註解~詁'가 나오는데 『註千』에서 常用之釋 'ᄀᄅ칠'과 더불어 '훈고'만을 제시했다는 것은 무엇을 의미하는 것일까? 현실적으로 인도하다導也, 경계하다誡也, 뜻을 일러주다說敎 등에 비해 '훈고'의 개념으로 '訓'이 더 많이 쓰였음을 나타내는 것으로 보인다. 『新字』의 '주낼', 『漢韓大字典』의 ④ 새길 ⑤ 새김에서도 표제한자 '訓'에 대한 별도의 풀이 항목이 있음을 확인할 수 있다. '釋'에서와 마찬가지로 최근에 간행된 『漢韓大辭典』에서는 별도의 항목을 찾을 수 없고 ⑥ 해석하다, 설명하다를 볼 수 있다.

이상의 검토를 통하여 '釋'과 '訓'은 우리나라의 한자학습서나 자전에서 '새김'을 뜻하는 항목을 별도로 하여 비중 있게 다루었음을 확인할 수 있다. 이는 우리나라에서 '釋'과 '訓'이라는 한자가 일차적인 의미 즉 本意를 바탕으로 의미 적용의 확대 내지는 의미 확장의 과정을 거쳐 '새김'이라는 의미가 파생된 것으로 볼 수 있다.

2.2. 문장에 쓰인 '釋'과 '訓'

2.2.1. 文章에 쓰인 '釋'

문장에서 '釋의 쓰임은 (4)를 통하여 추정할 수 있다. 특히『漢韓大辭典 14:99-100』의 예를 통하여 ① 풀이하다 ② 풀리다 ③ 끄르다…… 등을 비롯하여 동사의 기능으로 쓰인 경우가 대부분임을 알 수 있다. 그러데 이 한자는 명사로도 쓰이는데 ⑯ 석가모니의 약칭, 전의되어 불교나 승려를 두루 이른다. ⑰ 문체의 이름 ⑲ 성, 비구 비구니의 성 등의 경우가 이에 속한다. 일자수의를 특징으로 하는 한자의 특성상 하나의 한자가 문맥에서 다양한 의미로 쓰이는 것은 자연스런 현상이다. 본 연구에서는 문장 속에서 '釋이 '새김'을 뜻하는 개념으로 쓰인 경우에 관심을 두고자 한다. 아래 예문 (5)에서 보듯『訓蒙字會』에서 편찬자 최세진은 '새김'을 가리키는 말로 '釋을 사용하였음을 알 수 있다.

(5) 凡一字有數釋字 或不取常用之釋 而先擧別義爲用者 以今所在此不在彼也(무릇 하나의 한자에 두어 가지 釋이 있는 것은 어느 것은 常用의 釋을 취하지 않고, 別義로 쓰이는 것을 먼저 들었으니, 이제 취한 것은 여기(別義)에 있고 저기(常用之釋)에 있지 아니하다.)〈訓蒙字會, 凡例〉

『頣庵先生遺稿集』의 관련 내용을 통하여『新增類合』의 편찬자 유희춘 또한 한자의 새김을 '釋이라 하였음을 알 수 있다. 그런데『新增類合』의 발문을 보면 새김을 일컬어 '訓'이라고도 하였음을 알 수 있다.

(6) 가. …(전략)… 二十九日 礪城君宋公寅 <u>書送類合下卷字諺釋疑辨處 凡</u>
<u>可用者一百餘字</u> 大槪用余說 而小變處多 <u>通上卷采用一百數十字之</u>
<u>釋</u> …(후략)… (이십구일에 礪城君 宋寅이 <u>類合 下卷 한자 중 의</u>
<u>심스러운 諺釋</u>을 글로 보내 왔는데 무릇 일백여자였다. 대체로 나
의 의견과 같았으나 약간씩 수정된 것이 많았다. <u>上卷을 통하여</u>
<u>一百數十字의 釋이었다.</u>)〈頤庵先生遺稿 卷之十一附錄一 實紀 祭
頤庵文八谷具思孟〉[2]

나. …(전략)… 上於經席謂臣曰 此書固好 <u>第諺釋中多土俚</u> 爾臣聞 命
兢省退而 與同僚商確改正 又聞礪城君宋寅多識字訓 …(후략)…
(임금께서 경연의 자리에서 신에게 말씀하시기를 이 책은 매우

---

2 『頤庵先生遺稿』卷之十一附錄一 實紀 祭頤庵文八谷具思孟에는 柳眉 巖希春의 日記
에서 頤庵 宋寅과 관련된 다음 기사를 인용하고 있다. 또한 바로 이어서 眉巖의 類合 跋
文을 소개하고 있는데 참고로 그 내용을 옮기면 다음과 같다.

柳眉巖希春日記曰。隆慶戊辰九月初一日。礪城尉宋寅。稱主上之書畫曰。遠過成宗。
而並駕世宗云。○萬曆癸酉三月二十二日。礪城尉宋公寅來訪。談及東人文字。以牧隱爲
首。○丙子七月二十七日。宋惟良來問類合之寫。以爲沈忠謙最善正字。曾寫玉冊。大爲
頤庵所稱許。今亦可書第二冊。而頤庵可書上冊云。○九月二十二日。東萊府使洪公淵來
訪。談話間。余以礪城尉所論類合說示之。共議採用。○二十九日。礪城君宋公寅書送類
合下卷。字諺釋疑辨處。凡可用者一百餘字。大槪用余說而小變處多。通上卷采用一百數
十字之釋。○三十日。礪城君畢覽類合下卷。議擬修改遂寫來正言洪仁憲直講權克禮徐克
一來訪。余與徐同議礪城君所議類合。多從之。○十月初九日。食後持類合。詣政院啓
曰。臣近日更定此書。具陳於篇末。乞經御覽而下書局。上答曰。知道。未幾下類合于政
院。令付校書館○初十日。掌令許晉修撰金應南重叔來訪。重叔言頃日經筵。上問類合何
人書之乎。對曰。聞礪城君宋寅寫之。○十三日。乞退。詣闕下直。上傳教政院引見。同
副承旨南彦純來訪。同上經筵廳良久。上出坐思政殿引見。臣希春啓曰。如類合小事。近
又得礪城君宋寅校正。方始完全。微此人。幾不完矣。

眉巖類合跋文曰。嘉靖壬寅。忝爲春坊僚屬。竊觀東宮進。講類合。有修正之志。後三
十餘年。始克成書。承旨鄭琢見而啓達。蒙命校進。上於經席謂臣曰。此書固好。第諺釋
多俚。臣聞命兢省。與同僚商確改正。又聞礪城君宋寅多識字訓。因求指點差謬。乃得更
定云云。

좋으나 <u>언석 중에는 속된 말이 많다.</u> 이에 신이 듣고 삼가 살필
것을 명하시어 물러 나와 동료와 상의하여 바로잡아 고치고 <u>또</u>
<u>礪城君 宋寅이 자훈을 많이 안다는 것을 듣고</u>〉〈新增類合, 跋文〉

(6)가의 미암일기에서 '새김'의 뜻으로 '釋'을 사용하였음을 '書送類合
下卷字諺釋疑辨處'의 '諺釋'과 '通上卷采用一百數十字之釋'의 '釋'을 통하
여 알 수 있다. 그런데 (6)나의 경우 '第諺釋中多土俚'에서는 '諺釋'을 볼
수 있으나 '礪城君宋寅多識字訓'에서는 같은 개념으로 '訓'을 사용하였음
을 확인할 수 있다. 두 기사에서 앞에서는 '諺釋'을 뒤에서는 '釋'과 '訓'을
각각 사용하였음을 확인할 수 있다. (6)나의 뒤쪽에서 '釋'이라 하지 않고
'訓'이라 하였음을 동일어 회피로 볼 수도 있겠으나 (6)가에서는 모두 '釋'
을 사용하였으므로 여의치 않다. 아마도 眉巖은 '새김'을 '釋'이라고도 하
고 '訓'이라고도 하였음을 알 수 있다.

제1장에서 『朝鮮王朝實錄』에 쓰인 '釋'의 검토를 통하여 '釋'의 뜻 중
하나로 한자, 한문이 지닌 의미의 우리말, 또는 그 해석이라는 개념과
'音讀'에 대응되는 '釋讀'의 개념으로도 쓰였음을 밝힌 바 있다. (7)가는
전자의 예이며 (7)나는 후자의 예이다.

(7) 가. …(전략)… 天地之於萬物, 爲大父母則人無貴賤, <u>拉不諱天字之釋,</u>
獨擘子之於其父, 諱其父字之稱者, 其冤之固也 …(후략)… (천지는
만물의 부모이므로 귀천을 막론하고 <u>모두 하늘을 하늘로 부르고</u>
<u>있는데</u>, 유독 서얼만 그의 아비를 아비로 부르지 못하고 있으니
그 원망은 당연한 것입니다.)〈순조 26권, 23년(1823 계미 / 청 道光
3년) 8월 2일(戊戌) 1번째 기사, 성균관에서 거재 유생들이 서얼들
이 상소한 것에 대해 권당한 소회를 아뢰다〉

나. ○庚子/上御晝講。參贊官李宗城奏曰: "館中有鏤板講式曰: '上讀前
受音一遍, 不讀釋, 新受音讀一遍, 只釋大文.' 雖未知創於何時, 而
旣是故例, 則宜用此講式." 上詢于知經筵趙尚絅, 尙絅對曰: "旣有
從古所傳來者, 則其爲祖宗朝已行之規明矣, 宜自今從講式." 上可
之。(임금이 주강(晝講)에 나아갔다. 참찬관(參贊官) 이종성(李宗
城)이 아뢰기를, "관중(館中)에 판(板)에 새긴 강식(講式)이 있는
데, 거기에 '임금이 전에 배운 것을 음(音)으로 한번 읽고 해석(解
釋)은 읽지 않으며, 새로 배운 것은 음(音)으로 한 번 읽고 단지
대문(大文)만 해석한다.'고 되어 있습니다. 비록 어느 때에 만들어
졌는지는 알 수 없으나, 이미 이것이 고례(故例)라면 마땅히 이
강식(講式)을 사용해야 합니다." 하니, 임금이 지경연(知經筵) 조
상경(趙尚絅)에게 물었다. 조상경이 대답하기를, "이미 예전부터
전하여 온 것이 있다면 그것이 조종조(祖宗朝)에서 이미 시행한
규정이 분명하니, 마땅히 지금부터 강식(講式)을 따라야 할 것입
니다."하니, 임금이 옳게 여겼다.)〈영조 38권, 10년(1734 갑인 / 청
雍正 12년) 5월 25일(경자) 1번째 기사, 참찬관 이종성이 조종조에
서 이미 시행한 강식을 따를 것을 청하다〉

(7)가에 나오는 '天字之釋에서 '天이라는 한자가 지니는 의미를 우리
말로 표현한 것[釋이 '하늘'임을 표현한 것이다. 그러므로 여기서의 '釋
은 하나의 한자에 대응하는 우리말임을 알 수 있다. 한문을 음독하고 석
독하는 것은 경연과 관련된 기사에 등장하는데 '음독'은 보이나 '석독'은
찾을 수 없다. 음독도 성종 즉위년(1469) 12月 9日 戊午 2번째 기사(신숙
주가 경연을 행하는 방법에 대한 사목을 만들어 아뢰니 원상과 논의하
다.) 등에는 '音'이라고만 표현하고 있다.[3] 한문을 음으로 읽는 것을 음독

이라 표현하고 우리말로 새겨 읽는 것을 '釋'이라 한 것을 (7)나에서 볼 수 있는데 이 기사에서도 음독은 '音' 석독은 '釋'이라고 표현한 것을 확인할 수 있다.

하나의 기사에서 '음독'과 '석독'을 표현할 때는 전후 문맥에 의해 '讀'을 생략하고 '音'과 '釋'으로만 표현하는 것이 일반적이었음을 알 수 있다. 간혹 '音讀'과 '釋'으로 표현하고 있음을 (7)나에서 볼 수 있는데 이러한 예는 1567년 11월 5일에 작성된 미암일기에서도 발견된다. 그러나 한문을 오로지 음으로만 읽고 새김으로 읽었다는 내용이 포함되지 않은 기사에는 반드시 '음독'이라 표현하였음을 (8)에서 확인할 수 있다.

> (8) …(전략)… 旣選在別宮, 父時往入, 始授以《小學》書, <u>只授音讀一遍,</u> 便通其義, 讀不錯一字, 輒又成誦 …(후략)… (이미 간선되어 별궁에 있을 때 부친이 때때로 들어가서 비로소 《小學》을 가르쳤는데, <u>단지 한 번 음독만 가르쳤으나,</u> 그 뜻을 익숙하게 통하였으며, 한 자도 틀리지 않고 읽었고, 또 문득 암송하였다.⟨肅宗 11卷, 7年(1681 辛酉 / 청 康熙 20年) 2月 22日(丙午) 2번째 기사, 인경 왕후의 지문⟩

2.2.2. 문장에 쓰인 '訓'

'訓'은 '釋'에 비해 상용성이 높은 한자이다. 이는 『朝鮮王朝實錄』의 검색을 통하여 '釋'이 등장하는 횟수는 7,630건이나 '訓'이 출현하는 경우는

---

3 朝講, 音·釋各三遍後, 上讀音釋各一遍; 晝講, 上讀朝授音·釋各一遍(조강에는 음·석을 각각 3번씩 하고 난 후에 임금이 음·석을 각기 1번씩 읽고, 주강에는 임금이 아침에 배운 음·석을 각기 1번씩 읽도록 할 것)

8,281건임을 통하여도 확인할 수 있다. 또한 '訓'과 '釋' 모두 동양삼국의 상용한자이기는 하나 '釋'은『훈몽자회』에 표제한자로 포함되지 않았다는 점, 현용 한문교육용 기초한자 중 고등학교용이라는 점, 일본의 소학 교용 한자 1,006자에 들어가지 않는다는 점 등이 이를 뒷받침한다.

'訓' 또한『漢韓大辭典 12:728』을 참고하여 그 쓰임을 살피면 ① 가르치다 ② 훈계하다, 타이르다…… 등을 비롯하여 동사로 쓰이는 경우가 허다하며 간혹 ③ 본보기, 준칙 ⑨ 문체 ⑩ 성 등 명사적 용법으로 쓰이기도 한다. 문장 속에서 동사로 주로 쓰이고 부분적으로 명사로 기능한다는 점에서 앞에서 살펴 본 '釋'과 유사함을 알 수 있다. 하지만 '訓'은 인명, 관직명, 시설명 그리고 기관명 등에 활발하게 사용되었다는 것을 고려하면 명사로서의 기능이 '釋'보다 더욱 활발했던 것으로 추정된다.

'訓'의 상용지석은 '가르칠'이나 문장에서의 의미가 '새김'으로 보이는 것 중 비교적 이른 시기의 예로『三國遺事』卷一 新羅 始祖 赫居世王條를 든다. "國號徐羅伐又徐伐今俗訓京字云徐伐以此故也"라는 구절이 그것인데 '京'이라는 한자의 새김이 '徐伐'임을 밝히고 있다. 이를 통하여 우리는 "漢字가 가진 意味의 우리말"을 '訓'이라 한 것이 오래 전이었음을 알 수 있다.

『朝鮮王朝實錄』에서도 '訓'이 '새김'의 개념으로 쓰인 예를 볼 수 있다. 앞에서 '釋'을 논의하면서 '새김'의 의미뿐 아니라 한문을 우리말로 풀어서 읽는 '석독'의 개념으로도 쓰였다는 것을 확인하였다. 그런데 '訓'은 '새김'의 뜻으로만 쓰였을 뿐 한문을 우리말로 풀어서 읽는다는 개념으로 쓰인 경우는 확인할 수 없다. 개별 한자에 대한 '새김'으로 쓰인 예를 보이면 ⑨와 같다.

(9) 가. …(전략)… "今年二月, 本府受敎, 圖畵訊杖之狀, 頒諸中外, 其圖畵

杖頭, 正當膝下, 暫不犯腿。然更參詳, 腿字之訓,《玉篇》云: "脛也。" 又云: "股也。脛, 本曰股, 輔下體者。"《資生經》云: "風市二穴, 在膝下兩筋間, 立舒下兩手, 著腿。" 其訓義不分析 …(후략)…

("금년 2월에 본부에서 교지를 받자와, 심문하는 형장을 칠 때의 상황을 그림으로 그려서 중외에 반포하였사온데, 그 그림에는 형장의 머리가 바로 무릎 아래에 닿고 조금도 넓적다리[腿]에는 범하지 않게 하였사오나, 그러나 다시 퇴(腿)라는 글자의 뜻을 자세히 상고하온즉, 옥편(玉篇)에 이르기를, '경(脛)이라.' 하고, 또 이르기를, '고(股)이니 경(脛)의 밑둥이 고(股)인데 아랫몸을 돕는 것'이라 하였으며,《자생경(資生經)》에 이르기를, '풍(風)·시(市) 두 혈(穴)이 무릎 아래 두 힘줄 사이에 있는데, 서서 두 손을 펴 내리면 퇴(腿)에 닿는다.'고 하였사오나, 그 뜻은 분석하여 말하지 아니하였습니다.)〈世宗 87卷, 21年(1439 己未 / 명 정통(正統) 4年) 10月 17日(壬辰) 1번째 기사, 의정부에서 죄인을 심문하는 형장의 방법을 정하여 아뢰다〉

나. …(전략)… 隅字之訓爲廉角, 蓋指外面工夫而言也 …(후략)… (우라는 글자의 뜻을 풀이하면 바로 모퉁이처럼 각(角)이 나게 행동해야 한다는 것이니, 이는 대체로 외면 공부(外面工夫)를 가리켜서 말한 것이다.)〈정조 42권, 19년(1795 을묘 / 청 건륭(乾隆) 60년) 6월 16일(을미) 1번째 기사, 고성 군수 이성보를 소견하여 첫 번째 의리에 관하여 대화하다〉

(9)에서 볼 수 있는 '腿字之訓'과 '隅字之訓'이라는 구는 '腿字之釋'과 '隅字之釋'으로 '訓'을 '釋'으로 교체해도 그 의미의 차이가 없어 보인다. 결국 이와 같은 환경에서 '釋'과 '訓'은 동의어로 쓰였다고 할 수 있다. 결

국 '釋'과 '訓'은 모두 "漢字가 가진 意味의 우리말" 즉 '새김'이라는 개념으로 쓰였음을 알 수 있다. 그렇지만 '釋'의 경우 '音讀'과 대립되는 개념으로 '釋讀'의 뜻으로도 쓰였음을 확인하였다. 특히 '釋讀'이라는 표현이 일반화된 것은 후대에 와서의 일이며 『朝鮮王朝實錄』에서는 일관되게 '釋'으로 표현되었음을 알 수 있다.

3. '釋·訓' 관련 어휘의 대비적 검토

3.1. 字釋과 字訓

'腿字之訓'과 '隅字之訓'은 각각 '腿字訓'과 '隅字訓'으로 쓰일 수 있으며 '天字之釋'은 '天字釋'으로 '儀字之釋'은 '儀字釋'으로 쓰일 수 있다. 이 때 '자석'과 '자훈'은 하나의 개별한자에 대한 의미를 나타내는 것으로 동의성을 띠고 있다고 할 수 있다. 앞에서 살펴보았듯이 '釋'과 '訓'이 일정한 환경에서 동의관계를 이루고 있음과 같이 '자석'과 '자훈'도 유사한 관계를 성립하고 있다. (10)의 예문에서 보듯 자석과 자훈은 '하나의 개별 한자가 지니는 뜻'이라는 유사한 개념으로 쓰였음을 확인할 수 있다.

(10) 가. …(전략)… 大抵學問之事, 掩卷卽忘, 凡聖賢嘉言·善行, 須常常討論, 援古而證今, 乃爲有益矣. 若徒以口讀字釋進講, 不可也. 且自上雖已知之, 亦爲時時下問論難, 則未必無補於治道也.(대저 학문은 책을 덮으면 곧 잊어버리기 마련이므로, 모든 성현들의 아름다운 말과 착한 행실을 항시 토론하여, 옛일을 인용하여 지금의 일을 증거할 수 있어야 유익한 것입니다. 한갓 구두와 글자풀이만을 진

강해서는 안됩니다. 또 상께서 비록 알고 계시는 것일지라도 수시로 하문하고 논란한다면 반드시 다스리는 데에 도움 되는 점이 없지 않을 것입니다.)〈中宗 65卷, 24年(1529 己丑 / 명 嘉靖 8年) 5月 25日 己未 1번째 기사, 대사간 어득강이 경전의 훈고 해석·악포의 금단·서점의 설치 등에 대해 건의하다.〉

나. …(전략)… 仍又思惟, 春宮方講習是書, 而性旣聰明, 心智日長, 加意學問, 正在匪遠。每當誦讀之際, 不惟只識字訓而已。必須反覆紬繹, 觸類而長之 …(후략)… (또 생각하건대, 춘궁(春宮)이 바야흐로 이 글을 강습하는데, 천성이 이미 총명해서 마음과 지혜가 날로 자라나면 학문에 뜻을 두는 것이 틀림없이 멀지 않을 것이니, 글을 읽을 때마다 글자의 새김만을 알 뿐이 아니라, 반드시 반복하여 주역(紬繹)하고, 유(類)에 따라 장점을 얻게 해야 할 것이다.)〈숙종 23권, 17년(1691 신미 / 청 강희(康熙) 30년) 윤7월 25일 (무인) 1번째 기사 천자 서문을 춘방에 친히 내리다〉

시대와 상황을 달리하는 기사임에도 불구하고 (10)의 예문이 담고 있는 내용은 매우 유사하다. 학문을 함에 있어서 단순히 글자[한자]의 뜻만을 익히는데 그치지 말고 문장 전체 속에 숨어 있는 깊은 뜻을 파악하고 궁극적으로는 실천에 옮기도록 하라는 것이다. 개별 한자가 가진 단순한 의미만을 익히는 것이 학문이 아니며 문장 속에서 해당 한자가 지니고 있는 진정한 뜻이 무엇인가를 파악하는 것이 중요함을 지적하고 있다. (10)가의 口讀字釋進講에 보이는 '자석'과 (10)나의 不惟只識字訓而已에 나오는 '자훈'은 유사한 개념으로 쓰였음을 알 수 있다.

'자석'은 하나의 개별 한자가 지니는 뜻이라는 개념으로만 쓰이지만 '자훈'은 이러한 개념 외에 다른 뜻으로 쓰이고 있음을 (11)에서 볼 수 있다.

(11) …(전략)… 侍講官李昌臣啓曰: "臣曾以聖節使質正官赴京, 聞前進士邵奎以親老居遼東, 回來時尋問之, <u>該通經史, 精審字訓矣</u>。世宗朝遣申叔舟、成三問等到遼東, <u>就黃瓚質正語音字訓</u>, 成《洪武正韻》及《四聲通考》等書。故我國之人, <u>賴之粗知漢訓矣</u>。今須擇年少能文如申從濩輩, <u>往就邵奎質正字訓書籍</u>, 則似有利益 …(후략)… (시강관(侍講官) 이창신(李昌臣)이 아뢰기를, "신이 일찍이 성절사(聖節使)의 질정관(質正官)으로 북경(北京)에 갔다가 들으니, 전 진사(進士) 소규(邵奎)는 어버이가 늙어서 요동(遼東)에 산다 하여 돌아올 때에 방문하였는데, <u>경사(經史)에 널리 통하고 자훈(字訓)에 정밀하였습니다.</u> 세종조(世宗朝)에 신숙주(申叔舟)·성삼문(成三問) 등을 보내어 요동에 가서 <u>황찬(黃瓚)에게 어음(語音)과 자훈(字訓)을 질정(質正)</u>하게 하여《홍무정운(洪武正韻)》과《사성통고(四聲通考)》등의 책을 이루었기 때문에, 우리나라 사람들이 <u>이에 힘입어서 한훈(漢訓)을 대강 알게 되었습니다.</u> 이제 모름지기 나이가 젊고 글에 능한 신종호(申從濩)와 같은 무리를 택하여 <u>소규(邵奎)에게 가서 자훈(字訓)의 서적을 질정(質正)</u>하게 하면 이로움이 있을 듯합니다. …(후략)… 〈성종 200권, 18년(1487 정미 / 명 성화(成化) 23년) 2월 2일(임신) 1번째 기사 시강관 이창신이 젊은 문신으로 하여금 요동의 소규에게 질정하도록 아뢰다〉

예문 (11)에는 '字訓'이 3번 등장한다. 該通經史, 精審字訓矣(경사에 널리 통하고 자훈에 정밀하였습니다.)와 往就邵奎質正字訓書籍(소규에게 가서 자훈의 서적을 질정하게 하면)에 나오는 '자훈'이 뜻하는 바와 就黃瓚質正語音字訓(황찬에게 어음과 자훈을 질정하게 하여)에 보이는 '자훈'

이 뜻하는 것이 동일하지 않음을 알 수 있다. 후자의 '자훈'이 뜻하는 바는 한자가 지니는 의미라는 뜻이지만 전자의 두 예는 한자의 음과 뜻[意]을 모두 아우르는 개념이다. 이를 통하여 자석과 자훈은 모두 개별 한자가 지니는 의미를 나타내기도 하지만 '자훈'의 경우 한자의 뜻과 음을 가리키는 개념으로도 쓰였음을 알 수 있다.

3.2. 漢訓, 鄕訓과 諺釋, 吐釋

중국을 뜻하는 '漢'과 우리나라를 의미하는 '鄕'은 '訓' 앞에 놓여 각각 漢訓, 鄕訓이라는 단어를 형성한다. 그러나 '釋' 앞에는 이 두 한자가 놓여 漢釋과 鄕釋이라는 단어를 형성하지 못한다. 漢訓은 鄕訓과 대립되는 개념으로 중국의 한자음이라는 개념으로 쓰였다. 漢訓과 더불어 鄕訓이 함께 나오는 기사는 중국의 사신을 맞아 조서를 읽는 장면에서 확인할 수 있다. 한문으로 작성된 조서를 중국음 즉 한훈으로 읽을 것인가 아니면 향음인 조선음으로 읽을 것인가를 고민하는 과정에서 나오는 용어이다.

3.1.에서 '자훈'이 한자의 뜻과 더불어 음의 개념을 포함하고 있음을 논의하였는데 '한훈'과 '향훈'을 통하여 보다 분명하게 '音'의 뜻으로도 쓰였음을 확인할 수 있다. 나아가 '漢訓'을 '上國訓', '鄕訓'을 '本國訓'이라 표현한 경우도 있어 한자의 삼요소 形, 音, 意 중 두 요소인 音과 意를 모두 일컬어 '訓'이라 하였음을 알 수 있다. 결국 形을 제외한 한자가 지닌 요소를 '訓'으로 표현하였다는 것은 '漢訓'이 '중국어'라는 개념으로도 쓰일 수 있다는 것을 내포하고 있는 것이다.

'漢訓'이 중국어라는 뜻으로 쓰인 경우도 심심치 않게 발견되는데 세종 12년(1430) 2월 29일 3번째 기사인 "命崔有江學漢訓(최유강에게 명하여 중국말을 배우게 하였으니)"를 비롯하여 "何通曉漢訓(김하는 중국의 말을 통달 이해하니), 命仕本院, 使誨漢訓(명하여 본원에 근무하도록 해서 중국말을 가르치게 하는 것)" 등에서 확인할 수 있다. 반면에 '鄕訓' 또는 '本國訓'이 우리말 즉 조선어를 표현한 경우는 찾을 수 없다.

한자 한문을 우리말로 풀이하지 않고 원형을 보존하면서 그 읽는 방법을 달리할 때 漢訓과 鄕訓이라는 표현을 하였다. 그러나 이를 '漢釋', '鄕釋'이라고는 일컫지 않았다. '釋'은 '字釋'의 개념에서 보았듯이 한자의 뜻이라는 개념으로만 쓰일 뿐이기 때문이다. 여기서 우리는 '釋'과 '訓'이 지니는 의미의 차이를 파악할 수 있다.

漢訓과 鄕訓에 각각 대응되는 漢釋과 鄕釋은 없는데 諺釋과 吐釋이라는 말이 눈길을 끈다. 그런데 諺釋과 吐釋에 대응될 수 있는 諺訓과 吐訓이라는 말은 없다. 한자, 한문의 원형을 훼손시키지 않은 상태에서 '訓'을 활용하여 중국 또는 조선한자음 그리고 중국어라는 표현이 가능하다. 그러나 '釋'은 한자, 한문의 원문을 우리말로 번역하여 풀이한 경우에 쓰였다. 원문인 한자나 한문을 우리말로 풀이한 것을 가리켜 '釋'이라 하였음을 알 수 있는데 諺釋과 吐釋의 '釋' 자리에 '訓'이 올 수 없는 것도 이런 이유 때문이다.

'諺釋'이란 諺語 즉 우리말로 한문을 풀이한다는 뜻인데 諺譯, 諺解와 유사한 뜻을 가진 말이다. 조선 시대는 물론 오늘날에도 諺釋보다 諺解라는 표현이 더 많이 사용되었던 용어이다. 그런데 『朝鮮王朝實錄』의 기사를 통하여 언해의 과정을 살펴보면 첫 단계로 원문인 한문에 구결을 온전하게 달고 다음 단계로 諺釋 즉, 諺解가 이루어짐을 알 수 있다.

四書經書口訣諺釋, 經書口訣諺釋, 四書五經口訣諺解 등의 표현을 보면 사서오경 즉 경서에 구결을 먼저 달고 이를 바탕으로 언석 즉 언해가 이루어짐을 알 수 있다. 구결은 한문을 용이하게 우리말로 풀이하고자

하는 과정에서 생겨난 것이다. 그러므로 원문인 한문에 구결토가 삽입
되면 문장의 구조를 쉽게 파악할 수 있음은 물론 우리말로 번역하기가
매우 쉬워지게 된다. 원문이 지니고 있는 문법과 의미요소를 직역함에
있어서는 반드시 그 중간 과정에 구결을 다는 과정이 있어야 할 것이다.
원문을 바로 번역하는 것과 口訣文을 바탕으로 번역하는 것은 원문의
성격 보전에 큰 차이가 발생할 수 있기 때문이다. 원문에 일차적으로 구
결을 달아 문장의 구조와 의미를 파악하고 이를 바탕으로 언해가 이루
어지면 원문의 형식과 내용을 보다 분명하고 효과적으로 언해문에 담아
낼 수 있기 때문이다.

한문의 문장 구조와 우리말의 문법이 다르기 때문에 생겨난 것이 구
결인데 구결은 '句讀와 유사한 일면이 있기도 하지만 諺釋을 전제로 했
다는 점에서 차이가 있다. 원문인 한문의 구조와 내용을 보다 효과적으
로 파악하기 위하여 중국에서 고안해낸 것이 '句讀이다. 구결은 이를 바
탕으로 우리말로 풀이할 것을 목적으로 원문인 한문 구절 사이에 우리
말토를 삽입하는 것이다. 그러므로 구결은 언석 또는 언해와 짝을 이루
어 口訣諺釋 또는 口訣諺解와 같이 등장한다. 반면에 구두는 언석 또는
언해와 쓰이지 않고 훈석과 함께 쓰여 句讀訓釋이라 하였음을 (12)를 통
하여 알 수 있다.

(12) …(전략)… 蓋句讀訓釋, 皆不差誤, 講論雖不疏通, 不失一章大旨者爲粗.
句讀訓釋, 皆分明, 雖通大旨, 未至融貫者爲略, 句讀訓釋, 皆精熟融貫,
旨意辨說無疑者爲通. …(후략)… (대체로 구두와 훈석에 모두 틀리지
않고 강론이 소통되지 않더라도 한 장의 대의를 잃지 않은 자는 조가
주어지고, 구두와 훈석 모두 분명하고 비록 대의에 통하고 있으나 융
회 관통에는 이르지 못한 자는 약이 주어지고, 구두와 훈석 모두 정밀

익숙하고 대의를 융회 관통하고 변설에 의심할 것이 없는 자는 통이 주어집니다.)〈顯宗 17卷, 10年(1669 己酉 / 청 康熙 8年) 12月 20日 己卯 2번째 기사, 집의 이단하가 식년시 문과 복시, 종친의 시취, 각사의 숙직 규정을 아뢰다〉

'吐釋'은 '口訣諺釋'을 함께 일컬은 것이다. 口訣을 '吐'로 표현하고 諺釋을 '釋'으로 줄여 표현한 것이다. 원문인 한문의 구조와 의미를 파악하여 토를 단 후 언문 즉 한글로 풀이함을 간결하게 표현한 것이 '吐釋'인 셈이다. 이렇듯 원문을 바탕으로 새롭게 생겨난 형식을 표현할 때는 '釋' 이라 하였음을 알 수 있다. 여기서 새롭게 생겨난 형식이란 원문의 형식과 내용을 바탕으로 전혀 새로운 언어 즉 한국어로 변형된 문장을 가리킴은 물론이다.

요컨대, 漢訓, 鄕訓, 上國訓, 本國訓 등에서 훈은 한자, 한문이 지닌 뜻[意]의 개념은 물론 음 또는 언어의 개념까지 지니고 있음을 확인하였다. 또한 이들 단어를 이루는 한 요소 '訓'의 자리에 '釋'이 올 수 없음도 확인하였다. 그리고 諺釋과 吐釋의 검토를 통하여 원문인 한문을 우리말로 풀이한 것을 표현할 때 '釋'을 사용함을 확인하였다. 특히 諺釋은 구결과 밀접한 관련이 있어 '口訣諺釋'으로 쓰이나 '口訣諺訓'은 가능하지 않음도 확인하였다.

3.3. 語釋, 文釋과 語訓, 文訓

語釋과 文釋은 『조선왕조실록』에서 검색 빈도가 많지 않다. 語訓 또한 본 논의와 관련 있는 것은 2건 뿐이다. 더구나 文訓은 검색되지 않는다. 문석은 正祖 20年(1796) 2月 4日의 3번째 기사 '『捷解新語文釋』'을 반포·시행케 하다'라는 데서 볼 수 있다. 이 책은 왜어학습서 『捷解新語』라는 책이 단순하게 왜어를 언문으로 옮겨 놓은 것에 불과하여 학습자가 내용을 파악하기 어렵다는 것이다. 그러므로 학습자의 편의를 도모할 목적으로 각 문장의 미세한 의미까지 밝혀 놓은 것이 『捷解新語文釋』이다. 그러므로 문장이 지니고 있는 구체적인 의미를 우리말로 풀이하는 것을 문석이라 할 수 있다. '文釋'과 대응시킬 수 있는 '文訓'이 검색되지 않음은 어휘보다 큰 언어단위인 문장을 우리말로 새기는 경우 '釋'을 사용할 뿐 '訓'은 사용하지 않기 때문이다.

언어 단위 중에서 문장의 단위보다 작은 단위인 단어를 풀이하는 경우에는 자석과 자훈이 공존하듯 어석과 어훈도 공존한다. '字'는 한자로 '語'는 단어로 생각할 수 있는데 한자는 하나의 글자가 하나의 의미단위인 단어로 기능하기 때문에 자석과 어석 그리고 자훈과 어훈의 구분이 명확하지 않다. (13)의 '子'字·'年少'字·'染'字의 풀이를 語釋이라 하였는데 '子'와 '染'에 대한 풀이는 字釋이라 하여도 틀리지 않기 때문이다. 아무튼 '語釋'은 단어 즉 낱말에 대한 풀이를 뜻하는 것인 바 (13)에서 '俚語釋'이라는 표현을 통하여 보면 한자어를 우리말로 풀이한 것임을 알수 있다.

(13) …(전략)… 凡文字間所書之辭與俚語, 言勢不同. 其曰: '敎子, 當於年少.' 其曰: '主上豈不從慈殿之敎?' 其曰: '年少主上, 豈不染於慈殿之所習?' 等語, 以文字觀之, 則似無甚可駭, 以俚語釋之, 則言勢不遜, 極爲悖慢, 而 '子'字·'年少'字·'染'字, 極爲不敬 …(후략)… (무릇 문자로 쓴 말은 보통 말과는 어세가 같지 않습니다. 그 '아들을 가르치는 데는 마땅히 연소할 때에 가르쳐야 한다.'라든가 '주상이 어찌 자전의 분부를 따르지 않겠는가.'라든가 '연소한 주상이 어찌 자전의 습관에 물들지 않겠는

가.'라는 등의 말을 문자로 본다면 그다지 놀랄 만한 것이 없는 듯하지만 보통 말로 풀이한다면 말투가 불손하여 몹시 거친데 그 '子'자, '年少'자, '染'자가 극히 불경스럽습니다.)〈明宗 10卷, 5年(1550 庚戌 / 명 嘉靖 29年) 5月 23日 丙戌 2번째 기사, 양사가 진복창을 율에 의거하여 죄줄 것을 아뢰다〉

語訓 또한 한자나 한자어가 지닌 의미를 표현하는 개념으로 世宗 11年(1429) 9月 6日의 첫 번째 기사를 비롯하여 몇 개의 예가 있음을 확인할 수 있다. 但習語訓, 不曉文理(다만 語訓만 익히고 문리를 알지 못하여), 大賢猶有語訓之起疑處(대현자도 그가 한 말의 뜻을 새기자면 의심을 일으키는 곳이 있는데) 등에 나오는 '語訓'에서 이러한 사실을 파악할 수 있다.

4. 결론

'釋'과 '訓'의 本意는 각각 '解也'와 '說敎也'이나 이를 바탕으로 의미 확장이 일어나 '새김' 또는 '새기다'라는 뜻도 갖게 되었다. 중국 사서의 집대성이라 할 수 있는 『康熙字典』에서는 '訓'에 대하여 '字句의 解釋'을 뜻하는 '詁訓, 註解之別名'을 별도의 풀이항목으로 제시하고 있다. 그러나 '釋'에 대하여는 '새김'과 관련된 별도의 항목을 배정하지 않았다. 이를 통하여 중국에서는 전통적으로 '해석' 또는 '주해'의 뜻으로 '訓'이 '釋'보다 일반적으로 쓰였던 한자임을 알 수 있다.

우리나라에서 간행된 한자학습서와 자전에서는 '釋'과 '訓'의 풀이에서 '새김'과 관련된 것을 별도의 항목으로 비중 있게 다루었다. 특히 『註解

千字文』에서 이런 사실을 분명하게 파악할 수 있는데 '釋'에 대한 풀이항목 3개 중 '훈석'을 포함시켰다. 또한 '訓'의 경우도 상용지석 'ㄱㄹ칠'과 더불어 '훈고'를 풀이항목으로 삼았다.

'새김' 또는 '새기다'라는 의미로 '釋'과 '訓'이 문장에서 사용되었음은 『朝鮮王朝實錄』을 비롯한 여러 문헌에서 확인할 수 있다. 그런데 '釋'은 '訓'과는 달리 '한문을 우리말로 풀어서 읽는다'는 개념 즉 '석독'으로도 쓰였음을 알 수 있다. 오늘날 음독과 석독이라는 표현이 일반적인데 예전에는 '석독'을 '釋'이라 하였음을 알 수 있다. 그러나 석독을 '훈독' 또는 '訓'이라 표현한 예는 전혀 발견되지 않는다.

'釋'과 '訓'은 모두 "漢字가 가진 意味의 우리말" 즉 '새김'이라는 개념으로 유의관계를 이루며 쓰였음을 字釋과 字訓을 통해서도 확인할 수 있다. 그러나 '字訓'의 경우 한자의 뜻은 물론 '音'까지도 포함하는 개념으로 쓰였음을 알 수 있다. '訓'이 한자의 '音'도 뜻하는 예는 漢訓과 鄕訓을 통하여 더욱 분명하게 파악할 수 있다. 漢訓은 上國訓이라고도 하여 중국한자음이라는 뜻이며 鄕訓은 本國訓이라고도 하여 조선한자음이라는 뜻으로 쓰였기 때문이다. 여기서는 '訓'이 音과 義의 개념을 모두 지님으로 漢訓이 중국어라는 개념으로도 쓰였음을 알 수 있었다. 漢訓과 鄕訓에 대응이 가능한 漢釋과 鄕釋이라는 단어가 있을 수 없는 것은 '釋'이라는 한자는 '音'의 뜻을 지니고 있지 않기 때문이다.

'諺釋'이란 우리말로 한문을 풀이한다는 뜻인데 諺解라고도 한다. '諺釋'을 위하여 선행되는 작업이 한문에 口訣을 다는 것이다. 그러므로 口訣과 諺釋은 함께 등장하는 용어이며 句讀는 訓釋과 짝을 이루고 있다. '吐釋'은 '口訣諺釋'을 함께 일컬은 것으로 '吐'는 '口訣'을 뜻하며 '釋'은 '諺釋'을 줄인 것이다. 그런데 諺釋과 吐釋의 대응형으로 상정할 수 있는 諺訓과 吐訓은 쓰이지 않았음을 확인할 수 있다. 諺釋과 吐釋의 검토를 통하여 원문인 한문을 우리말로 풀이한 것을 표현할 때 '釋'을 사용함을 알 수 있다. 결국 원문을 바탕으로 새롭게 생겨난 형식을 표현할 때는 '釋'을 쓰고, 한자 한문을 우리말로 풀이하지 않고 원형을 보존하면서 그 읽는 방법을 달리할 때는 漢訓과 鄕訓에서와 같이 '訓'을 사용함을 알 수 있다.

언어 단위 중에서 문장의 단위보다 작은 단위인 단어를 풀이하는 경우에는 字釋과 字訓이 공존하듯 語釋과 語訓도 공존한다. 그러나 문장의 단위를 풀이하는 경우는 文釋만 가능하고 '文訓'은 쓰이지 않는다. 이런 사정을 감안할 때 '訓'은 한자나 한자어에 한정하여 그 새김을 지칭할 때 쓰였던 것이고 '釋'은 한자에서 문장의 풀이까지 모든 언어 단위의 새김을 지칭할 때 쓰인 것으로 볼 수 있다.

요컨대 한자 '釋'과 '訓'은 모두 '새김' 또는 '새기다'라는 개념으로 쓰였다. 그러나 한자나 한자어를 우리말로 풀이하는 것을 가리켜 '訓'이라고도 하였지만 문장 즉 한문을 풀이하는 경우는 '訓'을 사용하지 않고 '釋'만을 사용하였다. 또한 한자나 한문의 원형을 보존하지 않고 완전히 뒤집어 우리말로 표현한 것을 가리킬 때는 '釋'만이 쓰인다. 그러므로 전통적으로 한자, 한문을 우리말로 새기는 것을 가리키는 말로 '釋'이 '訓'보다 적절한 표현이라 할 수 있다.

제4장 한자 새김 어휘 연구사

1. 서론

훈민정음 창제 이전 그리고 그 이후에도 우리말 표기에 쓰이고 있는 것이 한자이다. 일정한 모양[形]을 지닌 개별 한자는 각각 소리[音]와 뜻[意]을 지니고 있는데 우리는 이 形, 音, 意를 한자의 삼요소라 한다. 예컨대 [天]이라는 모양을 지닌 한자는 그 '音'이 [텬〉천]천]이며 '意'는 [하늘〉하늘]이다. 이 때 [하늘〉하늘] 즉 "한자가 가진 의미를 나타내는 우리말 단어"를 일컬어 釋, 訓 또는 새김이라 하고 있다.

이두, 구결, 향찰 등 한자차용표기는 한자의 삼요소를 활용하여 우리말을 표기한 것이다. 아마도 한자차용표기의 초기 단계에서는 한자의 음만을 활용하여 우리말을 표기하였던 것으로 보인다. 그러나 한국어는 음절구조가 복잡하여 한자의 음만으로 표기하는 것이 여의치 않자 한자의 새김까지 활용하게 된 것으로 보인다. 결국 한자차용표기의 원리는 특정한 모양을 지닌 한자의 음과 새김을 빌어 우리말을 표기한 것이다. 그러므로 한자차용표기에 대한 정확한 이해를 위해서는 한자의 음과 새김에 대한 철저한 이해가 요구된다.

사정이 이러함에도 그동안 한자차용표기에 대한 연구는 비교적 활발하게 이루어졌음에도 불구하고 한자의 음과 새김에 대한 연구는 상대적으로 미흡했던 것으로 보인다. 특히 한자의 새김에 대한 연구는 관련 용어에 대한 합의도 이루어지지 않아 釋, 訓, 새김 등의 용어가 논자에 따라 같거나 비슷한 개념으로 쓰이고 있다. 또한 이 분야에 대한 연구는 답보상태에 머무르고 있는 느낌마저 든다. 본 연구에서는 한자의 새김과 관련하여 그동안 이루어진 연구 성과를 살펴보고 이 분야의 연구가 지향하여야 할 바를 제시하고자 한다.

앞장에서 밝혔듯이 '釋'은 一字數義에 대응되는 개념으로 상황에 따라 표제 한자의 字意와 연합 나타나는 한국어 단어 또는 구절을 의미하는 개념이다. 반면에 '訓'은 문맥 또는 개별적 상황과는 관련 없이 특정 한자를 제시하면 일차적, 관습적으로 연합되는 한국어 단어이다. 결국 상황에 따라 특정 한자에 대응되는 여러 개의 석 중에서 대표적인 것 즉 常用之釋을 '訓'이라 할 수 있다. 釋은 字釋, 語釋, 文釋으로 분류할 수 있는데『千字文』,『訓蒙字會』등에서와 같이 개별 한자에 대응되어 나타나는 것은 字釋이며 한문 원문의 한자에 대응하여 나타나는 언해문의 우리말 어휘가 文釋이다. 그리고 語釋이란 한자어를 구성하는 각 한자에 대응되는 우리말 어휘이다.

새김이란 자석을 비롯하여 文釋, 語釋, 訓 등을 모두 포괄하는 개념이다. 그러므로 본고의 논의 대상은 한자학습서에서 볼 수 있는 자석 또는 훈에 대하여 논의한 것만이 검토 대상이 아니고 언해문의 새김에 대하여 논의한 것까지도 포함된다. 더불어 한자차용표기와 관련하여 수행된 연구 중 새김과 관련하여 논의된 것도 본 연구의 범위에 포함시키기로 한다.

2. 한자학습서와 한자 자전류에 나오는 새김을 대상으로 한 연구

한자의 새김에 대한 연구는 한자학습서에 나오는 자석을 대상으로 이루어진 연구가 그 중심에 서 있다고 할 수 있다. 『千字文』의 여러 판본을 비롯하여 『訓蒙字會』, 『新增類合』 등에 음과 함께 나오는 자석은 한자의 새김 중 가장 순수한 형식이다. 그러므로 이 분야 연구자들에게 가장 큰 관심의 대상이었다.

한자학습서에 나오는 새김은 분화된 용어로 '字釋'이라 할 수 있는데 이들 어휘를 대상으로 공시적인 연구와 통시적인 연구가 행해졌다. 자석 연구의 대상이 될 수 있는 한자학습서와 자전류는 홍윤표(2007: 353~364)에 그 목록이 자세하게 제시되어 있다.[1] 이 목록에 포함되어 있는 자료 중 상당수는 아직도 연구자의 손길이 미치지 못한 것도 있다. 그동안 연구의 대상이 되었던 자료별로 정리하기로 한다.

2.1. 千字文

『千字文』은 연구자들의 관심을 가장 많이 받았던 자료이다. 특히 '潔'자본으로 불리는 광주본과 일본의 대동급기념문고에 소장되어 있는 간기 없는 『千字文』이 소개되면서 이 책에 보이는 자석은 국어사 연구자들의 많은 주목을 받았다. 이 두 판본에 나오는 희귀하고 난해한 자석에 대한 탐구가 李基文(1972ㄱ)에서부터 시작되었다. 이 논문에서는 광주본

---

1 이 목록에는 무려 267개의 자료를 제시하고 있는데 이를 바탕으로 가칭 『漢字釋音 歷史辭典』 편찬을 준비하고 있는 것으로 보인다. 이 사전이 출판되면 새김 연구에 많은 도움을 줄 것으로 여겨진다.

『千字文』을 비롯하여 『訓蒙字會』와 『新增類合』의 자석에 대하여도 함께 언급하였다. 특히 이 연구는 국어학의 미개척 분야의 하나인 한자의 석에 대한 연구의 기초를 세우려는 목적으로 작성되었다. 또한 이 연구에서는 바람직한 국어사 기술을 위하여 한자의 석에 대한 연구가 중요하고도 필요한 것임을 강조하면서 새김 연구의 방향을 제시하였다. 그 결과 새김에 대한 연구를 촉발시키는 계기가 되었다.

'潔'자본에 나오는 자석 중 국어사적으로 가치가 있다고 판단되는 어휘를 대상으로 한 연구는 최범훈(1975), 손희하(1984, 1986, 1991ㄴ), 윤홍섭(1986), 한상인(1988) 등으로 이어졌다. 특히 손희하(1991ㄴ)에서는 『千字文』을 비롯하여 『百聯抄解』, 『類合』, 『新增類合』, 『訓蒙字會』에 나오는 새김에 대하여 앞선 연구를 종합하고 재해석하였다. 또한 부록에서는 『千字文』 18개의 판본을 비롯하여 『百聯抄解』, 『類合』, 『新增類合』, 『訓蒙字會』 등에 나오는 석음을 자순별로 정리하여 연구자들에게 많은 참고가 되게 하고 있다.

『千字文』에 나오는 새김은 국어의 역사적 연구를 비롯하여 국어 연구의 여러 면에서 매우 소중한 자료이다. 이런 점을 감안하여 색인 작업이 이루어졌는데 김성(1969)에서부터 시작되었다. 그 후 藤本幸夫(1980ㄴ, 1982), 도효근(1984ㄴ) 등을 비롯하여 학위논문으로 제출된 연구에서는 대부분 이를 답습하고 있다.

여러 종류의 판본이 발굴 소개되면서 각 판본을 대상으로 한 연구와 다른 판본과의 비교를 통한 연구가 이루어졌다. 개별 판본을 대상으로 하여 손희하(1991ㄱ, 1992ㄱ, 1992ㄴ, 1993ㄱ, 2000ㄴ, 2003)에서 행곡본, 영남대본, 송광사판, 정사본 등이 연구되었다. 신경철(1988ㄴ)과 최세화(1986)에서는 각각 칠장사본과 병자본에 나오는 자석이 고찰되었으며 註解『千字文』을 대상으로 한 연구로 최범훈(1983ㄱ), 박병철(2005, 2006)이 있으며 가장 늦은 시기에 간행된 四體『千字文』의 새김을 고찰한 것으로 朴秉喆(2007)이 있다. 또한 시대를 달리하여 간행된『千字文』에 나오는 자석을 비교 고찰한 연구로 이훈종·성원경(1975), 신경철(1978ㄱ), 이대주(1982), 도효근(1984ㄱ), 박병철(1986ㄱ, 1997ㄹ), 권선화(1987), 최지훈(2001) 등이 있다.

『千字文』과 더불어『訓蒙字會』,『新增類合』등에 나오는 자석을 비교 고찰한 연구로 민충환(1981), 김종택·송창선(1991), 이정희(1995), 오완규(2001) 등이 있다. 이 밖에도『千字文』을 서지적 검토나 한자교육의 측면에서 탐구하면서 자석에 대하여 언급한 연구는 그 수가 상당히 많다. 이와 관련된 연구로 김현규(1990), 심재기(1986), 안병희(1982), 이금녀(1994), 이기문(1973, 1981, 1989), 이돈주(1971), 이우영·정진권(1987), 이훈종(1983), 정대환(1981), 정성희(1986), 조병순(1982), 최세화(1993), 최학근(1980), 藤本幸夫(1977, 1980ㄱ, 2006) 등이 있다.

2.2. 訓蒙字會

『訓蒙字會』의 자석에 대한 연구는 전몽수(1941ㄱ)에서부터 시작되었다. 단편적이기는 하지만『한글』통권 제87호에서부터 여러 차례에 걸쳐 이 책에 나오는 菜名, 禾穀名, 彩色語彙, 菓名 등에 대하여 그 어원과 개념 등을 탐구하였다. 그 후 이본 간에 달리 나타나는 새김의 색인 작업을 비롯하여 난해자석에 대한 탐구, 어휘사 또는 어휘론적인 연구가 진행되었다.

『訓蒙字會』에 나오는 자석의 색인, 이본간의 釋·音 그리고 방점의 비교, 또는 이 책이 지니는 전반적인 특징 등을 살핀 연구로 방종현(1954), 김민수(1956), 남광우(1958), 김지용(1966), 이기문(1971ㄱ), 김근수A

(1971, 1977, 1979), 김영신(1977) 등이 있다. 이들 연구는 『訓蒙字會』에 대한 초기의 연구로 본격적인 자석에 대한 연구는 아니지만 그 방향을 제시한 것으로 의미를 지닌다.

난해한 자석을 비롯한 각 단어의 어원, 의미 등에 대한 탐구는 남광우 (1966)에서 시작되었으며 박병철(1984), 최범훈(1984, 1985ㄱ, 1985ㄴ), 김 진규(1994ㄱ, 1994ㄴ), 김상윤(2003) 등도 이 분야에 관심을 기울였다. 또 한 이기문(1971ㄴ)은 『訓蒙字會』에 대한 종합적 연구서로 국어사적 가치 가 있는 자석에 대하여 고찰하였다.

『訓蒙字會』는 다른 한자학습서에 비하여 비교적 많은 한자를 담고 있 기 때문에 유사한 의미를 지닌 여러 한자가 동일한 단어를 자석으로 삼 은 경우가 많다. 그 결과 이들 동일 자석에 대하여 어휘론적 연구는 물 론 그 변천까지 포함하여 연구한 것들이 있다. 김희진(1987)은 박사학위 논문에서 『訓蒙字會』의 자석을 종합적으로 고찰한 후 뒤에 발표한 일련 의 논문(1988ㄱ, 1988ㄴ, 1989)을 통하여 유의, 다의, 동음이의 등의 관계 에 있는 자석들에 대하여 연구하였다. 또한 이를 바탕으로 효과적인 어 휘교육의 방법까지 모색하였다. 남기탁(1988) 역시 박사학위 논문에서 신체 관련 자석만을 대상으로 심도 있는 논의를 진행하였으며, 김진규 또한 박사학위 논문(1989)을 비롯한 일련의 연구(1993, 1994ㄱ, 1994ㄴ)에서 異字同釋에 대한 탐구를 진행하였다. 또한 권면주(1994), 서수백(2005), 최 홍렬(2004) 등도 이 부류에 속하는 연구를 수행하였다.

이밖에도 『千字文』, 『類合』, 『四聲通解』『字類註釋』 등과의 비교를 통한 연구, 차용어와 관련된 연구, 서지적 연구 등을 수행하면서 『訓蒙 字會』의 자석에 대하여 언급한 것이 상당수 있다. 또한 북한 학자들의 연구물도 눈에 띄는데, 이들을 포함하여 앞에서 들지 않았던 연구물로 방종현(1947), 이기문(1965, 1999), 임만영(1976), 정연찬(1977), 이돈주

(1979ㄴ, 1985), 박태권(1983, 1985), 최범훈(1985ㄷ), 최세화(1987, 1993), 장주현(1988), 김종택·송창선(1991), 정승철(1997, 2000), 김일(2000), 안경상(2002), 서수백(2006) 등이 있다.

2.3. 類合, 新增類合

『類合』과 『新增類合』의 자석에 대한 관심은 방종현(1946), 남광우(1959), 장광덕(1972) 등에서 이 책에 대한 해제의 일환으로 나타나기 시작하였다. 그 후 신경철(1978ㄴ)에서 『新增類合』과 七長寺本 『類合』의 자석에 대한 전반적인 검토가 이루어졌다. 이석구(1988)와 위진(1997)은 각각 『類合』과 『新增類合』의 자석을 탐구하여 석사학위 논문을 작성하였다. 박병철(1986ㄴ)은 『新增類合』에 나오는 한자어 자석만을 고찰하여 『新增類合』 자석이 지닌 특징을 탐구하였으며 민충환(1981), 오완규(2001) 등은 『千字文』, 『訓蒙字會』와의 비교를 통해 『新增類合』 자석의 특징을 부분적으로 탐구하였다.

『類合』과 『新增類合』의 자석은 상대적으로 『千字文』이나 『訓蒙字會』에 비해 연구자들의 관심을 덜 받아온 자료임을 알 수 있다. 이는 비교적 판본이 다양한 『千字文』과 어휘수가 많은 『訓蒙字會』가 연구자들의 관심을 더 끌었기 때문으로 보인다.

2.4. 百聯抄解

『百聯抄解』는 여러 편의 異本이 있는데 한자의 자석과 관련하여 주목을 받아온 것은 東京大學本이다. 이 책에는 각 聯句에 대한 통해와 더불어 개별 한자에도 자석과 자음이 달려있다. 그런데 동일한 한자에 대하여 통해에서 사용된 단어와 자석에 쓰인 단어가 다른 경우가 상당수 나타난다. 특히 자석에 쓰인 어휘는 통해에 사용된 그것에 비해 매우 보수적인 것이 섞여 있어서 연구자들의 관심을 끌었다.

『百聯抄解』의 자석에 대한 연구도 이 자료의 소개와 함께 부분적으로 서재극(1973), 김경숙(1973) 등에서 다루어졌다. 그 후 최범훈(1985ㄹ), 손희하(1989) 등에서 특이한 자석에 대한 개략적인 검토가 이루어졌다. 박병철(1995ㄱ)을 비롯한 일련의 작업(1995ㄴ, 1997ㄱ, 1997ㄴ)에서는 문석과 자석간의 비교를 통하여 『百聯抄解』 자석의 성격을 究明하였다.

2.5. 字典類

『千字文』註解本을 제외한 대부분의 한자학습서는 하나의 한자에 하나의 자석과 자음을 결합하여 제시하고 있다. 그러나 한자 자전은 그 특성 상 표제 한자가 지니고 있는 모든 개념을 풀이하여야 한다. 자전에서의 석음을 제시하는 방법은 한자학습서와는 차이가 있으나 한자가 지닌 의미를 우리말로 풀이하여 제시했다는 점에서는 공통점을 지니고 있다. 이런 이유로 인하여 그동안 『字類註釋』, 『字典釋要』, 『新字典』 등에 나오는 한자를 풀이한 우리말이 연구자들의 관심을 끌었다. 주로 희귀난해어로 불리는 어휘들이 연구의 대상이 되었는데 『新字典』을 대상으로 徐在克(1975ㄴ, 1976)과 황선봉(1976)의 연구가 있었다. 『字典釋要』를 대상으로 한 연구로 최범훈(1976ㄱ), 여찬영(2003ㄱ, 2003ㄴ) 등이 있다. 그리고 『字類註釋』을 대상으로 한 연구로 임경조(1993), 성원경(1996), 서수백(2002ㄱ, 2002ㄴ) 등이 있다.

2.6. 기타

자석류, 천자문형 교재 또는 초학교재라는 명칭으로 관련 자료를 소개하면서 부분적으로 자석에 대하여 언급한 논의로 김세한(1981), 이훈종(1983), 최범훈(1986) 등이 있다. 조건상(1970, 1973)은 『同文類解』, 박태권(1977, 1980)은 『四聲通解』에 대하여 검토하면서 대역어인 우리말에 대하여 부분적으로 논의하였다. 그리고 심재기(1986), 조효기(1993), 배영환(2003) 등은 각각 朝鮮 歷史 『千字文』, 『蒙學二千字』, 『자훈언해』의 자석에 대하여 검토하였다.

3. 언해문의 새김을 대상으로 한 연구

일반적으로 새김 연구는 표제 한자에 자석과 자음이 달려있는 한자학습서류가 주요 연구 대상이었다. 이 자료에 나오는 새김이야말로 가장 순수한 형식이라 볼 수 있기 때문이다. 그러나 한자어나 한문을 우리말로 풀이한 어휘자료나 언해자료도 새김 연구의 대상이 되고 있다. 언해문 사이에 들어 있는 夾註는 물론 원문의 한자에 대응되는 언해문의 우리말 어휘도 한자의 새김으로 볼 수 있기 때문이다. 필자는 개별 한자에 대응되는 우리말 어휘를 字釋, 문맥이 반영되어 언해된 문장 속에 나타나는 우리말 어휘를 文釋이라 구분하고 있다. 새김 연구 대상 중 자석에 대한 연구에 대하여는 앞장에서 살펴보았고 이제 언해문의 협주 그리고 문석과 관련하여 논의된 것에 대하여 살피고자 한다.

3.1. 夾註에 대한 研究

협주는 본문의 이해를 돕기 위하여 본문 사이에 끼워 넣은 주석의 일종이다. 중세어 문헌에서 볼 수 있는 협주는 본문에 나오는 한자나 한자어를 우리말로 풀이한 것이다. 이 때 풀이 대상이 되는 한자, 한자어에 대하여 그 의미를 풀이하는 것이 주류를 이루지만 관련이 있는 고제도, 역사적 사실, 지리, 세시 등도 포함되어 있다. 협주를 대상으로 한 새김 연구가 몇몇 사람에 의하여 이루어졌는데 그 대강을 살펴보기로 하자.

李基文(1972)에서 협주를 대상으로 한 한자 새김 연구의 가능성이 최초로 제시되었다. 그 후 신경철(1993: 28)에서는 자석을 주석식 자석과 석음식 자석으로 분류하고 주석식 자석이란 "훈민정음 이후 한글문헌과 각종 언해서들에 나오는 할주나 주석문들에서의 한자에 대한 풀이 방식으로 된 것들"이라고 하였다. 이러한 정의는 신경철(1990ㄱ, 1990ㄴ) 등 앞선 논의를 거쳐 이루어진 것인데 『楞嚴經 諺解』, 『圓覺經諺解』 그리고 『內訓』의 주석문에 나오는 어휘에 대한 연구로 이어졌다.

특히 신경철(1993)의 2장 2절에서는 註釋式 字釋을 그 풀이한 의미의 내용면에서 ㉠직접적 자석, ㉡보충적 자석, ㉢대체적 자석, ㉣특정적 자석 등으로 분류하고 있다. 또한 석음식 자석과 비교하여 주석식 자석만이 가지는 특징 등을 지적하였다. 더불어 귀납적인 방법으로 주석식 자석의 형식을 109가지에서 30가지로 다시 15가지로 압축한 후 최종적으로 기본형을 8가지 유형으로 정리하면서 그 변천까지 다루었다.

『楞嚴經諺解』 언해문의 할주를 대상으로 한 새김 연구가 손희하(1997, 1998ㄱ, 1998ㄴ, 2000ㄱ, 2001ㄴ, 2004)에 의해 이루어졌다. 이 연구에서는 할주 중 새김으로 볼 수 있는 것을 가려내어 소위 석음식 자석과 비교한 후 15세기 새김으로 볼 수 있는지 그 여부를 논의하였다.

박금자(1997)은 가히 15세기 언해서의 협주에 대한 종합적 연구라 할수 있다. 이 연구에서는 협주와 훈고학, 협주의 양식, 협주의 내적 특성, 협주문의 유형, 협주문의 문법적 특성 등에 대하여 실증적인 연구를 수행하였다. 특히 새김과 관련된 논의에서 신경철(1993)에서는 모든 협주문을 자석 자료로 보았으나 협주에서 한자를 풀이함에 있어서 호훈에 의한 것, 추인이나 의계에 의한 것이 있으므로 이들을 구별하여 자석 여부를 결정하여야 한다고 하였다.

3.2. 문석에 대한 연구

문석은 한문으로 되어 있는 원문을 번역한 언해문에 나타나는 우리말 어휘이다. 원문의 한자에 대응하는 우리말 새김에만 초점을 맞춰 연구한 것은 그리 많지 않다. 그러나 언해문을 대상으로 한 연구의 상당수는 일정 부분 이 분야에 관심을 두고 있음을 확인할 수 있다. 언해문을 대상으로 한 연구 중 연구자들의 관심을 모았던 자료는 동일한 원문을 대상으로 시대를 달리하여 언해된 것들이다. 이러한 부류의 자료는 각 시기의 언해문에 나오는 언어를 비교, 탐구함으로써 국어의 역사적 연구에 기여할 수 있으리라는 기대 때문이었다.

시대를 달리하여 언해가 이루어졌던 자료 중 연구자들의 많은 관심을 받았던 자료로『小學』,『杜詩』,『老乞大・朴通事』등을 번역한 것들이었다. 이들 자료를 대상으로 한 연구에서 일반적으로 검토되는 사항은 각 문헌의 번역 즉 언해의 양식이다. 동일한 원문을 대상으로 언해자가 어떠한 태도를 가지고 접근하였는지를 파악하는 문제이다. 축자적인 직역의 방식을 택했는지 아니면 의역하였는지에 따라 언해문에 사용된 어휘의 양상이 상당히 달라질 수 있기 때문이다.

언해의 양식에 대한 고찰은 원문에 나오는 동일한 한자에 대하여 각각의 언해문에서 어떤 형태의 우리말 단어가 선택되었는가에 그 관심이 자연스럽게 이동되기 마련이다. 시대에 따라 변화된 언어를 수용하였기 때문에 각기 선택된 어휘가 달라진 경우도 있지만 언해자의 번역 태도에 따라 그리될 수도 있기 때문이다. 어휘의 신생, 발전, 소멸 등에 따라 다른 어형으로 교체된 경우는 전자에 속하는 것이다. 그러나 어휘의 변개가 없었음에도 불구하고 형태를 달리한 어휘가 선택된 것은 언해자를 비롯한 해당 사업에 관여한 사람들의 언어 의식이 반영된 결과라 할 수 있다.

원문에 쓰인 특정 한자에 대응하여 나타나는 문석의 변화에 대한 연구가 시대를 달리하여 언해가 이루어졌던 자료를 대상으로 상당 부분 진척되었다. 하지만 이러한 연구가 국어 어휘의 역사적 연구라는 관점에서 진행되었지 새김 어휘 연구라는 관점에서 시도된 경우는 많지 않았다. 국어 연구에서 한문을 바탕으로 언해된 자료와 번역의 과정 없이 직접 한글로 작성된 자료는 그 특성을 감안하여 다루어져야 한다. 결국 언해 자료에 나오는 어휘는 특정 한자를 배경으로 하고 있다는 점 즉, 원문에 쓰인 한자의 간섭이 있었다는 점을 감안할 때 새김 어휘의 측면을 고려하면서 다루어져야 할 것이다.

원문 즉 소재언어의 간섭이 언해문에 반영될 수밖에 없는 이유로 언해의 과정에서 원문인 한문에 구결을 먼저 달고 그것을 바탕으로 언해가 이루어졌다는 점을 들 수 있다. 더불어 언해서의 편찬 방식을 보면 원문과 그에 대응되는 언해문을 한 대문씩 배열하였다는 점이다. 이는 원문의 한자와 언해문의 우리말 어휘가 어김없이 대응되는 대역서 형식을 언해서가 지니고 있다고 볼 수 있다. 이런 점을 감안할 때 원문의 한자와 새김으로 쓰인 우리말 사이에는 밀접한 관계가 있는 것이다.

원문의 한자와 번역된 문장에서의 우리말이 이렇듯 깊은 관련성이 있음에도 불구하고 이를 철저히 고려한 연구는 그리 많지 않다. 연구자가 의식하였든 그렇지 않았든 간에 문석에 대해 이루어진 연구를 『小學諺解』와 『杜詩諺解』 그리고 불경언해를 중심으로 간략하게 소개하기로 한다. 『小學諺解』의 언해문에 나오는 어휘에 대한 연구는 이숭녕(1973)에서부터 다루어지지 시작하였다. 그 후 김태곤(1981), 이영애(1986), 임민규(1987), 이현희(1988), 남성우(1997), 양상호(1998), 김주원(2001), 정영호(2005) 등에서 諺解文의 어휘를 부분적으로 탐색하였다.

原文의 한자와 諺解文의 국어 어휘를 꼼꼼하게 대응시키면서 이루어진 연구 즉, 『小學諺解』를 새김 어휘 연구의 관점에서 접근한 연구로는 민병준(1990)이 있다. 그는 이 연구를 통하여 선조판 『小學諺解』에 나타난 2,430개 한자에 대한 새김의 양상과 그 구조를 살펴 한자훈 설정의 기초적 자료를 제공하였다. 박사학위 논문인 이 연구는 문석에 대한 본격적인 탐구라 할 수 있으며 이를 위하여 민병준(1987ㄱ, 1987ㄴ, 1988) 등이 앞서 시도되었다.

민병준이 시도한 일련의 연구는 언해문에 쓰인 우리말 어휘는 원천적으로 원문에 사용된 한자를 배경으로 생성된 것이라는 점에 주목하였다. 또한 동일한 한자일지라도 문맥에 따라 새김을 달리한다는 점도 간과하지 않았다. 표준이 되는 훈을 설정함에 있어 기존의 논의는 대부분 자석만을 비교 검토하였다. 그러나 이 연구에서는 언해 대상이 된 2,400여 자의 한자에 상황에 따라 달리 나타난 새김을 종합하여 정리한 후 이를 고려하여 상용지석이라 할 수 있는 훈을 설정하려했다는 점에서도 의미 있는 연구라 할 수 있다.

『杜詩諺解』의 文釋에 대한 검토가 이병주(1958), 전재호(1975)에서 시작된 후 이호열(1995ㄱ), 이현희 외(1997), 한국정신문화연구원 인문연구실(1998), 박영섭(1998, 2000), 조남호(2001ㄱ) 등에서 심화되었다. 이현희 외(1997)은 원시의 주석과 두 판본 즉 초간본과 중간본의 언해를 분석하고 종합하여 두보의 시에 대한 현대적 해석을 목표로 한 연구이다. 이 연구는 논의 과정에서 원시 즉 두시의 주석과 언해시의 주석 등에서 원문에 나오는 한자 또는 한자어와 대응관계에 있는 국어 어휘를 음운, 형태, 문법, 의미 등의 측면에서 고찰하였다. 결국 한자나 한자어에 각각 대응하는 우리말에도 관심을 가졌다는 면에서 문석에 대한 연구가 부분적으로 이루어진 연구라 할 수 있다.

박영섭(2000)에서 사용하고 있는 '대역어'라는 용어는 궁극적으로 '문석'과 유사한 개념이다. 원시의 '漢字'에 대응하는 언해문의 '우리말'을 對譯語라 하였기 때문이다. 이 연구는 『杜詩諺解』 초간본을 새김 어휘 연구의 관점에서 접근한 것인데 원문의 한자와 그에 대응하는 언해문의 어휘를 수집, 정리하였다. 이러한 유형의 연구는 박영섭(2004ㄱ, 2004ㄴ) 등으로도 이어졌다. 또한 연구 과정에서 수집된 자료를 바탕으로 어휘 자료집(박영섭 1998)이 만들어졌는데 이와 유사한 작업은 이호열(1995ㄴ), 조남호(2001) 등에서도 볼 수 있다. 이러한 색인집 형식의 자료집은 연구자들에게 이 책의 어휘를 편리하게 활용할 수 있도록 하였다는 점에서 의미 있는 것이라 할 수 있다.

조남호(2001ㄱ)은 박사학위 논문을 보완한 것으로 『杜詩諺解』의 원시에 딸린 언해문의 한자어에 한정하여 논의를 전개하였다. 이 연구는 중세국어 한자어의 성격을 규명하기 위한 접근 방법을 모색한 것이다. 이를 위하여 언해문 한자어와 원문의 대응 양상, 그리고 원문 한자어의 언해 양상을 논의하였는데 이는 곧 문석에 대한 검토라 할 수 있다.

비슷한 시기에 동일한 원문을 대상으로 각기 다른 번역이 이루어진 예를 佛經諺解에서 볼 수 있다. 예컨대 『月印釋譜』와 『法華經諺解』의 특정 부분은 동일한 원문인 『妙法蓮華經』을 바탕으로 4년간의 차이를 두고 각각 번역이 이루어진 것이다. 이러한 자료를 대상으로 두 문헌에 달리 나오는 어휘를 수집, 정리하고 그 의미 관계를 밝히고자 한 연구가 있었다. 이 범주에 속하는 것으로 남성우(1996, 2005ㄱ, 2005ㄴ)를 비롯하여 이석록(1992), 이봉규(1995), 박기선(1998), 박순서(1998), 양상호(1998), 허정원(2005), 원순옥(2005) 등을 들 수 있는데 그 결과를 종합한 것이 남성우(2001, 2006)이라 할 수 있다.

이상에서 논의한 자료 외에도 부분적으로 원문의 한자가 언해문에서 어떻게 풀이되었는지에 관심을 둔 연구는 상당히 많다. 특히 老乞大와 朴通事를 대상으로 한 최근의 연구로 양오진(1998), 석주연(2003), 정광(2006) 등이 있다. 경서류 언해를 대상으로는 여찬영(1987, 2003ㄷ, 2003ㄹ, 2004ㄱ, 2004ㄴ, 2004ㄷ, 2004ㄹ, 2005, 2006)에 의하여 飜譯學的 硏究가 시도되었는데『女訓諺解』,『孝經諺解』,『二倫行實圖』,『五倫行實圖』그리고『大學栗谷先生諺解』등을 대상으로 그 언해 양상을 고찰하였다. 이 밖의 문석에 대한 연구는 參考文獻으로 대신하기로 한다.

자석과 문석을 대비한 연구로 박병철(1995ㄱ, 1995ㄴ, 1997ㄱ, 1997ㄴ, 2005, 2006, 2007)이 있다. 표준이 되는 훈의 설정 등을 위하여 시도된 이 연구들은 자석과 문석을 함께 보여주는『百聯抄解』동경대학본과『千字文』의 통해와 자석을 대비하여 자석과 문석이 지닌 특징을 고찰한 것이다.

4. 한자차용표기 자료를 대상으로 한 연구

훈민정음 창제 이전은 물론 그 후에도 한자차용표기는 우리말을 표기하는 방법 중의 하나였다. 한자차용표기의 원리는 한자의 음과 훈을 빌어 표기하는 것인데 이 때 한자가 지닌 의미를 살려 쓰는 경우와 그렇지 않은 경우로 나눌 수 있다. 일반적으로 뜻을 살려 쓴 것을 '義字' 또는 '讀字'라 하며 뜻을 살리지 않은 것을 '假字'라 한다. 결국 音借字는 音讀字와 音假字로 나뉘며 訓借字는 訓讀字와 訓假字로 나뉜다. 한자차용표기 자료를 대상으로 한 새김의 연구는 훈을 빌어 우리말을 표기한 훈차자와 관련이 있는 것이다.

초기 단계에서의 한자차용표기는 우리말 단어를 표기하는 데에서 출발하였다. 인명, 지명, 향약명 등 어휘 표기에서부터 시작된 한자차용표기는 문장을 표기하는 데까지 나아가 이두, 향찰, 구결 등으로 발전하게 된다. 그동안 차자표기에 대한 연구는 그 단계적 발달을 비롯하여 문자론, 형태론, 음운론 등 다양한 각도에서 시도되었다. 본 연구에서는 어휘 표기인 고유명사 표기와 문장 표기로 나누어 이를 대상으로 이루어진 새김 연구에 한정하여 살피고자 한다.

4.1. 고유명사 표기를 대상으로 한 연구

인명, 지명, 동·식물명 등 차자표기 어휘자료 중 연구자들의 가장 많은 관심을 끌었던 자료는 『三國史記 地理志』의 지명 자료였다. 초기의 연구에서는 『三國史記 地理志』를 전반적으로 검토하면서 훈차 표기 지명을 해독하려는 과정에서 부분적으로 새김을 탐구하는 논의가 이루어 졌다. 鮎貝房之進(1931)을 비롯한 일본인 학자들과 신태현(1959)에서 이러한 논의가 시작된 후 김주원(1981), 이병선(1982), 송하진(1983, 1993), 천소영(1990) 등으로 이어졌다.

차자표기 지명을 대상으로 개별 한자의 새김을 깊이 있게 파고든 연구가 몇몇 연구자들에 의해 시도되었다. 강헌규(1992, 1994, 1995ㄱ, 1995ㄴ, 2000)에서는 '熊·懷·公·錦·遷을 비롯한 한자의 새김을 탐색하여 지명을 해석하였다. 특히 강헌규(2000)은 이와 관련된 업적이 모두 포함된 책이다. 지명에 쓰인 개별한자에 대한 해독을 위하여 새김을 연구한 것으로 김종택(1998, 2000, 2002), 김영만(1998, 2004), 김종학(2000), 천소영 (1996), 황금연(1994, 2000), 송기중(2001)등이 있다.

도수희는 지명을 대상으로 백제어를 비롯한 고대국어 연구를 다각도로 수행하였다. 『百濟語 硏究』(Ⅰ), (Ⅱ), (Ⅲ), (Ⅳ) 등에 그 업적을 모아 놓았는데 지명을 활용한 한자의 새김 연구도 상당한 부분을 차지하고 있다. 「泉·交·宜의 古釋에 대하여」, 「지명 속에 숨어 있는 옛 새김들」이라는 논문을 비롯하여 훈차자로 쓰인 상당수의 한자에 대하여 심도 있는 논의를 거쳐 새김을 탐구하였다. 이러한 노력은 얼마 전 출판된 『한국의 지명』이라는 단행본 속에서도 찾을 수 있다.

이기문(1989)에서는 바람직한 고대국어 연구를 위해서 한자의 새김에 대한 지식은 매우 중요하며 필수적인 것이라는 논의를 전개하였다. 종래의 고대 삼국어 연구에 보인 새김의 재구에 대하여 방법론적 비판을 꾀한 글로 인명, 지명, 향가 해독에서의 오류를 지적하였다. 이러한 논의는 이기문(1982)에서도 있었던 것이며 『國語 語彙史 硏究』(1991) Ⅳ부에서는 새김과 관련된 논의를 모아 놓았다.

차자표기 고유명사 중 인명을 대상으로 한 새김 연구도 꾸준히 있어 왔다. 이기문(1970)에서는 신라어의 '福(童)에 대하여, 남풍현(1975ㄱ)은 인명과 산문표기에 쓰인 '元에 대하여 논의하였다. 장세경(1990)에서는 『고대차자복수인명표기연구』라는 책에서 비교적 많은 수의 인명에 대하여 개략적인 연구를 진행하였고, 김종학·박영섭(2005)은 고대 인명어소 '宗'의 새김에 대하여 논의하였다.

『鄕藥救急方』에 나오는 향명 차자표기를 해독하는 과정에서 새김에 대한 연구가 부분적으로 이루어졌다. 방종현(1963), 이덕봉(1963), 최범훈(1976ㄴ) 등 앞선 연구를 바탕으로 남풍현(1981ㄴ)에서는 향명 전반에 대한 해독이 이루어졌다. 또한 이를 바탕으로『鄕藥救急方』의 차자표기법을 고찰하였으며, 훈차자를 논의하면서 새김에 대한 논의가 충실하게 이루어졌다. 그 후에도 향명 어휘자료를 대상으로 한 연구가 이루어지면서 새김에 대한 검토가 김종학(1988), 이은규(1993), 손병태(1996), 김남경(2005) 등에서 부분적으로 이루어졌다.

4.2. 문장 표기를 대상으로 한 연구

한자차용표기 중 문장을 표기한 것으로 표현의 측면에서 나타난 것이 향찰과 이두이고 이해의 측면에서 생겨난 것이 구결이다. 향찰은 운문을 표기한 것이며 이두와 구결은 산문을 표기한 것이다. 그동안 이두, 구결, 향찰 등에 관한 연구는 국어학자는 물론 국문학자, 역사학자에 의해서 다각도로 이루어졌다. 이들 연구에서 새김과 관련된 것은 국어학자에 의해 주로 논의되었다. 그것도 개별 한자의 새김에 대하여 구체적으로 논의되었다기보다는 향가 해독 과정에서 개략적인 검토가 이루어졌다.

여기서는 향가와 이두 그리고 구결 등을 대상으로 그 해독 과정에서 새김에 대한 검토가 이루어졌던 종합적인 연구만을 거론하기로 한다. 향가 해독의 과정에서 새김에 주의를 기울인 개척적인 연구는 양주동 (1942)라 할 수 있다. 이기문(1991: 353)에서 지적하였듯이 이 연구에서는 고대 새김 자료와 함께 중세 문헌에서 새김을 찾으려고 한 노력의 흔적이 역력히 보인다. 小倉進平(1929)를 비롯하여 종합적인 향가 연구 과정에서 새김에 대하여 논의한 주요 업적으로 지헌영(1946), 이탁(1958), 홍기문(1956), 김준영(1964), 정렬모(1965), 서재극(1975), 김완진(1981), 김선기(1993), 유창균(1994) 등이 있다.

이두를 비롯한 새로운 구결 자료들이 계속 발견되면서 이 분야 연구는 최근 들어 활기를 띠면서 심도를 더해가고 있다. 그러나 이두와 구결 자료는 조사나 어미류가 주류를 이루는 것이어서 주로 형태와 기능을 탐구하거나 문자 체계를 논의하는 데에 초점이 맞추어져 왔다. 그 결과 이두와 구결을 대상으로 한 새김 연구는 향가 연구에서와는 달리 해독 과정에서 소극적으로 다루어졌을 뿐이다.

이두나 구결에 사용된 훈차자를 대상으로 각 한자와 연합되는 새김에 대하여 종합적인 논의가 아직까지 이루어지지 않고 있다. 한자차용표기의 원리가 한자의 음과 새김을 바탕으로 형성되었다는 점을 감안할 때 여기에 사용된 한자의 음과 새김에 대한 종합적인 검토는 매우 중요하며 기본적인 연구대상이라 할 수 있다. 그러나 이두나 구결에 사용된 訓借字의 수가 그리 많지 않고 이두사전을 비롯한 사전류와 선행 연구에서 그 독법을 개략적으로 제시하였기 때문에 필요성을 느끼지 않았을 수도 있다.

그동안 이두 연구와 관련하여 부분적으로 새김에 대해 언급한 것 중 대표적인 것으로 홍기문(1957), 홍순탁(1974), 박희숙(1985), 고정의(1992), 이승재(1992), 서종학(1995), 박성종(1996), 남풍현(2000) 등이 있다. 또한 이두 연구에서 얻어진 결과를 종합하여 편찬된 사전으로 장지영·장세경(1976), 장세경(2001), 배대온(2003) 등이 있다. 그리고 구결 연구 과정에서 새김에 대하여 언급한 대표적인 논의로 안병희(1976), 김두찬(1987), 남풍현(1999), 백두현(2005) 등을 들 수 있다.

5. 전망 및 결론

한자의 새김에 대한 연구는 관련 용어의 정의에서부터 새김 자료의 수집, 정리가 일차적으로 이루어져야 할 과제이다. 이를 바탕으로 역사적인 연구와 공시적인 연구가 가능할 것이며 어휘교육을 비롯한 한자교육에까지 그 폭을 넓혀가야 할 것이다.

그동안 한자학습서에 나오는 자석 자료를 문헌별로 수집, 정리하여 제시한 작업들이 있었다. 특히 남광우 편(1995), 권인한 편(2005) 등에서는 한자음과 더불어 비교적 여러 문헌에 나오는 새김을 모아 어휘집을 편찬하였다. 여기서 나아가 홍윤표는 가칭 『漢字釋音歷史辭典』 편찬을 위해 200여 책에 나오는 석음자료를 수집, 정리하였다고 한다. 이 책이 출판되면 이 분야 연구자들에게 매우 유용한 자료가 될 것으로 확신한다. 또한 이 업적은 새김 자료 수집과 정리에 큰 획을 긋는 일이 될 것이다. 조속한 출판을 기대한다.

수집된 새김 자료를 바탕으로 고대 새김의 재구와 그 변천을 탐구한 통시적인 연구가 진행되었다. 중세이후 새김의 변천에 대한 연구는 시대를 달리하여 편찬된 동일 명칭의 문헌을 중심으로 비교적 활발하게 진행되었다. 그러나 고대 새김의 재구는 향가를 비롯한 고대국어 자료 해독을 위해 마땅히 선행되어야 할 과제임에도 불구하고 답보상태에 머물러 있다. 한자의 새김이 지니고 있는 보수성을 감안할 때 중세의 새김이 고대로 소급될 수 있으리라는 믿음과 함께 가설에 불과할지라도 용기 있는 고대 새김 연구가 있어야 할 것이다.

새김 어휘를 대상으로 이루어진 공시적인 연구는 주로 유의어나 다의어 그리고 동음어 연구에 집중되었다. 가장 많은 한자가 대응되는 새김 '집'을 비롯하여 동일한 새김을 가진 한자들 간의 의미 관계와 그 경쟁,

안정화 등에 대한 논의가 주류를 이루었다. 새김에 쓰인 어휘를 대상으로 반의관계를 비롯한 어휘의미론적인 측면에서 다양한 연구가 요구된다. 이러한 연구는 국어 어휘 교육에서도 활용될 수 있을 것이므로 그 의의 또한 작지 않은 것으로 판단된다.

한자의 새김을 정리하고 그 변천을 살피는 목적 중에서 빼놓을 수 없는 것이 오늘날의 새김을 어떻게 할 것인가이다. 한자·한문 교육과 관련 있는 것이라 할 수 있겠는데 초기 단계의 한자 교육에서 하나의 한자에 하나의 새김만을 제시할 때 어떤 단어를 선택할 것인가는 매우 중요한 문제이다. 시대의 변화에 따른 한자 사용 양상의 변화를 수용하면서 전통성을 고려한 표준 새김 즉 훈의 설정을 위한 연구가 필요하다. 이러한 연구는 이응백(1986), 남기탁(2004), 조명화(2005) 등에서 논의된 바 있으나 보다 실증적이고 심화된 연구가 요구된다.

협주 즉 주석식 자석 자료 확보는 중세국어 한자어 사전 편찬 자료로 유용하게 활용될 수 있을 것이다. 협주 중 상당수가 한자나 한자어에 대한 풀이이기 때문에 이를 그대로 활용하여 집적하면 훌륭한 한자어 사전이 될 수 있을 것이다. 기존의 고어사전들이 주로 고유어를 대상으로 편찬되었을 뿐 한자어에 대한 고려가 충분하지 않았다. 이러한 부족한 부분을 보완한다는 측면에서도 한자어 사전 편찬을 위한 협주에 대한 관심은 매우 필요한 것이라 할 수 있다.

언해문을 대상으로 한 국어연구에서 간과하지 말아야 할 것은 소재언어인 한문에 쓰인 한자의 간섭이다. 번역문의 어휘를 문석이라는 의식을 갖고 합리적으로 처리하여야만 바람직한 성과를 거둘 수 있을 것이다. 원문인 한문과 번역문을 대비하여 그 양상을 고찰하는 번역학적인 연구도 한자의 새김과 무관한 것이라 볼 수 없다. 또한 국어사 연구 자료가 대부분 언해 문헌이라는 특성을 고려할 때 새김과 관련된 연구는

중세국어 연구를 비롯한 국어의 역사적 연구와 깊은 관련이 있는 것이
라는 인식이 필요하다.

제2부

『千字文』의 변모와 새김

제5장 『千字文』 편찬의 변모 양상

1. 서론

그동안 국어학계에서는 『千字文』의 각 한자에 달려있는 새김과 음에 대하여 주로 논의하였다. 『千字文』의 국어적 요소에 대하여 집중적인 관심을 보여 왔으나 필자(2013)에서는 1930년대를 중심으로 활발하게 간행, 유통되었던 '四體' 『千字文』의 출현 배경에 대하여 논의한 바 있다. 이러한 논의의 연장선상에서 중국에서 편찬된 『千字文』이 우리나라에 전래된 후 시대 상황을 반영하며 변모되어 온 출판 양상에 대하여 살펴보는 것도 의미 있는 일이다.

『千字文』이 담고 있는 언어적 요소도 중요하지만 그 밖의 사항에 대한 검토도 필요하기 때문이다. 언어외적 요소도 직·간접적으로 언어에 영향을 미치므로 이에 대한 검토는 언어를 보다 충실히 연구할 수 있는 토대를 마련하는 것으로 볼 수 있다. 또한 인문학의 통합과 이를 바탕으로 한 다른 학문과의 융합이 활발하게 논의되고 있는 요즈음 국어사 연구 자료로 중요하게 취급되어 온 『千字文』의 편찬 방식에 대한 논의는 매우 필요한 것으로 판단된다.

『千字文』은 天下第一字書로 한자초학서이자 습자교본이며 한시·한문의 선행학습서로 애용되어 왔다. 1894년 갑오개혁 이전에 시행되었던 經學 중심의 교육 제도 아래에서『千字文』의 위상은 가히 절대적이었다. 학문의 길로 들어서는 이들은 이 책을 대충 배우는 것에 그치지 않고 한자와 그 訓·音을 순서대로 암송할 정도로 익히는 것은 당연한 일이었다. 그러므로 국가기관과 민간에서『千字文』에 나오는 글자의 순서를 토지 지번을 비롯한 일상생활의 번호로 삼는 것이 가능하였던 것이다.

개화기 이후 교육제도의 개혁을 비롯한 사회 전반의 변화와 더불어『千字文』도 그 효용과 위상에 변화를 입게 된다. 한자를 이용하여 한문 또는 이두로 작성되었던 공문서를 국문 즉 한글로 작성하도록 한 1894년 11월 21일의 칙령 제14조는 우리나라의 문자생활에 커다란 영향을 주었다. 한글이 공용문에서 법률적인 지위를 확보하면서 한자 그리고 한문의 위력은 점점 약화될 수밖에 없었고 더불어『千字文』도 같은 운명을 맞게 되었다.

중국의 양 무제 때 王羲之의 글자에서 뽑아 주흥사가 편찬한 '次韻王羲之書千字' 즉 최초의『千字文』이 전하지 않으므로 그 모습을 정확하게 알 수 없다. 필자는 왕희지의 7대손 智永을 비롯하여 비교적 이른 시기에 중국의 서예가들이 남겨놓은『千字文』과 우리나라에서 간행된 습자교본을 우선 검토하게 될 것이다. 이를 바탕으로 우리나라에서 한자초학서를 목적으로 편찬된『千字文』의 변모 양상을 살피고자 한다. 즉, 一字一訓本인 이들 이본들이 시대에 따라 어떻게 변화된 모습을 보여주는지 탐구하게 될 것이다. 특히 개화기 이후 전통적인 방식의『千字文』이 그 한계를 극복하고자 '註解', '四體', '圖像' 등이 첨가된 새로운 형식으로 변모하게 된 배경도 탐구하고자 한다.

2. 중국의『千字文』과 우리나라에서 습자교본을 목적으로 편찬된『千字文』

2.1. 중국의『千字文』

양나라 무제 때 주흥사가 서성 왕희지의 글씨로 편차하여 만든 '次韻 王羲之書千字'가 언제부터『千字文』으로 불리게 되었는지는 알 수 없다. 그러나 당나라 구양순(557~641)을 비롯한 역대 명필들은 본문인 '天地 玄黃'에 앞서 '千字文' 그리고 '勅員外散騎侍郎周興嗣次韻'이라는 두 행을 서두로 삼았다. 즉 문건의 명칭과 편찬자의 정보를 본문 앞에 제시하였 다. 왕희지의 글씨로 편차한 주흥사의『千字文』이 남아있지 않아 그 원 초적인 형태를 알 수 없으나 〈사진 1〉과 〈사진 2〉에서 보듯 왕희지의 7 세손 지영의『眞草 千字文』을 통하여 초기의 형식을 확인할 수 있다.

<사진 1> 智永 〈眞草 千字文〉　　　<사진 2> 智永 〈眞草 千字文〉
(重刻, 碑林 拓本)　　　　　　　　(影印本)

〈사진 1〉은 중국 西安 소재 비림박물관 제3실에 설치, 전시되고 있는 지영천자문비를 탁본한 것[1]인데 이 비는 1109년(宋 大觀 3)에 만든 것이다. 그리고 〈사진 2〉는 從俊(2012)이 책임 편집한 『歷代千字文精選』에 실려 있는 지영의 『眞草 千字文』 영인본이다. 〈사진 2〉에서는 서두의 두 행이 아래 부분에 묵흔만 남아있어 그 정확한 내용을 알 수 없으나 〈사진 1〉을 통하여 "眞草千字文/勅員外散騎侍郎周興嗣次韻"임을 추정할 수 있다. 첫 행이 "眞草千字文"의 묵흔이고 둘째 행이 "勅員外散騎侍郎周興嗣次韻"의 묵흔임을 〈사진 2〉의 從俊編(2012)에서는 밝히지 않았으나 魏文源編(2010ㄱ)에서 영인한 『智永 千字文』에는 이를 밝혀 놓았다.

그런데 "眞草千字文"이 첫 행이고 "散騎侍郎周興嗣次韻"이 둘째 행이라면 〈사진 2〉에서 첫 행의 묵흔은 '字'자와 동일 선상에서 끝나야 되고 둘째 행은 '日'자와 동일 선상에서 끝나야 할 것이다. 그러므로 이 문건은 당 나라 시기의 구양순(557~641), 저수량(596~658 혹은 659), 회소(725~785) 등이 쓴 『千字文』과는 달리 "眞草千字文"과 "散騎侍郎周興嗣次韻"을 행을 구분하여 쓰지 않았음을 알 수 있다. 추측컨대 첫 행에는 진서 즉 해서로 둘째 행에는 초서로 "眞草千字文 散騎侍郎周興嗣次韻"이라 하였을 것이다. 또한 『重刻 智永 千字文』 탁본의 발문을 비롯하여 이 책의 발문에 '眞草千字文'이라 하지 않고 '眞草千文'이라 한 것[2]으로 미루어 보면 '眞草千字文'이 아니고 '眞草千文'일 수도 있다.

주흥사가 편차한 최초의 『千字文』을 오늘날 볼 수 없지만 아마도 지영은 그의 7대조인 왕희지의 글씨로 된 『千字文』을 보고 글씨 연습을 하

---

1 이 탁본은 西安 비림박물관에서 절첩본으로 제작한 것을 필자가 구입 소장하고 있는 것이며 표지의 책명은 『重刻隋智永千字文』이다.

2 발문의 서두에 "智永禪師王逸少之七代孫妙傳家法爲隋唐間學書者宗匠寫眞草千文八百本散於世江東諸寺各施一本……"이라 나온다.

였을 것이다. 그리고『眞草 千字文』800본을 작성하여 강동제사에 한 책씩 보냈다고 하는데 〈사진 2〉가 그 중 한 책이므로 이를 통하여 이른 시기의『千字文』형식을 추정할 수 있다. 당나라시기에 작성된『千字文』중 유명한 것으로 구양순의『行書 千字文』, 저수량의『楷書 千字文』(〈사진 3〉 참조) 그리고 회소의『小草 千字文』(〈사진 4〉 참조) 등이 있다. 이들『千字文』은 하나의 서체를 보인 것이므로 첫 행에 '千字文' 또는 '小草千字文'이라는 표제와 둘째 행에 "散騎侍郞周興嗣次韻"이라 밝히고 난 후 天地玄黃으로 시작하는 본문을 작성하였다.

<사진 3> 褚遂良
<楷書 千字文>

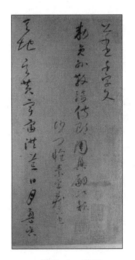

<사진 4> 懷素
<小草 千字文>

〈사진 3〉과 〈사진 4〉는 서체를 달리한 것이기는 하지만 그 형식은 유사함을 알 수 있다. 지영의『眞草 千字文』과 구양순의『行書 千字文』에서는 한 행에 10자를 배열하였는데 〈사진 3〉과 〈사진 4〉의 저수량과 회소의『千字文』에서는 한 행에 12자를 배열하였다. 한 행에 배열하는 한

자의 수가 10자인 것은 원나라 趙孟頫(1254~1322)의 『行書 千字文』에서
도 확인할 수 있고 오늘날 歷代碑帖法書選 編輯組編(1981)의 『六體 千字
文』을 통하여도 확인할 수 있는 것으로 보아 가장 선호했던 방식으로 보
인다. 그러나 상황에 따라 한 행에 5자 또는 7자를 배열한 경우도 있음
을 北宋 趙佶(북송의 8대 황제[徽宗])(1082~1135)의 『草 千字文』과 元나
라 鮮于樞(1256~1301)의 『千字文』을 통하여 각각 볼 수 있다.

<사진 5> 趙佶
<草 千字文>

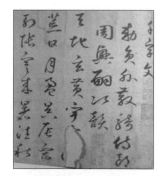
<사진 6> 鮮于樞
<千字文>

비교적 이른 수당 시기에 형성된 『千字文』의 형식이 원대에 이르기까
지 큰 변화 없이 이어졌음을 위의 사진 자료를 통하여 확인할 수 있다.
다만 〈사진 5〉 조길의 『草 千字文』에서는 표제만 있고 "散騎侍郎周興嗣
次韻"이 생략되었음을 알 수 있다. 또한 채택한 서체가 해서와 초서였음
을 알 수 있는데 이는 오늘날까지도 선호되는 것이다. 해서가 로마자 알
파벳의 인쇄체라고 한다면 초서는 필기체에 비견되는 것으로 볼 수 있
을 것이다. 한자, 나아가 한문 습득의 순서는 입문 과정에서 해서자로
시작하여 일정 단계에 도달하면 草書를 교습하는 것이 일반적이다. 독
자를 위해서는 해서가, 필사자에게는 초서가 편리한 것이었으므로 이 두

서체는 다른 서체에 비해 중시되었음을 지영의 『眞草 千字文』을 통하여 도 알 수 있다. 또한 후대의 서예가들이 남겨놓은 것들을 통하여도 이러 한 사실은 명백한 것이다.

2.2. 우리나라에서 습자교본을 목적으로 편찬된 『千字文』

지영이 그의 7대조인 왕희지 서법의 전형을 후세에 전하기 위하여 강 동제사에 보낸 『眞草 千字文』은 『千字文』이 天下第一字書이자 습자교본 으로 흔들리지 않는 위치를 확보하게 하는 데 크게 기여한 것으로 보인 다. 이는 후대의 서가들이 지영의 『眞草 千字文』을 왕희지 서법의 범본 으로 인정하고 추종하면서 수많은 『千字文』 서예 작품을 남겼기 때문이 다. 북송 때 황실에 속한 宣和府에 소장된 『千字文』 서예 작품이 49종이 나 있었다고 하는 사실을 통해서도 이런 추정이 가능하다. 중국의 정 치·문화적 영향권에 속해 있었던 우리나라에도 천하제일자서의 위치를 확보한 『千字文』이 이런 저런 과정을 통하여 전래되었을 것이다.

중국에서 우리나라에 언제 어떤 방법으로 『千字文』이 전래되었는지 는 분명하지 않으나 백제의 왕인이 일본에 『論語』 10권과 더불어 『千字 文』 1권을 전했다는 일본 『古事記』의 기록은 유명하다. 이 『千字文』을 이병도(1976: 578~579)는 그 시기로 보아 남조 양 무제 때(A.D. 502~549) 주흥사의 것이 아니고 위나라 종요(A.D. 151~230)의 것이라고 하였다. 『千字文』의 일본 전래와 관련하여 안춘근(1991), 이근우(2004) 그리고 김 선희(2012)의 추가적인 논의가 있으나 그 대상이 종요의 것이든 주흥사 의 것이든 중국에서 만들어진 이 책이 한반도를 거쳐 일본에 전래되었 다는 것만으로도 그 위상을 짐작할 수 있다. 다른 어떤 문헌보다 『千字 文』이 중시되었음을 알 수 있기 때문이다.

중국에서는 4자1구로 이루어진『千字文』의 내용을 크게 배려하지 않고 1행 10자 심지어 5자 또는 7자의『千字文』이 작성되었음을 앞에서 살펴보았다. 한자 또는 한문 학습을 목표로 편찬된 것이 아니고 습자교본 내지는 서예 작품의 성격을 지닌 것들이기 때문에 이러한 형식이 가능했던 것으로 보인다. 특히 1행 5자와 7자는 구와 절을 전혀 고려하지 않은 배열이기 때문이다. 중국에서 들어온『千字文』은 우리나라에서 한자 초학서, 한시와 유교경전의 선행학습서 그리고 습자교본으로 활용되었다. 또한 우리나라에서 간행된『千字文』이본들을 살펴보면 시대에 따라 그 활용의 편의성이 고려되면서 다양한 형식으로 진화하였음을 알 수 있다.

우리나라에서『千字文』은 크게 두 가지 목적 즉, 한자초학서와 습자교본으로 활용되었는데 그 목적에 따라 편집의 방향이 결정되었다. 한자입문을 우선한『千字文』은 1행 4자 즉, 한 구를 한 행으로 삼았고 해서체 한자 아래에 하나의 훈만을 제시하였다. 하나의 한자에 하나의 새김만을 제시하였기 때문에 필자는 이를 일자일훈본[3]이라 부르는데 가장 일반적이고 대표적인『千字文』으로 볼 수 있다. 그리고 습자교본을 목적으로 한『千字文』은 초서체 한자를 大字로 삼아 기본을 삼고 이본에 따라 해서를 비롯한 다른 서체를 부기하였다. 습자교본 또는 서예 작품으로 볼 수 있는 이 유형의『千字文』은 박팽년과 한호의『草千字』(〈사진 7, 8〉 참조)를 비롯하여 대부분 한 행에 6자를 배열하였다. 이러한 전통은 우리나라에서는 물론 眞(楷)·草·行 삼체를 보여주는 일본의『三

3『千字文』과 유사한 한자초학서인『新增類合』이나『訓蒙字會』에서는 하나의 표제 한자에 2개 이상의 새김을 단 경우가 있으나『千字文』은 주해본을 제외하고는 모두 일자일훈이다.

體 千字文』(〈사진 9〉 참조)에까지 그 영향을 준 것으로 보인다.

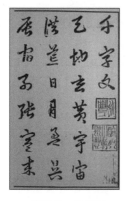  

〈사진 7〉 朴彭年	〈사진 8〉 韓濩	〈사진 9〉 日本版
〈草千字〉	〈草千字〉	〈三體 千字文〉

〈사진 7〉은 박팽년 서『草 千字文』으로 초서만을 보여준다. 반면에
〈사진 8〉은 한호의 서인데 초서를 대자로 본문을 삼고 작은 글자인 해
서자를 첨기하였으며 書眉에는 전서자가 부기되었다. 본문의 초서자는
각 행 당 6자로 하였는데 이는 〈사진 9〉의 일본판『三體 千字文』에서도
확인할 수 있다.『三體 千字文』의 경우 일본에서 중시하는 眞(楷)・草・
行 삼체가 동일한 비중으로 편성되었음을 알 수 있다. 습자교본 내지는
서예 작품으로서의『千字文』에서 전통적으로 해서와 초서를 중시하였
다. 로마자로 말하면 인쇄체와 필기체에 비교되는 것이라 할 수 있을 것
인데 해서가 독자를 위하여 그리고 초서는 필사자를 위하여 편리한 서
체이기 때문이다. 한자에 음과 훈을 달지 않고 습자교본을 목적으로 편
찬된『千字文』은 2.1.에서 살펴본 중국의『千字文』과 매우 유사한 형태
임을 알 수 있다.

3. 우리나라에서 한자초학서를 목적으로 편찬된『千字文』

3.1. '潔'자본

습자교본을 목적으로 편찬된 것과는 달리 한자초학서를 목적으로 우리나라에서 만들어진『千字文』은 그 효율성을 위하여 상당한 변화가 있었음을 각 시기의 이본을 통하여 확인할 수 있다. 한자입문을 우선한『千字文』은 의미를 고려하여 한 행에 4자의 한자를 배열하였다. 한 句를 한 行으로 삼은 것인데 이는 한 행에 6자 또는 5자나 7자까지도 배열하여 엮은 습자교본『千字』와는 차별화된 것이다. 한자입문이라는 1차적인 목적을 위하여 우리나라에서 편찬된『千字文』이 사자일구를 한 행으로 삼은 방식은 오래 전에 우리나라에서 정착되어 오늘날까지 변함이 없다. 아마도 훈민정음 창제 이전의『千字文』형식은 한자만을 각 구별로 제시한 〈사진 10〉과 유사한 것이었을 것이다.[4] 〈사진 10〉과 같이 한자인 대자만을 제시한『千字文』은 한자의 삼요소 중 '形'만을 제시한 것이므로 보다 효율적인 교습을 위해서는 '音'과 '義'에 대한 정보도 제공하고자 하였을 것이다. 훈민정음 창제 이전에 어떤 방식으로 음과 훈에 대한 정보가 제시되었는지 알 수 없으나 한자차용표기가 한글을 대신했을 가능성도 있다. 그러나 그 구체적인 자료가 나타나지 않아 단정하기는 어렵고 문자의 활용 없이 구전 위주로 교습이 이루어졌다고 보아야 할 것이다.

---

4 〈사진 10〉은 〈사진 11〉의『千字文』光州本에서 대자에 달려있는 훈과 음을 제거해 보인 것이다. 재구성한 漢字本 〈사진 10〉은 〈사진 12〉 大東急本과 〈사진 11〉 光州本의 藍本이었을 것으로 藤本幸夫(2006: 460)에서 논의된 바 있다.

<사진 10> 漢字(大字)　　　　<사진 11> <千字文>　　　　<사진 12> <千字文>
　　　<千字文>　　　　　　　　　光州本　　　　　　　　　　大東急本

　훈민정음의 창제는 음성언어의 한계를 극복하고 시간과 공간을 초월할 수 있는 문자언어가 『千字文』에 개입되면서 그 형식에 현저한 변화를 초래하게 되었다. 또한 한자의 음과 훈에 대한 정보가 한글로 제시되면서 가르치는 사람 중심의 책이 학습자를 배려한 『千字文』으로 변화되었다. 선생의 가르침이 없이는 불가능하던 학습이 혼자서도 가능한 형식으로 진화된 것이다. 그런데 현전하는 『千字文』 이본 중 초기의 것인 <사진 11>과 <사진 12>의 두 책에 달려 있는 글자를 보면 한자는 비교적 준수한 필체이나 훈과 음을 표기한 한글은 그 형태가 고졸하기 짝이 없다. 글자의 형태뿐만이 아니라 한자 사이의 상하 공간이 제대로 확보되지 않아 궁색하게 한글이 끼어든 느낌을 준다. 특히 『千字文』 광주본(이하 『光千』)에 '裳과 '闕'에 달려 있는 한글표기 음과 훈이 각각 '고외샤ㅇ', '집궈ㄹ'로 되어 있다. 이는 표제 한자 사이의 상하 공간이 좁아 '샹'과 '궐'의 종성 'ㅇ'과 'ㄹ'을 각각 '샤'와 '궈'에 붙여 쓰지 못하고 뒤로 넘겨 표기한 것이다. 편집 당시에는 대자인 한자 아래에 훈과 음을 표기하려는 의도를 가지지 않았다가 뒤늦게 끼워 넣다 보니 이렇듯 조화롭지 못한 공간 배열이 되어 버린 것이다.

공간의 문제뿐만이 아니고 훈·음을 붙이는 원칙까지도 지켜지지 않은 경우가 발견된다. 가로쓰기가 일반화되기 이전까지 간행된 『千字文』에서는 훈·음을 오른쪽에서 왼쪽으로 일직선상에 배열하는 것이 원칙이었다. 이러한 사실은 일제강점기에 간행된 『千字文』을 비롯하여 1945년에 간행된 〈사진 20〉을 통해서도 확인할 수 있으며, 1956년에 간행된 〈사진 21〉에 와서야 왼쪽에서 오른쪽으로 훈·음을 표기하는 방식이 바뀌었음을 알 수 있다. 『千字文』 대동급본의 경우가 『光千』에 비해 균형이 잡히지 않은 예가 더 많은데 藤本幸夫(2006: 463)에서는 훈·음을 왼쪽에서 오른쪽에서 판각한 예 3개를 들고 있다. 그리고 원칙에 어긋나게 상하 이단으로 판각하여 훈·음을 제시한 예가 10개 있음을 지적하였다. 이렇듯 훈·음 표기가 매끄럽지 못한 것은 편집 과정에서 대자만으로 책을 꾸몄던 앞선 시기의 방식이 알게 모르게 간섭한 결과로 보인다. 그러므로 이 두 책은 대자인 한자 아래에 훈과 음을 단 초기 단계의 일자일훈본으로 보아 무방할 것이다.

대자인 한자의 수려함은 물론 한글로 달아놓은 훈과 음이 공간 배치에서 조화를 이룬 것을 〈사진 13〉의 石峯 『千字文』(이하 『石千』)에서 확인할 수 있다. 관판본인 『石千』의 간행은 이보다 앞선 시기에 유통되었던 『千字文』의 단점을 보완하여 표준이 되는 책을 만들고자 하는 데서 출발하였을 것이다. 표제 한자의 자형은 물론 각각의 한자에 달려있는 훈과 음도 표준화하려는 의도를 가지고 『石千』 편찬 사업을 진행하였을 것이다. 이러한 추정이 가능한 것은 소위 '潔'자본인 『光千』과 『大千』의 한자 자형, 훈·음이 '烈'자본인 『石千』의 그것과 달라진 것이 다수 발견되기 때문이다. 『大千』의 경우 刊記가 없어 정확한 간행 연대 추정이 어려우나 『光千』의 "萬曆三年月日光州刊上"이란 간기를 통하여 이 책은 1575년(선조 8)에 간행된 것임을 알 수 있다. 『石千』 원간본으로 추정되는 내사본이 선조 16년 7월에 대사간 박승임에게 내하되었음을 감안하면『光千』과의 간행 연대 차이가 불과 8년에 불과하나 두 책은 여러 면에서 상당한 차이를 보여준다.

3.2. '烈'자본

흔히『千字文』계통을 논의하면서 '潔'자본과 '烈'자본에 대하여 자주 언급하는데 이는 이본에 따라『千字文』41번째 句가 '女慕貞潔' 또는 '女慕貞烈'로 되어있는 것에서 기인한 것이다.『光千』과『大千』에 潔로 나오는 것으로 미루어 비교적 이른 시기에 간행된『千字文』은 일반적으로 '潔'자본일 가능성이 있다. 1583년(선조 16) 정월에 왕명을 받아 명필 한호가 작성한『千字文』이후 '潔'이 '烈'로 교체되었으므로『石千』을 경계로 '潔'자본과 '烈'자본이 나누어진다고 할 수 있다. '潔'자가 '烈'로 교체된 것을 비롯하여 안병희(1982: 149)에 의하면 堒→崑, 粮→糧, 劭→邵 등 8개의 한자는 자형을 달리한다고 하였다. 대자인 한자에 달아놓은 훈과 음에서도 상당한 차이를 보이는데 특히 훈의 변개는 매우 특징적인 것으로 지적되어 왔다. '潔'자본인『光千』과『大千』의 훈 중에는 아직까지도 그 의미 추정이 어려운 어휘를 비롯하여 매우 보수적인 특징을 지닌다. 이기문(1973: 284)에서는『光千』의 훈과『石千』의 그것이 어휘적인 측면에서 서로 전혀 다른 것이 전체 새김의 4분의 1이나 되는 셈이라 하였다. 결국 왕명에 의하여 관판본으로 간행된『石千』은 국가적인 권위를 실어 만든 '표준'『千字文』이었으므로 오랜 기간 한자초학서로서 독보적인 지위를 확보하였다.

<사진 13> 石峯　　　　　<사진 14> 金國杓 書　　　　<사진 15> 李茂實 書
<千字文>(內閣文庫本)　　　　　<千字文>　　　　　　　　<千字文>

〈사진 13〉의 『石千』은 말미에 "萬曆十一年正月日副司果臣韓濩奉 教書"라는 간기가 있는 것으로 내사본이 알려지기 전까지는 원간본으로 추정되었던 것이다. 손희하(2011)에서는 원간본으로 추정되는 김민영 씨 소장의 내사본을 비롯한 『石千』 16종을 수집, 정리하였는데 책의 크기와 판식이 거의 비슷하다고 하였다. 『光千』의 책 크기(21.5×29.5㎝)에 비해 『石千』(내사본 크기 27.2×42㎝)이 훨씬 크게 제작되었으나 4자1구를 한 행으로 하고 1면에 3행을 배열한 것은 동일한 방식을 취하였다. 『石千』은 '潔'자본에 비해 글씨가 수려함은 물론 한자 아래에 한글로 훈과 음을 달기 위한 공간을 조화롭게 배려하였다. 또한 권표를 활용하여 대자의 좌상과 우상에 각각 상성과 거성 표시를 하였다는 점이 다르다. 성조를 표시하였다는 것은 단순히 한자초학서를 뛰어넘어 한시 학습까지도 고려된 것임을 알게 해준다. 1583년 내사본 그리고 내각문고본에서부터 1928년에 간행된 陟瞻臺藏板本까지 목판 또는 목활자로 『石千』이 지속적으로 간행되면서 대표적인 한자초학서로 활용되었다.

　『石千』 뿐만이 아니라 〈사진 14〉와 〈사진 15〉에서 보듯 김국표, 이무실을 비롯한 당대의 명필들이 쓴 글씨로도 『千字文』이 간행되었다. 홍윤표(2011)은 김국표 서 『千字文』을 해제하면서 명필 이해룡, 송계, 홍성원, 홍태운, 이승교, 정택주, 일성공(이장운) 등의 글씨로 『千字文』이 간행되었음을 거론하였다. 한석봉 뿐 아니라 다양한 서자에 의해 작성된 『千字文』이 간행되었음을 알 수 있는데 안미경(2004)에서는 조선시대에 작성된 15종의 책판 목록 분석을 통하여 총 117건의 『千字文』이 간인되었음을 밝힌 바 있다. 이런 사실을 통하여 한자초학서로 『訓蒙字會』(1527년), 『字訓諺解』(1555년), 『新增類合』(1576년), 『兒學編』(1813년), 『訓蒙排韻』(1901년), 『初學要選』(1918년), 『續千字文』(1940)…… 등을 비롯한 책들이 출현하였지만 주흥사 차운의 『千字文』을 능가하지는 못하였다고 할 수 있다.

　〈사진 14〉 김국표 서 천자문은 1750년(영조 15)에 간행된 것으로 책의 크기는 25.8×38㎝로 『石千』보다는 작으나 판식은 유사하다. 성조 표시를 위한 권표도 사용하는 등 『石千』을 대본으로 하여 작성된 것으로 보인다. 이러한 추정이 가능한 것은 한자의 훈을 통하여도 확인할 수 있는데 대부분 표기법의 차이만을 보일 뿐 각각의 한자가 동일어를 훈으로 삼고 있다. 『石千』과 어휘적인 측면에서 달라진 것은 바다→바라(海)〈3ㄴ〉, 본볼→본바들(效)〈8ㄱ〉, 앎→남녁(南)〈28ㄴ〉, 아음 → 딜이(戚)〈35ㄱ〉 정도이기 때문이다. 그런데 〈사진 15〉의 이무실 『千字文』은 앞서 살펴본 『千字文』들이 1면에 3행을 배열하였으나 4행으로 1행을 추가하였고 권표도 사용하지 않았음을 알 수 있다. 책의 크기는 25×30.8㎝이며 책 끝에 "擁正十三年乙卯三月日 / 月城后人李茂實書 / 道光十年庚寅四月日孫基大 / 曾孫孟新重刊 / 咸豊七年丁巳三月日　五代孫芝秀三刊/光緒二十年甲午五月日五代孫東珎四刊"이라는 간기가 있어 이무실이 擁正十三年(1735년, 영조 11)에 초간한 것을 道光十年(1830)에 중간, 咸豊七年

(1857)에 삼간 그리고 光緖二十年(1894년, 고종 31)에 오대손 東珌이 사간한 것임을 알 수 있다.[5]

사자일구를 한 행으로 삼는 것은 오늘날 간행되는 『千字文』에까지 그 전통이 이어지고 있으나 비교적 이른 시기에 간행된 일면삼행 방식은 후대로 오면서 행이 추가되는 경향을 띠게 된다. 〈사진 15〉의 이무실 서 『千字文』에서는 일면에 사행을 배정한 예를 볼 수 있으며 뒤에서 논의하게 될 『世昌千字文』(단기 4289년(서기 1956))에서는 일면팔행까지 늘어난 예를 보게 될 것이다. 이무실 『千字文』에서 경제성을 추구하기 위하여 한 면에 1행을 추가하면서 글자의 크기가 작아지고 성조 표시를 위한 권표가 생략되었지만 그 형식과 내용에서 『石千』과 크게 다르지는 않다. 결국 『石千』 이후 명필들이 쓴 한자교습용 『千字文』이 다수 간행되었지만 독특한 것이 없고 대부분 『石千』을 모방하여 만들어졌다고 할 수 있다.

4. 종합적인 정보를 담은 『千字文』

4.1. 『註解 千字文』의 출현

1752년(영조 28) 남한 개원사에서 간행된 『註解 千字文』[6]을 보면 그 내용과 형식면에서 앞서 간행된 것들과는 현저한 변화가 있었음을 알

---

5 자세한 서지는 손희하(2003)을 참조하기 바란다.

6 이 책은 서울대학교 규장각 한국학연구원 소장본(도서번호; 古2410-37)으로 간략한 서지사항은 1책(42장), 목판본, 39×26cm이다. 卷末의 간기 "崇禎百二十五年壬申註解于龜谿精舍, 上護軍南陽洪聖源書, 南漢開元寺"를 통하여 홍성원이 1752년(영조 28)에 귀계정사에서 이 책을 주해하고 남한산성 동문 안에 있었던 개원사에서 간행한 것임을 알 수 있다.

수 있다. 『石千』과 이를 모방한 대부분의 일자일훈본은 한자초학서의 성격을 강하게 지니나 『註解 千字文』은 기본적으로 한자초학서이되 다른 요소도 고려되었다. 한자에 따라 일자수석을 보인 경우도 있으며 자의를 한문으로 풀어 주석을 달았다. 또한 각 행 사이에 줄을 그어 왼쪽에 작은 행을 하나 더 만든 후 한문으로 각 구의 통해까지 붙여 놓았다. 이는 각 한자에 대한 종합적인 정보를 제시함은 물론 통해를 통하여 '千字文'이 천 개의 한자를 늘어놓은 '千字'에 그치지 않고 하나의 문장이라는 특징을 드러낸 것이다. 결국 1,000개의 한자에 대한 자전의 기능과 사자일구 도합 250구로 이루어진 사언고시 주해서의 기능도 갖춘 책이다.

하나의 한자는 하나의 의미만을 갖는 것이 아니고 수 개의 뜻을 지니며 그 음 또한 의미에 따라 달라지기도 한다. 그런데 일자일훈본은 이러한 사실을 외면하고 1,000개의 한자에 대한 기본적인 정보만을 익히도록 설계되었다. 이는 한자 입문의 과정에서 수월성을 추구한 것으로 그 가치를 부정하여서는 안 될 것이다. 그런데 한자를 익히고 한문의 학습과 활용의 단계로 나아가기 위해서는 1,000개의 한자에 대한 기본적인 정보만으로는 부족하고 심화 과정이 필요하게 된다. 이를 충족하기 위하여 고안된 것이 『註解 千字文』이라 할 수 있을 것이다. 그런데 이러한 욕구는 오래전부터 있어 왔을 터인데 18세기 중엽인 1752년(영조 28)에 와서야 『註解 千字文』이 출현한 배경이 무엇일까 궁금하지 않을 수 없다.

『註解 千字文』의 출현은 여러 가지 사실이 복합적으로 작용하여 생겨난 것이겠지만 『千字文』의 위상과 밀접한 관련이 있다고 본다. 『千字文』이 단순히 1,000개의 한자를 익히는 데 그치지 않고 한시와 유교경전의 선행학습서 그리고 습자교본으로 활용되었음은 앞에서도 지적하였다. 그런데 이를 뛰어 넘어 『千字文』은 중요한 '인간 교육서'로 인식됐음을 숙종의 어제천자문서를 통하여 확인할 수 있다. 조선왕조실록 숙종 23권, 17년(1691 辛未) 閏7月 25日(戊寅) 첫 번째 기사에 보면 "上親製千字序文, 下春坊. 春坊請刊出弁卷, 待東宮開筵, 以此文進講, 許之(임금이 친히 千字序文을 春坊에 내렸는데, 춘방에서 권두에 붙여서 찍어내어 동궁에서 서연을 열 때에 이 글을 진강하겠다고 청하니, 윤허하였다.)"라 되어 있다. 이러한 사실은 숙종대왕행장 신미년조에도 실려 있는 "親製千字文序, 使世子, 以此進講(친히 천자문의 서문을 짓고 세자에게 이것으로 진강하게 하였다.)"이라는 기사에서도 확인할 수 있다. 고려대학교 중앙도서관 소장『千字文』辛未夏校書館重刊本의 간기를 보면 "萬曆十一年正月日副司果臣韓濩奉 敎書 二十九年辛丑七月日內部開刊 辛未夏校書館重刊"이라 되어 있는데 이 책에 숙종의 천자문서가 들어있다.

어제천자문서에서는 '千字文'을 배움에 있어 각 한자에 달려있는 하나의 훈만을 아는 데 그치지 말고 그 한자를 바탕으로 문맥에 따라 유추 확장하여 한자가 지닌 더 많은 의미를 알도록 하라고 하였다. 나아가 각 구와 절이 지닌 깊은 의미도 파악하여 사고의 폭을 넓힘은 물론 행동에까지 옮길 것을 당부하였다. 구체적으로 孝當竭力, 尺璧寸陰, 尅念作聖, 知過必改, 務玆稼穡 등 5개 구를 예로 들어 그 의미를 분명히 알고 행동에 옮길 것을 당부하였다. 예컨대 '孝當竭力'이라는 구와 관련하여 문왕이 세자였을 때 그의 아버지 왕계에게 하루에 세 번 문안한 것을 생각하여 반드시 즐거운 낯빛으로 성실하고도 전일하게 효도에 힘을 다하여야 한다고 하였다. 이러한 사실을 통하여 우리는『千字文』이 단순히 1,000개의 한자를 익히는 한자초학서를 뛰어넘어 인간 교육서로 자리 잡았음을 알 수 있다.

궁중에서의『千字文』학습과 관련하여 기록상으로 가장 이른 것은 高麗史 卷一百二十五 列傳 卷第三十八 姦臣一 田淑蒙 조에서 볼 수 있다.

時王習千字文, 安震曰, "要詳音義." 淑蒙曰, "殿下但習音, 不尋其義, 殿下雖不識字, 於臣何傷, 然恐不可." 王曰, "師傅比來不講其義, 故不習耳." 淑蒙曰 "殿下不習而反咎臣, 非臣不講也."가 그것인데 충목왕(재위 1344~1348)이 음 위주로 『千字文』을 익혔음을 알 수 있다. 조선왕조실록에서는 중종 12년(1517) 4월 13일(戊午) 3번째 기사에 원자가 "千字, 類合, 皆通習之"라는 구절을 비롯하여 명종 10년(1555) 11월 29일 3번째 기사, 순조 13년(1813) 4월 3일 1번째 기사, 순조 30년(1830) 9월 25일 1번째 기사, 순조 32년(1832) 9월 10일 1번째 기사, 순조 32년(1832) 9월 19일 1번째 기사, 고종 15년(1878) 4월 22일 2번째 기사, 고종 15년(1878) 8월 25일 1번째 기사 등에 세자 또는 세손의 교육과 관련하여 『千字文』이 등장한다.

세종 5년(1423) 12월 27일 4번째 기사를 통하여 『千字文』은 의녀의 교육을 위하여 활용되기도 하였으며 연산 10년(1504) 12월 5일 2번째 기사를 통해서는 아녀자의 교육에 쓰였음을 알 수 있다. 궁중에서는 물론 민간에서도 활용되었음을 알 수 있으며 한자를 익히는 데 그치지 않고 그 순서대로 암송하기까지 하였으므로 자연스럽게 토지의 지번을 '千字文'의 순서에 의하여 매기기도 하였다. 이렇듯 궁중과 민간에서 애용된 『千字文』을 한자초학서로 그치게 하지 않고 훌륭한 인간 교육서의 지위를 부여한 것이 숙종의 어제천자문서라고 할 수 있다. 이러한 배경 속에서 일자일훈본이 지니고 있던 한자에 대한 기본적인 정보는 물론 상세한 것까지, 그리고 사자일구에 대한 통해까지 포괄하여 만들어진 것이 『註解 千字文』이다.

1752년(영조 28) 남한 개원사에서 간행된 것과 유사한 『註解 千字文』[7]

---

7 이 책은 서울대학교 규장각 한국학연구원에 2권(一簑 古 418.3-J936, 一簑 古 418.3-J936c.)이 소장되어 있는 것을 비롯하여 국립중앙도서관 소장본(古朝41-65), 한국학중앙연

(〈사진 16〉참조)이 1804년(순조 4)에 광통방에서 새로 간행되었다. 1752
년본(洪聖源 書)에 비하여 1804년본(洪泰運 書)은 일자수석을 보여주는
항목이 더 늘어났으며 본문 대자의 좌측 상단부에 청탁[8]을 표시하였고
우상에는 소전체를 기입하였다. 또한 각 한자의 성조를 주석란의 첫 글
자에 상성은 'ㅇ'으로 거성은 '·'으로 표시하였다. 그리고 각 한자를 주
석하면서 사용했던 本, 又, 古 등의 원문자는 시각적인 효과를 증대시키
기 위하여 양각이었던 것을 음각으로 바꾸어 처리하였다. 이렇듯 1804년
본은 앞서 간행된 책에 비하여 몇 가지 사항이 보다 정밀화되었음을 알
수 있으며 후대의 이본에서 이를 능가하지 못하였다는 점을 감안하면
가히 『千字文』주해본의 결정판이라 할 수 있다.

<사진 16> 洪泰運 書
<註解 千字文>

<사진 17>
滙東書館本 (三體註解)
<千字文>

<사진 18> 德興書林本
(新釋漢日鮮文)
<註解千字>

구원 장서각 소장본(등록번호; 44001823), 洪允杓 교수 소장본 등 여러 권이 있는 것으로
확인된다. 1책(42장), 목판본, 27.1×20㎝이며 1면에 3행4자를 배열하였고, 卷末의 간기 "南
陽洪運書, 崇禎百七十七季甲子秋京城廣通坊新刊"를 통하여 洪泰運이 편찬하였고 1804
년(순조 4)에 廣通坊에서 새롭게 간행하였음을 알 수 있다.
8 자음의 淸濁은 全淸을 'ㅇ', 次淸을 'ㅇ', 全濁을 '●' 그리고 不淸不濁은 'ㅇ'로 표시하였다.

〈사진 16〉은 1804년에 간행된 홍태운 서『註解 千字文』이고 〈사진 17〉은 회동서관에서 1916에 간행한『(三體註解) 千字文』[9]이며 〈사진 18〉은 덕흥서림에서 1937에 간행한『(新釋漢日鮮文) 註解 千字文』[10]이다. 〈사진 17〉과 〈사진 18〉의 책을 비롯하여 '註解'라는 표지가 달린『千字文』은 개화기와 일제 강점기를 거쳐 광복 후에도 꾸준히 간행되었다. 그런데 그 내용의 충실도 면에서 1804년에 간행된 홍태운 서『註解 千字文』을 능가하는 것은 없다. 특히 후대에 간행된 주해류『千字文』들은 복수자석을 제시하지 않고 하나의 한자에 하나의 새김만을 제시하는 방식을 취하였다. 이는『石千』을 비롯하여 이른 시기에 확립된 一字一訓의 전통적 방식으로 돌아간 것이다.

〈사진 17〉의 특징은 책명을 통해서 알 수 있듯이 표제자인 해서에 대응되는 전서자와 초서자를 각각 난상과 한자음 옆에 제시하였다. 그리고 각 구 아래에 한글로 통해를 달아 놓았다. 〈사진 18〉의 특징은 書眉에 한글로 통해를 달았다는 점과 본문의 한자에 한글로 음과 훈을 다는데 그치지 않고 그 아래에 가타가나로 일본어 훈과 음을 첨가하였다. 일본어 훈·음을 첨가한 것은 일제강점기에 간행된 각종『千字文』에서 흔히 볼 수 있는 사항이었으나 광복과 더불어 삭제되었다.[11]『千字文』출

---

9 이 책은 국립중앙도서관 소장본(古朝41-61-2)으로 1916년 滙東書館에서 姜義永이 편집 겸 발행한 것이다. 목판본으로 1책(31장), 26.5×18.8㎝이며 1면에 4행4자를 배열하였고 표지의 책명 중 '三體註解'는 작은 글자로 '千字文'은 큰 글자로 작성되었다

10 이 책은 국립중앙도서관 소장본(古朝41-80-2)으로 1937년 德興書林에서 金東縉이 편집 겸 발행한 것이다. 石版本으로 1冊(23장), 26.0×19.0㎝이며 1면에 6행4자를 배열하였고 표지의 책명 중 '新釋漢日鮮文'은 작은 글자로 '註解 千字文'은 큰 글자로 작성되었다. 속지의 책명은 (新釋漢日鮮文) 註解千字로 되어있다.

11 이러한 예는 광한서림에서 김송규가 편집 겸 발행한『四體 千字文』을 통하여 분명하게 확인할 수 있다. 昭和 12년(1937) 9월 30일에 간행한 책에는 일본어 훈음이 기록되어 있으나 이보다 불과 8년 뒤인 乙酉年(1945) 10월 15일에 간행한 책에서는 일본어 訓·

판과 관련하여 정치, 사회적인 문제를 비롯한 시대상이 반영되었음을 엿보게 하는 것이다. 〈사진 17〉과 〈사진 18〉을 통하여 『千字文』 편집 태도가 간소화의 방향으로 진행되었음을 알 수 있다. 즉, 우리나라에서 『千字文』의 1차적 기능은 한자초학서이고 습자교본과 한문·한시 선행학습서는 2차적인 것이므로 이러한 정신을 반영한 책이 출현한 것이다.

4.2. 한자초학서와 습자교본을 통합한 『千字文』

일자일훈본 『千字文』 형식을 탈피하고 다양한 형식의 책들이 편집 간행된 것은 개화기에 들어오면서 신식 교육제도의 도입과 무관하지 않다. 갑오개혁 이후 과거제도가 폐지되고 근대적 교육이념을 구현하기 위하여 경학 중심의 교육에서 지·덕·체를 중시하는 교육으로 전환하였다. 경학 중심의 교육에서 『千字文』은 필수적으로 배워야 하는 학업의 입문서로 절대적인 위치에 있었던 책이다. 왕실에서 4세가 되면 한자초학은 물론 학업의 입문서로 세자를 비롯한 왕손들에게 가르쳤던 것이 이 책이다. 물론 민간에서도 서당을 비롯한 각종 교습현장에서 어김없이 활용되었다. 이렇듯 절대적인 위상을 확보하였던 『千字文』이 시대의 변화와 함께 흔들리기 시작하였다. 그렇지만 이러한 소용돌이 속에서도 대중들의 관심과 구매 욕구를 자극하기 위하여 변화된 형식의 『千字文』이 부단히 고안되고 출판되었다.

변화된 『千字文』 편집 태도 중 하나로 교육자 중심의 교재에서 학습자 중심용 교재로 바뀌었다는 점이다. 가르치는 사람의 도움이 없이도 학습자가 스스로 한자를 쉽게 터득하도록 하기 위하여 우리말로 주해를

_____

音이 제거되었다.

덧붙임은 물론 관련 있는 그림을 함께 제시하였다. 이른 바 '圖像, 註解
『千字文』인데 〈사진 19〉[12]를 통하여 그 예를 확인할 수 있다. 『千字
文』이 습자교본으로도 널리 활용되었음을 이미 앞에서 논의하였는데 과
거제도의 폐지와 한글이 공식문에서 법률적 지위를 확보하면서 한자 습
자는 점차 그 효용이 줄어들게 되었다. 이러한 현실을 반영하여 『千字
文』을 편집하면서 해서자인 본문의 대자에 대응하는 작은 글자의 삼체
자(篆·隸·草)를 서미에 제시하는 책들이 다수 간행되었다. 『四體 千字
文』이 그것인데 〈사진 20〉[13]을 통하여 확인할 수 있으며 삼체의 글자가
너무 적어 실제로 습자교본의 역할을 하기에는 무리였을 것으로 보인다.

^{<사진 19> (圖像註解)}
<千字文>

<사진 20> (中鮮諺解)
<四體千字文>

<사진 21>
(四體圖像註釋)
<世昌千字文>

12 이 책은 국립중앙도서관 소장본(古朝41-65-3)으로 1917년 趙慶勳家에서 趙慶勳이
편집 겸 발행한 것이다. 목판본으로 1책(26장), 30×19㎝이며 1면에 5행4자를 배열하였고
책명 중 '圖像註解'는 작은 글자로 '千字文'은 큰 글자로 작성되었다

13 이 책은 필자 소장본으로 廣韓書林에서 金松圭가 편집 겸 발행한 것이다. 石版本
으로 1冊(26張), 26.0×18.5㎝이며 1면에 5행4자를 배열하였고 표지의 책명은 四體 千字文
이고 속지의 책명은 (中鮮諺解) 四體 千字文이다.

개화기를 지나 오늘에 이르면서 문자생활에서 한글로만 쓰기가 점차 확대되고 있고 보통교육에서 한자 교육이 폐지된 적도 있었다. 그렇지만 국어 어휘의 70% 정도가 한자어라는 보고가 있듯이 한국어에서 한자, 한자어는 가볍게 볼 수 없는 존재이다. 이렇듯 엄연한 현실로 인하여 한자 교습을 위한 교재는 꾸준히 출판되어 왔고『千字文』또한 독자들의 욕구를 충족하기 위하여 부단히 변화를 꾀하면서 편집, 간행되었다. 〈사진 18〉 덕흥서림본에서 '月堂新案謹製發行'이라는 문구를 볼 수 있듯이 시대정신을 반영한 새로운 아이디어 상품으로 독자에게 다가가고자 하였다. 그런데 전통적인 형식에서 벗어난 듯하나 그 근저에 일자일훈본의 핵심적인 전통을 지키면서 다양한 정보를 통합하여 보여준 것이 단기 4289년(1956) 7월 25일 세창서관에서 신태삼이 편집 겸 발행한『(四體圖像註解) 世昌 千字文』[14](〈사진 21〉 참조)이다. 이 책은 변화되어 온『千字文』편집 형식의 극치를 보여주는 것으로 한자초학서를 기본으로 하면서 도해, 사체(楷・隷・篆・草) 그리고 주해(통해)까지 보여주고 있다.

한자에 대한 일차적인 정보만을 제공하도록 구상되었던 전통적인 방식의『千字文』이 다양한 정보를 추가하게 된 것은 독자 대중의 욕구를 비롯한 시대상을 반영한 것이다. 인쇄 출판 기술의 진보와 더불어 교육제도의 변화 등도 반영된 것이며 특히 변용된 천자문류[15]의 자극도 한몫을 한 것으로 보인다. 개화기 이후『千字文』이 지닌 단점을 뛰어넘어 우

---

14 이 책은 국립중앙도서관 소장본(古3111-10)으로 1956년 세창서관에서 신태삼이 편집 겸 발행한 것이다. 석판본으로 1책(16장), 25.7×19.1cm이며 1면에 8행4자를 배열하였다.

15 변용된 千字文類란 김균의『大東 千字文』을 비롯하여 김태린의『童蒙須讀 千字文』, 金浩直의『東千字』, 李祥奎의『歷代 千字文』…… 등으로『千字文』이 지닌 한계를 극복하기 위하여 우리나라에서 만들어진 한자초학서이다. 이들 동몽학습서들은 민족의식을 고취하기 위하여 우리나라의 역사와 문화 그리고 속담 등을 제시함은 물론 한자 학습도 고려하여 만들어진 것이다.

리나라의 실정과 정서를 반영한 동몽학습서가 다수 출판되어 학습자를 자극하였다. 이들 책의 도전에 『千字文』 또한 변화를 모색하는 과정에서 '四體', '圖像', '註解'의 방식이 동원된 것이다.

요컨대, 개화기 이후 시대의 변화를 반영하면서 독서 대중의 욕구를 충족시키기 위하여 종합적인 정보를 담은 『千字文』이 출현하였다. '四體', '圖像', '註解' 등을 표방한 『千字文』이 그것인데 이 부류의 『千字文』에서는 해서자의 대자 아래에 한글로 훈과 음을 달아 전통적인 일자 일훈본의 형식을 유지하였다. 이 부분만 보면 전통적인 한자입문서 일자일훈본과 같은 형식이다. 그러나 우리말 훈과 음 아래에 일본어의 그 것을 가타가나로 표기하기도 하였으며 각각의 성격에 따라 서미를 비롯한 별도의 칸에 그 특성을 반영함으로써 전통적인 형식의 『千字文』과 차별화를 꾀하였다. 상당 기간 동안 여러 출판사에서 각각의 특성을 반영하여 간행되었던 이 시기의 『千字文』이 하나로 통합되어 나타난 것이 1956년 世昌書館에서 출판한 『(四體圖像註釋) 世昌 千字文』이다. 이 책의 본문은 전통적인 방식을 유지하여 한자초학서의 성격을 지니면서 '四體', '圖像', '註解'의 기능을 함께 하도록 통합하였다.

5. 결론

왕희지의 글씨를 활용하여 주흥사가 편차한 『千字文』이 전하지 않으므로 그 원래의 모습이 어떠했는지는 정확하게 알 수 없다. 그러나 왕희지의 7대손 지영의 『眞草 千字文』을 비롯한 비교적 이른 시기의 것들을 통하여 후대의 습자교본 내지는 서예 작품과 유사한 형식이었을 것으로 추정된다. 중국에서 전래된 『千字文』이 우리나라에서는 한자초학서로 주로 활용되었는데 훈민정음 창제 이전에는 각 한자에 훈과 음이 달려 있지 않은 형태였을 것이다. 훈과 음이 달려 있는 초기 형태의 『千字文』 이본으로 『光千』과 『大千』이 있는데 이 두 책의 한글표기는 古拙할 뿐만 아니라 공간 배열 또한 조화롭지 못하다. 소위 '潔'자본 계통의 『千字文』에서는 4자1구, 1면3구의 형식을 갖추었으며 각 한자에 달아 놓은 훈이 매우 보수적인 어휘로 구성되어 있다.

'石峯' 『千字文』에 오면서 각 한자 아래에 여유롭고 조화로운 공간[16]을 배정하여 한글로 훈과 음을 달았으며 글씨 또한 미려한 모습을 보인다. 한자의 자형도 일부 변화된 것이 있으며 '女慕貞潔'의 '潔'은 '烈'로 바뀌었고 훈도 현실언어를 반영한 개신이 전폭적으로 이루어졌다. 그 후 『石千』은 상당기간 동안 『千字文』의 표준이 되었으며 이를 모방한 이본들이 다수 간행되었고 오늘날까지도 그 영향을 미치고 있다. 의미 단위를 존중하여 4자1구를 한 행으로 삼은 것은 변화가 없으나 1면에 3구 즉 3행을 배열하던 방식은 경제성을 고려하여 후대로 올수록 4행, 5행 그리고 8행까지 늘어나게 된다.

『千字文』은 한자초학서, 습자교본, 한시나 유교경전의 선행학습서로 역할을 하였지만 '인간교육서'로 활용되었음을 숙종의 어제 천자문서를 통하여 확인할 수 있다. 그 결과 가장 기본적인 정보만을 담았던 일자일훈본 『千字文』에서 벗어나 각각의 한자에 대한 세밀한 내용을 담은 『千字文』 주해본이 간행되기에 이른다. 갑오개혁과 더불어 경학 위주의 교육에서 절대적인 위상을 확보하고 있었던 『千字文』도 위기를 맞았으나 독자들의 욕구를 반영한 형태로 변화되었다. 간략화된 주해본, 습자교본

---

16 개화기 이후에 간행된 『千字文』의 경우 표제 한자 아래에 훈과 음을 달기 위하여 줄을 그어 별도의 작은 칸을 마련하는 것이 일반화 되었다.

의 역할도 가미된 '四體' 『千字文』, 그리고 그림을 활용하여 흥미롭게 『千字文』을 학습하게 한 '圖像' 『千字文』 등이 그것이다. 또한 『註解』, 『四體』, 『圖像』 모두를 종합한 『千字文』도 출현하였다.

가르치는 자 위주에서 학습자 중심으로 편찬 태도가 바뀐 『千字文』은 시대에 따라 독자 대중의 욕구를 충족하기 위하여 부단히 진화되어 왔다. 그러나 해서자를 기본으로 하고 그 아래에 한글로 훈과 음을 제시하여 본문으로 삼는 방식은 『石千』 이후 오늘날까지 변함이 없다. 오늘날 멀티미디어의 발달과 더불어 만화 또는 동영상을 활용한 한자교육에도 『千字文』이 소재로 활용되고 있다. 애니메이션 '마법천자문'이 그 대표적인 것이라 할 수 있는데 이 또한 시대를 반영한 『千字文』의 진화인 것이다. 물질이건 정신이건 이 세상에 변화하지 않는 것은 아무것도 없다. 중국에서 만들어져 우리나라에 유입된 『千字文』 또한 시대 상황을 반영한 편찬 태도에 따라 변화하여 왔고 앞으로도 변화를 거듭할 것이다.

제6장 『千字文』에 보이는 한자의 자형 변화

1. 서론

『千字文』의 원명은 『次韻王羲之書千字』인 바 중국 남조 양나라의 周興嗣(470?~521)가 王羲之(307~365)의 필적 중에서 해당되는 글자 1,000개를 뽑아 운에 맞추어 정리한 것이다. 『千字文』은 1,000개의 한자가 아무런 질서도 없이 배열되어 있는 것이 아니고 四字一句 도합 250구, 1,000개의 한자가 일정한 질서를 갖추고 있는 것이다. 우주만물의 이치와 인간의 삶 그리고 역사와 통치에 이르기까지 자연과 인문을 포괄하는 내용을 담고 있다.

‘千字'가 독립되어 있을 때는 하나의 한자이지만 4자가 모여 하나의 구를 형성할 때는 문장을 형성하는 구성성분이 된다. 이런 특징으로 인하여 『千字文』은 개별 한자에 대하여 각각의 음과 새김을 익히게 하는 한자초학서로, 각각의 구를 통해서는 초보적인 운문습득서로 역할을 하였다. 그러나 이보다도 『千字文』은 그 원명 『次韻王羲之書千字』에서 추론할 수 있듯이 습자교본으로서 가장 중심적인 위치에 있었다. 『千字文』의 출발이 황실에서 제왕의 습자용 교본이었다는 점,[1] 趙孟頫(1254~

1322)를 비롯한 역대 명필들에게도 『千字文』이 습자교본이었다는 점,[2] 그리고 오늘에 이르기까지 동양 삼국의 서예가들이 남겨 놓은 작품들에서 『千字文』을 대상으로 한 것이 그 수를 헤아릴 수 없이 많다는 점 등이 이를 증명한다.

중국에서 만들어진 『千字文』이 동양 여러 나라에 전파되면서 지역과 시대에 따라 다양한 모습으로 편집, 출판되었다. 활용 목적이 한자초학서인가 습자교본인가에 따라 그 편집 양상이 확연하게 달라진다. 특히 우리나라에서 한자초학서를 우선하여 편찬된 『千字文』은 일반적으로 四字一句를 한 행으로 배열하고[3] 각각의 진서 즉 해서체의 한자 아래에 한

---

1 임동석(2009: 288)은 『千字文』의 보급이 성공적이었던 것에 대하여 "이 책은 앞서 여러 몽학서에 비해 내용이 정밀하고 표현이 아름다우며 낱자 1,000자를 4자씩 한 구절로 하여 두 구절 끝에 압운을 넣어 쉽게 외우며 낭송할 수 있도록 하여 초학자로서는 더 없이 이상적이었다. 게다가 시작이 皇室에서 諸王의 습자용으로 출발하여 그 지명도와 신인도가 지극히 높아 즉시 넓게 퍼져나갈 수 있었다."라고 하여 『千字文』 보급이 성공한 배경으로 "皇室에서 帝王의 習字用"이었다는 점을 강조하였다.

2 조맹부는 원대의 吳興사람이다. 吳興은 지금의 浙江省 湖州로 왕희지의 7대손 智永이 출가하여 수행했던 永欣寺(浙江省 湖州市 南潯區 소재)도 그곳에 있다. 그가 스스로 "二十年來書千文以爲百數"라 한 것을 통하여 20년을 千字文만으로 글씨 연습을 하였음을 알 수 있으며 그 결과 도출해 낸 서체가 '松雪體'이다.

3 우리나라에서 『千字文』이 한자입문서로서 확고한 위치를 확보하면서 각각의 한자 아래에 한글로 새김과 음을 달았으며 1행 4자를 배열하였다. 한 행에 네 개의 한자를 배열한 것은 『千字文』이 천 개의 한자를 단순히 나열한 것이 아니고 사자일구 도합 250구로 된 한 편의 문장이라는 점이 고려된 것이다. 이러한 고려가 어느 시기에서부터 있었는지는 알 수 없으나 『千字文』 광주본과 대동급본 이후 한자초학서를 지향한 『千字文』에서는 대부분 지켜져 왔다. 반면에 주흥사의 『次韻王羲之書千字』가 전하지 않으므로 구체적으로 어떤 모습이었는지 알 수 없으나 중국의 역대 천자문을 보면 1행에 4자를 배열한 경우가 흔하지 않다. 王羲之의 7대손 智永의 『眞草 千字文』은 1행에 10자를 배열하였다. 1행10자를 배열한 『千字文』의 예는 당나라 때 歐陽詢과 元代 趙孟頫의 『行書 千字文』에서도 볼 수 있다. 또한 오늘날 중국의 문물출판사(1981)에서 간행한 『六體 千字文』을 통하여도 확인할 수 있다. 褚遂良(596~658/659)의 『千字文』은 1행12자로 되어 있고 北宋 趙佶의 소위 『狂草 千字文』은 1행5자로 되어 있으며 원대 鮮于樞의 『草千字文』은 1행7자로 되어 있다. 이러한 사실로 미루어 볼 때 1행4자 즉 한 행에 한 구씩 배열한 것은 우리

글로 새김과 음을 달아 놓았다. 습자교본의 경우 반드시 사자일구를 한 행으로 배열하지 않았으며 개별한자의 해서와 초서를 순서대로 서사, 배열하는 것이 일반적이었다.

그동안 국어학계에서는 한자초학서를 목적으로 만들어진『千字文』의 개별 한자에 달려 있는 새김과 음에 주목하였다. 그 결과『千字文』이 담고 있는 언어적 사실을 바탕으로 국어 어휘와 음운에 대한 역사적 연구에 집중하여 상당한 성과를 올린 바 있다. 한자의 음과 새김 어휘에 기울인 관심에 비하여 그 대상이 된 한자의 자형에 대하여는 그 관심의 정도가 매우 낮았다. 한자의 삼요소 중 하나인 '形'에 대하여 국어학자가 관심을 두지 않는 것은 어쩌면 당연한 것인지도 모른다. 한자의 자형학 연구자 또는 서체를 연구하는 서예학자의 몫으로 여길 수 있기 때문이다.

그런데 천자문의 대자 즉 한자의 자형과 각 한자에 달려있는 새김과 음이 상관성을 지닐 수 있다는 점을 간과해서는 안 될 것이다. 시대에 따라 유행했던 자형이 있다면 해당 자형의 한자에 달린 새김과 음 또한 해당 시기의 언어를 반영한 것으로 볼 수 있기 때문이다. 두루 아는 바와 같이『石峰 千字文』의 한자에 달려있는 새김은『千字文』광주본과 대동급본⁴의 그것을 그대로 답습하지 아니하고 상당한 개신이 이루어졌다. 한자에 달려있는 새김뿐만이 아니고 그 자형 또한 변화가 있었음을 안병희(1982)에서 개략적으로 논의한 바 있다.

본 연구에서는 소위 潔字本인『光千』·『大千』에 보이는 한자의 자형이 烈字本인『石千』에 와서 달라진 것을 대상으로 논의하고자 한다.⁵

나라에서『千字文』이 한자초학서로서 확고한 위상을 확보하면서 정착된 것으로 보인다.

4『石峰 千字文』,『千字文』광주본과 대동급본은 각각『石千』,『光千』,『大千』으로 약칭하기로 한다.

5 潔字本『光千』과『大千』중 하나의 판본만을 연구 대상으로 삼을 수도 있다. 그런

『石千』에서 자형을 달리한 것을 두 부류로 나누어 논의[6]하기로 하며, 어떤 근거로 자형의 변화가 있었는지 탐구하고자 한다. 또한『石千』의 자형과 오늘날 표준 자형을 비교 검토하여 그 변화의 배경을 살피고자 한다. 이러한 논의를 통하여 潔字本과 烈字本이 보여주는 새김의 차이 못지않게 자형의 차이가 있었음을 구체적으로 밝히게 될 것이다. 이는 결국 특정한 시기에 간행된『千字文』이본의 경우 자형과 새김 사이에 상당한 상관관계가 있음을 밝히는 기초 작업이 될 것이다.[7]

『石千』에서 자형을 달리한 근거를 찾기 위하여 隋나라 智永의『眞草千字文』에 보이는 자형을 주로 활용할 것이다. 더불어 Hanzi Normative Glyphs(漢字字体規範史データベース) 홈페이지(http://joao-roiz.jp/HNG12/)에 올려놓은 한·중·일 역대 한자 자형을 참고하게 될 것이다. 그리고 『石千』의 자형이 오늘날 표준 자형 성립에 미친 영향을 파악하기 위하여 1945년 광한서림에서 간행된『四體 千字文』이 보여주는 자형을 주로 참고하고자 한다. 이러한 자형 변화 양상을 집중적으로 고찰하기에 앞서 자형의 규범화를 위한 노력과『千字文』의 서사자에 대하여 간략히

데 이들 판본은 여러 번에 걸쳐 복각되는 과정에서 원형이 손상된 경우가 있어 보다 정밀한 검토를 위하여 두 판본을 모두 활용하기로 한다.

6 현대한자학 이론 중 한자의 자형을 연구대상으로 하는 구형학에서 한자의 형체를 구성하는 최소의 단위를 필획이라 한다. 필획이 모여 의미상 구별할 수 있는 가장 작은 단위를 형성하는데 이를 字素라 하며 자소가 결합하여 整字 즉 하나의 한자를 이룬다. 이를 근거로 자소의 변화가 있는 경우와 필획의 변화가 있는 경우로 나누어 3장에서 논의하게 될 것이다.

7 시대 조류에 따라 자형의 변화가 있었다면 해당 시기를 반영한 특정한 자형과 새김 사이에도 상호 관련성이 있을 것임을 추정할 수 있다. 특정한 자형이 유행했던 시기에 사용되었을 것으로 추정되는 우리말 새김 어휘를 정리한다면 이는 국어 어휘사 기술에 매우 가치 있는 자료로 활용될 수 있을 것이다. 본 연구는 자형과 새김의 상관성을 추적하는 일에 디딤돌을 놓고자 하며 나아가 간기가 없는 판본의 간행 연대 추정에 한자의 자형이 참고 될 수 있음도 부분적으로 논의하게 될 것이다.

살피고자 한다. 특히 王羲之의 7대손 智永과 石峯 韓濩의 서풍 형성을
비롯하여, 그들이 서사한 『千字文』에 대해 집중하여 살피고자 한다.

2. 자형의 규범화와 천자문 서사자

2.1. 자형의 규범화

오늘날 사용하고 있는 한자의 자형은 인간사회의 진보와 더불어 隷變,
楷化의 과정을 거치면서 형성되었다. 한자의 자형 변화는 秦代의 小篆
을 경계로 고문자 단계와 금문자 단계로 나누는 것이 일반적이다. 그러
므로 갑골문, 금문, 소전까지를 고문자라 하고 전국말기에 기원하여 한
대에 이르러 성숙한 예서 이후 지금까지의 문자를 금문자라 한다. 예서
는 서사필법에 있어서 소전과는 달리 한자의 필획화가 이루어져 문자로
서의 부호성이 증가하였다. 서사의 편리성을 도모하기 위하여 소전이
지니고 있던 상형의 의미를 퇴색시키면서 한자 자형의 간략화가 일어난
것이다.

소전에서 예서로의 변화는 한자의 자형변화에서 매우 획기적인 것이
었으며 이를 일컬어 隷變이라 한다. 오늘날 진서 또는 정서라고도 하는
해서는 기본적으로 예서와 같은 구조를 지니면서 필획의 생략을 포함한
간략화가 이루어진 것이다. 즉 해서는 서사의 편의와 속도를 증대시키
기 위하여 기본필획의 정형화가 이루어진 것이다. 표준적인 필획을 형
성하여 그 구조가 본보기가 되었으므로 서체의 명칭을 해서라 하였으며
동한때 시작되어 지금까지 쓰이고 있다.

초기의 해서를 바탕으로 그 자형은 시대의 변화와 함께 연면히 발전

된 형태를 창출하였고 각 시기별로 표준화 즉 규범화가 이루어져 왔다. 일종의 기호인 한자가 문자로서의 기능을 원활하게 수행하려면 언중들이 혼란을 겪지 않도록 표준이 되는 자형의 마련은 매우 필요한 것이다. 오늘날 자서 편찬의 규범이 되고 있는『康熙字典』이 1716년(淸 康熙 55)에 편찬되었다. 그런데 중국에서는 그 이전에도 한자 규범화의 과정에서 許愼(57?~147?)의『說文解字』를 비롯하여 顧野王(519~581)의『玉篇』, 司馬光(1019~1086)의『類編』, 行均(?~?)의『龍龕手鏡』, 梅膺祚(?~?)의『字彙』 등이 편찬되었다. 이들 자서에서는 한자의 音과 意는 물론 자형의 규범화를 위하여 부단히 노력하였다.

훈민정음 창제 이전에 중국의 한자를 빌어 문자생활을 했던 우리나라에서는 한자, 한문의 해독과 한자를 활용한 우리말 표현에 관심이 집중되었다. 전자를 위하여 口訣이, 후자를 위하여 이두가 고안되었으나 한자의 자형에 대하여는 상대적으로 그 관심의 정도가 덜 하였다. 수동적으로 해당 시기에 중국에서 편찬된 가장 영향력 있는 문헌이 담고 있는 자형을 수용하는 태도가 지배적이었다. 그 대표적인 예가 조맹부의 송설체를 배경으로 한『洪武正韻』의 한자 자형이 규범적인 조선의 한자 자형으로 채택된 것이다.

명나라 태조 洪武帝의 명으로 1375년 편찬된『洪武正韻』은 운서이면서 규범적인 한자의 자형을 제시한 것으로 우리나라에서 받아 들여졌다. 이러한 사실은『洪武正韻 譯訓』을 편찬할 때『洪武正韻』의 자형은 그대로 보존하면서 한글로 자운의 역음을 부기한 것을 통하여 알 수 있다. 『洪武正韻』을 본떠 만든 조선의 표준한자음사전인『東國正韻』의 한자 자형은 물론 외교문서 작성에도『洪武正韻』의 자형이 규범적인 것으로 존중되었다. 한자의 모양을 익히는 규범이 된『洪武正韻』의 자형은 조선후기까지 규범 자형으로 굳건한 위치를 확보하였다.[8]

1461년(세조 7) 설치된 간경도감을 중심으로 불경언해는 물론 불교 관련 문헌을 편찬하는 사업이 활발하게 이루어졌다. 그 과정에서 불경에서 활용할 규범화된 한자의 자형이 필요하게 되었다. 이를 위하여 편찬된 것이 조선본『龍龕手鏡』인데 이 또한『洪武正韻』의 한자 자형을 규범화하기 위하여 시도된 것이었다. 이렇듯『洪武正韻』의 한자 자형을 규범화하려는 노력은 부단히 이어졌으나 시대의 흐름에 따라 변질된 서풍이 유행하기도 하였다. 이러한 풍조를 염려하여 정조는 경박스럽거나 거친 글씨를 경계하며 순박한 서풍으로의 복귀를 선언하였다.

정조의 書體反正은 왕희지, 조맹부, 안평대군, 한호로 이어지는 순정하고 질박한 서체로의 복귀를 천명한 것이다. 정조의 서체에 대한 이상을 담아 편찬된 것이『奎章全韻』이다. 이 책이 1796년(정조 20) 규장각에서 편찬, 간행된 이후 조선시대 말까지 표준이 되는 운서로 활용되었다. 운서로서만이 아니라 규범화된 자형을 반영한 책으로 인정되었다. 그 결과 우리나라에서『奎章全韻』이후 간행된 문헌에서는 이 책에 제시된 자형을 표준으로 삼았다.

2.2. 천자문 서사자

2.2.1. 중국

남조 양나라의 주흥사(470?~521)가 왕희지(307~365) 필적 중에서 해당되는 글자를 모아『千字文』을 만든 것은 그의 사후 100년이 훨씬 지난

8『洪武正韻』의 자형이 조선후기까지 규범 자형이었음을 신상현(2008)에서는 그의 학위 논문 제2장 조선시대 한자 자형 규범화 양상 검토에서 자세히 논의하였다. 특히『洪武正韻』의 한자 자형을 예조에서 정책적으로 익히도록 한 것과 '甲寅字'라는 활자로 정조 때까지 모두 6번이나 주조한 점 등을 통하여 이러한 사실을 구체화하였다.

후의 일이다. 왕희지가 자신의 의지에 따라 『千字文』을 서사한 것은 아니지만 그 원명이 『次韻王羲之書千字』이므로 최초의 『千字文』 서사자는 왕희지로 보아야 할 것이다. 오늘날 『次韻王羲之書千字』가 온전하게 전하지 않으므로 구체적인 그 형식과 내용을 알 수가 없다. 그러나 해서의 대표작 『樂毅論』, 『黃庭經』을 비롯하여 행서인 『蘭亭序』 그리고 그가 쓴 많은 편지를 모은 초서 『十七帖』 등을 통하여 『千字文』의 글씨가 어떠하였을 것이라는 것을 짐작할 수 있다.

　『次韻王羲之書千字』의 형식 또한 구체적으로 알 수는 없으나 그의 7대손 智永이 서사한 『眞草 千字文』이 이를 임서하여 만든 것이 아닌가 한다. 정확한 生沒年代를 알 수 없는 수나라 사람 지영은 왕희지의 7대손으로 형 惠欣과 함께 불문에 들어 절강성의 왕희지 분묘 가까이에 있는 永欣寺에서 수행하였다. 선조의 유업을 계승할 일념으로 서예에 정진하여 7대조 왕희지의 서체를 공부한 지 30여 년 만에 해·초를 병서한 『眞草 千字文』을 서사하였다. 왕희지 서법의 전형을 후세에 전하기 위하여 이 『千字文』 800여 책은 강동의 諸寺에 기증되었는데,[9] 오늘날 우리는 중국 西安에 있는 碑林博物館의 『智永 千字文碑』에 새겨진 『眞草 千字文』을 비롯하여 여러 이본에서 그 형식과 내용을 분명하게 확인할 수 있다.

　〈사진 1, 2〉에서 확인할 수 있듯이 지영의 『眞草 千字文』은 해서와 초서로 1행에 10자를 배열하여 작성되었다.[10] 추측하건대 『次韻王羲之書千

---

　9 이러한 사실은 『眞草 千字文』 跋文의 서두에 "智永禪師王逸少之七代孫妙傳家法爲隋唐間學書者宗匠寫眞草千文八百本散於世江東諸寺各施一本⋯⋯"이라 기록되어 있음을 통하여 분명히 확인할 수 있다.

　10 〈사진 1〉과 〈사진 2〉는 모두 智永의 『眞草 千字文』이다. 〈사진 1〉은 中國 西安 소재 비림박물관 제3실에 설치, 전시되고 있는 智永千字文碑를 탁본한 것인데 이 비는 1109년(宋 大觀 3)에 만든 것이다. 그리고 〈사진 2〉는 從俊(2012)이 책임 편집한 『歷代千字文精選』에 실려 있는 영인본이다.

字』도 이와 비슷한 형태였을 것으로 보인다. 왜냐하면 오늘날에는 이 책을 볼 수 없지만 지영은 그의 7대조 왕희지의 글씨를 모아 만든『次韻王義之書千字』를 보았을 것이고 이를 바탕으로 서예에 정진하였을 것이기 때문이다. 또한 같은 형식으로『眞草 千字文』을 작성, 배포하였을 것으로 추정되기 때문이다.

<사진 1> 重刻智永千字文 拓本 　　　　　<사진 2> 智永千字文 影印本

동진의 왕희지는 해서, 행서, 초서 등의 실용서체를 예술적으로 승화시킨 중국 최고의 서예가이다. 서성이라 불리며 전아하고 힘차며 귀족적인 기품이 넘치는 그의 서풍은 후대 서예가들의 전범이 되었다. 그의 일곱째 아들 왕헌지(348~388) 또한 부친의 서법을 이어받아 호기 있는 서풍을 완성하였다고 평가받고 있다. 왕희지를 大王, 왕헌지를 小王이라 하여 이왕 또는 희헌으로 불리며 서예의 표준으로 받들어 진다. 이렇듯 천부적인 자질을 타고난 왕씨 가문의 유업은 대대로 계승되어 지영에까

지 이르게 된 것이다. 이러한 점을 감안할 때 지영은 한 치의 소홀함도 없이 선대의 서체를 복원, 전파하려 하였을 것이므로 『眞草 千字文』은 형식과 내용 면에서 『次韻王羲之書千字』와 유사한 것으로 추정된다.

한자는 그림문자를 과감하게 추상화하여 발전시킨 문자라는 특징으로 인하여 서예라는 특유의 예술이 탄생하였다. 서예는 점·획의 太細·長短, 筆壓의 强弱·輕重, 運筆의 遲速과 먹의 濃淡, 문자 상호간의 비례 균형이 혼연일체가 되어 미묘한 조형미를 이루게 하는 예술이다. 이러한 서예가 왕희지 이전에 없었던 것은 아니나 서성 왕희지에 이르러 해서, 행서, 초서 등 각체가 서법의 전형으로 완성되어 오늘에 이르고 있다. 중국을 비롯한 동양 삼국의 서예가들 중 왕희지 서법을 뛰어넘어 새로운 서예의 규범을 만들기도 하였으나 그를 능가하는 이는 없는 것으로 평가되고 있다.

왕희지 이후 많은 명필들이 서사한 『千字文』이 오늘날 전해지고 있다.[11] 서예의 황금시대라 일컫는 초당시기의 歐陽詢(557~641), 褚遂良(596~658)의 『千字文』을 비롯하여 중당시기 해서의 새로운 서풍을 개척한 顔眞卿(709~785) 등의 『千字文』을 볼 수 있다. 瘦金體라 불리는 독특한 서풍을 창시한 북송의 8대 황제 趙佶(徽宗, 1082~1135)의 『草千字文』과 『楷書 千字文』도 볼 수 있으며 원대의 것으로 趙孟頫(1254~1322), 鮮于樞(1246~1302), 吳叡(1298~1355) 등을 비롯한 많은 서예가들이 남긴 『千字文』을 확인할 수 있다.

---

11 언제부터인가 우리나라에서는 『千字文』이 습자교본이라기 보다는 한자초학서로 더 중요한 위상을 확보하였다. 그러나 그 출발이 황실에서 제왕의 습자용 교본이었다는 점 때문에 중국의 역대 명필들은 대부분 『千字文』을 서사한 서예 작품을 남기고 있다.

2.2.2. 한국

우리나라에서는 고려 제25대 충렬왕 이후 조맹부의 서체가 들어오기 전까지 해서는 구양순, 행서는 왕희지의 서풍이 유행하였다. 진흥왕순수비를 비롯한 신라의 고졸, 청경한 서체에서 벗어나 방정하고 고아한 글씨를 통일신라 이후 금석문이나 『大方廣佛華嚴經』을 비롯한 사경에서 구양순과 왕희지의 서풍을 흔히 볼 수 있다. 왕희지의 글씨를 바탕으로 하였으되 전아, 우미하면서 격조 높은 서풍으로 추앙받기도 하는 송설체가 본격적으로 유행하게 된 것은 고려 제26대 충선왕의 영향이 컸던 것으로 보인다. 그는 연경에 만권당을 짓고 살면서 조맹부와 두터운 친교를 맺었으며 귀국할 때에 송설체로 서사된 문적과 서화를 많이 들여왔다고 한다.

조선초의 서풍은 송설체 일색이라 할 정도로 한 시대를 풍미하였다. 세조 5년(1459) 6월 24일 2번째 기사[12]가 "法帖을 만드는 데 조맹부의 서책을 바치는 사람 등에게 상줄 것을 명하기도 하였다."이다. '法帖'이란 글씨를 배우는 사람을 위하여 체법이 될 만한 名筆을 모아 놓은 書帖인데 조맹부의 서첩 즉 송설체를 바탕으로 법첩을 만들겠다는 임금의 의지가 표현된 것이다. 이를 통하여 우리는 국가에서 장려하고 공식적으로 인정하는 서체가 송설체였음을 알 수 있다. 또한 이 기사에서 "조학사의 진필인 『眞草 千字文』등의 서책을 바치는 사람은 소원대로 후하게 상을 줄 것이고"라는 구절이 우리의 주목을 끈다.

---

12 ○傳旨禮曹曰: "予欲多印法帖, 廣布國中, 如進趙學士眞筆、 眞草千字等書者, 從願厚賞, 又如書屛簇、 法帖, 摹刻後還主。 以此曉諭中外。"(禮曹에 傳旨하기를, "내가 法帖을 많이 인쇄하여 나라 안에 널리 하려고 하니, 만약 趙學士의 眞筆인 『眞草 千字文』등의 書册을 바치는 사람은 소원대로 후하게 상을 줄 것이고, 또 屛風·簇子에 쓴 法帖 같은 것은 摹刻한 후에 주인에게 돌려 줄 것이니, 이런 뜻으로써 中外에 曉諭하라.")

조선 초기 법첩 중의 기본이 조학사의 『眞草 千字文』이었음을 알 수 있게 하는 이 기사를 통하여 송설체와 더불어 『千字文』이 습자교본으로서 중심에 있었음을 알 수 있다. 조학사의 『眞草 千字文』은 세조 13년(1467) 8월 14일 2번째 기사를 통하여 태평관에 있는 유구국 사신에게 하사한 물품 목록에도 포함되었음을 알 수 있다. 이는 조맹부의 송설체가 『千字文』에 담겨 유구국에까지 전파되었음을 알게 하는 기사이다. 더불어 일본에까지 송설체가 유행하게 하는 계기를 마련하였음을 추측하게 한다. 그 후 송설체는 시대의 조류에 따라 쇠퇴하였지만 『千字文』의 글자는 새로운 서풍을 반영하며 연면히 습자교본의 대상으로 활용되어 왔다. 이를 통하여 우리는 『千字文』이 한자초학서이기에 앞서 습자교본으로서 얼마나 중요한 위치에 있었는지 확인할 수 있다.

중종 24년(1529) 7월 3일 2번째 기사[13] "『千字文』과 『小學』을 대내에 들이게 하다"를 통하여 조선 초기 송설체가 반영된 『千字文』이 관청과 민간에서 여러 번 간행되었음을 짐작할 수 있다. 그러나 그 이본들이 전하는 것이 많지 않고 서사자가 누구인지 알 수 없는 경우가 대부분이다. 『千字文』 중 그 서사자를 분명하게 알 수 있고, 『千字文』 편찬, 간행의 역사에서 새로운 분수령을 형성한 것이 『石峯 千字文』이다.

석봉 한호(1543~1605)는 여말선초 이래 유행했던 조맹부의 송설체에서 탈피하여 왕희지체를 비롯한 魏晉古法으로 복귀하여 이를 바탕으로 특유의 서체인 朝鮮晉體를 이루어낸 서예가이다. 석봉체는 전대에 서예가들이 이루어 놓은 성과를 발전적으로 계승하는 한편 새로운 기법을

---

13 ○傳于政院曰: "初讀所用千字類合懸吐小學, 各二十件, 卽令印出入內。若於國用不足, 則數多印出, 藏於文武樓可也。"("초학이 읽는 千字文과 유합, 토가 달린 小學을 각각 20건씩 즉시 인출하여 들이게 하라. 나라에서 사용함에 있어 부족하다면 많이 찍어서 文武樓에 쌓아두게 하라.")

창안, 융합하여 탄생시킨 결정체라 할 수 있다. 호쾌, 강건한 그의 서풍은 우리나라에서 17 · 18세기는 물론 오늘날까지도 많은 서예가들이 추종하며 일반인들의 사랑을 받고 있다. 이러한 사실은 1583년 원접사행을 마친 뒤 부사과 재직 시 왕명에 의해 서사한『千字文』이 여러 번에 걸쳐 판을 거듭하였고 오늘날까지도 부단히 영인, 출판되고 있음을 통하여 증명된다 할 것이다.

앞에서 논의하였듯이 석봉체의 출현 이전에 조선 중기까지 풍미하였던 서체는 원나라 조맹부의 송설체이다. 고려말에 유입된 송설체는 운필이 부드럽고 모양이 아름다운 특징을 지닌 것으로 성종대에 이르러 조선제일의 서체로 자리 잡았다. 그러나 16세기에 들어서면서 이러한 외형미 위주의 송설체에서 벗어나 당송 이래 서예의 이상으로 숭상되었던 위진고법으로의 복귀가 일어나기 시작하였다. 특히 왕희지체를 추종하여 이루어낸 조선의 서체를 朝鮮晉體라 할 정도로 媚俗에서 벗어나 古雅를 추구하는 방향으로 전환되었다. 석봉체는 이러한 시대 조류 속에서 탄생한 것으로 그의 서예관이 松湖 白振南(1564~1618)[14]에게 서예학습을 위해 써 준『石峯筆訣』에 잘 나타나 있다.[15]

한호는 우리나라의 서예사상 가장 뛰어난 사람이며 그가 이룩한 석봉체, 즉 조선진체는 조선의 서풍을 크게 변모시킬 정도로 애용되었다. 이는 여러 번에 걸쳐 거듭 간행된『石千』의 이본들이 이를 증명하고 있다.[16] 또한 오늘날까지도『石千』의 대자를 활용, 영인하여 편집된『千字

---

14 白振南(1564~1618)은 玉峰 白光勳(1537~1582)의 아들이다. 그는 思庵 朴淳(1523~1589)의 문인으로 당시 호남을 대표하던 시인으로 최경창, 이원과 함께 三唐詩人으로 불리었던 인물이며, 서예에도 조예가 깊어 주자도감 감조관으로 한호와 함께 근무한 적이 있다. 이러한 인연으로 석봉이 그의 아들 백진남의 요청으로『石峯筆訣』을 써주었다는 사실이 이 책의 발문에 나온다.

15 한호의 서예관에 대한 논의는 이완우(1997: 90~106)를 참조할 것.

文』이 끊임없이 출판되고 있다는 점을 통하여 한호의 영향이 어느 정도 인지 짐작할 수 있다. 『石千』은 앞선 시기에 간행된 『千字文』을 답습하지 않고 대자의 서체와 자형은 물론 그 새김과 음을 일신하였다. 이는 『千字文』 편찬과 간행의 역사에서 하나의 분수령을 형성한 것으로 평가할 수 있으며 후대의 『千字文』 서사자들의 전범이 되었고 오늘에까지 영향력을 끼치고 있다.

한호의 『石千』 이후 『千字文』을 서사한 명필로 이해룡, 이무실, 김국표, 홍성원, 홍태운 등이 있다. 『이해룡서 천자문』은 1601년에 간행되었으며, 『이무실서 천자문』은 1735년에 초판이 간행된 이후 1839년에 2간, 1857년에 3간, 1894년에 4간까지 이루어졌다. 영조 때 사자관과 별부사과를 지낸 김국표의 『千字文』은 1750년에 간행되었다. 나아가 一字一訓만을 제시하던 기존의 『千字文』과는 방식을 달리하여 종합적인 정보를 제공할 목적으로 『註解 千字文』이 간행되었다. 이 책은 1752년(영조 28) 남한 개원사에서 홍성원의 글씨를 판하로 출간되었다. 『註解 千字文』 초간본인 이 책은 1804년에는 명필 홍태운에 의해 중간되기도 하였다. 이렇듯 천자문은 『石千』 이후에도 여러 명필들의 글씨를 판하로 시대의 상황을 반영하면서 꾸준히 간행되었다.[17]

---

16 손희하(2011ㄱ)에서는 원간본으로 보고 있는 내사본(1583)에서부터 陟瞻臺藏板本 (1928)에 이르기까지 『石千』의 판본 16종을 제시한 바 있다.

17 명필들이 쓴 『千字文』에 대하여는 홍윤표(2011)의 간략한 논의가 있으며, 박병철 (2013)에서도 『千字文』 편찬의 변모 樣相에 대하여 논의하면서 서사자에 대하여 관심을 기울인 바 있다.

3. 『千字文』한자의 자형의 변화

본 장에서는 『千字文』이본을 대상으로 구체적인 자형 변화를 살피고
자 한다. 한자의 새김이나 자음은 물론 자형을 익히게 하는 초학서로서
『千字文』이 차지했던 위상이 지대하였으므로 이본에 따라 자형을 달리
하는 한자의 탐구는 그 의미가 작지 않다. 본 연구의 대상으로 삼은 潔
字本(『光千』·『大千』)과 烈字本(『石千』)의 대자를 서사한 사람이 『石
千』의 경우만 한호임을 알 수 있고 『光千』·『大千』은 그 서사자를 알
수 없다. 석봉 한호가 당대의 명필이었듯이 潔字本의 서사자 또한 국가
에서 인정할 정도의 인물은 아닐지 몰라도 상당한 필력과 한자에 대한
식견을 갖춘 인물이었을 것으로 추정된다. 하나의 한자 즉 整字를 구성
하는 字素와 筆劃에 대한 지식은 물론 偏旁, 部首, 筆順[18] 등에 대하여도
잘 알고 있는 인물이었을 것이다.

한자에 대한 지식을 갖추었음은 물론 서사 능력이 탁월한 사람들에
의해 쓰여 진 것으로 보이는 『光千』·『大千』[19]과 『石千』[20]의 한자 자형

---

18 字素란 현대한자학 이론 중 한자의 자형을 연구대상으로 하는 구형학에서 字根,
字元, 組件, 形位, 部件, 構件이라 칭하기도 하는데 한자의 형체를 구성하는 문자 체계에
서 의미상 구별할 수 있는 가장 작은 단위를 가리킨다. 필획이란 한자의 형체를 구성하
는 최소의 단위이다. 點劃과 字劃 등이 있으며 필획의 수를 획수라고 하고, 필획의 순서
를 필순이라고 한다.

예컨대 '湖'는 氵, 古, 月 등 세 개의 자소로 구성되어 있으며 '古'는 5개의 필획으로 구
성되어 있다. 그러므로 整字 '湖'는 세 개의 자소, 12개의 필획으로 구성되어 있다. 整字,
字素, 筆劃, 偏旁, 部首 등의 개념과 상호 상관성에 대한 자세한 논의는 金永玉(2002)
3.2.1.을 참조할 것.

19 潔字本인 『光千』과 『大千』의 자형은 거의 일치한다. 다만 필자의 검토에 의하면
필획의 증감과 필순 또는 운필의 차이를 보이는 것이 아래에 제시한 예를 통하여 볼 수
있듯이 10개에 미치지 못한다. 『光千』과 『大千』의 자형이 다른 것은 다음과 같다. ( )안
의 숫자는 『千字文』한자의 출현순서에 따른 자번이다.

이 일치하지 않은 경우를 중심으로 살피고자 한다. 두루 아는 바와 같이 『光千』・『大千』에 쓰였던 한자 두 자가 『石千』에서 다른 한자로 교체되었다. 자번 164 '潔'이 '烈'로, 자번 968 '劭'가 '邵'로 교체된 것이 그것이다. 41번째 구 女慕貞潔이 女慕貞烈로 교체된 것을 근거로 '潔字本' 또는 '烈字本'이라 호칭하게 되면서 '潔'→'烈'의 교체는 주목을 받아왔다. 그러나 242번째 구 永綏吉劭가 永綏吉邵로 교체되면서 '劭'→'邵'의 교체에 대하여는 한자음이 동일하고 자형 또한 비슷하여 주목하지 않았다. 이들 두 개의 한자에 대하여는 논외로 하고 988개 한자의 자형을 비교, 검토하기로 한다.

하나의 한자 즉, 정자를 서사함에 있어 점과 획의 굵기와 길이, 글자의 크기, 필압의 강약과 경중, 운필의 빠르기, 먹의 농담, 필획 간 간격, 글자의 기울기 등 문자 디자인상의 차이에 의한 자형의 차이는 고려하지 않기로 한다. 이와는 달리 정자를 구성하는 자소의 증감이나 위치 변화 그리고 자소를 구성하는 필획의 증감과 위치 변화, 필순 등을 변별요인으로 인정하여 자형이 다른 경우로 처리하고자 한다.

	宿(14)	聞(25)	恭(153)	作(207)	政(312)	卑(328)	隨(336)	退(380)	稽(873)
光千	宿	聞	恭	作	政	卑	隨	退	稽
大千	宿	聞	恭	作	政	卑	隨	退	稽

위에 제시한 예를 통하여 聞, 恭, 隨, 退, 稽 등에서 필획의 증감을 확인할 수 있으며 다른 한자에서는 필순 또는 운필이 다름을 확인할 수 있다.

20 본 연구에서 활용할 『石千』의 판본은 일본 내각문고 소장본으로 단국대학교 동양학연구소에서 영인한 것이다. 『石千』의 원간본을 박찬성 구장본인 內賜本으로 보기도 하나 한자의 자형은 동일하므로 그동안 주로 활용되어 온 내각문고본을 활용하기로 한다.

한자의 구조를 분석할 때 글자가 만들어졌을 때의 자형을 분석 대상으로 삼는 것을 근원분석이라 한다. 그리고 현재의 해서 규범자형을 분석 대상으로 삼는 것을 현상분석이라 한다. 여기서는 결자본과 『石千』의 자형을 현상분석하여 구조적인 변화가 있는 부류와 비구조적인 변화가 있는 부류로 나누어 논의하고자 한다. 구조적인 변화가 있는 부류란 정자를 구성하는 자소가 생략, 증가, 교체되거나 위치가 변화되어 본래의 구조에서 현저히 변형된 것을 말한다. 그리고 비구조적인 변화가 일어난 부류란 자소 자체는 유지되면서 이를 구성하는 필획의 상태 변화가 일어난 것을 가리킨다.

3.1. 구조적인 변화

3.1.1. 자소의 위치 변화

정자를 구성하는 한 요소인 자소의 위치가 변화된 경우가 있다. 결자본에 '崛'이었던 것이 『石千』에는 '崑'으로 자형의 변화가 있었다. 자소 '山'의 위치가 변에서 머리로 전환 배치되었다. 이러한 예는 자번 646 '岫'와 '岀'에서도 확인할 수 있다. 결자본 '綿'의 경우 변에 배치되었던 '糸'와 방에 배치되었던 '帛'이 위치가 바뀌어 『石千』의 자형은 '緜'으로 나타난다. 그리고 자번 234 璧의 경우도 결자본에서는 玉의 위치가 발의 전부분에 배열되었으나 『石千』에는 우측의 '辛'을 확대 표현하고 좌측 아랫부분만을 점유한 형태로 바뀌었다.[21] 반면에 자번 148 髮의 경우는 우측

---

21 璧과 음도 같고 비슷한 모양을 지닌 '璧'의 경우는 潔字本과 『石千』의 자형이 같다. 아래 사진에서 볼 수 있듯이 '璧'과 같은 형태로 변화된 것은 『四千』에 와서임을 알 수 있다. 『石千』에까지 보존되던 자형이 현대에 와서 달라진 부류에 대하여는 별고로 논의하고자 한다.

'彡'아래에 놓였던 '友'가 아랫부분 전체 공간에 배치되었음을 알 수 있다. 자소의 위치 변화로 인하여 자형이 달라진 예들을 사진으로 보이면 다음과 같다.[22]

字番	漢字	智千	光千	大千	石千	四千
47	崏/崐 (3a)	崏	崏	崏	崑	崑
148	髮 (7a)	髪	髮	髮	髮	髮
234	壁 (10b)	壁	壁	壁	壁	壁
643	綿/縣 (27b)	縣	綿	綿	縣	綿
646	岫/峀 (28a)	岫	岫	岫	峀	峀

<사진 3>

字番	漢字	智千	光千	大千	石千	四千
487	壁 (21a)	壁	壁	壁	壁	壁

22 본 연구에서 자형 비교의 1차적인 대상은 결자본인 『光千』·『大千』과 『石千』이다. 『石千』 자형의 근원을 파악하기 위하여 『智千』의 자료를 함께 보이기로 하며, 오늘날 통용되는 표준자형 성립 과정을 파악하기 위하여 『四千』(金松圭 編(1945), 『(中鮮諺解) 四體 千字文』, 廣韓書林)의 자형도 제시하기로 한다. 『智千』은 智永 천자문, 『光千』은 光州本 천자문, 『大千』은 大東急本 천자문, 『四千』은 (中鮮諺解) 四體 천자문의 약호이다. 각 한자의 앞에 붙여놓은 숫자는 출현 순위에 따라 부여된 해당 한자의 『千字文』 자번이다. 그리고 한자 아래에 '(3a)'와 같이 표기한 것은 崏/崐이 『光千』·『大千』·『石千』의 3쪽 앞면에 나온다는 뜻이다.

〈사진 3〉을 통하여 자번 47과 646의 경우 자소 '山'의 위치가 『石千』에서 머리로 전환된 후 崑과 岾가 오늘날 표준자형으로 정착되었음을 알 수 있다. '岷'의 경우 『智千』이후 初唐시기 『漢書 楊雄傳』[23]을 비롯하여 『日本書紀』卷二十四(寬文九年版)(1669)에까지 존중되던 형태이다. 岫의 경우도 일본 자료인 續高僧傳(正倉院·五月一日經)(740)에 보이는 것으로 보아 '峀'보다 전통적인 형태였음을 알 수 있다. 전통적인 자형을 답습하지 않고 변형된 형태가 『石千』에 제시되었고 이를 추종하여 오늘날 표준자형이 마련된 것을 통하여 『石千』의 영향이 컸음을 짐작할 수 있다. 반면에 자번 234와 643은 『石千』의 자형이 아닌 潔字本의 그것이 오늘날 표준자형으로 정착하였다. 이 두 글자의 경우 『石千』의 자형이 『智千』의 그것과 유사함을 알 수 있는데 이는 석봉이 대자를 서사할 때 『智千』을 참고하였음을 암시하는 것이다.

3.1.2. 자소의 교체

정자를 구성하는 자소 중 하나가 유사한 의미나 음을 지닌 형태로 교체된 것이다. 이러한 방식은 한자의 형태를 간략화하는 과정에서 꾸준히 채택되어 온 방식인데 그 예를 〈사진 4〉에서 보이기로 한다.

字番	漢字	智千	光千	大千	石千	四千
289	篤 (13a)	篤	篤	篤	篤	篤
377	節 (16b)	節	節	節	節	節

---

23 문헌의 약호는 남광우(1997)와 Hanzi Normative Glyphs(漢字字体規範史データベース) 홈페이지(http://joao-roiz.jp/HNG12/)에 제시된 인용문헌·약표를 따르기로 한다.

453	鼓 (20a)	鼓	鼓	鼓	鼓	鼓
505	冠 (22a)	冠	冠	冠	冠	冠
572	霸/覇 (24b)	霸	霸	霸	霸	霸
824	粮/糧 (35a)	粮	粮	粮	糧	糧
886	答 (38a)	荅	答	答	荅	答
922	筆 (40a)	筆	筆	筆	筆	筆
980	莊 (41b)	莊	荘	荘	莊	莊
991	等 (42a)	荨	筆	等	荨	等

<사진 4>

〈사진 4〉에서 보듯 篤, 節, 答, 筆 등 다섯 자는 결자본에서 자소 '竹'
을 머리로 삼았던 것이 '艹'로 교체된 것이다. 결자본에 '竹'를 자소로 하
는 정자는 13자인데 이들 5자를 제외하고는 『石千』에서도 그 자형에 변
함이 없다. 笙, 笱, 策, 筵, 箱, 箴, 簡, 籍 등이 그것이며 자형의 변화 없
이 오늘날까지 표준자형으로 정착, 활용되고 있다. 『石千』에서 '艹'로 교
체되었던 정자 역시 오늘날 '竹'로 복귀하여 표준자형으로 쓰이고 있다.
『石千』에서만 유독 '艹'로 교체된 것은 『石千』이 『智千』을 참고하였기
때문이다. 〈사진 4〉에서 보듯 이들 글자는 한결같이 『智千』과 그 자형이
동일함을 알 수 있다. 이를 통하여 우리는 석봉 한호가 앞선 시기에 우
리나라에서 간행되던 『千字文』을 답습하지 않고 『智千』을 추종하였음을

알 수 있다.

〈사진 5〉에서 보듯『智千』의 경우 '笙'과 '筍' 만이 머리 부분에 위치한 자소가 '竹'이고 '策, 筵, 箱, 箴, 簡' 등은 '卅'로 되어 있다. 이들 정자의 자소로 수나라 때 간행된『隋十字正』등을 비롯한 이른 시기의 문헌에 '竹'이 아닌 '卅'가 쓰인 예가 발견되므로『智千』은 편찬 당시의 문자언어 사실을 반영한 것으로 보아야 할 것이다.『石千』의 서사자 석봉은 이미 '竹'으로 정착된 정자 중 반은 '竹'으로 표현하였지만『智千』의 영향으로 반 정도는 '卅'로 되돌리려 노력하였다. 이러한 노력은 이무실을 비롯한 『千字文』필사자들에게 이어졌으나『조선왕조실록』을 비롯한 각종 문헌 의 표기에까지 파급되지는 못하였다.

현대 표준 자형	笙	筍	策	筵	箱	箴	簡
〈智千〉의 자형	笙	笋	䇩	莚	箱	葳	蕑

<사진 5>

〈사진 4〉에서 {竹}~{卅}의 교체를 제외한 5자 중 4자는 형태가 유사한 자소로 교체된 것들이다. 자번 453 '皷'는 潔字本의 경우 방이 '皮'이던 것 이 '支'로 교체되었다. '皮'와 유사하면서도 간략화된 형태 '支'로 교체된 것이다. 자번 505 冠은 자소 '刂'가 '寸'으로, 자번 572 覇는 머리의 '西'가 '雨'로 그리고 자번 980 莊은 '宀'가 '卅'으로 교체되고 '土'의 우상에 찍혔 던 '丶'이 생략되었다. 형태가 유사한 자소로 교체된 이들 정자는 모두 『石千』의 자형이 오늘날 표준자형으로 발전하였다.

자소의 교체는 형태가 유사한 것으로 교체되는 것이 일반적이나 자번

824 糧의 경우 방이 '良'이었던 것이 '量'으로 교체되었다. '量'은 '良'과 그 음이 동일하므로 교체된 것이다. 오늘날에도 결자본의 자형 粮과 『石千』의 자형 '糧'은 동일한 음과 뜻으로 공존하고 있는데 이런 현상은 조선초기부터 있어왔다. '양식'을 『용가』 53장과 『釋詳』 6:14a에서는 '糧食'으로 표현하였다. 그런데 『월석』에서는 '糧'으로 표현한 경우가 3회이고 '粮'이라 한 것이 5회이다. 같은 문헌에서 '粮'과 '糧'을 혼용한 예는 『법화』를 비롯한 여러 문헌에서 확인할 수 있으며 점진적으로 '糧의 쓰임이 적극적이었다. 오늘날에도 이런 현상은 지속되고 있으나 『표준국어대사전』을 비롯한 대부분의 국어사전에서는 '糧食'을 표제어로 삼고 있다.

3.1.3. 자소의 생략과 증가

결자본에 보이던 자소가 『石千』에서 생략된 것이 있는가 하면 증가된 것도 있다. 〈사진 6〉은 생략된 부류인데 자번 554에서는 '夂'이 생략되었고, 자번 820에서는 두 개의 'ㅁ'가 생략되었다. 또한 자번 944에서도 'ㅁ'가 생략되었다. 이들 한자는 모두 『石千』의 자형이 오늘날 표준자형으로 정착되었다.

字番	漢字	智千	光千	大千	石千	四千
554	廻/回 (24a)	廻	廻	廻	回	回
820	舊 (35a)	舊	舊	舊	舊	舊
944	唉/笑 (40a)	唉	哭	笑	笑	笑

<사진 6>

字番	漢字	智千	光千	大千	石千	四千
482	藁/稾 (21a)					
791	囊 (34a)					
797	屬 (34a)					
953	璇/旋 (40b)					

<사진 7>

〈사진 7〉은 『石千』에서 자소가 증가된 예이다. 자번 482는 '艹'가 증가되어 결자본의 자형 '稾'가 『石千』에는 '藁'로 나타난다. 오늘날 표준자형은 결자본의 '稾'가 변화된 형태 '槁'로 정착되었다. 이는 간략화를 통하여 경제성을 도모하는 것이 큰 흐름이었으므로 비교적 복잡한 『石千』의 자형이 배제된 것이다. 자번 791은 필획의 변화와 함께 두 개의 '口'가 증가되었다. 자번 797 또한 필획의 변화와 함께 아래쪽 내부에 '口'가 증가되었다. 자번 791과 797의 경우 482와는 달리 보다 복잡한 형태인 『石千』의 자형이 현대 표준 자형으로 정착하였다. 이는 현대 표준자형 형성에 『石千』의 영향이 매우 컸음을 알게 하는 것이다.

자번 953을 보면 결자본인 『光千』과 『大千』의 자형이 다른데 『光千』의 자형은 당초 '旋'으로 판각되었으나 인출 후 변에 '王'을 필사, 보충하여 '璇'이 된 것이다.[24] 원본을 보기는 어렵지만 변에 추가된 '王'의 필

---

24 안병희(1982: 149)에서 『光千』의 '璇'은 본래 '旋'이었던 것을 인출된 뒤에 붓으로 써

획이 가늘어 우측 '旋'과 조화를 이루지 못하고 있다는 점을 통하여 이러한 사실을 확인할 수 있다. 『智千』에서도 '旋'이기는 하나 『石千』에서 '璇'로 교체된 것은 『千字文』 239번째 구의 내용이 '璇'과 합치된다고 여겼기 때문이다. 즉, 239번째 구를 '璇璣懸斡'[25]로 하여야 천문을 살펴보는 기계 '璇璣'와 일치한다고 보았던 것이다. 이 항목은 자소의 증가라고 하기보다는 潔→烈과 같은 정자의 교체로 볼 수도 있다.

3.2. 비구조적인 변화

한자 자형의 구조적인 변화란 정자를 구성하는 자소가 생략, 증가, 교체되거나 위치가 변화되어 본래의 구조에서 현저한 변형이 이루어진 것을 가리키는 것이다. 이는 적극적인 자형의 변화라 할 수 있을 것이다. 그런데 자소의 생략이나 증가 또는 교체 없이 자소를 구성하는 필획의 상태 변화가 일어난 경우가 있다. 이는 전자에 비하여 정자의 원형을 현저하게 변화시키지 않으므로 소극적인 자형 변화라 할 수 있을 것이다. 이러한 필획의 상태 변화는 원초형인 정자의 구조를 현저하게 변형시키지 않으므로 비구조적인 변화라 칭하기로 한다.

근원적으로 하나였던 자소의 자형이 시대에 따라 달라져 왔고 같은

넣었음을 지적한 바 있다.

25 참고로 『千字文』 239번째 구 '璇璣懸斡'에 대한 통해를 보이면 다음과 같다.

구슬로 긔계를 맨드러 하날이 모든 형상으로 된 거시니 즉 선긔옥형이라〈四千〉(1945)
璣는 機也니 以璿飾璣하여 懸布斡旋하니 象天之轉也라〈주천 중간본〉(1804)
璇璣とは、渾天璣のことにして、天文を窺ひ見る器械なり、懸斡とは、高きにがかり
めぐること、(선기(璇璣)라는 것은 혼천기(渾天璣)를 말하는 것으로서, 천문(天文)을 살펴보는 기계이며, 현알(懸斡)이라는 것은 높이 걸어 돌아가는 것)〈삼천〉(1935)

시기라고 하더라도 서체에 따라 다름은 물론 서사자에 따라 달리 표현되기도 하였다. 이는 하나의 음소가 놓이는 환경이 다르거나 발화자에 따라 다양한 변이음으로 표출되는 것과 비교될 수 있을 것이다. 자소 자체를 구조적으로 변화시키지 않으면서 이를 구성하는 필획을 생략하거나 증가시키는 것은 매우 흔한 현상이었다. 서사의 편의를 위해서 자소의 획수를 줄이는 簡化와 글자를 정확하게 표현하고 쉽게 구별하기 위해서 자소의 획수를 늘린 繁化가 그것이다. 서사의 편의, 또는 변별의 효율성을 위하여 간화와 번화는 한자가 생겨난 이후 계속되어 온 현상인데 이러한 사실을 결자본과 『石千』의 자형 비교를 통하여도 확인할수 있다.

3.2.1. 필획의 생략

서사의 편의를 위하여 필획이 생략되는 경우는 흔히 나타나는 현상이다. 결자본에서 자소의 상단에 찍었던 점획을 『石千』에서는 볼 수 없는 경우를 자번 274, 434, 648, 709, 722, 934 등에서 확인할 수 있다. 자소 내부의 세로획이 생략된 것으로 자번 126, 388, 519, 701 등이 있다. 자번 120, 130, 423, 561 등은 2개 또는 3개의 필획을 생략하였다.

필획을 생략한 『石千』의 자형 중 羌, 流, 寫, 肥, 俊, 皆 등 6자는 『智千』의 자형과 일치한다. 그리고 특이한 것은 〈사진 8〉에서 보인 15자 중 필획이 생략된 『石千』의 자형이 오늘날 표준자형으로 채택된 것은 2자밖에 없다. '羌'과 '冥' 2자가 그것이며 다른 13자는 결자본의 자형이 오늘날 표준자형으로 채택되었다.

字番	漢字	智千	光千	大千	石千	四千
120	羌 (6a)					
126	賓 (6a)					
130	鳳 (6b)					
274	流 (12b)					
388	逸 (17a)					
423	據 (18b)					
434	寫 (19a)					
519	肥 (22b)					
561	俊 (24b)					
629	鷄 (27a)					
648	冥 (28a)					
701	勉 (30a)					
709	寵 (30b)					
722	踈 (31a)					

934	皆 (40a)	

<사진 8>

3.2.2. 필획의 증가

『石千』에서 자소를 구성하는 필획이 증가된 것은 11자이다. 〈사진 9〉에서 보듯 자번 115, 736, 756, 814 등의 경우 점획이 증가되었고 자번 470, 718, 719 등은 가로획이 증가되었다. 그리고 자번 30, 887의 경우는 삐침획이 증가되었으며 자번 662와 878은 삐침획 2개가 증가되었다.

자번 30 呂의 경우 口와 口 사이에 삐침획이 증가되었으나 정자의 아래쪽에 呂를 포함하고 있는 宮과 營에서 삐침획이 증가되어 있지 않아 潔字本과 동일한 자형을 보여준다. 이는 원초적인 형태가 중간에 삐침획이 개입되지 않은 것임을 알 수 있으며 이러한 사실은 HNG의 검색을 통하여도 확인할 수 있다. 그런데 오늘날에는 呂, 宮, 營 등과 같이 중간에 삐침획이 개입된 것이 표준자형이다. 呂에서 시작된 자형의 변화가 이를 한 요소로 삼은 한자에까지 파급된 것이다.

자번 30 呂, 470 達, 662 藝, 887 審 등 4자는 『石千』의 자형이 오늘날 표준자형이 되었으며 자번 814 厭, 878 懼 등 2자는 결자본의 자형이 표준자형이 되었다. 그리고 자번 115, 718, 719, 736, 756 등은 자소의 이형화가 이루어진 黎, 皐, 幸, 寥, 歷 등이 표준자형이 되었다.

字番	漢字	智千	光千	大千	石千	四千
30	呂 (2a)					

115	黎 (5b)				
470	達 (20b)				
662	藝 (28b)				
718	皋 (31a)				
719	幸 (31a)				
736	寥 (31b)				
756	歷 (32b)				
814	厭 (35a)				
878	懼 (37b)				
887	審 (38a)				

<사진 9>

3.2.3. 筆劃의 異形化

서사의 편의를 위하여 자소나 필획을 생략할 수 있지만 이는 어디까지나 다른 글자와의 혼란이 없는 범위 내에서 가능한 일이다. 필획을 생략하지 않으면서 서사의 편의를 증대하는 과정에서 이형화된 필획이 나타나게 된다. 하나의 자소 중 일부 필획만 이형화가 일어난 경우가 있고 자소 전체의 필획이 이형화된 경우도 있다. 또한 필획의 이형화는 해서자를 서사하면서 초서로 써도 무방한 일부 자소를 초서화하면서 생성된 경우도 있다.

智永을 비롯한 여러 서예가들이 서사한『眞草 千字文』을 보면 동일한 글자의 자형이 해서인가 초서인가에 따라 확연히 다른 모습을 띤다. 본고의 논의 대상인『千字文』이 지향했던 서체는 해서자인데 글자에 따라서는 일부 자소를 초서화하기도 하였다. 결자본에서 초서화하였던 것을 『石千』에서 楷化한 것도 있고 결자본에서는 해서자로 나타나는 것이 『石千』에서는 일부 자소를 초서화한 경우도 있다. 필획의 이형화로 처리될 수 있는 항목은 40여개로 파악되는 바 그 예를 모두 들지는 않기로 하며 먼저 '艹'를 중심으로 필획의 이형화가 어떻게 일어났는지 살피고자 한다.

『千字文』에는 '艹'를 부수로 하는 글자 26자를 포함하여 이를 자소로 하는 글자가 다수 존재한다. 자소 '艹'의 자형이 결자본과『石千』에 대부분 〈사진 10〉의 a와 같은 모습을 보인다. a1은『光千』, a2는『大千』, a3는『石千』의 형태인데 본고의 검토 대상인『千字文』에서 표준자형이라 할 수 있을 것이다. 그런데 a가 이형화된 b, c, d 등과 같은 형태가 보인다.

a1	a2	a3	b1	b2	b3	c1	d1	d2
광천	대천	석천	광천	대천	석천	광천	광천	대천

<사진 10>

아래의 〈사진 11〉에서 보듯 자번 8과 480은 자소 '艹'의 표준자형을 보

여주는 것이다. 자소 '艹'는 검토대상인 모든 판본에서 대부분 이런 모습을 보여준다. 그런데 자번 283과 654의 경우 결자본에서 이형화된 b1, b2의 모습을 보여준다. 반면에 자번 523은 결자본에서는 표준자형을 보이나『石千』에서 이형화된 b3의 모습을 보인다. 그리고 자번 145, 280은 결자본과『石千』모두에서 이형화된 b의 모습을 보여준다. 자번 910의 경우『光千』에서만 c1과 같은 모습을 보여주며 자번 396의 경우『石千』은 표준자형을 보여주나 결자본에서는 d형을 보여준다.

8	荒 (1ㄱ)					
480	英 (21ㄱ)					
283	若 (12ㄴ)					
654	玆 (28ㄱ)					
523	茂 (22ㄴ)					
145	蓋 (7ㄱ)					
280	暎 (12ㄴ)					
910	獲 (39ㄱ)					
396	滿 (17ㄴ)					

<사진 11>

『石千』에서 자소의 필획을 초서화하여 이형화가 일어난 경우가 있다. 자번 450에서 자소 正, 488, 517에서 자소 巛, 860 足을 비롯하여 999 등에서 글자 전체가 아니라 자소를 초서화하면서 이형화된 예를 〈사진 12〉를 통하여 확인할 수 있다. 『石千』의 자형은 筵, 楚 2자를 제외하고 『智千』을 추종하였음을 알 수 있다. 이들 한자의 자형은 오늘날 모두 해서체로 복귀하였으나 筵, 輕 2자는 『四千』에까지 영향을 주었음을 알 수 있다.

450	筵 (19b)					
488	經 (21a)					
517	輕 (22b)					
860	足 (36b)					
573	趙 (25ㄱ)					
570	楚 (24ㄴ)					
311	從 (14a)					

<사진 12>

4. 결론

우리나라에서『千字文』은 각각의 한자 아래에 새김과 음을 달아 한자를 익히는 교재로 활용되면서 한자입문서로 확고한 위상을 확보하였다. 그동안 국어학자들은 이들 한자에 달려있는 새김과 음에 깊은 관심을 기울여왔다. 그러나『千字文』은 그 원명『次韻王羲之書千字』를 통하여 알 수 있듯이 습자교본으로서 중심적인 위치에 있었다. 이러한 사실은 『千字文』의 출발이 황실에서 제왕의 습자용 교본이었다는 점과 역대 명 필들 대부분이『千字文』을 서사한 작품을 남겨놓았다는 점을 통하여 확인할 수 있다.

본 연구는 한자의 삼요소 중 形에 관한 연구로『千字文』결자본인 『光千』·『大千』과 열자본인『石千』의 자형을 비교, 검토한 것이다. 자형의 비교에 앞서 그 배경이 되는 자형의 규범화와 천자문 서사자에 대하여 살펴보았다. 한자의 자형은 인간사회의 진보와 더불어 隷變, 楷化의 과정을 거치면서 형성되었고 서사의 편의와 변별의 효율성을 지향하면서 꾸준히 규범화가 진행되어 왔다. 오늘날 자서 편찬의 규범이 되고 있는『康熙字典』(1716년(강희 55) 완성)이 편찬되기 이전에도 중국에서는 『說文解字』를 비롯하여『玉篇』,『類編』,『龍龕手鏡』,『字彙』등이 편찬되면서 규범화의 과정이 진행되어 왔다.

우리나라에서의 한자 자형에 대한 태도는 시대와 상황에 따라 중국의 그것을 수용하는 수동적인 방식이었다. 조선초의 규범적인 한자 자형은 조맹부의 송설체를 배경으로 하는『洪武正韻』의 한자 자형이었다. 또한 이를 바탕으로 불경에서 활용할 규범적인 자형을 위하여 조선본『龍龕手鏡』이 편찬되기도 하였다. 정조 때에 이르러 순정하고 질박한 서체로의 복귀를 천명한 서체반정의 이상을 실현하기 위하여『奎章全韻』이 편찬되었다. 그 결과『奎章全韻』의 자형은 조선 후기의 규범적인 표준자형으로 채택되었다.

왕희지 사후 100년도 더 지나서 남조 양나라의 주흥사(470?~521)가『次韻王羲之書千字』를 편찬하였다. 왕희지의 7대손 智永은 가문의 유업을 계승하고 선대의 서체를 보존, 전파하기 위하여『眞草 千字文』을 서사하였다. 그후 전아하고 힘차며 귀족적인 기품이 넘치는 서성 왕희지의 서풍은 후대 서예가들의 전범이 되었다. 智永 이후 歐陽詢(557~641), 褚遂良(596~658), 顔眞卿(709~785), 懷素(725~785) 등을 비롯한 명필들이『千字文』을 서사하였으며 특히 조맹부(1254~1322)는 智永의『千字文』서체를 이어 받아 일가를 이룬 사람이다. 그가 스스로 "二十年來書千文以爲百數'라 한 것을 통하여 20년을 千字文만으로 글씨 연습을 하였음을 알 수 있으며 그 결과 도출해 낸 서체가 '松雪體'이다.

고려 제25대 충렬왕 이후 조맹부의 서체가 우리나라에 들어오면서 조선초의 서풍은 송설체 일색이라 할 정도로 한 시대를 풍미하였다. 세조실록에 조학사의 진필인『眞草 千字文』등의 서책을 바치는 사람에게 상을 줄 것을 명기도 하였을 정도로 송설체는 중시되었다. 성종 대에 이르러 조선제일의 서체로 자리 잡은 송설체는『千字文』편찬에도 표준이 되는 규범으로 적용되었을 것이다. 그러나 16세기에 들어서면서 지나치게 외형미를 강조한 송설체에서 벗어나 魏晉古法으로의 복귀가 일어나기 시작하였다. 또한 이를 배경으로 한『石千』의 간행은『千字文』편찬의 분수령을 형성하였다.

『石千』은 앞선 시기에 간행된『千字文』을 답습하지 않고 대자의 서체와 자형은 물론 각각의 한자에 달려있는 새김과 음을 일신하였다. 왕희지체를 추종하여 이루어낸 석봉체는 朝鮮晉體라 하여 조선의 서풍을 변모시킬 정도로 애용되었음을 여러 번에 걸쳐 이루어진『石千』의 간행을 통하여 확인할 수 있다. 또한 이해룡, 이무실, 김국표 등을 비롯한 명필들이 서사한 『千字文』에도 영향을 미쳤음을 감안할 때 조선후기는 물론 오늘날에 이르기까지 『千字文』 서사자들의 전범이 되고 있다.

본고에서는 『石千』에 앞서 간행된 결자본의 서체와 자형이 송설체와 어떠한 연관성이 있는지에 대하여는 구체적으로 탐구하지 못하였다. 다만 결자본 『光千』・『大千』과 『石千』의 자형이 달리 나타나는 것에 대하여 자료를 제시하고 비교, 검토함으로써 앞으로의 과제 도출 계기를 마련하는 것에 의미를 두고자 하였다. 또한 자형의 변화만큼 각각의 한자에 달려 있는 새김에도 변화가 있었음에 주목하여 자형과 새김 사이의 상관성을 논의할 수 있는 기초를 마련하고자 하였다.

결자본인 『光千』과 『大千』의 한자 자형은 10개 미만의 한자에서 필획의 증감과 필순 또는 운필의 차이를 보일 뿐 구조적으로 다른 것은 없다. 그러나 이들 『光千』・『大千』의 자형과 『石千』의 그것을 비교해 보면 구조적인 변화가 있는 것을 비롯하여 비구조적인 변화가 있는 것이 많이 보인다. 구조적인 변화가 일어난 부류로 자소의 위치가 바뀐 것이 있는데 崐~崑, 岫~峀, 綿~緜…… 등이 그것이다. 그리고 정자를 구성하는 자소가 유사한 의미나 음을 지닌 형태로 교체된 것이 있다. 潔字本에서 자소 '竹'을 머리로 삼았던 篤, 節, 答, 筆, 等 등은 『石千』에서 유사한 뜻을 지닌 형태 '卄'로 교체되었다. 그리고 粮~糧의 경우는 '良'이 음이 유사한 '量'으로 교체된 것이다. 이밖에도 구조적인 변화를 보이는 예로 자소의 증가와 생략이 있다. 橐~藁는 『石千』에서 자소의 증가가, 廻~回는 자소의 감소가 일어난 경우이다.

정자를 구성하는 자소가 생략, 증가, 교체되거나 위치가 변화되어 본래의 구조에서 현저한 변형이 이루어진 것을 구조적인 변화라 한다. 이러한 구조적인 변화와는 달리 자소는 유지되면서 이를 구성하는 필획의 상태 변화가 일어난 경우가 있다. 이에 속하는 부류로 필획이 생략된 경우와 필획이 증가된 예가 있다. 생략되거나 증가된 필획은 점획이거나 가로획, 세로획 또는 삐침획이다. 이들 필획은 서사의 편의와 변별의 효율성을 지향하면서 簡化와 繁化가 이루어진 것이다. 필획의 이형화 또한 문자로서의 변별력이 담보되는 범위 내에서 진행되어 왔는데 '艹'의 경우 다양한 이형태를 보여준다. 그리고 『石千』에서는 필획을 초서화한 경우가 일부 보인다.

결자본과 모양을 달리하는 『石千』의 자형 중 상당수는 『智千』의 자형에 그 근거를 두고 있다. 이는 석봉이 송설체에서 벗어나 위진고법으로의 복귀를 이상으로 삼았다는 것과 맥을 같이하는 것이다. 또한 『石千』은 조선 후기에 편찬 간행된 『千字文』 자형에 크게 영향을 주었으며 1945년에 간행된 『四千』에까지 이어지고 있다는 사실을 확인할 수 있다. 琓~珍을 비롯하여 결자본의 자형이 『石千』에까지 동일하게 유지되다가 『四千』에 와서 바뀐 부류도 있다.

제7장 한국의 『四體千字文』과 일본의 『三體千字文』

1. 서론

'千字文'은 1,000개의 한자를 아무런 질서도 없이 늘어놓은 것이 아니고 4개의 문단과 어조사로 구성된 한 편의 시이다. 4字를 1句로 하였으므로 모두 250句인데 제1구에서 제36구까지를 제1문단으로 보며 제37구에서 제102구까지를 제2문단, 제103구에서 제162구까지를 제3문단, 제163구에서 제248구까지를 제4문단 그리고 249구와 250구는 어조사로 되어 있다. '千字文'이 생명력을 지니게 된 것은 각각의 한자가 독립적으로 존재하지 않고 일정한 질서와 체계 속에서 의미를 획득하였기 때문이다.

天文과 四時 그리고 地理를 비롯한 우주, 자연의 질서에서부터 인륜, 도덕, 진리, 역사, 통치, 도읍 등 삼라만상과 인간만사의 의미 깊은 내용을 간결하게 표현한 것이 '千字文'이다. 이러한 연유로 『千字文』은 동양 삼국에서 시대를 뛰어넘어 한자입문서로, 습자교본으로, 한시학습서로 그리고 유교경전의 선행학습서로 꾸준히 활용되었다. 나아가 '千字文'에 나오는 한자들은 그 순서에 따라 도서나 문건의 편호, 답지·전지나 건축물의 번호, 상평통보의 발행 순서 등을 비롯하여 일상 사물의 차례를 삼는 데까지 활용되었다.

일반적으로 우리나라에서『千字文』이라하면 한자입문서에 비중이 실린 一字一訓本을 연상하게 된다. 각각의 표제 한자에 하나의 훈과 하나의 음만을 제시한 것으로 '石峯『千字文』을 비롯하여 비교적 이른 시기에 간행된『千字文』광주본,『千字文』대동급본 등이 이 부류에 속한다. 가장 일반적인 형식의 일자일훈본『千字文』이 우리나라에서 시간과 공간을 초월하여 간행되었으며 습자교본에 초점이 맞추어진『千字文』도 꾸준히 간행되었다.

한자입문서의 성격을 지닌『千字文』에 제시된 표제 한자 즉 대자의 서체는 대부분 해서이다. 그러나 습자교본 즉 서예 학습에 도움을 주기 위하여 편찬된『千字文』에서 가장 많이 제시된 서체는 초서이며 그 다음으로 전서가 비중 있게 취급되었다. 습자를 목적으로 편찬된『千字文』은 한자의 훈과 음을 제시하지 않고 초서만으로 천자를 제시하기도 하고 초서체의 큰 글자 옆에 해서체의 작은 글자를 덧붙인 형식으로 편찬되기도 하였다. 또한 書眉에는 전서체를 그리고 본문에는 초서체를 대자로 하고 해서체를 작은 글자로 제시한 것도 있었다. 한자의 음과 뜻을 익히게 하는 것보다 습자교본에 충실한 편찬태도를 보여주는 것이다.

습자교본을 목적으로 편찬된『千字文』이 한자의 음과 훈에 대한 정보를 전혀 제시하지 않은 것은 그 취지에 충실한 것이다. 그런데 일제강점기에 간행된『千字文』중에 책명을『四體千字文』(이하『四千』)이라 한 것이 다수 존재하는데 습자교본을 목적으로 앞서 간행된『千字文』들과는 편집태도가 다르다. '四體' 즉 篆書, 隷書, 楷書, 草書 등이 제시되기는 하였으나 그 초점이 초서나 전서에 맞춰지지 않았을 뿐만 아니라 표제 한자에 훈과 음을 달아 놓았다. 가장 일반적인 형식의 일자일훈본과 같이 해서자를 표제 한자 즉 본문의 대자로 삼고 각 한자마다 훈과 음을 달아 놓았다. 책명은 '四體'『千字文』으로 습자교본을 표방하였으나 실제 내용은 이에 부합되지 않음을 알 수 있다.

우리나라에서 다수의『四千』이 간행된 시기는 일제강점기이다. 그런데 이 시기에 일본에서 주로 간행된『千字文』은『三體千字文』(이하『三千』)이었다. 東京의 萩原星文館, 京都의 洛東書院 그리고 大阪의 久榮堂書店 등을 비롯하여 각처에서 해서, 행서, 초서를 제시한『三千』이 간행, 유통되었음을 확인할 수 있다. 본 연구는 일제강점기 우리나라에서 간행된『四千』의 출판 배경을 살펴보고 이 책과 일본에서 간행된『三千』을 형식과 내용면에서 비교하여 그 특징을 찾아내고자 한다. 특히 우리나라에서 습자교본을 목적으로 간행된『千字文』이 시대의 변화와 더불어 어떻게 변모하였는지 탐구하게 될 것이다. 또한『三千』의 부록에 제시된 한자의 훈과『四千』의 훈을 비교 고찰하여 우리나라『千字文』에서의 훈 부여 태도와 일본의 그것이 어떻게 다른가에 주목하게 될 것이다.

2. 시대적 변화에 따른『千字文』의 간행과 '四體'『千字文』의 출현

2.1. 습자교본을 목적으로 편찬된『千字文』

먹과 붓을 이용하여 추구하는 書의 예술 즉 서예는 동아시아의 한자 문화권에만 존재하는 예술 중 하나이다. 흔히 중국에서는 '書法'이라 하고 일본에서는 '書道'라 하는데 書의 예술적 기법 또는 그 방법을 배우고 익히는 일이라 할 수 있다. 수신의 한 방편으로 도학의 경지를 추구하기도 하는 서도는 중국 당나라 때 관리를 등용하는 시험에서 인물평가의 기준으로 삼았던 身・言・書・判 중의 하나이다. 그런데 글씨의 전범을 보이기 위하여 채택된 글자로 千字文의 한자가 주로 활용되었다.

그동안 흔히 통용되어 온『千字文』은 梁나라 武帝의 명에 의하여 周興嗣가 王羲之의 글씨 중 1,000자를 뽑아 운에 맞추어 만든 한 편의 운문이다. 왕희지의 글씨 중에서 뽑아왔으므로 당초 원명은 '次韻王羲之書千字'였으며 주흥사가 하루 밤 사이에 편차를 끝내고 올렸는데 그의 머리털이 모두 희어져서 '白首文'이라고도 하였다.『千字文』을 편차하면서 東晉 때의 서예가 王羲之(307~365)의 글씨를 채택한 것은 周興嗣(470?~521)의 생각만이 아니고 당시의 세계관이 반영된 것이라 할 수 있을 것이다. 그러므로『千字文』은 편찬 당시 글씨의 전범을 보여 후학들이 습자의 교범으로 삼을 수 있도록 배려되었다고 할 수 있다.

우리나라에서『千字文』은 처음 한자를 배울 때 활용하는 책으로 인식되어 있다. 즉『千字文』하면 한자입문서, 한자초학서하면『千字文』을 연상하는 것이 매우 자연스러운 현상이다. 그러나 주지하듯이『千字文』에 포함되어 있는 한자 중에는 기초한자도 아니고 상용성과는 거리가 먼 것들이 다수 포함되어 있다. 만약『千字文』편찬 당시의 그 일차적인 목적이 한자입문서였다면 상용성이 높은 기초 한자를 주로 채택하였을 것이다. 그러나 이러한 고려가 없었다는 사실로 미루어 한자입문서만을 지향하지는 않았던 것으로 보인다. 반면에 梁 武帝 때『千字文』을 편차하면서 150여 년 이전에 살다간 서성 왕희지의 글씨를 가져왔다는 것은 습자교본도 고려한 편찬 태도임을 부정할 수 없을 것이다.

주흥사의 '次韻王羲之書千字' 이후 왕희지의 7세손인 智永은 선조의 유업을 계승하고자 서예에 정진하여 왕희지 서체를 공부한 지 30년 만에 해서와 초서를 병서한『眞草千字文』을 세상에 내놓았다([사진 1] 참조). 왕희지 서법의 전형을 후세에 전하기 위하여 800책을 江東의 모든 절에 한 책씩 기증하였다고 하는데[1] 이를 계기로 중국의 서가들은 다투어『千字文』을 서법 예술로 승화시켰다. 『千字文』이 天下第一字書이자 습자교본으로 확실하게 자리 잡게 된 것은 왕희지의 7세손인 隋나라의 서예가 지영의 역할이 컸던 것으로 볼 수 있다.

智永의『千字文』이 왕희지 서법을 위한 범본으로 인정받으면서 중국을 비롯한 동양 삼국의 수많은 서가들이 이를 추종하였다. 그 중에서도 지영의『千字文』서체를 이어 받아 일가를 이룬 사람으로 元代의 吳興 사람인 趙孟頫를 들고 있다. 조맹부의 호가 松雪道人이므로 그의 호를 따서 '松雪體'라 하는데 그 스스로 "二十年來書千文以爲百數'라 하여 20년을 千字文만으로 연습하여 도출해낸 서체가 '송설체'임을 알 수 있다. '송설체'는 元・明 500년간 서단에 큰 영향을 주었으며 우리나라와 일본에도 파급되어 오늘날까지 서예가들의 전범이 되고 있다([사진 2] 참조).

[사진 1] 智永 書
<眞草千字文>

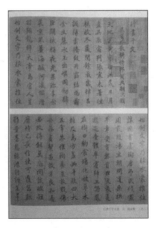

[사진 2] 趙孟頫 書
<行書千字文>

---

1 中國 西安 소재 碑林博物館 제3실에 설치, 전시되고 있는 智永千字文碑(1109년(宋大觀 3)에 만듦)의 跋文에 보면 ……眞草千文八百本散於世江東諸寺各施一本……라는 구절이 있다.

중국에서뿐만이 아니라 우리나라와 일본에서『千字文』은 습자교본으로도 꾸준히 간행되었다. 습자는 우선 해서를 익히게 한 후 학습자가 어느 정도 익숙해지면 초서를 가르치는 단계로 나아가게 하는 것이 일반적이다. 그러므로 一字一訓本『千字文』은 대부분 그 표제한자를 해서로 작성하여 한자의 훈과 음을 익힘은 물론 부차적으로 습자교본의 역할을 하게 하였다.² 그런데 오로지 습자교본으로 편찬된『千字文』에는 한자에 음과 훈을 달지 않고 서체만을 제시한 것이 있는데『眞草千字文』, 『草千字文』,『篆千字文』등이 그것이다.

초서나 전서로 작성된『千字文』은 글씨 쓰기 연습을 할 때 교범으로 활용하도록 하는 측면 이외에 다른 목적이 있었던 것으로 보인다. 쓰기뿐만 아니라 읽기를 위하여도 정서인 해서 이외의 자체에 대한 학습이 필요하였다. 쓰기와 읽기의 목적을 달성하기 위하여 학습자가 이해하기 쉽도록 해서와 초서를 병렬하여 만든 책이『眞草千字文』이다. 그리고 초서나 전서만을 제시한『千字文』, 書眉에 전서를 배열하고 본문에 초서를 배열한 형식 등 습자를 위한 다양한 형태의『千字文』이 간행되었다.

안미경(2004)은 현전하는『眞草千字文』중 가장 이른 시기에 우리나라에서 간행된 것은 문종 즉위년(1450)에 안평대군이 판서한 私家本으로 보았다. 그 후 명필 한호는 해서체의 한자에 음과 훈을 단 대표적인 관판본인 소위 '石峯『千字文』을 1583년(만력11년 정월)에 편찬하였고 1597년(선조 30)에는『草千字文』도 편찬하였다.³ 현전하는『草千字文』으로

---

2 一字一訓本의 경우 표제한자를 楷書로 제시함이 일반적이나 일부는 해서가 아닌 서체를 활용한 경우도 있다. [사진 4]에서와 같이 書者와 간행연도를 알 수 없는 草書體 一字一訓本도 존재한다.

3 1597년(선조 30)에 처음 간행된 한호(1543~1605) 서『草千字文』은 선장, 목판본으로

박팽년(1417~1456), 김인후(1510~1560)([사진 4]참조), 엄한명(1685~1759), 이삼만(1770~1845) 등을 비롯하여 서자 미상의 많은 작품들이 있다. 시대를 초월하여 여러 서자들에 의해 『草千字文』이 편찬되었음을 알 수 있는데 이는 진서인 해서 다음으로 활용되었던 것이 초서임을 알 수 있으며 전서가 그 뒤를 이었음을 알 수 있다.

[사진 3] 書字未詳 草書 一字一訓本

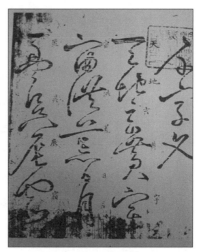

[사진 4] 金麟厚 書 草千字

2.2. 근대적 출판의 전개와 『千字文』 편집 태도의 변화

우리나라는 전통적으로 출판문화가 발달하여 13세기 초에 세계 최초로 주자 인쇄술을 개발하는 등 서적발행에 있어서 선구적이다. 김두종(1980: 236~237)에 의하면 근대적 인쇄문화는 1883년 『漢城旬報』의 창간

책의 크기는 24.3×19.5cm이다. 그 후 1809년 판(순조 9년 己巳)을 시작으로 1847년, 1861년, 1914년 등 여러 번에 걸쳐 방각본으로 중간되었다.

과 함께 서구의 연활자와 인쇄기가 일본을 통해 들어오면서 성립되었다고 한다. 새로운 인쇄술의 도입으로 보다 용이하게 책을 비롯한 인쇄물을 출판하게 되면서 근대적 출판문화가 태동하게 된 것이다. 또한 1876년 개항과 더불어 서구문화를 수용하게 되면서 시대의 변화와 함께 다양한 종류의 책들이 출판되기에 이른다.

봉건 군주국가에서 서적 생산의 핵심적인 주체는 국가 기관이었다. 서적을 출판하는 목적도 백성을 효율적으로 통치함은 물론 사회 질서를 확립하고자 하는데 초점이 맞추어져 있었다. 사실상 국가 기관이 출판을 전담했던 봉건 시기에는 독자층이 많지 않았다. 그러나 개화기에 들어오면 신교육 제도에 의한 교과서의 수요를 비롯한 다양한 민중의 욕구가 분출되기 시작하면서 여러 분야의 책들이 출판되었다. 이 시기에 출판된 책들은 교과서용 도서를 비롯하여 대중 계몽용 도서 그리고 독서대중을 대상으로 한 오락용 도서 등이었다.

독서층의 욕구를 충족시키기 위하여 국가기관을 비롯한 민간의 토착자본가와 신지식인 집단도 적극적으로 출판업에 뛰어들게 되었다. 채백(2008: 15~17)에 의하면 『漢城旬報』를 발행한 박문국이 있기는 하지만 최초로 잡지와 책 등 출판 매체를 전문적으로 발행한 출판사로 1884년 설립된 광인사를 들고 있다. 이 출판사는 민간인들이 합자하여 설립한 우리나라 최초의 인쇄소이자 출판사이기 때문이다. 그 후 1904년까지 성서활판소(1892), 탑인사(1899), 대동성문사(1900), 광문사(1901), 박문사(1903) 등이 설립되어 근대적 출판에 들어갔으나 출판 실적은 그다지 활발하지 못하였음을 지적하였다. 출판활동이 본격화되기 시작한 것은 1905년 이후부터인데 출판사의 설립도 1905년 박문서림, 광학서포, 대동서시 등 3개를 비롯하여 1910년까지 모두 67개가 설립되었다.[4]

국가와 민간 자본 그리고 서양의 선교사를 비롯한 외부 세력까지 출판 생산의 주체로 나서면서 1905년을 기점으로 서적 출판이 활기를 띠게 된다. 채백(2008: 17~19)은 강명관(1999: 65)의 연구를 종합하여 1908년에 출판된 126종의 서적을 비롯하여 이 해를 전후한 시기에 왕성한 출판물이 생산되었음을 지적하고 있다. 교육용 교재를 비롯한 계몽서적, 전기, 역사서 등이 주를 이루는데, 가장 활발하게 각종 서적을 출판했던 회동서관에서는 한자, 한문 교육을 위하여 『漢文義讀 自解』와 『漢日鮮作文 千字』 같은 새로운 형식의 한자학습서를 간행하기도 하였다. 또한 이 출판사에서는 전통적인 한문 교재인 『原本辯疑 大學集註』, 『原本辯疑 孟子集註』, 『原本辯疑 小學集註』, 『原本辯疑 中庸集註』 등도 간행하였다.

1894년 갑오개혁과 더불어 과거제도가 폐지되고 근대적 교육이념을 바탕으로 한 새로운 교육이 요구되었다. 그 결과 이 시기에 설립된 신식학교에서는 經學 중심의 교육에서 知, 德, 體를 중시하는 교육이 시행되었다. 신식 교육을 위하여 그에 맞는 교과서가 학부 편집국과 보성관을 중심으로 출판되었는데 『태서신사』, 『공법통회』, 『동여지도』, 『조선약사』, 『조선지지』, 『만국지지』, 『편몽휘론』, 『국민소학독본』, 『상업대요』, 『외교통의』, 『심리학』, 『은행론』…… 등 수십 종이 그것이다. 신식 교육의 도입과 더불어 교과용 도서 출판이 주를 이루었지만 전통적인 경학서와 한자학습서가 전혀 출판되지 아니한 것은 아님을 우선 회동서관의 출판물을 통하여 확인할 수 있다. 시대의 요구에 따라 한자 학습을 위한 교재의 내용이 달라지기도 하면서 『千字文』 또한 이러한 변화가 반영되

---

4 채백(2008: 15)에서 67개의 출판사는 발행실적물이 현존하거나 당시의 신문 기사나 광고란 등에 소개된 바 있는 것만을 정리한 것이라 하였다. 그러므로 정밀한 조사를 진행하면 그 수가 약간 증가할 수도 있을 것으로 보인다.

어 출판되기에 이른다. 개화기 이후 새로운 교육 체제를 도입하는 소용돌이 속에서 그 절대적인 가치가 소멸되어 버린『千字文』의 간행이 시대 상황을 반영하여 어떤 방식으로 출판되었는지 살피기로 한다.

조선시대에 중앙관서에서 마지막으로 간행한『千字文』은 1754년(영조 30) 교서관에서 간행한 '石峯'『千字文』중간본이다. 그리고 지방관서에서 간행한 마지막『千字文』은 이보다 20년 전에 성주목에서 이항복이 판서하여 간행한『千字文』이다. 결국 18세기 중엽 이후에 간행된『千字文』은 모두 사판본이며 특히 개화기 이후 간행된『千字文』의 대부분은 상업적 목적으로 출판된 방각본이다. 안미경(2004: 129~144)에서는 개화기에 간인된『千字文』방각본 5책을 제시하였다. 그러나 1905년(光武 9)에 목판본으로 간행된 자암의『草千字文』⁵를 비롯하여 포함되지 않은 책들이 있는 것으로 보인다.

1910년 일제강점 후에도『千字文』출판은 영리를 목적으로 간행된 방각본의 전통을 계승하였다. 비록『千字文』이 조선시대 서당 교육에서와 같이 주교재는 아니었지만 국한혼용표기의 시기였기 때문에 그 수요를 충족하기 위하여 출판되었다. 일부『千字文』의 경우 학습자의 구매 욕구를 자극하기 위하여 조선시대에 간행된 전통적인『千字文』과는 상당히 달라진 편집 태도를 취하였음을 알 수 있다. 표제 한자 즉 대자 아래에 우리말 훈·음과 더불어 일본어 훈·음을 병기한 경우가 그 대표적인 예라 할 것이며,『圖像千字文』과 같이 각 구의 내용을 추정하게 하는 그림을 첨가한 것 등이 그것이다.

---

5 이 판본은 동국대학교 중앙도서관 소장본으로 "大韓光武九年九月日 紫岩新版"이라는 刊記가 달려있다. 光武九年은 1905년이고 木版本(陰刻) 1冊, 四周單邊, 半郭 21.3×14.5cm, 有界, 5行5字이며 책의 크기는 26.6×18.6cm이다. 草書를 본문으로 하고 書眉에 篆書가 붙어있어 습자교본을 목적으로 편찬된 책이다.

조선시대에 간행된 전통적인 『千字文』은 그 일차적인 편찬 의도에 따라 크게 두 유형으로 나눌 수 있다. 그 중 하나는, 우선적인 의도가 한자 학습인 한자입문서이며 다른 하나는 서예를 위한 습자교본이 그것이다. 전자는 일반적으로 해서자 한자 아래에 하나의 훈과 음을 달아 편찬한 소위 일자일훈본이다. 그리고 후자는 한자에 훈과 음을 달지 않고 초서가 주가 되기는 하지만 전서를 비롯한 다른 서체도 제시하여 서예를 위한 교본으로 편찬된 것이다. 그런데 일제강점기에 편찬된 『四千』은 이 두 가지 목적을 동시에 충족하도록 고려되었다. '四體'라는 책명만을 보면 서체를 보여주는 습자교본으로 보이나 그 내용은 오히려 한자입문서에 가깝기 때문이다.

시대가 변했지만 오늘날 출판되는 『千字文』의 경우도 본문은 조선시대에 간행된 대표적인 관판본인 '石峯『千字文』의 편집 태도를 답습하고 있다. 해서자의 대자 아래에 한글로 훈과 음을 달고 한 구인 4자를 한 행으로 배열하는 편집태도가 그것이다. 『四千』도 내용에는 변화를 꾀했으나 이러한 전통적인 본문 편집의 기본적인 방향에서는 벗어나지 못하였다. 『四千』 본문은 해서자의 대자 아래에 훈과 음을 달고 더불어 일본어로 훈과 음을 달아 시대의 요구를 반영하였다. 그리고 습자교본도 겸할 수 있도록 서미 즉 본문의 상란에 篆書, 隷書, 草書 등을 제시하였다. 서미 칸은 본문의 1/4에 해당하는 공간이기 때문에 삼체자 한 글자의 크기는 대략 본문 대자의 1/10에 불과한 현저히 작은 글자로 제시되었다.

전통적인 형식의 『千字文』은 한자 학습에 초점이 맞추어진 일자일훈본이거나 초서를 비롯한 몇 가지 서체만을 제시한 것이었다. 그러나 이러한 전통적인 방식의 『千字文』에서 벗어나 몇 가지 서체를 제시하거나 도상 또는 주해가 결합된 책들이 개화기를 지나 일제강점기에 다수 출현하였다. 이러한 새로운 형식의『千字文』을 발행자 스스로가 '新案' 즉 새로운 아이디어 상품이라 자부하기도 하였다. 예컨대 소화 12년(1937) 덕흥서림에서 金東縉이『新釋漢日鮮文 四體千字』([사진 5] 참조)와『新釋漢日鮮文 圖像千字』를 편집 겸 발행하였다. 그런데 이 두 책의 내지 제호 다음에 '月堂新案謹製發行'이라 적고 月堂의 인장을 날인하였다. 월당이 '新案'으로 삼가 만들어 발행한다는 것인데 여기서 '新案'이란 예전의 전통적인 방식의『千字文』이 아니고 새로운 아이디어가 반영된 책이라는 뜻으로 해석할 수 있는 것이다.

김균의『大東千字文』, 김태린의『童蒙須讀千字文』, 김호직의『東千字』그리고 이상규가 만든『歷代千字文』등은 주흥사의『千字文』에서 변용된 한자학습서들이다. 이러한 책들이 등장한 것도『四千』의 출현과 때를 같이 하고 있다. 변용된 이들 천자문류들은 우리나라의 역사와 문화 그리고 속담 등을 제시하여 민족의식을 고취하고 민중을 계몽하려 하였음은 물론 한자입문서로서『千字文』이 지닌 한계를 극복하려 하였다. 중국역사를 내용으로 삼은『歷代千字文』그리고 이에 대응되는『朝鮮歷史千字文』을 비롯한 다양한 내용의 변용된 천자문류의 출현은 주흥사의『千字文』을 전통적인 형식에 머물지 않고 새로운 변화를 추구하게 만든 것으로 보인다. 그 결과 예전과는 다른 '四體', '圖像' 그리고 '註解'『千字文』이 등장하게 된 것이다.

전통적인 형식에서 벗어난『千字文』중 그 극치를 보여주는 것이 단기 4289년(1956) 7월 25일 세창서관에서 신태삼이 편집 겸 발행한『四體圖像註解 世昌千字文』이다. 석판본인 이 책의 명칭이 표지에는『四體圖像註解 世昌千字文』이라 되어 있고 내지의 책명은 '주해'라 하지 않고 '주석'이라 하여『四體圖像註釋 世昌千字文』으로 되어 있다. 책명이 뜻하는 바대로 4가지의 서체와 사자일구에 대한 통해 그리고 도해가 갖추어진『千字文』이다. 이 책의 앞뒤 표지의 내면에는 〈276성씨일람표〉를 부기하였고 3쪽에서 34쪽에는 千字文을 제시하였는데 각 페이지를 8행으로 나누고 1행은 7단으로 구성하였다. 각 행의 상단부터 圖解, 三體, 通解를 차례로 제시한 후 4~7단까지는 해서자의 한자 아래에 가타가나는 제거되고 한글로만 좌에서 우로 훈과 음을 달았다. 4~7단은 전통적인 일자일훈본의 형식을 유지하였으나 1~3단까지는 예전에 보지 못했던 특이한 편집 방식을 보여주고 있다.

2.3. '四體'『千字文』의 편찬과 간행

개화기 이후 시대를 반영한 근대적 출판문화의 형성과 함께 변화된 『千字文』편집 태도의 결과물 중 하나로『四千』이 출현하였음을 앞에서 살펴보았다. '三體' 또는 '四體'를 표방한 이전의『千字文』은 한자의 자체만을 보여 줄 뿐 표제 한자에 한글로 음과 훈을 달지 않았다. 오로지 습자교본의 역할을 담당하도록 편찬되었는데 그 대표적인 것이 [사진 4]와 유사한 형식의『千字文』이었다. 이 부류의 책들은 약간의 변화를 보이기도 하지만 초서를 본문의 대자로 삼고 그 우측에 작은 글자의 해서자를 덧붙여 놓았다. 1597년(선조 30)에 처음 간행된 후 여러 번에 걸쳐 중간된 한호 서『草千字文』에서는 본문의 처리는 [사진 4]와 같은 형식이나 서미에 전서를 추가하여 결과적으로 草・楷・篆 삼체를 보여주고 있다.

개화기 이후에도 습자교본을 목적으로 초서를 본문의 대자로 삼은 『千字文』이 간행되었다. 1899년(광무 3) 완산 간인의『草千字文』을 비롯하여 1905년(광무 9) 자암 신간의『草千字文』, 1913년 신구서림, 1918년 회동서관, 1919년 한남서림, 1923년 신안서림과 대성서림, 1930년 최웅열

서점, 1935년 삼성서림 등에서 꾸준히 간행되었다. 그리고 본문은 같으나 書眉에 예서를 추가, 전서와 함께 제시하여 4체를 보인 『千字文』도 1918년 영창서관과 1937년 세창서관에서 간행되기도 하였다. 우리나라에서 습자교본을 우선하여 간행된 『千字文』이 삼체일 경우 楷·草·篆을 제시하였으며 4체일 경우 이에 예서가 첨가됨을 알 수 있는데 이는 일본의 경우와는 다른 것이다. 일본에서 간행된 '三體' 『千字文』은 모두 楷·草·行을 보여주기 때문이다.

습자교본에 초점을 두고 편찬된 전통적인 '四體' 또는 '三體' 『千字文』과는 달리 한자입문서의 기능을 우선하고 습자교본의 기능까지 고려된 『四千』이 집중적으로 출판된 시기는 1930년대이다.[6] 많지는 않지만 1945년 이후에도 출판되었으나 광복과 더불어 본문의 해서자 아래에 우리말 훈·음과 함께 달아놓았던 일본어 훈·음이 제거되었다. 이 또한 새로운 시대를 반영한 것으로 볼 수 있으며 동일한 편찬자가 동일한 출판사에서 1937년과 1945년에 간행한 책을 통하여 확인할 수 있다.[7] 1930년대 이후 출판된 『四千』 목록을 간행 연도순으로 제시하면 다음과 같다.[8]

(1)

① 蘆益亨 編(昭和5, 1930), (漢日鮮)新四體千字文/(漢日鮮)千字文,[9] 博文書

---

6 이 시기에는 '四體'뿐만이 아니라 '圖像', '註解' 『千字文』 출판도 유행하였는데 모두 전통적인 형식의 『千字文』 편집 태도를 버리고 새로운 방식을 시도한 것이다.

7 (1)-⑧과 ⑨가 그것으로 이 두 책에 대하여는 제12장 『四體 千字文』 이본의 음·훈 비교에서 자세히 논의할 것이다.

8 이 목록은 필자가 소장하고 있는 『四千』을 비롯하여 국립중앙도서관을 비롯한 중요 도서관에 소장된 판본을 수집, 정리한 것이므로 누락이 있을 수 있음을 밝혀 둔다. 부족한 부분에 대하여는 앞으로의 연구에서 보완하게 될 것이며, 판본간의 영향 관계를 비롯한 서지학적인 연구가 이루어지기를 기대한다.

9 책명을 '(漢日鮮)新四體千字文/(漢日鮮)千字文'과 같이 제시한 것은 '/'를 중심으로 앞

館, (木板本1冊25張; 21.9×16.7cm).

② 洪種應 編(昭和8, 1933), (新釋韓日鮮文) 四體千字, 新興書館, (石版本1冊 21張; 20.9×16.2cm).

③ 申泰三 編(昭和9, 1934), (新釋韓日鮮文) 四體千字, 世昌書館, (石版本1冊 21張; 25.5×18cm).

④ 金琪鴻 編(昭和10, 1935), (日鮮文) 四體千字文, 在田堂書舖, (石版本1冊 19張; 26.0×18.5cm).

⑤ 高敬相 編(昭和10, 1935), (漢日鮮) 千字文, 三文社, (石版本1책21張; 23.2×16.0cm).

⑥ 李宗壽 編(昭和11, 1936), (新釋漢日鮮文) 四體千字, 盛文堂書店, (石版本 1冊21張; 20.5×16cm).

⑦ 金東縉 編(昭和12, 1937), (新釋韓日鮮文) 四體千字, 德興書林, (石版本1 冊21張; 20.9×16.4cm).

⑧ 金松圭 編(昭和12, 1937), (四體)千字文/(日鮮四體)千字文, 廣韓書林, (石 版本1冊19張 ; 26.0×18.5cm).

⑨ 金松圭 編(1945), 四體千字文/(中鮮諺解) 四體千字文, 廣韓書林, (石版本 1冊, 27張; 26.0×18.5cm).

⑩ 金政圭 編(1948), (原本別大版) 四體千字文/(中鮮諺解) 四體千字文, 廣文 書林, (石版本1冊27張; 26.0×18.5cm).

⑪ 申泰三 編(1956), (四體圖像註釋) 世昌千字文, 世昌書館, (石版本1冊16張; 25.7×19.1cm).

의 경우는 표지의 책명이고 뒤의 것은 내지의 책명이다. (漢日鮮)과 같이 ( )를 친 것은 작은 글자로 책명의 일부를 표현한 것을 나타낸 것이다.

위에서 보듯 '四體'『千字文』은 1930년대에 집중적으로 출판되었음을
알 수 있다. 목판 인쇄술을 버리고 새롭게 도입된 석판 인쇄 방식으로
간행된 石印本이 주를 이룬다. 이들 판본간의 관련성에 대하여는 별고
로 논의하고자 하며, 1945년 광복 이후 한글 우선 정책과 문자 생활에서
의 점진적인 한자 사용이 쇠퇴하면서『千字文』의 효용이 줄어들게 되었
다. 그 결과 한자 학습과 습자교본의 기능을 함께 수행하도록 편찬된
1930년식 '四體'『千字文』은 점점 사라지게 되었다. 후대의 '四體', '五體',
'十體' 등 자체를 표방한『千字文』들은 습자 교본에 충실하여 편찬되고
있다.[10]

3. '四體'『千字文』과 일본판 '三體'『千字文』의 形式과 內容

우리나라에서『四千』출판이 유행하던 시기에 일본에서는 주로『三
千』이 간행되었다. 언제부터인지 단언하기 어려우나『千字文』의 기능이
우리나라에서는 습자교본보다 한자입문서가 앞서 있었던 것으로 보인
다. 이는『四千』의 편찬 태도를 통해서도 확인할 수 있는 사항임을 앞에
서 논의하였다. 그런데 일본의 경우 사정이 달랐음을 '三體'『千字文』이
집중적으로 간행되었다는 점과 그 편집 태도에서도 확인할 수 있다. 일
본의『三千』은 본문에서 眞·行·草 삼체만을 제시하여 습자교본에 충
실하고 있음을 알 수 있다.

---

10 계명사 편(1999), 王羲之『四體千字文』을 비롯하여 예원동호회 편(2004)『四體千字
文』등 오늘날 간행되는 '四體', '五體', '七體' 또는 '十體'『千字文』들은 서예 교본으로서
모두 서체만을 보여 준다.

3.1. 『四千』과 『三千』의 형식

아래에 제시될 일본판 『三千』 판본과 2.3.의 (1)에서 제시한 우리나라의 『四千』 판본을 비교 대상으로 삼기로 한다. 『四千』과 비슷한 시기에 간행된 『三千』이 아래에 제시한 것 말고도 다수 존재하지만 그 형식과 내용이 매우 유사하므로 아래의 것만으로도 본 연구의 목적을 달성하는 데 문제가 없을 것으로 생각된다. 아래에 제시된 『三千』은 오늘날에도 일본의 고서점가에서 흔히 유통되고 있는 것으로 필자가 구입, 소장하고 있는 것들이 대부분이다.

(2)

① 岡田藤三郎 書(明治42, 1909), 三體千字文, 岡田群鳳堂(大阪), (石版本1冊; 22.5×15.5cm).

② 村田浩藏 書(大正11, 1922), 三體千字文, 久榮堂書店(大阪), (石版本1冊; 22.5×15.5cm).

③ 小野鐧之助 書(昭和4, 1929), 三體千字文, 久榮堂書店(大阪), (石版本1冊; 22.5×15.5cm).

④ 玉木愛石 書(昭和10, 1935), 三體千字文, 洛東書院(京都), (石版本1冊; 22.5×15.5cm).

⑤ 中村春堂 書(昭和14, 1939), 三體千字文, 辰文館(東京), (石版本1冊; 22.5×15.5cm).

(2)에 제시한 책 중 ⑤는 초판이 大正5년 3월 20일에 발행되었다. 그 후 대정11년 10월 20일 35판 발행, 昭和10년 7월 5일 再製 제1판 발행, 소화12년 10월 20일 제6판 발행, 소화14년 3월 20일 제10판 발행 등 여

러 번에 걸쳐 판을 거듭하여 간행되었음을 판권란에 기재하였다. 아마 다른 책들도 이러한 출판사항을 기록하지 않았을 뿐 동일한 판식으로 출판사를 교체하기도 하면서 여러 번에 걸쳐 간행되었던 것으로 보인다.

서체를 비교해 보면 한국판 『四千』은 楷・草・隷・篆을 제시한 반면 일본판 『三千』은 楷・行・草를 제시하였다.[11] 해서와 초서는 『四千』과 『三千』에 모두 포함되었으나 다른 서체는 한일 양국의 『千字文』에서 출입이 있음을 알 수 있다. 우리나라에서 간행된 전통적인 '三體' 『千字文』의 경우 草・楷・篆을 배열한 것으로 보아 전서를 행서보다 우선하였으나 일본의 경우 행서가 우선임을 알 수 있다. 일본에서 '四體' 『千字文』을 편집할 때도 전서가 제외되고 隷・楷・行・草로 이루어짐을 東京의 文解堂에서 출판된 相澤春洋(1970)의 『四體千字文』을 통하여 알 수 있다. 요컨대 우리나라의 경우 우선시되었던 서체가 楷・草・篆・隷・行 순이었다면 일본의 경우 楷・草・行・隷・篆 순서인 것으로 보인다.

---

11 전통적으로 우리나라에서 '四體'를 제시할 때는 楷・草・隷・篆임은 通俗本 『四體千字文』의 영향으로 보인다. 한 예로 서예가 金正琦 편저(1981) 王羲之 書 『四體千字文』이 있는데 金思達은 추천사에서 이 책이 '先代家傳所藏'이라 하였다. 선대로부터 전해내려 온 이 책에 제시된 서체가 楷・草・隷・篆이다. 그리고 이 글씨에 대하여 王羲之 書라 하였으나 믿기 어려우며 '王羲之 書 集子 千字文'인지도 확인이 필요하다. 일본의 경우 일반적으로 眞・草・行 삼체를 중요시하였음을 東京 淸文堂에서 西脇吳石 編書로 發行한 『三體書鑑』을 통해서도 알 수 있다. 이 책은 서예의 기초가 되는 眞書(楷書), 行書, 草書 등의 필법을 보여준 책이다.

[사진 5] 『四體千字文』　　　　　[사진 6] 『三體千字文』

　『四千』과 『三千』에 제시된 글자의 크기와 제시 방법을 살펴보면 [사진 6]에서 보듯 『三千』의 경우 삼체를 동일한 크기의 대자로 본문에 배열하였다. 배열순은 모든 판본에서 동일하게 우에서 좌로 楷書, 行書, 草書의 순이다. 그러나 『四千』의 경우 [사진 5]에서 보듯 해서자만을 대자로 삼아 본문에 배열하였고 篆·隷·草 삼체는 서미에 작은 글자로 제시하였다. 『三千』은 습자교본의 역할에 충실하여 편집되었으나 『四千』은 그렇지 않음을 알 수 있다. 『三千』은 1면을 3행으로 나누었고 우측 행에 해서, 가운데 행에 행서 그리고 좌측 행에는 초서를 제시하였다. 각 행에는 6자를 배열하여 의미 단위인 구를 구분하지는 않았는데 이를 통하여도 습자교본에 충실하였음을 알 수 있다.

　『四千』의 경우 판본에 따라 1면을 5행으로 나눈 것도 있고 6행이나 7행으로 구분한 것이 있다. 행의 수는 판본에 따라 다르지만 각 행은 모두 5단으로 나누어 서미로 삼은 1단에는 篆·隷·草 三體를 작은 글자로 제시하였고 2단부터 5단까지 4칸에는 해서자의 대자를 제시하고 그 아래에 한글과 가타가나로 훈과 음을 달아놓았다. 각 행에 千字文 四字一句를 배정하여 상란 즉 서미에 삼체를 제시하였으며 그 아래에 각 한자의 해서자와 더불어 훈과 음을 제시하였다. 이는 한자입문서로서의 기능을 우선하면서 습자교본 내지는 삼체자 익히기도 할 수 있도록 배려한 것이다.

본문에 표제 한자의 훈과 음을 달아 놓은 『四千』과는 달리 『三千』에서는 본문에 삼체만을 제시하였다. 그런데 삼체의 전범을 모두 보이고 난 후 책의 뒷부분에서 '(訓點)千字文 註解 또는 '千字文 講義'라 하여 부록처럼 붙여놓았다([사진 9, 10] 참조). 여기서는 1행에 2구 즉 8자의 한자에 대하여 좌우에 훈과 음을 달고 그 아래에 通解를 붙여 놓았다. 본문은 습자교본에 충실하여 편집하였고 부록으로 千字文에 나오는 한자의 뜻과 음 그리고 각 구와 절이 지닌 의미를 알 수 있도록 배려하였다.

[사진 7] 千字文註解 (2)-②본

[사진 8] 千字文講義 (2)-④본

3.2. 『四千』과 『三千』의 訓과 通解

'四體' 또는 '三體'를 책명으로 삼은 『千字文』은 서예를 위한 교본 즉 습자교본을 표방한 것이다. 일본의 『三千』과 이 부류에 속하는 우리나라의 전통적인 『草千字文』은 이에 충실하였다. 그러나 1930년대에 주로 간행된 『四千』은 습자교본의 성격도 갖고 있지만 한자입문서로의 성격을 강하게 지니고 있다. 『三千』의 경우 부록에서 『千字文』 '註解 또는 '講義'라 하여 1000개의 한자에 대한 훈과 음 그리고 통해를 달아 놓았다. 『四千』의 본문에 나오는 표제 한자의 훈과 『三千』의 천자문 주해/강의에 나오는 훈이 각각 어떤 형식과 어휘로 구성되어 있는지 살피기로한다.

편의상 『四千』은 (1)-⑧을 주로 활용하되 필요한 경우 편자가 같은 ⑨를 보조적으로 활용하며 『三千』은 (2)-④를 활용하기로 한다.[12] 우선 (1)-⑨와 (2)-④에 보이는 훈과 음을 보면 『四千』은 한자 아래에 두 칸을 두어 첫째 칸에는 우에서 좌로 우리말 훈과 음을, 둘째 칸에는 일본어 훈과 음을 달아 놓았다. 『三千』은 한자의 좌측에 훈을 그리고 우측에 음을 달아놓았다. 첫 번째 구 4자에 대하여 『四千』은 "하날 텬(天), 따 디(地), 감을 현(玄), 누루 황(黃)"과 같이 훈과 음을 제시하였다. 그리고 『三千』은 "アメ テン(天), ツチハ チ(地), クロク ゲン(玄), キニ クワウ(黃)"과 같이 제시하였다.

---

12 (1)-⑧ 金松圭 編(1937, 昭和12年. (四體)千字文/(日鮮四體)千字文), 廣韓書林. (石版本1冊19張; 26.0×18.5cm 국립중앙도서관 소장본)

(1)-⑨ 金松圭 編(1945), 四體千字文/(中鮮諺解) 四體千字文, 廣韓書林. (石版本1冊27張; 26.0×18.5cm, 필자 소장본)

(2)-④ 玉木愛石 書(昭和10/1935), 三體千字文, 洛東書院(京都). (石版本1冊; 22.5×15.5cm, 필자 소장본).

첫 번째 구만으로도 『四千』과 『三千』에서 훈을 제시하는 방식이 동일하지 않음을 알 수 있다. 『四千』의 경우 각 한자가 독립적으로 존재한다는 전제하에 훈을 달아 놓았고 반면에 『三千』은 하나의 구 속에 4개의 한자가 존재함을 고려하여 훈을 달았다. 『四千』의 훈・음을 늘어놓으면 "하늘 천, 따 디, 감을 현, 누루 황"과 같이 되나 『三千』의 훈・음을 늘어놓으면 "アメ テン[하늘 천], ツチハ チ[땅은 지], クロク ゲン[검고 현], キ二 クワウ[누런빛에 황]"과 같이 된다. 『三千』의 경우 문맥을 고려하여 훈을 부여하였음을 알 수 있다.

『三千』이 문맥을 고려하여 훈을 달았음은 『四千』에 달아놓은 일본어 훈・음과의 비교를 통해서도 확인할 수 있다. 우리나라에서 간행된 『四千』의 일본어 훈은 위에 칸에 제시된 우리말 훈을 일본어로 번역하여 제시하였기 때문에 『三千』의 그것과는 완연히 다르다. 『四千』의 일본어 훈・음을 늘어 놓으면 "アメ テン[하늘 천], ツチ チ[땅 지], クロシ ゲン[검다 현], キイロ クワウ[누런색 황]"과 같이 된다. 이는 문맥을 고려하여 조사와 어미를 변화시켜 훈을 부여한 『三千』과는 분명히 다른 방식임을 알 수 있다. 명사류의 경우 『四千』과 동일한 방식이나 동사류의 경우 'クロシ[검다]'에서 보듯 어간에 '-ㄴ/ㄹ'을 결합하여 훈을 삼지 않고 기본형으로 처리했다는 것이 다르다.

『三千』이 문맥을 고려한 懸訓 방식을 취하였기 때문에 각각의 한자에 달려있는 훈은 그 한자가 지닌 일차적인 의미를 표현한 것이 아닌 경우도 있다. 반면에 『四千』은 문맥을 고려하지 않고 표제 한자가 지닌 일차적인 의미를 표현하는 우리말을 훈으로 삼았다. 그러므로 『三千』과 『四千』에서 동일한 한자에 대한 훈이 의미가 다른 단어로 나타나는 경우가 있다. 예컨대 16번째 구인 '菜重芥薑'에서 '重'의 본의지석 내지 상용지석은 [무겁다]이다. 그러므로 『四千』에서는 그 훈이 '무거울'이다. 그런데

이 句 속에서 '重'이 지닌 뜻은 나물 중에서는 겨자와 생강을 '중하게 여긴다'는 것이다. 문맥을 고려한 결과『三千』의 훈은 'オモンズ[중하게 여기고]'로 되었다. 이렇듯『四千』은 本義之釋 내지는 상용지석을 훈으로 삼았으나『三千』은 문맥지석을 훈으로 삼았다는 점이다.[13]

『三千』의 부록에 해당하는 '천자문 주해/강의'에는 [사진 7, 8]에서 보듯 두 개의 구 즉 하나의 절을 한 행에 제시하고 하단에 두 줄로 통해를 붙여 놓았다. (1)에 제시한『四千』판본 중 통해를 붙여 놓은 것은 ⑨, ⑩, ⑪ 세 권으로 1945년 이후에 간행된 판본들이다. ⑩은 ⑨를 복사하여 출판사를 달리하고 표지의 제목 앞에 (原本別大版)만 첨가하여 간행한 것으로 사실상 동일한 내용을 담고 있다. ⑧과 ⑨는 저작 겸 발행인이 동일인으로 金松圭인데 ⑨에는 ⑧의 본문 한자에 달려 있던 일본어 훈과 음이 제거되었다. 반면에 ⑨에는 각 구의 왼쪽에 세로로 길고 좁은 칸을 마련하여 통해를 붙여 놓았다. 千字文의 첫 번째 절 2구8자에 대한 통해가『四千』과『三千』에 각각 다음과 같이 달려 있다.

> (3) 가. 하날은 우에 덥힌 고록 빗시 감고 짜는 아래 실인 고로 그 빗시 누
> 루이라우와 쥬는 너르고 커서 시종이 읍나니 상하사방을 우라 하
> 고 왕래고금을 쥬라 한니라
>
> 나. 天の色は玄乃ち黑く、地の色は黃乃ちきいろなり、[14]宇宙とは大空
> 乃ち天と地の間をいひ、洪荒とは共に大にして廣きをいふ、此の
> 二句及び以下八句は天文を說きたるなり。[15]

---

13 한국과 일본에서 간행된『千字文』의 훈에 대한 어휘론적 비교 검토는 아직 이루어진 바 없다. 이에 대한 세밀한 고찰이 있기를 바라며 여기서는 그 대체적인 윤곽을 파악하는데 만족하기로 한다.
14 하늘의 빛은 현(玄), 즉 검고, 땅의 빛은 황(黃), 즉 누런빛이며,

(3)에서 보듯 통해의 내용은 유사하나 그 방식은 약간의 차이를 보인다. 『四千』은 각 구별로 해당 구가 지닌 의미만을 간략하게 표현하였다. 반면에 『三千』은 2개의 구를 모아 절 단위로 통해를 하였고 전후에 배열된 각 구와 절의 관계를 설명하기도 하였다. 일반적으로 『四千』과 『三千』의 통해는 『千字文 釋義』를 비롯한 주해서를 참고하여 만든 것이므로 그 내용은 대체로 같다고 할 수 있다. 다만 편찬자에 따라 기술 방식과 동원된 어휘가 다를 뿐이다.

4. 結論

양나라 무제의 명을 받아 주흥사가 왕희지의 글씨 중 1,000자를 뽑아 운에 맞추어 만든 『千字文』은 천하제일의 자서이다. 四字一句 도합 250구로 이루어진 千字文은 한자입문서, 습자교본, 한시학습서 그리고 유교경전의 선행학습서로 꾸준히 활용되었다. 특히 우리나라에서는 한자입문서로 마련된 일자일훈본 『千字文』이 오래전부터 간행되었다. 일자일훈본 『千字文』은 해서체 한자 아래에 하나만의 훈과 음을 달아 표제 한자에 대한 일차적인 정보를 알게 하는 것이 그 목적이었다.

한자에 대한 이해와 더불어 쓰기 즉 습자를 목적으로 하는 『千字文』도 편찬되었는데 『眞草千字文』, 『草千字文』, 『篆千字文』, 『三體千字文』, 『四體千字文』, 『十體千字文』…… 등이 그것이다. 습자교본을 목적으로 한 전통적인 형식의 『千字文』은 한자에 음과 훈을 달지 않고 字體

---

15 우주란 대공(大空), 즉 하늘과 땅의 사이를 말하고, 홍황(洪黃)이란 모두 크게 넓은 것을 말한다. 이 2句 및 이하 8句는 천문(天文)을 말하는 것이다.

만을 제시하는 것이 일반적이다. 이는 중국의 지영이 남긴『眞草千字文』을 비롯하여 저수량의『楷書 千字文』, 회소의『小草 千字文』, 조맹부의『行書千字文』…… 등이 그렇고 우리나라 한호의『草千字』를 비롯하여 통속본『四體千字文』또한 그렇다. 그런데 개화기를 거쳐 일제강점기에 시대 상황을 반영한 특이한 '四體'『千字文'이 출현하였다.

1894년 갑오개혁과 더불어 근대적 교육이념을 바탕으로 한 신식학교가 설립되기 시작하였고 知, 德, 體를 중시하는 교육이 시행되었다. 그 결과 경학 중심의 교육에서 그 절대적 가치를 지니고 있던『千字文』의 간행에도 영향을 미치게 되었다. 학부 편집국을 중심으로 새로운 교육을 위한 교과서가 출판되었고 민간자본에 의한 계몽서 그리고 오락용 도서가 출판되는 소용돌이 속에서『千字文』은 점점 그 설자리를 잃어가고 있었다. 하지만 학습자 즉 구매자의 욕구를 충족시키기 위한 새로운 편집으로 시대에 부응하는『千字文'이 출현하게 되었다.

표제 한자 즉 대자 아래에 우리말 훈·음과 더불어 일본어 훈·음을 병기함은 물론 '四體', '圖像', '註解' 등을 통하여 대중의 구매 욕구를 자극하였다.『圖像千字文』은 千字文 각 구의 내용을 그림으로 설명한 것이며『註解千字文』은 각 구에 통해를 붙여 놓은 것이다. 그리고 '四體'『千字文'은 훈과 음을 달아놓은 본문의 해서자 외에 서미 즉 상란에 전서, 예서 그리고 초서를 제시하였다. '四體'라는 명칭만 보면 습자교본을 일차적 목적으로 한 책으로 보인다. 그러나 실제 내용은 한자입문서인 일자일훈본을 우선하고 부차적으로 습자교본의 역할을 하도록 편집되었다. 책명과 내용이 합치되지 않지만 당시의 편집 겸 발행자들은 이러한 편찬을 '新案'이라 하여 전통적인 방식의『千字文'과는 다른 새로운 것임을 강조하였다.

한자입문서의 기능을 우선하고 습자교본의 기능까지 포함된『四

千』이 집중적으로 출판된 시기는 1930년대이다. 우리나라에서 『四千』 출판이 유행하던 시기에 일본에서는 주로 『三千』이 간행되었다. 『四千』이 해서자만을 본문의 대자로 삼고 서미에 草・隷・篆 삼체를 작은 글자로 덧붙였지만 『三千』은 眞(楷)・行・草 삼체 모두를 본문의 대자로 삼았다. 이를 통하여 일본의 『三千』은 습자교본에 충실하였음을 알 수 있으며 우리나라에서 중요시했던 서체가 해서, 초서, 전서, 예서, 행서 순이라면 일본의 경우 해서, 초서, 행서, 예서, 전서 순서인 것으로 보인다.

본문의 해서자 대자 아래에 훈과 음을 달아 놓은 『四千』은 한자입문서로의 성격을 강하게 지니고 있다. 『三千』의 경우 습자교본에 충실하면서도 부록의 『千字文』'註解 또는 '講義 편에 한자에 대한 훈과 음 그리고 통해를 달아 놓았다. 『四千』은 대자인 한자 아래에 훈과 음을 작은 글자의 한글과 가타가나로 달아 놓았고, 『三千』은 대자인 한자를 중심으로 좌측에 훈을 그리고 우측에 음을 작은 글자로 달아 놓았다. 훈과 음을 달아놓은 위치도 다르지만 그 방식 또한 차이가 난다. 『四千』의 경우 각 한자가 독립적으로 존재한다는 전제하에 훈을 달아 놓았으나 『三千』은 하나의 句 속에 4개의 한자가 존재함을 고려하여 훈을 달았다. 결국 『四千』은 표제 한자의 本義之釋 내지는 常用之釋을 훈으로 삼았고 『三千』은 文脈之釋을 훈으로 삼았다.

『三千』에서 훈을 부여할 때 문맥이 고려되었음은 『四千』에 달아놓은 일본어 훈과의 비교를 통해서도 확인된다. 용언류의 경우 『四千』은 문맥의 고려 없이 어간에 관형형어미 '-ㄴ/ㄹ'을 결합하여 훈을 삼는 것이 일반적이나 『三千』은 문맥에 따라 다양한 활용어미를 결합하여 훈을 삼았다. 체언류에서도 『四千』은 체언 단독체만을 훈으로 삼았지만 『三千』에서는 체언에 문맥에 어울리는 조사를 결합하여 훈을 삼았다. 이를 통하여 한국과 일본의 현훈 방식이 상당히 다름을 알 수 있다.

『四千』과 『三千』에 부여된 通解는 『千字文 釋義』를 비롯한 주해서를 참고하여 작성된 것이므로 그 내용은 크게 다르지 않다. 다만 『四千』의 경우 각 구별로 해당 구가 지닌 의미만을 간략하게 표현한 반면 『三千』은 구가 아닌 절 단위로 통해를 하였고 전후에 배열된 각 구와 절의 관계를 설명하기도 하였다. 『四千』과 『三千』에 달려있는 훈에 대한 어휘론적인 검토는 본 연구에서 자세히 다루지 못하였다. 이 부분을 비롯한 후속 연구로 한국과 일본의 『千字文』에 대한 다양한 측면에서의 비교 고찰이 이루어지기를 기대한다.

제8장 一字一訓本(『石峯 千字文』) 새김의 특징

1. 서론

　음성언어의 약점을 보완하기 위하여 인류가 만들어 낸 文字의 수는 유한수이나 인간의 사고를 바탕으로 생성되는 개념은 그 수를 헤아릴 수 없이 많다. 그러므로 문자 중의 하나인 한자의 경우도 개별한자가 하나의 의미만을 지니는 것이 아니고 몇 개의 개념과 대응된다. 이를 一字數義라 표현할 수 있는데, 한자 '字'는 일차적으로 [글자]라는 뜻을 비롯하여 이 글자가 출현하는 환경에 따라 [암컷], [기르다], [낳다], [사랑하다], [정혼하다] 등 수 개의 의미를 지닌다. 하나의 한자가 수 개의 뜻을 가지고 있음에도 불구하고 대부분의 『千字文』에서는 일차적인 의미 또는 대표적인 의미를 나타내는 우리말 단어 하나만을 그 訓으로 달아 놓았다.

　하나의 한자에 두 개 이상의 새김을 달아놓은 『千字文』으로 『註解 千字文』(이하 『註千』)이 있다. 이 책에서는 문맥의 의미를 나타내는 새김 즉 文脈之釋을 우선하여 제시한 후 제2, 제3……의 자리에 本義之釋, 常用之釋 등을 배열하였다. 이는 『千字文』이 단순히 1,000개의 한자[千字]만을 단편적으로 모아 엮은 것이 아니고 문장으로 구성되어 있다는 사실을 알게 해주는 것이다. '千字'가 아닌 '千字文'이라는 명칭을 통해서도 이러한 사실을 알 수 있듯이 이 책은 四字一句 도합 250개 구로 된 古詩 [文]이다.

『千字文』에 나오는 개별한자는 독립적으로 배열되어 있지 않고 각 문장 속에서 특정한 의미를 지니며 구조적으로 존재한다. 그러나 一字數釋本인『註千』을 제외한 대부분의 이본에서는 한자 입문서 내지는 초학서의 목적을 달성하고자 문맥적 의미를 고려하지 않고 개별한자의 상용지석에 해당하는 하나의 새김 즉 훈만을 제시하고 있다. 이런 형식의 『千字文』을 일자일훈본이라 하기로 하며, 편찬자가 각각의 한자에 대응시킬 하나의 새김만을 선택함에 있어 문맥지석과 상용지석이 일치하는 경우에는 訓을 설정하는 데 매우 수월하였을 것이다. 그러나 문맥의 의미와는 다른 새김을 선택한 경우 일정 부분 고심하였을 가능성이 있다.

우리나라에서 전통적으로 한자 교습의 초기 단계에서 사용되었던 교재 중 가장 오랜 기간에 걸쳐 보편적으로 활용되었던 것이『千字文』이다. 한자 학습의 궁극적인 목적은 한문을 이해하고 활용하는 데 있다. 하지만 초기 단계에서는 각 한자가 어떤 음으로 읽히며 일차적으로 지닌 뜻이 무엇인가를 알게 하는 것이 목적이다. 그러므로 하나의 한자에는 그 음과 더불어 오직 하나의 새김 즉 訓만을 제시하는 방식으로 편찬하는 것이 한자초학서의 목적을 달성하는데 보다 효율적이었을 것이다. 이런 이유로『千字文』의 한자에는 문맥을 고려하지 않은 새김이 다수 포함되어 있음을 추정할 수 있다.

본 연구는 일자일훈본『千字文』의 새김 중 문맥의 의미를 외면한 항목만을 연구 대상으로 한다. 비교적 이른 시기에 간행되었을 뿐만 아니라 가히 흠정본이라 할 만한『石峰 千字文』(日本 國立 公文書館 所藏本으로 흔히 內閣文庫本으로 불리는 판본임, 이하『石千』)에서 1차적으로 해당 항목을 가려내어 그 양상을 품사별로 나누어 제시하기로 한다. 그리고 후대의 여러 판본을 비롯하여 『訓蒙字會』(이하 『訓蒙』)와 『新增類合』(이하 『類合』)에 나오는 새김과의 비교를 통하여 새김의 변개가 어떤 양상으로 이루어졌는지 살피기로 한다. 이러한 과정 속에서 『石千』을 비롯한 『千字文』의 새김이 보여주는 특징과 영향, 『訓蒙』과 『類合』에 나오는 새김의 특징을 탐구하게 될 것이다. 또한 중세국어 시기에서부터 현대에 이르기까지 해당 한자의 상용지석이 어떠한 양상을 띠고 있는지 살피고자 한다.

이 연구를 통하여 일자일훈을 지향했던 『千字文』 새김의 특징이 밝혀지면 이 책의 편찬태도를 분명하게 파악할 수 있을 것이다. 또한 오늘날 한자 교육, 한자검정시험 등과 관련하여 표준이 될 수 있는 새김의 설정 방안에도 이론적 기초를 제공할 수 있을 것으로 기대한다.

2. 『石千』에서 문맥의 의미가 고려되지 않은 새김의 양상

『千字文』은 사자일구 도합 250구 125절로 이루어진 고시문이다. 그러므로 각 구절에 쓰인 개별한자는 해당 구와 절의 의미를 형성하는데 기여한다. 예컨대 『千字文』의 첫 번째 구는 4개의 한자 天, 地, 玄 그리고 黃이 모여 '天地玄黃'이라는 구가 형성되었으며 이 구는 "우주가 처음 개벽하였을 때 하늘은 위에 있으므로 검은 색이오, 땅은 아래에 있어 누런 색이다"라는 의미를 지닌다. 여기서 우리는 개별한자에 달려 있는 『石千』의 새김 "하늘, 짜, 가물, 누를"이 문맥의 의미와 일치함을 알 수 있다.

『石千』에서 개별한자에 달려있는 새김이 문맥의 의미와 일치하는 위의 경우와 달리 문맥의 의미를 반영하지 않은 경우도 있다. 두 번째 구인 "宇宙洪荒"이 지니는 의미는 "우주는 넓고 크다"이다. 그런데 "집(우), 집(듀), 너블(홍), 거츨(황)"이 개별한자의 음과 새김으로 제시되어 있다. 여기서 '宇'와 '宙'에 달려 있는 새김 '집'에 대하여는 우주도 넓은 의미의 '집'이기 때문에 논외로 하더라도 '荒'의 문맥적 의미는 '클'이나 새김은 '거츨'로 되어 있다. 문맥적 의미를 반영하지 않은 새김으로 볼 수 있다.

본 논의를 전개하기 위하여 개별한자의 새김이 문맥의 의미를 반영한 것인가 그렇지 않은가를 판단하여 연구대상 자료를 확정하는 일은 그리 쉬운 것은 아니다. 위의 두 句를 통해서도 알 수 있듯이 '宇'와 '宙'의 새김 '집'이 문맥의 뜻을 반영한 것인지 그렇지 않은 것인지에 대하여 논자에 따라 이견이 있을 수 있다. 이러한 어려움은 문맥에서 고유명사를 표현한 개별한자의 경우에서도 흔히 만나게 되는 어려움이다. 예컨대 26번째 구인 "周發殷湯"이 지니는 뜻은 "발은 주무왕의 이름이고 탕은 은왕의 칭호니라"이다. 반면에 개별한자에 달려 있는 새김은 "두루(쥬), 베플(발), 만흘(은), 글흘(탕)"으로 나온다. 『千字文』의 편찬 특성상 문맥을 고려할 수 없는 현훈인 것이다.

본 연구에서는 이런 점을 고려하여 대상 항목을 선정함에 있어 고유명사로 활용된 한자를 비롯하여 문맥의 의미와 유의관계에 있는 새김은 제외하기로 한다. 이러한 기준을 『石千』의 맨 앞에 나오는 "天地玄黃 宇宙洪荒'에 적용하여 대상 항목을 가려내면 논의 대상이 되는 한자는 '荒字 하나이다. 이러한 방식으로 250구 125절 1,000자의 한자 중 연구 대상으로 가려낸 항목은 58개인데 이들 항목을 명사류와 동사류 그리고 부사류로 나누어 살피기로 한다.

2.1. 명사류

자석의 품사가 명사류인 것 중 대상 한자가 문맥에서 명사류로 풀이되는 것도 있지만 동사류나 부사류로 해석되는 경우도 있다. 문맥에서의 풀이 즉 각 구와 절에서 해당 한자가 지니는 의미는 『註千』이나 『四體 千字文』(이하 『四千』)의 통해를 통하여 추적할 수 있다. 자석은 『石千』에 나오는 어휘를 논의 대상으로 하고, 문맥에서 각 한자가 지니는 의미는 『四千』의 통해 속에 나오는 어휘를 활용하기로 한다.

『註千』과 『四千』의 통해 양상을 살펴보면 『註千』은 한문으로, 『四千』은 한글로 각 句가 지닌 뜻을 풀이하였다. 일반적인 형식의 『千字文』과는 달리 『註千』에서는 첫 번째 句 "天地玄黃"에 대하여 "天 한을텬 至高無上, 地 싸디 土~(本)墜, 玄 감을현 黑而有赤色 幽遠, 黃 누르황 中央色" 등과 같이 각 한자의 석·음 및 주해와 더불어 4자로 된 句 '天地玄黃'에 대하여 "此言 天地之始也 易曰 天玄而地黃 天覆於上而色玄 地載於下而其色黃也"와 같이 한문으로 통해하였다. 한문으로 되어 있던 통해가 『四千』에서는 한글로 표기가 바뀌어 "하날은 우에 덥힌 고록 빗시 감고 싸는 아래 실인 고로 그 빗시 누루이라"와 같이 되어 있다.

『四千』의 통해 속에서 추적할 수 있는 "하날, 감고, 싸, 누루이라" 등은 각각 "天, 玄, 地, 黃"이 문맥에서 지니는 의미를 나타내는 우리말이다. 또한 이 어휘를 바탕으로 문법법주를 구분하면 '하날'과 '싸'는 명사류이고 '감고'와 '누루이라'는 동사류이다. 이러한 방식을 통하여 문맥의 의미를 나타내는 어휘를 추적하여 논의 대상으로 확정, 탐구하기로 한다.

2.1.1. 명사류 자석, 명사류 문맥
자석의 문법 범주가 명사류이고 문맥에서도 명사류로 풀이되는 항목은 다음과 같이 11개이다. 각 항목을 제시하는 방식은『千字文』의 字番 즉『千字文』에 해당 한자가 나오는 순번을 맨 앞에 제시하기로 한다. 자번 다음에 한자,『石千』의 자석과 자음 순으로 제시하고, (   )안 에『四千』에 나오는 해당 구의 통해를 옮겨놓기로 한다. 통해 중 해당 한자를 풀이한 부분에는 밑줄을 그어 자석과 쉽게 대비될 수 있도록 하 기로 한다. 또한 통해 뒤에는 해당 한자가 들어있는 句를 제시하기로 한다.

(1) 0106 朝 아츰 됴 (조뎡에 안자 도를 문나니 인군이 나라 다사리는 법이 라 : 坐朝問道)

(2) 0108 道 길 도 (조뎡에 안자 도를 문나니 인군이 나라 다사리는 법이 라 : 坐朝問道)

(3) 0165 男 아들 남 (남자는 직조와 어짐을 본바들지니 직덕과 충량이 낫 타난 후에 가히 입신량명하나니라 : 男效才良)

(4) 0201 景 볕 경 (힝실를 빗나게 하면 오즉 어진 사람이 되나니라 : 景行 維賢)

(5) 0377 節 무딕 졀 (절개와 의와 청렴함과 믈너감은 군자의 조심함이라 : 節義廉退)

(6) 0391 神 신령 신 (마음이 동하면 신긔가 피곤하나니 마음이 외물에 요 동하면 신긔 편치 못 함이라 : 心動神疲)

(7) 0480 英 곳쑤리 영 (쏘한 여러 영웅을 모으니 분전을 강론하야 치국하 는 도를 밝히미라 : 亦聚羣英)

(8) 0513 世 인간 셰 (대〃로 록이 샤치하고 무성하니 제후 자손이 셰〃관 록을 상젼함니라 : 世祿侈富)

(9) 0518 駕 멍에 가 (수레와 말이 살지고 가비야오니라 : 車駕肥輕)

(10) 0881 牋 죠희 젼 (글월과 편지는 간략 죵요케 할지니 우에 올이는 글
은 젼이오 평등하는 글은 텹이니라 : 牋牒簡要)

(11) 0882 牒 글월 텹 (글월과 <u>편지</u>는 간략 죵요케 할지니 우에 올이는 글
은 젼이오 평등하는 글은 텹이니라: 牋牒簡要)

이상에서 제시한 11개의 항목은 대상 한자가 문맥에서 명사류로 쓰이
는 것인데 『石千』의 자석도 명사류로 나타나는 것이다. 다만 문맥에서
의 의미와 다른 어휘를 자석으로 삼았음을 특징으로 한다. 대상 한자에
달려 있는 자석과 통해에서 추출한 어휘 즉 文釋을 요약, 정리하면 다음
과 같다.

朝(아츰:조뎡) 道(길:도) 男(아들:남자) 景(볕:빗나게) 節(ㅁ티:절개) 神(신령:
신긔) 英(곳쑤리:영웅) 世(인간:대) 駕(멍에:말) 牋(죠희:글월) 牒(글월:편지)

2.1.2. 명사류 자석, 동사류 문맥

『石千』에 나오는 자석의 문법 범주는 명사류이나 『四千』의 통해에 보
이는 문석의 문법 범주는 동사류인 부류이다. 7개 항목이 발견되며 이에
속하는 것들을 앞에서와 같은 방식으로 제시하기로 한다.

(12) 0126 賓 손 빈 (거나리고 <u>복종ᄒᆞ야</u> 왕의게 도라오니 사람이 덕을 입어
복종치 안이 하미 읍심이라 : 率賓歸王)

(13) 0301 籍 글월 적 (<u>랑자함이</u> 심하야 맛참이 읍나니 그 명예가 <u>낭자히</u>
젼함이라 : 籍甚無竟)

(14) 0447 對 ᄃᆡ답 ᄃᆡ (갑장은 기둥을 <u>대하야스니</u> 동방삭이 갑장을 지어 이
인군이 잠시 졍지하는 곳이라 : 甲帳對楹)

(15) 0453 鼓 갓붐 고 (비파를 <u>두다리고</u> 져를 부니 잔채하는 풍뉴이라 : 鼓
瑟吹笙)

(16) 0521 策 막대 칙 (공을 <u>긔록하매</u> 무성하고 충실하다 : 策功茂實)

(17) 0525 勒 굴에 륵 (비를 <u>삭이고</u> 일홈을 삭이니 그 공신을 대우함니라 :
勒碑刻銘)

(18) 0941 工 바치 공 (<u>공교하게</u> 씽기고 곱게 우스니 절셰미인이 씽기고 웃
는 거시 다 아름다오니라 : 工嚬妍笑)

문맥에서는 동사류로 풀이된 한자에 『石千』에서 문법범주가 다른 명
사류 어휘를 자석으로 삼은 위의 항목들을 要約, 整理하면 다음과 같다.

賓(손:복종ᄒ야) 籍(글월:랑자함) 對(디답:대하야스니) 鼓(갓붐:두다리고)
策(막대:긔록함) 勒(굴에:삭이고) 工(바치:공교하계)

2.1.3. 명사류 자석, 부사류 문맥
문맥에서 부사어로 풀이되는 한자의 새김을 『石千』에서 명사류로 자
석을 달아놓은 것은 아래 3개 항목으로 則(법측:즉) 誠(정성:진실노) 孔
(구무:간절이) 등의 예가 있다.

(19) 0254 則 법측 측 (충셩한 <u>즉</u> 목슘을 다하나니 인군 셤기매 그 몸를 맛
쳐도 사양치 안난이라 : 忠則盡命)

(20) 0291 誠 정셩 셩 (쳠음에 돗탑계 함이 <u>진실노</u> 아름다오니라 : 篤初誠美)

(21) 0353 孔 구무 공 (사람이 형과 아오를 <u>간졀이</u> 생각하나니라 : 孔懷兄弟)

2.2. 동사류

『千字文』 자석의 품사별 분포를 보면 명사류와 동사류가 각각 48% 정도로 비슷한 분포를 지닌다.[1] 본고의 논의 대상이 된 항목의 경우는 명사류를 자석으로 삼고 있는 항목은 21개이나 동사류를 자석으로 삼고 있는 항목은 그 수가 상대적으로 많은 33개 항목이다. 동사류가 명사류에 비해 상대적으로 많은 이유는 본 연구의 논의대상에서 고유명사로 쓰인 한자를 제외하였기 때문이다. 고유명사로 쓰인 한자를 포함하였다면 명사류 항목이 더 많았을 것이다.

동사류 자석 33개 항목 중 대상 한자가 문맥에서 명사류로 풀이된 것은 15개 항목이다. 그리고 자석과 문석의 문법적 범주는 동사류로 같으나 의미가 다른 어휘로 되어 있는 것은 16개이다. 또한 문맥에서 부사로 풀이되는 것이 동사류 어휘를 자석으로 삼은 것도 2개 항목이 있다.

2.2.1. 동사류 자석, 동사류 문맥
『石千』의 자석과 『四千』의 文釋이 모두 동사류이나 동일어가 아닌 경우에 해당하는 항목은 16개로 다음과 같다.

> (22) 0008 荒 거츨 황 (우와 쥬는 너르고 커셔 종이 읍나니 상하사방을 우라하고 왕고래금을 쥬라 한니라: 宇宙洪荒)

---

1 신경철(1978: 147~148)에서는 『千字文』 光州本의 경우 명사 49.7%, 대명사 1.0%, 수사 1.0%, 동사 30.3%, 형용사 15.8%, 관형사 0.1%, 부사 1.2% 조사 0.7% 미상 0.2%의 분포를 지니고 있다고 하였다. 그리고 〈辛未本〉의 경우도 이와 비슷한데 명사 46.3%, 대명사 1.2%, 수사 1.1%, 동사 32.1%, 형용사 16.2%, 관형사 0.1%, 부사 1.2% 조사 0.6% 미상 1.2%의 분포를 지니고 있다고 하였다.

(23) 0279 取 아올 취 (못이 맑아 빗최옴을 가져스니 군자의 맘음을 비유하

미라 : 淵澄取暎)

(24) 0306 優 나을 우 (배온 거시 넉〃하면 벼살에 오르나니라 : 學優登仕)

(25) 0326 別 다늘 별 (례도에 놉고 나즘을 분별하야스니 군신 부자 부〃

강유 붕우의 차별이 닛난이라 : 禮別尊卑)

(26) 0330 和 고를 화 (우예셔 교화하면 아릭셔난 화목하고 : 上和下睦)

(27) 0363 投 더딜 투 (벗을 사괴되 직분으로 의탁할지니 오륜에 붕지분이

잇나니라 : 交友投分)

(28) 0365 切 그츨 졀 (간절하며 갈고 경계하며 법으로 하니 붕우책션하난

직분이 이 갓흐니라 : 切磨箴規)

(29) 0369 仁 클 인 (어질고 사랑하미 측은함이니 사랑함은 어진 마음이오

측은함은 어진마음의 싯이라 : 仁慈隱惻)

(30) 0396 滿 출 만 (참을 직희면 쯧이 가득하나니 군자대도를 직힌 즉 쯧

이 편안하미라 : 守眞志滿)

(31) 0523 茂 거츨 무 (공을 긔록하매 무셩하고 충실하다 : 策功茂實)

(32) 0524 實 염글 실 (공을 긔록하매 무셩하고 충실하다 : 策功茂實)

(33) 0528 銘 조을 명 (비를 삭이고 일홈을 삭이니 그 공신을 대우함니라 :

勒碑刻銘)

(34) 0549 濟 건널 졔 (약함을 구졔흐고 기우러짐을 붓드니 환공이 쥬양왕

의 미약을 구졔한이라 : 濟弱扶傾)

(35) 0641 曠 너를 광 (뷔이고 멀며 아득하고 머니 모든 산쳔을 말함니라 :

曠遠綿邈)

(36) 0728 逼 갓가올 핍 (인끈을 풀어 놋코 도리가니 누가 핍박하리오 : 解

組誰逼)

(37) 0768 彫 떠러딜 됴 (오동은 일즉 마르나니라 : 梧桐早彫)

(38) 0793 易 밧골 역 (<u>쉽고</u> 가비엽이 두려온 비니 군자는 쉽고 가비여이
말함을 두려하나니라 : 易輶攸畏)

(39) 0990 蒙 니블 몽 (어리석고 몽매한 무리를 꾸짓나니라 : 愚蒙等誚)

위에서 제시한 항목들의 자석과 文釋의 실태를 요약, 정리하면 다음
과 같다.

荒(거츨:커셔) 取(아올:가져스니) 優(나을:넉 〃 하면) 別(다늘:분별하야스니)
和(고룰:화목하고) 投(더딜:의탁할지니) 切(그츨:간절하며) 仁(클:어질고) 滿
(츨:가득하나니) 茂(거츨:무셩하고) 實(염귤:충실하다) 銘(조을:삭이고) 濟(건
널:구졔ᄒ고) 曠(너를:뷔이고) 逼(갓가올:픱박하리오) 彫(뼈러딜:마르나니라)
易(밧골:쉽고) 蒙(니블:몽매한)

2.2.2 동사류 자석, 명사류 문맥

『石千』의 자석은 동사류이나 『四千』의 문석은 명사류로 되어 있는 것
은 아래의 예와 같이 13개 항목이다.

(40) 0014 宿 잘 슉 (진과 <u>슈</u>는 버리고 베퍼스나 진는 십이진이오 <u>슈는 의</u>
<u>십팔슈니라</u> : 辰宿列張)

(41) 0025 閏 부룰 윤 (<u>윤달</u>은 일년이 십사절기 나마지 시각을 모와 윤달로
하야 해를 이루나니라 : 閏餘成歲)

(42) 0170 過 디날 과 (<u>허물</u>을 알면 반다시 곳칠지니 공자의 뎨자 즁우는
허물 듯기를 깃거하니라 : 知過必改)

(43) 0202 行 녈 힝 (<u>힝실</u>을 빗나게 하면 오즉 어진 사람이 되나니라 : 景行
維賢)

(44) 0206 念 념홀 념 (싱각을 지으면 셩인을 지으나니 사람이 어리셕고 셩

인 되음이 한 번 싱각의 잇나(니라) : 剋念作聖)

(45) 0227 惡 모딜 악 (지앙은 악을 쏫음에 인하나니 디기 지앙을 밧는 니

난 평일의 젹악한 연고니라 : 禍因惡積)

(46) 0364 分 ᄂᆞᆫ홀 분 (벗을 사괴되 <u>직분</u>으로 의탁할지니 오륜에 붕지분이

잇나니라 : 交友投分)

(47) 0404 操 자블 조 (맑은 <u>지조</u>를 굿게 가지면 나에 도리를 극진히 하리

라 : 堅持雅操)

(48) 0409 都 모돌 도 (화하에 <u>도읍하니</u> 도읍은 시대를 싸라 다르니라 : 都

邑華夏)

(49) 0430 觀 볼 관 (루와 관은 나는 듯 놀나온이라 : 樓觀飛驚)

(50) 0891 想 스칠 샹 (몸에 째 잇스면 목욕하기를 <u>싱각하고</u> : 骸垢想浴)

(51) 0969 矩 모날 구 (거름을 <u>법</u>으로 하고 옷깃을 인도하니 보제 엄슉함이

라 : 矩步引領)

(52) 0991 等 글올 등 (어리셕고 몽매한 무리를 꾸짓나니라: 愚蒙等誚)

이상에서 제시한 항목의 각 한자에 대응되어 나타나는 자석과 문석을
정리하면 다음과 같다.

宿(잘:슈) 閏(부를:윤달) 過(디날:허물) 行(녈:힝실) 念(념홀:싱각) 惡(모딜:지
앙) 分(ᄂᆞᆫ홀:직분) 操(자블:지조) 都(모돌:도읍) 觀(볼:관) 想(스칠:싱각하고) 矩
(모날:법) 等(글올:무리)

2.2.3. 동사류 자석 부사류 문맥

『石千』의 자석은 동사류이나 『四千』의 문석이 부사류로 나타나는 것

은 2개 항목으로 可(올홀:가히)와 維(얼글:오즉)이 있다.

(53) 0187 可 올홀 가 (미듬즉ᄒ면 하야금 <u>가히</u> 회복하나니 신으로 언약ᄒ
야 맛당하면 그 말을 가히 밋으리라 : 信使可覆)

(54) 0203 維 얼글 유 (힝실를 빗나게 하면 <u>오즉</u> 어진 사람이 되나니라 : 景
行維賢)

2.3. 부사류

『石千』의 자석이 부사류인 것 중 『四千』의 문석이 명사류인 것은 1개
항목으로 相(서르:졍승)이 있으며, 동사류인 것은 3항목으로 常(샹넷·셧
셧하미니) 覆(다시:회복하나니) 幸(힝혀:다힝하니) 등이 있다. 그 예는 다
음과 같다.

(55) 0152 常 샹넷 샹 (네 큰 거와 다셧 <u>셧셧하미니</u> 하날 짜 인군 어버이 네
가지오 인의례지신이 다섯 가지라 : 四大五常)

(56) 0188 覆 다시 복 (미듬즉ᄒ면 하야금 가히 <u>회복하나니</u> 신으로 언약ᄒ
야 맛당하면 그 말을 가히 밋으리라 : 信使可覆)

(57) 0492 相 서르 샹 (마을 좌우에 장슈와 <u>졍승</u>이 버려 잇난이라 : 府羅將相)

(58) 0719 幸 힝혀 힝 (수풀 언덕에 나아가미 다힝하니 사람이 임의 족하면
겸퇴할지라 : 林皐幸卽)

3. 『千字文』 이본 15종을 비롯한 다른 漢字學習書에 출현하는 새김과의 비교

앞 장에서는 각 한자의 자석이 문맥을 반영하지 않고 부여된 항목을 품사별로 유형화하여 제시하였다. 본 장에서는 이들 대상 한자에 대하여 다른 문헌에서는 어떤 어휘로 새김이 제시되었는지 살피기로 한다. 비교대상으로 삼고자 하는 것은 『石千』 이후에 간행된 『千字文』 이본 15종[2]을 비롯하여 『訓蒙』 동경대본과, 『類合』 나손본에 나오는 새김이다.

3.1. 『千字文』의 모든 이본에서 동일어를 새김으로 삼은 항목

『石千』의 자석이 비교대상으로 삼은 『千字文』 15종의 이본에 나오는 새김과 일치하는 부류이다. 음운변화나 표기방식에 따라 달리 표기된 경우는 이 부류에 속하는 것으로 처리하기로 하며, 어휘론적 측면에서 새김이 달라진 경우와 구분하기로 한다. 여기서 논의하고자 하는 부류는 『千字文』의 모든 이본에 동일어로 새김이 달려있는 11개 항목인데 이 중 5개 항목은 『訓蒙』과 『類合』의 새김과도 일치한다.

---

2 『千字文』 이본 15종은 손희하(1991) 부록에 제시된 자료 중 內閣文庫本 이후 간행된 일자일훈본 14종과 1945년 광한서림에서 간행한 『四千』을 포함시킨 것이다. 15종의 이본은 다음과 같으며 기술의 편의를 위하여 각 이본 앞에 一連番號를 메겨 제시하기로 한다. (1)경인중보본(1650), (2)칠장사본(1661), (3)신미중간본(1691), (4)영남대본(18세기?), (5)병자본(1636? 1696?), (6)용문사본(1700?), (7)송광사본(1730), (8)갑술중간본(1634? 1694? 1754? 1814?), (9)궁내청서릉부본(18c말-19c초), (10)정사본(1857), (11)행곡신간본(1862), (12)갑오본(1894), (13)홍수동판(19c중엽), (14)육자본(19c?) (15)사체천자문(1945).

(3-1)

朝 아춤, 아침(11), 아츰(13)〈千0106〉○아춤〈訓上2ㄱ〉○아춤〈類上3ㄱ〉[3]

賓 손〈千0126〉○손〈訓中3ㄱ〉○손〈類上17ㄴ〉

勒 굴에, 구레(5, 13), 구릐(9), 굴릭(11), 구레(15)〈千0525〉○굴에〈訓中27ㄱ〉
○굴에〈類下25ㄱ〉

荒 거츨, 거츨(2, 9, 12), 것츨(15)〈千0008〉○거츨〈類下55ㄱ〉

投 더딜, 더질(9, 10, 15, 12, 13), 던질(11)〈千0363〉○더딜〈類下47ㄱ〉

(3-1)에서 보듯 한자 '朝'와 '勒'은『訓蒙』과『類合』에도 나온다. 그리고 賓, 荒, 投 3자는『類合』에만 나온다. 새김 어휘의 음운변화에 따라 아춤/아츰/아침, 더딜/더질/던질 등의 표기가 보이며, 표기방식의 차이에 따라 구레/굴에, 구릐/굴레, 거츨/것츨 등의 표기도 볼 수 있다. 이는 동일어를 표기한 것으로 보아야 한다. 이 부류에 속하는 각 한자의 상용지석 즉 훈은 고래로 변화가 없는 것으로 보인다. 문맥에서의 쓰임이 어떻게 달라지든 한자를 제시하면 일차적으로 연합되는 우리말 어휘는 일찍이 고정되었음을 알 수 있게 하는 항목들이다. 그러므로 오늘날에도『石千』과 동일어로 "朝:아침(조), 賓:손(빈), 勒:굴에(륵), 荒:거칠(황), 投:던질(투)" 등과 같이 대상 한자의 훈을 삼는 것이 지극히 당연한 일이다.

---

3 자료를 제시하는 방식은『千字文』이본의 새김,『訓蒙』,『類合』의 새김 순으로 제시하기로 한다.『千字文』의 경우『石千』의 새김을 먼저 제시하고 다른 판본에 보이는 새김이『石千』의 새김과 동일어인 경우 이본의 출처를 밝히지 않기로 한다. 표기상의 차이나 음운변화를 입은 형태와 다른 어휘로 새김이 부여된 것은 그 형태와 이본의 출처를 각주 3)에서 제시한 이본의 일련번호로 밝히기로 한다. 〈 〉안의 千, 訓, 類 등은 각각『千字文』,『訓蒙』,『類合』등을 표현한 것이며 구체적인 출처의 제시에서『千字文』의 경우 이본에 따라 쪽 번호가 일치하지 않은 경우가 있으므로 자번으로 출처를 삼았고『訓蒙』과『類合』은 쪽 번호를 출처로 삼았다.

『千字文』의 모든 이본에서는 동일어를 새김으로 삼았으나 『訓蒙』 또는 『類合』에서 다른 어휘로 새김을 달아놓은 경우는 (3-2)와 같이 6개 항목이다.

(3-2)

英 곳쑤리, 곳쓰리(7), 곳부리(9, 11), 꼿부리(13, 15)〈千0480〉 ○곳부리〈訓下4ㄱ〉 ○쌔여날〈類下4ㄱ〉

駕 멍에, 멍어(11), 멍애(12)〈千0518〉 ○멍에〈訓下9ㄱ〉 ○멍에씰〈類下14ㄴ〉

濟 건닐〈千0549〉 ○거느릴, 건닐〈訓下32ㄱ〉 ○건넬, 건닐〈類下11ㄱ〉

逼 갓까올, 갓가올(9, 14, 15), 각가올(11)〈千0728〉 ○다ㄷ롤〈類下27ㄱ〉

惡 모딜, 모질(5, 7, 9, 11, 13), 모지(6)〈千0227〉 ○모딜〈訓下31ㄱ〉 ○모딜(악), 아쳐(오)〈類下2ㄱ〉

可 올홀, 올흘(11, 13), 올을(15)〈千0187〉 ○ᄒ얌직〈類上1ㄴ〉

『類合』에만 英:쌔여날, 駕:멍에씰, 逼:다ㄷ롤, 可:ᄒ얌직 등의 새김이 등장한다. '英'의 새김이 '곳부리'가 아닌 '쌔여날'로 된 것은 해당 한자가 하권의 動止部에 포함되어 있기 때문으로 보인다. 만약 상권의 草卉部에 들어갔다면 '곳부리'를 새김으로 삼았을 것이다. 이와 같이 전후에 배열된 한자에 따라 새김의 선택이 달라진 경우는 'ᄒ얌직(可)'에서도 확인할 수 있다. 또한 대부분의 문헌에서 '멍에'를 새김으로 삼은 '駕'에 대하여 『類合』에서만 '멍에씰'로 새김을 삼은 것도 전후에 배열된 한자의 새김이 모두 동사류이므로 그 간섭에 의한 것으로 보인다. 여기서 우리는 『類合』의 새김은 해당 한자가 배열된 위치에 따라 달라진 경우도 있음을 알 수 있다.

'惡'의 경우 그 음이 [악]일 경우 '모질'을 새김으로 삼고 [오]일 경우 '미

위하다'는 뜻을 지닌 '아쳐'를 새김으로 삼고 있음이 『類合』에서 발견된다. 이는 오늘날에도 '惡'이 '악할 악'과 '미워할 오'로 복수의 석음을 지니고 있는 것과 무관하지 않다. 이상에서 논의한 것을 바탕으로 '惡'은 그 자음에 따라 복수의 훈을 채택하고 英, 駕, 濟, 逼, 可 등은 『石千』의 새김을 訓으로 봄이 마땅하다.

3.2. 『千字文』의 이본에서 2종의 새김이 제시된 항목

『石千』에 보이는 새김과 다른 하나의 단어가 15종의 『千字文』 이본 중 어딘가에 나타나는 부류이다. 『訓蒙』이나 『類合』에 보이는 새김이 『石千』의 새김과 동일어인 부류와 그렇지 않은 부류로 나누어 살피기로 한다. 한자초학 삼서(『千字文』, 『訓蒙』, 『類合』)에 모두 실려 있는 한자의 새김이 『石千』과 동일어로 되어있는 것은 다음과 같다.

(3-3)

男 아들, 아듸(11), 사나의(13), 사나히(15)〈千0165〉 ○아듸⁴〈訓上31ㄴ〉 ○아들〈類上17ㄱ〉

景 볃, 볓(10, 11, 12, 13, 15), 클(5, 9)〈千0201〉 ○볃〈訓下1ㄱ〉 ○볃〈類下51ㄱ〉

節 ᄆᆞ듸, 미듸(7), 마디(15), 졀목(5)〈千0377〉 ○ᄆᆞ듸〈訓上1ㄱ〉 ○ᄆᆞ듸〈類上3ㄱ〉

誠 졍셩, 진실노(11),〈千0291〉 ○졍셩〈訓下25ㄴ〉 ○졍셩〈類下13ㄱ〉

孔 구무, 구며(11), 구모(14), 구멍(13, 15), 진실(5)〈千0353〉 ○구무〈訓下18ㄱ〉 ○구무〈類下24ㄴ〉

分 ᄂᆞᆫ흘, 난흘(13, 15), 분수(9)〈千0364〉 ○ᄂᆞᆫ홀〈訓下34ㄱ〉 ○ᄂᆞᆫ홀〈類上1ㄴ〉

---

4 '아듸'는 '아들'의 ㄹ탈락형으로 '男'의 한자음 '남'앞에서 'ㄹ'이 탈락한 형태이다.

(3-3)에서 보듯 『石千』에 쓰인 새김 어휘가 후대에 간행된 대부분의 『千字文』 이본에서 그대로 쓰이고 있다. 대상 한자에 따라 1개 또는 2개의 이본에서만 『石千』과 다른 어휘를 새김으로 삼고 있다.[5] 男:사나의(15)/사나히(13), 節:절목(5), 誠:진실노(11) 등 3개의 항목에서 문맥을 반영한 새김으로 變改가 있었음을 알 수 있다. 이들 5개 한자 중 4개 한자의 훈은 『石千』에 달려있는 어휘가 중세이후 현대까지 계승되고 있음을 알 수 있다. 다만 '男'의 훈은 중세국어에서는 '아들'이었으나 현대로 오면서 '사내'로 바뀐 것으로 보아야 할 것이다.

『千字文』과 『類合』 또는 『千字文』과 『訓蒙』에만 출현하는 한자 중 『石千』의 새김과 동일어로 되어 있는 것은 (3-4)와 같이 6개 항목이다.

(3-4)

實 염귈, 염글(5, 6), 여믈(9, 10, 11), 열매(12, 15), 열믹(13)〈千0524〉 ○여믈〈類上10ㄱ〉

則 법측, 곧(5), 곳(9, 11, 15)〈千0254〉 ○법측〈類下23ㄴ〉

滿 츨, 가득홀(9), 가득홀(12), 가들할(15)〈千0396〉 ○츨〈類下49ㄱ〉

操 자볼, 자블(13), 잡을(15), 잡블(10, 12), 자불(11), 절조(5, 9, 15)〈千0404〉 ○자볼〈類下20ㄱ〉

維 얼글, 오직(9)〈千0203〉 ○얼글〈類下16ㄱ〉

閏 부롤, 부를(11, 14), 블를(9), 윤달(13, 15)〈千0025〉 ○부를〈訓上2ㄱ〉

5 '男'의 새김은 『千字文』 2개의 이본((13)홍수동판, (15)四千)에 '사나의/사나히', '景'의 새김은 2개의 이본((5)병자본, (9)궁내청서릉부본)에 '클', '節'은 1개의 이본((5)병자본)에 '절목', '誠'은 1개의 이본((11)행곡신간본)에 '진실노', '孔'은 1개의 이본((5)병자본)에 '진실', '分'은 1개의 이본((9)궁내청서릉부본)에 '분수'가 보일 뿐이다.

"實, 則, 滿, 操"의 경우 『千字文』 중 3개의 이본에, '閏'은 2개의 이본에 그리고 '維'의 경우 1개의 이본에만 다른 형태의 어휘를 새김으로 삼고 있다. 이들 새김 어휘 중 『千字文』의 문맥이 반영된 것으로 볼 수 있는 것은 '實'을 제외한 4개 항목이다. 則:곧(5)/곳(9, 11, 15), 滿:가득 홀(9)/가득홀(12)/가들할(15), 操:절조(5, 9, 15), 維:오직(9), 閏:윤달(13, 15) 등이 이에 속한다. 『石千』 이후 간행된 몇몇 이본에서 문맥을 고려한 새김으로의 변개가 시도되었음을 알 수 있다. 일부 이본에 문맥을 고려한 새김이 등장하지만 (3-4)에서 제시한 항목의 경우 『石千』의 새김이 훈의 지위를 확보하고 있다고 보아 무리가 없어 보인다. 다만 '實'의 경우 중세국어에서 동사 '염글/염글' 또는 '여믈'을 새김으로 삼았던 것이 현대로 오면서 명사 '열매'로 바뀐 것으로 보아야 할 것이다.

한자초학서에서 표제 한자에 석·음을 부여할 때 하나만을 제시하는 것이 일반적이다. 본고의 논의를 위하여 채택된 자료 중 『千字文』의 모든 이본은 일자일훈본이다. 그런데 『訓蒙』과 『類合』의 경우 복수자석을 취한 한자가 더러 섞여있다. (3-5)는 『千字文』 이본에 보이는 2종의 단어가 『訓蒙』 또는 『類合』에 복수자석으로 출현하는 경우이다.

(3-5)

易 밧골, 밧굴(12), 쉬울(9), 쉬을(11, 15)〈千0793〉 ○밧골〈訓上34ㄱ〉 ○밧골(역), 쉬을(이)〈類上4ㄴ〉

宿 잘, 별(5)〈千0014〉 ○잘, 별〈類下23ㄱ〉

過 디날, 디낼(6), 지날(9, 11, 15), 허물(13, 14)〈千0170〉 ○디날, 너믈[6]〈類下

---

6 『類合』에서 '過'의 釋音이 "디날과/러믈과平聲"으로 되어있다. '過'가 '디나다'의 뜻일 때에는 거성이고 '러믈'의 뜻일 때에는 평성임을 밝히고 있는데 '러믈'은 '넘다'의 새김형 '너믈'의 교체형이거나 '허물'의 오각으로 보인다. 남광우(1984: 51~52)에서는 '허물'로 바

都 모돌, 모둘(2, 5, 6, 14), 모들(7), 도읍(9, 11, 13, 15)〈千0409〉○도읍, 모돌
〈訓中7ㄴ〉○모돌〈類上19ㄱ〉

觀 볼, 집(5)〈千0430〉○집, 볼〈訓中10ㄱ〉○볼〈類下12ㄱ〉

『石千』의 자석 밧골(易), 잘(宿), 디날(過), 모돌(都), 볼(觀) 등을 후대
에 간행된 대부분의 『千字文』이본이 답습하고 있으나 일부 이본에서는
문맥을 고려한 새김 쉬울/쉬을(易), 별(宿), 허물(過), 도읍(都), 집(觀) 등
도 보인다. 문맥을 고려하지 않은 『石千』의 새김을 대표적인 새김 즉 훈
으로 볼 수도 있겠으나, 『訓蒙』이나 『類合』에서 이들 한자에 대한 새김
을 복수로 제시하고 있는 점을 고려할 때 복수의 훈을 인정하여도 좋을
것이다. 특히 '易'의 경우 한자의 음에 따라 '쉬울'과 '바꿀' 두 개를 훈으
로 채택하는 것이 좋아 보인다.

『千字文』의 이본에서 2종의 새김이 나오는 경우 중 앞에서 다루지 않
았던 항목들을 (3-6)에서 제시하기로 한다. 여기에 속하는 항목들은 『石
千』의 새김과 『類合』의 새김은 일치하나 『訓蒙』의 그것과는 일치하지
않은 경우, 『石千』의 새김과 『類合』의 새김이 일치하지 않은 경우, 『千
字文』에만 나오는 한자의 예 등이다.

(3-6)
世 인간, 디(9, 11)〈千0513〉○누리〈訓中1ㄱ〉○인간〈類下17ㄴ〉
對 디답, 디홀(2, 6, 9, 10, 11, 12), 대할(15)〈千0447〉○짝〈訓下33ㄴ〉○디답
〈類下40ㄱ〉

로 잡아 논의를 전개하였다.

工 바치, 바지(2), 밧치(13), 장인(15)〈千0941〉○공쟝바치〈訓中3ㄴ〉○바치
〈類下60ㄱ〉

別 다늘, 다를(2, 3, 4, 5, 8, 9, 10, 11, 12), 다를(13, 15), 굴힐(14)〈千0326〉○
굴힐〈類上17ㄴ〉

銘 조을, 조올(3, 4), 조을(14), 슥일(13), 삭일(15)〈千0528〉○곡홀〈類下40ㄱ〉

念 념홀, 싱각(9, 10, 12, 13, 15), 슝각(11)〈千0206〉○싱각〈類下17ㄱ〉

矩 모날, 법(13, 15)〈千0969〉○고본자〈類上28ㄴ〉

覆 다시, 두플(2, 6), 더플(11, 14), 덥흘(13, 15)〈千0188〉○더플〈類上1ㄴ〉

仁 클, 어질(5, 9, 10, 11, 13, 15)〈千0369〉○클〈訓下25ㄴ〉○인ᄌ〈類下2ㄴ〉

牋 죠희, 초희(10, 12), 죠희(13), 편지(15)〈千0881〉

想 스칠, 스틸(10, 12), 싱각(5, 9, 13), 싱극(11), 생각(15)〈千0891〉

『石千』의 새김 어휘와는 달리 후대의 『千字文』이본에서 문맥의 의미
를 반영한 예를 "世:뒤(9, 11), 對:뒤홀(2, 6, 9, 10, 11, 12)/대할(15), 銘:슥
일(13)/삭일(15), 念:싱각(9, 10, 12, 13, 15)/슝각(11), 矩:법(13, 15), 仁:어질
(5, 9, 10, 11, 13, 15), 牋:편지(15), 想:싱각(5, 9, 13)/싱극(11)/생각(15)" 등
에서 찾을 수 있다. "對, 念, 仁, 想" 등의 경우 5개 이상의 이본에서 문맥
의 의미를 반영한 새김으로 변개가 이루어졌으며 현대에 표준으로 삼고
있는 훈과도 일치한다. 문맥을 반영하지 않았던 『石千』의 새김이 표준
이 되는 훈의 자격을 상실하고 문맥지석이 훈의 지위를 획득한 예로 볼
수 있다.

『千字文』에서는 볼 수 없는 특이한 새김이 『訓蒙』이나 『類合』에 보이
는데 이는 해당 한자의 앞뒤에 놓인 한자의 간섭으로 보인다. 이와 관련

된 논의는 3.3.에서 자세히 이루어지겠지만 『訓蒙』에 나오는 '對'의 새김 '딱'을 예로 들어 살피기로 하자. 이 한자는 "伉儷雙對"라는 句 속에 포함 되어 있다. 각 한자는 "글올(伉), 글올儷, 두(雙), 딱(對)" 등으로 새김을 삼았는데 '對'의 새김이 常用之釋으로 볼 수 있는 '대할'이나 '대답'이 아 니고 '딱'이 된 것은 앞에 놓인 한자와 그 새김 '두(雙)'의 간섭이라 할 수 있을 것이다. 이를 통하여 우리는 새김으로 사용할 어휘를 선택함에 있 어 『訓蒙』과 『類合』의 편찬자는 상용지석을 채택하지 않은 경우가 허다 함을 지적할 수 있다.

3.3. 『千字文』의 이본에서 3종 이상의 새김이 제시된 항목

이 부류에 속하는 항목은 표제 한자가 『千字文』을 비롯하여 『訓蒙』, 『類合』 三書에 출현하는 것과 『類合』과 더불어 二書에 출현하는 것 그 리고 『千字文』에만 나오는 것 등으로 분류할 수 있다. 삼서에 출현하는 항목의 경우 중 『訓蒙』과 『類合』의 새김이 같은 예는 (3-7)이다.

(3-7)

道 길, 도리(5, 6)〈千0108〉○도ᄉ, 도리,[7] 길〈訓中2ㄴ〉○길〈類上18ㄴ〉

神 신령, 신녕(5), 신영(11), 정신(9), 귀신(10, 12, 15)〈千0391〉○신령〈訓中2 ㄴ〉○신령〈類上18ㄴ〉

牒 글월, 글흘((11), 셔첩(13), 편지(15)〈千0882〉○글월〈訓上35ㄴ〉○글월〈類 下39ㄱ〉

---

7 '道'의 석음은 『訓蒙』에 "도ᄉ도, 도릿도, 길도"로 나온다. '도ᄉ'과 '도릿'의 'ㅅ'은 석 과 음 사이에 들어간 사잇소리이므로 '도ᄉ, 도리'를 새김으로 처리하였다.

籍 글월, 호적(11, 13, 15), 빙쟈(14)〈千0301〉○글월〈訓上34ㄴ〉○글월〈類下 24ㄴ〉

(3-7)에 속하는 각 항목의 경우도 소수의『千字文』이본에 문맥을 반 영한 새김이 보인다. "道:도리(5, 6), 牒:편지(15), 籍:빙쟈(14)" 등이 그것 인데 각 한자마다 한두 개의 이본에 나타날 뿐이므로『石千』의 새김이 오늘날까지 훈의 지위를 지키고 있다고 볼 수 있다.

'道'의 경우『訓蒙』에서 '도ᄉ'를 처음에 제시하고 '도리'와 '길'을 뒤에 배열하였는데 이는 '道'가 포함되어 있는 句 "仙(션신션), 道(둧ᄉ도指~ 士又도릿도又길도), 尼(승니), 僧(즁승)"에서 앞뒤에 배열한 한자 "仙, 尼, 僧"에 결부된 새김의 간섭으로 보아야 할 것이다.『類合』의 새김 '길'과 『千字文』이본에서 2종을 제외하고는 모두 '길'을 새김으로 삼은 것을 고 려할 때 이 한자의 훈은 '길'로 봄이 마땅하다. "神, 牒, 籍"의 새김은 소 수의『千字文』이본에 나오는 어휘를 제외하고 "신령(神), 글월(牒), 글월 (籍)" 등으로『訓蒙』과『類合』에도 나오므로 이들 단어를 중세의 훈으로 보아야 할 것이며 이는 현대까지도 이어지는 것으로 보아 무리가 없다.

(3-8)

鼓 갓붑, 북(10, 11, 12, 13, 15), 틀(9)〈千0453〉○붑〈訓中28ㄱ〉○갓붑〈類上29ㄴ〉

相 서르, 지샹(5), 셔로(12, 13, 15), 서로(10), 서ᄅᆞ(14), 서류(11), 졍승(9)〈千 0492〉○지샹〈訓中1ㄴ〉○서르〈類上4ㄴ〉

策 막대, 막뒤(11, 13), 모칙(5), 쇠(15)〈千0521〉○채〈訓中27ㄴ〉○모칙, 물채 〈類下25ㄱ〉

優 나을, 나올(12), 넉넉(9, 11, 13, 15), 유여(14)〈千 0306〉○노룻바치〈訓中3 ㄱ〉○디투, 유여〈類下9ㄴ〉

行 녈, 힝실(5), 길(9), 갈(10, 12), 당글(11), 단길(13, 15)〈千0202〉○져제(항)
〈訓中8ㄱ〉, 녈(힝)〈訓下27ㄱ〉, 힝뎍(힝)〈訓下31ㄱ〉○힝실, 녈〈類下1ㄱ〉

(3-8)의 경우도 삼서에 출현하는 한자의 예이나 앞에서 논의한 (3-7)과
는 달리『訓蒙』과『類合』의 새김이 일치하지 않은 경우이다. 이는 앞에
서 언급하였듯이『訓蒙』의 새김이 상용지석을 취하지 않고 전후에 배열
된 한자와 그 새김의 영향으로 상이한 단어를 취하였기 때문임을 알 수
있다. "相, 策, 優'를 통하여 그 실상을 파악하기로 한다, '相은 "公侯宰
相'이라는 句에 포함된 한자로 그 새김이 "구의(공), 님굼(후), 지샹(지)
지샹(샹)"으로 되어 있다. '策은 "鞭檛筆策(채(편), 채(좌), 채(췌), 채(칙))"
그리고 '優'는 "傀儡優伶(광대(괴), 광대(뢰), 노릇바치(우), 노릇바치(령)"
과 같이 되어 있다. 이를 통하여 볼 수 있듯이 전후에 배열된 한자와 그
새김의 영향으로 "相지샹, 策채, 優노릇바치"와 같은 대응이 이루어진
것이다.

앞뒤에 놓인 한자와 그 새김의 영향은『訓蒙』에서만 보이는 것이 아
니고『類合』에서도 찾을 수 있다.『千字文』의 이본들에 나오는 새김을
고려하면 '優'의 상용지석은 '넉넉하다'라는 의미를 지닌 '나을'일 것이나
『類合』에는 '디투/유여'로 되어있다. '넉넉하다'라는 뜻을 지닌 '유여(裕
餘)'라는 새김 앞에 '디투'를 제시하였다. 이는 "優隆耆耇'라는 구의 영향
으로 그 석음이 "디투우/유여우(優), 디틀륭(隆), 늘글구(耆), 나틀기(耇)
로 된 것이다. 문맥을 고려하여 상용지석을 뒤에 배열한 예라 할 수 있
는데 앞에서 논의한 '道'의 새김으로 '도亽'를 먼저 제시하고 '길'을 뒤로
미룬 것과 같은 방식이라 할 수 있을 것이다.

『訓蒙』이나『類合』에서 하나의 표제 한자에 복수자석을 제시한 경우
앞에 배열한 새김은 문맥과 일치하는 것이고 뒤에 배열한 것은 상용지

석인 경우가 일반적임을 알 수 있다. 그런데『訓蒙』에서 '行'자의 경우는
표제자로 3번을 제시하고 각각 그 釋音을 하나씩 달아놓은 특이한 예이
다.〈訓中8ㄱ〉에서는 "街市塵行"에 포함하여 '져재',〈訓下27ㄱ〉에서는
"行步坐立"에 넣어 '녈',〈訓下31ㄱ〉에서는 "德行學業"에 포함하여 '힝뎍'
을 새김으로 제시하였다. 이를 통하여 보면『訓蒙』의 새김 중 상당수는
常用之釋을 취하지 않았음이 분명하게 드러난다. 반면에 본고의 연구
대상으로 채택된『千字文』의 새김들은 대상 한자의 상용지석인 경우가
대부분임을 확인할 수 있다.

　『千字文』과『類合』二書에 출현하는 한자 중『石千』의 새김과『類合』의
새김이 동일어인 것과 그렇지 않은 것이 있다.

(3-9)

和 고롤, 고로(5, 10, 12), 고를(11), 골올(14), 화홀(9, 13), 화할(15)〈千0330〉
○고롤〈類下49ㄴ〉

幸 힝혀, 힝여(11), 괴일(9), 힝홀(10, 12), 다힝(13), 고일(15)〈千0719〉○힝혀
〈類下35ㄱ〉

蒙 니블, 니블(6), 어일(11), 무릅쓸(13)〈千0990〉○니블〈類下46ㄱ〉

(3-9)는『石千』의 새김과『類合』의 새김이 동일어인 항목들이다. 이들
항목들의 공통점은『千字文』이본의 새김이 3종 이상의 어휘로 나타나
지만『石千』의 새김과 같은 단어가 다수의 이본에 보이고 다른 단어는
1~3종의 이본에만 보인다. 몇몇 이본에 보이는 새김 중『千字文』의 문
맥이 반영된 새김은 "和:화홀(9, 13)/화할(15), 幸:힝홀(10, 12), 다힝(13)"
두 항목에서 찾을 수 있다. 이는『石千』의 새김이 고래로 상용지석 즉
훈임을 알게 하는 것이다.

(3-10)

茂 거츨, 거츨(10), 거칠(11), 셩할(15), 무셩(5)〈千0523〉○셩홀〈類下56ㄴ〉

取 아올, 아슬(10, 12), 취홀(11), 가딜(9), 가질(13, 15)〈千0279〉○가질〈類下 40ㄱ〉

切 그츨, 근졀(9), 간졀(11, 13, 15), 근측(10, 12)〈千0365〉○졀홀〈類上26ㄴ〉

曠 너를, 너룰(5), 훤홀(6), 빌(9, 14), 빌(15), 빌(10, 11, 12)〈千0641〉○훤홀 〈類下31ㄱ〉

等 굴올, 우듸(9, 11), 무리(13, 15)〈千0991〉○등뎨〈類上17ㄴ〉

常 샹녜, 샹(3, 6), 흥샹(9, 11), 젓젓(13, 15)〈千0152〉○평샹〈類下61ㄴ〉

(3-10)은 『石千』과 『類合』의 새김이 다르게 나오는 항목들이다. 특히 "切, 等, 常"의 경우는 『千字文』 이본에서 발견되지 않는 새김이 『類 合』에 보이는 경우이다. 이는 각 한자가 『類合』에서 배열된 위치 즉 포함되어 있는 구의 전후자 영향으로 파악된다. 『類合』에서 각 한자는 "믈非切要(엇디(긔), 아닐(비), 졀홀(졀), 죵요(요)), 等別尊卑(등뎨(등), 굴힐 (별), 노플(존), ㄴ즐(비)), 尋常挺特(심샹(심)/ㅊ즐(심), 평샹(샹), ㄱ른디 를(녕), 각별(특))" 등과 같이 나타난다. 그러므로 이들 한자에 달려있는 『類合』의 새김보다는 『千字文』의 새김을 상용지석으로 봄이 마땅한 것으로 보인다.

"茂, 取, 曠" 등의 새김은 『千字文』 중 비교적 후대의 이본에 사용된 어휘가 『類合』의 새김과 일치하는 경우이다. 이를 통하여 보면 『類 合』은 『石千』에 비해 개신된 형태의 새김을 다수 반영하고 있다는 사실을 지적할 수 있다. 『類合』과 비교적 늦은 시기에 간행된 『千字文』에서 사용된 새김보다는 『石千』의 새김이 『千字文』의 여러 이본에 광범위하게 분포되어 있는 점을 고려할 때 『石千』의 새김이 상용지석 즉 훈으로 정착하여 오늘에 이어지고 있음을 알 수 있다. 그러므로 이들 한자의 훈은 "茂:거츨〉거칠, 取:아올〉빼앗을, 切:그츨〉그칠, 曠:너를, 等:굴올〉같을, 常:샹녜" 등으로 볼 수 있다.

(3-10)에 속하는 모든 항목은 『石千』의 새김이 오늘날까지 常用之釋의 지위를 확보하고 있지만 '曠'은 비교적 많은 7개의 이본(曠:빌(9, 10, 14)/ 빌(15)/빌(10, 11, 12))에서 『千字文』의 문맥을 반영한 새김이 사용되었다. 또한 "茂:셩할(15), 무셩(5), 取:가딜(9)/가질(13, 15), 切:근졀(9)/간졀(11, 13, 15), 等:무리(13, 15), 常:졋졋(13, 15)" 등은 2개 내지 4개의 이본에서 문맥을 반영한 새김을 확인할 수 있다.

이상에서 논의되지 못한 1개의 항목은 『千字文』에만 나오면서 3종의 새김을 보여주는 것으로 "彫 떠러딜, 더어질(11), 사길(9), 마를(13, 15) 〈千0768〉"이 있다. '彫'의 문맥지석은 '마를'이며 두 개의 이본에서 이를 반영하였다.

4. 결론

四字一句 도합 250句 125節로 이루어진 『千字文』에 나오는 각 한자는 독립적으로 존재하기보다는 각 구절 속에서 구조적으로 존재한다. 그러나 오래전부터 우리나라에서 이 책이 한자입문서로 활용되면서 각 한자에는 문맥의 고려 없이 하나의 새김만을 달아놓았다. 비교적 이른 시기에 간행되었고 가히 흠정본이라 할 수 있는 『石千』에서 개별 한자의 새김이 문맥을 고려하지 않고 부여된 것 중 본 연구의 논의 대상이 된 것은 58개 항목이었다.

이들 항목 중 『石千』의 자석이 명사류인 것은 21개이고 동사류인 것은 33개이며 부사류 자석은 4개 항목이었다. 명사류 자석 21개 중『四千』의 통해에서 명사류로 풀이된 것은 11개, 동사류로 된 것은 7개 그리고 부사류로 된 것은 3개이다. 또한 동사류 자석 33개 중 문석이 명사류인 것은 13개, 동사류 18개, 부사류 2개 항목이었다. 이를 통하여 문석에서는 명사류인 것을 자석에서는 동사류로 새김을 삼은 경우가 상당수 있었음을 확인 할 수 있다.

『石千』이후 간행된 15종의『千字文』이본에서 문맥을 반영한 새김의 연어휘는 84개이다. 이는 검토 대상으로 삼은 연어휘 870개 중 9.6%에 해당하는 비율이다. 단순 계산하였을 때 9.6%이나 이본에 따라서는 전혀 문맥을 반영하지 않은 것도 있고『四千』의 경우는 44.4%나 되는 24개의 새김이 문맥을 반영하고 있다. 전혀 문맥을 반영함이 없는 이본은 『石千』의 새김을 그대로 답습한 것으로 볼 수 있는데 (1)경인중보본 (3)신미중간본 (4)영남대본 (7)송광사본 (8)갑술중간본 등이 이에 속한다. 『四千』을 비롯하여 상대적으로 문맥을 반영한 새김을 보여주는 이본으로는 (5)병자본(10개 항목), (9)궁내청서릉부본(17개 항목), (11)행곡신간본(13개 항목), (13)홍수동판(17개 항목) 등이다. 이를 통하여 보면 간행시기가 늦은 이본과 한글표기로 통해를 붙인 이본에서 문맥을 반영한 자석이 증가하였음을 알 수 있다.

후대의 이본에서 문맥을 반영한 새김이 보이기는 하나『千字文』을 편찬함에 있어 개별 한자에 새김을 부여하는 원칙은 一字一訓을 지향하는 것이었다. 또한 하나의 새김을 선택함에 있어 문맥을 고려하지 않고 대상이 되는 한자가 지닌 일차적인 의미를 나타내는 우리말을 선택하였다. 이는『千字文』을 '漢文' 학습용으로 인식하지 않고 '漢字' 학습 그것도 한자초학서라는 목적으로 편찬하였기 때문으로 보인다. 이런 까닭으로 인하여『千字文』의 새김은 대부분 표제 한자가 지닌 일차적이고 대표적인 의미를 나타내는 우리말로 이루어져 있으며 이들 새김을 우리는 훈이라 할 수 있다.

『千字文』이본에 보이는 새김을 검토하면서 『訓蒙』과 『類合』의 새김에 대하여 부분적으로 논의하였다. 그런데 필자는 『千字文』의 새김과는 달리 『訓蒙』과 『類合』에서는 해당 한자가 놓이는 위치에 따라 상용지석을 선택하지 않고 문맥지석을 취한 예를 다수 발견할 수 있었다. 이는 두 책의 새김 부여 태도가 『千字文』과는 다른 것이어서 주목된다 할 것이며 보다 많은 항목의 검토를 통하여 그 특징을 파악하여야 할 것이다. 본 연구의 논의 대상이 되었던 항목과 같이 문맥을 고려한 새김이 『訓蒙』과 『類合』에 다수 수용되었다는 사실이 파악되면 이 두 책에 나오는 새김들은 대상 한자의 상용지석 즉 훈으로 보기에는 적절하지 않은 것이다. 또한 이러한 사실은 한자차용표기 연구를 비롯한 국어의 역사적 연구에서 자료를 다룰 때 반드시 고려되어야 할 사항이다.

제9장 『註解 千字文』과 복수자석

1. 서론

'千字文'은 그 명칭에서도 알 수 있듯이 단순히 1,000자의 한자(千字)만을 배열한 것이 아니고 四字一句 도합 250句, 125節로 된 古詩文이다. 즉, 이 책은 단순히 한자를 나열한 것이 아니며 고대 중국의 고사·국명·인명·지명·윤리 등의 사실을 체계화하여 편찬된 것이다. 그러므로 '千字文'은 각 구의 내용을 학습하는 과정에서 사람으로서 갖추어야 될 도리도 함께 익히도록 한 것으로 볼 수 있다.

우리나라에서 '千字文'이 한자 입문서뿐만이 아니라 한문 학습 나아가 인간 교육서로 인식됐음을 알게 해주는 대표적인 예는 숙종의 御製千字文序이다. 이 책에 "每當誦讀之際 不惟只識字訓而已 必反覆紬繹觸類而長之"라는 구절이 있다. 이는 '千字文'을 학습함에 있어 각 한자에 달려 있는 하나의 훈만을 아는데 그치지 말고 그 한자를 바탕으로 문맥에 따라 유추, 확장하여 한자가 지닌 더 많은 의미를 알도록 하라는 것이다. 나아가 각 구와 절이 지닌 깊은 의미도 파악하여 사고의 폭을 넓힘은 물론 행동에까지 옮기라는 뜻이다. 이를 위하여 이 서에는 '孝當竭力' '尺璧

寸陰 등을 비롯한 몇 개의 구를 읽을 때 취해야할 태도를 제시하고 있다.

이렇듯 '千字文'의 각 구와 절이 깊은 뜻을 지니고 있음에도 불구하고 단순한 한자 입문서로 인식되고 있다는 점을 부인할 수 없다. 그런 까닭에 가장 일반적인 형식으로 간행된『千字文』에는 문맥과는 상관없이 각 한자의 의미와 관련하여 일차적으로 또는 관습적으로 대응하는 우리말 단어인 훈만을 달아놓고 있다. 이에 속하는 간인본과 사본은 그 수를 헤아리기 어려울 정도로 많은데 현전하는 것 중 가장 이른 시기에 간행된 것이『千字文』光州本과 大東急本이며 그 뒤를 잇는 것이 소위 石峰『千字文』류이다.

石峰『千字文』류가 오랜 기간 크게 위세를 떨쳤음에도 불구하고 새로운 모습의 '千字文'이 나타나게 되는데 18세기 중엽의『註解 千字文』(이하『註千』으로 약칭하기로 함)이 그것이다. 이 책에는 각 한자에 새김을 두 개 이상 달아 놓은 것이 많은데 하나의 한자에 하나의 새김만을 달았던 기존의 '千字文'과는 확연히 다른 모습인 것이다. 물론 이 책에는 복수자석만이 나타는 것이 아니고 각 한자의 자의를 한문으로도 풀이하고 있으며 성점, 청탁 및 전서까지 제시하고 있다.

본장에서 논의하고자 하는 것은『註千』에 나타나는 복수자석이다. 그 중에서도 첫 번째 제시된 자석에 관심을 갖게 될 것이며 이 제일의로 배열된 단어가 표제 한자의 상용지석이 아닌 경우에 국한하고자 한다.『註千』의 복수자석 중 가장 먼저 제시한 자석을 하나의 한자에 하나의 음과 새김만을 제시한 一字一訓本 '千字文'에 나오는 새김과 비교해 보고자 하는 것이다. 이를 통하여 우리는『註千』의 편찬 의도는 물론 石峰『千字文』을 비롯하여 一字一訓만을 원칙으로 한 '千字文'의 편찬 의도도 분명하게 파악할 수 있을 것이다. 또한 아직도 논의가 분분한 '釋'과 '訓'의 개념을 보다 정밀화하는데 기여할 것이다. 더불어 釋의 하위 개념어인 문맥지석, 상용지석 그리고 본의지석에 대한 분명한 정의와 함께 그 실제적인 사용의 예를 확실하게 알게 될 것이다. 이러한 검토 과정 속에서 본 연구는 오늘날 한자 교육을 위한 표준훈 설정에도 다소의 이론적 기초를 제공하게 될 것이다.

2. 『註解 千字文』과 복수자석

『註千』에서 '註解'의 개념을 최범훈(1976ㄴ: 22)에서는 '註'와 '解'로 나누어 풀이하고 있다. "'註'는 글자마다 자의를 간단하게 한자로 풀이한 것을 의미하며 '解'는 四字一句를 한문으로 통석한 것을 의미한 것"이라 하였다. 즉 첫 번째 구인 "天地玄黃"을 예로 들면 "天 : 한을텬 <u>至高無上</u>, 地 : 싸디 <u>土~ (本)墜</u>, 玄 : 감을현 <u>黑而有赤色 幽遠</u>, 黃 : 누르황 <u>中央色</u>에"에서 밑줄 친 한자로 뜻풀이한 부분을 '註'라 하였다. 그리고 이 4자로 된 구인 '天地玄黃'을 한문으로 통해한 것을 '解'라 하였으니 "此言 天地之始也 易曰 天玄而地黃 天覆於上而色玄 地載於下而其色黃也"가 이에 해당하는 것이다.

여기서는 대체로 최범훈의 주장을 수용하면서 '註'와 '解'의 개념을 보완하고 '通釋'이라는 용어를 '통해'라는 낱말로 바꿔 사용하고자 한다. '註解'에서 '註'의 개념은 매 한자마다 그 자의를 한자로 풀이한 것은 물론 자석, 자음, 성조와 청탁 표시부호 및 다른 자체인 전서까지 각 한자와 관련하여 제시된 모든 사항을 포괄하는 개념으로 보고자 한다. 첫 번째 한자 '天'을 예로 들면 표제 한자의 우측 상단에 제시된 전서자와 좌측 상단에 반달 모양으로 차청을 표시한 부호와 한글 표기로 나오는 자석과 자음 그리고 한자로 표기한 자의 등을 '註'라 하고자 한다. 즉 독립된 각 한자와 관련하여 제시된 모든 사항을 '註'라 하고자 한다.

'解'는 최범훈의 논의와 마찬가지로 각 구를 한문으로 풀이한 것을 의미하는 개념으로 보고자 한다. 다만 '通釋'이라는 용어는 '註解'의 '解'와 관련함은 물론 언해, 독해 등의 '解'에 맞추어 '통해'라는 용어를 사용하고자 한다. 이 통해는 한문으로 되어 있던 것이 후대에 오면 한글 표기로 바뀌어 나타나는데 '註'에 나타나는 각 한자의 자석과 통해에 나타나는 어휘를 비교해 보면 흥미로운 사실이 다수 발견된다.

2.1. 『註解 千字文』의 편찬 태도

『註千』의 편찬 태도 또는 특징은 제호 '千字文' 앞에 놓인 '註解'가 그 의미를 대변하고 있다. 앞서 논의한 '註解'의 개념을 통하여 상당 부분 이 책의 특징에 대하여 알 수 있을 것이다. 그런데 이 책의 첫 페이지 첫째 줄 상단에는 큰 글씨로 '註解千字文'이라는 제호가 나오며 그 하단에 작은 글씨로 5행에 걸쳐 다음과 같은 내용이 기술되어 있다.

每字釋解 主本句文義 次書別義 標以又字 本義在後 則標以本字 本句亦不可無解 故略註於逐行下 又以圈點別四聲 上聲則圈 去聲則點 平入聲則否 一義二聲則細註其一[1]

---

1 이 글을 우리말로 풀이하면 다음과 같다.

매자의 풀이에서는 本句의 文義를 주로 삼고, 다음에 別義를 쓰되 又字를 가지고 표를 하였다. 本義가 뒤에 있을 때에는 本字를 가지고 표를 하였다. 本句도 또한 풀이가 없을 수 없으므로 간략한 주를 줄 아래에 붙였다. 또한 圈點으로써 四聲을 구별하였다. 上聲은 圈標로, 去聲은 점으로 표시하였으며 平聲과 入聲은 표시를 하지 않았다. 하나의 의미를 지니면서 두 개의 聲調가 있는 것은 그 하나를 세밀히 註釋하였다.

이를 통하여 보면 자석과 자의의 부여에 있어서 本句文義에 맞는 자석과 자의를 우선적으로 내세워 제시하였음을 알 수 있다. 즉 각 한자의 본의지석이나 상용지석이 있더라도 문맥과 맞지 않으면 이를 우선하지 않고 문맥지석을 중시하여 제일의로 삼았다는 것이다. 하지만 각 한자의 문맥지석만을 제시하는 것에 그치지 않고 본의지석이나 상용지석 등에 대하여도 소홀히 하지 않았음을 알 수 있다.

본구의 문의에 맞는 자석을 일단 제일의로 삼고 표제 한자 본래의 의미인 본의가 문맥지석과도 맞으면 제이, 제삼의는 (又)로 표시한 후 제시하였다. 그러나 표제 한자가 지닌 일차적인 의미 즉 본의와 문맥지석이 일치하지 않으면 (本)이라는 표시를 하고 자석과 자의를 제시하는 방법을 사용하였다. 그러므로 우리는 『註千』에 몇 가지 형식으로 제시된 석을 통하여 각 한자의 문맥지석과 본의지석을 분명하게 파악할 수 있다. 또한 일자일어 즉 하나의 한자에 하나의 새김만을 제시한 일반적인 형식의 '千字文'에 나타나는 어휘와의 비교를 통하여 석의 하위 개념어에 대한 정의와 이를 바탕으로 훈의 개념을 분명하게 할 수 있을 것이다.

각 한자와 관련된 자석과 자의 제시 방식에 이어서 나오는 표현은 통해와 관련된 것으로 "本句亦不可無解 故略註於逐行下"가 그것이다. 당연히 통해는 각 한자에 가장 먼저 제시된 자석인 문맥지석과 자의를 활용하여 이루어 졌다. 이는 곧 효과적인 통해를 위하여 문맥에 맞는 자석과 자의를 우선하였음을 짐작하게 하는 것이다. 즉 자석과 자의의 배열이 해당 구의 이해를 돕고자 하는 차원에서 이루어진 것으로 보아야 할 것이다. 이는 『註千』이 각 한자의 학습을 뛰어넘어 각 句가 담고 있는 의미를 알게 하고자 하는 데에 주안점이 맞추어져 있음을 추정하게 하는 중요한 대목인 것이다. 이러한 『註千』의 출현은 石峰『千字文』을 거듭 간행하면서 숙종 20년(1694)에 이 책의 앞부분에 붙인 御製千字文序와 무관하지 않아 보인다.

숙종의 어제천자문서의 주된 내용은 각 한자에 달려 있는 훈 즉 상용 지석만을 익히는데 그치지 말고 각 구의 깊은 뜻을 파악하도록 하라는 것이었다. 뒷부분에 실려 있는 이 내용은 서문의 반 이상을 차지하고 있으며 앞부분은 의례적인 내용[2]으로 양 무제의 명을 받아 주흥사가 '千字文'을 만든 배경에 대하여 기술하고 있다.

17세기말 숙종의 御製千字文序에서 강조된 "每當誦讀之際 不惟只識字訓而已 必反覆紬繹觸類而長之"라는 구절은 '千字文'이 단순한 한자초학서가 아니라 한문 학습서 나아가 인간 교육서로서의 위상을 확보하게 하는데 크게 기여한 것으로 볼 수 있다. 또한 이런 것들이 배경이 되어 반세기 후쯤인 18세기 중엽에 각 구의 통해가 중요시된 『註千』이 출현하게 된 것이 아닌가 한다.

효율적인 통해를 위하여 자석과 자의를 배열하는데 그치지 않고 각 한자의 청탁 표시와 전서자 그리고 석음에 달아 놓은 성조 표시는 『註千』 편찬의 또다른 의도를 엿보게 한다. 청탁 표시는 표제 한자의 좌측 상단에 ○(全淸), D(次淸), ◑(不淸不濁), ●(全濁) 등으로 표시하였다. 그리고 우측 상단에는 각 한자의 전서체 글자를 제시하였다. 성조 표시는 주로 자석의 각 음절 우측에 거성을 나타내는 '점'과 상성을 표시하는 '圈標'를 사용하였다. 각 한자에 대하여 이렇듯 자세한 정보를 제공한 것

---

2 두루 아는 바와 같이 '千字文'은 梁朝의 武帝가 諸王書를 가르치면서 殷鐵石으로 하여금 鐘王書 중에서 一千字를 중복되지 않게 뽑아내게 하였으나 每字가 아무런 뜻과 순서도 없는 조각난 것이 되었다 한다. 이에 周興嗣로 하여금 韻을 달아 편찬케 하였다. 왕명을 받아 하루사이에 四字씩 운을 달아 편찬을 완료하고 나니 周興嗣의 鬢髮이 모두 白髮이 되었다는 내용이 앞부분에 나온다.

은 당시로서는 매우 특이한 것이며 이 책의 편찬이 우선적으로 통해를 지향하면서도 각 한자에 대한 종합적인 정보를 제공하고자 하였던 것으로 볼 수 있다.

각 한자에 대한 종합적인 정보를 제공하고 있는 것이 오늘날 흔히 볼 수 있는 자전인데 20세기 초에 『字典釋要』를 시작으로 정형화된 모습을 보이기 시작한다. 그 이전의 책들 중 자전의 성격을 일부 지니고 있는 것으로 『正音通釋』(1747), 『三韻聲彙』(1751), 『奎章全韻』(1796), 『全韻玉篇』(1879), 『字類註釋』(1856) 등이 있는데 이 책들이 『註千』과 부분적으로 유사한 일면을 지니고 있다. 그런데 한자에 대한 우리말 새김과 자의를 한자로 설명한 것으로 현재 볼 수 있는 가장 오래된 문헌은 『訓蒙字會』(1527)가 아닌가 한다. 『註千』이 『訓蒙字會』의 한자 풀이 방식을 본받은 것으로 보인다.

『註千』은 『訓蒙字會』에 담겨 있는 각 한자에 대한 정보보다 한결 진전된 모습을 보여 준다. 즉 후대의 정형화된 자전으로 가는 중간 단계의 모습을 띠고 있다고 보면 될 것이다. 그러므로 당시에 『註千』은 오늘날 자전과 같은 구실을 부분적으로 수행했으리라 여겨지며 또한 편찬 당시에 이를 목표로 삼았을 가능성이 아주 높다고 하겠다.

요컨대 『註千』은 일차적으로 각 句의 통해를 원활하게 할 수 있도록 하기 위하여 편찬된 책으로 보인다. 더불어 자전의 구실을 할 수 있도록 배려되어 각 한자의 분명한 의미와 이를 바탕으로 응용력을 기르도록 고안된 책으로 보아야 할 것이다. 그러므로 이 책은 한자를 처음 배우려는 사람들을 위하여 만들었다기보다는 상위 단계의 학습자나 교사를 위한 지침서로 편찬된 것이 아닌가 한다.

2.2. 복수자석과 문맥지석, 상용지석, 본의지석

『千字文』光州本을 비롯하여 石峰『千字文』類 등 가장 보편적인 형태의 『千字文』에는 하나의 한자에 하나의 새김과 음이 달려 있다. 그러나 『註千』에는 하나의 새김만이 나타나는 경우도 있지만 두 개에서 다섯 개까지의 새김이 나타나는 것을 확인할 수 있다. 최범훈(1976ㄴ: 30)에서는 1,000자의 한자 중 424자의 한자에는 단수자석이 달려 있으며 315자에는 2개, 163자에는 3개, 78자에는 4개 그리고 20자의 한자에는 5개의 자석이 달려있다고 기술하였다. 결과적으로 『註千』에는 576자의 한자에 복수자석이 달려 있다고 하겠다.

여기서 우선 문맥지석, 상용지석 그리고 본의지석에 대한 개념에 대하여 정리할 필요가 있다. 하나의 한자는 하나의 의미만을 갖고 있는 것이 아니라 대부분 몇 가지 의미를 지닌다. 즉 한자는 一字一義가 아닌 一字數義의 특성을 지닌다. 예컨대 한자 '上'을 『字典釋要』에서 찾아보면 (샹)이라는 한자음이 제시된 후 "下之對웃상 ○ 尊也높흘상 ○ 進也올닐 상 ○ 登也오를상"과 같이 4가지의 자의와 자석이 나온다. 이는 맨 먼저 제시한 "下之對웃상"의 '웃'이 '上'의 상용지석이며 나머지 "높흘, 올닐, 오를" 등은 문맥에 따라 나타날 수 있는 문맥지석인 것이다.

본의지석이란 표제 한자의 본의 즉 원래의 뜻과 관련된 우리말 단어나 구를 의미하는 것이다. '千字文'의 10번째 한자 '張'과 14번째 한자 '來'를 예로 들어 설명하기로 하자. 이 두 글자의 상용지석과 '千字文'에서의 문맥지석은 '베플'과 '올'이다. 그러나 본의지석은 『註千』에 제시된 것을 보면 '활지울'과 '보리'임을 알 수 있다.[3]

---

3 "張 : 베플쟝 開也 設也 (本) 활지울쟝 施弓弦 (又) 커질쟝王 (又) 宿名, 來 : 올리 至

『註千』의 복수자석을 통하여 우리는 각 한자의 본의지석과 문맥지석을 확연하게 구분할 수 있다. 이를 바탕으로 우리는 일자일어만을 원칙으로 한 다른 판본과의 비교를 통하여 상용지석도 추출해낼 수 있다. 그렇게 되면 '千字文'의 문맥지석이 어느 정도 상용지석으로 사용되었는지 알 수 있을 것이다. 또한 역으로 문맥지석이기는 하지만 상용지석이 되지 못했던 것들의 목록도 파악할 수 있을 것이다. 더불어 본의지석과 상용지석의 일치와 불일치 관계 등도 파악할 수 있을 것이다.

'千字文'에 나오는 각 한자의 문맥지석과 상용지석의 일치 여부를 판별하는 것은 그렇게 어려운 일이 아니다. 『註千』의 복수자석에서 두 번째로 제시한 자석 앞에 (本)이라 표시하였으면 맨 먼저 제시한 자석은 상용지석이 아니며 (又)라 표시하였으면 문맥지석이면서 상용지석일 가능성이 있다. 이와 같이 복수자석의 제시 방식을 통하여 '문맥지석 = 상용지석'인지 아니면 '문맥지석 ≠ 상용지석'인지를 알 수도 있지만 일자일어만을 채택한 『千字文』 판본과의 비교를 통해서도 판별이 가능하다.

일반적으로 石峰 『千字文』을 비롯한 대부분의 보편적인 형태의 판본들이 하나의 표제 한자에 대하여 하나의 새김만을 제시하고 있다. 이 때 제시된 하나의 새김은 훈이라 할 수 있는 것인데 석 중에서 가장 대표적인 석인 상용지석인 것이다. 그러므로 이들 판본에 나오는 훈과 『註千』의 복수자석 중 일차적으로 제시된 것을 대비하면 쉽게 그 판별이 가능하다. 여기서는 『註千』에 복수자석이 달려 있는 한자 중 '문맥지석 ≠ 상용지석'의 관계에 있는 항목을 위에서 제시한 방법으로 추출, 연구하고자 한다. 항목 추출을 위하여 사용한 〈註千〉의 판본은 순조 4년(1804)

也 (本) 보리릭-牟"에서 보듯 문맥지석이자 상용지석인 '베폴'과 '올'을 먼저 제시하고 (本)이라 표기한 후 이 두 한자의 본의와 관련된 풀이를 하였음을 알 수 있다.

에 간행된 것으로 단국대학교 부설 동양학연구소에서 동양학총서 제3집으로 1973년에 출판된 영인본이다. 그리고 본 연구를 위하여 활용된 일자일훈만을 제시한『千字文』판본은 광주본, 내각문고본, 서릉부본, 광한서림본 등 4종[4]이다.

순조 4년(1804)판『註解 千字文』영인본을 선택한 이유는 영조 28년(1752)의 초간본과 비교하여 그 자석이 차이가 없으며 영인 상태가 양호하기 때문이다. 부분적으로 결함이 있는 부분에 대하여는 초간본과 후대의 판본 및 사본을 참고하여 자료를 보완하였으나 대부분 순조 4년(1804) 판을 활용하여 본 연구의 기초 자료가 수집되었다.

3.『註解 千字文』의 문맥지석이 상용지석과 다른 항목에 대한 검토

『註千』의 복수자석 제시 방식은 가장 먼저 문맥의 의미를 고려하여 이에 해당하는 우리말 단어를 제시하였다. 그 다음으로 다른 환경에서 나타날 수 있는 의미에 해당하는 자석을 제시하는 방식으로 되어 있다. 두 번째부터 제시된 자석은 표제 한자의 본의지석이면 그 앞에 (本)이라는 표시를 하였고 그렇지 않은 경우에는 (又)라는 표시를 한 다음에 다른 자석을 배열하였다. 이 책에서 문맥지석을 제일의로 제시한 것은 해당 한자가 들어있는 각 구의 의미를 정확하게 파악하도록 하기 위한 배려에서 나온 것으로 보인다.

---

4 一字一訓을 원칙으로 한 판본 중 이들 4 개 판본의 약호는『光千』(光州本),『內千』(內閣文庫本),『書千』(書陵部本),『韓千』(廣韓書林本) 등으로 하기로 한다.

제일의로 제시된 문맥지석을 광주본, 내각문고본, 서릉부본, 광한서림 본 등에 나오는 새김과 대비해 봄으로써『註千』에 나오는 자석의 특징 은 물론 다른 판본이 지니고 있는 특징도 파악할 수 있을 것이다. 이러 한 목적을 달성하기 위해서는 1,000개의 모든 한자를 대상으로 종합적이 고 치밀한 연구가 이루어져야 할 것이다.[5] 본고에서는 우선『註千』에 제 일의로 제시된 문맥지석과 일자일훈본『千字文』4종에 나오는 새김이 모두 다른 경우만을 대상으로 살피기로 한다.

『註千』에 나오는 복수자석 중 첫 번째 배열된 자석 즉, 문맥지석이 일 자일훈을 원칙으로 한 일반적인 형태의『千字文』4종에 나오는 새김과 달리 나타나는 경우는 91항목이다. 이 부류에 해당하는 것들은 시간과 공간을 초월하여 '千字文'의 문맥지석이 상용지석으로 쓰일 수 없는 보 기가 된다. 특히 이 부류에 속하는 것 중 일자일훈본 4종에 나오는 새김 이 동일어로 되어 있는 항목의 한자는 분명한 상용지석을 갖고 있으며 어떤 경우에도 쉽게 그것의 교체가 일어나지 않을 것이다. 표제 한자와 상용지석이 밀접하게 연합되어 있어 쉽게 분리되지 않기 때문이다.

『註千』의 문맥지석과 일자일훈본 4종의 새김이 한 번에서 세 번까지 일치하는 경우도 있다. 예컨대 "165 男 스나히남(又)아들남(又)벼슬일홈 남●아득남, 아들남, --, 사나히남"은『註千』의 문맥지석과『韓千』의 새 김만이 일치하는 경우이고, "254 則 곳즉(本)법즉●법즉즉, 법측측, 곳즉, --"은 두 개의 판본에서 "707 譏 긔롱긔(又)슬필긔○우슬긔, 긔롱긔, 긔롱

---

5 본 연구는『註千』에 나오는 복수자석 중 일부만을 연구대상으로 삼고 있다. 나머지 복수자석에 대한 검토는 물론 단수자석과 일자일훈만을 제시한 네 개의『千字文』판본에 나오는 새김을 비교하는 것도 의미 있는 작업이 될 것이다.『註千』에는 이미 지적하였듯 이 1,000자의 한자 중 424자에는 하나의 자석이 달려 있는데 일자일훈을 제시한 다른 판 본의 그것과 달리 나타나는 경우도 상당수 있다. 앞으로 이 부분까지 검토해보면 각 판 본에 나오는 자석의 특징을 보다 분명하게 파악할 수 있을 것이다.

긔, ―"은 세 개의 판본에서 일치하는 경우이다. 이런 경우는 상황과 정도에 따라 '千字文'의 문맥지석이 상용지석으로도 쓰일 수 있음을 보여주는 것이다. 이렇듯 부분적으로 일치하는 부류 또한 다음 연구 과제로 남겨두기로 한다.

『註千』의 문맥지석과 일자일훈본 4종의『千字文』에 나오는 새김이 모두 다른 경우는 크게 두 부류로 나눌 수 있다. 한 부류는 4종의『千字文』에 나오는 새김이 형태론적 관점에서 볼 때 동일어인 경우이고 다른 한 부류는 동일어로 볼 수 없는 경우이다. 시대를 달리하는 4종의『千字文』에 달려있는 새김에 음운 변화가 반영되었거나 표기상의 차이로 볼 수 있는 것들은 동일어로 취급하기로 한다. 그러나 품사를 달리한다거나 派生 또는 복합에 의해 확장된 경우는 그 의미가 유사하더라도 일단 다른 형태로 처리하여 분석하도록 한다.

3.1. 一字一訓本『千字文』4종의 새김이 모두 같은 경우

『光千』,『石千』,『書千』그리고『韓千』의 새김이 同一語이면서『註千』에서 제일의로 제시된 문맥지석과 다른 어사로 되어 있는 경우가 이 부류에 속한다. 일자일훈을 원칙으로 한 4종의 판본에 나오는 어사가 동일어로 되어 있다는 것은 이들 단어가 표제 한자의 상용지석임을 부인할 수 없게 하는 예라 하겠다. 상용지석으로 볼 수 있는 이들 단어가『註千』의 복수자석 중 제일의로 제시되지 못하고 어떤 방식으로 제시되었는지 알아보기로 하자.

제일의로 제시된 문맥지석 다음에 표제 한자의 상용지석에 해당하는 단어가 제이의로 제시된 경우가 대부분이다. 복수자석이 두 개뿐인 경우는 당연히 그리될 수밖에 없지만 3개 또는 그 이상의 복수자석이 제시

된 경우도 第二義로 제시되는 것이 일반적이다. 이는 문맥지석을 중시
한 『註千』에서도 상용지석에 대한 인식이 매우 뚜렷했음을 알게 하는
것이다. 제이의로 제시된 상용지석은 (本)이라는 표시 다음에 배열한 것
이 상당수 있는데 이는 표제 한자의 본의지석과 상용지석이 일치하는
경우라 하겠다. 여기에 속하는 항목은 모두 22개인데 그 예를 보이면 다
음과 같다.[6]

    14 宿 별슈(本)잘슉(又)본듸슉●잘슉, --, --, --

    74 師 벼슬수(本)스승사(又)군수수(又)卦名 衆也●스승수, 스승수, 스승수,
스승사

    106 朝 죠뎡죠(本)앗참죠(又)죠희죠●아춤됴, --, 아츰죠, 아침조

    126 賓 항복빈(本)손빈(又)맞잘빈◎손빙, 손빈, --, --

    138 被 밎츨피(本)니블피(又)닙을피◎니블피, --, 이불피, 닙을피

    144 方 방소방(本)모방(又)ㅂ야흐로방●못방, 모방, --, --

    170 過 허믈과(本)디날과●디날과, --, 지날과, ---

    271 之 맀그을지(本)갈지●갈지, --, --, --

    309 攝 겸흘셥(本)자블셥○자블셥, 자블셥, --, 잡을셥

    353 孔 심흘공(本)구무공◎구무공, --, 구무공, 구멍공

    412 夏 화하하(本)녀름하(又)클하(又)집하●녀름하, --, --, 여름하

    430 觀 집관(本)볼관(又)뵐관(又)卦名●볼관, --, --, --

---

  6 자료 제시의 방법은 처음에 표제 한자의 '千字文'에서의 자번, 표제 한자, 『註千』의
자석 순으로 제시한다. 그리고 ●○◎ 등의 표시 다음에 『光千』, 『石千』, 『書千』, 『韓千』
의 새김을 차례대로 제시하기로 한다. ○은 해당 한자가 한문교육용 기초한자에 포함되
지 않은 것을 뜻하며 ●은 중학교용, ◎은 고등학교용을 표시한 것이다. 그리고 '千字文'
4종의 새김 제시에서 부분적으로 --(2음절), ---(3음절) 등으로 한 것은 표기 형태가 바로
앞의 어형과 완전하게 같은 경우이다.

480 英 영웅영(本)곳부리영●곳부리영, 곳부리영, ---, 솟부리영

482 槀 글초고(本)집고◎딥고, --(藁), 집고(藁), 집고[7]

525 勒 사길륵(本)굴에륵(又)누룰륵○굴에륵, ---, 구릭륵, 구례륵

536 衡 평흘형(本)저울대형(又)빗길횡○저울형, 저울대형, 저을딕형, 져을대형

683 中 즁도즁(本)가온대즁(又)마칠즁(又)마칠즁●가온믜듕, 가온딕듕, 가온딕즁, ---

756 歷 빗날력(本)지날력●디날력, --, 지날력, ---

866 後 나죵후(本)뒤후●뒤후, -, -, -

872 嘗 졔ᄉ상(本)맛볼샹(又)일즉샹◎맛볼샹, 맛볼샹, --, 맛볼상

958 魄 돌졍긔빅(本)넉빅(又)지강박(又)락박박○넉빅, -, 넉쎅, 넉빅

959 環 둘을환(本)골희환◎골희환, 골회환, 고릐환, 고리환

본의지석과 상용지석이 일치하지 않은 경우가 소수지만 발견된다.
『註千』의 문맥지석은 물론 표제 한자의 본의지석도 상용지석이 되지 못
한 경우이다. 이에 해당하는 5항목은 다음과 같다.

411 華 즁화화(本)곳화(又)빗날화(又)화산화●빈날화, 빈날화, 빗날화, ---

475 墳 클분(本)싸소슬분(又)무덤분◎무덤분, --, --, ---

658 載 일직(本)희직(又)비ᄅ슬직(又)시를직◎시르직, 시롤직, ---시를재

---

7 자번 482의 표제 한자는 판본에 따라 '槀' 또는 '藁'로 나온다. 동일자의 이체로 볼 수
있는 것은 본고에서 논의하기로 하며 『註千』의 자형을 기본으로 하고 동일형으로 나오
지 않는 판본에는 ( )안에 이체를 밝히기로 한다. 그러나 판본에 따라 동일자의 이체가
아닌 전혀 다른 한자로 바뀐 경우는 논의 대상으로 삼지 않는다. 이에 해당하는 것은 164
潔/烈, 778 鷗/鯤, 915 遼/僚 등이다.

871 蒸 졔수증(本)섭증(又)만홀증(又)찔증◎떨증, 떨증, 찔증, --

979 矜 닷글긍(本)슬플긍(又)쟈랑긍(又)챵근(又)홀아비관○쟈랑승, 쟈랑궁,
쟈랑궁, 자랑긍

'華'의 경우 문맥지석 '중화'와 본의지석 '곳' 다음에 배열된 '빗날'이 일
자일훈본에 나오는 새김과 일치하는 단어이다. 이들 한자의 상용지석은
『註千』의 문맥지석은 물론 본의지석과도 일치하지 않으며 제삼의나 제
사의로 제시된 자석과 일치하는 경우이다. 이런 현상은 한자 사용 양상
이 변화하면서 일어난 것으로 보아야 할 것이다. 475 '墳'을 예로 들면 이
른 시기에 이 한자가 지닌 일차적인 의미는 '짜소슬'이었으나 후대로 오
면서 '무덤'을 뜻하는 분묘, 봉분, 쌍분…… 등의 구성요소로 활발하게
쓰이면서 상용지석의 교체가 일어난 것으로 보인다. 결과적으로 한자의
훈 즉 상용지석은 보수적인 특징을 지니고 있음에도 불구하고 한자 사
용 양상의 변화와 함께 오랜 기간 속에서 보면 변화를 입는 경우도 종종
있음을 알 수 있다.

　본의지석이 제시되지 않은 항목의 경우 (又)라는 표시 다음에 배열된
자석이 상용지석과 일치하는 부류가 있다. 이에 해당하는 항목은 8개인
데 639번 '洞'을 제외하고는 모두 2개의 복수자석이 제시된 경우이다. '洞'
의 경우 제일의로 제시된 문맥지석 '뷜'과 제이의로 나오는 '공경'에 이어
마지막으로 제시된 제삼의가 상용지석과 일치한다. 이에 속하는 항목은
다음과 같다.

8 荒 클황(又)거츨황◎거츨황, 거츨황, 거츨황, 것츨황

154 惟 생각유(又)오직유◎오직유, --, --, 오즉유

214 端 바를단(又)긋단●귿단, --, 긋단, 긋단

334 唱 몬져홀창(又)부룰챵●브를챵, 브를챵, 부룰챵, 부룰챵

639 洞 뷜동(又)공경동(又)골동(俗)거리동●골동, –, –, –

750 謝 ᄉ양샤(又)샤례샤●샤녯샤, 샤례샤, —, —

939 淑 어딜슉(又)믈글슉●믈글슉, 믈글슉, —, 말글숙

986 陋 좁을루(又)더러울루○니(더?)리(러)울루, 더러울루, —, 더러울누

　일자일훈을 원칙으로 하는 4개의 『千字文』 판본에는 동일한 단어가
새김으로 달려 있으나 이와 같은 낱말을 『註千』의 복수자석에서 찾을
수 없는 경우도 있다. 이에 해당하는 항목은 11개로 적지 않은 수라 할
수 있다. 그러나 6개의 항목은 『註千』의 제일의와 상용지석이 유의관계
에 있거나 같은 환경에서 교체되어 쓰일 수 있는 의미 관계에 있는 것들
이 있다. 이에 해당하는 것들은 "자리 : 벼슬/벼슬/벼슬(位), 잘홀 : 능홀
(能), 사오나올 : 모딜/모질(惡), 벼슬일홈 : 벼슬/벼슬/벼살(卿), 일 : 시르
/시를/시를(載), 승거올 : 믈글/믈글(淡), 바롤 : 믈글/믈를/맑을/말글(雅)
등이다.
　이런 현상은 『註千』에서 문맥의 뜻과 가장 잘 어울리는 단어를 선택
하다보니 생겨난 현상으로 보인다. 문맥과 어울리는 보다 구체적인 단
어를 『註千』에서 사용하였음은 '벼슬일홈 : 벼슬/벼슬/벼살(卿)' 같은 항
목을 통해서도 알 수 있다. 음절수가 많아 경제적이지 못함에도 불구하
고 상용지석 '벼슬'에 대응되는 '벼슬일홈'을 문맥지석으로 삼고 있다. 이
에 속하는 항목을 보이면 다음과 같다.

68 淡 승거올담(又)믈거동담◎믈글담, —, 믈글담, 말글담

90 位 자리위(本)항렬위●벼슬위, —, 벼슬위, 벼살위

174 能 잘홀능(本)짐승능(又)쟈라내(又)견딀내●능홀능, 능홀능, 능홀능, —

227 惡사오나올악(又)뮈올오(又)엇지오●모딜악, --, 모질악, --

403 雅 바롤아(本)가마괴아(又)상례아(又)풀류아◎믈굴아, --, 믈룰아, 맑을아

496 卿 벼슬일홈경(又)그듸경◎벼슬경, 벼슬경, 벼슬경, 벼살경

이 부류에 속하는 특이한 예로 상용지석과『註千』의 복수자석 중 어느 것과도 형태상 그리고 의미상 관련성을 찾을 수 없는 예가 3항목 발견된다. 이 항목에 속하는 한자를 보면 346번 '叔'은『註千』에서 상용지석으로 볼 수 있는 '아자비'를 제시하지 않고 있다. 제일의로 제시한 '버금'이 이를 포괄하고 있다고도 볼 수 있으나 한자 본의에 집착하여 실제로 가장 많이 쓰이는 파생 의미를 누락시킨 것으로 보인다. 532 '尹'은 성씨 표기에 주로 쓰일 뿐 상용성이 없는 글자이다. 상용지석 '맏' 또한 고집할 이유도 없어 보인다. 637 '鉅'는 고유의 의미 '클' 또는 '굳셀'과는 달리 '鋸'가 뜻하는 '톱'을 상용지석으로 삼아왔다. 이는 '클'을 의미하는 한자 '巨'가 있기 때문에 나타난 현상으로 보인다. 하지만 '鋸'와의 혼란을 막기 위하여 상용지석을 바로 잡아야 할 필요가 있다고 본다. 이에 속하는 세 항목은 다음과 같다.

346 叔 버금슉(本)거둘슉(又)수슉슉(又)콩슉●아자비슉, ---, 아즈비슉, ---

532 尹 다스릴윤(又)옥빗윤○믿윤, -, 믓윤, 맛윤

637 鉅 클거(又)굿셸거○톱거, -, -, -

이상 본 절에서 논의한 44개의 한자를 현용 한문교육용 기초한자와 관련하여 보면 중학교용이 22자로 가장 많으며 고등학교용이 14자이고 이에 속하지 않는 것이 8자이다. 이들 한자 중 한문교육용 기초한자에 속하지 않는 '尹'과 '鉅'만이 오늘날 표준훈을 마련함에 있어 검토해야 할

대상이고 다른 한자들은 전통적인 훈을 그대로 수용함이 마땅한 것으로 여겨진다. 이를 통하여 보면 이 부류에 속하는 한자의 상용지석 즉 훈은 문맥지석이 상황에 따라 어떻게 달라지더라도 변화를 입지 않는 유형이라 할 수 있다.

3.2. 일자일훈본 『千字文』 4종의 새김이 모두 같지 않은 경우

『註千』에서 제일의로 제시된 자석과 상용지석이 일치하지 않는 경우 중 『千字文』 4종의 새김이 동일하지 않은 경우에 대하여 살피기로 한다. 3종의 『千字文』에는 동일어로 새김이 나오나 1종의 책에만 달리 나오는 경우와 그 외의 경우로 나누어 고찰하기로 하겠다.

3.2.1. 3종의 『千字文』에 동일어로 새김이 나오는 경우

3개의 판본에 나오는 새김은 동일어이나 하나의 판본에만 다른 형태의 단어로 되어 있는 경우는 28개이다. 하나의 판본에만 달리 나타나는 단어와 세 개의 판본에 동일어로 제시된 단어를 비교해 보면 두 단어 사이의 관계가 유의어인 경우가 대부분이다. 특히 『光千』의 새김만 다른 단어로 되어있고 다른 세 판본의 새김이 동일한 경우는 『光千』에 쓰인 어휘의 소멸로 이를 대체한 유의어가 쓰인 것이 대부분이다. 나민 : 볃/볃(陽), 긔즈 : 님금/임금/임군(王), 홈출 : 푸믈/프믈/품을(懷), 바라 : 곧/곳(處) 등이 이에 속하는 예이다.

적은 수이지만 두 단어 사이의 관계가 유의관계에 있지 않은 것도 일부 발견된다. 이 부류에 속하는 항목은 5항목에 불과한데 그 중 『光千』의 새김이 다른 경우가 3개[8]이고 『韓千』의 새김이 다른 것이 2개이다. 이는 『石千』에 와서 앞선 시기의 판본인 『光千』의 새김을 그대로 답습하지 않고 필요한 경우 교체하였음을 알게 해주는 예이다. 『韓千』의 새김이 다른 예는 729번 '索'과 949번 '義'이다. 이 두 항목은 앞선 시기에 새김으로 쓰인 어휘 '노'와 '힛귀/희쇡'의 사용이 줄어들면서 의미가 불분명하게 되자 현실성 있는 어사로 교체가 이루어진 것이다. 이 부류에 해당하는 항목은 다음과 같다.

29 律 곡됴률(又)법측률●법뜰률, 법측뉼, —, 법측률

30 呂 곡됴려(本)등무르려(又)國名○법뜰려, 법측녀, —, 법측려

32 陽 양긔양(本)양디양(又)볏양●나믜양, 변양, 볏양, –

101 周 쥬국쥬(本)두루쥬◎두르쥬, 두루쥬, 둘를쥬, 두루쥬

112 章 불글쟝(本)곡됴쟝(又)글월쟝(又)법쟝●글월쟝, —, —, 글쟝쟝

128 王 죠회왕(本)님금왕(又)왕홀왕(又)왕셩왕●긔ᄌ왕, 님금왕, 임금왕, 임군왕

145 蓋 대개개(本)더플개(又)갑가갑(又)고을합◎두웨개, 두풀개, 덥플개, 덥흘개

301 籍 숫두어릴젹(本)글월젹(又)어즈러울젹◎글월젹, —, —, 호젹젹

354 懷 싱각회(又)품을회◎홈츌회, 푸믈회, 프믈회, 품을회

365 切 버힐졀(又)ᄀ졀졀(又)급홀쳬◎ᄀ졀졀, 그츨졀, ᄀ졀졀, 간졀졀

461 弁 관변(又)늘애칠반○곡도변, 곳갈변, —, 곳쌀변

524 實 진실실(本)메울실(又)열매실●염믈실, 영글실, 여믈실, 열매실

---

8 이에 속하는 항목은 다음과 같다.

555 漢 한국한(又)한슈한◎하늘한, 한슈한, —, —

572 覇 자볼패(本)둘졍긔빅소魄○사홈패, 웃듬패, —, 웃듬픽

692 理 ᄉ리리(本)다ᄉ릴리●고틸리, 다ᄉ릴리, —, 다사릴리

555 漢 한국한(又)한슈한◎하늘한, 한슈한, --, --

572 覇 자불파(本)돌졍긔빅○사홈패, 웃듬패, --, 웃듬픽

676 素 질박홀소(本)깁소(又)흴소(又)본딕소(又)빌소●힐소, -, 본딕소, 힐소

685 勞 부즈런홀로(又)ㅈ블로(又)위로홀로●잇블로, 잇쌀로, 잇불로, 수고러을로

692 理 ᄉ리리(本)다ᄉ릴리●고틸리, 다ᄉ릴리, ---, 다사릴리

720 卽 나아갈즉(又)즉제즉(又)곳즉●고즉, 즉제즉, 곳즉, -

729 索 흐틀삭(本)노삭(又)다흘삭(又)ᄎ즐싴◎노삭, -, -, 차질색

732 處 이실쳐(又)곳쳐●바라쳐, 곧쳐, 곳쳐, 곳쳐

740 論 의론홀론(又)의론론●말숨논, 의논논, ---, 의론론

755 的 불글덕(又)쥰덕덕(又)련밤덕●마졀뎍, ---, 쥰덕덕, 마질젹

797 屬 니을쵹(本)부틸쇽(又)권당쇽(又)의탁홀쵹(又)공경쵹◎브틀쇽, 브틸쇽, ---, 부칠속

803 湌 먹을찬(又)밥손○반찬찬(飱), 밥손(飡), 밥손(湌), 밥손(殮)

814 厭 빈불을염(又)슬흘염(又)항복홀염(又)금출암○아쳘염, 슬흘염, 슬흘념, 스를염

928 釋 풀셕(本)노흘셕(又)훈셕셕◎그틀셕, 그를셕, 쓸를셕, 노을셕

941 工 공교공(本)장인공(又)벼슬공●바지공, 바치공, 바치공, 장인공

949 義 희하희(本)복희희○힛귀희, ---, 히씌희(曦), 복히희

　이상에서 제시한 항목 중『註千』에서 제이의로 제시된 본의지석과 상용지석이 일치하는 예는 9개로 자번 101, 128, 145, 301, 692, 729, 797, 941, 949 등이다. 그리고 제시된 본의지석이 상용지석과 일치하지 않는 경우도 7항목이 있는데 자번 30, 32, 112, 524, 572, 676, 929 등이 그것이다. 이중 30, 572, 928 등을 제외하고는 제삼의로 제시된『註千』의 자석

과 상용지석이 일치하는 예이다. 이를 통하여 보면 본의지석과 상용지석이 일치하는 경우가 우세하나 그렇지 않은 경우도 무시하기 어려운 현상임을 알 수 있다.

『註千』에서 제이의로 제시되었으나 본의지석으로 표시하지 않은 자석이 상용지석과 일치하는 예는 29, 354, 365, 555 등 4항목이다. 461은 『註千』의 제일의인 문맥지석과 일자일훈본의 상용지석이 유의관계에 있는 경우이다. 그리고 685, 720은 『註千』의 제이의와 상용지석이 유의관계에 있는 경우라 하겠다.

이상에서 논의한 일자일훈본 4개의 판본 중 3개의 판본에 동일어로 나오는 어휘는 상용지석 즉 훈으로 보아도 무리가 없을 것이다. 다만 이미 사어화했거나 음운변화를 입은 어휘는 그 대체형을 상용지석으로 삼으면 될 것이다. 잇블/잇쌀/잇불→수고로울(勞), 슬흘/스를→싫을(厭), 바지/바치→장인(工) 등이 그 예이다. 한편 이 부류에 속하는 한자 중 한문교육용 기초한자로 중학교용은 13자이이며 고등학교용이 9자 그리고 이에 속하지 않는 것이 6자이다.

3.2.2. 두 개의 판본에만 동일어로 새김이 나오는 경우

『註千』에서 제일의로 삼은 문맥지석과 일자일훈본의 새김이 하나도 일치하지 않은 경우는 3.2.1.에서 논의한 유형과 일자일훈본에서 두 개의 판본에만 동일어로 새김이 나오는 경우로 나누어도 문제가 없어 보인다. 본 논의를 위해 필자가 수집한 자료를 정리해 보니 "812 宰 음식달 홀직(又)직횔직(又)다스릴직(又)官名○사홀직, 버힐직, 미가슬직, 재상재"의 경우만 일자일훈본의 새김이 각기 다를 뿐 다른 항목들은 모두 2개 이상의 판본에서 동일어를 사용하고 있기 때문이다.

일자일훈본 4종 중 두 판본에서 사용된 동일어와 다른 두 판본에 쓰인 어휘가 유의관계에 있는 경우가 9개 항목에서 발견된다. 또한 다른 한 판본에 쓰인 어휘가 유의관계에 있는 것도 2항목이 발견된다. 예컨대 96 나라: 대랑/대당(唐)은 상위어와 하위어의 관계이며 문맥지석 '당국'과 도 형태만 다를 뿐 유의관계에 있다. 483 붑/북종 : 죵ᄌᆞ/쇠북(種)도 고유 어와 한자어 간의 유의관계와 어사분화에 따라 형성된 유의어로 되어 있다. 이에 속하는 항목은 이들 예를 비롯하여 104, 523, 535, 622, 846, 927, 971 그리고 152, 711 등이 있다. 결국 이에 속하는 항목들은 형태만 을 달리할 뿐 그 의미는 유사한 것으로 새김을 삼은 것이다. 이는 각 판 본이 시대를 달리하여 간행된 것이므로 이런 현상은 당연한 것으로 보 아야 할 것이다. 결과적으로 두 판본에서 동일어로 쓰인 새김이 다른 한 개 이상의 판본에 쓰인 어휘와 유의관계에 있으면 이를 상용지석으로 보아도 무리가 없을 것으로 보인다. 이에 속하는 항목을 제시하면 다음 과 같다.

96 唐 당국당(本)큰말당(又)길당◎대랑당, 대당당, 나라당, 나라당

104 湯 탕슈탕(又)ᄯᅳᆯ힐탕(又)물결샹◎더울탕, ᄯᅳᆯ홀탕, ᄯᅳᆯ일탕, 싀를탕

483 種 죵가죵(本)그릇죵(又)모들죵(又)북종●붑죵, 죵ᄌᆞ죵, 북죵, 쇠북죵

523 茂 힘쁠무(本)셩홀무●덤거울무, 거츨무, --, 셩할무

535 阿 의지홀아(本)고블아(又)언덕아◎쯤아, 두던아, 두딘아, 언덕아

622 主 쥬홀쥬(又)님금쥬(又)쥬인쥬●님쥬, -, 님금쥬, 인군쥬

846 筍 대수뤼슌(本)듁슌슌○대슌, 듁슌슌, 쥭슌슌, 댓슌슌

927 任 임가임(本)견딀임(又)아당임(又)맛들임(又)이귈임◎ᄀᆞ음임, 맛들임, 맛귈림, 맛귈임

971 引 ᄃᆞ릴인(又)길인●혈인, --, 썰인, 잇ᄭᅳᆯ인

152 常 덛덜홀샹(又)샹례샹●샹녜샹, 샹녯샹, 홍샹샹, 쩟쩟샹

711 抗 높흘강(本)막을강(又)들강◎ㄱ재항, 결울항, 막을항, 겨릏항

이상의 항목 중 제이의로 제시된 본의지석과 상용지석이 일치하는 것은 846 한 항목밖에 없다. 본의지석 다음에 제삼 또는 제사의로 배열된 자석과 상용지석이 일치하는 예는 35, 483, 927 등이다. 그리고 본의지석이 아닌 제이의와 일치하는 항목은 104, 622, 971, 151 등 4항목이다. 그리고 523과 711은 본의지석이 각각 하나의 상용지석과 일치하는 경우이며 96은 어형은 다르지만 문맥지석과 상용지석이 유의관계에 있는 유일한 예이다.

일자일훈본 4종 중 두 판본에 동일어로 나오는 새김이 나머지 두 판본의 새김과 유의관계에 있지 않은 것은 결국 8개 항목에 불과하다. 571번 '更을 통하여 보듯 이 한자의 훈은 오늘날도 하나로 정하는 것이 쉽지 않다. 이 부류에 속하는 한자는 두 개의 訓을 인정하여야 할 경우도 있으며, 각 한자가 그 쓰임에 있어 생산적이지 않으므로 상용지석의 동요가 심했던 것으로 볼 수 있다. 이들 항목의 표준훈 설정은 앞서 논의한 항목들에 비해 간단하지 않아 보인다.

94 虞 우국우(本)추우우(又)혜아릴우(又)安也○나라우, 혜아릴우, 걱정우, 나라우

484 隷 례셔례(本)종례(又)맛딜례○마치예, 글시예, 밋질례, 글시예

546 公 벼슬일홈공(本)공평공(又)언룬공●공정공, 구의공, 공평공, 귀공

571 更 굴ㅁ들일경(本)고칠경(又)다시깅(又)경경●가실깅 고틸깅, 다시깅, ─

688 勅 다스릴칙(本)칙셔칙○저릴틱, 정히홀틱, 칙셔칙, ─

781 凌 넘을릉(本)얼음릉○업쇼을롱, 오롤릉, 어룸릉, 오를릉

817 親 겨레친(又)사돈친(又)스랑친(又)갓가올친●어버이친, 친홀친, 스랑

친, 치할친

991 等 ㄱ족등(又)무리등(又)기ᄃ릴등(又)ᄎ례등●굴올등, 굴올등, 우ᄃ등, 무리등

이상 3.2.2.에서 논의한 한자는 모두 19자이다. 이 중 일자일훈본 4종 중 두 판본에 동일어로 나오는 새김이 나머지 두 판본의 새김과 유의관계에 있는 것이 11항목이며 그렇지 않은 것이 8 항목이다. 전자의 경우 1자를 제외하고 10자가 한문교육용 기초한자에 속한다. 그리고 이 11자의 표준훈은 일자일훈본 2종에 출현하는 어휘로 삼아도 무방하다고 본다. 물론 소멸된 어휘는 그 대체형으로 하면 될 것이다. 그러나 유의관계에 있는 어휘를 찾을 수 없는 8항목에 대하여는 그 표준훈 설정에 있어서 주의가 요망된다. 특히 이 8자 중에는 한문교육용 기초한자에 속하지 않는 것이 4자나 된다.

4. 결론

'千字文'은 단순히 1,000자의 한자만을 배열한 것이 아니고 사자일구 도합 250구, 125절로 된 古詩文으로 동양고전의 입문서라 할 수 있다. 『註解 千字文』은 단순한 한자 입문서로서가 아니라 각 구가 지니고 있는 깊은 뜻을 알게 하며 각 한자에 대한 정보를 가능한 많이 제공하려는 의도로 편찬된 것이다.

일반적인 형식으로 간행된 『千字文』은 각 한자마다 문맥과는 상관없이 표제 한자의 의미와 관련하여 일차적으로 또는 관습적으로 대응하는 우리말 단어인 하나의 훈만을 달아 놓았다. 그러나 『註千』에는 576자의

한자에 복수자석이 달려있다. 복수자석 중 第一義 즉 가장 처음에 배열한 것이 표제 한자의 문맥지석이다. 『註千』의 이 문맥지석은 경우에 따라 표제 한자의 본의지석이나 상용지석일 수도 있으며 그렇지 않을 수도 있다. 본 연구는 『註千』의 문맥지석이 상용지석이 아닌 경우에 대하여 논의한 것이다.

본의지석이란 표제 한자의 본의 즉 원래의 뜻과 관련된 우리말 단어나 구를 의미하는 것이다. 본 논의를 통하여 본의지석은 상당 부분 상용지석과 일치하지만 그렇지 않은 경우도 있음을 확인할 수 있었다. 상용지석은 훈이라고 할 수 있는 것인데 특정 한자를 제시하면 관습적으로, 일차적으로 연합되는 우리말 단어나 구를 의미하는 것이다. 이는 해당한자의 본의지석이 될 수도 있으며 문맥지석 중 가장 생산적인 것이 그자리를 차지할 수도 있다.

본의지석을 제치고 문맥지석이 상용지석으로 되는 것은 한자 사용 양상의 변화로 일어나는 현상이다. 즉, 본의지석이 퇴조하고 문맥에서 자주 쓰이는 어휘가 상용지석의 자리를 차지하게 되는 현상이다. 하나의 한자에 하나의 새김만을 제시한 일반적인 형태의 『千字文』 등에 나오는 것을 상용지석 또는 훈이라 할 수 있다.

『註千』에 第一義로 제시된 자석 즉 문맥지석이 일자일훈본 4종의 『千字文』에 나오는 새김과 일치하지 않은 항목에 대하여 논의하였다. 이 중 일자일훈본 4종의 새김이 모두 같은 어휘로 나오는 것은 44항목이며 그렇지 않은 것은 47항목이다. 일자일훈본의 새김이 동일어로 되어 있는 경우 한문교육용 기초한자에 속하지 않는 2자를 제외하고는 모두 현대표준훈으로 설정하여도 무리가 없을 것으로 보인다. 반면에 일자일훈본 4종의 새김이 동일어로 되어 있지 않은 경우는 단어 사이의 유의관계 성립 여부에 따라 표준훈 설정의 기준을 마련하여할 것이다.

제10장 『註解 千字文』의 단수자석과 문맥지석의 반영

1. 서론

양나라 무제의 명을 받아 주흥사가 지었다고 전해지는 『千字文』은 일찍이 우리나라에 전래되었다. 6세기에 만들어진 이 책이 삼국시대에 우리나라에 들어 온 후 시대를 초월하여 여러 번에 걸쳐 판을 거듭했다는 것은 고대 이후 우리나라에서 한자·한문의 초학서로 굳건한 위치를 차지하였음을 알게 해 준다.

오랜 기간 동안 여러 번에 걸쳐 간인되었거나 필사된 『千字文』 중 가장 일반적인 형식의 책은 하나의 한자에 하나의 새김과 音이 달려 있는 것들이다. 이런 부류의 '千字文'을 一字一訓本이라 할 수 있는데 선조 때 명필 한호가 쓴 글씨로 만들어진 『石峰 千字文』이 그 대표적인 것이다. 『石千』은 가히 흠정본이라 할 수 있을 것이며 조선 중기 이후 『千字文』을 대표해왔던 것이다.

『石千』을 비롯한 일자일훈본의 특징은 각 한자의 의미에 대응하는 우리말 단어를 하나씩만 제시하고 있다는 점이다. 하나의 한자에 하나의 새김 즉 상용지석만이 달려있다. 그런 까닭에 이들 訓 중에는 문맥의 뜻과 일치하는 경우도 있지만 그렇지 않은 경우도 상당수 나타난다. 예컨 대『千字文』의 두 번째 구 '宇宙洪荒'에 나오는 마지막 자 '荒'은 일자일 훈본에서 그 새김이 한결같이 '거츨/거츨/거칠'이다. 그러나 문맥에서 이 한자의 뜻은 '클'이다.

하나의 한자는 하나의 의미만을 지니고 있는 것이 아니라 여러 개의 뜻을 지닌다. 이를 一字數義라 할 수 있는데 문자의 수는 한정돼 있고 표현해야 할 대상은 많기 때문에 필연적으로 나타나는 현상이다. 한자 '荒'의 경우도 민중서림 편집국 편(1997)『漢韓大字典』에 보면 '거칠'을 비롯하여 '흉년들, 변방, 버릴, 빠질, 클, 빌, 덮을, 황홀할, 성' 등 모두 10 개의 새김을 제시하고 있다. 10개의 새김 중 가장 먼저 제시된 '거칠'이 상용지석이며 나머지는 문맥적 상황에 따라 나타날 수 있는 문맥지석인 것이다.

'宇宙洪荒'이라는 구에 들어 있는 한자 '荒'과 그 훈 '거칠'에서 알 수 있듯이 일자일훈본『千字文』에서는 문맥과는 상관없이 표제한자의 상용 지석만이 나타난다. 그런데 18세기 후반에 오면서 표제한자의 문맥적 의 미를 우선한 새김을 보여주는『千字文』이 출현하게 된다.『註解 千字 文』(이하『註千』)이 그것인데 이 책에서는 표제한자의 문맥지석 즉 문맥 적 의미에 해당하는 우리말 단어를 가장 먼저 제시한 후 필요에 따라 다 른 자석을 제시하는 방식으로 구성되어 있다.

문맥지석을 우선한『註千』의 이러한 편찬 태도는 이 책의 제호 아래 에 작은 글씨로 5행에 걸쳐 기술해 놓은 것에서 분명히 파악할 수 있다. 즉, 每字를 풀이함에 있어서 본구의 文意를 주로 삼아 가장 먼저 문맥지 석을 제시하였다. 그 후 別意 즉 해당 구의 문의와 다른 의미의 단어를 제시할 때에는 '又'나 '本'이라는 표시를 한 후 제2, 제3…… 등의 새김을 제시하였다. 이 때 '本'이라 표시한 것은 해당 한자의 본래의 의미 즉 '本

義라는 의미이고 '又'는 해당 한자의 또 다른 의미의 새김이라는 뜻이다. 이는 각 한자가 문맥에서 지니는 뜻을 비롯하여 그 본의와 파생된 여러 의미까지도 알게 하려 했던 것이다. 이러한 편찬 의도 때문에 『註千』에는 하나의 한자에 두 개 이상의 자석이 달려있는 경우가 상당수 있다.[1]

그런데 각 한자가 지닌 여러 가지 의미 정보를 제공하고자 편찬된 『註千』에 단수자석만이 달려있는 경우도 상당수 있다. 굳이 복수자석을 채택하지 않은 것은 문맥지석이면서 상용지석일 가능성이 많은 어휘가 단수자석으로 쓰였기 때문일 것이다. 1,000자의 한자 중 418자의 한자에 단수자석이 달려 있으므로 40%가 넘는 한자가 이에 속하는 것이다.[2] 단수자석이 달려있는 한자도 분명 수개의 의미를 지니고 있을 터인데 『註千』의 편찬 태도와는 달리 이런 현상이 나타나게 된 원인에 주목하면서 본 논의는 출발한다.

본 연구는 문맥지석을 중시하면서 일자수석을 지향했던 『註千』에 단수자석만이 달려 있는 항목을 연구 대상으로 한다. 『註千』에서 단수자석만을 보여주는 부류는 크게 두 유형으로 나누어 볼 수 있다. 하나는 『石千』의 훈과 형태론적인 측면에서 『註千』의 자석이 동일어인 경우이고, 다른 한 유형은 동일어가 아닌 경우이다. 『石千』과 『註千』의 새김이 동일어인 경우가 절대적으로 많은데 『註千』의 편찬자는 각 한자에 자석

---

1 최범훈(1983ㄱ: 30)에 따르면 1,000개 한자 중 315자에는 두 개의 자석, 163자에는 3개의 자석, 78자에는 4개의 자석 그리고 20자의 한자에는 5개의 자석이 달려있다 한다. 결과적으로 『註千』에는 576자의 한자에 복수자석이 달려 있다고 하겠다.

2 각주 1을 통하여 보면 최범훈(1983ㄱ)에서는 424자의 한자에 단수자석이 달려 있는 것으로 파악하였으나 필자의 조사에 의하면 418자이다. 자번 0228 '積 : 싸흘 적(又)싸흘 즉'의 경우 복수자석을 제시한 형식으로 되어 있으나 한자음만 다르고 동일어를 새김으로 삼고 있으므로 단수자석 항목으로 처리하여 본 연구의 논의 대상으로 삼았다.

을 부여함에 있어 이미 광범위하게 통용됐던『石千』의 훈을 참고했기 때문으로 보인다. 특히 일자일석으로 되어 있는 항목의 경우 더욱 그러했으리라 추측된다. 이 경우『石千』에서 훈으로 쓰였던 어휘가 문맥의 뜻과도 어긋나지 않았기에 그대로『註千』에 계승되었을 것이다. 물론 이 부류에 속하는 항목들을 정밀하게 검토해 보면 문맥의 뜻을 고려하지 않고『石千』의 훈을 답습한 경우도 있을 것이다. 다만 여기서는『石千』의 훈과『註千』의 단수자석이 동일어인 경우 일단 상용지석 즉 훈이었을 것임을 전제로 논의하기로 한다.

절대적으로 적은 항목에서 발견되는 현상이지만『註千』의 단수자석과『石千』의 훈이 동일어로 달려있지 않은 경우가 있다. 이는『石千』의 훈은 상용지석을 반영했고『註千』의 단수자석은 문맥지석을 반영했기 때문에 나타나는 현상일 것이다. 본 연구는『註千』에 나오는 단수자석의 실상을 파악하는데 그치지 않고 바로 이 부류 즉,『註千』의 단수자석과『石千』의 훈이 일치하지 않는 항목의 특징을 탐구하고자 하는 것이다.[3] 각 항목의 표제한자에 달려있는 어휘를 비교, 고찰하여 그 특징을 알아볼 것이다. 이를 통하여 상용지석을 지향했던『石千』과 문맥지석을 지향했던『註千』의 편찬 태도와 두 문헌이 지닌 새김 어휘의 실상을 보다 분명하게 파악할 수 있을 것이다. 또한 이 연구에서 얻어진 결과는 오늘날 한자 교육 방향 설정에 다소의 이론적 기초를 제공할 것이다.

3『石千』과『註千』은 여러 異本이 존재한다. 이들 異本 중 본 연구의 대상으로 삼은 것은 日本 東京의 國立公文書館 所藏本『石千』과 洪允杓 教授 所藏本『註千』이다. 이 두 책은 모두 단국대학교 부설 동양학연구소에서 東洋學叢書 제3집으로 1973년에 影印된 것이다.

2. 『石千』의 훈과 『註千』의 단수자석

『石千』에는 각 한자마다 문맥과는 상관없이 표제한자의 의미와 관련하여 일차적으로 또는 관습적으로 대응하는 우리말 단어인 訓 즉, 상용지석을 달아 놓았다. 일자일훈 즉 하나의 한자에 하나의 우리말 새김을 원칙으로 했던 이러한 방식은 『千字文』 편찬의 일반적인 태도였다. 현전하는 『千字文』 중 가장 이른 시기에 간행된 것으로 보이는 光州本 『千字文』과 大東急本 『千字文』을 비롯하여 오늘날까지도 여러 출판사에서 간행된 『千字文』에서도 이런 방식을 확인할 수 있다.

『千字文』에 나오는 각 한자에 하나의 새김과 음만을 달아놓은 것은 한자입문서라는 이 책의 특징에서 기인한 것이다. 한자를 처음 배우는 사람에게 있어 첫 단계에서 중요한 것은 각 한자의 음과 해당 한자가 지니고 있는 일차적 또는 중심적인 의미를 나타내는 우리말 단어인 것이다. 처음 단계에서 각 한자의 자형과 음 그리고 기본적인 의미를 알고 난 후 다음 단계에서 2차적 또는 3차적인 의미를 알게 하는 것이 자연스러운 학습 방법이기 때문이다.

『千字文』 편찬에서 지향했던 일반적인 경향은 하나의 한자에 하나의 새김을 대응시키는 것이었다. 그러므로 각 한자에 결부된 새김에는 해당 한자의 일차적이고 중심적인 의미를 표현하는 우리말 단어가 선택되기 마련이다. 필자는 이 경우에 나타나는 새김을 '訓'이라 하는데 『石千』의 새김이 바로 '訓'에 해당하는 것이다.

일반적인 형태의 『千字文』에서 벗어나 하나의 한자에 수 개의 새김을 달아놓은 특이한 형태의 책이 간행되는데 『註解 千字文』이 그것이다. 이 책에서는 『千字文』이 단순히 일천 개의 한자를 나열한 것이 아니고 사자일구 도합 250구 125절로 된 '文'이라는 점을 의식하고 각 한자가 해당 구절에서 어떤 의미로 쓰였느냐를 중시한 것이다. 그래서『註千』에서는 각 한자의 문맥지석을 맨 앞에 배열하고 그 뒤에 본의지석이나 別義之釋을 첨가하여 수 개의 자석을 제시한 것이다.『註千』에서는『石千』을 비롯한 일반적인 형태의『千字文』과는 달리 몇 개의 새김을 달아 놓았다. 여기에 나타나는 새김들은 문맥적 상황에 따라 달리 쓰이는 것이기 때문에 '訓'이라는 표현보다는 '釋'이라 하는 것이 보다 적절한 용어이다.

2.1.『石千』의 訓

『石千』에는 예외 없이 하나의 한자에 하나의 새김만이 달려 있다. 다른 형태의 한자입문서인『訓蒙字會』와『新增類合』등에는 간혹 하나의 한자에 복수자석이 달려있는 경우가 종종 있다. 처엄초/원간초(初), 남녁남/앒남(南), 벌숨/살필숨(森)…… 등의 예를『新增類合』에서 볼 수 있으며,『訓蒙字會』에서도 별신/미르진(辰), 모개관/다들관(關), 셕겼경/경즛경(磬)…… 등을 볼 수 있다.『千字文』이 단순하게 1,000개의 한자를 배열한 것이 아님에도 기본적인 한자를 처음 익히게 하는 책 즉, 제1의 漢字 초학서로 인식되면서 일자일훈을 지향했던 것으로 보인다.

『千字文』에서의 일자일훈 원칙은 오랜 전통으로 보이며 이런 사실을 『石千』보다 먼저 간행된『光千』이나『大千』에서도 확인할 수 있다.『註千』을 제외하고 최근까지 간행된 대부분의『千字文』도 일자일훈본임을 확인할 수 있으므로『千字文』은 다른 한자 입문서에서 부분적으로 수용했던 복수자석을 전혀 보여주지 않는다.

『石千』은 여러 판본이 존재하는데 이본에 따라 한자의 훈과 음이 약간씩 다른 경우가 있다. 대상이 된 동일한 단어에 대하여 표기 방식을 달리하여 표기했거나 후대의 판본에서 음운변화를 반영한 경우가 대부분이다. 『石千』의 초간본으로 보이는 日本 국립공문서관본과 김동욱교수본에 달리 나오는 훈·음을 예로 보이면 아래 (1)과 같다.

(1)

器 그릇씌:그릇긔〈9ㄱ〉, 夙 이늘슉:이를슉〈12ㄱ〉, 殊 다늘슈:다를슈〈14ㄴ〉, 別 다늘별:다를별〈14ㄴ〉, 廉 청렴렴:청념념〈16ㄴ〉, 驚 놀날경:놀랄경〈19ㄱ〉, 俠 씰협:뛸협〈21ㄴ〉, 說 니늘셜:니를셜〈24ㄱ〉, 頗 ᄌᄆ파:ᄌ모파〈25ㄴ〉.

앞에 든 것이 공문서관본의 훈·음이고 뒤에 보인 것이 김동욱 교수 소장본의 그것인 바 두 판본에 훈으로 쓰인 어휘는 모두 동일어이다. 이기문(1973: 288)에서는 이들 모든 항목에 대하여 초간본의 잘못을 후대의 판본이 수정한 듯한 인상을 준다고 하였으며 이들 수정이 중간본들에 계승된 사실이 주목된다고 하였다.

중간본인 신미본과 갑술본의 예를 통하여 보아도 한자의 새김을 형태론적 관점에서 다른 단어로 교체한 예는 보이지 않는다. 초간본에 '갈검'(劍)이었던 것이 신미중간본에 '칼검'으로 된 경우와 초간본에 '베플션'(宣)이었던 것을 갑술중간본에 '베풀션'으로 고친 것은 음운변화에 따른 수정이다. 이를 통하여 보면 『石千』의 이본들에 나오는 각 한자의 새김은 동일어로 보아 무리가 없을 것이다. 동일어를 후대의 판본에서 음운 변화를 반영하거나 표기 방식을 달리하여 수정한 것이기 때문이다. 그러므로 필자는 초간본으로 보이는 일본 국립공문서관본에 나오는 훈을 본 논의의 대상으로 삼고자 한다.

『石千』의 訓은 보다 이른 시기에 간행된 『光千』이나 『大千』의 그것에 비해 전반적으로 새로운 모습을 지니고 있다. 『光千』과 『大千』에 나오는 새김의 경우 오늘날 국어학의 지식으로도 풀리지 않는 고석 내지는 고훈이 상당수 있다. 오직 이 두 책에만 보일 뿐 다른 문헌에서 전혀 볼 수 없는 어휘들이 있으니 나미(陽), 긔즈/기츠(王), 구룸(萬)…… 등이 그 것이다. 이렇듯 『光千』과 『大千』의 훈이 매우 보수적임에 비하여 『石 千』의 훈은 당시로서는 비교적 개신형을 대폭 반영한 것이 아닌가 한다.

한자의 석 또는 훈은 우리나라에서 고대에 형성되어 그 전통이 연면 히 이어져 왔기 때문에 국어 어휘 중 보수적인 면을 가장 많이 지니고 있다. 훈석 어휘가 보수적인 속성을 지니게 된 것은 다른 어휘와는 달리 한자와 일대일로 대응되어 분리되지 않고 긴밀하게 짝을 이루어 존재하 기 때문이 아닌가 한다. 이런 사정 때문에 일상어를 비롯한 일반어휘에 서 이미 사어가 된 단어도 훈석 어휘에서는 살아남아 있는 것이다. 우리 는 『光千』과 『大千』에서 이런 예를 확인할 수 있으니 이 두 책이야말로 고대에 형성된 새김을 부분적으로 당시까지 보존하고 있는 것이 아닌가 여겨진다.

『石千』의 훈이 『光千』이나 『大千』의 훈을 부분적으로 답습한 것도 있 지만 당시로서는 과감하게 시대 상황에 맞는 어휘를 수용한 것으로 보 여진다. 가히 흠정본이라 할 수 있는 『千字文』을 편찬하면서 명필 한호 로 하여금 글씨를 쓰게 하고 각 한자에 부여할 훈과 음을 확정함에 있어 나름대로 많은 연구와 검토가 있었을 것임을 짐작할 수 있다. 이러한 과 정 속에서 항목에 따라 이미 사어가 된 어휘는 버리고 당시의 실정에 맞 는 적절한 어휘로 대체하여 '標準' 『千字文』을 만든 것으로 보아야 한다.

물론 『石千』에서도 이른 시기에 간행된 『光千』이나 『大千』의 훈을 답 습한 예가 보인다. 이기문(1973: 292)에서 지적하였듯이 '同'의 훈이 의도 적으로 새김을 개신한 것으로 보이는 유희춘의 『新增類合』에는 '혼가지 동'으로 나온다. 그러나 『石千』에는 이른 시기의 판본인 『光千』과 『大

千』에서와 같이 '오힌 동'으로 되어 있다. 이를 통하여 보면『石千』의 훈은 전통을 적절히 수용하면서 시대 상황에 맞게 전면적인 개신을 한 것으로 보인다.

우리나라에서『石千』이『千字文』의 표준이 되었음은 그 훈과 音에서뿐만 아니라 서체에서도 마찬가지이다. 후대에『千字文』을 간인할 때 표제한자로『石千』의 그것을 가져다 쓴 경우가 허다하게 발견되기 때문이다. 아무튼『石千』의 훈은 이 책이 만들어진 16세기말 이후 오랜 기간 동안『千字文』에 들어있는 각 한자의 표준훈이 되어 왔음을 알 수 있다.

2.2.『註千』의 단수자석

『註解 千字文』에서 '註'와 '解'의 개념을 제9장에서 다음과 같이 정리한 바 있다.

> '註 : 매 한자마다 그 자의를 한자로 풀이한 것은 물론 자석, 자음, 성조와 청탁 표시부호 및 다른 자체인 전서까지 각 한자와 관련하여 제시된 모든 사항을 포괄하는 개념이다. 즉, 독립된 각 漢자와 관련하여 제시된 모든 사항을 '註라 하고자 한다.
> '解 : 사자일구로 된 각 구를 풀이한 것.[4]

『註千』에 나오는 새김 즉 표제한자에 대응하는 우리말 단어는 '註에 해당하는 것으로 볼 수 있는데 각 한자마다 한 개부터 다섯 개까지 달려 있다. 새김이 하나만 달려있는 것을 단수자석 항목이라 하고 두 개에서

4『註千』에는 한문으로 되어 있으나 후대에 오면 한글 표기로 바뀌어 나타난다.

다섯 개까지 달려있는 것을 복수자석 항목이라 부르기로 한다. 복수자석 항목에서는 이미 지적하였듯이 문맥지석을 가장 먼저 제시하고 그 다음에 해당 한자의 본의지석이나 다른 새김을 제시였다. 『註千』에는 1,000자의 한자 중 582자에 2개부터 5개까지 복수자석이 달려있음을 제9장에서 확인한 바 있다.

결과적으로 1,000자 중 418자의 한자에 단수자석이 달려 있으며 이들 새김은 문맥과 관련 있는 단어일 것임을 이 책의 특성으로 미루어 능히 짐작할 수 있다. 이는 각 자석과 통해의 내용을 비교해보면 그 실상을 분명하게 파악할 수 있을 것이다. 특히 단수자석을 보여주고 있는 418개 항목 중 『註千』의 자석이 『石千』의 訓과 일치하지 않은 항목만을 살피는 것만으로도 그 실상의 대부분을 파악할 수 있으리라 여겨진다. 이런 이유 때문에 본장에서는 단수자석 항목 418개 중 『註千』과 『石千』의 새김이 일치하지 않은 경우에 대하여 집중적으로 탐구하기로 한다.

418개 단수자석 항목 중 『註千』과 『石千』의 새김이 형태론적 관점에서 일치하지 않은 항목은 72개이다. 그리고 서로 일치하는 항목은 345개이다.[5] 이들 345개 항목은 『註千』과 『石千』의 새김이 동일어라 할 수 있겠는데 표기된 형태까지 완전하게 일치하는 경우와 그렇지 않은 경우로 나누어 볼 수 있다. 표기는 달리하였으되 형태론적 관점에서 동일한 단어로 처리할 수 있는 것은 음운변화가 표기에 반영된 경우, 표기 방식의 차이에 따라 달라진 경우 등으로 나누어 볼 수 있다.

『石千』과 『註千』이 서로 다른 시기, 다른 사람에 의해 그 편찬 의도가 달랐음에도 불구하고 한자에 달려있는 새김의 표기가 완전하게 일치하

---

5 1개 항목이 차이가 나는 것은 字番 915의 한자가 『石千』과 『註千』에 다르게 나온다. 『石千』에는 "遼 멀 료", 『註千』에는 "僚 동관 료"로 나오므로 이 항목은 논의에서 제외한다.

는 항목은 249개에 이른다.[6] 이에 해당하는 항목 중 자번 0200번 안에 드는 것까지 제시하면 (2)와 같다.

(2)

0002 地 짜 디[7], 0009 日 날 일, 0010 月 둘 월, 0011 盈 출 영/- 영,[8] 0012 仄 기울 칙/-- 측, 0015 列 벌 렬, 0017 寒 출 한, 0019 暑 더울 셔, 0020 往 갈 왕/갈 왕, 0022 收 거둘 슈, 0040 霜 서리 상/-- 상, 0041 金 쇠 금, 0044 水 믈 슈, 0047 崑 뫼 곤, 0051 巨 클 거, 0053 珠 구슬 쥬, 0056 光 빗 광/- 광, 0058 珍 보빅 딘/-- 진, 0059 李 외얏 니, 0061 菜 ᄂ물 치, 0063 芥 계ᅎ 개, 0066 鹹 뿔 함, 0069 鱗 비늘 린, 0071 羽 짓 우, 0072 翔 ᄂᆞᆯ 샹/- 샹, 0073 龍 미르 룡, 0077 鳥 새 됴, 0079 人 사름 인, 0088 裳 치마 샹/-- 샹, 0092 國 나라 국, 0098 民 빅셩 민, 0102 發 베플 발, 0105 坐 안즐 좌, 0107 問 무를 문, 0114 育 칠 육, 0117 臣 신하 신, 61 0120 羌 되 걍/- 강, 0121 遐 멀 하, 0124 體 몸 톄, 0129 鳴 울 명/- 명, 0130 鳳 봉황 봉/-황 봉, 0134 駒 미야지 구, 0137 化 될 화, 0140 木 나모 목, 0146 此 이 ᄎ, 0147 身 몸 신, 0149 四 넉 ᄉ, 0151 五 다숫 오, 0153 恭 온공 공/-공 공, 0162 慕 ᄉ모

---

6 249개 항목 중 종성 ㅇ과 ㅇ은 같은 표기로 처리한 것이다. 종성 이응의 표기에서 『石千』은 옛이응(ㆁ)으로 『註千』은 이응(ㅇ)으로 표기되어 있다. 이들 항목을 동일한 표기로 처리한 것은 훈민정음 해례 제자해에서도 疑母와 喩母의 음가가 유사하다고 하고 운서에서도 혼용된다고 했기 때문이다.

7 0002는 자번인데 한자 '地'가 『千字文』에서 2번째로 나오므로 부여된 번호이다. 한 자의 새김과 음 '짜'와 '디'가 『石千』과 『註千』에 동일 표기로 달려있는 경우에 번거로움을 피하기 위하여 이런 방식으로 제시하기로 한다.

8 0011 盈의 경우 『石千』과 『註千』에 새김은 모두 '출'이고 음은 『石千』에는 '영', 『註千』에는 '영'으로 나온다. 이런 경우 "0011 盈 출 영/- 영"과 같은 방식으로 제시하기로 하며 새김이 동일어이므로 이 부류에 포함시킨다. "0012 仄 기울 칙/-- 측"에서 보듯 한자음이 달리 나타나는 경우라도 새김이 같으면 이 부류에 속한다.

모, 0168 良 어딜 냥/- 량, 0173 得 어들 득, 0178 談 말슴 담, 0182 恃 미들 시, 0183 己 몸 긔, 0189 器 그룻 긔/- 긔, 0195 絲 실 스, 0197 詩 글 시, 0198 讚 기릴 찬, 0200 羊 양 양/양 양.

『石千』과『註千』의 새김이 형태론적 측면에서 사실상 동일어이나 표기 방식의 차이나 음운 변화의 반영 등으로 표기가 달라진 경우가 있다. 표기 방식의 차이에 의해 달라진 표기를 볼 수 있는 것으로『石千』에서 연철하였던 것이『註千』에는 분철한 것, 사잇소리 표기의 반영 여부, 종성 표기에서 'ㄷ'이 'ㅅ'으로 바뀐 것, 'ㅂ-'계 합용병서를 'ㅅ-'계로 바꾼 것, 'ㄹ'과 'ㄴ' 표기의 혼란 등을 들 수 있다. 이에 속하는 항목들의 대강을 제시하면 (3)과 같다.

(3-1)
0001 天 하늘 텬/한을 텬, 0003 玄 가믈 현/감을 현, 0026 餘 나믈 여/남을 여, 0148 髮 터럭 발/털억 발, 0505 高 노폴 고/놉흘 고, 0516 富 가ᄋ멸 부/가음열 부, 0539 曲 고블 곡/곱을 곡, 0603 沙 몰애 사/모래 사, 0672 陟 오룰 텩/올을 쳑, 0784 霄 하늘 쇼/한을 쇼, 0850 歌 놀애 가/노래 가, 0909 捕 자블 포/잡을 포, 0968 邵 노폴 쇼/놉흘 쇼.
(3-2)
0028 歲 힛 셰/히 셰, 0325 禮 녜도 녜/례돗 례, 0708 誡 경곗 계/경계 계, 0926 巧 공곳 교/공교 교, 1000 也 입겻 야/입긔 야.
(3-3)
0387 情 쁟 졍/쯧 졍, 0551 扶 븓들 부/붓들 부, 0558 感 늗길 감/늣길 감, 0650 本 믿 본/밋 본, 0922 筆 붇 필/붓 필.

(3-4)

0421 浮 쁠 부/뜰 부, 0640 庭 뜰 뎡/뜰 뎡, 0653 務 힘쁠 무/힘쓸 무, 0701 勉 힘쁠 면/힘쓸 면, 0890 垢 띠 구/씨 구, 0902 躍 뛸 약/쮤 약.

(3-5)

0261 夙 이늘 슉/이를 슉, 0266 蘭 난초 난/ 란초 란, 0420 洛 낙슈 낙/락 슈 락, 0824 糧 냥식 냥/량식 량. 0423 據 루를 거/누를 거, 0898 騾 로새 라/노새 라, 0901 駭 놀랄 희/놀날 희, 0928 釣 랏실 됴/낙글 됴.

음운변화가 표기에 반영되어 사실상 동일어가 표기를 달리한 경우는 평순모음 'ㅡ'가 'ㅜ'로 바뀐 것, 비어두음절의 'ㆍ'가 'ㅡ'로 바뀐 것, 구개 음화를 반영한 표기, 강음화를 반영한 표기 등이 있는데 그 예는 아래 (4)와 같다.

(4-1)

0075 火 블 화/불 화, 0081 始 비르슬 시/비로슬 시, 0717 林 수플 림/수풀 림, 0783 絳 블글 강/불글 강, 0789 寓 브틸 우/부틸 우, 0809 飽 빅브롤 포/빅불을 포, 0918 琴 거믄고 금/거문고 금, 0973 俯 구블 부/구불 부, 0614 郡 고을 군/고올 군

(4-2)

0021 秋 ᄀ율 츄/ᄀ을 츄, 0110 拱 고즐 공/고즐 공, 0163 貞 고들 뎡/고들 졍, 0176 忘 니즐 망/니즐 망, 0338 受 바들 슈/바들 슈, 0539 曲 고블 곡/곱 을 곡, 0767 무 이를 조/이를 조, 0924 紙 죠히 지/죠희 지, 0943 妍 고올 연/ 고을 연.

(4-3)

0172 改 고틸 기/고칠 기, 0179 彼 뎌 피/져 피, 0253 忠 튱셩 튱/츙셩 츙,

0446 帳 댱 댱/쟝 쟝, 0667 貢 바틸 공/바칠 공, 0671 黜 내틸 튤/내칠 츌,
0831 帷 댱 유/쟝 유.

(4-4)

0049 劒 갈 검/칼 검, 0228 積 사홀 젹/싸홀 젹(又)싸홀 즈.[9]

이상에서 각 유형별로 제시한 항목들 말고도 동일어임이 분명하나 표
기를 달리한 것으로 수십 예가 더 있다. 동일어이면서 이런저런 이유로
표기를 달리한 것에 대하여는 그 대강을 파악하였으므로 이에 대한 논
의는 여기서 줄이기로 한다. 다만 『註千』의 편찬자가 단수자석을 부여
할 때 이전에 간행된 『石千』의 훈을 참고하였기에 두 문헌의 새김이 일
치하는 경우가 절대적으로 많음을 추정할 수 있다. 『註千』에서 새김을
부여할 때 복수자석보다 단수자석에서 보다 세심하게 기존의 새김을 검
토한 후 결정하였을 것으로 보인다. 단수자석만이 부여된 항목의 경우
표제한자에 하나의 새김만을 대응시킨 『石千』과 다를 바가 없기 때문이
다. 이런 과정 속에서 『註千』에는 문맥을 고려하지 않고 『石千』의 간섭
을 받은 새김이 일부 있을 것으로 추정된다. 이는 『註千』에 나오는 418
개의 단수자석 중 『石千』의 훈과 동일어인 항목이 83%(345개)나 되는 것
만 보아도 추정이 가능하다. 『註千』의 단수자석에 『石千』의 간섭이 일
어난 이러한 현상에 대하여는 보다 구체적인 논의가 필요하다.

---

9 복수자석을 제시한 형식으로 되어 있는 항목이다. 그러나 한자음만 다르고 동일어
를 새김으로 삼고 있으므로 단수자석 항목으로 처리하여 논의한다.

3. 『石千』과 『註千』의 새김이 동일어가 아닌 항목에 대한 검토

문맥지석을 우선으로 한 『註千』의 새김은 비록 단수자석을 제시한 항목이라 하더라도 『石千』의 간섭을 받지 않고 당초의 편찬 의도에 따라 문맥에 어울리는 새김을 부여했을 것이다. 이에 해당하는 항목으로 추정할 수 있는 것이 『註千』의 단수자석과 『石千』의 훈이 다른 경우이다. 『註千』에 나오는 418개의 단수자석 중 『石千』의 훈과 형태론적인 관점에서 동일어로 볼 수 없는 것은 72개(17%) 항목이다. 여기에 속하는 것을 두 부류로 나누어 볼 수 있는데 유의어인 것과 그렇지 않은 것이 있다.

3.1. 『石千』과 『註千』의 새김이 유의어인 항목

형태가 다른 둘 이상의 어휘소가 유사한 의미를 지닐 때 우리는 이들 어휘소 간에 유의관계가 성립되어 있다고 한다. 이 때 나타나는 어휘를 유의어라고 하는데 논자에 따라서는 동의어라는 용어를 사용하기도 한다. 일반적으로 개념의미·연상의미·주제의미가 동일하며 문맥에서 치환이 가능한 완전동의어는 그리 많지 않기 때문에 여기서는 동의어라는 용어를 피하고 '유의어'라는 용어를 쓰고자 한다. 『石千』의 훈과 『註千』의 단수자석으로 사용된 어휘가 유의어인지 그렇지 않은지를 판별하는 것은 그리 쉬운 것은 아니다. 72개의 항목 중 유의관계에 있는 것이 54항목이며 그렇지 않은 것이 18항목인데 이는 전적으로 필자의 주관적 판단에 기초한 것이며 논자에 따라서는 이견이 있을 수 있다.

3.3.1. 고유어였던 『石千』의 새김이 『註千』에서 한자어로 교체된 것

『石千』에서 고유어를 새김으로 삼았던 것 중 『註千』에서 비슷한 의미

를 지닌 한자어로 새김이 달라진 것이 있다. 이 부류에 속하는 것들은
두 유형으로 나누어 볼 수 있는데 하나는 고유어가 사어화되면서 일상
어에서 쓰이지 않게 되자 한자어로 개신된 경우이다. 그리고 다른 하나
는 의미영역이 광막한 고유어보다 구체적인 의미영역을 표현하는 한자
어로 새김을 교체, 문맥에 부합되게 하려고 한 것이다. 이에 해당하는
것으로 (5)와 같은 것들이 있는데 0226, 0613, 0626, 0632, 0808 등은 전자
에 속하는 것이고 0045, 0067, 0199, 0234, 0359, 0611, 0620 등은 후자에
속하는 것이다.

(5)

0045 玉 구슬 옥/옥 옥/옥 옥[10]　　0067 河 ᄀ름 하/하슈 하/물 하

0199 羔 염 고/양 고/염소 고　　0226 因 지즐 인/인홀 인/인홀 인

0234 璧 구슬 벽/규벽 벽/구슬 벽　　0359 連 니을 련/련홀 련/연할 련

0611 禹 님군 우/하우 우/임금 우　　0613 百 온 빅/일빅 빅/일백 백

0620 岱 뫼 딕/딕산 딕/대산 대　　0626 門 오래 문/문 문/문 문

0632 城 잣 셩/셩 셩/성 성　　0808 腸 애 댱/챵ᄌ 쟝/창자 장

　『石千』의 訓으로 쓰였던 "지즐, 온, 오래, 잣, 애" 등은 『註千』이 간행
된 시기에 일상어에서 이미 사어가 되었거나 그 과정이 깊이 진행된 것
으로 보인다. 이에 따라 현실 언어를 반영한 한자어 "인홀, 일백, 문, 셩,
챵ᄌ" 등으로 개신된 것이다.
　'玉'은 "玉出崑岡"이라는 句 속에 들어 있는 "石之美者"를 의미하는 것

---

10 『千字文』에 나오는 한자의 자번, 표제한자, 『石千』의 훈, 『註千』의 자석 그리고 오
늘날 표준훈의 순서로 각 항목과 관련된 사항을 제시하기로 한다.

으로 문맥을 고려하면 단순히 '구슬'로 표현함이 적당하지 않다. "옥은 곤륜산에서 난다"라는 표현이 문맥에 합당하므로 '옥'을 새김으로 삼았다.[11] '璧'의 새김으로도 '구슬'은 문맥에 적합하지 않다. '瑞玉'을 뜻하는 '규벽(圭璧)'을 새김으로 삼음으로서 "尺璧非寶(한 자나 되는 규벽이 보배가 아니다)"라는 구에 부합하도록 하였다. 0067 河 ᄀ름 → 하슈, 0611 禹 님군 → 하우, 0620 岱 뫼 → 딕산 등의 경우도 의미영역이 일반적이고 광범위한 고유어로는 문맥에 합당한 새김이 될 수 없어 보다 구체적인 의미영역을 지닌 한자어로 교체된 경우이다.

3.3.2. 『石千』과 『註千』의 새김이 모두 고유어이나 『註千』에서 문맥에 충실한 새김을 반영한 것

이 부류에 속하는 항목들 또한 문맥의 의미를 반영하기 위한 편찬자의 세심한 노력이 엿보인다. 명사류에 속하는 항목은 다음과 같으며 『千字文』의 2번째 구에 나오는 '宇'와 '宙'를 통하여 문맥지석을 반영한 편찬자의 세심한 의도를 보기로 한다.

(6)

0005 宇 집 우/쳠하 우/집 우   0006 宙 집 듀/집ᄆᆞᆯ 쥬/집 주
0048 岡 묏부리 강/묏ᄆᆞᆯ 강/뫼 강   0237 寸 ᄆᆞ디 촌/치 촌/마디 촌
0950 暉 힛귀 휘/히빗 휘/햇빛 휘

'上下四方'을 '宇'라 하고 '往來古今'을 '宙'라 하여 '宇宙'는 공간과 시간

---

11 "玉出崑岡"이라는 句 앞에 놓은 "金生麗水"에서는 '金'의 새김이 『註千』에서도 '쇠'라 했는데 이는 기존의 새김을 답습한 예라 하겠다. 이를 통하여 보면 부분적으로 『註千』의 새김에 『石千』의 간섭이 있었음을 짐작할 수 있다.

을 합한 모든 것을 의미하는 것이다. 즉 '宇宙'란 천지간[universe, cosmos]를 뜻하는 말이다. 우주를 구성하고 있는 한자 '宇'를 풀이함에 있어 『石千』의 경우 문맥보다는 한자의 일반적인 의미에 충실하여 '집'을 새김으로 삼았다. 그러나 『註千』에서는 '집'의 하위어 '첨하'를 새김으로 삼았는데 『說文解字』에 "宇, 屋邊也"한 것을 따른 것이다. 이는 문맥을 반영한 것으로 집채가 끝나는 부분이 처마이기 때문이다.

'宙'도 '宇'와 더불어 『石千』의 새김은 '집'이나 『註千』에서는 그 下位語로 볼 수 있는 '집ᄆᆞᆯ'를 새김으로 삼았다. 이는 『說文』의 "宙, 舟輿所極覆也"에 충실한 새김이다. 문맥을 가급적 충실하게 반영하기 위하여 '宇'와 '宙'의 새김을 단순히 '집'이라 하지 않고 '첨하'와 '집ᄆᆞᆯ'라 한 것이다. 이는 배나 수레가 갈 데까지 다 가면 오던 길로 돌아서는 것과 마찬가지로 순환은 끝이 없어 옛날로부터 지금에 이르고, 지금으로부터 또 무한한 장래에 이르는 천지 사이를 표현한 것이다. '宇宙'를 표현하는 적절한 고유어가 없었고 한자어 '우주'를 새김으로 삼기에는 적절하지 않아 이러한 비유적인 표현이 나온 것으로 보인다. 이상 두 글자의 새김을 통하여 『註千』의 편찬자가 문맥의 의미를 반영할 수 있는 새김을 마련하기 위하여 고심하였음을 알 수 있다.

문맥의 의미가 반영된 『註千』의 새김은 동사류에서도 발견된다. 이에 속하는 항목은 다음 (7)과 같으며 0034, 0264, 0853 항목 등을 통하여 구체적으로 살펴보기로 한다.

(7)

0034 騰 늘 등/소슬 등/오를 등	0038 結 밀 결/미즐 결/맺을 결
0264 淸 시글 졍/서늘 쳥/서늘할 청	0392 疲 ᄀᆞᆺ블 피/잇쓸 피/가쁠 피
0408 麋 얼글 미/얼킬 미/얽을 미	0575 困 잇블 곤/ᄀᆞᆺ블 곤/곤할 곤

0597 用 뻐 용/쓸 용/쓸 용   0710 增 더을 중/더흘 증/더할 증

0777 遊 노닐 유/놀 유/놀 유   0853 接 브틀 졉/브틸 졉/졉할 졉

0034 '騰'이 들어 있는 구절 "雲騰致雨 露結爲霜"을 풀이하면 "구름이 올라가서 비가 되고, 이슬이 엉기어 서리가 된다."로 하는 것이 적절한 풀이로 보인다. '늘'보다는 '소슬'이 문맥에 어울린다.

0264 '淸'은 "臨深履薄 夙興溫淸"에 들어 있는 한자이다. 이 구절을 통해하면 "부모를 섬기는 사람은 마치 깊은 연못을 거닐 듯, 또는 엷은 어름 위를 걸어가듯 조심해야 한다. 그리고 아침 일찍 일어나 따뜻하게 또는 서늘하게 해드려야 한다." 정도가 될 것이다. 이를 통하여 보면 문맥에서의 '淸'의 뜻이 '시글'보다는 '서늘'로 하는 것이 합당하다.

0853 '接'은 "絃歌酒讌 接杯擧觴" 속에 나오는 한자이다. 接杯擧觴에서 '接'은 잔을 붙인다는 것이고 '擧'는 든다는 의미이다. 문맥에 충실하기 위하여 '브틀'의 사동형 '브틸'이 쓰였음을 알 수 있으며 이러한 예는 0408 麋 얼글 미/얼킬 미에서도 보인다. 이렇듯 『註千』에서는 주동과 사동의 문제까지 고려하여 새김을 달고 있음을 알 수 있다.

『石千』에 쓰인 새김 어휘가 일상어에서 이미 사어가 된 경우 현실성을 반영하여 유의의 다른 어휘로 교체한 경우가 있다. 이 때 『石千』의 훈과 『註千』의 자석으로 사용된 어휘 사이에는 그 의미영역이 완전하게 중첩되는 경우가 대부분이다. 이에 해당하는 항목 중 명사류에 속하는 것으로 다음 (8)과 같은 것들이 있으며 이 중 0065, 0136, 0479, 0791 등의 항목을 통하여 구체적인 사실을 살펴보기로 하자.

(8)

0065 海 바라 히/바다 히/바다 해   0078 官 구의 관/벼슬 관/벼슬 관

0136 場 맏 댱/마당 쟝/마당 장   0479 群 물 군/무리 군(羣)/ 무리 군

0450 筵 디의 연/자리 연/자리 연   0452 席 돗 셕/자리 셕/자리 석

0791 囊 ᄂᆞᄆᆞᆾ 낭/주머니 낭/주머니 낭 0852 宴 이바디연/잔치연(讌)/잔치연

0065 '海'를 뜻하는 고유어로 15세기 문헌에 "바를, 바ᄅᆞ, 바라, 바라ㅎ, 바다ㅎ, 바다" 등이 보인다. 『龍歌』를 비롯 중앙어에서 우세했던 것으로 보이는 '바를'형 어휘는 17세기까지의 문헌에서만 볼 수 있다. 그러나 '바다'는 15세기 이후 현대에 이르기까지 연면히 쓰여 온 단어이다. '바를'형 이 세력을 잃은 반면 '바다'형이 득세하면서 『註千』에서도 '바다'가 새김 으로 채택된 것이다. '바라'와 '바다'는 의미영역이 일치하는 어휘로 볼 수 있다.

0791 'ᄂᆞᄆᆞᆾ'과 그 음소적 표기형 'ᄂᆞᄆᆞᆺ'은 『釋譜』, 『月釋』, 『初杜解』, 『老解』 등 주로 이른 시기의 문헌에서 찾을 수 있으며 1737년에 간행된 『重內訓』에 마지막으로 보인다. 반면에 주머니는 15세기 문헌인 『楞解』를 비롯 각 시기의 문헌에 나타나며 오늘날까지 쓰이는 낱말이다. 유의경쟁에서 18세기 중엽이후 '주머니'가 살아남고 'ᄂᆞᄆᆞᆾ'이 소멸한 것으로 볼 수 있으며 이를 반영한 새김이 『註千』에 반영된 것이다.

0136 "맏〉마당"은 단음절어가 형태의 안정을 도모하기 위하여 이음절 화한 것이다. '마당'이 일반화 되면서 '맏'은 사어나 다름없는 단어가 되 었으며 '맏'의 의미영역을 '마당'이 그대로 승계한 것이므로 이 부류에 포 함시킨다.

0479 "물〉무리"의 경우도 형태의 안정을 꾀하기 위하여 단음절어가 이음절화한 것으로 볼 수도 있다. 그러나 '水'를 의미하는 고유어 '믈'이 원순모음화가 일어난 후 '물(水)'과의 동음충돌을 피하고자 "물〉무리 (群)"로 변천한 것이다. 일상어의 변화가 새김에 반영된 것이다.

『石千』에 쓰인 새김 어휘가 일상어에서 이미 사어가 된 경우 현실성을 반영하여 유의의 다른 어휘로 교체한 경우 중 동사류에 속하는 것으로 다음 (9)와 같은 예가 있다.

(9)
0194 悲 슬홀 비/슬플 비/슬플 비   0372 惻 슬홀 측/슬플 측/슬플 측
0390 動 뮐 동/움즉일 동/움직일 동   0565 多 할 다/만홀 다/많을 다
0810 飫 슬밀 어/슬홀 어/ 실컷먹을 어

0194와 0372는 동사 '슳다'의 관형사형 '슬홀'을 훈으로 삼았던 것이 형용사 '슬프다'의 관형사형 '슬플'로 새김이 교체된 것이다. 이는 동사 '슳다'가 소멸되자 이 단어에서 파생된 형용사 '슬프다'를 새김으로 끌어들인 것이다. 형용사 '슬프다'에서 다시 파생된 동사 '슬퍼ᄒ다'를 새김으로 사용할 수도 있었을 것이나 경제성의 원칙 등에 밀려 '슬플'이 채택된 것으로 볼 수 있다. 뮈다(動), 하다(多), 슬믜다(飫) 등도 『註千』의 시기에 이미 쓰이지 않았던 것으로 보이며 이로 인하여 현실을 반영한 어휘로 교체된 것이다.

3.3.3. 『石千』의 훈이 한자어인 것

각 한자에 대응되는 이상적인 새김은 고유어이어야 하나 한자어가 그 자리를 차지하고 있는 경우도 있다. 이는 표제한자에 대응하는 고유어가 없거나 있다고 하더라도 해당 한자의 의미를 정밀하고 구체적으로 표현하기 어려울 때 나타나는 현상이다. 『石千』에서 한자어를 새김으로 삼았던 항목들은 『註千』의 새김에서도 대부분로 한자어로 새김을 삼고 있다. 다만 문맥에 보다 부합되는 어휘로 대체되었음을 알 수 있다. 이

에 속하는 것들은 다음과 같다.

(10)

0385 性 셩 셩/셩픔 셩/셩품 셩	0439 仙 션인 션/신션 션/신션 션
0495 槐 괴화 괴/회화 회¹²/괴화나무 괴	0526 碑 빗 비/비셕 비/비석 비
0598 軍 군 군/군ᄉ 군/군사 군	0686 謙 겸손 겸/겸양 겸/겸손할 겸
0832 房 방 방/구돌 방/방 방	0848 床 상 상/평상 쟝(牀)/평상 쟝¹³
0940 姿 양ᄌ ᄌ/ᄌ틱 ᄌ/모양 자	0975 廊 힝낭 낭/뎐아래집 랑/행랑 랑
0921 恬 안졍 념/편안 톔/편안할 념	

『石千』과 『註千』의 새김이 유의관계에 있는 것 중 이상에서 논의하지 못한 것으로 (11)에서 제시할 3항목이 있다. 0206과 0386은 『石千』에서 동사류였던 것이 명사류로 바뀐 것이고 0158은 동사류였던 것이 부사류로 바뀐 것이다.

(11)

0158 敢 구틸 감/구틔여 감/구태여 감	0206 念 념홀 념/싱각 념/생각할 념
0386 靜 고요홀 졍/고요 졍/고요할 정	

---

12 한자 '槐'의 聲母가 우리나라 한자음에서 대부분 'ㅎ'으로 반영되는 匣母라는 점에서 '회화'는 이른 시기의 한자음이 반영된 새김으로 볼 수 있으며, '괴화'는 '槐'의 聲符 '鬼'에 유추된 변격음 '괴'를 바탕으로 형성된 새김으로 보이기도 한다. 일단 본고에서는 '회화'를 한자어에서 개주된 귀화어로 처리하기로 하며 '괴화'의 의미와 그 영역을 같이하는 것으로 보고자 한다.

13 0848의 한자가 『石千』에는 '床', 『註千』에는 '牀'으로 나오나 『註千』에서 '床'을 '牀'의 俗子로 밝히고 있으므로 논의대상에 포함시켰다. 『四體 千字文』을 비롯한 후대의 문헌에는 '牀'으로 나온다.

0202 '念'과 0386 '靜'의 새김은 동사류 '생각홀'과 '고요홀'로 하는 것이 문맥에 부합되나 음절을 줄여 경제성을 확보하기 위하여 명사류로 새김을 부여한 것으로 보인다.

0158 '敢'은 "恭惟鞠養 豈敢毁傷"이라는 구절에 나오는 한자이다. "豈敢毁傷"에서 서술어의 기능을 하는 '毁'와 '傷' 앞에 놓인 '敢'은 부사로 쓰일 수밖에 없다. 그러므로 이 한자의 새김은 『註千』에서 동사 '구틸'을 쓰지 않고 부사 '구틔여'라 한 것이다.

3.2. 『石千』과 『註千』의 새김이 유의어가 아닌 항목

이 부류에 속하는 것들이야말로 문맥지석을 반영한 『註千』의 편찬 태도를 극명하게 보여주는 부분이다. 복수자석이 달려 있는 경우 문맥지석을 최우선적으로 제시하고 본의지석이나 별의지석을 다음에 배치한 것에서 그 편찬 태도를 알 수 있다. 하지만 이 부류는 단수자석만을 제시하면서 기존의 『千字文』에 달려있는 새김을 고려하지 않고 문맥에 부합하는 것 하나만을 제시했다는 점에서 더욱 의미가 있는 것이다.

이 부류에 속하는 것 중 『石千』과 『註千』의 훈석 어휘가 품사를 달리한 항목들이 있는데 "0025 閏 부를 윤/윤들 윤"을 비롯하여 몇 개가 그것이다. '閏'은 "閏餘成歲 律呂調陽"이라는 구절 속에 들어있는 한자인데 문맥에서의 뜻은 '윤달'이다. 『石千』을 비롯하여 『光千』, 『石千』, 『訓蒙』 등에 '부를/부를'로 새김이 나오는 것으로 보아 이 한자의 전통적인 훈은 '부를/부를'이었던 것으로 보인다. 『註千』에서 문맥에 맞게 '윤달'로 개신되었다. 두 문헌에서 품사를 달리한 예는 (12)와 같다.

(12)

0025 閏 부를 윤/윤돌 윤/윤달 윤   0964 祐 복 우/도을 우/도울 우

0518 駕 멍에 가/메울 가/멍에 가   0561 俊 미욜 준/준걸 준/준걸 준

0891 想 스칠 샹/싱각 샹/생각 상

두 문헌에 모두 명사류로 나타나는 항목들도 『註千』에서 문맥을 중시
한 편찬자의 태도가 나타남을 알 수 있다. "0418 邙 터 망/뫼 망"의 경우
'邙'은 邑 + 亡의 형성자로 『說文』에 "邙 南洛陽北邙山上邑"으로 되어 있
는 것으로 보아 하남성의 고을 이름이었음을 알 수 있다. 그러나 『千字
文』의 "背邙面洛 浮渭據涇"이라는 구절 속에 나오는 '邙'은 邙山 즉 북망
산을 의미하는 것이다. 『石千』에 '터'라 했던 것을 『註千』에서 '뫼'라 한
분명한 이유, 즉 문맥의 의미를 중시한 태도를 알 수 있다. 이러한 태도
는 (13)과 같은 항목들에서 발견할 수 있다.

(13)

0418 邙 터 망/뫼 망/터 망   0458 階 드리 계/섬 기/섬돌 계

0659 南 앏 남/남녁 남/남녘 남   0664 稷 피 직/조 직/기장 직

0881 牋 죠희 젼/긔록 전/편지 전

이 부류에 속하는 항목 중 동사류에 속하는 것으로 (14)와 같은 예들
이 있다. 『註千』의 단수자석이 문맥을 반영한 것임을 "0528 '銘'을 통하
여 살펴보자. 이 한자는 "勒碑刻銘"이라는 句 속에 들어있는 글자이다.
'碑'를 제외하고 勒, 刻, 銘 세 자는 유의의 한자라 할 수 있으나 '勒'과
'刻'은 그 의미영역이 매우 비슷하고 '銘'은 좀 거리가 있다. 왜냐하면
『註千』에서 '勒'은 "사길 륵 刻也"라 했고 '刻'은 "사길긱 鏤也"라 했으며

'銘은 "긔록홀 명 志也名也"라 했기 때문이다. 『石千』의 訓 '조을'이 『註千』에서 '긔록홀'로 된 것은 '銘'이 단순히 돌을 쪼는 것에 그치지 않고 글자 같은 것을 새기어 기록한다는 것이 문맥의 의미이므로 이를 반영한 것이다.

(14)

0528 銘 조을 명/긔록홀 명/새길 명　0544 營 지을 영/헤아릴 영/경영할 영

0604 漠 아득홀 막/너를 막/아득할 막　0641 曠 너를 광/ 빌 광/밝을 광

0669 勸 권홀 권/힘쓸 권/권할 권　0736 寥 괴오 료/빌 료/고요할 요

0737 求 구홀 구/ᄎ즐 구/구할 구　0951 朗 물글 랑/블글랑/밝을 랑

4. 결론

『千字文』이 우리나라에 들어온 후 한자·한문의 초학서로 굳건한 위치를 지키며 여러 번에 걸쳐 간인되었거나 필사되었다. 이들 『千字文』 중 일반적인 형태는 하나의 한자에 하나의 새김과 음이 달려 있는 一字一訓本이며 그 대표적인 것이 『石千』이다. 그런데 一字數義의 특징을 지닌 한자의 특성과 문맥지석을 고려하여 편찬된 것이 『註千』이다.

본 연구는 문맥지석을 중시하면서 일자수석을 지향했던 『註千』에 특이하게도 단수자석이 달려 있는 항목을 연구 대상으로 하였다. 『註千』의 단수자석이 『石千』의 훈과 동일어로 나타나는 항목과 그렇지 않은 항목으로 나누어 탐구한 결과 다음과 같은 사실을 확인할 수 있었다.

『註千』에는 1,000자 중 418자의 한자에 단수자석이 달려 있으며 이들 새김은 대부분 문맥과 관련 있는 단어이다. 418개 단수자석 항목 중 『註

千』과『石千』의 새김이 형태론적 관점에서 동일어로 볼 수 있는 것은 345개다. 이들 항목들을 세밀히 검토하지는 못하였으나 여기에 나타나는 새김은 대부분 문맥지석이면서 동시에 상용지석이다.

『石千』과『註千』의 새김이 동일어가 아닌 항목은 72개인데 유의관계에 있는 것이 54항목이며 그렇지 않은 것이 18항목이다.『石千』에서 고유어를 새김으로 삼았던 것 중『註千』에서 비슷한 의미를 지닌 한자어로 새김이 달라진 것이 있다. 이 부류에 속하는 것들은 두 유형으로 나누어 볼 수 있는데 하나는 고유어가 사어화되면서 일상어에서 쓰이지 않게 되자 한자어로 개신된 경우이다. 그리고 다른 하나는 의미영역이 광막한 고유어보다 구체적인 의미영역을 표현하는 한자어로 새김을 교체, 문맥에 부합되게 하려고 한 것이다.

유의관계에 있는 것으로『石千』과『註千』의 새김이 모두 고유어이나『註千』에서 문맥에 충실한 새김을 반영한 것도 있다. 이런 현상은 한자어 새김의 경우도 마찬가지이며 표제한자의 의미를 보다 정밀하게 표현하기 위한 편찬자의 노력이 반영된 것이다.

『石千』과『註千』의 새김이 유의어가 아닌 항목들이야말로 문맥지석을 반영한『註千』의 편찬 태도를 극명하게 보여주는 예들이다. 문맥에 맞는 새김을 위하여『石千』의 훈과 품사를 다르게 하거나 동사류의 경우 주동형을 사동형으로 교체하는 등의 노력을 기울인 예도 발견할 수 있다.

일자일훈을 지향한 일반적인 형태의『千字文』에서 벗어나 문맥지석과 한자가 지닌 일자수의의 특성을 감안하여 편찬된 것이『註千』이다. 복수자석을 지향한 것으로 보이는『註千』의 편찬 의도와는 달리 단수자석만을 보여주는 항목들에 대한 탐구를 이상으로 마치려 한다. 비록 단수자석을 제시한 항목의 경우도 그 편찬 의도를 살려 상용지석이 아닌 문맥지석을 새김으로 삼았음을 확인할 수 있었다. 부분적으로 일자일훈 본의 간섭으로 문맥지석을 외면한 경우에 대하여도 구체적인 검토가 있어야 할 것이다.

제11장 四體『千字文』과 문맥지석의 반영

1. 서론

한자·한문의 입문서인『千字文』은 1,000개의 개별 한자에 각각 하나만의 음과 훈을 달아놓는 것이 가장 일반적인 형태이다. 石峰『千字文』을 비롯하여 비교적 이른 시기에 간행된 책들이 모두 이런 형식을 취하고 있는데 광주판과 일본의 대동급기념문고에 소장되어 있는『千字文』등이 모두 이 부류에 속한다. 1,000개의 개별 한자에 각각 하나씩의 훈과 음만을 제시했다하여 이 부류의『千字文』을 一字一訓本이라 한다.

『千字文』은 그 명칭에 '文'이 결합되어 있는 것에서도 알 수 있듯이 단순히 1,000자의 한자만을 모아 놓은 것이 아니다. 사자일구 도합 250구, 125절로 된 고시문의 성격을 지니고 있다. 그러므로 각 구와 절의 의미를 알기 위해서는 해당 한자가 문맥에서 지니고 있는 뜻을 정확하게 파악하여 접근하여야 한다. 그러나 기초적인 한자를 익힌 후 궁극적으로 한문 공부로 나아가기 위한 가장 이른 단계 즉, 한자 학습의 초기 단계에서 각 구와 절이 지닌 깊은 뜻까지 파악하게 하는 것은 적절하지 못한 일이다.

더구나『千字文』을 학습하는 계층이 공부를 시작하는 아동들이 대부분이라는 점을 감안하면 각 구절이 품고 있는 의미까지 익히게 하는 것은 학습단계상 무리임을 짐작할 수 있다. 이러한 까닭에 일반적인 형태의『千字文』들은 개별 한자가 지닌 일차적인 의미를 나타내는 우리말 단어 하나만을 제시하여 책으로 꾸몄다. 一字數義 즉 문맥에 따라 몇 가지 뜻으로 쓰일 수 있는 것이 한자가 지닌 특성이지만 이 특성을 고려하지 않고 대표적인 석만을 제시하는 것이 일반적인 형태의『千字文』이다. 이런 연유 때문에 우리는 같은 음을 지닌 한자를 구분하는 방식으로 상용지석을 활용하기도 한다.

오늘날 전해지고 있는『千字文』중 비교적 이른 시기의 것들은 대부분 일자일훈본이다. 그러나 후대로 오면서 문맥의 의미를 나타내는 문맥지석을 우선적으로 고려하고, 상용지석이나 본의지석도 배려한 특이한 형태의『千字文』이 출현하는데 註解『千字文』이 그것이다. 또한 습자교본을 겸한『千字文』도 보이는데 그 중의 하나가 본고의 논의 대상인 四體『千字文』이다. 四體『千字文』이라는 책이름만을 놓고 보면 습자교본에 무게가 실려 있는 책으로 보이나 이 책 역시 편찬자가 비중을 둔 부분은 개별 한자에 각각 하나의 자석과 자음을 단 것과 각 구마다 한글로 통해를 달아 놓은 것이라 할 수 있다.

본 장에서는『四千』의 개별 한자에 달려 있는 자석과 통해 속에서 추출할 수 있는 문석 어휘에 대하여 관심을 기울이기로 한다. 하나의 한자에 하나의 자석만이 제시된 일반적인 형태의『千字文』에 나오는 상용지석을 우리는 한자의 '訓'이라 하였다. 그러므로『千字文』중 일자일훈본에 나오는 우리말 어휘는 각 한자의 일차적이고 대표적인 상용지석으로 보아 무리가 없다고 보아왔다. 그러나『四千』의 경우 하나의 한자에 하나의 자석이 제시되었지만 각 구의 의미를 풀이한 통해의 영향으로 문맥의 뜻이 반영된 경우가 있을 것이라는 가설을 바탕으로 이 논의는 출발한다.

『四千』의 통해에서 추출된 문석이 자석과 동일어인 항목을 본 연구의 일차적인 자료로 삼고자 한다. 그러나 이에 속하는 모든 자료를 다른 문헌과의 대비 없이 탐구하는 것은 이 책에 보이는 자석의 특징을 파악하는데 어려움이 따른다. 문석을 함께 보여주는 이 책의 자석이 지닌 특징을 분명하게 파악하기 위해서는 상용지석이 반영된 다른 문헌과의 대비가 필요하다. 이를 위하여 일자일훈본인 『石千』의 자석을 대비 자료로 삼기로 한다.

문석과 동일어로 나오는 『四千』의 자석이 일자일훈본의 그것과 일치하는 경우는 문맥지석이 해당 한자의 상용지석이 되는 셈이다. 그러나 『四千』과 일자일훈본의 자석이 동일어로 되어 있지 않은 경우는 일자일훈본이 상용지석을 반영한 것인 반면 『四千』은 문맥지석을 반영한 것이라 할 수 있을 것이다. 본 연구의 목적이 문맥지석이 반영된 『四千』자석의 실태를 파악하고자 하는 것이므로 이 책의 자석과 문석이 동일어로 되어있는 항목을 일차자료로 하기로 한다. 이 일차자료 중 대표적인 일자일훈본인 『石千』의 자석과 일치하지 않는 것만이 본고의 논의 대상이다.

요컨대 본고의 대상이 되는 항목은 『四千』의 자석과 문석이 동일어이면서 『石千』의 자석과는 동일어가 아닌 것이다. 이들 항목에 대한 실태 파악은 『四千』에 실려 있는 자석의 특징을 밝히는데 기여할 것이며 나아가 이 책의 자료적 성격도 알게 해 줄 것이다. 또한 개별 한자가 지니고 있는 의미를 표현하는 우리말 어휘에 대한 명칭 즉, 새김, 訓, 釋 등의 개념을 분명하게 정의하는 데에도 이론적 기초를 제공할 것이다. 더불어 한자·한문 교육을 위한 표준 새김 설정에도 참고가 될 것으로 기대한다.

2. 『四千』의 자료적 성격

두루 아는 바와 같이『千字文』은 일천자의 개별 한자를 단순히 나열한 것이 아니고 사자일구 도합 250구, 125절로 이루어진 한 편의 시문이다. 그러나 우리나라에서는 이런 점에 크게 의미를 두지 아니하고『千字文』에 나오는 일천자의 개별 한자에 오직 하나의 음과 훈을 달아 한자·한문의 입문서로 사용해 온 것이 일반적인 현상이었다. 그 결과 우리나라에서 간인되었거나 필사된 대부분의『千字文』은 일자일훈본이다. 하지만 시대의 변화와 교수학습자의 욕구가 반영되어 비교적 늦은 시기에 오면서 각 구를 통해한『千字文』이 출현하였다.『註千』과『四千』등이 그것인데 본장에서는 이들『千字文』이 출현하게 되는 배경과 그 계통적 측면을 간략하게 살펴보고 새김 어휘 연구의 관점에서『四千』을 비롯한 이들『千字文』이 지니고 있는 자료적 특징 내지는 가치에 대하여 기술하기로 한다.

2.1. 『千字文』의 계통과 석음 표기 방식

중국 양나라 무제의 명을 받아 주흥사가 지었다고 전해지는『千字文』은 우리나라를 비롯한 동아시아에서 한자입문서로 널리 애용되었다. 그 결과 이 책은 그 수를 알 수 없을 정도로 간인되었거나 필사되었다.[1] 간인의 주체는 중앙관서를 비롯하여 지방관서, 사찰 등 공공기관은 물론

---

1 안병희(1992: 180)에서는 1585년(선조 18)의 許筠 續撰本『攷事撮要』에 등록된 팔도 책판 중『千字文』은 31종에 이른다고 하였으나 실제 거의 그 배수에 이를 것으로 추정하였다. 또한 안미경(2004: 145~146)에서는 조선시대 책판 목록을 분석한 결과『千字文』은 팔도에서 총 117건이 조사되었다고 하였다.

사가본이나 방각본도 다수 있는 것으로 보아 개인적 목적이나 상업적 목적으로도 여러 차례 刊印되었음을 알 수 있다.

현재 남아있는『千字文』중 중앙관서에서 간행한 것이면서 조선시대 국가에서 공인한 것으로 볼 수 있는 대표적인 책이『石千』이다(〈사진 2〉 참조). 이 책은 1583년(선조 16)에 처음 간행된 후 여러 차례 판을 거듭 하였는데 원간본과 더불어 1650년(효종 1), 1691년(숙종 17), 1754년(영조 30)에 각각 교서관에서 증보 또는 중간된 판본이 현재 전해지고 있다. 이 책의 거듭된 간행을 통하여 우리는 한자·한문의 초학서로서 흠정본 이라 할 수 있는『石千』이 지녔던 위세를 가히 짐작할 수 있다. 또한 이 책에 보이는 한자의 서체를 비롯하여 석과 음이 국어교육과 언어생활에 끼쳤던 영향과 파급효과도 대단했던 것으로 보인다.

『石千』에 앞서 간행된 것으로 光州板『千字文』(1575년 간행,〈사진 1〉 참조)과 일본의 대동급기념문고에 소장되어 있는 간기 없는『千字文』이 있음을 두루 아는 바이다. 이 두 책은 소위 '潔'자본으로 자번 161에서 164에 나오는 句가『石千』에는 "女慕貞烈"이나 "女慕貞潔"로 되어 있다. 표제 한자가『石千』이후의 모든 판본에는 '烈'로 되어 있으나 광주판 『千字文』과 대동급기념문고 소장본에는 '潔'로 되어 있는 것이다. 이는 『石千』이후 판본에서 확인되는 한자는 '烈'자 일색이나 그 이전에 간행 된 판본에서는 '潔'자도 확인할 수 있는 것이다. 사정이 이렇게 된 것은 『石千』에 이르러 정본을 만들면서 이전에 존재했던 '烈'과 '潔'이 '烈'로 정리된 것으로 보인다.

여기서 필자는 정본『千字文』의 제정과 더불어 단순히 하나의 한자가 교체된 것에 그치는 것이 아니라 각 한자의 서체는 물론 표제 한자에 부 여된 새김과 음의 표준화에 주목하고자 한다. 왕희지의 서법에 바탕을 둔 것이기는 하나 한석봉의 독특한 서체 寫字官體는 후대에 큰 영향을 주었으며 해서체를 익히는 습자교본의 역할을 하였다. 표제 한자에 달려있는 자석을 비교해 보면 '潔'자본과 '烈'자본이 상당히 다름을 알 수 있다. 이에 대한 구체적인 논의는 그동안 여러 학자들에 의하여 검토되었기에 여기서는 논외로 하기로 하나『石千』에 와서 새김은 대대적인 개신과 표준화가 이루어졌음을 지적해두기로 한다.

<s�진 1> 광주판『千字文』

<사진 2> 석봉『千字文』

한자·한문 학습의 표준을 제시한『石千』도 시대의 변화와 더불어 그 권위를 잃어 가면서 새로운 형태의『千字文』이 출현하게 된다. 하나의 한자에 하나의 대표적인 새김만을 고집하던 기존의 형식에서 벗어나 일자수석을 지향하며 각 구의 의미를 제시한 전혀 새로운 형태의『千字文』이 출현하게 된다.『註千』이 그것인데 1752년(영조 28)에 홍성원의 글씨를 판하로 하여 남한 개원사에서 원간본을 간행하게 된다. 이 책 또한 중간되었는데 1804년(순조 4) 경성 광통방 신간이라 하여 홍태운의 글씨로 간행된 것이 그것이다(〈사진 3〉 참조).

『石千』과 광주판『千字文』등이 일자일훈본인 것과는 달리『註千』에

는 각 한자에 새김을 두 개 이상 달아 놓은 것이 많으며 각 한자의 자의
를 한문으로도 풀이하였고 성점, 청탁 및 전서까지 제시하고 있다. 또한
각 구마다 한문으로 통해를 달아놓았다. 『千字文』에서 가장 먼저 나오
는 첫 번째 구 "天地玄黃"에 대하여 『石千』에서는 "天 하늘 텬, 地° 따 디,
玄 가믈 현, 黃 누를 황"이라 하였다. 그러나 『註千』에서는 "天 한을텬
至高無上, 地 싸디 土~ (本)墜, 玄 감을현 黑而有赤色 幽遠, 黃 누르황
中央色" 등과 같이 각 한자의 주해로만 그치는 것이 아니라 이 4자로 된
구 '天地玄黃'에 대하여 "此言 天地之始也 易曰 天玄而地黃 天覆於上而
色玄 地載於下而其色黃也"와 같이 한문으로 통해하였다.

  一字數釋本으로 칭할 수 있는 『註千』의 성격과 새김의 특징에 대하여
는 제9장과 제10장에서 그 대강을 논의한 바 있으므로 여기서는 표제 한
자와 관련하여 살피기로 한다. 『註千』역시 『石千』과 같이 '烈'자본이다.
그러나 자번 778번과 915번의 한자가 다르다. 『石千』에는 '鷗과 '遼'로
되어 있고 『註千』에는 '鯤과 '僚로 나온다. 이는 방각본인 『註千』의 잘
못이라 할 수 있겠으나 사정은 그렇지 않다. '鷗과 '遼'를 각각 '鯤과 '僚
로 고치면서 이들 한자를 속본에서 '鷗과 '遼'라고 하나 잘못이라고 분명
히 기록하고 있다.[2] 『註千』에서 속본이라고 한 것에는 『石千』도 포함되
는 것이니 이는 편찬자 한 개인의 생각이라기보다는 분명한 근거가 있
기 때문일 것이다.

  『千字文』정본으로 가히 흠정본이라 할 만한 『石千』을 속본으로 취급
하며 당당하게 출현한 『註千』은 그 새김에 있어서도 혁신적이라 할 수
있다. 문맥지석을 우선하여 맨 앞에 제시하고 상용지석과 본의지석은
뒤에 배열하는 형식을 취하였다. 이는 기존의 일자일훈본이 표제 한자

---

2 俗本作鷗誤 『註千』33b, 俗本作遼誤 『註千』39a.

의 상용지석 또는 본의지석이라고 할 수 있는 하나의 새김만을 달아 놓은 것과는 그 방식에 있어서도 크게 다른 것이라 할 수 있다.

<사진 3> 註解『千字文』

<사진 4> 四體『千字文』

1443년(세종 25)에 훈민정음이 창제되었음에도 불구하고 조선시대 사대부 계층은 한자·한문을 사용하여 문자생활을 영위하였다. 그 일단을 『註千』의 각 구에 제시된 통해를 통하여도 확인할 수 있다. 앞에서 예를 들어 보였듯이 이 책의 통해에는 한문이 동원되었다. 그런데 각 句가 지닌 뜻을 한글로 통해한 『千字文』이 출현하는데 이는 비교적 최근에 와서의 일이다. 본고의 논의 대상인 『四千』이 그것인데 이 책은 1945년에 광한서림에서 석인본으로 간행한 것이다(〈사진 4〉 참조).『註千』에서 보았던 첫 번째 구를 통해한 한문 "此言 天地之始也 易曰 天玄而地黃 天覆於上而色玄 地載於下而其色黃也"은 『四千』에서 한글로 표기되어 "하날은 우에 덥힌 고록 빗시 감고 짜는 아래 실인 고로 그 빗시 누루이라"와 같이 바뀌었다.

통해를 한글로 달아놓은 『四千』의 출현은 문자생활의 변화와도 무관하지 않은 것으로 이해할 수 있다. 한문의 사용보다 한글문장의 사용이 보편화 되어가는 시점에 시대를 반영하고 상업성을 추구하기 위한 변화는 당연한 것이기 때문이다. 그런데 『四千』은 『註千』에 한문으로 되어 있던 통해를 한글문장으로 바꾼 것만이 아니고 상당한 변화를 꾀하였음을 알 수 있다. 우선 표제 한자에서도 『註千』과 다른 것이 발견된다. 『石千』과 같이 '烈'자본이기는 하나 『註千』에서 교체되었던 '鯤'과 '僚' 중 후자가 다시 '遼'로 교체되었다. 그러므로 이 책은 표제 한자만 놓고 볼 때 『石千』과 하나의 한자(자번 778의 鯤과 鷗)만 다르다는 것을 알 수 있다. 그리고 자석의 경우 일자수석의 방식을 채택했던 『註千』과는 달리 일자일훈[3]의 방식을 채택하여 『石千』과 같은 방식으로 복귀하였다.

2.2. 새김 어휘와 관련한 『四千』의 자료적 성격

본 연구의 논의 대상인 『四千』은 을유년(1945) 10월 15일 경성부 동대문구 창신정 142번지의 3호에 주소를 둔 광한서림에서 발행하였다. 석인본이며 책의 표제를 단순히 『千字文』이라 하지 않고 그 앞에 '四體'를 넣은 것은 편찬 의도 중 중요한 것이 습자교본임을 추측하게 한다.[4] 그러

---

3 앞으로 검토되겠지만 『四千』의 자석 중에는 상용지석이 아닌 문맥지석을 채택한 것이 있으므로 '一字一訓'이라는 표현보다는 '一字一釋'이라는 표현이 더욱 적합하다. 그동안 하나의 표제 한자에 하나의 새김만을 달아 놓은 경우 '一字一訓'이라는 표현을 써왔으므로 본고에서도 독자들의 혼란을 피하기 위하여 '一字一釋'이라는 표현은 자제하기로 한다.

4 이 책은 매 구의 상단에 세 가지 서체(隸書, 行書, 草書)를 제시하고 있다(〈사진 4〉참조). 본문 대자인 해서체와 더불어 서체가 모두 사체가 되므로 四體 『千字文』이라 하였다. 『千字文』이 문자 학습은 물론 습자교본으로서도 매우 중요한 역할을 하였다는 것을 이 책을 통하여 분명히 알 수 있다. 다종다양한 『千字文』의 유형과 관련하여 그 편찬 목적에 대하여는 제5장 『千字文』 편찬의 변모 양상에서 자세히 논의하였다. 본 장에서는 이 책에 나오는 국어 어휘 즉 새김이 대상이므로 서체, 편찬방식 등에 대하여는 깊게 논

나 정작 이 책의 내용은 일천자의 한자에 새김과 음이 각각 하나씩 정연하게 제시되어 있음은 물론 4자로 된 매 구마다 통해를 한글로 붙여 놓았다. 상단에 간략하게 제시된 서체보다 기본적으로『千字文』이 지향하는 표제 한자의 석·음과 통해에 비중을 두고 편찬되었음을 알 수 있다.

각 한자마다 음과 훈을 하나씩 제시한 것은 비교적 이른 시기에 간행된 광주판『千字文』을 비롯하여『石千』 등으로 이어지는 전통이다.『四千』 또한 일자일훈본의 전통을 따라 하나의 한자에 하나의 새김만을 제시하고 있다. 다만 각 한자의 음은 자석과 더불어 한국 한자음을 제시하고 표제 한자의 상단 우측에 중국 한자음을 기록하여 놓았다. 광주판『千字文』이나『石千』 그리고『註千』에서 볼 수 없었던 중국한자음 표기가 나온다는 것이 특이한 것이라 하겠다.

『四千』이 표제 한자에 대하여 하나의 새김만을 제시한 것은 가장 일반적인 형태인 일자일훈본의 전통을 이은 것이라고 할 수 있다. 그런데 사자로 구성된 매 구마다 통해를 덧붙인 것은『註千』의 방식과 분리하여 생각하기 어렵다. 시대의 변화와 독자의 편의를 위하여 한문으로 되어 있던 것을 우리말로 풀이하여 한글로 표기한 것이기 때문이다. 요컨대 개별 한자에 대하여는 일자일훈의 전통을 따랐고 사자일구, 도합 250개 구를 통해한 것은 앞서 간행되었던『註千』이 지녔던 형식과 일치하는 것이다.

우리나라에서 전통적으로 입문 단계에서 한자를 교습할 때 표제 한자의 음과 더불어 하나의 새김만을 가르치고 익히게 하는 것이 일반적이다. 일자수의의 특성을 지니고 있는 것이 한자이기는 하지만 각 한자가 지닌 여러 가지 의미를 모두 가르치는 것은 초기 단계에서는 효율적이

의하지 않기로 한다.

지 못할 뿐만 아니라 학습자에게 부담과 혼란을 줄 수 있기 때문이다. 이런 이유 때문에 일자일훈본의 새김에는 표제 한자가 지닌 제1차적인 의미를 나타내는 우리말 단어가 선택되었다고 할 수 있다. 즉 새김 중에서 대표적인 새김, 상용지석이 일자일훈본의 새김으로 쓰인 것이다.

일자수석을 지향했던 『註千』의 경우 통해를 위한 보조적인 기능을 표제 한자의 새김이 부분적으로 담당하였다고 할 수 있다. 이런 이유 때문에 자석을 제시하는 순서는 해당 한자가 문맥에서 쓰이는 의미를 지닌 말 즉, 문맥지석을 우선하여 제시하였다. 그리고 문맥지석 뒤에 (本) 또는 (又)라는 표지를 한 후 문맥과는 관련 없는 본의지석이나 상용지석을 제2, 제3의 위치에 배열하였다. 이러한 『註千』의 자석 배열 순서는 기존의 『千字文』이 문맥과는 관련 없이 상용지석 하나만을 제시하는 방식과는 확연히 다른 것이다.

이를 통하여 우리는 광주판 『千字文』을 비롯, 『石千』 등 일자일훈을 제시한 『千字文』의 편찬 의도는 상용지석만을 학습하게 하고자 하는 데 있었던 것으로 추측된다. 반면에 『註千』은 일자수의 즉 각 한자가 지니고 있는 다양한 의미를 알게 함은 물론 나아가 각 句가 지니고 있는 뜻도 알게 하고자 하는 데 있었다고 본다. 그런데 본고의 논의 대상인 『四千』의 새김 부여 태도는 일자일훈본의 그것과도 그렇다고 『註千』의 새김부여 방식과도 다른 것으로 파악된다. 표제 한자에 대하여 하나의 새김을 부여하였으나 우리말 통해를 고려한 것으로 보이기 때문이다. 즉 『四千』의 자석은 일자일훈을 지향하였으나 문맥지석을 상당부분 고려한 것으로 보이기 때문에 상용지석만을 중시하여 새김을 부여한 기존의 책들과는 다른 측면이 있다고 할 수 있다.

어떻게 보면 『四千』은 개별 한자마다 석과 음이 달려있다는 측면에서는 소위 석음자료이다. 또한 사자일구 도합 250구, 125절을 문장 내지는 시구로 볼 때 이를 통해한 부분은 언해자료라 할 수 있다. 그러므로 이 책은 석음자료와 언해자료의 성격을 동시에 지니고 있는 소중한 자료라 할 수 있을 것이다. 석음과 언해를 동시에 보여주는 자료를 통하여 우리는 하나의 한자가 자석과 문장 내에서의 풀이에서 어떻게 달라질 수 있는가를 파악할 수 있기 때문이다.

필자는 석음자료에서 각 한자에 달려있는 새김과 그 한자가 언해문에서 풀이될 때 나타나는 우리말 단어를 지칭하는 용어를 각각 자석과 문석이라 칭하였다. 『四千』이야말로 자석과 문석을 동시에 보여주는 자료이므로 이들 자료를 정밀하게 비교, 분석하면 자석 어휘의 특징을 파악할 수 있을 것이다. 또한 동일한 시기에 동일인이 자석과 문석의 어휘를 선택할 때 보여준 태도도 분명하게 파악할 수 있을 것이다. 동일한 한자에 대응되어 나타나는 자석과 문석의 비교 검토는 자석 어휘가 지닌 보수적 특징을 실증적으로 알게 할 뿐만 아니라 국어 어휘의 역사적 연구에서 고려하여야 할 사항을 알게 하여 줄 것이다.

자석과 문석을 함께 보여주는 문헌 중 비교적 이른 시기에 간행된 것으로 『百聯抄解』東京大本이 있다. 졸고(1995, 1997a, 1997b)는 이미 이 문헌에 출현하는 한자의 자석과 연구에 나타나는 해당 한자의 문석을 비교, 검토한 바 있다. 당시의 탐구와 『註千』에 대한 논의를 통하여 새김, 訓, 釋의 개념을 정의한 바 있으나 『四千』의 새김을 검토하게 되면 더욱 그 정밀도를 높일 수 있을 것으로 기대한다.

『四千』에 보이는 자석과 문석을 비교하여 각각 그 특징을 파악함은 물론 이 문헌에 나오는 새김의 특징을 알기 위하여 다른 『千字文』에 보이는 새김과의 대비도 필요하다. 특히 상용지석을 새김으로 삼은 『石千』의 새김과 대비하여 보는 것은 『四千』에 와서 일어난 자석의 변화를 파악하는 손쉬운 방법이 될 것이다. 이렇듯 『四千』은 비교적 늦은 시기에 간행된 문헌이기는 하지만 그 자료적 성격으로 인하여 여러 각도에서 탐구해 볼 가치가 있다 하겠다.

3. 『四千』에서 문맥지석이 반영된 자석에 대한 검토

개별 한자에 대한 자석과 네 자가 모여 이룬 하나의 句를 풀이한 통해에서 특정 한자의 풀이가 동일어로 되어 있는 항목이 본 연구의 대상이다. 즉 『四千』에 보이는 표제 한자의 자석과 문석이 동일어로 되어 있는 것이 일차적인 검토 대상이다. 그런데 『石千』을 비롯한 일자일훈본의 경우도 각 句에 대하여 통해가 달려있지 않을 뿐이지 문맥과 일치하는 자석이 달려있는 경우도 허다하다. 이러한 현상은 『千字文』의 상용지석이 문맥의 뜻과 합치되는 경우라 할 수 있을 것이다. 대체로 이 경우에 속하는 항목은 『四千』의 새김과도 일치하는 경우가 대부분일 것임을 짐작할 수 있다.

일자일훈본에 보이는 자석과 『四千』의 새김이 동일어로 되어 있는 항목에 대한 검토는 『四千』에 보이는 자석의 특징을 파악하는 데는 별다른 의미를 갖지 못한다. 통해의 영향으로 상용지석이 아닌 문맥지석을 반영한 항목에서 우리는 『四千』 자석의 특징을 찾을 수 있는 것이다. 이런 점을 고려하여 본 연구에서는 『四千』의 자석과 문석이 동일어이나 상용지석을 반영한 것으로 보이는 『石千』의 자석과는 동일어가 아닌 항목만을 연구대상으로 삼고자 한다.

『四千』의 간행이 『石千』보다 약 4세기 후에 이루어진 것이므로 동일한 형태 즉 동일어를 표기하는 방식에서 차이가 있을 수 있다. 음운변화를 표기에 반영한다거나 음소적 표기를 형태적 표기로 변화시킨 것 등이 그 예라 할 수 있을 것이다. 동일어로 판단할 수 있는 이러한 항목은 당연히 본 연구의 대상에서 제외되며, 『石千』에 쓰였던 어휘의 소멸로 『四千』에서는 유의어로 대체된 경우는 연구대상에 포함시키기로 한다.

결국 자석과 문석이 일치하는 『四千』의 새김 중 『石千』의 자석과 동일어가 아닌 항목을 대상으로 본 장의 연구를 진행하기로 한다. 그런데 이 부류에 속하는 항목들은 다시 두 유형으로 분류되는데 『四千』의 자석과 『石千』의 자석이 유의관계에 있는 것과 그렇지 않은 것이 그것이다.

3.1. 『四千』의 자석과 『石千』의 자석이 유의관계에 있는 것

두 책의 표제 한자에 달려 있는 자석의 의미 관계를 대비해 보면 유의관계에 있는 것이 그렇지 않은 경우보다 많다. 『四千』에 사용된 자석이 『石千』의 자석과 동일어로 되어 있지는 않지만 비슷한 뜻을 지닌 다른 단어로 된 것은 몇 가지 원인이 있다. 그 원인 중 하나는 『石千』에 쓰였던 어휘가 일상어에서 소멸되었거나 그 과정에 있기 때문이다. 더불어 『石千』에 쓰였던 어휘가 의미변화를 입어 표제 한자의 자석으로 적합하지 않게 되었기 때문이다. 그리고 또 다른 원인은 『四千』의 자석이 문맥의 의미에 가장 적합한 단어를 선택하여 부여했기 때문으로 보인다.

『石千』에 쓰였던 어휘의 소멸로 현실에 맞는 어휘가 대체된 예로는 (3-1)과 같은 것이 있다. 자료를 제시하는 방식은 자번, 표제 한자, 『石千』의 자석 : 『四千』의 자석-『四千』의 문석 순으로 제시하기로 한다. 즉 『千字文』의 57번째 한자 '果'에는 『石千』에 '여름 과', 『四千』에 '실과 과'로 각각 자석과 자음이 달려있으며, 이 한자가 들어있는 구를 통해한 문장에서는 '실과'라는 문석이 추출된다는 의미를 담고 있는 것이다.

(3-1)

0024 藏 갈물 장 : 감츌 댱 - 감쥬나니라   0057 果 여름 과 : 실과 과 - 실과

0078 官 구의 관 : 벼슬 관 - 벼살   0085 乃 사 내 : 이에 내 - 이에

0136 場 맏 댱 : 마당 댱 - 마당   0226 因 지즐 인 : 인할 인 - 인하나니

0230 緣 말미 연 : 인연 연 - 인연하나이   0257 臨 디늘 림 : 림할 림 - 림한

0279 取 아올 취 : 가질 취 - 가져스니   0357 同 오힌 동 : 한가지 동 - 한가지

0376 離 여흴 리 : 써날니 - 써나지   0398 物 것 믈 : 만물 물 - 만물

0450 筵 디의 연 : 자리 연 - 자리   0466 通 ᄉᆞ무츌 통 : 통할 통 - 통하니

0487 壁 ᄇᆞ름 벽 : 벽 벽 - 벽   0565 多 할 다 : 만을 다 - 만흐니

0575 困 잇블 곤 : 곤할 곤 - 곤하니   0579 滅 ᄠᅦᆯ 멸 : 멸할 멸 - 멸하니

0626 門 오래 문 : 문 문 - 문   0665 稅 낙 셰 : 부셰 셰 - 부셰하야

0685 勞 잇쌜 로 : 수고러을 로- 수고하고   0713 殆 바드라올 틱 : 위태 틱 - 위

                                                    틱하고

0731 閑 겨르 한 : 한가 한 - 한가한   0765 梧 머귀 오 : 오동 오 - 오동

0766 桐 머귀 동 : 오동 동 - 오동   0773 落 딜 낙 : 써러질 락 - 써리지는

0791 囊 ᄂᆞ뭇 낭 : 주머니 낭 - 주머니   0796 畏 저흘 외 : 두려을 외 - 두려온

0808 腸 애 댱 : 창자 장 - 창자   0810 飫 슬밀 어 : 스를 예 - 슬으니

0835 圓 두련 원 : 둥글 원 - 둥글고   0843 夕 나죄 셕 : 져녁 셕 - 져역

0852 宴⁵ 이바디 연 : 잔채 연 - 잔치하니   0933 竝 굴올 병 : 아오를 병 - 아올나

0948 催 뵈알 최 : 재촉 최 - 재촉하니   0950 暉 힛귀 휘 : 날빗 휘 - 날빗치

(3-1)에 제시된 36개 항목 중 "0024 갈물, 0835 두련, 0852 이바디" 등은
이 어휘들이 의미변화에 의해 표제 한자의 뜻을 정확하게 표현 할 수 없

---

5 『四千』의 표제 한자 자형은 '讌'이다.

게 되자 "감츨, 둥글, 잔채" 등으로 자석 어휘가 대체된 것으로 볼 수 있다. 그리고 다른 항목들은 『石千』에 사용된 어휘가 『四千』이 간행된 시기에 일상어에서 이미 소멸된 것들이다.

유의의 다른 어휘로 대체된 이들 항목의 특징을 살펴보면 품사의 이동은 거의 없다는 것을 알 수 있다. 자번 0357, 1개 항목만이 동사류에서 명사류로 이동되었을 뿐이다.[6] 결국 『石千』에서 명사류 19개, 동사류 17개였던 것이 『四千』에서 명사류 20개, 동사류 16개로 변화되었음을 알 수 있다. 『石千』의 고유어 훈이 『四千』에서 한자어나 혼종어(한자어+하다 형)로 대체된 것이 16개 항목이나 되어 특징적인 현상이라 할 수 있겠다.[7] 이는 고유어가 소멸되고 한자어가 증대되어 온 국어어휘사와 맥을 같이 하는 것으로 볼 수 있다.

『石千』에서 자석으로 쓰였던 어휘들이 소멸된 것이 아님에도 불구하고 『四千』에서 비슷한 뜻을 지닌 다른 어휘로 쓰인 것은 문맥지석과의 일치를 위해서 그리 된 것으로 보인다. 이는 문맥의 뜻과 가장 부합하는 어휘를 선택한 결과 『石千』과는 유의관계에 있으나 동일어가 아닌 어휘로 교체된 것으로 볼 수 있다. 이에 해당하는 것을 제시하면 다음과 같다.

---

6 『四千』에 나오는 '緣'의 자석 '인연'을 명사류로 처리할 수도 있을 것이다. 그러나 문석에서 동사 '인연하나이'(인연하나니)로 풀이하고 있다. '인연'의 원형은 '인연할'일 것이나 자석을 부여할 때 편리성 내지는 경제성을 고려하여 2음절로 줄인 것으로 볼 수 있다. '인연'은 곧 '인연할'의 어근형 자석으로 보고 동사류로 분류하기로 한다. 이하 다른 항목의 경우도 이 기준에 따라 처리하기로 한다.

7 『石千』의 고유어 훈이 『四千』에서 한자어로 대체된 항목은 11개로 자번 0057, 0230, 0398, 0487, 0626, 0665, 0713, 0765, 0766, 0808, 0948 등이며, 혼종어(한자어+하다 형)로 대체된 항목은 5개로 자번 0226, 0257, 0466, 0575, 0579 등이다.

0099 伐 베힐 벌 : 칠 벌 - 치니   0125 率 드릴 솔 : 거나릴 솔 - 거나리고

0153 恭 온공 공 : 공손 공 - 공손이ᄒᆞ라 0157 豈 엇쎠 긔 : 엇지 긔 - 엇지

0166 效 본볼 효 : 본바들 효 - 본바들지니 0174 能 잘홀 능 : 능할 능 - 능함

0206 念 념홀 념 : 싱각 념 -싱각   0216 正 졍홀 졍 : 바를 졍 - 바를지니

0219 傳 옴길 뎐 : 전할 전 - 전하니 0231 善 어딜 션 : 착할 션 - 착한

0232 慶 경하 경 : 경사 경 - 경ᄉᆞ   0244 君 님금 군 : 인군 군 - 인군

0264 淸 시글 졍 : 셔늘 졍 - 션늘케   0270 松 솔 숑 : 솔나무 송 - 솔나무

0306 優 나을 우 : 넉넉 우 - 넉 〃 하면 0336 隨 조츨 슈 : ᄯᅡ를 슈 - ᄯᆞ르나니

0368 規 법식 규 : 법 규 - 법   0370 慈 ᄌᆞ빈 ᄌᆞ : 사랑 자 - 사랑하미

0380 退 므를 퇴 : 물너날 퇴 - 믈너감은 0384 虧 이즐 휴 : 이즈러질 휴 -이지러지디

0385 性 성 셩 : 셩품 셩 - 셩품   0396 滿 츨 만 : 가득할 만 - 가득하나니

0439 仙 션인 션 : 신션 션 - 신션   0504 兵 병마 병 : 군사 병 - 군사

0511 振 ᄠᅥᆯ 진 : 쓸칠 진 - 쓸지니 0512 纓 긴 영 : 갓ᄭᅳᆫ 영 - 갓ᄭᅳᆫ

0528 銘 조을 명 : 삭일 명 - 삭이니 0534 時 시졀 시 : ᄶᅢ 시 - ᄶᅢ

0598 軍 군 군 : 군사 군 - 군사   0650 本 밑 본 : 근본 본 - 근본

0655 稼 곡식시믈 가 : 심을 가 - 심으고 0656 穡 곡식거둘 싁 : 거들 색 - 거두어

0670 賞 샹홀 샹 : 상줄 상 - 상쥬고 0694 貌 양즈 모 : 모양 모 - 모양

0695 辨 골힐 변 : 분변 변 - 분변하나니라 0718 皐 두던 고 : 언덕 고 - 언덕

0725 解 그를 히 : 풀 해 - 풀어   0742 慮 ᄉᆞ념 녀 : 생각 여 - 싱각

0746 奏 슬올 주 : 아뢸 쥬 - 알외고 0774 葉 닙 엽 : 입새 렵 - 입시

0775 飄 부칠 표 : 날닐 표 - 날이고 0777 遊 노닐 유 : 놀 류 - 노난

0780 運 옴길 운 : 운전 운 - 운전하니 0802 膳 차반 션 : 반찬 션 - 반찬

0807 充 츨 튱 : 채일 충 - 채우나니라 0838 燭 촉 쵹 : 촉불 촉 - 촉불

0842 眠 조을 면 : 죠름 면 - 조을고   0846 筍 듁순 슌 : 댓순 슌 - 대순

0861 悅 깃쓸 열 : 깃불 열 - 깃부고   0920 嘯 프람 쇼 : 쉬파람 쇼 - 수파람

0928 釣 랏실 됴 : 낙시 죠 - 낙시   0951 朗 물굴 랑 : 발글 랑 - 밝으며

0972 領 깃 녕 : 옷깃 영 - 옷깃

(3-2)에 제시된 항목들은 표제 한자가 각 구에서 지니는 의미를 보다 정확히 표현하기 위하여 자석의 대체가 이루어진 것들이다. 첫 번째 예인 자번 0099를 예로 들면 '伐'이 포함되어 있는 句는 '弔民伐罪'이다. 이 구에 대한 통해를 보면 "백성을 조문ᄒ고 죄를 치니 백성을 무휼하고 허물을 토벌ᄒ미라"로 되어 있다. '伐'을 '베다'로 풀이하는 것보다 '치다'로 하는 것이 문맥에 어울리기 때문에 자석의 대체가 이루어진 것으로 볼 수 있다.

(3-2)의 경우도 품사의 이동은 미미하다. 자번 842와 928, 2항목만이 동사류에서 명사류로 이동하였을 뿐이다. 어종의 대체에서 특징적인 현상으로 볼 수 있는 것은 『石千』의 자석이 한자어였던 것이 『四千』에서 고유어나 고유어 요소가 첨가된 혼종어로 바뀐 예가 상당수 있다는 것이다. 0206 念 넘홀 → 싱각, 0216 正 졍홀 → 바를, 0370 慈 ᄌ빈 → 사랑, 0534 時 시졀 → 쩍, 0838 燭 쵹 → 촉불, 0846 筍 듁순 → 댓순 등 6개 항목이 이에 속하는 것이다. 이들 항목을 통하여 통해의 문석이 자석에 영향을 미친 것으로 볼 수 있으며 통해에서는 한자어보다 고유어를 채택하는 현상이 있음을 알 수 있다.

3.2. 『石千』의 자석과 『四千』의 자석이 유의관계에 있지 않은 항목

두 책에 나오는 자석이 유의관계에 있지 않다는 것은 상용지석을 반

영한 것으로 보이는 『石千』의 자석이 『四千』에서 문맥지석으로 대체된 경우라 할 수 있을 것이다. 이 부류에 속하는 항목들 중 품사의 이동이 일어난 경우와 그렇지 않은 경우로 나누어 살피기로 한다. 우선 품사의 이동이 일어나지 않은 경우는 (3-3)과 같다.[8]

(3-3)

　0279 取 아올 취 : 가질 취 - 가져스니

　　淵澄取映 : 못이 맑아 빗최움을 <u>가져스니</u> 군자의 맘음을 비유하미라

　0306 優 나을 우 : 넉넉 우 - 넉넉하면

　　學優登仕 : 배온 거시 <u>넉〃하면</u> 벼살에 오르나니라

　0365 切 그츨 졀 : 간졀 졀 - 간졀하며

　　切磨箴規 : <u>간졀하며</u> 갈고 경계하며 법으로 하니 붕우책션하난 직분이 이 갓흐니라

　0369 仁 클 인 : 어질 인 - 어질고

　　仁慈隱惻 : <u>어질고</u> 사랑하미 측은함이니 사랑함은 어진 마음이오 측은함 은 어진 마음의 싯이라

　0547 匡 고틸 광 : 바를 광 - 바르게

　　桓公匡合 : 졔환공은 <u>바르게</u> 하고 모도 왓스니 일광텬하하고 구합졔후하 니라

　0591 煩 어즈러울 번 : 번거 번 - 번거이하다가

　　韓弊煩刑 : 한비난 한국공자라 진왕을 달내 형벌을 <u>번거이하다가</u> 그 형 벌의 죽으니라

---

8 두 책에 나오는 표제 한자의 자석과 자음을 앞줄에 제시하고 해당 한자가 포함된 구와 통해는 줄을 바꾸어 제시하기로 한다. 표제 한자의 문석에는 밑줄을 그어 표시하였 으며, 편의상 각 어절은 띄어쓰기를 하였다.

0641 曠 너를 광 : 빌 광 - 뷔이고

曠遠綿邈 : 뷔이고 멀며 아득하고 머니 모든 산천을 말함니라

0659 南 앏 남 : 남녁 남 - 남녁

俶載南畝 : 비로소 남녁 일랑에 일하니

0760 條 올 됴 : 가지 됴 - 가지

園莽抽條 : 동산의 풀이 가지를 쎈여나니 그 풀는 거슬 가히 상랑하미라

0768 彫 뼈러딜 됴 : 마를 됴 - 마르나니라

梧桐早彫 : 오동은 일즉 마르나니라

0793 易 밧골 역 : 쉬을 이 - 쉽고

易輶攸畏 : 쉽고 가비엽이 두려온 빈니 군자는 쉽고 가비여이 말함을 두
려하나니라

0882 牒 글월 텹 : 편지 첩 - 편지

牋牒簡要 : 글월과 편지는 간략 죵요케 할지니 우에 올이는 글은 젼이오
평등하는 글은 텹이니라.

0912 亡 업슬 망 : 도망 도 - 도망하난

捕獲叛亡 : 배반하고 도망하난 자를 잡으며 죄를 주어 법을 발키미라

0981 徘 머믈 빅 : 빅회 빅 - 배회하며

0982 徊 머믈 회 : 빅회 회 - 배회하며

徘徊瞻眺 : 배회하며 첨죠하니 이리져리 거닐면서 보는 모양이라.

이상 15개 항목 중 0659, 0760, 0882 등 세 항목만 명사류이고 나머지
12개 항목은 동사류임을 알 수 있다. 또한 고유어였던 것이 한자어로 대
체된 것은 7개 항목인데 "그슬→간절(切), 어즈러울→번거(煩), 앏→
남녁(南), 글월→편지(牒), 업슬→도망(亡), 머믈→빅회(徘, 徊)" 등이
그것이다.

각 항목별로 제시한 두 책의 자석과 통해를 통하여 이 부류의 특징을 파악할 수 있지만 첫 항목인 0297 '取'를 예로 들어 이들 항목의 특징을 살펴보기로 하자. '取'가 들어 있는 句 '淵澄取映'이라는 구에서 '取'의 풀이는 '가지다'로 하는 것이 적절하다. 그 결과 『四千』의 문석은 '가져스니'이고 자석 또한 『石千』과는 달리 '가질'로 되었음을 알 수 있다. 그러나 '가질'을 '取'의 상용지석으로 하는 것은 문제가 있어 보인다. 현용 상용지석은 '취할'로 보이며 '가질'과는 거리가 있다. 이렇듯 이 부류에 속하는 항목들은 문맥지석을 고려하여 자석을 부여한 것이 대부분이므로 표준 새김 설정 등에서 이런 사정을 고려하여야 할 것이다.

『石千』의 자석과 『四千』의 자석이 유의관계에 있지 않은 항목 중 품사를 달리하는 경우는 모두 12개 항목으로 (3-4)와 같다.

(3-4)

0152 常 샹녯 샹 : 썻썻 샹 - 썻썻하미니

四大五常 : 네 큰 거와 다셧 <u>썻썻하미니</u> 하날 짜 인군 어버이 네 가지오 인의례지신이 다셧 가지라

0186 使 브릴ㅅ : 하야금 사 - 하야금

信使可覆 : 미듬즉ᄒ면 <u>하야금</u> 가히 회복하나니 신으로 언약ᄒ야 맛당하면 그 말을 가히 밋으리라

0409 都 모돌 도 : 도읍 도 -도읍하니

都邑華夏 : 화하에 <u>도읍하니</u> 도읍은 시대를 싸라 다르니라

0440 靈 녕홀 녕 : 신령령 - 신령

畵綵仙靈 : 신션과 <u>신령</u>을 그리고 채색한이라

0447 對 ᄃᆡ답 ᄃᆡ : 대할 대 - 대하야스니

甲帳對楹 : 갑장은 기동을 <u>대하야스니</u> 동방삭이 갑장을 지어 이 인군이

잠시 정지하는 곳이라

　0561 俊 미을 쥰 : 쥰걸 쥰 - 쥰걸

　　俊乂密勿 : 쥰걸과 지사가 조정 와 모혀 쎅 〃 하미라

　0571 更 고틸 깅 : 다시 깅 - 다시

　　晉楚更覇 : 진과 초난 다시 웃듬이 되니 진문공과 초장왕이 다시 픠왕이
되니라

　0729 索 노 삭 : 차질 색 - 차자

　　索居閑處 : 한가한 곳을 차자 사니.

　0891 想 스칠 샹 : 생각 상 - 싱각하고

　　骸垢想浴 : 몸에 째 잇스면 목욕하기를 싱각하고

　0928 釣 랏실 됴 : 낙시 죠 - 낙시

　　釣巧任釣 : 위국 마균는 지남거를 짓고 전국 씩 임공자는 백근 되난 낙
시를 지으니라

　0969 矩 모날 구 : 법 구 - 법

　　矩步引領 : 거름을 법으로 하고 옷깃을 인도하니 보제 엄슉함이라.

　0991 等 글올 등 : 무리 등 - 무리

　　愚蒙等誚 : 어리석고 몽매한 무리를 쑤짓나니라.

　이상의 예에서 명사류였던 것이 동사류로 이동한 것은 3항목으로 "샹
녯→쩟쩟(常), 듸답→대할(對), 노→차질(索)" 등이다. 반면에 동사류
였던 것이 명사류로 이동한 것은 상대적으로 많은 7항목인데 "모돌→
도읍(都), 녕홀→신령(靈), 미을→쥰걸(俊), 스칠→생각(想), 랏실→
낙시(釣), 모날→법(矩), 글올→무리(等)" 등이 그것이다. 특이한 예로
동사류였던 것이 부사류로 이동한 것인데 "브릴→하야금(使)"과 "고틸
→다시(更)"이 그것이다. 이런 사실을 바탕으로 『四千』에 나타나는 자석

의 특징으로 명사류가 많아졌을 수 있음을 지적할 수 있다. 또한 상용지
석을 제시할 때 부사어의 사용을 기피하였음도 짐작할 수 있다.

4. 결론

四體『千字文』이라는 표제만 놓고 보면 습자교본에 초점을 맞추어 편
찬한 듯이 보이나 사실은 그렇지 않다. 서체를 제시한 것은 부수적인 것
에 불과하고 기본적으로『千字文』이 갖는 한자초학서로서의 목적을 달
성하도록 고안된 것이다. 그 결과 하나의 한자에 하나의 자석을 제시하
였는데 이는 일자일훈본의 전통을 이은 것이다.

『石千』을 비롯한 일자일훈본의 특징은 표제 한자가 문맥에서 지니는
뜻과는 상관없이 대표적이고 일차적인 의미를 지니는 우리말 어휘 즉,
상용지석만을 새김으로 제시하는 것이 일반적이다. 그러나『四千』에서
는『註千』에서 비롯됐던 각 구에 대한 통해의 간섭으로 문맥의 의미에
적합한 어휘를 자석 어휘로 채택한 경우가 있다. 문맥지석을 반영한『四
千』의 자석과 대표적인 일자일훈본인『石千』의 자석이 다른 어휘로 나
오는 항목을 대비하여 다음과 같은 사실을 확인할 수 있었다.

1) 보다 문맥에 적합한 어휘를 자석 어휘로 삼은 배경으로『石千』에
쓰였던 어휘가 일상어에서 소멸되었거나 그 과정에 있기 때문이다.

2)『石千』에 쓰였던 어휘가 의미변화를 입어 표제 한자의 뜻을 표현
하기에 적합하지 않아 대체된 경우도 있었다.

3)『石千』에서 자석으로 쓰였던 어휘들이 소멸된 것이 아님에도『四
千』에서 유의의 다른 어휘로 대체된 것은 각 구의 통해에 쓰인 어휘와의

일치를 위해서이다.

4)『石千』의 자석과 유의관계에 있지 않은『四千』의 자석은 상용지석과는 거리가 먼 경우도 있다. 이 부류의 경우 품사의 이동이 일어난 경우도 있는데 동사류가 명사류로 되는 경향이 있다.

5) 국어어휘사는 한자어 증대사라고 하는데 자석의 경우도 이러한 일반적인 경향을 가지나, 일부 자석 어휘의 경우 통해의 영향으로 고유어화하는 경향이 있음을 확인할 수 있다.

이상의 논의를 통하여『四千』의 자료적 성격과 자석에서의 문맥지석 반영에 대하여 그 대강을 파악하였다. 여기서 얻은 결과는 국어의 어휘 연구에서 석음자료를 다루는 태도에 바람직한 방향을 제시함은 물론 한자교육을 위한 표준 새김 설정에도 이론적 바탕이 될 것으로 기대한다. 즉『四千』이 비록 하나의 한자에 하나의 새김만이 달려있는 일자일훈본이기는 하나 통해의 간섭이 있는 문헌임을 감안하여야 한다. 결국 이 책의 각 한자에 달려있는 자석을 상용지석 즉 훈으로 삼는 데는 신중을 기하여야 할 것이다.

제12장 『四體 千字文』 이본의 음훈 비교

1. 서론

19세기말에서 20세기 전반기는 우리 민족의 역사에서 가장 큰 변화의 시기 중 하나였다. 근대화의 물결이 들이닥치면서 그 시대의 정신은 개화와 변혁을 통한 자주권 확립이었다. 이러한 소용돌이 속에서 한자와 한글 그리고 한문과 국문도 새로운 질서를 찾기 위한 움직임이 활발하게 진행되었다. 1443년에 훈민정음이 창제되었지만 조선왕조 시기에 대부분의 공문서는 한문이나 이두로 작성되었다. 오늘날 한글 표기가 대세를 이룬 단초는 국가체제, 사회제도 전반에 걸쳐 광범위한 개혁이 이루어진 갑오경장에서 찾아야 할 것이다. 1894년 11월 21일 내려진 칙령 제1호의 제14조 공식문에서 "法律勅令總以國文爲本漢文附譯或混用國漢文"이라 하였는바 이때부터 한글은 공식적인 문서에서 법률적인 지위를 확보하게 되었다.

---

1 이 칙령이 1895년 5월 8일에 개정 공포될 때에는 "法律勅令은다國文으로써本을삼고 漢譯을附ᄒ며或國漢文을混用홈"과 같이 국한혼용문으로 작성되었다.

구한말 당시 항간에서 쓰이던 전통적인 철자법을 수용하여 조선총독부 학무국은 1912년 4월에 〈보통학교용언문철자법〉을 제정하였다. 이 철자법이 마련되기 이전에 서양인 선교사들을 중심으로 마련된 소위 '성경철자법'이 있기는 하지만 국가적 권위가 뒷받침된 것이 아니므로 〈보통학교용언문철자법〉이 최초의 근대적 한글철자법이라 할 수 있다.[2] 그후 1921년에 개정된 〈보통학교용언문철자법대요〉를 거쳐 1930년 2월에는 이전의 철자법과는 전혀 다른 새로운 철자법이 등장하였다. 1930년 〈언문철자법〉은 주시경을 중심으로 주장되어 오던 형태주의에 충실한 것으로 그 정신이 1933년 10월 29일에 제정 발표된 〈한글 마춤법 통일안〉으로 이어졌다.

우리말을 한글로 표기하는 것이 대세를 이루면서 교과서 편찬과 교육 그리고 공문서 작성을 위하여 언문철자법 나아가 한글맞춤법을 제정하였다. 그리고 그 규정에 따라 각종 서적들이 간행되었으나 한글 맞춤법이 정착된 오늘날과는 달리 초기 단계에서는 혼란과 동요를 보였다. 이러한 혼란과 동요를 동일인이 거의 같은 시기에 편찬, 간행한 『四體 千字文』(이하 『四千』)을 통하여 살펴보고자 한다. 비교 연구 대상인 두 권의 『四千』은 광한서림에서 김송규가 저작 겸 발행한 소화 12년(1937) 9월 30일에 간행한 책(이하 A본)과 을유년(1945) 10월 15일에 간행한 책(이하 B본)이다.[3]

---

2 1911년 7월 28일부터 11월까지 5회의 회의를 거쳐 1912년 4월에 발표한 〈보통학교용언문철자법〉은 교과서의 평이한 표기를 위해 만들어진 16개 항의 규정으로 표음주의를 표방하였다. 이를 한글학회(1971: 147), 김민수(1980: 210), 신창순(2007: 272) 등에서 최초의 근대적 철자법으로 보고 있다.

3 A본과 B본 모두 書眉에 篆・隷・草 삼체를 작은 글자로 부서했으며 해서체를 본문의 대자로 삼고 우에서 좌로 훈・음을 달았다. 楷・篆・隷・草 사체를 보였으므로 '四體' 『千字文』이라 하였으나 서미의 삼체는 보조적인 것에 불과할 정도로 비중이 낮고 전통

한글맞춤법이 제정되고 4년 후에 간행된 A본과 이보다 8년 뒤 광복과 함께 간행된 B본의 표기 실태를 비교, 고찰함으로써 당시 민간에서의 맞춤법에 대한 인식의 정도를 분명하게 파악하게 될 것이다. 또한 국어사 자료를 다룸에 있어 이 자료들이 시사하는 바가 무엇인지를 살펴 문헌 연구에서 연구자가 유의하여야 할 점을 밝히게 될 것이다. 특히 A본과 B본의 훈과 음의 비교를 바탕으로 이보다 이른 시기에 간행된『千字文』이본들과의 상관관계에 대하여도 논의하게 될 것이다.

요컨대, 이 연구에서는『四千』에 훈으로 사용된 국어 어휘와 한자음에 대한 국어사적 연구를 진행하면서 표기법과 관련된 문제도 논의하고자 한다. 궁극적으로 본 연구는 맞춤법을 비롯한 국어정서법 관련 정책 수립은 물론 국어음운·어휘사와 표기법사를 기술하는데 이론적 기초를 제공하게 될 것이다.

2. 漢字의 音 比較

1,000개의 한자에 달려있는 한자음 표기 중 A본과 B본의 그것이 동일하게 표기된 것은 864개이고 다른 것은 136개이다. 14%가 다르다는 것인데 동일인이 8년이라는 시차를 두고 편찬한 것이라는 점과 보수성이 강한 특징을 지닌 한자음이라는 점을 고려하면 이는 결코 적은 수치는 아니다. 자음이 다르게 표기된 경우와 모음이 다르게 표기된 경우로 나누

적인 일자일훈본과 같이 진체라 일컫는 해서 아래에 훈과 음을 달았다. A본은 국립중앙도서관 소장본으로 석판본이며 표지를 포함하여 19장이고 책의 크기는 26.0×18.5cm이다. B본은 필자 소장본으로 책의 크기는 A본과 같으나 1면에 5구 20자를 배열하여 7구 28자를 배열한 A본보다 쪽수가 늘어나 27장이다.

어 고찰하기로 한다.

2.1. 子音이 다르게 표기된 예

A본과 B본에서 성모인 자음을 다르게 표기한 예는 34개이다. 이들 항목들을 살펴보면 크게 두 부류로 나누어지는데 'ㅇ~ㄴ~ㄹ'의 동요와 'ㄷ~ㅈ/ㅌ~ㅊ'의 동요가 그것이다. 'ㅇ~ㄴ~ㄹ'의 동요와 관련하여 A본에 'ㅇ'으로 표기했던 것을 B본에서 'ㄹ'이나 'ㄴ'으로 표기한 것을 비롯하여 'ㄴ~ㄹ', 'ㄹ~ㅇ', 'ㄹ~ㄴ' 등의 예가 보인다. 그리고 구개음 'ㅈ/ㅊ'과 관련된 것으로 'ㄷ~ㅈ'. 'ㅈ~ㄷ', 'ㅊ~ㅌ' 등의 예가 보인다.

2.1.1. 'ㅇ~ㄴ~ㄹ'의 동요

두음법칙으로 어두에서의 'ㄹ·ㄴ' 자음 회피와 관련하여 남광우(1973: 99~100)에서는 16세기 초·중기 문헌에 광범위하게 나타나며 그 조짐은 이미 15세기 문헌에서도 찾을 수 있다고 하였다. 특히 한자음의 경우 표기의 엄정성에 의해 노출이 저지되었을 뿐 음성언어에서는 훈민정음 창제 당시에도 어두에서의 'ㄹ·ㄴ'은 기피되었던 것으로 보았다. 그런데 『千字文』을 비롯한 한자 학습서에는 표제 한자에 대하여 훈을 앞에 놓고 그 뒤에 음을 제시하는 방식이었기 때문에 두음법칙의 적용을 받지 않았다. 오히려 '難'과 같은 경우 그 원음이 [난]임에도 불구하고 [란]으로 제시된 경우도 있었다.[4] 이렇듯 훈에 이어 음을 제시한 한자 학습

---

4 '難'의 훈과 음이 〈光千9ㄱ〉을 비롯한 대부분의 한자 학습서나 한자 자전에 原音 [난]으로 제시되었다. 그러나 〈石千9ㄱ〉과 〈新增類合하57ㄴ〉에는 '어려울 란'으로 [란]이다. 이는 '어려울'이라는 훈 다음에 한자음이 제시되었기 때문에 나타난 현상으로 보아야 할 것이다.

서에서는 한자음 초성 'ㄹ·ㄴ' 그리고 'ㅇ'의 동요가 늘 있어 왔던 현상이다.

(1) 가. ㅇ~ㄹ

나물 여/남을 려(餘)[5]　　매울 열/미울 렬(烈)　어질 양/어질 량(良)

헤아릴 양/헤아릴 량(量)　셜 입/셜 립(立)　　임할 임/림할 림(臨)

빗칠 영/빗칠 령(映)　　얼골 용/얼골 룡(容)　들 입/들 립(入)

청염 염/청염 렴(廉)　　들 야/들 랴(野)　　드를 영/들을 령(聆)

지날 역/지날 력(歷)　　입 엽/입새 렵(葉)　　놀 유/놀 류(遊)

나. ㅇ~ㄴ

두 양/두 냥(兩)　　　더울 열/더울 널(熱)

다. ㄴ~ㄹ

떠러질 낙/써러질 락(落)　발글 낭/발글 랑(朗)

라. ㄹ~ㅇ

달이 량/달닐 양(驤)

마. ㄹ~ㄴ

쪽 람/쪽 남(藍)　　　생각 렴/싱각 념(念)　떠날 리/써날 니(離)

련 련/연 년(輦)

(1)가는 A본에서 'ㅇ'으로 표기하였던 것을 B본에서 'ㄹ'로 표기한 예들이다. 각 한자의 초성 原音이 'ㅇ'인 것도 있고 'ㄹ'인 것도 있는데 A본에서는 모두 'ㅇ'으로 B본에서는 모두 'ㄹ'로 표기한 것들이다. 역대 한자

---

5 『千字文』에 나오는 순서대로 예를 들기로 하며 '/'를 중심으로 앞에 배열한 것은 A본의 훈과 음이고 뒤에 배열한 것은 B본의 그것이다.

학습서 그리고 한자 자전과 같은 어휘자료와 언해문을 비롯하여 문장을 보여주는 문법자료에서 초성의 원음이 'ㄹ'이었던 한자는 烈, 良, 量, 立, 臨, 入, 廉, 聆, 歷 등이다. 결국 이들 한자의 자음을 B본에서는 원음 'ㄹ'을 제시하였고 A본에서는 두음법칙을 수용한 표기 'ㅇ'으로 교체되었다.

餘, 映, 容, 野, 葉, 遊 등의 원음 초성은 'ㅇ'이다. 'ㄴ'이나 'ㄹ'이 어두에 오는 것을 꺼려 'ㅇ'으로 변한 것이 아니고 원초적으로 이들 한자의 초성은 'ㅇ'이었고 현대국어의 한자음에서도 물론 'ㅇ'이다. 보다 구체적으로 첫 번째로 제시한 '나물 여/남을 려(餘)'의 한자 '餘'가 역사문헌에서 그 음을 [예]로 처리하였음을 (2)에서 볼 수 있다.

(2)
나믈 여〈光千・石千2ㄱ〉〈新增類合하58ㄴ〉〈百聯抄解東京大本13ㄱ〉

나믈 여〈靈長寺板 類合31〉

남을 여〈註千2ㄱ〉

눔을 여〈國漢文新玉篇3〉

[예] 남을여 賸也 畸也 饒也 殘也 (魚)〈全玉하65ㄴ〉

[예] 남을여 饒也 賸也 畸也 殘也 羨也 緖~〈字類상71ㄱ〉

[예] 饒也 넉넉할여 殘也남어지여 (魚)〈釋要하103ㄴ〉

[예] 殘也남아지 [莊子] 緖餘註 殘也 ○ 賸也 饒也 남을 (魚)〈新字4:40ㄴ〉

(2)를 통하여 『千字文』을 비롯한 한자 학습서와 20세기 초에 간행된 한자 자전에 이르기까지 '餘'의 한자음이 [예]임을 확인할 수 있다. 한자 학습서와 한자 자전은 물론 남광우(1984: 265~267)와 권인한(2005: 269)에서 조사된 『六祖』, 『飜小』, 『老朴集』, 『小學』, 『論語』, 『孟子』, 『中庸』 등의 언해문에서도 '餘'의 한자음은 단일음으로 [예]임을 확인할 수 있다.

또한 남광우(1981: 201)에서도 '餘'의 현대 한자음으로 [여]만을 제시하고 있다. 이는 한자어에서 한자 '餘'가 어두에 놓이건 비어두에 위치하건 언제나 [여]로 발음된다는 사실을 통하여도 확인할 수 있다.[6]

역대문헌은 물론 현대 한자음에서도 'ㅇ'이었던 것을 'ㄹ'로 표기한 예는 B본 이전에 간행된 『千字文』 이본에서도 찾기 어렵다. A본이 두음법칙을 반영하여 'ㄹ'이었던 것을 'ㅇ'으로 처리한 것은 충분히 이해할 수 있는 것이나 B본에서 어떠한 근거도 없이 'ㅇ'을 'ㄹ'로 처리한 것은 이해하기 어렵다. 역사성을 반영한 것도 아니고 그렇다고 현실음에 바탕을 둔 처리도 아니기 때문이다. A본이 'ㅣ'모음이나 'ㅣ'선행모음인 ㅑ, ㅕ, ㅛ, ㅠ 앞에 놓인 'ㄹ'을 'ㅇ'으로 처리한 반면 B본은 동일한 환경에서 'ㄹ'을 적극적으로 활용한 것으로 볼 수 있다. B본의 한자음 중 원음이 'ㅇ'인 것을 'ㄹ'로 표기한 것은 와음을 반영한 것으로 볼 수밖에 없다. 이는 훈에 이어 음을 제시하는 한자 교습의 과정에서 나타난 현상으로 보이는데 이미 『新增類合』의 한자음에서도 확인할 수 있는 사항이다.[7]

(1)나를 통하여 A본에서 'ㅇ'을 선호한 표기는 '두 양/두 냥(兩)'에서도 확인되며 반면에 초성의 원음이 'ㅇ'이었던 것을 B본에서 'ㄴ'으로 표기한 예를 '더울 열/더울 널(熱)'에서 볼 수 있다. (1)라는 하나의 예에 불과하지만 특이하게도 앞에서 확인한 것과는 대립되는 것으로 A본에서 원음이 'ㅇ'이었던 것을 'ㄹ'로 표기한 것이다. (1)가와 (1)라는 서로 상반되는 처리이기는 하나 (1)가의 방식이 절대적으로 우세했음을 알 수 있다.

---

6 餘裕, 餘地, 餘波, 餘年, 餘暇, 餘震…… 등은 '餘'가 어두에 剩餘, 夫餘, 其餘, 剩餘, 殘餘, 血餘…… 등은 비어두에 놓여 한자어를 형성한 것으로 [여]만을 한자음으로 삼고 있다.

7 『新增類合』에 '拗'의 원음은 [요]이나 '애구들 료', 窈의 원음도 [요]이나 '아득홀 료', '融'의 원음은 [융]이나 '노굴 륭' 등으로 나온다.

(1)다는 B본이 原音을 반영한 [락](落)과 [랑](朗)으로 표기한 반면 A본은 두음법칙이 반영된 [낙]과 [낭]으로 표기하였다. (1)마의 한자 藍, 念, 離, 輦 등의 원음은 각각 [남], [념], [리], [련] 등이다. '련 런/연 년(輦)'의 경우 A본에서는 원음을, B본에서는 두음법칙에 의해 'ㄹ'을 회피한 음이 반영되었다. 특히 '輦'은 표현할 만한 고유어가 없어 자음으로 훈을 삼은 것인데 B본의 경우 훈은 어두에서 'ㄹ·ㄴ'이 회피된 '연'이고 음은 'ㄹ'이 회피된 [년]이다. 두음법칙의 적용을 받은 이러한 예는 '떠날 리/쩌날 니 (離)'에서도 확인할 수 있다. '쪽 람/쪽 남(藍)'과 '생각 렴/싱각 넘(念)'은 B본이 원음을 표기하였고 A본은 'ㄹ'로 시작하는 와음이 표기되었다. 두음법칙이 적용된 것과 'ㄹ'로 시작하는 와음이 두 책에 모두 나타나나 B본에서 'ㄹ'을 초성으로 삼은 와음의 출현이 현저함을 알 수 있다.

2.1.2. 'ㄷ~ㅈ/ㅌ~ㅊ'의 동요

자음이 다르게 표기된 또 하나의 부류는 구개음과 관련된 것으로 'ㄷ~ㅈ/ㅌ~ㅊ'의 동요이다. 국어에서의 구개음화는 다음에 오는 모음 'i' 또는 반모음 'y'와의 결합에서 이루어지는 자음의 변화를 말하는 것인데 'ㄷ→ㅈ'과 'ㅌ→ㅊ'의 예가 그것이다. 이기문(1998: 208)은 구개음화가 17세기와 18세기의 교체기에 일어났다고 보아 대과 없을 것이라 하였다. 그러나 표기에 반영된 것은 지역과 필자에 따라 그 정도의 차이가 심했던 것으로 보인다. 20세기의 문헌인 A본과 B본의 표기에서도 동요를 보이고 있는데 관련 항목을 보이면 (3)과 같다.

(3) 가 ㄷ~ㅈ

임금 뎨/임금 졔(帝)　마당 당/마당 쟝(場)

나. ㅈ~ㄷ

가지 지/가지 디(枝)　가지 죠/가지 됴(條)　업더딜 뎐/업더질 뎐(顚)

집 뎐/집 뎐(殿)　　　뜰 졍/뜰 뎡(庭)　　　법 뎐/법 뎐(典)

다. ㅊ~ㅌ

드를 쳥/드를 텽(聽)

(3)가는 A본의 표기가 설단음 'ㄷ'으로 되어 있고 B본의 표기는 구개음 'ㅈ'으로 된 예이다. 2개 항목에 불과하지만 '마당 댱/마당 쟝(場)'의 예는 '댱〉쟝〉쟝'의 과정을 거친 단모음 [쟝]으로 한자음이 제시되었다. 시기적으로 보다 이른 시기에 간행된 A본보다 B본에서 구개음을 반영했다는 점에서 구개음화의 역사에 순응한 처리로 볼 수 있다. 그런데 (3)나와 (3)다의 예를 보면 늦은 시기에 간행된 B본보다 이른 시기에 간행된 A본에서 구개음 'ㅈ, ㅊ'으로 표기한 것을 볼 수 있다.

A본과 B본의 연대차가 8년이라는 짧은 기간이기는 하지만 (3)가의 예에 비해서 (3)나, 다의 예가 월등하게 많다는 점이 주목을 끈다. 이를 통하여 A본은 구개음화를 수용하여 한자음을 표기하였고 B본은 구개음화 이전의 전통적인 한자음을 답습하여 표기하였다. 이는 B본이 국어의 음운변화를 고려하기보다는 『光千』이나 『石千』을 비롯하여 앞선 시기에 간행된 『千字文』의 전통을 보전하고 있음을 알 수 있다.

이상에서 A본과 B본에 동요를 보이는 경우를 중심으로 살펴보았다. 두 책이 간행된 시기 이전에 모음 'i' 또는 반모음 'y' 앞에 놓인 'ㄷ, ㅌ'이 구개음 'ㅈ, ㅊ'으로 변화하였다. 이러한 음성언어의 현실을 표기가 그대로 반영하지 못하고 동요를 보이는 것은 문자언어의 보수성을 고려할 때 있을 수 있는 일이다. A본이 B본에 비해 비교적 적극적으로 구개음화를 수용하여 한자음을 표기하였다고 볼 수 있으나 이미 이 두 문헌은 구개음화를 수용한 표기가 대세를 형성하였다. 왜냐하면 A본과 B본에 모두 구개음으로 표기된 예가 39항목이나 나타나기 때문이다.[8] 반면에 두 책 모두에서 구개음화를 반영하지 않았거나 본래 구개음이었던 것을 설단음으로 표기한 예는 "하날 텬(天), 감츌댱/감쵤댱(藏), 고로 됴(調), 됴상 됴(弔), 몸 톄(體), 마를 됴(凋), 나라 됴(趙), 도을 됴(←조)(助)" 등 8개에 불과하다.

이상에서 검토한 것 외에 A본과 B본에서 자음을 다르게 표기한 것으로 '고일 죵/괴일 춍(寵)'이 있다. 한자 '寵'의 자음을 A본에서는 [죵]으로 B본에서는 [춍]으로 제시하였다. 『光千』과 『石千』에 이 한자의 음은 [퉁]이며 '퉁〉춍〉총'의 과정을 거쳐 오늘날 [총]으로 그 음이 정착된 것이다. '寵'의 한자음을 A본에서 [죵]으로 제시한 것은 그 근거를 찾을 수 없는 것으로 [춍]의 오기로 보인다.

2.2. 모음이 다르게 표기된 예

2.2.1. ·ㅣ~ㅐ의 동요

한자음의 모음이 다르게 표기된 예 중 가장 많은 분포를 보이는 것은

---

8 두 책에 모두 구개음으로 표기된 예는 다음과 같다. 『千字文』에 나오는 한자의 순서대로 제시한 것이며 A본과 B본의 훈 또는 음이 다른 경우는 사이에 '/'을 넣어 구분하였다.

집 쥬(宙), 이를 치(致), 보배 진/보비 진(珍), 무거울 쥼(重), 새 죠(鳥), 아침 조(朝), 알 ㅅ지/알지(知), 긴 쟝(長), 젼할 젼(傳), 츙셩 츙/츙셩 충(忠), 맑을 증(澄), 증할 증(定), 아오 졔(弟), 쫏츨 축/쪼츨 축(逐), 가질 지(持), 쟝막 쟝(帳), 굴을 젼/구를 젼(轉), 달닐 치(馳), 못 지(池), 다사릴 치(治), 늬칠 츌/내칠 츌(黜), 올일 쳑/올닐 쳑(陟), 곳을 직(直), 가온대 즁/가온딕 즁(中), 칙셔 칙(勅), 고일죵/괴일춍(寵), 붓그어울 치/붓그러울 치(恥), 잠길 침(沈), 부를 초(招), 뺄낼 츄/쏄ㅣ̸ 츄(抽), 묵을 진(陳), 맛침 젹/맛츰 젹(適), 낫 쥬/낫 쥬(晝), 맛 젹(嫡), 편지 쳡(牒), 뛸 쵸/쮤 쵸(超), 버힐 쥬(誅), 낙시 죠(釣), 볼 죠(眺)

A본에 'ㅐ'로 표기했던 것을 B본에서는 'ㆎ'로 표기한 예이다. 'ㆍ'가 소멸 되면서 'ㆎ'도 'ㅐ'로 변화하였으나 표기에는 점진적으로 반영되었다. 『光 千』과 『石千』에서 'ㅐ'로 표기된 것보다 'ㆎ'로 표기된 예가 절대적으로 우세했다. 두 이본에서 'ㅐ'로 표기한 것은 '멋 내(奈), 사 내(乃), 두웨/두 플 개(蓋), 큰 대(大), 계ᄌᆞ 개(芥), 사흠/읏듬 패(覇), 졋바딜/졋쌔딜 패 (沛)' 등 7개에 불과하다. 반면에 'ㆎ'로 표기된 예는 올 ᄅᆡ(來), 온 ᄇᆡᆨ(百), 듯 욜/ᄉᆞ랑 ᄋᆡ(愛), 이실 ᄌᆡ(在)…… 등을 비롯하여 42개나 된다.

『光千』과 『石千』에서 'ㆎ'로 표기되었던 것이 A본과 B본 모두에서 'ㅐ' 로 표기된 한자는 來, 百, 愛, 在, 白, 才, 改, 伯, 背, 綵, 對, 內, 陪, 岱, 塞, 穡, 載, 解, 彭, 宰, 寐, 盃, 再, 拜, 皆, 每, 稔, 帶, 哉 등 29자이다. 음 운 'ㆎ'의 소멸을 반영하여 표기에서도 'ㅐ'로 표기한 것이 상대적으로 많 음을 알 수 있다. 그러나 『光千』과 『石千』에서 'ㆎ'로 표기했던 것을 A본 에서는 'ㅐ'로 표기하였으나 B본에서는 'ㆎ'로 표기한 것은 10개인데 그 예를 보이면 (4)와 같다.

(4)

날 생/날 싱(生)	나물 채/나물 치(菜)	바다 해/바다 히(海)
져 생/뎌 싱(笙)	꾀 책/쇠 칙(策)	다시 갱/다시 깅(更)
위태 태/위태 틱(殆)[9]	고일 행/고일 힝(幸)	넉 백/넉 빅(魄)
배회 배/ᄇᆡ회 빅(徘)		

『光千』과 『石千』에서 'ㆎ'였던 42자 중 앞에서 다룬 29자를 제외하면 3

---

9 '殆'의 한자음이 A본에는 [태], B본에는 [트ㆎ]로 표기되었다. 그러나 이 한자의 훈은 모두 '위태'로 동일하게 표기하였다. 이는 '殆'의 현실음이 [태]임을 실증하는 예라 할 수 있으며 한자음 표기가 훈의 표기보다 보수적인 경향을 지님을 알 수 있다.

자가 남는데 色, 戺, 孟 등이 그것이다. '色'은 (4)의 경우와는 달리 A본에서는 '싁'으로 B본에서는 '색'으로 표기하였다. 戺의 한자음을 『光千』과 『石千』에서는 [칙]이었고 A본과 B본에는 각각 [책]과 [측]으로 나온다. A본의 한자음 [책]은 전통성이 고려된 것이며 B본의 [측]은 현실음이 고려된 것으로 볼 수 있다. 그리고 '孟'의 한자음은 『光千』『石千』에서 [밍]이었으나 A본에는 [멩], B본에는 [맹]으로 표기되었다. 오늘날 일부방언에서 모음 'ㅔ'와 'ㅐ'가 구별되지 않는데 이런 현상이 반영된 것으로 볼 수 있다.

요컨대 『光千』과 『石千』에서 'ㆍㅣ'로 표기되었던 한자 상당수는 음운변화를 반영하여 'ㅐ'로 표기하는 것이 대세를 이루었다. 그러나 문자언어의 보수성으로 말미암아 'ㆍㅣ'로 표기한 경우가 B본에 부분적으로 나타남을 확인할 수 있다. 시기적으로 이른 시기에 간행된 A본이 진보적인 표기 태도를 보이고 반면에 후대의 간행본인 B본은 보수적인 표기 형태를 보인다는 점이 흥미롭다.

2.2.2. 단모음과 이중모음의 동요

남광우(1973: 113~124)에서는 한자음의 단모음화에 대하여 다양한 용례와 함께 구체적인 논의를 진행하였다. 특히 'ㅅ, ㅈ, ㅊ' 자음 아래에서의 이중모음 'ㅑ, ㅕ, ㅛ, ㅠ, ㅖ, ㅢ'가 'ㅏ, ㅓ, ㅗ, ㅜ, ㅔ, ㅣ'로 바뀐 용례를 풍부하게 제시하였다. 또한 1909(융희 3)년 지석영이 편찬한 『字典釋要』와 1915년에 광문회에서 펴낸 『新字典』에 ㅅ, ㅈ, ㅊ 아래에 놓인 모음에 대하여 원음을 밝혀 이중모음으로 표현하였지만 단모음화가 완전히 행해진 것으로 보아도 좋을 것이라 하였다. 이를 실증하는 예 중의 하나로 『字典釋要』에 나오는 '寫샤 謄鈔 글시쓸 사, 俊쥰 智過千人～傑 준걸 준'을 들면서 한자 '寫'와 '俊'의 한자음을 각각 [샤], [쥰]으로 제시했지만 그 註에서는 각각 현실음 [사]와 [준]으로 되어있음을 거론하였다.

A본과 B본이 간행된 시기에 'ㅅ, ㅈ, ㅊ' 아래에 놓인 이중모음 'ㅑ, ㅕ, ㅛ, ㅠ'는 단모음 'ㅏ, ㅓ, ㅗ, ㅜ'로 변화한 것으로 보아야 할 것이다. 그러나 표기에 있어서는 'ㅑ, ㅕ, ㅛ, ㅠ'로 그 전통성이 반영된 경우가 일반적이다. 두 책에 'ㅑ, ㅕ, ㅛ, ㅠ'로 표기된 예가 'ㅏ, ㅓ, ㅗ, ㅜ'로 표기된 경우보다 절대적으로 많기 때문이다. A본과 B본 모두에 'ㅅ, ㅈ, ㅊ' 자음 아래에서 중모음으로 표기된 예는 무려 117개에 이른다.[10] 반면에

10 이에 해당하는 117개의 예는 다음과 같다. '집 쥬(〈듀)(宙)'의 '(〈듀)'와 같이 표현한 것은 『光千』과 『石千』의 한자음을 밝혀 놓은 것이다.

집 쥬(〈듀)(宙), 잘 슉(宿), 더울 셔(暑), 가을 츄(秋), 거들 슈(收), 이를셩/일울셩(成), 해ㅅ셰(歲), 물 슈(水), 날 츌(出), 구슬 쥬(珠), 무거울 즁(〈듕)(重), 임금 뎨/임금 졔(〈뎨)(帝), 새 죠(〈됴)(鳥), 지을 졔(制), 밀 츄(推), 두루 쥬(周), 드릴 슈(垂), 머리 슈(首), 나무 슈(樹), 곳을 졍(〈뎡)(貞), 셩인 셩(聖), 바를 졍(正), 젼할 젼(〈뎐)(傳), 소리 셩(聲), 드를청(〈텽)/드를 텽(聽), 싸을 젹(積), 자 쳑(尺), 일을슉(夙), 서늘 졍/셔늘 졍(〈쳥/졍)(凊), 승할 셩(盛), 내 쳔(川), 졍셩 셩(誠), 맛참 죵(終), 호젹 젹(籍), 졍사 졍(政), 다를 슈(殊), 쳔할 쳔(賤), 모들 졔(諸), 아오 졔(〈뎨)(弟), 간졀 졀(切), 지을 죠(〈조)(造), 마대 졀(節), 엽더딜 젼(〈뎐)/엽더질 뎐(顚), 션녁 셔/셔녁 셔(西), 집 젼((〈뎐)/집 뎐(殿), 신션 션(仙), 베풀 셜(設), 자리 셕(席), 굴을 젼/구를 젼(〈뎐)(轉), 별 셩(星), 법 젼(〈뎐)/법 뎐(典), 쇠북 죵(鐘), 인간 셰(世), 누구 슉(孰), 건널 졔(濟), 장졍 졍(〈뎡)(丁), 불글 젹/붉글 젹(赤), 쥰걸 쥰(俊), 갈길 젼(翦), 졍할 졍(精), 베풀 션(宣), 풀을 쳥(靑), 골 쥬(〈ㅈㅠ/쥬)(州), 자최 젹(跡), 터닥글 션(禪), 님금 쥬/인군 쥬(主), 졍자 졍(〈뎡)(亭), 밧 젼(〈뎐)(田), 재ㅅ셩(城), 돌 셕/돌ㅅ셕(石), 뜰 졍(〈뎡)/뜰 뎡(〈뎡)(庭), 묏부리 슈/뫼쑤리 슈(岫), 비로솔 슉(俶), 기장 셔(黍), 구슬 셰/부셰 셰(稅), 익을 슉/닉을 슉(熟), ᄂᆡ칠 츌/내칠 츌(〈튤)(黜), 올일 쳑/올닐 쳑(〈텩)(陟), 뭇 셔/거의 셔(庶), 가온대 즁/가온ᄃᆡ 즁(〈듕)(中), 살필 셩(省), 글 쇼(疏), 인끈 죠/인끈 죠(〈조)(組), 곳 쳐(處), 고요 젹(寂), 노닐 쇼/논닐 쇼(逍), 아뢸 쥬(〈주)(奏), 슬플 쳑(慼), 맛질 젹/마질 젹(的), 삐낼 츄/쌔↗ 츄(〈듀/튜)(抽), 가지 죠(〈됴) /가지 됴(條), 반찬 션(膳), 맛침 젹/맛츰 젹(〈뎍)(適), 길삼 젹(績), 붓채 션/부채 션(煽), 져녁 셕(夕), 부칠 졉/붓칠 졉(接), 맛 젹(嫡), 졔사 졔(祭), 편지 젼(牋), 편지 쳡〈텹〉(牒), 생각 상(想), 뛸 쵸/쒿 쵸(〈툐)(超), 버힐 쥬(誅), 도젹 젹(〈적)(賊), 쉬파람 쇼(嘯), 낙시 죠(〈됴)(釣), 놀 셕/노을 셕(釋), 풍쇽 쇽(俗), 말글 슉(淑), 우슴 쇼(笑), 구슬 션(璇), 빗칠 죠(照), 놉흘 쇼(卲), 볼 쳠(瞻), 볼 죠(〈됴)(眺)

단모음으로 표기된 것은 36개에 불과하다.[11] 전자와 후자의 차이가 뚜렷하게 발견되지는 않으나 후자가 대체로 상용성이 강한 한자로 보인다.

음성언어에서 음가는 이미 단모음으로 변하였음에도 불구하고 이중모음으로 표기한 것을 통하여 문자언어의 보수성을 분명하게 확인할 수 있다. 그런데 각주 12에 제시하였듯이 현실음을 반영한 표기가 두 책 모두에 나타나기도 하고 일부 항목은 A본 또는 B본 중 하나의 책에만 나타나는 경우가 있다. (5)에서 보듯 보다 이른 시기에 간행된 A본에서는 단모음으로 표기하였으나 늦은 시기에 간행된 B본에서 보수적인 형태인 이중모음을 다수 확인할 수 있다.

(5) 가. ㅏ ~ ㅑ

글장 장/글장 쟝(章)　집 사/집 샤(舍)　　장수 장/쟝슈 쟝(將)

상자 상/샹자 샹(箱)

나. ㅓ ~ ㅕ

착할 선/착할 션(善)　잡을 섭/잡을 셥(攝)　성품 성/셩품 셩(性)

고요 정/고요 졍(靜)　일천 천/일천 쳔(千)　발불 천/발불 쳔(踐)

첩 첩/쳡 쳡(妾)

---

11 『光千』과 『石千』에 중모음 'ㅑ, ㅕ, ㅛ, ㅠ, ㅖ'로 표기되었던 것이 A본과 B본 모두에서 'ㅏ, ㅓ, ㅗ, ㅜ, ㅔ'로 표기된 것들을 제시하면 다음과 같다.

긴 장(〈댱〉(長), 베풀 장(〈댱〉(張), 셔리 상(霜), 날개 상/날기 샹(翔), 치마 상(裳), 아침 조(〈됴〉(朝), 떳떳 상/쩟쩟 샹(常), 상할 상/샹할 샹(傷), 솔 송/솔나무 송(松), 웃 상(上), 부를 창(唱), 쓸 사(寫), 장막 쟝(帳), 셔로 상(相), 상줄 샹(賞), 고일 죵/괴일 춍(寵), 누구 수(誰), 사례 사(謝), 부를 초(〈툐〉(招), 쓸 사(寫), 프를 취(〈쥐〉(翠), 한날 소/하날 쇼(霄), 붓칠 속/부칠 쇽(屬), 담 장(墻), 촉불 쵹(燭), 코기리 상(象), 잔 상(觴), 또 차/쪼 챠(且), 니을 속(續), 맛볼 상(嘗), 창자 쟝(〈댱〉(腸), 두려울 송/두려울 숑(悚), 자셰 상/자셔 샹(詳), 쏠 사(射), 씩씩 장(莊), 놈 자(者)

다. ㅗ~ㅛ

처음 초/쳐음 쵸(初)　바 소/바 쇼(所)　　잡을 조/잡을 죠(操)

이를 조/이를 죠(鼂)[12] 홀 소/힐 쇼(素)　마루 종/마루 죵(宗)

졂을 소/졀믈 쇼(少)　발 족/발 죡(足)　　묵글 속/묵글 쇽(束)

꾸지즐 초/꾸지즐 쵸(誚)

라. ㅜ~ㅠ

따를 수/짜를 슈(隨)　밧을 수/밧들 슈(受)　아자비 숙/아ᄌ비 슉(叔)

직힐 수/직할 슈(守)　쫓츨 축/쪼츨 츅(逐)　즘생 수/즘생 슈(獸)

좃칠 준/좃츨 쥰(遵)　낫 주/낫 쥬(晝)　　댓순 순/댓순 슌(筍)

술 주/슐 쥬(酒)　　손 수/손 슈(手)　　닥글 수/닥글 슈(修)

(5)는 'ㅅ, ㅈ, ㅊ' 아래에서 ㅏ~ㅑ, ㅓ~ㅕ, ㅗ~ㅛ, ㅜ~ㅠ 등이 동요
를 보인 예이다. 보다 이른 시기에 간행된 A본이 현실음을 반영하고 있
음에 반하여 간행 시기가 늦은 B본에서는 보수적인 표기를 보임을 알
수 있다. 이런 현상은 (6)가와 같이 'ㄱ'아래에 놓은 이중모음 'ㅢ'와 'ㅣ'
의 동요에서도 확인된다. 그리고 (6)나는 오기의 예일 수도 있으나 '곳갈
변/곳쌀 변(弁)'의 경우 단모음으로 표기한 A본의 경향을 반영한 것이고,
'빌 허/븰 혀(虛)'의 경우 이중모음 표기를 선호한 B본의 경향이 반영된
것으로 볼 수 있다.

---

12 『光千』, 『石千』, 『註千』 등에 '旦'으로 나오나 『四千』에 '鼂'로 교체되었다. 『註千』
의 주석을 보면 "아츰 단 早也 明也 太祖御諱當讀如朝죠"라고 나온다. 『石千』을 비롯한
역대 『千字文』에서 태조 이성계의 御諱에 쓰인 '旦'을 [죠로 읽도록 하였으나 『四千』에서
는 한자를 '鼂'로 교체하였다.

(6) 가 ㅣ~ㅓ

엇지 기/엇지 긔(豈)　임의 기/임의 긔(旣)　긔롱 기/긔롱 긔(譏)

나.

빌 허/빌 혀(虛)　　곳갈 변/곳깔 변(弁)

이상의 검토를 통하여 현실음인 단모음을 반영한 것이 A본의 특징이
고 원음을 반영하여 보수적인 표기를 보여주는 것이 B본이 경향임을 알
수 있다. 그러나 아주 적은 예이기는 하나 이와는 상반된 경우가 (7)에서
보듯 4개의 항목에서 나타난다.

(7)

마당 댱/마당 장(場)　겨레 쳑/겨레 척(戚)　채일 츔/채일 충(充)

츙셩 츔/츙셩 충(忠)

이상에서 논의한 것들 외에 모음 표기의 동요를 보이는 예로 칼 금/칼
검(劍), 헐 회/헐 훼(毀), 조칠 죵/좃츨 죵(從), 구경 원/구경 완(翫), 담 원
/담 원(垣), 둥굴 원/둥글 원(圓) 등 6개의 항목이 있다. 이 중 '금~검
(劍)'과 '회~훼(毀)'는 A본에서 현실음을 수용한 표기가 반영된 것으로
볼 수 있다. '죵~죵(從)'의 경우 B본의 오기로 보아야 할 것이며, '원~완
(翫), 원/원(垣), 원/원(圓)'의 경우 A본의 오기로 보아야 할 것이다. 그런
데 [완 또는 [원]을 A본에서 [원]으로 표기한 것은 비슷한 시기에 간행된
이본에서도 확인된다.[13] 어떤 연유로 음절형성 규칙에도 어긋나는 이러

---

13 중앙출판사에서 1948년에 간행된 민명선편 日鮮解註『千字文』에서도 구경 완(翫),
담 원(垣), 둥굴 원(圓)…… 등이 보인다.

한 표기가 특정 시기의 『千字文』 이본에 나타났는지에 대하여는 보다 진전된 논의가 있어야 할 것이다.

3. 한자의 훈 비교

A본과 B본의 훈이 어휘적인 관점에서 동일어인 부류와 동일어가 아닌 부류로 나누어 논의하고자 한다. A본과 B본의 훈이 동일어가 아닌 항목들은 어휘의 교체가 일어난 것이며, 동일어인 경우는 표기방식의 차이나 음운변화의 반영 여부에 따라 표기만을 달리한 부류이다.

3.1. 이의 관계

A본과 B본의 훈이 다르게 표기된 것은 233개에 이르나 어휘적인 측면에서 뚜렷하게 구분되는 것은 27개 항목이다. 1,000자 중 27자만을 제외하고는 동일어로 훈을 삼았다고 할 수 있으므로 그 비중이 크지 않다고 할 수 있다. 그러나 동일인이 같은 시기에 편찬하여 간행했다는 점을 고려한다면 간과할 수 없는 부분이다.

『光千』, 『石千』을 비롯하여 본 연구의 대상인 『四千』은 모두 일자일훈본이다. 하나의 한자에 하나의 음과 훈이 달려 있으며 이는 우리나라 『千字文』의 일반적인 형식이기도 하다. 예외적으로 『註解 千字文』에는 복수의 새김이 등장하기도 하나 대부분의 『千字文』에서는 문맥과는 상관없이 표제 한자가 지닌 일차적인 의미를 나타내는 우리말 하나만을 제시하였다. 문맥을 고려하지 않은 일자일훈의 특성상 역대 『千字文』의 각 한자에 달려 있는 훈은 동일어이거나 유의어인 경우가 대부분이다.

이런 까닭으로 A본과 B본도 이른 시기에 간행된 『千字文』 이본들의 훈을 답습한 것으로 보아야 할 것이다.

일자일훈본은 앞선 시기에 간행된 이본의 훈을 답습하는 것이 일반적이나 『四千』의 경우 이러한 경향에서 벗어난 부분이 있다. 대표적인 일자일훈본 중 『石千』의 훈과 다른 양상을 보이는 경우가 발견되는데 이는 『四千』에서 문맥지석의 간섭이 있었기 때문이다. 『石千』을 비롯한 다른 일자일훈본과는 달리 B본에는 4자로 이루어진 각 구에 통해가 달려 있다. 통해에 사용된 어휘가 훈의 어휘로 활용되면서 『石千』을 비롯하여 앞선 시기에 간행된 『千字文』의 훈과는 다른 어휘가 활용된 것이다.[14]

『四千』에서 문맥지석의 간섭으로 상용지석 즉 훈의 대체가 일어난 사실에 대하여는 제11장에서 자세히 논의한 바 있다. 당시의 논의에서는 B본의 자료만을 활용하였으나 A본과 더불어 문맥지석을 채택하면서 『石千』의 훈과 다르게 바뀐 예 중 몇 개를 제시하면 다음과 같다.

(8)

아올 취 : 가질 취(取)	나을 우 : 넉넉 우(優)
그츨 절 : 간절 절(切)	클 인 : 어질 인(仁)
고틸 광 : 발을 광/바를 광(匡)	어즈러울 번 : 번거 번(煩)
밧골 역 : 쉬울 이/쉬을 이(易)	업슬 망 : 도망 망(亡)

---

14 『石千』을 비롯한 『光千』, 『大千』의 훈은 주로 상용지석을 채택하였다. 그러나 후대에 간행된 『四千』에서 문맥지석을 훈으로 삼은 것이 늘어나게 된 것은 19세기의 교체기에 간행된 『註解 千字文』 등의 영향이 있었던 것으로 보인다.

(8)에서 앞쪽 제시된 것은 『石千』의 훈과 음이며 뒤에 제시된 것은 A, B본의 훈과 음이다. 한자 '易'를 예로 들어 설명하면 『石千』에 '밧골'이었던 훈이 『四千』 A, B본에서는 '쉬울/쉬을'로 교체되었다. 『石千』뿐만 아니라 『光千』, 『大千』, 『七千』, 『靈千』, 『松千』 등 A, B본에 앞서 간행된 대부분의 이본에 '易'의 훈은 '밧골/밧골'로 나온다. 『四千』 A, B본에서 '쉬울/쉬을'로 교체된 것은 '易'가 포함되어 있는 구 '易輶攸畏'[15]에서 '易'의 뜻은 '바꾸다'가 아니고 '쉽다'이기 때문이다.

이상에서 논의한 바와 같이 A본과 B본에서는 앞선 시기에 간행된 일자일훈본 『千字文』과는 달리 문맥을 고려한 새김으로 교체가 일어난 경우가 상당수 있다. 그런데 A본에서는 문맥지석을 훈으로 삼고 B본에서는 상용지석을 훈으로 삼다보니 서로 다른 단어가 훈으로 사용된 것이 있다. 물론 이와 상반된 예도 있으며 유의어로 교체가 일어난 경우도 있다. 예컨대 '뫼 해/해가 해(嵇)'에서 한자 '嵇'의 상용지석은 '뫼'이나 문맥지석으로 氏名인 '해가'로도 쓰인다. '嵇'는 '嵇琴阮嘯'라는 구에 사용된 한자인데 이 구의 통해가 B본에 "위국 희강은 거문고를 잘 타고 완적은 수파람을 잘 부니라"로 나온다. 여기서 '嵇'는 魏나라 '嵇康'을 뜻하는 것이며 '嵇'의 문맥지석은 '해가'이다. 그러므로 A본에서는 상용지석이, B본에서는 문맥지석이 훈으로 채택된 것이다. 이렇듯 어휘적인 측면에서 동일어로 볼 수 없는 별개의 단어로 훈의 교체가 일어난 예를 보이면 (9)와 같다.

---

15 B본에 '易輶攸畏'의 통해를 보면 "쉽고 가비엽이 두려온 빈니 군자는 쉽고 가비여이 말함을 두려하나니라"와 같이 되어 있다.

(9)

누루 황/누를 황(黃)	빗나 려/골 려(麗)	일만 만/만 만(萬)
넉 사/넷 사(四)	짧을단 / 져를단(短)	벼리 유/얼글 유(維)
솔 송/솔나무 송(松)	사괼 교/사괴일 교(交)	웅거 거/웅거할 거(據)
대답 대/대할 대(對)	섬 계/쓸 계(階)	군ㅅ병/군사 병(兵)
끈 영/갓슨 영(纓)	깁 긔/비단 긔(綺)	닐 긔/일러날 긔(起)
일빅 백/백 백(百)	묏부리 악/뫼 악(嶽)	밋 본/근본 본(本)
구슬 셰/부셰 셰(稅)	뭇 셔/거의 셔(庶)	기틀 긔/틀 긔(機)
입 엽/입새 렵(葉)	장막 유/휘장 유(帷)	조을 면/죠름 면(眠)
뫼 해/해가 해(秕)	셩 완/완가 완(阮)	털 모/터럭 모(毛)

(9)에 제시된 27개의 한자에 달려있는 훈만이 A본과 B본에서 다른 어휘로 교체되었고 97.3%가 동일어로 훈을 삼았다. 더구나 누루 황/누를 황(黃), 일만 만/만 만(萬), 군ㅅ병/군사 병(兵), 솔 송/솔나무 송(松), 끈 영/갓슨 영(纓), 닐 긔/일러날 긔(起), 일빅 백/백 백(百), 묏부리 악/뫼 악(嶽), 기틀 긔/틀 긔(機), 입 엽/입새 렵(葉), 털 모/터럭 모(毛) 등과 같은 11개 항목은 유의어로 취급될 수 있는 여지가 있는 것들이다. 그러므로 A본과 B본의 훈은 대체로 동일어나 유의어를 채택하였다고 할 수 있다.

유의어로 취급될 수 있는 여지를 지닌 11개 중 '黃'의 훈에 대하여 검토하면 A본과 B본에서 '누루'와 '누를'로 동요를 보인다.[16] '누를'은 '누르

---

16 『光千』과 『大千』은 『千字文』의 한자에 한글로 음과 훈을 달기 시작한 초기의 모습을 보여주는 자료이다. '黃'의 훈이 『光千』에는 '누를'이고 『大千』에는 '누루'이다. 이른 시기의 두 책에 동일형이 아닌 모습을 보여주는데, 이보다 늦게 간행되었고 일자일훈의 정착본이라 할 수 있는 『石千』에는 '누를'이다. 『石千』의 뒤를 이어 『칠장사본』, 『병자본』, 『송광사본』, 『갑술본』 등에도 '누를'을 훈으로 삼았다. 그러나 『신미본』, 『영남대본』에는 '누로', 『용문사본』, 『홍수동판』에는 '누루'로 나온다. 역대 『千字文』 이본의 검토를 통하

다'의 어간에 관형사형 '-ㄹ'을 결합하여 훈을 삼은 것이고 '누루'는 '누루
다'의 어간으로 훈을 삼은 것이다. '누르다'와 '누루다'가 동일어의 음운변
이형인지 별개의 단어인지는 세밀한 검토가 있어야 할 것이나 색채어
'퍼렇다'와 '파랗다', '누렇다'와 '노랗다' 등이 별개의 단어이므로 일단 동
일어가 아닌 것으로 처리하였다.

(9)에 제시된 예 중 A본의 훈에 비해 B본의 훈에서 축약을 비롯한 단
순화된 형태가 나타나는 것으로 골 려(麗), 틀 긔(機), 만 만(萬), 백 백
(百), 뫼 악(嶽) 털 모(毛) 등이 있다. 반면에 B본에 단순화된 형태가 나
타나는 것으로 군ㅅ병(兵), 닐 긔(起), 입 엽(葉) 등이 있다. 단순화된 형
태의 예가 B본에 더 많음을 알 수 있다. 그리고 웅거 거/웅거할 거(據),
대답 대/대할 대(對), '조을 면/죠름 면(眠)'의 경우 품사가 바뀐 경우인데
'據'와 '對'의 경우 A본이 명사를 '眠'의 경우 B본이 명사를 훈으로 채택하
였다. 어휘의 교체가 일어난 항목이 많지 않기 때문에 A본과 B본이 지
닌 규칙성을 논의하기는 어려움이 있다.

3.2. 동의 관계

훈으로 사용된 어휘를 달리 표기한 것 233개 중 (9)에서 예를 든 항목
27개를 제외하고는 모두 동의 관계어이다. 동의 관계에 있는 206개의 항
목을 검토해 보면 동일어가 그 표기방식을 달리 함으로써 다르게 표기

여 A본과 B본이 보여주는 훈의 동요가 오래전부터 있어 왔음을 알 수 있다. 그런데 오늘
날 '黃'의 훈은 '누루'로 정착되었다. 형용사 훈의 일반적인 형태가 어간에 '-ㄹ'이나 '-ㄴ'을
결합하여 만들어진다는 점을 고려하면 기본형 '누루다'에서 도출되는 형태는 '누룰'이어야
한다. 그러나 특이하게도 어간의 형태 '누루'를 훈으로 삼았다. 이러한 예는 '빗나 려(麗)'
에도 보이는데 보다 정밀한 탐구가 요구된다.

된 것과 음운변화를 표기에 반영했느냐의 여부에 따라 달리 표기된 것으로 구분된다.

3.2.1. 표기 방식의 차이에 의한 동요

15세기 문헌에서 사잇소리를 표기하는 방식은 3가지가 있었다. '나랏말씀'에서는 선행체언의 말음에 'ㅅ'을, '엄쏘리'의 경우 후행하는 체언 앞, 그리고 '君ㄷ字'에서는 중간에 독립시켜 표기한 것이 그것이다. 현대국어 표기에서는 선행체언의 말음에 'ㅅ'을 표기하는 것만이 존재한다. A본과 B본 모두에서 훈과 음 사이에 'ㅅ'을 표기한 경우가 2개 보이는데 '해ㅅ셰(歲)'와 '재ㅅ셩(城)'이 그것이다. 그리고 A본 또는 B본 중 한 곳에만 나타나는 경우는 (10)과 같다.

(10)

알ㅅ지/알지(知)	열 계/열ㅅ계(啓)	줄 급/줄ㅅ급(給)
군ㅅ병/군사 병(兵)	몰 구/몰ㅅ구(驅)	빌 가/빌ㅅ가(假)
돌 셕/돌ㅅ셕(石)	살 거/살ㅅ거(居)	

(10)에서 보듯 A본에 2개, B본에 6개가 보이는 것으로 미루어 B본에서 보다 적극적으로 나타남을 알 수 있다. '군ㅅ병/군사 병(兵)'과 '돌 셕/돌ㅅ셕(石)'만 명사이고 다른 항목들은 동사인데 'ㅅ'이 개입된 항목들의 특징을 보면 훈이 일음절어라는 점이다. 또한 후행하는 자음의 초성이 ㅅ, ㅈ, ㄱ, ㅂ 등 예사소리라는 특징을 가진다. 그러나 잘 슉(宿), 날 등(騰), 날 싱(生), 클 거(巨)…… 등 대부분의 경우는 동일한 조건임에도 'ㅅ'을 개입하여 표기하지 않았다. 어떤 연유로 (10)에서 예를 든 몇 개의 어휘에만 'ㅅ'을 개입하여 표기하였는지 알 수 없으며 그 규칙성 또한 찾기가

쉽지 않다.

훈민정음 창제 이후 표음적 표기와 표의적 표기는 국어표기법의 중요한 논란 거리였다. A본과 B본에서도 이러한 현상을 볼 수 있는데 용언의 어간 말음을 어어 적거나 끊어 적는 문제의 동요이다. A, B본 모두 '넙을 홍(洪)'의 경우 분철하였으나 '나즐 비(卑)'의 경우 연철하였다. 전반적으로 분철의 경우가 우세하나 A본과 B본이 서로 다르게 표기한 예가 (11)과 같다.

(11)

나물 여/남을 려(餘)	맑을 담/말글 담(淡)	굴을 전/구를 전(轉)
밝을 명/발글 명(明)	적을 미/져글 미(微)	발을 광/바를 광(匡)
붉을 단/붉글 단(丹)	닭 계/닥 계(鷄)	불글 적/붉글 적(赤)
늙을 로/늘글 로(老)	젊을 소/졀믈 쇼(少)	

(11)에서 확인할 수 있듯이 몇 개의 예를 제외하고는 A본의 경우 분철하였고 B본의 경우 연철하였음을 알 수 있다. 연철에서 분철로 발전하여 온 것이 국어 표기법의 방향이었으며 여기서는 후대에 간행된 문헌에서 연철의 예가 많이 나타남을 볼 수 있다.

된소리 표기를 ㄲ, ㄸ, ㅃ, ㅉ 등과 같이 하기로 한 것은 1930년 2월에 발표된 〈조선총독부 언문철자법〉에 와서이다. 1912년 4월과 1921년 3월에 각각 발표된 〈보통학교용 언문철자법〉과 〈보통학교용언문철자법대요〉에서는 모두 된시옷 기호로 'ㅅ'만을 사용하도록 하였다.[17] 된소리 표

---

17 조선총독부가 발표한 된소리 표기와 관련된 규정을 제시하면 다음과 같다.
① 1912년 4월 조선총독부 〈普通學校用 諺文綴字法〉 11항; "된시옷 記號에는 ㅅ만을

기의 경우 A본과 B본이 확연히 구분된다. 1937년에 간행된 A본의 경우 조선총독부 〈諺文綴字法〉(1930년 2월, 제3회 개정)을 따랐으나 B본은 구한말 항간에서 유행하던 전통적인 철자법에 따라 표기하였다. 이에 속하는 예는 모두 40여 개에 이르는데 그 중 일부만을 제시하면 (12)와 같다.

(12)

따 디/싸 디(地)	짤 함/짤 함(鹹)	꼬질 공/쇠즐 공(拱)
떳떳 상/쩟쩟 상(常)	끗 단/긋 단(端)	따를 수/싸를 슈(隨)
떠날 리/쩌날 니(離)	뜻 졍/쯧 졍(情)	뜰 폐/쓸 폐(陛)
또 역/쏘 역(亦)	꼿부리 영/꼿부리 영(英)	낄 협/낄 협(俠)
뜰칠 진/쓸칠 진(振)	꾀 책/쇠 칙(策)	

3.2.2. 음운 변화의 반영 여부에 따른 동요

설단음의 구개음화와 치음 아래에 놓인 이중모음의 단모음화는 A본이 간행되기 이전에 이미 음성언어에서 일어난 현상이다. 문자언어는 음성언어에 비해 보수적인 성향을 지니므로 표기에 반영되지 않고 전대의 형태가 남아 있는 경우가 허다하다. A본과 B본 중 하나는 음운변화를 반영하여 훈을 표기하였고 하나는 반영하지 않고 표기한 경우가 있다. 자음 표기의 동요를 보이는 것으로 'ㅇ~ㄴ~ㄹ'의 동요와 'ㄷ~ㅈ/ㅌ~ㅊ'의 동요가 있다. 이러한 현상은 한자음 표기에서도 확인했던 사

使用하고 뼈·끼等과 如한 書法을 取하지 아니함"

② 1921년 3월 〈普通學校用諺文綴字法大要〉 13항; "된시옷 記號에는 ㅅ만을 使用하고 뼈·끼等과 如한 書法을 아니 씀"

③ 1930년 2월 〈朝鮮總督府 諺文綴字法〉) 12항; "된시옷의 記號는 써·까·쯤과 如히 竝書로 하고 뼈·싸·쯤等과 如한 書法을 取하지 아니함"

항으로 2.1.에서 비교적 상세히 다루었으므로 몇 개의 예를 제시하고 확인하기로 한다.

(13) 가. 'ㅇ~ㄴ~ㄹ'

입을 피/닙을 피(被)　잊을 망/니즐망(忘)　니를 운/이를 운(云)

익을 슉/닉을 슉(熟)　예 구/녜 구(舊)　올일 쳑/올닐 쳑(陟)

임할 임/림할 림(臨)　련 련/연 년(輦)

나. 'ㄷ~ㅈ/ㅌ~ㅊ'

모질 악/모딜 악(惡)　져 생/뎌 싱(笙)　죨 호/됴흘 호(好)

심쓸 무/힘쓸 무(務)

한자음 표기에서도 A, B본 모두에 두음법칙이 반영된 표기가 우세함을 2.1.1.에서 논의한 바 있다. 이러한 경향은 한자의 훈 표기에서도 적용되었음을 이를 치(致), 임금황/임군황(皇), 익힐 습(習)…… 등을 통하여 확인할 수 있다. 또한 한자음에서와 같이 B본에서 두음법칙이 반영되지 않은 표기가 잔존해 있음을 확인할 수 있다.

구개음화와 관련하여 한자음 표기에서 이를 반영한 표기가 A, B본 모두에서 절대적으로 우세함을 2.1.2.에서 논의한 바 있다. 또한 구개음화를 반영하지 않은 표기가 B본에 잔존함을 확인하였는데 이런 현상은 (13)나를 통하여 한자의 훈 표기에서도 확인할 수 있다. 특히 '죨 호/됴흘 호(好)'에서는 구개음화와 단모음화를 거쳐 축약까지 이루어진 형태가 A본의 훈으로 사용되었음을 알 수 있다. 이는 B본에 앞서 간행된 A본이 오히려 진보적인 표기 방식을 채택하였음을 알 수 있게 하는 부분이다.

모음의 동요와 관련하여 한자음 표기에서와 마찬가지로 'ㆎ'와 'ㅐ'의 동요와 단모음과 중모음의 동요가 가장 많이 확인된다. 한자음 표기에서는 '·'를 사용한 예를 찾을 수 없으나 한자훈 표기에서 B본에 '아ᄌᆞ비 슉(叔)' 하나가 발견된다. 'ᄌᆞ'에 사용된 '·'를 제외하고 『光千』이나 『石 千』에서 둘 월(月), 출 영(盈), 고를 됴(調), 홀 위(爲)…… 등에 사용되던 '·'는 A, B본 모두에서 'ㅏ'로 교체되었다. '·'는 'ㅏ'로 교체되었으나 B본 에서 'ㆎ'는 'ㅐ'로 교체되지 않고 남아 있음을 (14)가에서 확인할 수 있다.

(14) 가.

보배 진/보비 진(珍)	새양 강/시양 강(薑)	날개 상/날기 샹(翔)
매울 열/믜울 렬(烈)	생각 렴/싱각 념(念)	보배 보/보비 보(寶)
때 시/쩍 시(時)	재조예/지죠 예(乂)	션배 사/션비 사(士)
ᄂᆡ칠 출/내칠 출(黜)	가온대 즁/가온듸 즁(中)	보낼 견/보닐 견(遣)
ᄃᆡ답 답/대답 답(答)	때 구/쩍 구(坵)	믜양 매/매양 매(每)
배회 배/븨회 빅(俳)	배회 회/븨회 회(佪)	

나.

상할 상/샹할 샹(傷)	상자 상/샹자 샹(箱)	장수 장/쟝슈 쟝(將)
백성 민/백셩 민(民)	저울대 형/져을대 형(衡)	저 이/져 이(伊)
첩 첩/쳡 쳡(妾)	처음 초/쳐음 쵸(初)	서늘 정/셔늘 졍(淸)
성품 성/셩품 셩(性)	서울 경/셔을 경(京)	서릴 반/셔릴 반(盤)
재조예/지죠 예(乂)	죠희 지/조희 지(紙)	
한수 한/한슈 한(漢)	슈레 가/수레 가(軻)	쥬릴 긔/주릴 긔(飢)
쥬머니 낭/주머니 낭(囊)	수건 건/슈건 건(巾)	줄 현/쥴 현(絃)
술 주/술 쥬(酒)	장수 장/쟝슈 쟝(將)	목숨 명/목숨 명(命)
낙수 락/낙슈 락(洛)	경수 경/경슈 경(涇)	

(14)나를 통하여 'ㅅ, ㅈ, ㅊ' 자음 아래에서 단모음 'ㅏ, ㅓ, ㅗ, ㅜ'와 'ㅑ, ㅕ, ㅛ, ㅠ'가 동요를 보인 예이다. 역시 B본에서 보수적인 표기가 활용되었음을 확인할 수 있다. A본은 간행시기가 빠름에도 구개음화, 단모음화 등 음운변화 형태를 표기에 반영하여 B본에 비해 진보적인 표기 경향을 보인다. A본이 진보적인 표기 경향을 보이는 예는 '감츌 댱/감츌 댱(藏)'과 '댱길 행/단길 행(行)'에서도 볼 수 있다. 개구도를 작게 한 음성모음화와 자·모음동화를 반영한 표기가 A본에 보이기 때문이다. 특히 A본에는 (15)에서 보듯 한글 맞춤법에서 음운변이를 표기에 수용하지 않은 전설모음화까지 표기에 반영한 예가 집단적으로 나타난다.

(15)

것칠 황/것츨 황(荒)	안질 좌/안즐 좌(坐)	꼬질 공/꼬즐 공(拱)
밋칠 급/밋츨 급(及)	오직 유/오즉 유(惟)	흘 소/힐 쇼(素)
맛침 적/맛츰 적(適)	시를 예/스를 예(飫)	시를 염/스를 염(厭)
힐 결/흘 결(潔)	쩡길 빈/쯩길 빈(嚬)	조칠 죵/죳츨 증(從)
죳칠 쥰/죳츨 쥰(遵)	구실 벽/구슬 벽(璧)	조칠 죵/죳츨 증(從)
흘 소/힐 쇼(素)		

4. 결론

1937년과 1945년, 8년의 시차를 두고 김송규가 광한서림에서 저작 겸 발행한 『四千』은 書眉에 篆·隷·草 삼체를 작은 글자로 부서했으며 해서체를 본문의 大字로 삼았다. 본문의 해서체 한자 아래에 우에서 좌로 훈과 음을 달았는데 이는 가장 일반적인 형식으로 역대 『千字文』 이본에서 흔히 볼 수 있는 것이다. 하나의 한자에 하나의 음과 훈을 달아 놓은 일자일훈본인『四千』은 서미의 삼체를 제거하면『光千』,『石千』등과 유사한 형식이다.

『四千』에 등장하는 한자의 훈과 음은『石千』을 비롯한 역대 일자일훈본의 그것과 어휘적인 측면에서 크게 다르지는 않다. 이는 보수성이 강한『千字文』의 훈과 음의 특징을 보여주는 것이라 할 수 있다. 그런데 A본(1937년 본)과 B본(1945년 본)은 거의 비슷한 시기에 동일인이 저작 겸 발행한 책임에도 불구하고 표기를 달리한 부분이 상당수 발견된다. 두 책의 비교를 통하여 다음과 같은 사실을 확인할 수 있었다.

1,000개의 한자에 달려있는 한자음 중 A본과 B본에서 표기를 달리한 것은 136개이다. 두음법칙과 관련하여 A본은 이를 반영한 표기를 보여주나 B본은 그렇지 않은 예를 다수 보이고 있다. 특히 B본에서는 초성의 원음이 'ㅇ'인 것까지 'ㄹ'로 바꾸어 餘[려], 映[령], 容[룡], 野[랴], 蕊[렵], 遊[류] 등과 같이 표기한 경우가 있었다. 이러한 와음 표기는 표제 한자에 대하여 훈을 앞에 놓고 그 뒤에 음을 제시하는 방식을 취하는 한자 학습서의 특징에서 기인한 것으로『石千』이나『新增類合』에서도 발견되는 현상이다. A본과 B본 모두 구개음화 현상을 반영한 표기가 대세를 이루었다. 그러나 天[텬]을 비롯한 8자는 두 책 모두에 구개음화가 반영되지 않은 표기가 나타나기도 하고, 枝[지/디], 條[죠/됴], 顚[젼/뎐], 殿[젼/뎐], 庭[졍/뎡], 典[젼/뎐] 廳[쳥/텽] 등은 B본에서만 구개음화를 반영하지 않은 표기가 나타난다.

'ㆍ'는 1912년 4월의 〈보통학교용언문철자법〉에서부터 'ㅏ'로 적도록 규정하였다. 'ㆍ'의 폐지에 따라 'ㆎ'또한 'ㅐ'로 적게 되었다. A본과 B본의 한자음 표기에 'ㆍ'가 사용된 것은 없고 훈에서 B본의 '아ᄌᆞ비[叔]'에만 보인다. 'ㆍ'는 표기에서 사실상 사라졌으나 'ㆎ'는 B본의 한자 훈·음표기에서 명맥을 유지하고 있다. 'ㅅ, ㅈ, ㅊ' 자음 아래에서의 이중모음 'ㅑ, ㅕ, ㅛ, ㅠ'는 이 시기에 이미 단모음으로 변한 것으로 보인다. 그러나 표기의 보수성으로 말미암아 A, B본 모두에 이중모음으로 표기된 예가 단모음으로 표기한 것보다 117:36으로 월등하게 많다. 그렇지만 A본에서 단모음화를 반영한 표기가 靑[정], 薔[선], 初[최], 隨[쉬]…… 등을 비롯하여 30여 개가 보인다.

A본과 B본의 훈이 다르게 표기된 것은 233개에 이르나 어휘적인 차원에서 동일어가 아닌 것은 27개이다. 대부분 표기방식의 차이에 의해 달리 표기된 것이거나 음운변화의 표기 반영 여부로 볼 수 있는 동일어들이다. 『四千』은 『光千』, 『石千』과 같이 하나의 한자에 하나의 음과 훈이 달려있는 가장 일반적인 형태의 『千字文』이다. 이러한 일자일훈본 『千字文』의 경우 문맥과는 상관없이 표제 한자가 지닌 일차적인 의미를 나타내는 우리말 하나만을 훈으로 제시하였다. 그 결과 『千字文』 이본에서 확인되는 대부분의 훈은 동일어이다. 이런 사정을 고려할 때 거의 같은 시기에 동일인이 유사한 형식으로 간행한 A본과 B본에서 동일어가 아닌 훈이 27개라는 것은 상당한 의미를 지닌다.

동일어를 표기 방식의 차이에 의해 달리 표기한 것 중의 하나로 훈과 음 사이에 표기된 'ㅅ'이 있다. A, B본 모두 일정한 원칙을 갖고 표기하지 않았으며 상대적으로 B본에서 'ㅅ'을 삽입한 경우가 우세함을 알 수 있다. 훈민정음 창제 이후 표음적 표기와 표의적 표기는 국어표기법의 중요한 논란거리였다. A, B본 모두 일반적으로 형태소 경계를 구분하여 표기하는 분철 표기를 보여주나 B본의 경우 표음적 표기인 연철 표기의 예를 일부 보여준다. 1930년 2월에 발표된 〈언문철자법〉에서 된소리 표기를 ㄲ, ㄸ, ㅃ, ㅉ 등과 같이 하기로 하였다. 된소리 표기의 경우 A본과 B본이 확연히 구분되는데 A본의 경우 ㄲ, ㄸ, ㅃ, ㅉ 등과 같이 표기하였으나 B본의 경우는 일관되게 ㅅㅣ, ㅅㄷ, ㅅㅐ, ㅆ 등과 같은 방식을 유지하였다.

한자의 훈 표기에서도 두음법칙, 구개음화 그리고 단모음화 반영 여부는 한자음 표기에서와 같은 입장을 취하였다. 즉, A본의 경우 이러한 현상을 반영한 표기가 나타나나 B본의 경우 반영하지 않은 표기가 다수 보인다. 결과적으로 A본은 그 간행 시기가 B본보다 이름에도 불구하고 국어의 현실이 반영된 진보적인 표기 방식을 채택하였다. 특히 A본의 경우 한글 맞춤법에서 음운변이를 표기에 수용하지 않은 전설모음화까지 표기에 반영하였다.

이상의 논의를 통하여 거의 같은 시기이기는 하지만 8년 먼저 간행된 A본이 보다 진보적인 표기를 보여주고 있고 반면에 늦게 간행된 B본이 보수적인 표기의 모습을 보여줌을 확인하였다. 이는 우리가 역사 문헌을 다룰 때 주의해야 할 점을 시사하는 것으로 받아들여야 할 것이다. 경우에 따라서는 먼저 간행된 문헌이라 하더라도 진보적일 수 있으며 늦게 간행된 것이 보다 보수적인 성격을 지닐 수 있다는 점이 그것이다.

실제 언어를 반영하여 만든 1933년의 한글 맞춤법 규정에 보다 충실하였던 것은 1937년에 간행된 A본이었다. 한글맞춤법이 공포된 지 4년 후에 간행된 A본은 그 규정에 충실하려 하였다. 그러나 규정이 마련되고 12년이나 지난 1945년에 간행된 B본은 오히려 1930년 이전에 통용되었던 〈보통학교용언문철자법〉의 규정을 따르고 있다. 이를 통하여 우리는 한글맞춤법이 마련된 초기 단계에 민간에서의 정서법에 대한 인식이 매우 부족하였음을 지적할 수 있다.

제13장 『(四體圖像註解) 世昌 千字文』

1. 서론

  훈민정음 창제 이후 전통적인 형식의 『千字文』은 진체인 楷書字 한자를 제시하고 그 아래에 우리말로 하나의 훈과 음을 다는 방식이었다. 『石峯 千字文』을 비롯하여 개화기 이전에 간행된 대부분의 『千字文』이 이러한 형식을 지니고 있다. 그런데 갑오경장 이후 시대의 변화를 반영하면서 새로운 형식의 『千字文』이 출현하였다. 이는 경학 중심의 전통적인 교육에서 지·덕·체를 중시하는 새로운 교육으로의 전환과 밀접한 관련이 있다. 경학 중심의 교육제도 아래에서 『千字文』은 한자초학서는 물론 학문의 입문서로 굳건한 위치를 확보하고 있었다. 그러나 새로운 교육 제도의 시행으로 그 위상에 변화가 생기면서 독서 대중의 구매 욕구를 자극하기 위하여 편집 방향의 변화가 불가피했던 것으로 보인다. 즉, 새로운 교육 제도의 도입과 더불어 그에 합당한 교과서의 출현은 『千字文』이 지니고 있던 절대적인 권위를 허락하지 않았으며 『千字文』 편찬 방식도 변화를 꾀할 수밖에 없었던 것이다.

  1894년 갑오개혁과 더불어 우리 사회 전반에 새로운 변화가 일어났으며『千字文』또한 변화된 모습을 보인다. 전통적인 형식을 기반으로 하면서 표제 한자에 대한 서체 정보가 추가된 '四體'『千字文』도 변화된『千字文』중의 하나이다. 일반적으로 일자일훈본에서는 해서자의 한자만을 표제자로 삼았으나 '四體'『千字文』에서는 草書, 篆書, 隷書 등의 서체까지 제시하였다. 다양한 서체를 제공함은 물론 표제 한자의 의미 정보를 자세하게 제시한 '註解'『千字文』도 활발하게 간행되었다. 전통적인 형식의 일자일훈본에서는 표제 한자가 지닌 일차적인 의미 정보만을 제시하는데 그쳤으나 '註解'『千字文』에서는 한자 자전의 역할에 버금갈 정도로 표제 한자를 풀이하였다. 또한 각 句의 주해라 할 수 있는 통해를 달아 250구 125절로 이루어진 천자문 구절을 풀이하기도 하였다. 그리고 각 구의 내용이나 각 구에 포함되어 있는 한자의 뜻을 쉽게 짐작할 수 있도록 그림을 그려 넣은 '四體'『千字文』도 간행되었다.

『(四體圖像註解) 世昌 千字文』(이하『世千』)은 단기 4289년(서기 1956) 7월에 신태삼이 저작 겸 발행한 책이다. 책의 제목을 통하여 알 수 있듯이 이 책은 '書體'는 물론 '註解' 그리고 그림을 통하여 한자를 익히는데 도움을 주는 '圖像'까지 포함하였다. 전통적인 형식의 일자일훈본에 '書體'만을 추가한 '四體'『千字文』과 '註解'를 추가한 '註解'『千字文』그리고 '四體'『千字文』을 모두 합쳐 놓은 것이『世千』임을 알 수 있다. 개화기 이후 변화된 시대 상황을 반영하면서 독자들의 구매 욕구를 자극하기 위하여 시도된『千字文』편찬 태도의 극치를 보여주는 책이라 할 수 있다. 본 장에서는『千字文』편찬 태도의 변화와 더불어『世千』이 출현하게 된 배경을 살펴보고 그 형식과 내용을 살피고자 한다. 이를 통하여 이 책이 지니는 시대적 의미를 출판의 측면에서는 물론 한자의 훈과 통해를 통하여 파악하고자 한다.

2. 『(四體圖像註解) 世昌 千字文』의 출현 배경

2.1. 전통적인『千字文』편찬의 두 방식

『千字文』은 그 활용 목적에 따라 두 가지 방식으로 편찬되었는데 한 자초학서를 목적으로 한 것과 습자교본을 목적으로 한 것이 그것이다. 우리나라에서는『千字文』하면 한자초학서라는 인식이 강하나 중국과 일본에서는 서예를 위한 습자교본으로 인식하는 것이 일반적이다. 비교 적 이른 시기에 간행된『千字文』光州本,『千字文』大東急本 그리고 '石 峯『千字文』등은 습자교본의 역할을 전혀 하지 않은 것은 아니지만 하 나의 한자에 하나의 훈만을 제시하여 일차적으로 한자초학서의 역할에 충실하였다. 『訓蒙字會』나『新增類合』은 경우에 따라 일자일훈이 아닌 일자수석을 보이기도 하였으나 주해류『千字文』을 제외한『千字文』에서 는 일관되게 표제 한자에 그 한자가 지닌 일차적인 의미의 우리말 하나 만을 달아 놓았다. 하나의 한자는 하나의 의미만을 지니는 것이 아니고 여러 개의 의미를 지니는 것이 일반적이므로 일자수의의 특징을 지닌다. 그런데『千字文』에서는 문맥에 대한 고려 없이 표제 한자의 대표적인 새김 하나만을 제시하였다. 이는 표제 한자에 대하여 가장 기초적인 사항 만을 우선 익히도록 배려한 것으로 보아야 할 것이다. 이러한 사항을 고려 할 때 우리나라에서『千字文』은 한자초학서 중에서도 맨 앞자리에 놓았던 것으로 볼 수 있다.

우리나라에서 『千字文』이 으뜸가는 한자초학서로 편찬되었고 또한 이를 활용하여 궁중은 물론 민간에서도 한자 교육이 이루어졌음은 두루 아는 바이다. 특히 한호(1543~1605)는 왕명에 의해 한자초학서를 목적 으로『千字文』을 서사하였는데 이를 '石峯『千字文』이라 한다. 『石千』은

1583년 내사본 그리고 내각문고본에서부터 1928년의 陟瞻臺藏板本까지 목판 또는 목활자로 꾸준히 간행되면서 '標準'『千字文』의 역할을 하였다.『石千』말고도 김국표, 이무실 등을 비롯한 각 시대의 명필들에 의해 일자일훈본『千字文』이 간행되었으나『石千』을 능가하지는 못하였다.

한호는 서예를 위한 습자교본으로 1597년(선조 30)에『草千字』도 서사하였는데 이 또한 큰 영향을 미쳤다. 한호 書『草千字』보다 이른 시기에 안평대군(1418~53), 박팽년(1417~56), 김인후(1510~60) 등의『草千字』가 있었고 그 이후로도 엄한명(1685~1759), 이삼만(1770~1845) 등을 비롯한 서자 미상의 많은 작품들도 있지만 한호의『草千字』가 중심에 있었다고 할 수 있다. 이 책은 1809년 판(순조 9년 己巳)을 시작으로 1847년, 1861년, 1914년 등 여러 번에 걸쳐 방각본으로 중간되었으며 한 행에 초서 6자씩을 배열하여 대자로 삼았다. 표제자 아래에는 습자교본의 취지에 맞게 훈과 음을 달지 않았고 각 대자의 우측상단 동그라미 속에 해서자를 첨기하였으며 서미에는 해당 전서자를 제시하였다.

요컨대 훈민정음 창제 이후 전통적인『千字文』편찬의 두 방식은 한자초학서를 목적으로 한 것과 습자교본을 목적으로 한 것이 그것이다. 한자초학서를 목적으로 편찬된『千字文』은 해서자의 대자 아래에 하나의 훈과 음을 다는 방식이었고, 습자교본을 목적으로 편찬된『千字文』은 일반적으로 초서자를 우선하여 제시하고 전서와 해서도 참고할 수 있도록 배려하였다. 이러한 두 가지 방식의『千字文』편찬 태도는 대체로 개화기 이전까지 지속되었으며 그 중심에 한호의『石千』과『草千字』가 자리하고 있었다.

2.2. 변화된 편집 방식과 四體·圖像·註解

한자초학서와 습자교본, 두 가지 방식의 전통적인 『千字文』 편찬이
변화를 꾀하게 된 것은 1752년(영조 28) 남한 개원사에서 간행된 『註解
千字文』(홍성원 서)을 통하여 확인할 수 있다. 또한 이 책을 보완하여
완성도를 높인 것이 1804년(순조 4) 광통방에서 새로이 간행되었다. 광
통방의 홍태운 서 『註解 千字文』은 앞서 간행된 책에 비하여 보다 정교
한 모습을 보이는 것으로 『千字文』 주해본의 결정판이라 할 수 있다.[1]
주해의 내용이 정밀하여 한자 자전까지 겸할 수 있도록 편찬된 이 책은
후대로 오면서 한자 전체를 포괄한 자전에 밀려 더 이상 발전된 형태를
보이지 못하였다. 『千字文』은 원천적으로 한자자전이 아니고 한자초학
서이므로 그 성격에 맞게 표제한자에 대한 주해를 간략하게 하거나 각
句의 통해를 한글로 표현하는 방식으로 발전하여 주해본의 명맥을 이어
왔다.

개화기에 들어오면서 간략화되거나 한글표기로 통해를 단 '註解 『千
字文』과 더불어 새로운 형식의 『千字文』이 출현하였다. 변화된 형식의
이들 『千字文』은 일자일훈을 원칙으로 하는 한자초학서를 기본으로 하
면서 보조적으로 서체를 제시하거나 주해 또는 도상을 통하여 표제 한
자와 각 구의 내용을 쉽게 이해하도록 배려하였다. 서체만을 보조적으
로 덧붙인 것도 있지만 '註解'나 '圖像'도 포괄하여 편찬된 『千字文』도 있
었으며 『世千』에서는 이들 모두를 포괄하였다. 우선 아래의 〈사진〉 1, 2,

---

1 『千字文』 편찬의 변모 양상에 대하여는 제5장에서 자세히 논의한 하였다. 특히 이
논문에서는 홍성원·홍태운의 '註解 『千字文』이 출현하게 된 배경과 그 내용에 대하여도
깊이 있게 다루었다.

3을 통하여 일자일훈본 한자초학서를 기본으로 하면서 주해, 자체(사체), 도상 중 하나만을 보조적으로 제시한『千字文』을 보기로 하자.

<사진 1> 在田堂書鋪
發行 <註解 千字文>

<사진 2> 在田堂書鋪
發行 <四體 千字文>

<사진 3> 翰南書林
發行 <(蒙學圖像)
千字文>

위의『千字文』들은 각각 '註解', '四體' 그리고 '圖像'을 표방하고 있지만 모두 해서자의 대자 아래에 하나의 훈과 음을 달아 본문을 삼았다. 이는 세 종류의『千字文』이 일차적으로 지향하는 것이 한자초학서라는 점이다. 한자입문서를 기본으로 하고 〈사진 1〉의『註解 千字文』은 각 한자에 대한 상세한 풀이와 더불어 각 구의 통해를 한문으로 제시하였다. 그리고 〈사진 2〉의『四體 千字文』은 서미에 전서, 예서, 초서 순으로 삼체를 제시하였고, 〈사진 3〉의『(蒙學圖像) 千字文』에서는 書眉에 4자1구와 관련이 있는 그림을 그려 넣었다. 〈사진 2〉와 〈사진 3〉을 통하여 보듯 서미의 서체와 도상이 차지하는 지면은 해서자의 한자 아래에 하나의 훈과 음을 단 본문에 비하면 1/4에 지나지 않는다. 그야말로 삼체와 도상은 참고 내지는 보조적인 자료일 뿐 핵심적인 부분이 아님을 알 수 있다.

〈사진 1〉의 『註解 千字文』은 앞서 간행된 홍성원과 홍태운의 『註解 千字文』을 간략화한 것이다. 특히 홍태운의 『註解 千字文』과 재전당서 포 발행 『註解 千字文』이 크게 달라진 것은 표제한자에 달아놓은 훈과 음이다. 전자는 훈과 음을 한문 주석과 구분하지 않고 세로쓰기로 함께 작성하였는데 후자는 첫 번째의 훈과 음을 한문 주석과 분리하여 표제 한자 아래 작은 칸을 만들고 독립시켜 가로쓰기로 제시하였다. 일단 한 자초학서가 지향하는 일자일훈본의 형식을 갖춘 후 각 한자와 각 句에 심화된 의미정보를 추가하는 방식이 동원되었음을 알 수 있다. 이를 통 하여 앞서 간행된 홍성원과 홍태운의 『註解 千字文』에 비해 한자초학서 를 우선한 편집태도를 확인 할 수 있다.[2]

1913년 대구부의 재전당서포에서 발행한 『註解 千字文』〈사진 1〉은 이 보다 100여 년 전에 간행된 홍태운 서 『註解 千字文』을 모방하여 간략화 한 것이라 할 수 있다. 그런데 서미에 삼체나 도상을 첨가한 『千字文』은 이 시기에 나타난 새로운 형식으로 볼 수 있으며 특히 서체를 제시한 『四體 千字文』이 1930년대에 활발하게 간행되었는데 이에 대하여는 제7 장에서 자세히 다룬 바 있다. 그런데 서체와 주해, 도상과 주해, 서체와 도상 등과 같이 두 부류를 함께 보여주는 『千字文』이 출현하였고 『世 千』에서는 서체, 도상, 주해를 모두 포함하였음을 〈사진 4, 5, 6〉을 통하 여 알 수 있다.

---

2 개화기 이후 한자초학서를 기본으로 하면서 간략화된 '註解 『千字文』에 대한 논의 는 앞서 간행된 홍성원·홍태운의 그것과 대비를 통하여 구체적으로 논의하여야 할 것이다.

<사진 4> 匯東書館   <사진 5> 趙慶勛家   <사진 6> 世昌書館
發行 <(三體註解)   發行 <(圖像註解)   發行 <(四體圖像註解)
千字文>   千字文>   世昌 千字文>

〈사진 4〉는 회동서관에서 1916년에 목판으로 강의영이 편집 겸 발행한『(三體註解) 千字文』이다. 본문의 대자인 해서자 아래에 우에서 좌로 훈과 음을 달고 좌측 끝에 초서자를 작은 글자로 제시하였으며 상단 난외에 전서자를 제시하여 삼체를 보였다. 그리고 각 구의 하단에 한글로 통해를 달았는데 문장의 길이는 6행을 넘지 않았다. 또한 각 한자에 성조를 표시하였으며 하나의 한자에 하나의 훈과 음을 달아 한자초학서의 정신에 충실하였다. 각 한자마다 주석을 달지 않았음에도 통해를 우리말로 풀어 제시한 것으로 '註解'라 칭하였다, 그리고 초서와 전서를 특정 위치에 모아 배열하지 않고 편찬자의 편의대로 편집하였음을 알 수 있다.

〈사진 5〉는 경성의 조경적가에서 1917년에 목판으로 편집 겸 발행된『(圖像註解) 千字文』이다. 본문에는 4자1구를 한 행으로 하여 한 면에 5행 즉 5구씩 배열하였고 각 한자에 하나의 훈과 음을 달아놓았다. 한자의 훈과 음을 맨 앞 첫 행에 배열하고 행을 바꿔 한문주석을 달았으며

끝 행에는 가타가나로 표제 한자의 음을 テン(天), チ(地) ゲン(玄), クワ ウ(黃)…… 등과 같이 제시하였다. 앞선 시기에 간행된『註解 千字文』들 에서는 일자수석을 보인 항목이 많았으나 이 책에서는 일관되게 하나의 새김만을 대자 아래 첫 행에 세로쓰기로 배열하였다. 주해와 함께 도상 도 고려된 이 책에서 서미에 그림을 첨가하였으나 각 구와 일치시키지 는 않았다. 한자는 각 면당 5구20자를 배열하였으나 도상 부분은 각 면 당 4개를 제시하였다. 그러므로 각 면에 제시된 20자의 한자 중 편찬자 가 자의적으로 선택한 4자의 한자와 관련된 그림만 그려 넣었다. 예컨대 2쪽 앞면에 배열한 천자문 8번째 구에서 12번째 구까지 나오는 한자 20 자 중 9번째 구의 雲과 雨 그리고 11번째 구의 金과 玉 네 글자만을 그 림의 대상으로 삼았다.

사진으로 제시하지는 않았으나 서체와 도상을 함께 제시한 한자학습 서도 간행되었다. 이 시기에는 김균의『大東 千字文』을 비롯하여『千字 文』을 모방한 책들이 다수 간행되었는데『(四體圖像) 明文 二千字文』도 그 중의 하나이다. 이 책은 해서자의 대자에 훈과 음을 단 본문을 가운 데에 위치시키고 상단에 삼체, 하단에 도상을 배열하였다. 草, 篆, 隸 순 으로 삼체를 배열한 상단은 그 난의 넓이가 훈과 음을 포함한 하나의 대 자가 차지하는 공간과 유사하다. 또한 그림을 그려 넣은 하단의 세로 길 이도 유사하다. 이 책은 세로를 6단으로 나누어 1단에 서체, 2단에서 5단 까지는 4자1구의 한자와 훈·음, 마지막으로 6단에 도상을 배열하였다. 그 비중으로 보더라도 한자초학서를 지향한 본문의 대자와 훈·음이 기 본이 되고 서체와 도상이 보조적인 역할을 하도록 편집되었음을 알 수 있다.

개화기 이후 편찬 태도에 변화가 나타나면서 출현한『千字文』들이 공 통적으로 지향했던 바는 일자일훈본 한자초학서를 일차적인 목표로 하면서 주해, 사체, 도상 등 보조적인 기능을 채택한 것이었다. 보조적인 기능을 하나만 채택한 경우도 있으나 주해와 서체, 주해와 도상 그리고 서체와 도상 등 두 가지의 기능을 함께 채택한 경우도 있었다. 그런데 세 가지의 기능을 모두 통합한 책이 〈사진 6〉(『世千』)이다. 전통적인 편집 방식에서 벗어난 『千字文』이 진화를 거듭하여 그 끝자락에서 생겨난 결정판이라 할 수 있다. 이 책은 단기 4289년(1956) 7월 25일 신태삼이 세창서관에서 편집 겸 발행한 것이다. 그 당시 우리나라에서는 한글표기가 대세를 이루어 가고 있고 『千字文』이 정규학교의 문자나 언어 교육에서 전혀 고려되지 않았다. 이런 시대 상황 속에서 이 책은 보다 쉽게 그리고 다면적인 방법을 통하여 학습자에게 다가가고자 다양한 정보를 담아 편찬된 것이다.

3. 『(四體圖像註解) 世昌 千字文』의 형식과 내용

3.1. 形式

서체와 도상 그리고 주해까지 포괄하면서 한자초학서를 우선한 『世千』은 석판본으로 간행되었다. 이 책의 명칭이 표지에는 『(四體圖像註解) 世昌 千字文』이라 되어 있으나 내지에는 '註解'를 '註釋'으로 바꾸어 『(四體圖像註釋) 世昌 千字文』이라 하였다. 내지에서 '註解'를 '註釋'으로 처리한 것은 기존의 『千字文』 주해본의 경우에는 각 구의 통해와 표제 한자의 주석까지 포함되었으나 이 책에는 한글로 작성된 통해만이 있어 용어 사용을 주저한 결과 나타난 현상으로 보인다. '註解라는 용어 사용을 주저하면서 '註釋'을 사용하였으나 모두 적절한 표현으로 보기는 어렵다. 한문 통해를 우리말로 풀이하여 한글 통해로 전환한 것을 두고 '註釋'이라 하기에는 마땅하지 않기 때문이다. 아무튼 이 책은 기존의 편집 방식과 같이 세로편집을 하였는데 각 면을 8행으로 나누고 각 행은 7단으로 구성하였다. 각 행은 1단부터 도해, 삼체, 통해를 차례로 제시한 후 4~7단까지는 본문에 해당하는 것으로 해서자의 표제한자 아래에 한글로만 좌에서 우로 훈과 음을 달았다. 훈과 음을 좌에서 우로 가로쓰기한 것은 『千字文』 중 이 책이 초기의 것이 아닌가 한다.

3.1.1. 圖像

『世千』의 1단에는 서체가 아닌 도상을 배열하였다. 책명에는 사체가 먼저 나오나 도상을 앞에 제시한 것은 독자들의 관심을 끄는데 그림이 문자보다 유리하기 때문으로 보인다. 『世千』에 앞서 도상이 제시된 책은 1917년 조경적가에서 조경적이 저작 겸 발행한 『(圖像註解) 千字文』, 1932년 백두용이 한남서림에서 편집 겸 발행한 『(蒙學圖像) 千字文』〈사진 3〉, 그리고 1936년 영창서관에서 강의영이 저작 겸 발행한 『(日鮮圖像) 千字文』 등이 있다. 이들 도상본은 이본마다 특징을 지니고 있어 각기 독자적으로 제작하였음을 알 수 있다. 특히 대부분의 이본이 개별 한자에 대한 내용을 그림으로 표현하였으나 백두용본은 구의 내용을 시각화한 경우가 많다는 점이 특이하다.[3]

---

3 『世千』 이전에 발행된 도상본의 특징을 간략하게 기술하면 다음과 같다.

① 조경적본의 도상 부분은 한 면에 4개의 그림을 제시하는 것을 원칙으로 하되 경우에 따라서는 칸을 넓혀 2개 또는 3개만 제시하기도 하였다. 1면에 5행 즉 4자1구씩 5구를 배열하였으면서도 도상은 4~2개로 하여 각 구와 일치시키지 않았다. 구의 내용보다는 채택된 한자의 의미를 추측할 수 있도록 그림을 그려 넣고 상하좌우의 빈 공간을 활용하여 해당 한자를 표기하였다.

② 백두용본은 1면 6구를 배열하였지만 1면에 2~6개의 도상을 배열하였다. 6개의 도

신태삼이 저작 겸 발행한『世千』에서는 1면에 8구32자의 한자를 배열하였고 도상 또한 각 구와 일치시켜 8개를 제시하였다. 상단에 그려 넣은 그림은 각 구의 한자 중 하나를 선택하여 표현함을 원칙으로 하였다. 그리고 그림의 위쪽에 반드시 해당 한자를 표기하였다. 그림과 관련 있는 한자가 해당 구에 포함된 경우에만 비교적 큰 글자로 위쪽에 표기하고 그렇지 않은 한자는 작은 글자로 아래쪽에 표기하였다. 예컨대 36번째 '賴及萬方'이라는 구에 나오는 '方'을 설명하면서 일출 모습을 그림으로 그린 후 큰 글자인 '方' 아래에 방위를 나타내는 '東西南北'이라는 작은 글자를 배치하였다. 4자로 이루어진 구의 내용을 표현한 경우는 없지만 각 구에서 채택된 한자에 대한 도상을 한 구도 빠뜨리지 않았고, 앞서 간행된 책들을 참고는 하였으되 그대로 모방하지 않았다는 점에서 그 가치를 인정할 수 있을 것이다. 또한『千字文』에서의 이러한 단편적인 도상이 발판이 되어 '만화'『千字文』나아가 '마법'『千字文』과 같은 애니메이션으로까지 발전하게 되었다.

3.1.2. 書體

『世千』은 그 책명에 가장 먼저 사체를 표방하였으나 1단의 도상에 이어 2단에 隷書, 篆書, 草書 순으로 삼체의 서체를 제시하였다. '四體'라 한 것은 이들 삼체와 더불어 본문 대자로 활용한 해서가 포함된 개념이다. 본문 대자로 쓰인 해서는 흔히 '眞書'라 하기도 하는 정자로 한자의

상을 배열한 경우는 각 구의 한자 중 1자를 선택하여 관련 그림을 그려 넣었으나 이런 경우는 매우 드물고 2구 또는 3구에 해당하는 공간을 하나로 하여 선택한 구의 내용을 추정하게 하는 그림을 그려 넣은 경우가 일반적이다.

③ 강의영본은 1면에 천자문 6구24자를 배열하였으며 도상은 5개를 원칙으로 하였으나 경우에 따라서는 4개가 배열된 면도 있다. 채택된 한자의 의미를 추측할 수 있도록 그림을 그려 넣었다.

형을 익힐 때 처음 접하게 하는 것이며 이를 바탕으로 필기체인 초서를 비롯한 다른 서체로 확장하면서 익히게 하는 것이 일반적이다. 우리나라에서는 『千字文』이 습자교본보다는 한자초학서로 활용되었으나 일본의 경우 습자교본으로 쓰인 경우가 더 많았던 것으로 보인다. 일본의 습자교본 중 대표적인 '三體'『千字文』에서는 해서 그리고 초서와 행서를 동일한 크기의 글자로 제시하여 '三體'를 익히게 하는 데 목적을 두었다.

일본의 '三體'『千字文』은 습자교본에 충실한 편찬태도를 지켰지만 1930년대 이후 활발하게 간행된 우리나라의 '四體'『千字文』은 해서를 본문의 대자로 삼고 서미에 삼체를 작은 글자로 제시하는데 그쳤다. 습자교본을 위해 만들어진 '四體'『千字文』이 아니고 한자초학서를 1차적인 목표로 하면서 부차적으로 삼체를 참고하도록 배려했을 뿐이다. 제시된 서체가 일본의 경우 楷·行·草 삼체이며 우리나라의 경우 楷·草·隷·篆 사체인 것을 통하여 양국이 모두 해서와 초서를 중시하였음을 알 수 있다. 해서는 로마자에 비유하면 인쇄체 같은 것이고 초서는 필기체에 비교될 수 있는 것이다. 해서와 초서 다음으로 일본에서 중시했던 서체는 行書이나 우리나라에서는 행서보다 예서나 전서를 우선했음을 알 수 있다.[4]

〈사진 4〉 회동서관 발행 『(三體註解) 千字文』에서는 해서자 대자 아래의 훈·음 왼쪽에 초서를 제시하였고 상단 난외에 전서를 붙여 놓았다. 이를 통하여 이 책에서 가장 중시했던 서체는 두말할 것도 없이 해서이고 그 다음으로 초서 그리고 전서임을 알 수 있다. 그런데 서미에 삼체를 제시한 『四體 千字文』에서는 〈사진 2〉의 재전당서포 발행 『(日

---

4 우리나라의 『四體 千字文』과 일본의 『三體 千字文』의 간행, 서체 비교 등은 제7장에서 자세히 논의한 바 있다. 보다 세밀한 사항은 이를 참조하기 바란다.

鮮文) 四體 千字文』을 통하여 볼 수 있듯이 전서, 예서, 초서 순으로 배열하였다. 이러한 순서로의 배열은 1930년에 박문서관에서 발행한『(漢日鮮) 新四體 千字文』, 1937년에 광한서림에서 발행한『(日鮮四體) 千字文』 등에서도 확인할 수 있다. 이는 서체 발달의 순서에 따라 제시된 것으로 보아 합리성을 지닌다 할 것이다. 그런데『世千』에서는 예서, 전서, 초서 순으로 되어 있어 그 배열 순서에 차이가 있다. 전서가 뒤로 가고 예서가 앞으로 왔는데 이는 그 형태가 본문에서 대자로 활용한 해서와 가장 유사한 서체를 우선한 것으로 보인다. 이 책보다 1년 앞서 1955년 명문당에서 발행한『(四體圖像) 明文 二千字文』에서는 초서, 전서, 예서 순으로 삼체를 배열하였다. 삼체의 배열순서가 초기에 간행된『四體 千字文』과는 달라진 모습을 볼 수 있는데 이 책에서는 문자생활에서 효용성이 높은 초서를 우선한 것으로 보인다.『世千』이 서체를 배열함에 있어 앞서 발행된 책을 답습하지 않고 독자적인 방안을 모색하였다는 것도 이 책이 지닌 특징 중의 하나라 할 수 있을 것이다.

3.1.3. 註解

『世千』은 각 행을 7단으로 구분하여 1단에 도상, 2단에 삼체, 3단에 한글 통해를 배열하였다. 3단의 한글 통해가 주해 또는 주석에 해당하는 부분으로 보아야 할 것이다. 앞에서 지적하였듯이 이 책 명칭이 표지에는『(四體圖像註解) 世昌 千字文』으로 되어 있으나 내지의 본문 앞에서는 '註解'를 '註釋'으로 교체되었다. 내용의 충실도 면에서 가장 완벽한『千字文』주해본은 1804년 광통방에서 간행된 홍태운 서『註解 千字文』이다. 1752년 남한 개원사 간행의 홍성원 서『註解 千字文』을 보완하여 만든 이 책은 표제 한자에 대한 한문 주석은 물론 한자음의 청탁, 성조까지 제시하였다. 한자 자전과 같이『千字文』에 나오는 각각의 한자에 대하여 다양한 정보를 제공하였다. 또한 각 구의 좌측에 세로로 작은 칸을 만든 후 한문으로 통해를 달았다. 형식은 한자초학서와 같지만 각각의 한자와 각 구에 대한 정밀한 정보를 제공하여 교사용 지도서나 심화학습용 교재로 삼을 수 있도록 하였다.

앞서 간행된 홍성원과 홍태운의『註解 千字文』과 같이 각 한자에 대한 주석과 각 구에 대한 통해를 두루 갖춘『千字文』을 지칭할 때 '註解'라는 용어를 서슴없이 쓸 수 있을 것이다. 그러나『世千』에서 '註解' 또는 '註釋'이 가리키는 바는 3단의 우리말 통해 부분으로 이해할 수밖에 없다. '註解'를 이런 개념으로 쓴 예는 1916년 회동서관에서 발행한『(三體註解) 千字文』〈사진 4〉을 비롯하여 1917년 박문서관본『(日鮮註解) 千字文』, 1937년 덕흥서림본『(新釋漢日鮮文) 註解千字文』, 1948년 중앙출판사본『(日鮮註解) 千字文』등에서도 확인할 수 있다.

3.1.4. 본문

1단에서 3단까지 제시한 그림, 서체 그리고 한글 통해는 독자들의 구매 욕구를 자극하기 위하여 보조적으로 첨가한 부분이다. 이 책의 1차적인 목적이 한자초학서임을 4단에서 7단까지 해서자 한자를 대자로 제시하고 그 아래에 훈과 음을 달아놓은 부분이 비중 있게 처리되었다는 점을 통하여 확인할 수 있다.『千字文』은 4자1구 도합 250구로 이루어진 한 편의 운문인데『世千』또한 각 구를 한 행으로 삼고 각각의 표제 한자에 훈과 음을 달아놓았다. 일자일훈본 이본들과 같이 각 한자에 훈은 어김없이 하나만을 달아놓았으나 의미에 따라 달리 읽히는 음을 가진 두 개의 한자 '宿숙(수)]'와 '車거(차)]'에 대하여는 ( )안에 이음을 표기하였다. 〈사진 2〉와 〈사진 3〉에서 보듯 일제 강점기에 간행된 이본에서는 일본어 가타카나로 훈과 음을 병기하는 것이 유행이었으나『世千』의 경우 한글로만 우리말 훈·음만을 제시하였다. 그런데 훈·음표기가 전통적인 방식에서 벗어나 왼쪽에서 시작하여 오른 쪽으로 진행되는 새로운 방식의 가로쓰기를 도입했다는 점이다.

훈민정음 창제 이후 대자인 표제한자 아래에 작은 글자의 한글로 우측에서 좌측으로 훈과 음을 다는 전통적인 방식은 1950년대 초반까지 이어졌다. 이러한 사실은 위에서 살펴본 모든 『千字文』 이본은 물론 서울 대지사에서 1952년에 발행한 『(四體) 二千字文』에서도 확인할 수 있다. 세로쓰기가 일반적으로 행해졌던 시기에 한자의 훈과 음을 달 때만 우측에서 좌측방향으로의 가로쓰기가 활용되었다. 가로쓰기가 로마자 표기와 같이 우측방향으로 전환된 것은 1948년 제헌국회에서 〈한글전용에 관한 법률〉이 채택되면서부터이다. 당시 가로쓰기와 관련하여 문교부 편수국장이었던 최현배는 『글자의 혁명』에서 한글은 풀어쓰기가 자연적이고 이상적임을 인증하려 노력하였고 『한글 가로글씨 독본』을 역어내기도 하였다. 그 후 우측방향으로의 가로쓰기는 문교부가 편찬한 각종 교과서에 즉각 반영되기 시작하였으나 일간 신문에서는 상당 기간 세로쓰기가 행해졌다.[5] 광고나 기사의 제목에서부터 시작된 일간 신문에서의 가로쓰기는 점점 그 세력을 확장하다가 1985년 6월 가로쓰기를 채택한 『스포츠서울』이 창간되면서 표기 방식의 대전환을 맞이하게 되었다. 그 후 1988년 한글만으로 가로쓰기한 『한겨레신문』이 창간되고 1995년 10월 9일 『중앙일보』가 가로쓰기를 전면 도입하면서 일간신문에서도 완전한 가로쓰기의 장을 열게 되었다.

---

5 국사편찬위원회 한국사데이터베이스 한국근현대신문자료(http://db.history.go.kr)를 통하여 살펴보면 1950년대에 간행된 신문에서 대부분의 기사는 세로쓰기를 하였다. 가로쓰기를 한 경우는 광고나 만평 등의 제목에 국한되었다.

요컨대 현재는 폐지되었지만 한글전용에 관한 법률이 채택되면서 좌에서 우로 이어지는 가로쓰기가 교과서에는 즉각 반영되었으나 민간에서의 호응은 점진적으로 진행되었다. 그러나 『千字文』에서는 비교적 빠르게 수용되었음을 1956년에 간행된 『世千』을 통하여 알 수 있다. 이는 『千字文』이 정규학교에서 활용하는 교과서는 아니지만 이에 준하는 성격을 지니고 있었기 때문으로 보인다. 편집 방식에 있어서 전통적인 것을 따르기보다 신식학교의 교과서와 같이 학습자에게 낯설지 않은 방식을 수용하는 것이 독자들의 호응을 받는데 유리할 것이기 때문에 나타난 변화로 보아야 할 것이다.

3.2. 內容

『世千』에는 개별 한자에 훈을 달아 놓았음은 물론 四字一句로 이루어진 각 句에 통해를 달아 놓았다. 후자는 문장을 보여주는 자료이고 전자는 어휘를 보여주는 자료이다. 그동안 국어학계에서는 개별 한자에 달려 있는 새김에 대하여 많은 관심을 가져왔고 상당한 성과도 거두었다. 일반적으로 새김 어휘는 일상 어휘에 비하여 보수적인 성격을 지니고 있어 이른 시기의 국어 어휘 연구에 참고할 수 있는 정보를 제공해 준다. 또한 『千字文』은 동일한 한자에 훈을 달아 시대를 달리하여 여러 차례 간행되었으므로 이본의 검토를 통하여 손쉽게 어휘 변화의 과정을 탐색할 수 있는 자료로 활용되었다. 그런데 그동안 중세국어와 근대국어 시기에 간행된 이본의 비교에만 관심을 가져왔다. 본고에서는 현대국어의 훈을 보여주는 『世千』의 새김을 『石千』의 그것과 비교하여 국어 어휘 변화의 양상을 살피고자 한다. 더불어 두 이본의 훈 부여 태도를 개략적으로 탐구하게 될 것이다. 四字一句로 이루어진 각 구의 내용을 풀이한 것을 '通解'라 하는데 이는 『世千』이 보여주는 문장 자료이다. 개화기 이후에 간행된 이본에는 우리말 통해가 달려있으나 홍성원(1752년 간행)과 홍태운(1804년 간행)의 『註解 千字文』에는 한문 통해가 달려 있다. 홍태운 서 『註解 千字文』의 통해에서부터 『世千』까지의 통해 양상을 개략적으로 살피게 될 것이다.[6]

3.2.1. 한자의 훈

특정 한자가 지닌 의미를 표현한 우리말을 새김 또는 석이라 하며 여러 개의 석 중에서 대표적인 것이나 상용지석을 훈이라 한다. 주해본을 제외한 대부분의 『千字文』은 어김없이 하나의 한자에 하나의 새김만을 달아 놓았다. 이는 유사한 漢字學習書인 『訓蒙字會』나 『新增類合』이 경우에 따라 두 개 이상의 새김을 보여주는 것과 차별화된다 할 것이다. 『世千』 또한 하나의 새김 즉 훈을 달아 놓았는데 이들 어휘의 특징을 『石千』의 그것과 비교하여 확인하고자 한다.[7]

『石千』의 훈은 그 간행 시기가 크게 차이가 나지 않는 『大千』이나 『光千』[8]에 비해 일신된 모습을 보여 준다. 『光千』과 『大千』의 훈 중에는

---

6 1,000개의 한자에 달려 있는 새김에 대한 탐구는 여러 연구자들에 의하여 이루어졌다. 그러나 250개 구의 통해에 대하여는 연구자들이 관심을 갖지 않았다. 본장에서는 우선 각 이본에 나오는 첫 번째 구의 통해를 대상으로 그 개략적인 모습을 파악하고자 한다.

7 『石千』의 이본들은 책의 크기와 판식이 거의 거의 비슷하며 표제 한자에 달려있는 훈도 크게 다르지 않다. 본고에서는 『石千』의 이본 중 내사본이 알려지기 전까지 원간본으로 추정되었던 내각문고본에 나오는 훈을 활용하기로 한다.

8 『光千』은 "萬曆三年月日光州刊上"이란 刊記를 통하여 1575년(선조 8)에 간행되었음을 알 수 있다. 『大千』은 간기가 없어 정확한 연대를 추정할 수는 없으나 형태서지학적 비교를 통하여 유사한 시기에 간행되었을 것으로 추정한다. 『石千』 원간본으로 추정되는 내사본이 선조16년 7월에 대사간 박승임에게 내하되었음을 감안하면 『光千』과의 간행 연대 차이가 불과 8년에 불과하다.

그 뜻을 추정하기 어려운 것을 비롯하여 매우 보수적인 특징을 지닌 어휘가 다수 존재한다. 이기문(1973: 284)은『光千』의 훈과『石千』의 그것이 어휘적인 측면에서 서로 전혀 다른 것이 4분의 1이나 되는 셈이라 하였다. 이는 사가본인『大千』과『光千』의 훈이 방언이나 개인어를 반영하면서 보수적으로 부여되었으나 왕명에 의해 관판본으로 간행된『石千』은 시대를 반영하여 혁신적인 어휘를 채택한 결과 나타난 현상으로 볼 수 있다. 그러므로『大千』과『光千』의 훈 중에는 당시에 일상어나 표준어로 활용되지 않았던 것도 있을 수 있으나『石千』의 그것은 당시의 표준이 되는 언어가 반영된 것으로 보아 무방할 것이다. 이러한 특징을 지닌『石千』의 훈과 현대 국어를 반영한『世千』의 훈[9]을 비교해 보면 어휘의 소멸과 변천은 물론 두 이본에서 편찬자의 훈 부여 태도를 확인할 수 있을 것이다.

『石千』과『世千』의 훈을 비교해 본 결과 어휘적 측면에서 동일어로 훈을 삼은 경우가 746개이며 다른 어휘로 훈을 삼은 것이 254개이다. 이를 통하여 25.4%가 다른 어휘로 훈의 교체가 이루어졌음을 알 수 있다. 그런데 이는『光千』의 훈과『石千』의 그것이 어휘적인 측면에서 서로 전혀 다른 것이 4분의 1이나 된다는 것과 유사한 수치이다. 이는『石千』이『光千』보다 8년 뒤에 간행되었고『世千』은『石千』보다 373년이나 늦게 간행되었다는 점을 감안하면 이해하기 어려운 것이다. 아마도『光千』은 앞서 간행된 책이나 구전에 의해 전승되어 온 보수적인 훈을 대부분 수용하였으나 국가적인 차원에서 간행된『石千』은 현실에 맞게 대대

---

9 『世千』의 훈이 현대어를 반영한 것으로 볼 수 있는 것은 이 책이 변화된 시대를 반영하여 새로운 방식으로 편찬된 것이므로 훈 또한 그리하였을 것으로 본다. 개화기 이전에 유사한 판식을 활용하여 보수적인 편찬에 머물렀던『千字文』의 경우 훈 또한 그 시대를 반영하지 못하고 앞선 시기의 언어를 답습한 경우가 더러 있다.

적인 개편을 단행하였기에 나타난 결과가 아닌가 한다. 『光千』의 훈이 당시의 언어를 반영하지 않고 앞선 시기의 언어를 가져다 썼음을 추정하게 하는 것이다. 현실 언어를 반영하여 혁신적인 변화를 꾀하지 않았다면 『石千』의 훈이 『光千』의 그것과 크게 다르지 않았을 것이다. 이런 점을 감안할 때 『石千』의 훈은 대체로 편찬 당시의 언어를 반영한 것으로 보인다.

1583년(선조 16)에 간행된 『石千』의 훈과 1956년 신태삼이 세창서관에서 간행한 『世千』의 그것이 달리 나오는 것은 어휘의 소멸을 비롯한 언어의 변화와 편찬자의 태도가 그 원인이 되었다. 『石千』에서 훈으로 사용되었던 어휘가 현대국어로 오면서 소멸되자 『世千』에서 다른 어휘로 교체된 것으로 미르→룡(龍), 구의→벼슬(官), 가ㅇ멸→부자(富), 머귀→오동(梧)…… 등이 있다. 소멸되지는 않았지만 의미가 달라져 표제 한자의 훈으로 삼기에 절절하지 않아 교체된 경우도 있다. 여름→실과(菓), 칠→기를(育), 얼굴→형상(形), 물→무리(群), 할→많을(多)…… 등이 그것이다. 세상에 변하지 않는 것이 없듯이 어휘 또한 신생, 발전 그리고 소멸의 과정을 거치며 변화한다. 시대를 달리하여 『千字文』을 간행할 때 이러한 언어의 변화가 편찬에 반영되는 것은 매우 자연스런 현상이다.

언어 변화가 훈을 교체하는 원인이 되기도 하지만 표제 한자에 대한 편찬자의 태도가 원인이 되어 훈의 교체가 일어나는 경우도 허다하다. 언어외적인 요인에 의하여 훈의 교체가 일어난 경우인데 국명과 관련이 있는 한자에 부여된 훈을 통하여 살피기로 한다. (1)은 국명과 관련이 있는 한자에 부여된 『石千』과 『世千』의 훈이다.

(1)

　　혜아릴 : 나라(虞)　　대당 : 나라(唐)　　만홀 : 나라(殷)　　진국 : 나라(晉)

　　초국 : 나라(楚)　　됴국 : 나라(趙)　　위국 : 나라(魏)　　괵국 : 나라(虢)

　　한국 : 나라(韓)　　진국 : 나라(秦)

　『世千』의 경우 한결같이 '나라'를 훈으로 삼았으나 『石千』의 경우 『世千』과는 다른 방식으로 국명을 훈으로 삼기도 하였지만 국명이 아닌 '혜아릴(虞)', '만홀(殷)'과 같은 예도 보인다. '虞'는 '有虞陶唐'이라는 구에 들어있는 한자이고 '殷'은 '周發殷湯'이라는 구에 나오는 한자이다. 虞와 殷은 각 구에서 국명으로 쓰였으므로 대부분의 이본에서 '나라'를 훈으로 삼았다. 그러나 『石千』에서는 특이하게도 각각 '혜아릴'과 '만홀'을 훈으로 삼았는데 이는 편찬자의 태도가 크게 작용한 것으로 볼 수 있다. 문맥과는 상관없이 虞와 殷에 대하여 일차적으로 '혜아릴'과 '만홀'을 습득하도록 하겠다는 『石千』 편찬자의 의지가 담겨있는 것이다. 『千字文』 이본에 달려있는 훈 중에는 이와 같이 언어 자체의 변화와는 상관없이 교체된 것이 상당수 발견된다.[10]

3.2.3. 사자일구의 통해

　『千字文』은 1,000개의 한자를 아무런 질서도 없이 늘어놓은 것이 아니고 사자일구 도합 250구로 되어있는 하나의 운문이다. 각 구의 의미를 풀이한 것을 통해라 하는데 주해류 『千字文』에만 실려 있다. 우리나라에서 가장 먼저 간행된 홍성원 서 『註解 千字文』과 이를 계승하여 완성

---

　10 훈의 교체와 관련하여 언어외적 요인에 의해 교체된 항목과 언어자체의 변화에 따라 교체된 항목으로 분류하여 보다 심도 있는 논의가 진행되어야 할 것이다.

도를 극대화한 홍태운 서『註解 千字文』에는 한문 통해가 달려 있다. 그리고 일제강점기 이후 간행된 '註解가 포함된『千字文』에는 우리말 통해가 달려 있다. 우선 홍태운 서『註解 千字文』이후『世千』까지 각 이본에 실려 있는 통해를 보이면 (2)와 같다.

(2)

① 此言天地之始也易曰天玄而地黃天覆於上而其色玄載於下而其色黃也〈廣通坊本(1804)〉

② 텬디의시초라쥬역에골ᄋ딕하늘은감앗코싸흔누르다ᄒ니하늘은우헤덥힌고로빗치검으며싸흔아릭에실닌고로빗치누르니라〈匯東書館本(1916년)〉

③ 하날과싸은감으며누루니하날은우에덥힌고로그빗이감으고싸은아래실닌고로빗이누루니라〈博文書館本(1917)〉

④ 하날과싸은감으며누루니하날은우에덥힌고로그빗이감으고싸은아래실닌고로빗이누루니라〈德興書林本(1937)〉

⑤ 하날은우에덥힌고로그빗시감고싸는아래실인고로그빗시누루이라〈中央出版社本(1948)〉

⑥ 하늘은,그빛이검고,땅은,그빛이누르니라〈世昌書館本(1956)〉

(2)의 검토를 통하여 1916년에 간행된 회동서관본『(三體註解) 千字文』〈사진 4〉에서는 한문으로 되어 있던 광통방본『註解 千字文』의 통해를 충실히 번역하여 우리말 통해로 삼았음을 알 수 있다. 그리고 ③과 ④는 동일한 문장으로 되어 있는데 '天地玄黃'과 관련된 직접적인 풀이 "하날과 싸은 감으며 누루니"를 앞에 제시하고 그 원인에 해당하는 것을 뒤에 제시하였다. 내용면에서는 ①과 ②에서 크게 벗어나지는 않았지만

'天地玄黃'에 대한 간략한 풀이를 앞세워 원문 4자에 대한 이해를 우선하는 태도를 보인 것이다. ⑤는 ③과 ④의 앞부분을 생략하고 뒷부분만으로 통해를 삼았고 ⑥〈사진 6〉은 ③과 ④의 앞부분을 바탕으로 하면서 뒷부분의 내용을 압축하여 표현하였다. ②~⑤의 우리말 통해가 내용면에서 ①의 범위 내에 있기는 하지만 늦은 시기에 간행된 이본일수록 간략화 내지는 압축적인 표현 방식으로 진행되었음을 알 수 있다.[11]

『世千』의 통해가 앞서 간행된 이본들의 그것에 비하여 압축적인 표현 방식을 채택하게 된 것은 배정된 편집 공간과 밀접한 관련이 있는 것으로 보인다. 1행7단 중 1개의 단에만 통해를 적을 수 있도록 하였으니 이는 대자 1자에 배정된 공간과 유사한 것으로 매우 협소한 것이다. 좁은 공간을 최대한 활용하기 위하여 띄어쓰기 대신 쉼표를 활용하였다는 점에서도 통해를 위한 공간이 협소한 것이었음을 짐작하게 한다. 통해는 작은 글씨로 세로적기를 하였으며 행을 옮겨가는 방식은 우에서 좌로 이동하는 전통적인 방식을 채택하였다. 통해의 행을 이동하는 경우는 옛 방식을 답습하였으나 한자 아래에 훈과 음을 달 때는 전통적인 방식에서 벗어나 좌에서 우로 옮겨가는 새로운 방식을 채택하였다. 지금까지 국어학계를 비롯한 『千字文』 연구자들은 각 구의 통해에 대하여는 전혀 관심을 보이지 않았다. 본고에서는 첫 번째 구에 대한 각 이본의 통해를 비교하여 그 대강을 살피는데 그쳤으나 전체를 대상으로 보다 심도 있는 연구가 진행되어야할 것이다.

---

11 참고로 일본의 『三體 千字文』에 실려 있는 첫 번째 구의 통해는 ⑥과 매우 유사한데 다음과 같다.
　　天の色は玄乃ち黒く、地の色は黃乃ちきいろなり、(하늘의 빛은 현(玄), 즉 검고, 땅의 빛은 황(黃), 즉 누런 빛이며,)

4. 결론

중국의 양 무제(재위 502~549) 때 주흥사(470?~521)가 왕희지의 글씨에서 뽑아 편찬한 '次韻王羲之書千字' 즉 『千字文』이 우리나라에 전래된 이후 대표적인 한자초학서와 습자교본으로 활용되었다. 습자교본을 목적으로 간행된 『千字文』은 한자의 서체를 보여주는 것이므로 훈민정음 창제 이전과 이후의 편찬 방식이 크게 다르지 않았다. 그러나 한자초학서를 목적으로 편찬된 『千字文』은 진체 즉 정자인 해서자를 표제 한자로 삼고 그 아래에 하나의 훈과 음을 달아 교습의 편의를 도모하였다. 한자초학서를 목적으로 편찬된 『千字文』은 몇몇 주해본을 제외하고는 모두 하나의 한자에 하나의 훈만을 달아놓은 일자일훈본이다. 한자는 일자수의의 특징을 지니나 一字一訓을 채택한 것은 한자초학서로서 수월성을 추구한 것이다. 『千字文』의 이러한 전통은 중세 이후 현대까지 지켜져 오고 있다.

『千字文』을 우리나라에서는 한자학습서로 인식하고 활용하는 경우가 일반적이나 중국과 일본에서는 빈번하게 습자교본으로 활용되어 왔다. 이런 이유 때문에 우리나라에서는 『千字文』이 한자초학서를 목적으로 활발하게 간행되었다. 그런데 그 편찬 방식은 시대의 변화에 따라 변모되어 왔는데 갑오경장 이후 과거제도가 폐지되고 근대식 서구 교육제도의 도입과 함께 일대 변화를 입게 되었다. 경학 중심의 교육제도 아래에서는 문자 나아가 학문의 입문과 관련하여 『千字文』은 절대적인 위상을 확보하고 있었다. 그러나 지·덕·체를 중시하는 근대적 교육제도의 도입과 함께 그 존재 가치에 커다란 변화가 나타나게 되었다.

비교적 이른 시기에 간행된 『光千』과 『大千』은 물론 '標準 『千字文』이라 할 수 있는 『石千』과 개화기 이전에 이를 모방하여 편찬된 대부분의 『千字文』은 표제한자 아래에 훈과 음만을 단 지극히 단순한 형태로 간행되었다. 당시에는 문자 및 학문의 입문서로서 『千字文』이 우월한 위치에 있었으므로 어떤 형태로 간행되든 학습자들은 『千字文』을 외면할 수 없었다. 그러나 개화기 이후 신식 교육제도 아래에서 『千字文』은 더 이상 필수교재가 아니었기에 독자들의 구매 욕구를 자극하기 위해서는 변화된 모습을 보여주어야만 했다. 그 결과 일자일훈본 한자 초학서의 기본적인 틀을 유지하면서 보조적으로 '四體', '註解', '圖像'을 추가한 『千字文』이 출현하게 되었다. 세 부류 중 하나만을 채택하여 간행된 것이 '四體' 『千字文』, '註解' 『千字文』 그리고 '四體' 『千字文』이다. 그리고 세 부류 중 두 개 부류를 채택하여 '三體註解' 『千字文』, '圖像註解' 『千字文』 또는 '四體註解' 『千字文』 등이 간행되었다. 본고에서 집중적으로 논의한 『(四體圖像註解) 世昌 千字文』은 그 책명을 통하여 짐작할 수 있듯이 세 부류를 모두 포괄하여 편찬된 것이다. 개화기 이후 변모를 꾀한 『千字文』 결정판이 이 책이 아닌가 한다.

『世千』은 1956년 세창서관에서 석판본으로 간행되었는데 각 면은 8행이며 각 행은 7단으로 구성되었다. 세로로 편집된 각 행은 1단부터 도상, 삼체, 통해를 차례로 제시하였고 4~7단까지는 楷書字의 표제한자 아래에 가로쓰기로 훈과 음을 달았다. 1단에 배치된 도상은 각 구당 하나의 그림이 배정되었는데 해당 구의 내용보다는 각 구에 포함되어 있는 한자 중 하나를 선택하여 표현하였다. 도상은 그림을 활용하여 한자의 뜻을 표현한 초기 형태이며 이러한 기법이 발전하여 '만화' 『千字文』 더 나아가 애니메이션 '마법' 『千字文』으로 발전한 것으로 볼 수 있다.

본문의 해서와 더불어 2단에 제시된 예서, 전서, 초서 등을 합하여 '四體'라 한다. 습자교본을 1차적인 목적으로 편찬된 『千字文』에서는 초서를 대자로 삼은 경우가 일반적이나 『世千』에서는 해서를 대자로 삼고

隸書, 篆書 등과 함께 작은 글자로 제시되었다. 초서가 제시된 위치도 맨 뒤쪽임을 통하여 현실을 수용하지 않은 편집태도를 보이고 있다. 이는 이 책이 지향하는 바가 한자초학서이며 제시된 서체는 서예를 위한 것이 아니고 참고용임을 말해주는 것이다. 주해는 3단에 제시된 한글 통해를 뜻하는 것이나 진정한 의미의 주해라 보기에는 문제가 있다. 1752년에 간행된 홍성원 서『註解 千字文』과 이를 보완하여 만든 홍태운 서『註解 千字文』에서는 통해는 물론 각 한자에 대한 주석까지 달아놓았다. 완성도 높은『註解 千字文』이 이미 오래 전에 간행되었으나 개화기 이후 우리말 통해만을 제시한 간략화된 주해본 편찬이 유행하였다. 4단에서 7단까지는 천자문 각 구를 하나의 단위로 구분하여 본문을 삼았다. 각 한자에는 일자일훈본『千字文』의 전통에 따라 하나의 훈과 음을 제시하였다. 훈과 음의 표기는 전통적인 표기 방식에서 벗어나 좌에서 우로 진행하는 가로쓰기가 채택되었는데 이는『千字文』이본 중『世千』에서 처음 볼 수 있는 것이다.

『世千』에 달려 있는 훈은 현대국어 어휘가 반영된 것인데 중세국어 어휘를 반영한『石千』과 비교해 보면 254개가 어휘적 측면에서 다른 것이다. 일상어에서의 소멸과 변천이라는 언어내적인 요인에 의하여 훈의 교체가 일어난 경우가 있고, 언어외적인 요인에 의하여 교체가 일어난 경우도 있다. 훈을 부여하는 편찬자의 태도에 따라 동일한 한자에 대하여 다른 어사가 동원되기도 하는데 이런 경우가 언어외적 요인에 의해 훈이 교체된 경우다. 언어내적 요인에 의한 교체의 예로 '龍과 梧의 훈이 각각 '미르'와 '머귀'였으나 '룡'과 '오동'으로 교체된 예를 들 수 있다. '미르'와 '머귀'는 소멸되어 현대국어에서 쓰이지 않는다.

주해류『千字文』에서는 한자에 대한 주석을 생략한 경우는 있지만 통해만은 붙여놓았다. 1804년에 간행된 홍태운 서『註解 千字文』에는 한문 통해가 달려있으나 개화기 이후 간행된 책들에서는 우리말 통해로 교체되었다. 1916년에 간행된 회동서관본 『(三體註解) 千字文』의 통해는 홍태운 서 『註解 千字文』의 한문 통해를 충실히 언해하여 우리말 통해를 삼았다. 후대로 올수록 내용을 압축하거나 핵심적인 내용만을 통해로 삼았음을 여러 이본을 통하여 확인할 수 있었다. 가장 늦게 간행된 『世千』의 통해는 각 句의 핵심적인 내용을 바탕으로 하면서 부차적인 것은 압축하여 간략하게 표현하였다.

제14장『千字文』명사류 새김의 어휘 변천

1. 서론

『千字文』이 우리나라에 전래된 후 대표적인 한자 초학서로 금세기초까지도 굳건한 위치를 지켜왔음은 주지하는 바다. 훈민정음의 창제와 더불어『千字文』의 매 자마다 훈과 음을 단 판본이 생겨나면서『千字文』의 학습 효과는 현저하게 신장되었으리라 보여 진다. 또한『千字文』의 보급도 활발하게 이루어졌을 것이다. 이러한 보급 과정에서『千字文』은 그 단점을 보완하기 위해서 만들어진『訓蒙字會』나『新增類合』보다 훨씬 많은 판본을 내게 된다. 그런데 이들 판본에는 하나의 한자에 대하여 동일한 낱말을 새김으로 삼은 경우도 있고, 판본마다 각기 다른 어사가 새김으로 달려 있는 것도 있다. 여기서 논의의 대상으로 삼고자 하는 것은 후자이다. 동일한 한자의 새김이 간행 시기에 따라 서로 다른 어사로 나타나는 것들에 대한 정밀한 검토는 언어의 통시적 연구에 기여하는 바가 크기 때문이다.

藤本幸夫(1980), 손희하(1984) 등은『千字文』의 각 이본에 나오는 훈의 실례를 보기 쉽게 표로 제시한 바 있다. 藤本幸夫는 4개의 판본[1]에 다른 형태로 훈이 달려 있는 표제 한자 423개를 예로 들고 있으며, 손희하는 10개의 판본[2]에 나오는 훈·음을 모두 정리하여 제시한 바 있다. 이들 자료를 통하여 훈의 변천을 살필 수 있으나 변화의 유형을 일목요연하게 파악하기는 힘들다. 이런 점을 감안하여 본장에서는 光州本『千字文』과 大東急紀念文庫本『千字文』에 명사류로 나타난 훈이 후대에 어떻게 변화하였는지 유형화하고자 한다.

『光千』과『大千』에 나오는 명사류 훈이 후대에 어휘론적 측면에서 교체가 이루어진 항목이 본 연구의 대상이다. 후대의 판본에 오각이나 음운론적 변화 등에 의하여 다른 모습을 띠고 있는 항목은 제외하기로 한다. 이런 기준에 의해 선정된 표제 한자는 165개로『光千』과『大千』에 고유어로 훈이 달려 있는 것이 127개, 한자어로 된 것이 38개이다. 이른 시기의 이본에 나타나는 165개의 훈을 기준으로 후대의 판본에 어떤 형태로 훈의 개신이 일어났는가를 밝힘으로써 국어 어휘 변천의 일단을 살피고자 한다. 또한 기준훈[3]의 소멸 시기와 그 원인도 부분적으로 밝히려 한다.

여기서 연구 대상으로 삼은 판본은 常用之釋만을 보여주는 판본[4]들로 宣祖 8년(1575)에 전라도 광주에서 간행된『光千』, 연대 미상이나『光千』과 거의 같은 시기에 간행된 것으로 日本 大東急紀念文庫에 소장되

---

1 4개의 판본은 大東急本, 光州本, 內閣文庫本, 書陵部本 등이다.

2 10개의 판본은 大東急本, 光州本, 內閣文庫本, 辛未本, 甲戌本, 註解壬申本, 註解甲子本, 書陵部本, 壬戌本, 甲午本 등이다.

3 『光千』·『大千』에 나오는 훈으로 소멸훈을 이르는 말이며, 기준훈을 설정하는데 있어서 두 판본의 훈이 동일한 경우가 대부분이므로 별 문제는 없다. 그러나『光千』·『大千』의 훈이 상이한 경우는 보다 고형으로 추정되는 것을 기준훈으로 삼았다.

4 연구의 편의와 상용지석의 대체 양상을 살피기 위해 복수자석을 원칙으로 한 주해류『千字文』은 제외하고 一字一訓本 즉 문의와는 관계없이 상용지석만을 달아놓은 판본을 선택했다.

어 있는 『大千』, 선조 16년(1583)에 간행된 것으로 소위 『石峰千字文』의 초간본으로 추정되는 내각문고본 『千字文』(以下 『石千』), 18세기 후반에서 19세기 초반에 刊行된 것으로 추정되는 서릉부본 『千字文』(以下 『書千』) 등[5]이며 현대에 통용되는 훈으로는 이돈주(1981)과 충북대학교 국어교재편찬회(1985: 511~529)의 기초교양 한자 훈·음을 참조하기로 한다.

2. 고유어훈의 변천

『光千』의 훈은 1,000개 중 884개가 고유어라는 통계가 신경철(1978: 26)에서 제시된 바 있으며 『大千』의 경우도 이와 비슷하리라 보여 진다. 『光千』에 88.4%가 순우리말로 된 훈이 나타남은 비교적 이른 시기에 간행되었다는 점과, 훈의 보수성 등에서 그리 된 것으로 볼 수 있다. 이러한 고유어 훈 중 음운의 측면에서만 약간의 변화를 입었을 뿐 동일한 어사로 오늘날까지 면면히 이어져 내려오고 있는 훈들은 생명력이 강한 것으로 앞으로도 쉽게 소멸되지 않을 것으로 보인다. 반면에 고유어였던 훈들이 후대로 오면서 다른 형태로 개신된 경우도 상당수 발견되는데, 이런 훈들이 어느 시기에 어떤 양상을 띠면서 변화했는지 검토하고자 한다. 우선 변화의 유형을 보이고 각 유형별로 세부적인 사항을 고찰하고자 한다.

---

5 이들 판본에 대한 해제는 이기문(1973: 279~297, 1981: 1~17), 최범훈(1976ㄴ: 169~174), 藤本幸夫(1980: 67~68) 등을 참조할 것.

〈변화의 유형〉

[第Ⅰ類型] 유의의 고유어로 개신

  ⅰ) 『石千』에서 개신된 것

  ⅱ) 『書千』에서 개신된 것

  ⅲ) 현대에 개신된 것

[第Ⅱ類型] 이의의 고유어로 개신

  ⅰ) 『石千』에서 개신된 것

  ⅱ) 『書千』에서 개신된 것

  ⅲ) 現代에 개신된 것

[第Ⅲ類型] 유의의 한자어로 개신

  ⅰ) 『石千』에서 개신된 것

  ⅱ) 『書千』에서 개신된 것

  ⅲ) 現代에 개신된 것

[第Ⅳ類型] 이의의 한자어로 개신

  ⅰ) 『石千』에서 개신된 것

  ⅱ) 『書千』에서 개신된 것

  ⅲ) 현대에 개신된 것

[第Ⅴ類型] 혼종어로 개신

2.1. 유의의 고유어로 개신

2.1.1. 『石千』에서 개신된 것

『光千』·『大千』의 訓이 『石千』에서 다른 어형으로 개신되어 현대에 이르고 있는 것으로 이 부류에 속하는 것 중 명사류어로 개신된 것이 17개, 동사류어로 개신된 것이 3개이다. 기준훈으로 잡은 『光千』·『大

千』의 20개 훈 중 현대국어에서 쓰이지 않고 있는 것들의 개신 양상을 보면 다음과 같다.

(1)

32[6] 陽 : 나미 → 볕	88 裳 : 고외 → 치마
128 王 : 기ᄎ → 임금	329 上 : 마딕 → 위
333 夫 : 샤옹 → 지아비	497 戶 : 입 → 지게
638 野 : 미 → 들	698 厥 : 적 → 그
699 其 : 적 → 그	732 處 : 바라 → 곳
757 園 : 위원 → 동산	918 琴 : 고 → 거문고
920 嘯 : ᄑᆞ름 → 휘파람	145 蓋 : 두웨 → 덮을
927 任 : ᄀᆞ음 → 맡길	

이상 15개로『光千』・『大千』의 訓들은『石千』이 간행된 시기를 전후해서 소멸된 어휘로 보기 쉬우나, 훈의 특징을 고려할 때 소멸의 시기를 추정하는 데는 세심한 주의가 요망된다. 이들 어휘의 사용 실태를 제한된 문헌에서 찾아 비교・검토하여 어휘 소멸의 시기를 추정한다는 것도 불안한 일이나 현재로서는 이 이상의 방법을 발견하기 어렵다.

위에서 예를 보인 훈 중 '느미'는『光千』에만 나오며, "기ᄎ(긔자), 적"은『光千』・『大千』에 그리고 "마딕, 바라"는『光千』・『大千』외에 훈석류 문헌인『訓蒙』과『百聯抄解』등에서만 찾을 수 있다. 이들 5개의 훈들은 훈석류의 문헌 이외에서는 발견되지 않고 현재로서는 어원을 추단하기도 어려운 것이다. 이들 어휘는 훈의 보수성을 입증하는데 자주 이

6『千字文』에 나오는 한자의 일련번호이다.

용될 수 있는 것으로 표제 한자에 화석처럼 결부된 훈으로 보아야 할 것이다. 아마도 이 훈들이 일반 어휘로 사용됐던 시기는 고대에까지 소급될 수 있으며 『光千』·『大千』이 간행되기 이전에 일반 언어에서 소멸된 것으로 보인다.

"고외, 샤옹, 입, 미, 위원, 고, 프름, 두웨, ㄱ옴" 등의 어휘는 근대국어 이전의 문헌에 어휘에 따라서 한두 개 또는 여러 예가 나타남을 알 수 있다. 88. 裳의 훈 '고외'는 『重杜解』에 "내 眞實로 옷고외 ㅎ오치로다(我實衣裳單)"가 보일 뿐이며 '치마'의 예는 『月釋』, 『類合』, 『靑丘』, 『同文解』, 『漢淸文鑑』, 『五倫』 등 중·근대국어 문헌에 흔히 보인다. 333. 夫의 訓 '샤옹'은 『月釋』, 『初杜解』, 『訓蒙』, 『救急方』 등에 보이며 근대국어 문헌인 『小兒論』, 『同文解』, 『漢淸文鑑』 등에는 '지아비'로 대체되어 나타난다. 918. 琴의 훈 '고'는 『訓蒙』, 『內訓』 등에 보이며 『類合』, 『初杜解』, 『小解』 그리고 정철의 고시조 등에는 '거믄고'로 대체되어 있다. 이상의 몇 예를 통해서 볼 때 위에서 예로 든 9개의 어휘들은 『石千』이 간행된 시기를 전후해서 소멸된 것으로 보여 진다.

이상에서 논의한 훈 외에 『石千』에서 개신된 것으로 (2)와 같은 것이 있다.

(2)

47 崑 : 묏브리→뫼	48 岡 : 묏브리→뫼
197 詩 : 글월→글	448 楹 : 딕누리→기둥
977 束 : 뭇→묶을	

『光千』·『石千』의 훈인 "묏브리, 글월, 딕누리" 등은 현대어에서 의미 범주의 제한과 음운변화 등의 과정을 거쳐 쓰이고 있는 어휘들이다. '뭇'

은 "한 묶음씩 작게 묶은 단"을 의미하는 것으로 오늘날까지 이어져 오고 있는 어휘이다. 현대어 '묶다'의 고형이 '뭇다'임을 〈初杜解16:73〉의 "뭇구닌 프른 쓸 빗 곧고(束比靑芻色)"에서 알 수 있다. 여기서 우리는 '뭇다'가 '뭇'에서 파생된 어휘임을 알 수 있으며[7] 중세어에서의 '뭇'의 쓰임은 오늘날보다 훨씬 활발했으리라 추측된다. '뭇다'의 변화형 '묶다'에서 파생된 '묶음'에 밀려 '뭇'의 쓰임은 점차 약화되어 가는 것이 아닌가 한다.

2.1.2. 『書千』에서 개신된 것

『光千』·『大千』의 훈이 『石千』에까지 같은 형태로 이어져 오다가 『書千』에서 다른 어형으로 개신되어 오늘에 이르고 있는 부류이다. 이 부류에 속하는 12개의 소멸훈 중 현대국어의 일반 어휘에서 소멸된 것은 4개로 다음과 같다.

(3)

136 場 : 맏 → 마당   791 囊 : ᄂᆞ뭇 → 주머니

818 戚 : 아ᅀᆞᆷ → 겨레   849 絃 : 시울 → 줄

"맏, ᄂᆞ뭇, 아ᅀᆞᆷ, 시울" 등은 중세국어 文獻에서 활발하게 쓰였던 어휘임을 알 수 있는데 '맏'이 『訓蒙』, 『初杜解』에 'ᄂᆞ뭇'이 『月釋』, 『佛頂』, 『楞解』, 『內訓』, 『初杜解』, 『類合』, 『訓蒙』 등에, '아ᅀᆞᆷ(아ᅀᆞ음)'이 『月釋』, 『楞解』, 『內訓』, 『初杜解』, 『呂約』, 『重杜解』 등에 '시울'이 『初杜解』,

---

7 이런 방식에 의해 형성된 어휘는 "배→배다, 신→신다, 띠→띠다, 품→품다, 안→안다"를 비롯하여 국어 조어의 한 방식으로 상당수 발견된다.

『釋譜』,『楞解』,『訓蒙』,『頤齊遺稿』 등에 보이기 때문이다.

개신된 字釋 중 '마당'과 '겨레'는 중세 문헌에서는 그 예를 찾을 수 없고 근대국어 문헌인『譯解補』,『同文解』,『漢淸文鑑』에서 '마당'을,『倭解』,『敬信』,『字恤』,『太平廣記』,『內訓』,『同文解』,『三譯』,『警民』 등에서 '겨레'를 찾을 수 있다. 이를 통하여 볼 때 "마당, 겨레"의 형성 연대는 중세 이전으로 소급될 수 없을 듯하다.

이 시기에 소멸된 훈 중 현대국어에서 쓰이고 있는 것으로 다음 8개가 있다.

(4)

452 席 : 돗 → 자리	479 群 : 물 → 무리
808 腸 : 애 → 창자	
281 客 : 즛 → 얼굴	540 阜 : 두던 → 언덕
718 皐 : 두던 → 언덕	
486 書 : 글월 → 글	622 主 : 님 → 임금

위에서 "돗, 물, 애" 등은 현대어에서 복합어를 이룰 때나 특정한 위치에서만 쓰이는 것이다. "돗자리 · 돗틀, 물보낌 · 뭇사람, 애닯다 · 애타다……" 등이 그 예이다.

"즛 · 두던"은 음운변화에 의해 형태가 각각 '짓'과 '두렁'으로 바뀌어 제한된 환경에서만 나타나는 예들이다.

"글월, 님"은 각각 486 書, 622 主의 의미를 구체화시켜 줄 수 있는 "글, 임금"에 자리를 물려주었을 뿐 소멸되지 않은 어휘이다.

2.1.3. 현대에 개신된 것

『光千』·『大千』·『石千』·『書千』 등에 같은 형태로 이어져 오던 훈이 현대어에서 다른 어형으로 개신된 부류다. 소멸훈 중에 현대어에서 쓰이지 않는 것은 3개인데 (5)와 같다.

(5)

843 夕 : 나죄 → 저녁   949 羲 : 힛귀 → 햇빛

950 暉 : 힛귀 → 빛날

'나죄'는 '나조ㅎ'의 형태로 중세국어 문헌에 두루 쓰였으나 근대국어로 넘어오면서 '저녁'으로 대체된 것이다. '나죄'는 '낮(晝)'과 유사한 형태로 의미 변별의 편의상 '저녁'으로 대체된 것인데 일반 언어에서는 근대후기 이전에 이미 이루어진 것이 아닌가 한다. '힛귀'는 "暾·羲·暉·旭·曠" 등의 훈으로『千字文』을 비롯하여『訓蒙』,『類合』등 훈석류의 석에만 보일 뿐 언해문을 비롯한 다른 문헌에서는 찾을 수 없는 어휘이다.

현대에 개신된 訓 중 소멸훈의 형태에 의미를 구체화하기 위해 또 하나의 형태소가 결합하여 이루어진 것으로 (6)과 같은 것이 있다.

(6)

460 陞 : 섬 → 섬돌   678 魚 : 고기 → 물고기

833 紈 : 깁 → 흰깁

형식명사에서 실질명사로 개신된 것으로 "795 攸 : 바 → 곳"이 있다.

2.2. 異義의 고유어로 개신

2.2.1. 『石千』에서 개신된 것

『光千』·『大千』의 훈이 『石千』에서 다른 의미를 지닌 어형으로 개신되어 오늘에 이르고 있는 것으로 명사류어로 개신된 것이 6개, 동사류어로 개신된 것이 12개, 부사류어로 개신된 것이 2개 등이다. 우리는 여기서 명사류였던 자석들이 동사류를 비롯 부사류로의 개신이 많이 일어났음을 알 수 있다. 앞에서 살핀 유의의 고유어로 개신된 경우는 언어의 내용에는 큰 변화가 없고 형식만이 바뀐 것이기 때문에 대부분 같은 명사류어로 어형 교체가 이루어졌다. 그러나 이의의 고유어로의 개신은 내용과 형식의 양면적인 교체이기에 그 과정에서 다른 유어로의 이동이 불가피했음을 알 수 있다.

소멸훈 중 현대의 일반 언어에서 쓰이지 않고 있는 것은 3개로 (7)이 그 예이다.

(7)

  13 辰 : 미르 → 별　　　　　　484 隸 : 마치 → 글씨

  966 綏 : 긴 → 편안할

이들 중 '미르'와 '긴'은 중·근대 문헌에서 흔히 볼 수 있는 어사이나 '마치'는 『光千』·『大千』에서만 볼 수 있는 낱말이다. 이 어사는 "예능이나 기능 분야에 종사하는 사람"을 일컬을 때 쓰는 접미사 '바치'의 오각 또는 "마슬(府)+치(인칭 접미사) 〉 마을치 〉 마치"로 보아 관속, 관노로 보는 견해(최범훈, 1976ㄴ: 189)와 '바치(工·匠)'의 변이형태 또는 부정회귀형으로 보는 견해(손희하, 1984: 52)가 있다. 아무튼 '마치'가 오각이 아니

라면 다른 문헌에서 발견할 수 없는 점을 감안할 때 중세국어 이후에 소멸된 고대어로 보인다. 이런 추단은 '바지'가 독립된 명사로 쓰이지 못하고 접미사로만 쓰이고 있음을 보아도 단독형인 "마치·바치"의 쓰임은 고대까지 소급될 수 있는 것으로 보여 지기 때문이다.

오늘날 단독으로 쓰이지 못하고 형식명사 또는 합성어를 이룰 때 한 요소로 쓰이고 있는 것으로 (8)과 같은 것이 있다.

(8)

187 可 : 직 → 옳을(-직하다, -직스럽……)

282 止 : 즛 → 그칠(즛〉짓 : 손짓, 몸짓……)

839 煒 : 홰 → 빛날(햇불, 햇군……)

840 煌 : 홰 → 빛날(햇불, 햇군……)

이상의 예를 제외한 소멸훈 13개는 현대어에서도 사용되고 있는 어휘로 상용지석의 교체에 의해 다른 어사에 자리를 비켜준 예로 (9)와 같은 것들이 있다.

(9)

417 背 : 뒤 → 등	815 糠 : 스라기 → 재강
827 績 : 꾸리 → 질삼	828 紡 : 꾸리 → 질삼
462 轉 : 술위 → 구를	601 宣 : 님금 → 베풀
678 謹 : 말슴 → 삼갈	794 輶 : 술위 → 가벼울
826 御 : 님금 → 모실	873 稽 : 니마 → 조아릴
987 寡 : 홀아비(홀어미) → 적을	154 惟 : 새 → 오직
537 庵 : 집 → 문득	

2.2.2. 『書千』에서 개신된 것

(10)

78 官 : 귀(구의) → 벼슬   681 庶 : 물 → 거의

'官'의 대표훈이 "治政處"의 뜻을 지니고 있는 '귀(구의)'에서 '職也'의 뜻을 지닌 '벼슬'로 바뀌면서 "職·卿·位·爵·任" 등의 훈과 같게 되었다. '구의'가 소멸되면서 한자어 '官廳'으로 대체된 것은 관가에 관계된 말로서 김완진(1973: 47)에서는 "공적인 것 = 한자어 우위"의 흐름에 의한 것으로 보았다. "구위·구이·귀·구의·구외" 등의 형태로 쓰였던 "官·公"의 훈은 중·근대국어 문헌에 흔히 보이며 "구윗물·구윗문·구윗집·구의나깃은·구의만·구의종·구윗자·귀글월" 등의 합성어가 『初朴通事』, 『譯解』, 『老解』, 『二倫』 등 근대국어 문헌에 나타나고 있고, '구우실(구위실)'은 동음생략의 과정을 거쳐 오늘날 '구실'이라는 어형으로 남아 있다. 이상의 검토를 통해서 볼 때 '官'의 상용지석이었던 '귀(구이)'의 소멸은 『書千』 간행 이후로 보아야 할 것이다.

2.2.3. 현대에 개신된 것

『光千』·『大千』·『石千』·『書千』에 동일한 형태로 이어져 내려오던 훈이 현대에 와서 다른 어휘로 상용지석이 바뀐 경우이다.

(11)

165 男 : 아들 → 사내   215 表 : 밧 → 겉
510 轂 : 술위 → 바퀴   729 索 : 노 → 찾을

2.3. 유의의 한자어로 개신

순우리말로 달려 있던 훈이 유의의 한자어로 개신된 부류로 일반 어휘에서도 주목을 받아 온 현상이다. 국어사 전반을 통하여 국어는 중국어와 가장 크고 오랜 접촉 관계를 맺어 왔음은 주지하는 바다. 이러한 사실을 감안하여 심재기(1982: 35)에서는 국어 어휘사를 한자어 증대의 역사로 보기도 하였다. 이런 점을 고려할 때 새김의 한자어화는 지극히 당연하고도 순조롭게 진행되어 온 현상으로 보여진다.

2.3.1. 『光千』에서 개신된 것

『光千』・『大千』에 달려 있는 순우리말 새김 중 현대의 일반 언어에서 消滅된 것은 11개로 (12)와 같다.

(12)

57 果 : 여름 → 과실(果實)		58 珍 : 그르 → 보배(寶貝)	
143 萬 : 구룸 → 일만(一萬)		344 儀 : 다슴 → 거동(擧動)	
476 典 : 노나 → 법(法)		503 千 : 즈믄 → 일천(一千)	
560 丁 : 슨 → 장정(壯丁)		753 渠 : 걸 → 개천(開川)	
825 妾 : 곳갓 → 첩(妾)		865 嫡 : 어늘 → 적실(嫡室)	
916 丸 : 모작 → 탄자(彈子)			

이상의 소멸훈 중 "구룸, 어늘"은 『大千』에만 보이며 "그르, 다슴, 곳갓"은 『光千』・『大千』에, '슨'은 『光千』・『大千』, 『訓蒙』 등 제한된 훈석류의 문헌에만 보일 뿐 다른 문헌에서는 발견되지 않는다. 143 萬에 대해 『鷄林類事』에 "萬日萬", 『朝鮮舘譯語』에 "一萬 義萬"이라 한 것으로

보아 '구룸'은 중세 이전에 이미 소멸된 것으로 보이며 '순'은 『鷄林類事』에 "士曰進寺儘反"의 기록으로 보아 단독형으로 쓰였음을 알 수 있으나 "男子曰吵喃音眇南"에서는 '순'만의 독립형을 보여주지 않고 있다. 이를 통하여 볼 때 '순'은 12세기 초에 이미 독립된 형태로 쓰이지 못하고 "아히·아희"와의 복합형태인 "순+아히/순+아희 → 스나히/스나희"의 형태로 발전한 것으로 보인다. 이 "순나히/스나희"의 형성은 조어방식이 같은 "갓(婦) + 아히/아희(兒) → 간나히/간나희"에 유추되어 이루어진 것이 아닌가 한다. '곳갓'은 "곳(花) + 갓(婦·妻)"으로 풀이되며 같은 뜻을 지닌 '곳겨집'이 『三綱』의 烈女 女宗知禮와 『語錄』 등에 나오는 것으로 보아 '갓'이 '겨집'보다 이른 시기에 형성된 어휘로 보인다. 후대로 오면서 '갓'은 유의어 '겨집'에 밀려 소멸되고 현대어의 방언에 '가시내'가 남아 있을 뿐이다. "그르, 다숨, 어늘" 등은 다른 문헌에 보이지 않는 희귀어들이다.

　"여름, 즈믄, 걸, 모작" 등은 훈석류의 자석에서는 물론 중·근대국어의 문헌에서 흔히 발견되는 어휘이다. 앞에서 살펴보았던 '구룸'이 다른 문증을 보이지 않음에 반해서 "즈믄"은 고려가요 동동과 서경별곡을 비롯하여 『釋譜』, 『月釋』, 『初杜解』, 『金三』, 『訓蒙』 등에서 비교적 풍부한 예가 발견된다. 또한 수를 나타내는 어휘로 613 百의 訓 '온'은 『鷄林類事』에 "百日醞"이 보이며 『光千』·『大千』은 물론 『石千』에까지 이어지다가 『書千』에서 '一百'으로 개신된다. 이를 통하여 볼 때 순우리말 수사인 "구룸(萬)·즈믄(千)·온(百)" 등은 일상적인 회화에서 자주 등장하지 않는 낱말, 즉 단위가 큰 어사 순으로 소멸했음을 알 수 있다. 현대국어에 고유어로 남아 있는 10단위의 수사에서조차 일부방언에서 이런 현상을 찾아 볼 수 있으니 비교적 작은 숫자로 사용 빈도가 높은 '19'나 '25'는 "열아홉·스물다섯"이라고 말한다. 그러나 비교적 크고 사용 빈도가 낮은 '89'나 '95'는 "팔십아홉·구십다섯"이라고 하는 것을 흔히 볼 수 있다. 여기서 우리는 십단위 중 큰 수인 90, 80, 70 등이 고유어 아흔, 여든, 일흔으로 일컬어지지 아니하고 한자어 구십, 팔십, 칠십 등으로 불리고 있음을 알 수 있다.

개신되기 이전의 순우리말 훈 중 음운변화의 과정을 거쳐 오늘날까지 남아있는 어휘는 두 개로 (13)과 같다.

(13)

495 槐 : 누튀 → 괴화(槐花)(누튀 〉 느티)

588 法 : ᄆᆞᆯ → 법(法)(ᄆᆞᆯ 〉 ᄆᆞ루〉 마루)

개신 이전의 고유어 훈이 현대어에서도 통용되고 있으면서 유사한 뜻을 지닌 한자어로 訓의 개신이 일어난 것은 6개로 (14)와 같다.

(14)

130 鳳 : 새 → 봉황(鳳凰)　　　　325 禮 : 절 → 예도(禮道)

420 洛 : 믓ᄀᆞ → 낙수(洛水)　　　421 渭 : 믓ᄀᆞ → 위수(渭水)

424 涇 : 믓ᄀᆞ → 경수(涇水)　　　848 床 : 나모 → 상(床)

2.3.2. 『書千』에서 개신된 것

『光千』·『大千』, 『石千』에서 동일한 형태의 고유어훈으로 이어져 오던 것이 『書千』에 와서 류의의 한자어로 개신된 것은 8개다. 고유어인 소멸훈 중 현대어에서 쓰이지 않고 있는 것은 2개로 다음과 같다.

(15)

613 白 : 온 → 일백   626 門 : 오래 → 문

'온'은 '구룸(萬)'과 '즈믄(千)'이 소멸한 후에도 상당 기간 쓰였던 어휘로 볼 수 있다는 논의를 앞에서 한 바 있으며 '오래'는 '門'의 고유어로 『飜小學』, 『呂約』, 『頤齊遺稿』 등에 예가 보인다.

소멸훈 중에서 현대어에는 단독형으로 쓰이지 못하고 합성어를 이룰 때 한 요소로 化石化되어 남아있는 것으로 (16)과 같은 예가 있다.

(16)

230 緣 : 말미 → 인연(因緣)(말미암다)

553 綺 : 깁 → 비단(緋緞)(깁비단, 흰깁)

731 閑 : 겨르 → 한가(閑暇)(겨를)

소멸훈이 현대어에서 통용되고 있는 것으로 (17)과 같은 예가 있다.

(17)

398 物 : 갓(것) → 만물(萬物)   456 생(笙) : 뎌 → 생황(笙簧)

506 冠 : 곳갈 → 관(冠)

2.3.3. 현대에 개신된 것

『光千』・『大千』, 『石千』, 『書千』 등에 동일한 형태의 순우리말로 달려 있던 훈이 현대에 유의의 한자어로 개신된 것은 13개다. 이들 13개의 소멸훈 중 현대어에서 사용되지 않고 있는 어휘는 (18)과 같다.

(18)

73 龍 : 미르 → 용(龍)	478 壁 : ᄇᄅᆷ → 벽(壁)
997 焉 : 입겻 → 어조사(語助辭)	998 哉 : 입겻 → 어조사(語助辭)
999 乎 : 온 → 어조사(語助辭)	1000 也 : 입겻 → 어조사(語助辭)

"미르(미리 · 미르)"는 『千字文』을 비롯하여 『訓蒙』, 『倭解』 등 훈석류 문헌의 자석에서만 볼 수 있는 어휘로 사실상 현대로 넘어오기 전에 소멸된 어휘로 보인다. 그리고 '壁'의 훈으로 쓰인 'ᄇᄅᆷ'은 'ㆍ' 음의 소실로 '바람'으로 변화한 후 동음이의어 '바람(風)'과의 충돌에서 살아남지 못하고 한자어 '벽(壁)'으로 대체된 것이다. "焉 · 哉 · 也"의 訓 '입겻'은 오늘날 그 변화형태인 '이끼'로 쓰이는 경우도 있으나 대부분의 언중들이 '이끼'의 어원이 '입'(口) + '겻'(傍)에 있음을 알지 못할 뿐 아니라 현실성이 결여된 화석화한 훈으로 보인다.

소멸훈 중 오늘날 단독형으로 쓰이지 못하고 비자립형식의 일종인 접미사로만 쓰이는 것으로 "94 工 : 바지(바치) → 장인(匠人)"이 있다. 그리고 중세에 쓰였던 훈이 음운변화의 과정을 거쳐 현대어에 남아있는 것으로 '마르'와 'ᄀᆞᆺ'이 있다.

(19)

618 宗 : 마르 → 근본(ᄆᆞᄅᆞ 〉 ᄆᆞ루 〉 마루)

628 塞 : ᄀᆞᆺ → 변방(ᄀᆞᆺ 〉 ᄀᆞᆾ 〉 ᄀᆞ 〉 가)

이상에서 예로 든 것 외에 현대어에서 쓰이고 있는 소멸훈의 예는 (20)과 같다.

(20)

426 殿 : 집 → 전각(殿閣)　　　　650 本 : 밑 → 근본(根本)

765 梧 : 머귀 → 오동(梧桐)　　　766 桐 : 머귀 → 오동(梧桐)

2.4. 이의의 한자어로 개신

『光千』·『大千』에서 고유어였던 훈이 내용과 형식이 다른 한자어로
바뀐 부류이다. 새김의 한자어화는 물론 상용지석이 다른 어사로 교체
가 일어난 예들이다. 다른 부류에 비해 개신 이전에 훈으로 사용되었던
고유어들이 오늘날 일반 언어에서 사용되고 있는 것이 많다. 이는 2.2.
이의의 고유어로 개신된 예에서도 살펴보았던 것이다.

2.4.1. 『石千』에서 개신된 것

『石千』에서 이의의 한자어로 개신된 것은 11개이다. 이들 중 개신 이
전의 고유어훈이 오늘날 일반 어휘에서 소멸된 예는 하나도 없고 본래
의 형태대로, 또는 음운변화의 과정을 통해 현대어에서 쓰이고 있다.

(21)

208 聖 : 님금 → 성인(聖人)　　　367 箴 : 빈혀 → 경계(警戒)

555 漢 : 나라 → 한수(漢水)　　　686 謙 : 말슴 → 겸손(謙遜)

707 譏 : 말슴 → 기롱(譏弄)　　　708 誡 : 말슴 → 경계(警戒)

740 論 : 말슴 → 의논(議論)　　　830 巾 : 뵈 → 수건(手巾)

832 房 : 겯 → 방(房)　　　　　846 筍 : 대 → 죽순(竹筍)

992 誚 : 말슴 → 꾸짖을

'말씀'으로 훈이 달려 있는 한자는 위의 예에서 볼 수 있는 "謙·誠·論·誚" 외에도 "談·言·辭·謹·語·詞·話" 등이 있다. 이들 표제 한자의 훈은 후대의 판본에 오면서 각각 구체적인 의미 범위를 나타내는 어사로 교체되기에 이른다. 즉, "談·言·辭·語" 등의 훈은 변함없이 '말씀'으로 오늘날까지 이어지고 있으나, '謙'은 "말씀→겸손"으로, '譏'는 "말씀→기롱"으로, 誠는 "말씀→경계"로, '論'은 "말씀→의론"으로, '誚'는 "말씀→꾸짖을"로, '謹'은 "말씀→삼갈" 등으로 각각 교체되었다.

2.4.2. 『書千』에서 개신된 것

(22)

546 公 : 구의 → 공평(公平)

2.4.3. 現代에 개신된 것

현대에 개신된 것 중 개신 이전의 훈이 현대국어에서 쓰이지 않는 것은 "923 倫 : 물 → 인륜(人倫)"으로 '물'은 '믈(水)'이 원순모음화하면서 동음충돌에 의해 '무리'로 바뀐 것이다.

소멸훈 중 본래의 형태나 음운변화의 과정을 거쳐 현대국어에서 쓰이고 있는 예로 다음 4개가 있다.

(23)

301 籍 : 글월 → 문서(文書)   379 廉 : 발 → 청렴(淸廉)

882 牒 : 글월 → 편지(片紙)   900 特 : 쇼 → 특별(特別)

2.5. 혼종어로 개신

고유어로 달려 있던 훈이 한자어와 고유어가 결합된 형태로 개신된 예는 5개이다. 이 중 『石千』에서 개신된 것이 3개로 (24)와 같다.

(24)

374 黙 : 괴외 → 잠잠할(潛潛-)　　　441 丙 : 묻 → 남녁(南-)

600 精 : 숩 → 정할(精-)

『書千』에서 개신된 것은 2개로 "84 字 : 글월 → 글자(-字)"와 "659 南 : 앎 → 남녁(南-)"이 있다.

3. 한자어훈의 변천

한자에 달려 있는 훈의 형태가 한자어인 경우는 한자 유입의 초기 단계에서는 드문 일이다. 특히 일상생활과 직접적인 관련이 있는 기본 어휘가 한자로 새김이 달려 있는 경우는 그 문헌이 아무리 이른 시기의 것이라도 원초적인 형태로 볼 수 없는 것이다. 그러므로 한자에 대한 지식이 어느 정도 축적된 후에 생겨났을 것으로 보여 지는 한자어 훈은 『光千』에 89개(신경철, 1978: 32)가 보인다. 필자는 여기서 『光千』과 『大千』에 나오는 한자어 훈 중에서 후대의 판본에 다른 형태로 나타나는 것을 대상으로 하여 그 변천의 양상을 살피고자 한다. 변화의 유형은 앞장에서 제시한 바와 같다.

3.1. 유의의 고유어로 개신

『光千』과 『大千』에 한자어로 달려 있던 訓이 유의의 고유어로 개신된
부류인데 9개가 있다.

3.1.1. 『石千』에서 개신된 것

(25)

161 女：세비(細婢)→ 계집   189 器：긔용(器用)→ 그릇

193 墨：믁(墨)→ 먹   284 思：ᄉ량(思量)→ 생각

308 仕：ᄉ관(士官)→ 벼슬   461 弁：복도(幞頭)→ 고깔

566 士：됴ᄉ(道士)→ 선비   884 要：요강(要綱)→ 종요

889 骸：골(骨)→ 뼈

위의 소멸훈 중에서 오늘날 쓰이지 않고 있는 어휘는 '세비(細婢)' 뿐
이다. 이 낱말은 『大千』에만 나오는 어휘로 손희하(1984: 23)에서는 중국
에서 '婢女'를 가리키는 말로 쓰였는데 우리나라에 차용되면서 전의되어
"女・妻"를 나타내는 말로 쓰이다가 '계집'에 의해 밀려난 말로 보았다.

3.1.2. 『書千』에서 개신된 것

(26)

96 唐：대당(大唐)→ 나라   742 慮：ᄉ려(思慮)→ 생각

3.1.3. 현대에 개신된 것

(27)

370 慈 : 즈비(慈悲) → 사랑   388 燭 : 쵸(燭) → 촛불

3.2. 이의의 고유어로 개신

　내용과 형식이 다른 고유어로 상용지석이 바뀐 부류이다. 『石千』에서 개신된 것이 7개, 『書千』에서 개신된 것이 1개다. 8개의 소멸훈 중 현대 국어의 일반 어휘에서 쓰이지 않는 것은 하나도 없으며 모두 쓰이고 있는 어휘들이다.

3.2.1. 『石千』에서 개신된 것

(28)

108 道 : 도리(道理) → 길   531 伊 : 디명(地名) → 저

787 翫 : 샹완(賞翫) → 구경   803 飧 : 반찬(飯饌) → 밥

621 禪 : 션뎡(禪定) → 터닦을   822 小 : 아히(兒孩) → 젊을

925 鈞 : 도관(陶官) → 무거울

3.2.2. 『書千』에서 개신된 것

(28)

547 匡 : 광제(匡濟) → 바를

3.3. 유의의 한자어로 개신

한자어로 달려 있던 훈이 유의의 다른 형태를 띤 한자어로 개신된 부류이다. 이 경우도 소멸훈이 오늘날 일반 언어에서 쓰이고 있는 것이 대부분이며 단음절어였던 것이 안정된 어형인 이음절로 된 것이 4개 있다. 이는 단음절 한자어의 2음절화 경향을 보여 주는 예이다.

3.3.1. 『石千』에서 개신된 것

(30)

493 仙 : 션간(仙間) → 선인(仙人) 522 功 : 공부(功夫) → 공(功)

587 約 : 긔약(期約) → 언약(言約) 864 康 : 안강(安康) → 편안(便安)

932 俗 : 속속(俗俗) → 풍속(風俗)

3.3.2. 『書千』에서 개신된 것

(31)

97 弔 : 됴문(弔問) → 조상(弔喪) 152 常 : 샹녜(常例) → 항상(恒常)

504 兵 : 병마(兵馬) → 군사(軍士) 526 碑 : 비(碑) → 비석(碑石)

568 寧 : 안령(安寧) → 평안(便安) 598 軍 : 군(軍) → 군사(軍士)

3.3.3. 현대에 개신된 것

(32)

153 恭 : 온공(溫恭) → 공손(恭遜) 446 帳 : 댱(帳) → 장막(帳幕)

831 帷 : 댱(帳) → 장막(帳幕)

3.4. 이의의 한자어로 개신

내용과 형식이 다른 한자어로 상용지석이 교체된 경우는 『石千』에서
2개 발견된다.

(33)
447 對 : 샹ᄃᆡ(相對) → 대답(對答)
802 膳 : 션믈(膳物) → 반찬(飯饌)

3.5. 혼종어로 개신

한자어에 고유어 파생접사인 '-할'이 결합된 형태로 바뀐 것이 『石
千』에 1개 보인다.

(34)
936 妙 : 긔묘(奇妙) → 묘할(妙-)

4. 결론

본장에서 논의의 대상으로 삼은 소멸훈은 고유어가 127개, 한자어가
38개로 모두 165개였다. 이들 소멸훈들이 후대의 판본에서 어떤 모습으
로 개신되었는가를 우선 표로 보이면 다음과 같다.

<표 1> 고유어훈의 개신 양상

		類義 고유어	異義 고유어	類義 한자어	異義 한자어	混種語	소계	총계
石千	名詞類	17	6	19	10	1	53	
	動詞類	3	12		1	2	18	73
	副詞類		2				2	
書千	名詞類	12	1	8	1	2	24	
	動詞類							25
	副詞類		1				1	
現代	名詞類	6	3	13	5		27	
	動詞類	1	1				2	29
	副詞類							
	계	39	26	40	17	1	4	127

<표 2> 한자어훈의 개신 양상

		類義 고유어	異義 고유어	類義 한자어	異義 한자어	混種語	소계	총계
石千	名詞類	9	4	5	2		20	
	動詞類		3			1	4	24
	副詞類							
書千	名詞類	2		6			8	
	動詞類		1				1	9
	副詞類							
現代	名詞類	2		3			5	
	動詞類							5
	副詞類							
	계	13	8	14	2	1		38

위의 표를 통해서 알 수 있는 몇 가지 사항을 정리하면,

1) 고유어였던 훈이 개신된 후에도 고유어로 남아 있는 것은 65개, 한자어로 바뀐 것은 56개이다. 반면에 한자어였던 훈이 개신된 후에도 한자어의 형태를 유지하고 있는 것은 16개, 고유어로 바뀐 것은 21개다. 이를 통하여 볼 때 소멸훈 중 고유어는 122개, 한자어는 37개였는데 개신훈의 고유어 수는 87개, 한자어 수는 72개로 훈의 한자어화 경향을 엿볼 수 있다. 이는 일반 어휘의 변화에서도 볼 수 있는 현상이다.

2) 개신훈이 소멸훈과 유사한 의미를 지니고 있는 것은 108개, 다른 뜻을 지니고 있는 것은 57개이다. 여기서 우리는 훈의 개신은 대체로 일정한 의미를 보다 구체화시키고 현실에 부응하는 형태로 이루어짐을 알 수 있다. 또한 표제 한자의 상용지석이 바뀜으로 인하여 훈의 개신이 있었음도 알 수 있었다.

3) 개신훈이 출현하는 판본을 살펴보면『石千』이 97개,『書千』이 34개이며 현대에 와서 개신된 것은 34개이다.『石千』에서 97개나 되는 훈이 개신되어 오늘에 이르고 있음을 볼 때『千字文』에 나오는 한자의 상용지석이『石千』에 와서 큰 변화가 있었음을 짐작하게 한다.

4) 본고의 연구 대상을 소멸훈이 명사류어인 것만으로 삼았기에 개신훈도 165개 중 137개(83%)가 명사류어이다. 반면에 개신된 형태의 훈은 동사류인 것이 25개, 부사류인 것이 3개 나타난다. 다른 유어로 바뀐 경우는 소멸훈과 개신훈이 형태상으로는 물론 의미상으로도 관련이 없는 것으로 교체된 것이 대부분이다.

訓의 개신과 더불어 소멸된 훈에 쓰였던 고유어의 경우 대체로 현대 국어에서 쓰이지 않는 어사들이다. 반면에 한자어의 경우는 대부분 쓰이고 있는 것임을 알 수 있다. 개신훈에 대한 검토는 후고로 미루고 소멸훈의 운명에 대하여 정리하면 ;

5)『石千』에서 소멸된 훈 중 오늘날 쓰이지 않는 어휘는 "나미(陽), 고외(裳), 기츠(王), 마디(上), 샤옹(夫), 입(戶), 미(野), 적(厥), 바라(處), 위원(園), 고(琴), 프름(嘯), 두웨(蓋), ᄀ음(任), 미르(辰), 마치(隸), 긴(綏), 여름(果), 그르(珍), 구룸(萬), 다솜(儀), 노나(典), 즈믄(千), 슌(丁), 걸(渠), 곳갓(妻), 어늘(嫡), 모작(丸)……" 등이다.

6)『石千』에서 소멸된 훈 중 오늘날 쓰이는 어휘로는 "묏브리(崑), 글월(詩), 뒤(背), 님금(宣), 말슴(轉), 니마(稽), 홀아비(寡), 새(惟), 집(庵),

새(鳳), 절(禮), 나모(床), 나라(漢), 대(筍)……" 등이다.

7) 『書千』에서 소멸된 훈 중 현대국어에서 사용되지 않고 있는 어휘는 "맏(場), 느믓(囊), 아슴(戚), 시울(絃), 귀・구의(官), 물(庶), 온(百), 오래(門)"…… 등이다.

8) 『書千』에서 소멸된 훈 중 현대국어에서 쓰이고 있는 어휘는 "님(主), 글월(書), 갓・것(物), 뎌(笠), 곳갈(冠)……" 등이다.

9) 현대에 소멸된 훈 중 일반 언어에서 쓰이지 않고 있는 어휘로 "나죄(夕), 힛귀(羲), 노(索), 미르(龍), 브름(壁), 입겻(也)……" 등이 있다.

10) 현대에 소멸된 훈 중 일반 언어에서 쓰이고 있는 어휘는 "아들(男), 슈위(穀), 집(殿), 믿(本), 머귀(梧)……" 등이다.

이상의 검토를 통해서 유의의 다른 형태로 개신되면서 소멸된 훈은 현대국어에서 대부분 소멸되었으나, 이의의 다른 형태로 개신된 것, 즉 상용지석이 교체되면서 훈에서 소멸된 어사는 상당수가 오늘날 일상 언어에서 쓰이고 있음을 알 수 있다. 또한 보다 이른 시기에 소멸된 훈일수록 현대국어에서 그 흔적을 찾아 볼 수 없다. 특히 "구룸(萬), 느미(陽), 기츳(王), 적(厥), 마디(上), 바라(處)……" 등은 훈석류의 자석 어휘를 제외한 다른 문헌에서 발견되지 않는 어휘이다. 이들 어휘는 고대에까지 소급되어질 수 있는 것들인데 이에 대한 면밀한 검토는 고대국어 연구의 일환으로 착실히 이루어져야 할 것이다.

제15장 『千字文』 동사류 새김의 어휘 변천

1. 서론

『千字文』이라는 책은 晉代에 주흥사가 같은 글자가 중복되지 않게 사언고시 250구로 엮은 한자 입문서이다. 이 책은 첫 번째 구인 "天地玄黃"에서부터 마지막 구인 "焉哉乎也"까지 4자 1구 모두 250구로 되어 있는 한 편의 시이다. 그런데 이 책에 나오는 1,000자의 각 한자에 달려 있는 자석은 전후 문맥과는 상관없이 표제 한자의 대표적인 의미를 나타내는 우리말 단어로 되어 있다. 이는 이 책의 4번째 구인 "辰宿列張"에 달려 있는 자석을 확인해 보면 분명히 드러난다. "辰宿列張"은 "日月盈昃"이라는 구 다음에 나오는 것으로 변화가 무쌍한 자연계이지만 일정한 불변의 법칙이 있음을 설명한 부분이다. "日月盈昃 辰宿列張"을 이돈주(1981: 19)는 문맥에 맞게 다음과 같이 풀이하였다. "하늘에는 日月星辰이 있어서 해는 정오를 지나면 서쪽으로 기울어지고 달은 매월 15일이면 만월이 되듯 끊임없이 운행 변화한다. 그리고 별들은 흐트러짐 없이 大空에 분포 배열되어 있다." 이 풀이에서 辰宿列張의 '辰宿'는 두 자 모두 분명히 '별' 또는 '별자리'를 의미하는 것이다. 그러므로 문맥에 맞는 '辰宿'의 자석은 '별' 내지는 '별자리'여야 한다. 그러나 '宿'의 경우 '별 슈'로 석음이 달려 있는 경우는 주해류『千字文』에서만 찾아볼 수 있고,『光千』과『大千』이하 대부분의 판본에 '잘 숙'으로 나온다. 이를 통하여『千字文』에 나오는 한자의 자석은 문맥을 고려한 것이 아니고, 표제 한자가 지닌 일차적인 의미를 중시했다는 점을 알 수 있다. 그러므로『千字文』에 달려 있는 대부분의 자석은 常用之釋 즉 訓이라는 사실을 위에서 예를 든 '宿'을 통하여 알 수 있다.

언해문에 나오는 문석의 경우는 당연히 문맥을 고려할 수밖에 없다. 그러나 자석은 문맥을 고려하지 않고 부여되는 것이 일반적이다. 이를 직접적이고 구체적으로 확인할 수 있는 것이 하나의 문장에 쓰인 동일한 한자에 대하여 자석과 문석을 동시에 보여주고 있는 문헌이다. 〈百聯抄解〉 동경대본과 〈女小學〉이 그런 문헌인데 〈百聯抄解〉에 나오는 대부분의 자석에는 문맥지석이 아닌 상용지석이 달려 있다.

특정한 한자를 제시하면 일차로 연합되는 우리말 단어를 훈이라 한다. 훈으로 채택되는 것은 석 중에서 가장 흔히 쓰이는 것 즉 상용지석임은 두 말할 필요가 없다. 그런데 한자의 훈도 국어 어휘 중의 하나이기 때문에 시대에 따라 달라질 수 있다. 제14장에서는 명사류어를 중심으로 한 훈의 변천에 대하여 논의하였다. 여기서는 동사류를 탐구 대상으로 하고자 한다.

하나의 한자는 여러 개의 의미를 지니고 있다. 그러므로 표제 한자에 대응되는 석은 특정한 시기일지라도 여러 가지일 수 있다. 그러나 훈은 특정한 시기에 표제 한자에 대하여 하나임을 원칙으로 한다. 그러므로 각 시대별로 표제 한자에 대응되는 훈의 변천을 탐구하는 것은 국어 어휘 변천의 실상을 파악한다는 점에서나 한자의 사용 양상을 살펴본다는 측면에서 의미 있는 일이다.

본장에서도 제14장에서 채택했던 4개 시기의 판본에 달려 있는 훈을 대상으로 연구하기로 한다. 즉 선조 8년(1575)에 전라도 광주에서 간행된 『光千』, 선조 16년(1583)에 간행된 것으로 소위 〈石峰千字文〉의 초간본으로 추정되는 내각문고본, 18세기 후반에서 19세기 초반에 간행된 것으로 추정되며 『書千』으로 불리는 궁내청 서릉부본 그리고 현대에 통용되는 훈으로는 이돈주(1981)를 참고하여 필자가 정한 것으로 하였다. 본고의 연구 대상은 가장 이른 시기의 판본인 『光千』에 동사류어로 나타난 훈 455개이다. 이들 어휘가 후대의 판본에 어떤 모습으로 나타나는지 살피게 될 것이다. 그리하여 국어 어휘의 일부인 한자 훈의 변천 양상을 구체적으로 파악함은 물론 전차훈과 대체훈이 지닌 특징을 탐구하고자 한다. 또한 어휘론의 관점에서 변화를 입지 않은 것으로 볼 수 있는 항목의 특징도 밝혀낼 것이다.

2. 동일한 형태로 이어져온 부류

본 연구는 훈으로 쓰인 어휘에 초점이 맞추어진 것이다. 그러므로 연구 대상으로 삼은 판본들에 나타나는 훈이 동일한 형태인가 그렇지 않은가의 판정이므로 음운의 층위에서 일어난 변화는 고려의 대상이 아니다. 어휘론적 측면에서 동일한 어사로 볼 수 있는 것과 그렇지 못한 것으로 구분하기로 한다. 이런 입장에서 볼 때 표제 한자에 달려 있는 훈으로 쓰인 어사가 『光千』, 『石千』, 『書千』 그리고 현대에 동일한 형태로 이어지는 것은 224개이다. 이 유형에 속하는 것은 두 종류로 나누어 볼 수 있다. 첫째는 음상(phonemic shape)은 물론 표기까지 동일한 형태로 이어져 온 것이다. 그리고 다른 하나는 음상(phonemic shape) 또는 표기는 다르나 동일한 어사로 이어져 온 것이 그것이다.

2.1. 음상(phonemic shape)은 물론 표기까지 동일한 형태로 이어져 온 것

국어의 음운체계는 각 시기에 따라 약간씩 다른 모습을 보이고 있다. 중세국어에서 하나의 음소였던 것이 소멸된 것도 있고, 현대로 오면서 새로이 체계 속으로 들어온 음소도 있다. 그런데 중세 이후 현대까지 체계 내에서 변화 없이 쓰여 온 음소만으로 구성된 어사에서 이 부류의 예를 찾을 수 있다. 우선 이 부류에 속하는 항목들을 제시하고 난 다음 그 특징을 살피기로 한다. 『光千』에서 현대까지 음상이 같았기에 표기까지도 완전히 동일한 이 부류의 예를 연번, 표제 한자 그리고 훈을 한 번만 제시하기로 한다. 즉 『千字文』에서 12번째 나오는 한자 '昃'의 훈이 『光千』, 『石千』, 『書千』, 『現代』에 각각 "기울 - 기울 - 기울 - 기울"이므로 지면의 절약을 위하여 한 번만 제시하기로 한다.

(1)

12 昃 기울,	14 宿 잘,	18 來 올,	19 暑 더울,
20 往 갈,	42 生 날,	46 出 날,	51 巨 클,
89 推 밀,	121 遐 멀,	129 鳴 울,	137 化 될,
150 大 큰,	155 鞠 칠,	159 毁 헐,	169 知 알,
175 莫 말,	184 長 긴,	198 讚 기릴,	207 作 지을,
209 德 큰,	271 之 갈,	282 止 그칠,	293 愼 삼갈,
317 去 갈,	341 入 들,	430 觀 볼,	455 吹 불,
459 納 드릴,	509 驅 몰,	552 傾 기울,	564 勿 말,

642 遠 멀,　　　723 見 볼,　　430 居 살,　　748 遣 보낼,

813 飢 주릴,　　844 寐 잘,　　855 擧 들,　　872 嘗 맛볼,

983 瞻 볼,　　　984 眺 볼

　(1)에서 보듯 이 부류에 속하는 항목은 42개이다.[1] 그런데 이들 어휘 중 가장 먼저 눈에 뜨이는 것은 단음절로 되어 있는 것이 많다는 것이다. 42개의 항목 중 73%에 해당하는 31개가 단음절어이고 11개만 2음절 형식을 지니고 있다. 단음절 형식을 지니고 있는 이들 어휘는 2음절어에 비해 안정된 형태라고는 할 수 없을 것이다. 그러므로 이 어사들은 안정된 형식이기에 변화를 입지 않은 것이 아니다.

　1음절어는 변화될 수 있는 환경에 대한 노출이 2음절어에 비해 상대적으로 크지 않다고 할 수 있다. 즉, 다음절어의 경우 낱말을 구성하고 있는 음소의 수가 많으므로 단음절어에 비해 변화의 요인을 많이 포함하고 있다. 원천적으로 음운이나 표기의 측면에서 변화될 수 있는 환경에 적게 노출된 1음절어가 중세 이후 한자의 훈으로 정착되어 변화 없이 오늘에 이르고 있다고 할 수 있다.

　이 부류에 해당하는 어휘는 그 사용의 측면에서 고래로 빈번하게 쓰이는 것으로 보여 진다. 각각의 새김으로 사용된 단어들이 기초어휘에 속하는 것이 많음을 알 수 있다. 표제 한자의 상용성 측면에서 살펴보아도 상용한자가 대부분임을 알 수 있다. 6자를 제외하고 현용 한문교육용 기초한자에 속하는 것으로 중학교용이 27자, 고등학교용이 9자이다.[2] 또

---

1 "986 陋 니리울 - 더러울 - 더러울 - 더러울"에서 『光千』의 '니리울'은 '더러울'을 표기한 것으로 보이나 원본을 확인할 수 없어 확증하기 어렵다. 이런 경우는 일단 논의의 대상에서 보류하고 기타 항목으로 처리하기로 한다.

2 중학교용에 속하는 것은 宿, 來, 暑, 往, 生, 出, 巨, 推, 鳴, 化, 大, 知, 莫, 長, 作, 德,

한 하나의 예외도 없이 순우리말이라는 특징을 지니고 있다. 어구성의 측면에서는 872 맛볼(嘗)을 제외하고는 모두 단일어라는 특징을 지니고 있다.

2.2. 음상(phonemic shape) 또는 표기는 다르나 동일한 어사로 이어져 온 것

표제 한자에 달려 있는 네 시기의 훈이 음상은 물론 표기 방식에 있어서도 완전하게 일치하는 부류에 대하여 2.1.에서 살펴보았다. 이제 여기서는 형태론적 측면에서는 동일어이나 표기 방식의 차이 때문에 달리 나타나는 것, 음운의 변화로 인하여 달리 나타나는 것 등에 대하여 살펴보고자 한다.

2.2.1. 음상이 달라진 것

동일한 어사로 볼 수 있는 것이 음운의 변화로 인하여 모양을 달리하는 경우가 있다. 이 부류에 속하는 것 중 대표적인 것이 'ㆍ'음의 소멸로 인하여 앞선 시기의 판본과 후대의 그것에서 모양을 달리 하는 것이다. 예컨대 "11 盈 : 츨-츨-츨-찰"을 비롯한 상당수의 항목이 발견된다. 이제 동일한 어휘로 볼 수 있는 것이 음운변화 등으로 인하여 음상을 달리하게 되면서 다른 모습으로 나타난 경우를 몇 개의 부류로 나누어 살피고자 한다.

之, 止, 去, 入, 觀, 吹, 勿, 遠, 見, 居, 擧 등이다. 고등학교용은 毁, 讚, 愼, 納, 驅, 傾, 遣, 飢, 嘗 등이다. 그리고 戾, 遐, 鞠, 寐, 瞻, 眺 등은 한문 교육용 기초한자에 속하지 않는 것이다.

2.2.1.1. 'ㆍ'음의 소멸

모음 'ㆍ'는 16세기 후반에 비어두음절에서 제1단계 소실이 일어났다고 한다. 그리고 18세기 중엽에 제2단계 소실이 어두음절에서 일어나 오늘날 국어에서는 일부 방언을 제외하고 자취를 감춘 음소이다. 『光千』에 나오는 자석 중 'ㆍ'가 쓰인 어휘는 상당히 많이 발견된다. 이 중에서 다른 변화도 일어난 어사는 제외하고 'ㆍ'만이 다른 음소로 변화된 경우만을 예로 들면 다음과 같다.

(2)

11 盈	출	출	출	찰[3]
17 寒	출	출	찰	찰
39 爲	ᄒᆞᆯ	ᄒᆞᆯ	ᄒᆞᆯ	하
70 潛	즘글	즘길	즘길	잠길
111 平	평ᄒᆞᆯ	평ᄒᆞᆯ	평ᄒᆞᆯ	평할
240 競	ᄃᆞ톨	ᄃᆞ톨	ᄃᆞ톨	다툴
302 甚	심ᄒᆞᆯ	심ᄒᆞᆯ	심ᄒᆞᆯ	심할
315 甘	ᄃᆞᆯ	ᄃᆞᆯ	ᄃᆞᆯ	달
323 貴	귀ᄒᆞᆯ	귀ᄒᆞᆯ	귀ᄒᆞᆯ	귀할
340 訓	ᄀᆞᄅᆞ칠	ᄀᆞᄅᆞ칠	ᄀᆞᄅᆞ칠	가르칠
366 磨	ᄀᆞᆯ	ᄀᆞᆯ	ᄀᆞᆯ	갈
431 飛	ᄂᆞᆯ	ᄂᆞᆯ	ᄂᆞᆯ	날
498 封	봉ᄒᆞᆯ	봉ᄒᆞᆯ	봉ᄒᆞᆯ	봉할

---

3 각 항목의 배열 방식은 자번, 표제 한자, 『光千』, 『石千』, 『書千』, 『現代』의 訓 순으로 하였다.

548 合	모들	모들	모둘	모을
583 會	모들	모들	모둘	모을
604 漠	아득홀	아득홀	아득홀	아득할
647 杳	아득홀	아득홀	아득홀	아득할
648 冥	아득홀	아득홀	아득홀	아득할
649 治	다스릴	다스릴	다스릴	다스릴
691 察	슬필	슬필	슬필	살필
705 省	슬필	슬필	슬필	살필
714 辱	욕홀	욕홀	욕홀	욕할
737 求	구홀	구홀	구홀	구할
771 委	ㅂ릴	ㅂ릴	ㅂ릴	버릴
772 翳	ㄱ릴	ㄱ릴	ㄱ릴	가릴
807 充	출	출	출	찰
887 審	슬필	슬필	슬필	살필
895 願	원홀	원홀	원홀	원할
955 懸	들	들	달	달

(2)의 예를 통하여 볼 때 'ㆍ'의 소멸을 『石千』의 표기에서는 확인할 수 없다. 16세기의 80년대에 간행된 것으로 보이는 이 책에서 어두음절은 물론 비어두음절에서도 전혀 'ㆍ'를 다른 글자로 바꾸어 표기한 예를 발견할 수 없다. 그뿐만 아니라 『書千』에서도 'ㆍ'는 대부분의 어휘 표기에 사용되고 있다. 다만 비어두음절의 경우 "모들 〉 모둘(合·會), 아득홀 〉 아득홀(漠·杳·冥)"과 어두음절의 경우 "힌〉 흰(白), 들 〉 달(懸)"에서만 변화된 모습을 확인할 수 있다. 『書千』이 간행된 것으로 추정되는 18세기 후반에서 19초에 'ㆍ'는 이미 음성언어에서 소실이 완성된 단계에

와 있었다. 그러나 문자의 보수성과 한자 훈의 보수성으로 인하여 ' ·'가
그 모습을 감춘 것은 현대에 와서의 일임을 알 수 있다.

2.2.1.2. 어두자음의 안정화

우리말에서는 어두에 자음군이 오는 것을 허용하지 않을 뿐 아니라
상황에 따라 'ㄹ'이나 'ㄴ'이 오는 것을 회피하는 경향이 있다. 이런 현상
을 두음법칙이라 하는데 전기 중세국어의 어느 시기엔가 생성된 어두자
음군은 후기중세국어의 문헌에서 흔히 확인할 수 있다. 이 어두자음군
은 한국어와 계통을 같이한다는 다른 언어에서도 확인할 수 없는 것이
다. 다만 우리말에서 일시적으로 나타났던 현상으로 파악되고 있다.
『光千』에서 어두에 자음군을 가지고 있던 어사가 경음으로 안정화된
표기가 나타나는 것은 아래의 예에서 보듯 『石千』을 지나 『書千』에 와
서이다.

(3)

421 浮	뜰	뜰	뜰	뜰		495 俠	길	낄	낄	낄
653 務	힘쓸	힘쓸	힘쓸	힘쓸		701 勉	힘쓸	힘쓸	힘쓸	힘쓸
871 蒸	뛸	뛸	뛸	뛸		914 射	쏠	쏠	쏠	쏠

현대에 오면서 'ㅣ'모음 앞의 'ㄴ'을 소거한 표기가 "262 興 : 닐 - 닐 -
닐 - 일, 867 嗣 : 니을 - 니을 - 니을 - 이을" 등에 보인다. 또한 "993 謂 :
니를 - 니를 - 이를 - 이를"의 경우는 『書千』에서 'ㄴ'이 소거된 예이다.

2.2.1.3. 단모음화

『光千』, 『石千』, 『書千』에까지 이중모음으로 표기되던 것이 현대에

와서 단모음로 표기된 것으로 다음의 예가 있다.

(4)

205 匴 이귈 이귈 이귈 이길	212 立 셜 셜 셜 설
217 竺 뷜 뷜 뷜 빌	221 虛 뷜 뷜 뷜 빌
507 陪 뫼실 뫼실 뫼실 모실	829 侍 뫼실 뫼실 뫼실 모실

2.2.1.4. 원순모음화

양순음 다음에 오는 평순모음 '─'가 원순모음 'ㅜ'로 변화된 표기가 발견된다. 『書千』에서 변화된 예를 보이는 경우와 현대에 와서 변화된 예를 보이는 경우로 나누어 볼 수 있다. "62 重 : 므거울 - 므거울 - 무거을 - 무거울, 752 招 : 브를 - 브를 - 부룰 - 부를" 등은 『書千』에서 변화된 표기를 보여 주는 것이다. 그리고 현대에 변화된 예는 다음과 같다.

(5)

764 翠 프늘 프를 푸를 푸를	16 張 베플 베플 빈플 베풀
449 肆 베플 베플 베플 베풀	451 設 베플 베플 베플 베풀
938 施 베플 베플 베플 베풀	

2.2.1.5. 경음화

평음으로 표기됐던 것이 경음 표기로 바뀐 예는 이미 『石千』에서 확인할 수 있다. 그런데 『石千』에서 경음으로 바뀌어 표기됐던 것이 『書千』에 와서 다시 평음으로 표기된 현상을 볼 수 있다.

(6)

122 邇 갓가올 갓까올 갓가올 가까울

519 肥 술질 술질 술질 살쯸

576 橫 비길 빗낄 빗길 비낄

715 近 갓가올 갓까올 갓가을 가까울

2.2.1.6. 구개음화

구개음화에 의해 표기가 달라진 것은 예외 없이 『書千』에서부터이다.

(7)

170 過 디날 디날 지날 지날   204 賢 어딜 어딜 어질 어질

667 貢 바틸 바틸 바칠 바칠   756 歷 디날 디날 지날 지날

2.2.1.7. 기타

앞에서 예로 든 것들 외에도 음성모음화, 전설모음화, 축약 등의 방식에 의해 달라진 표기를 확인할 수 있다. 이런 방식의 음운변화에 의해 달라진 표기는 현대에 와서의 일임을 알 수 있는데 그 예를 보이면 다음과 같다.

(8)

289 篤 도타올 도타올 도타올 두터울

361 交 사괼 사괼 사괼 사궐

675 敦 도타올 두터울 도타올 두터울

8 荒 거츨 거츨 거츨 거칠

930 紛 어즈러울 어즈러울 어즈러을 어지러울

905 誅 버힐 버힐 버힐 벨   906 斬 버힐 버힐 버힐 벨

이상에서 살펴본 것들은 비교적 명쾌하게 예를 들 수 있는 경우에 속하는 항목들이다. 그러나 하나의 음운변화만이 일어나지 않고 두 가지이상의 변화를 보이는 것이 있다. 그 대표적인 것이 모음 'ㆍ'의 소멸과더불어 나타나는 음운변화이다. 이미 우리는 하나의 훈을 이루는 구성체의 내부에서 'ㆍ'의 변화만을 확인할 수 있는 경우에 대하여 앞에서 알아보았다. 그런데 'ㆍ'의 변화와 함께 또 다른 음운변화를 겪은 경우가상당수 발견된다. 훈으로 쓰인 어사의 내부에서 'ㆍ'의 소멸과 ⅰ) 음성모음화가 일어난 것, ⅱ) 단모음화가 일어난 것, ⅲ) 전설모음화가 일어난것, ⅳ) 경음화가 일어난 것, ⅴ) 원순모음화가 일어난 것, ⅵ) 어두자음군의 안정화가 일어난 것 등이 그것이다. 이에 해당하는 경우를 몇 개만보이면 다음과 같다.

(9)
ⅰ) 240 競 ᄃᆞ톨   ᄃᆞ톨   ᄃᆞ톨   다톨
    292 美 아름다올 아름다올 아름다올 아름다올
    699 嘉 아름다올 아름다올 아름다올 아름다올
    305 學 ᄇᆡ홀   빈홀   빈홀   배울
    520 輕 가비야올 가비야올 가비아올 가벼울
    985 孤 외ᄅᆞ올   외로올   외로올   외로울
ⅱ) 272 盛 셩ᄒᆞᆯ 셩ᄒᆞᆯ 셩ᄒᆞᆯ 셩할
    324 賤 쳔ᄒᆞᆯ 쳔ᄒᆞᆯ 쳔ᄒᆞᆯ 쳔할

iii) 8 荒 거츨 거츨 거츨 거칠

iv) 519 肥 슬질 슬질 슬질 살찔

v) 608 靑 프롤 프를 프를 푸를

vi) 66 鹹 뿔 뿔 쓸 짤

음운변화에 따라 모양을 달리하는 예는 이상에서 논의된 것 말고도 상당수가 있음을 밝혀둔다. 맞춤법이 마련되어 있지 않았던 시절의 혼란스런 표기로 인하여 규칙화하기가 어려운 항목들은 논의에서 배제하였다. 일차적인 언어라고 할 수 있는 음성언어와 이차적인 문자언어 사이에는 늘 괴리가 있는 법이다. 여기에 표기 방식마저 제각각인 자료를 대상으로 진행하는 연구에는 많은 애로점이 있다. 앞으로 새김 어휘의 표기 방식에 관한 연구도 다른 문헌과의 비교를 통하여 심도 있게 이루어져야 할 것이다.

2.2.2. 표기가 달라진 것

표제 한자에 대하여 『光千』을 비롯 『石千』, 『書千』, 『現代』에 동일한 어사가 훈으로 달려 있는 것 중 표기상의 차이가 발견되는 것이 있다. 훈민정음 창제 이후 국어 표기에 있어서 가장 큰 쟁점이 되어 왔던 것은 연철·분철의 문제와 종성을 어떻게 표기할 것인가였다. 중세국어의 표기에서는 형태소 경계를 무시하고 음절 경계를 우선한 이어적기가 일반적이었음은 두루 아는 바다. 그런데 근대국어를 거쳐 현대로 오면서 체언과 조사에서 먼저 나타나기 시작한 분철식 표기는 점차 확대되어 왔다. 결국 오늘날의 한글 맞춤법은 음소적인 측면도 고려하고 있지만 형태적 표기가 중시되고 있다. 이른 시기의 『千字文』 판본에서 이어적기를 했던 것이 후대에 오면서 끊어 적기로 바뀐 예를 보이면 다음과 같다.

(10)

258 深	기플	기플	기플	깊을		303 無	업슬	업슬	업슬	없을
400 移	옴길	옴길	옴길	옮길		401 堅	구들	구들	구들	굳을
408 麋	얼글	얼글	얼글	얽글		704 植	시믈	시믈	시믈	심을
763 晚	느즐	느즐	느즐	늦을		769 陳	무글	무글	무글	묵을
821 老	늘글	늘글	늘글	늙을		885 顧	도라볼	도라볼	도라볼	돌아볼
973 俯	구블	구블	구블	굽을						

이상에서 제시한 항목 외에도 동일한 어사가 시대에 따른 표기 방식의 차이에 따라 달리 나타나는 경우로 다음과 같은 것이 있다.

(11)

191 難	얼려울	어려울	어려울	어려울		260 薄	열울	열울	열울	엷을
432 驚	놀날	놀날	놀날	놀랄		901 駭	롤랄	놀랄	놀날	놀랄

2.2.3. 음상과 표기가 달라진 것

동일한 낱말로 볼 수 있는 것이 시대에 따라 음상을 달리함은 물론 표기 방식에 있어서도 차이가 있는 경우가 있다. 음운의 변천과 더불어 표기 방식이 달라지면서 생겨난 현상으로 볼 수 있다. 음운의 변천에 따라 음상을 달리하는 경우는 2.2.1.에서 살펴보았고 표기가 달리 나타나는 경우에 대하여는 2.2.2.에서 논의하였다. 결국 여기서 논의하고자 하는 부류는 앞에서 살펴 본 두 부류의 경우가 복합적으로 나타나는 예에 해당하는 것이다. 중세 국어에서 현대로 오면서 국어의 모음체계에 나타난 큰 변화 중의 하나가 "·"음의 소실이다. 그러므로 이 부류에서 볼 수 있는 예도 "·"의 소실과 분철식 표기에 의해 달라진 경우가 대부분인데 예를 보이면 다음과 같다.

(12)

3 玄 가믈 가믈 감을 검을			26 餘 나믈 나믈 나믈 남을		
68 淡 몰글 몰글 몰글 맑을			105 坐 안즐 안즐 안즐 앉을		
107 間 무를 무를 무를 물을			115 黎 가믈 가믈 감믈 검을		
182 恃 미들 미들 미들 믿을			265 似 ᄀᆞ틀 ᄀᆞ틀 ᄀᆞ틀 같을		
269 如 ᄀᆞ틀 ᄀᆞ틀 ᄀᆞ틀 같을			278 澄 몰글 몰글 몰글 맑을		
283 若 ᄀᆞ틀 ᄀᆞ틀 ᄀᆞ틀 같을			309 攝 자블 자블 자블 잡을		
311 從 조츨 조츨 조츨 쫓을			328 卑 ᄂᆞ즐 ᄂᆞ즐 ᄂᆞ즐 낮을		
342 奉 바들 받들 밧들 받들			403 雅 몰글 몰글 몰글 맑을		
472 明 볼글 볼글 볼글 밝을			505 高 노폴 노폴 놉흘 높을		
539 曲 고블 고블 고블 굽을			607 丹 블글 블글 블글 붉을		
679 秉 자블 자블 자블 잡을			739 尋 ᄎᆞ즐 ᄎᆞ즐 ᄎᆞ즐 찾을		
811 烹 술믈 술믈 술믈 삶을			893 執 자블 자블 잡을 잡을		
909 捕 자블 자블 자블 잡을			939 淑 몰글 몰글 몰글 맑을		

‘·’로 표기되던 것이 다른 문자로 표기된 것에 대하여 우선 살펴보면 어두음절의 경우는 예외 없이 『書千』에까지 ‘·’이고 현대에 다른 모음으로 표기되었다. 비어두음절의 경우 ‘·’가 『書千』에까지 유지된 경우와, 변화된 경우로 나누어 볼 수 있다. 『書千』에까지 이어진 경우는 첫 번째 음절에도 ‘·’가 있는 경우이다. 즉 “265 似: ᄀᆞ틀 - ᄀᆞ틀 - ᄀᆞ틀 - 같을”에서 보듯 어두와 비어두음절에 ‘·’가 존재하는 경우는 둘 다 『書千』에까지 유지되다가 현대에 와서 그 표기가 교체되는 것이 일반적이다. 여기에 해당하는 항목은 269, 278, 283, 328, 403, 472, 739, 811 등이

다. 다만 68과 939의 '믈글'은 각각 『書千』과 『石千』에서 '믈글'로 바뀌었음을 알 수 있다. 어간의 모음이 'ㆍ'가 아닌 다른 모음과 연결된 비어두 음절의 'ㆍ'는 일반적으로 『石千』이나 『書千』에서 다른 모음자로 바뀌었음을 알 수 있다. 3, 309, 342, 607, 679, 909번 항목 등은 'ㆍ'의 표기가 『石千』에서 바뀐 것이다. 그리고 26, 105, 115, 505, 539, 893 등은 『書千』에서 'ㆍ' 표기를 볼 수 없는 경우이다.

분철된 표기를 보이는 것은 대부분 현대에서이다. 다만 3과 893의 경우 『書千』에서 분철된 표기를 보여준다. 그리고 "115 黎 : 가믈 - 가믈 - 감믈 - 검을"의 경우 『書千』의 훈에서 重綴의 모습을 볼 수 있다. 그리고 "505 高 : 노폴 - 노폴 - 놉흘 - 높을"에서 『書千』의 '놉흘'은 분철의식이 작용한 오분석의 예라 할 수 있다.

모음의 변화와 더불어 분철식 표기의 예를 보이는 것으로 원순모음화가 있다. 그 예로 "196 : 染 므들 - 믈들 - 물들 - 물들, 631 赤 : 블글 - 블글 - 불글 - 붉을, 783 絳 : 블글 - 블글 - 불글 - 붉을" 등이 있다.

자음의 변화 더불어 분철식 표기를 보이는 것으로 'ㅣ'모음 앞에서의 'ㄴ'의 소거, 경음화, 구개음화 등의 예가 있는데 그 예를 차례로 보이면 다음과 같다.

(13)

138 被 니블 니블 이불 입을　　141 賴 힘니블 힘니블 힘니블 힘입을

176 忘 니즐 니즐 이즐 잊을　　666 熟 니글 니글 니글 익을

786 讀 닐글 닐글 닐글 읽을

110 拱 고즐 고즐 쇠즐 꽂을　　268 馨 곳다올 곳짜올 곳짜올 꽃다올[4]

397 逐 조츨 또츨 조츨 쫓을

위의 예 외에도 자음이 첨가되면서 표기 방식도 바뀐 것으로 "7 洪 : 너블 - 너블 - 넙블 - 넓을, 467 廣 : 너블 - 너블 - 너블 - 넓을, 605 馳 : 둘일 - 둘일 - 둘릴 - 달릴" 등이 있다. 그리고 중설모음화와 자음의 첨가 그리고 분철이 행해진 것으로 "320 詠 : 이플 - 으플 - 을플 - 읊을"이 있으며, 구개음화, 단모음화 그리고 분철이 행해진 것으로 "405 好 : 됴흘 - 됴흘 - 됴흘 - 좋을"이 있다.

이상에서 우리는 여러 가지 음운의 변화가 한자 훈의 변화를 초래하였음을 보았다. 이는 한자 훈 자체 내의 변화 요인이 아니라 외적인 환경의 변화에 의해 발생한 것으로 볼 수 있다. 외적 변화 요인으로 지적될 수 있는 또 한 가지는 표기방식의 변화인데 이는 어휘의 층위에서 일어난 변화라고 볼 수는 없다. 그러므로 진정한 의미의 한자 훈 변천은 음운 또는 표기 방식의 변화가 아니라 어휘의 변천에서 찾아야 할 것이다.

사실상 동일한 어사로 표제 한자의 훈이 달려 있는 것으로 볼 수 있는 이 부류는 한자 자체에서는 이렇다 할 특징이 발견되지 않는다. 즉 상용성이 강한 한자가 주로 여기에 속해 있다든가, 그렇지 않은 것이 주로 이 부류에 분포되어 있다든가 하는 점을 발견할 수 없다. 그러나 이 부류에 속하는 훈으로 쓰인 어휘는 대부분 고유어라는 점과 단일어라는 특징을 지닌다. 위에서 예를 든 항목 중에 혼종어로 볼 수 있는 "평흘(平), 심흘(甚), 봉흘(封), 욕흘(辱), 원흘(願), 셩흘(盛)" 등을 제외하고는 모두 고유어이다. 그리고 대부분 단일어나 혼종어로 되어 있는 앞의 5

---

4 종성표기에서 『光千』 이후 『書千』까지 '곶'의 받침이 'ㅅ'으로 표기되던 것이 현대에 'ㅊ'으로 표기됨을 확인할 수 있는 예이다. 물론 이 낱말은 "곶 〉 꽃"의 변화를 입은 것이다.

개 낱말과 "아득흘(杳・漠・冥), 아름다올(美・嘉) 옴길(移), 곳다올(馨)"
정도가 파생어이며 합성어로는 힘쓸(務)과 도라볼(顧)이 있을 뿐이다.

3. 훈의 변천이 일어난 부류

음운의 층위에서는 다른 점이 있으나 형태의 측면에서 동일한 어사로
볼 수 있는 항목에 대하여 2절에서 논의하였다. 이제 본 절에서는 각 판
본의 표제 한자에 달려 있는 훈이 항상 같은 낱말로 되어있지 않은 경우
에 대하여 논의하고자 한다. 이 부류에 속하는 것이야 말로 진정한 의미
의 훈의 변천이 일어난 것이라 할 수 있을 것이다. 즉 표제 한자와 이에
연합되는 훈 사이의 관계에 의해 일어난 변화인 것이다.

이 유형에 속하는 것은 231항목인데 시대 순에 따라 『光千』에 보였
던 훈이 『石千』에서 바뀌어 현대까지 이어져 온 것부터 논의하기로 한
다. 이 유형에 속하는 것은 각 부류 별로 전 항목을 예로 제시하고자
한다.

3.1. 『石千』에서 바뀐 것

『光千』에 동사류로 되어있던 어사가 『石千』에서 다른 어사로 바뀌어
현대까지 이어지고 있는 것은 60항목이다. 이 중에서 동사류의 형태를
계속 유지하고 있는 것은 43항목이고 명사류로 바뀐 것이 16항목, 부사
류로 바뀐 것이 1항목이다. 먼저 동사류로 유지되고 있는 것을 보이면
다음과 같다.

3.1.1. 동사류 〉 동사류

동사류의 형태가 유지되면서 『石千』에서 다른 어사로 바뀐 43항목의
예를 보이면 다음과 같다.

(14)

127 歸 갈   도라갈 도라갈 돌아갈   168 良 알   어딜 어질 어질

172 改 가실 고틸 고칠 고칠   173 得 시를 어들 어들 얻을

177 罔 거츨 업슬 업슬 없을   223 習 비홀 니길 이길 익힐

228 積 몰   사흘 싸흘 쌓을   280 映 ㅂ일 비췰 비췰 비칠

307 登 툴   오를 오를 오를   809 飽 비출 비브롤 비부를 배부를

327 尊 존홀 노플 노플 높을   338 受 툴   바들 바들 받을

351 比 ᄀ줄 견줄 견줄 견줄   354 懷 홈출 푸믈 프믈 품을

378 義 클   올홀 올홀 옳을   383 匪 이즐 아닐 아닐 아닐

402 持 디닐 가질 가질 가질   444 啓 여틀 열   열   열

550 弱 바ᄃ라올 약홀 약홀 약할   551 扶 더위자블 븓들 붓들 붙들

563 密 볼   븩븩홀 븩븩홀 빽빽할   586 遵 준홀 조출 조출 좇을

590 弊 폐홀 히여딜 ᄒ야질 해질   623 云 ᄀ롤 니를 니를 이를

644 邈 아득홀 멀 멀 멀   671 黜 내조출 내틸 내칠 내칠

672 陟 올릴 오를 오를 오를   692 理 고틸 다ᄉ릴 다ᄉ릴 다스릴

697 貽 기틸 줄   줄   줄   728 逼 버길 갓ᄭ올 갓가올 가까울

743 逍 아ᄉ라올 노닐 노닐 노닐   744 遙 아ᄉ라올 노닐 노닐 노닐

749 慽 슬흘 슬플 슬플 슬플   789 寓 브틀 브틸 부틸 붙일

814 厭 아쳘 슬흘 슬흘 싫을   902 躍 봄노을 뛸 뛜 뛸

904 驥 굴월 ᄃ일 ᄃ릴 달릴   910 獲 시를 어들 어들 얻을

935 佳 됴흘 아름다올 아름다올 아름다올

943 姸 나머글 고을 고을 고울   960 照 ᄇ일 비췰 비칠 비칠

967 喬 멸   길홀 길홀 길할   968 邵 힘쓸 노폴 노플 높을

   (14)의 항목들 중 전차훈 즉『光千』에 사용된 형태가 후대의 판본에 쓰인 어사의 구성요소로 참여하고 있는 흔적을 남기고 있는 것은 "127 歸 : 갈 - 도라갈, 도라갈, 돌아갈"을 비롯하여 671, 672, 749 등 4개에 불과하다. 이는 전차훈과 대체훈 사이에 형태상으로는 거의 유사성이 없음을 보이는 것이다. 반면에 의미상으로는 전·후대의 훈으로 쓰인 어사 사이에 밀접한 관련이 있음이 드러난다. 117, 354, 383, 692, 904, 968 등 6항목을 제외하고는 전차훈과 대체된 훈이 비슷한 의미를 지니고 있는 것으로 보인다. 이는 형태는 유사성이 없는 것으로 바뀌었지만 의미 상으로는 유의관계에 있는 것이 대부분임을 알 수 있다.

   특정한 한자가 지니는 의미는 일반적으로 예나 지금이나 같게 마련이다. 그러나 해당 한자의 의미를 표현하는데 사용된 우리말 어휘 중에는 소멸된 것도 있고 의미가 바뀐 것도 있을 수 있다. 이런 과정에서 표제 한자의 훈이 형태는 다르나 의미가 비슷한 다른 어형으로 대체된 것으로 볼 수 있다.

   비교적 이른 시기에 새로운 어사로 대체되었기에『光千』의 훈으로 쓰인 어사 중에는 다른 문헌에서 찾기 어려운 것도 상당수 있다.[5] 또한 현대어에서 전혀 사용되지 않는 낱말이 큰 비중을 차지하고 있다.『光千』의 훈으로 쓰인 어휘 중 현대국어의 일반어에서 쓰이지 않는 것은 "168 良 알, 172 改 가실, 173 得 시를, 228 積 물, 280 映 ᄇ일, 351 比 ᄀ

---

   5 이에 해당하는 것으로 "168 良 알, 444 啓 여틀, 563 密 볼, 943 姸 나머글, 967 喬 멸" 등이 있다. 이 낱말들은 한자의 훈에서만 보일 뿐 다른 곳에서는 발견되지 않는다.

줄, 354 懷 훔츨, 383 匡 이즐, 444 啓 여틀, 550 弱 바ᄃ라올, 551 扶 더위 자블, 563 密 볼, 623 云 ᄀ롤, 697 貽 기틸, 728 逼 버길, 743 逍 아ᄉ라 올, 744 遙 아ᄉ라올, 749 憾 슬홀, 814 厭 아쳘, 902 躍 봄노을, 904 驤 글 월, 910 獲 시를, 943 姸 나머글, 960 照 ᄇ일, 967 吉 멸" 등이다.

3.1.2. 동사류 〉명사류

『光千』에 동사류였던 것이 『石千』에서 명사류로 바뀌어 현대에까지 이어지고 있는 부류는 16항목이다.

(15)

113 愛	둣올	ᄉ랑	ᄉ랑	사랑		321 樂	낙홀	풍뉴	풍뉴	풍류	
332 睦	고롤	화목	화목	화목		417 背	질	등	등	등	
488 經	디날	글월	글월	글월		567 寔	클	잇	이	이	
588 法	법홀	법	법	법		707 譏	우슬	긔롱	긔롱	기롱	
708 誡	브즈런훈	경계	경계	경계		758 荐	쌔일	플	플	풀	
869 祭	이바돌	졔ᄉ	졔ᄉ	제사		870 祀	이바돌	졔ᄉ	졔ᄉ	제사	
875 再	노올	두	두	두		896 凉	간다올	서늘	서늘	서늘	
964 祐	도올	복	복	복		966 綏	편홀	편안	편안	편안	

전차훈을 어종의 측면에서 살펴보면 '한자 + 홀' 형태인 3항목을 제외 하고는 모두 고유어이다. 그러나 대체훈은 9개 항목이 한자어로 나타난 다. 이는 품사의 특성에서 기인한 것으로 보여 지는데 일반적으로 동사 류의 경우보다 명사류에서 한자어가 생산적으로 쓰이기 때문이다.

전차훈과 대체훈으로 쓰인 어사 사이에 의미상 전혀 관련이 없는 것 으로 "488 經 : 디날 - 글월, 글월, 글월"을 비롯하여 567, 708, 758, 964 등을 들 수 있다. 이는 상용지석의 교체에 의하여 훈이 바뀐 것으로 볼 수 있다. 즉『光千』의 시기에는 '經'의 문맥지석 "날(緯織也), 글(書也), 경영할(營也), 법(法也), 지날(過也), 지경(界也), 고들(直也)……" 중 상용지석이 "지날〈 디날(過也)"이었던 것으로 보인다. 그러나 후대로 오면서 '經'의 상용지석이 "글[書也]"로 바뀌자 '디날'에서 '글월'로 훈이 대체된 것이다.

위에서 논의한 5항목을 제외하고는 전차훈과 대체훈 사이에 대체로 유의관계가 성립되는 것으로 보인다. 고유어 또는 혼종어였던 동사류 훈은 유사한 의미를 표현하는 한자어 명사로 바뀐 경우가 허다함을 알 수 있다.

『石千』에서 훈이 바뀐 것 중 동사〉부사의 예로 "537 奄 : 클 - 믄득 - 문득 - 문득"이 있다.

3.2. 『書千』에서 바뀐 것

『光千』에서 『石千』까지 동일한 형태의 어사로 훈을 삼던 것이 『書千』에 와서 다른 것으로 바뀌어 오늘에 이르고 있는 것은 34항목이다. 이 중 동사류의 형태를 유지하고 있는 것이 23항목이고 명사류로 바뀐 것이 10항목이다. 그리고 부사류로 바뀐 것으로는 한 항목이 있는데 "186 使 : 브릴 - 브릴 - ᄒ야금 - 하여금"이 그것이다.

3.2.1. 동사류 〉 동사류

(16)

38 結 밀 밀 믜즐 맺을	99 伐 버힐 버힐 칠 칠
102 發 베플 베플 필 필	194 悲 슬홀 슬홀 슬플 슬플

226 因 지즐 지즐 인홀 인할 257 臨 디늘 디늘 림홀 임할

279 取 아올 아올 가딜 가질 330 和 고를 고를 화홀 화할

359 連 니을 니을 련홀 연할 369 仁 클 클 어질 어질

372 惻 슬흘 슬흘 슬플 슬플 376 離 여흴 여흴 써날 떠날

390 動 뮐 뮐 움즉일 움직일 558 感 깃글 늗길 늣길 느낄

565 多 할 할 만홀 많을 575 困 잇쓸 잇블 곤홀 곤할

591 煩 어즈러올 어즈러올 번거흘 번거로울 597 用 뻐 뻐 쓸 쓸

670 賞 샹홀 샹홀 샹줄 상줄 773 落 딜 딜 써러질 떨어질

777 遊 노릴 노닐 놀 놀 793 易 밧쏠 밧골 쉬울 쉬울

797 屬 브틀 브틀 부틸 붙일

이상의 항목 중 전차훈은 "670 샹홀(賞)"을 제외하고는 모두 고유어이
다. 그리고 고유어였던 것이 혼종어로 바뀐 것은 226, 257, 330, 359, 575
등 5항목에 불과하다. 이를 통하여 볼 때 이른 시기의 훈이든 후대의 그
것이든 동사류인 훈은 고유어가 절대적으로 우세함을 알 수 있다.

전차훈 중 현대어에서 쓰이지 않는 어휘는 그다지 많지 않음을 알 수
있다. "지즐(因), 디늘(臨), 뮐(動), 잇쓸(困)"을 제외하고는 현대국어에서
어떤 형태로든 쓰이고 있음을 알 수 있다. 『光千』에만 쓰였던 훈의 경우
현대어에서 그 쓰임을 찾을 수 없는 예가 많았던 것과는 대조적이라 할
수 있다.

전차훈과 대체훈 모두 단일어인 경우가 일반적이다. 그러나 전차훈은
단일어였으나 대체훈이 파생어인 경우가 6항목이 발견된다. 194, 226,
257, 330, 359, 372, 797 등이 그것이며 773은 대체훈이 복합어인 경우이
다. 전차훈이 합성어였던 항목에서 구성성분 중 하나를 다른 형태로 교
체하여 대체훈을 삼은 예가 "670 샹홀 - 상줄(賞), 591 어즈러올 - 번거로

울(煩)"에 보인다. 이는 『石千』에서 바뀐 "809 飽 : 빅츨 - 빈브를 - 빈부를 - 배부를"과 같은 경우이다.

각 항목의 훈으로 쓰인 전후대의 어휘가 지닌 의미를 살펴보면 3.1.1.에서와 같이 유의관계에 있는 것이 절대적으로 우세하다. 異義關係에 있는 것은 102, 558, 591, 793 정도가 아닌가 한다.

3.2.2. 동사류 〉 명사류

(17)

206 念 념홀 념홀 싱각 생각	357 同 오힌 오힌 흔가지 한가지
409 都 모돌 모돌 도읍 도읍	440 靈 녕홀 녕홀 신령 신령
559 武 미올 미올 호반 호반	562 乂 어딜 어딜 지조 재주
652 農 녀름지을 녀름지을 농사 농사	891 想 슷칠 스칠 싱각 생각
928 釣 낫즐 랏질 낙시 낚시	948 催 뵈알 뵈알 지촉 재촉

(17)에 제시한 예에서 발견되는 특징은 3.1.2.에서 지적한 내용과 흡사하다. 동사류 〉 명사류의 경우와는 달리 전차훈과 대체훈으로 쓰인 어사의 의미 관계를 살펴보면 동사류 〉 명사류의 경우에 이의관계에 있는 것이 상대적으로 많음을 알 수 있다. 위의 부류에서도 10항목 중 4항목이 의미상 서로 관련이 없는 경우임을 알 수 있는데 409, 559, 562, 891 등이 그것이다.

3.3. 현대에 바뀐 것

『光千』, 『石千』, 『書千』 등 『千字文』 각 판본에서 같은 어사로 달려

있던 훈이 오늘날 바뀐 것은 53항목이다. 이 중 동사류의 형태를 유지하고 있는 것이 39항목이며 그렇지 아니한 것이 14항목이다.

3.3.1. 동사류 > 동사류

앞에서도 이미 살펴보았듯이 동사류였던 훈은 변화를 입어도 동사류 형태를 지니고 있는 것이 일반적인 경향임을 알 수 있다. 오늘날에 이르러 훈의 변화가 일어난 항목 중 동사류 > 동사류의 예는 다음과 같다.

(18)

15 列	벌	벌	벌	벌릴		24 藏	갈물	갈물	갈믈	감출
34 騰	늘	늘	늘	오를		114 育	칠	칠	칠	기를
118 伏	굿블	굿쓸	구블	엎드릴		156 養	칠	칠	칠	기를
158 敢	구틸	구틸	구틔	용감할		160 傷	헐	헐	헐	상할
180 短	뎌를	뎌를	져를	짧을		219 傳	옴길	옴길	옴길	전할
227 惡	모딜	모딜	모질	악할		231 善	어딜	어딜	어딜	착할
263 溫	드슬	드슬	드슬	따뜻할		336 隨	조츨	조츨	조츨	따를
380 退	므늘	므를	므를	물러날		381 顚	업더딜	업더딜	업더질	업드러질
384 虧	이즐	이즐	이즐	이지러질		423 據	누를	루를	누를	웅거할
466 通	스뭇출	스뭇출	스뭇츨	통할		470 達	스뭇출	스뭇출	스뭇츨	통할
528 銘	조올	조을	조을	새길		579 減	뿔	뿔	쓸	멸할
593 起	닐	닐	닐	일어날		685 勞	잇블	잇쓸	잇불	수고로울
695 辨	굴힐	굴힐	굴힐	분별할		716 恥	붓그릴	붓그릴	붓그릴	부그러울
725 解	그르	그를	그를	풀		745 欣	깃글	깃쓸	깃글	기쁠
796 畏	저흘	저흘	저흘	두려울		861 悅	깃글	깃쓸	깃글	기쁠
879 恐	저흘	저흘	저흘	두려울		880 惶	저흘	저흘	저흘	두려울

894 熱 더울 더울 더울 뜨거울　928 釋 그를 그를 쓸를 풀

951 郎 믈귈 믈귈 믈귈 밝을　981 徘 머믈 머믈 머물 배회할

982 徊 머믈 머믈 머물 배회할　989 愚 어릴 어릴 어릴 어리석을

990 蒙 니블 니블 이블 어릴

　동사류의 특성상 전차훈은 하나의 예외도 없이 모두 고유어로 나타난
다. 대체훈의 경우에는 아직도 고유어로 유지되는 것이 절대 우세의 위
치에 있으나 158, 160, 219, 227, 423, 428, 446, 470, 579, 695, 981, 982 등
은 "한자어소 + 홀"의 형태를 띤 혼종어로 바뀌었다. 전차훈 중 현대어에
서 쓰이지 않는 것은 158 구틸(敢), 180 뎌를(短), 263 드슬(溫), 384 이즐
(虧), 466 스모촐(通), 470 스모촐(達), 685 잇블(勞), 745 깃글(欣), 796 저
흘(畏), 861 깃글(悅), 879 저흘(恐), 880 저흘(惶), 989 어릴(愚) 등이다.
이상의 낱말들은 단독체로 쓰이지 않을 뿐 다른 요소와 결합된 형태로
쓰이는 경우가 있어 언중들이 완전히 잊어버린 말이 아닌 경우도 있다.
"구태여, 따스한, 이지러진, 기쁜" 등은 각각 "구틸, 드슬, 이즐, 깃글"과
관련된 형태이다.

　전차훈 중 합성어로 볼 수 있는 것은 "219 옴길(傳), 381 업더딜(顚),
685 잇블(勞)" 정도가 아닌가 한다. 그러나 현대훈에서는 상당수의 합성
어가 발견된다. 전차훈의 일반적인 형태가 단일어였음에 비하여 현대로
오면서 합성어의 형식을 지닌 훈이 많이 나타나고 있음을 알 수 있다.
파생어 형식을 지닌 훈으로는 "15 벌릴(列), 118 엎드릴(伏), 158 용감할
(敢), 160 상할(傷), 219 전할(傳), 227 악할(惡), 231 착할(善), 263 따뜻할
(溫), 423 웅거할(據), 428 답답할(鬱), 466 통할(通), 470 통할(達), 579 멸
할(滅), 685 수고로울(勞), 695 분별할(辨), 716 부끄러울(恥), 745 기쁠
(欣), 796 두려울(畏), 861 기쁠(悅), 879 두려울(恐), 880 두려울(惶), 981

배회할(徘), 982 배회할(徊)" 등 23개가 있다. 또한 합성어 형식의 훈으로 "380 물러날(退), 381 업드러질(顚), 384 이지러질(虧), 593 일어날(起)" 등 4개가 있다.

전차훈과 대체훈 사이의 의미 관계를 살펴 보면 "158, 577, 951, 981, 982, 990" 등은 이의관계에 있고 나머지는 대체로 유의관계에 있는 것으로 보인다.

3.3.2. 동사류 〉 명사류

『光千』 이후 동사류의 형태를 지니며 사용되던 훈이 현대에 이르러 명사류로 바뀐 것은 8항목에 불과하다. 품사가 다른 전차훈과 대체훈은 그 의미 관계에 있어서 이의관계에 있는 것이 품사가 같은 경우에 비해 우세하다. 이 부류에 속하는 8개의 항목 중 6개가 전차훈의 의미를 전혀 고려함이 없이 대체훈을 부여했음을 알 수 있는데 그 예에 속하는 항목은 다음과 같다.

(19)

25 閏 부를 부를 블를 윤달				243 事 셤길 셤길 셤길 일
427 盤 서릴 서릴 서릴 소반				577 假 빌 빌 빌 거짓
651 於 늘 늘 늘 어조사				805 適 마즐 마즐 마즐 마침

전차훈의 의미를 고려하여 현대훈을 삼은 것으로 볼 수 있는 항목은 다음과 같다.

(20)

516 富 가ᅀᆞ멸 가ᅀᆞ멸 가음멸 부자   524 實 염믈 염글 여믈 열매

이상에서 우리는 『光千』 이후 동사류로 달려 있던 훈이 현대에 와서 명사류로 바뀐 것을 살펴보았다. 그런데 부사와 관형사로 바뀐 예가 몇 개 있는데 예를 보이면 다음과 같다.

(21) 동사 〉 부사
81 始 비르슬 비르슬 비릇슬 비로소   345 諸 모둘 모들 모둘 모두
657 俶 비로슬 비릇슬 비릇숄 비로소

(22) 동사 〉 관형사
465 右 올홀 올홀 올홀 오른   469 左 윌   윌   윌   왼

3.4. 변천이 두 번 이상 일어난 것

3.1.에서 3.3.까지 우리가 살펴 본 것은 『光千』 이후 어느 시점엔가 훈의 변천이 한 번만 일어 난 항목들이었다. 그런데 훈의 변천이 한 번만 일어나지 않고 두 번 또는 매 시기의 판본마다 일어나는 경우가 있다. 이 경우에 속하는 것은 84항목인데 11가지의 유형으로 분류할 수 있다. 11가지의 유형 중 가장 많은 항목이 나타나는 것은 [A - B - B' - D]형으로 20개 항목이 여기에 속한다. [A - B - B' - D]란 [光千 - 石千 - 書千 - 現代로 이어지는 훈이 『石千』에서 바뀌어 『書千』까지 이어진 후 현대에 또 바뀌었음을 표현한 것이다. 11가지의 유형 중 그래도 생산적인 분포를 보이는 것은 여섯 가지이고 나머지 다섯 가지는 1개에서 4항목 밖에는 보이지 않는다.

상대적으로 항목 수가 많은 여섯 가지 유형부터 논의하기로 한다. 다만 자번 164의 경우는 『光千』의 표제 한자가 '潔'이나 후대의 판본에는

'烈'로 되어 있다. 이런 경우는 근본적으로 표제 한자가 다르기 때문에 "믈굴 - 민올 - 민올 - 매울"로 이어지는 훈의 변천을 논의할 수 없다. 이런 경우를 비롯하여 임의로 처리하기 어려운 4항목[6]은 논의의 대상에서 제외하고 78개 항목을 유형별로 살피기로 한다.

3.4.1. [A - B - B' - D] 형

『光千』의 훈이 소멸되고 『石千』에 새로 나타난 훈이 『書千』에까지 이어지다가 현대에 또 변화를 입은 것이다. 이 부류에 속하는 『光千』의 훈은 현대국어에서 쓰이지 않는 것이 대부분이다. 『石千』의 훈으로 쓰인 어휘 역시 현대국어에서 소멸된 것들이 상당수 눈에 띈다. 이 부류에 속하는 한자의 훈은 앞으로도 동요될 소지를 다분히 지니고 있는 것으로 보인다. 여기에 해당하는 항목을 보이면 다음과 같다.

(23)

43	麗	나오머글	빗날	빗날	고울
246	嚴	클	싁싁홀	싁싁홀	엄할
428	鬱	덤쩌울	덤쩌츨	덥거츨	답답할
521	策	무올	막대	막대	꾀
594	翦	ᄇ릴	굴길	굴길	자를
751	歡	깃글	즐길	즐길	기쁠
835	圓	두리	두런	두렷	둥글
857	矯	납따올	들	들	바로잡을

125	率	ᄃ닐	ᄃ릴	ᄃ릴	거느릴
349	猶	오힐	ᄀ틀	ᄀ틀	오히려
511	振	너틸	쩔	썰	떨칠
523	茂	덤거울	거츨	거츨	성할
709	寵	괴일	괼	괼	사랑할
819	故	주글	늘글	늘글	연고
836	潔	출	조흘	조흘	맑을
877	悚	저흘	두릴	두릴	두려울

---

6 나머지 3항목은 "7 成 : 일 - 이룰 - 일월 - 이룰, 109 垂 : ᄃ를 - 드리울 - 들리 - 드리울, 971 引 : 혈 - 혈 - 썰 - 끌" 등이다

878 懼 저흘 두릴 두릴 두려울　888 詳 슬필 ㅈ셰 ㅈ셰 자세할

903 超 건널 뛸　뛸　뛰어넘을　940 姿 고올 양ㅈ 양ㅈ 모양

3.4.2. [A - B - C - B'] 형

『光千』에 쓰였던 훈이 『石千』에서 바뀌었고 다시 『書千』에서 바뀐 후 오늘날에 와서는 『石千』의 훈과 같은 어사로 되돌아 간 부류이다.

(24)

104 湯 더올 쓸흘 쓸일 끓을　　82 制 ᄆ롤 지을 ᄆᄅ슬 지을

371 隱 그을 수믈 슬플 숨을　　392 疲 시드러올 ㅈ블 잇쓀 가쁠

438 綵 빗날 치식 비단 채색　　513 世 누릴 인간 디　인간

541 微 아츨 쟈글 어닐 작을　　560 丁 손　쟝뎡 남녁 장정

673 孟 ᄆ올 믈　밍가 맏　　782 摩 ᄆ릴 ᄆ질 굴　만질

931 利 놀카올 니흘 니로올 이할

3.4.3. [A - A' - C - A''] 형

『光千』과 『石千』에 쓰였던 훈이 『書千』에서 다른 어사로 바뀌었다가 다시 현대에 『光千』의 훈으로 되돌아 간 부류이다. 이 부류의 특징은 각 시기의 훈으로 쓰인 모든 어휘가 현대국어에서 쓰이고 있다는 것이다. 다른 어사로의 교체를 시도했지만 원래의 형태가 표제 한자에 가장 적합한 훈임이 증명된 예로 볼 수 있을 것이다. 아마 이 부류의 표제 한자에 다시 결합한 어사는 큰 변화 없이 훈의 자리를 지켜갈 것으로 보인다. 이 부류에 속하는 항목은 다음과 같다.

(25)

185 信 미들 미들 밋블 믿을	203 維 얼글 얼글 오직 얽을
276 息 쉴 쉴 그칠 쉴	364 分 ᄂ홀 ᄂ홀 분수 나눌
373 造 지을 지을 조츠 지을	396 滿 출 출 ᄀ득홀 찰
404 操 자볼 자볼 절조 잡을	502 給 줄 줄 넉넉홀 줄
596 牧 칠 칠 쇼 칠	676 素 힐 힐 본듸 힐
669 勸 권홀 권홀 힘쓸 권할	776 飄 나봇필 나봇필 부칠 나부낄

3.4.4. [A - A' - C - D] 형

『光千』의 훈이 『石千』까지 이어지다가 『書千』에 와서 변화를 입고 다시 현대에 바뀐 것들이다. 비교적 이른 시기에는 안정됐던 훈이 현대로 오면서 동요된 예들이다. 이 부류에 속하는 한자의 훈은 고래로 복수인 것이 있음을 볼 때 앞으로도 그 동요가 예견된다. 예컨대 '行'은 『訓蒙字會』에 세 번 출현하면서 각기 다른 자석이 달려 있음을 확인할 수 있다. 『訓蒙字會』 예산본의 中5ㄱ, 下11ㄴ, 下13ㄴ에 각각 "져제 항, 녈 힝, 힝뎍 힝" 등으로 석과 음이 달려 있다. 또한 『新增類合』 下1ㄱ에서도 '行'의 자석은 두 개를 제시하고 있는 데 '힝실'과 '녈'이 그것이다. 이런 예는 '說'의 현대 석음에서도 확인할 수 있는데 "말씀 설, 기쁠 열, 달랠 세"가 그것이다. 이상의 논의를 통하여 볼 때 이 부류에 속하는 한자의 훈은 표제 한자가 지닌 특성으로 말미암아 동요가 계속될 것으로 보인다.

(26)

202 行 녈 녈 길 다닐	203 維 얼글 얼글 오직 얽을
434 寫 슬 슬 그릴 베낄	557 說 니를 니늘 깃글 말씀
713 殆 바ᄃ라올 바드라올 거의 위태	733 沈 ᄃ물 ᄃ물 심가 잠길

746 奏 수올 술올 나올 아뢸　755 的 마즐 마즐 쥰덕 과녁

853 接 브틀 브틀 부칠 접할　991 等 글올 글올 우듸 무리

3.4.5. [A - B - C - D] 형

각 시기의 훈이 모두 다른 어사로 바뀐 경우이다.

(27)

264 淸 츨　시글 서늘 서늘할　306 優 어글어울 나을 넉넉 넉넉할

368 規 여을 법식 경계 법　719 幸 힝홀 힝혀 괴일 다행

722 疏 섯글 소통홀 소가 상소할　781 凌 업쇼올 오룰 어름 업신여길

810 飫 비츨 슬밀 슬흘 배부를　812 宰 사홀 버힐 민가슬 재상

3.4.6. [A - B - C - C'] 형

『書千』에 와서 정착된 훈이 오늘날까지 이어지고 있는 부류이다.

(28)

166 效 ᄌᆞ월 본볼 본바들 본받을　375 弗 딜　말　아닐 아닐

561 俊 어딜 민올 쥰걸 준걸　571 更 가실 고틸 다시 다시

656 穡 벼뷜 곡식거둘 거둘 거둘　688 勅 저릴 정히홀 칙셔 칙서

768 彫 뜯드를 뻐러질 사길 새길　912 亡 주글 업슬 도망 도망

3.4.7. 기타

앞에서 논의한 부류들은 비교적 여러 항목들을 가지고 있는 것이었다. 이제 남은 다섯 가지 유형은 모두 11항목으로 그 수가 많지 않다. 4 항목이 보이는 [A - B - B' - A'] 형을 비롯하여 [A - B - A' - D] 형, [A -

B -A' -A''] 형, [A - A - C - C] 형 그리고 [A - B - A' - B'] 등이 있는데, 각 유형에 속하는 항목들의 예를 보이면 다음과 같다.

(29) [A - B - B' - A'] 형

188 覆 두플 다시 다시 덮을   288 定 뎡홀 일뎡 일뎡 졍할

775 飄 나봇필 부칠 부칠 나부낄   952 曜 빗날 비췰 비췰 빛날

(30) [A - B - A' - D] 형

210 建 셜   셸 셜   세울   859 頓 조을 구를 조올 조아릴

980 莊 꾸밀 츰될 꾸밀 씩씩할

(31) [A - B -A' -A''] 형

174 能 능홀 잘홀 능홀 능할   655 稼 시믈 곡식시믈 시믈 심을

(32) [A - A - C - C] 형

359 連 니을 니을 런홀 연할

(33) [A - B - A' - B'] 형

823 房 구들 방 구들 방

4. 결론 및 요약

특정한 한자를 제시하면 그 한자와 일차로 연합되는 우리말 단어를 훈이라 한다. 그러므로 석 중에 대표적인 것 즉 상용지석이 訓이 되는

것이다. 일반적으로 표제 한자에 대응되는 석은 一字數義라는 한자의 특성 상 일정한 시기일지라도 여러 가지일 수 있다. 그러나 훈은 특정한 시기에 표제 한자에 대하여 하나임을 원칙으로 한다.

『光千』에 동사류어로 나타나는 훈은 455개이다. 이 중 어휘론적 측면에서 변화를 입은 것으로 볼 수 있는 것이 231항목이다. 그리고 음운이나 표기의 층위에서 변화를 입었을 뿐 어휘 변화로 볼 수 없는 것이 224항목이다. 『光千』 이후 어휘론적 관점에서 동일한 어사가 오늘날까지 훈으로 쓰이는 것이 49%, 어휘 변화를 입은 것이 51%인 셈이다. 전자에 속하는 항목들은 두 유형으로 나누어 볼 수 있는 데 ⅰ) 음상(phonemic shape)은 물론 표기까지 동일한 형태로 이어져 온 것. ⅱ) 음상(phonemic shape) 또는 표기는 다르나 동일한 어사로 이어져 온 것이 그것이다.

ⅰ)에 속하는 것은 42개 항목인데 이 부류의 어휘가 지닌 두드러진 특징으로 단음절성을 들 수 있다. ⅱ)에 속하는 것 즉, 음상(phonemic shape) 또는 표기는 다르나 동일한 어사로 이어져 온 것은 두 부류로 나누어 볼 수 있다. 하나는 음상이 바뀐 것이고, 또 다른 하나는 음상과 표기가 바뀐 것이다. 음상이 달라진 것 중 대표적인 경우가 'ㆍ'음의 소멸로 인한 것이었다. 'ㆍ'음의 소멸은 이미 18세기에 이루어졌다고 하지만 『千字文』 훈의 표기에서는 'ㆍ'가 표기되지 않은 것은 사실상 현대에 와서의 일이다. 전차훈과 대체훈이 음상을 달리하게 한 음운변화의 예로는 어두자음의 안정화, 단모음화, 원순모음화, 경음화, 구개음화, 음성모음화, 전설모음화, 축약 등이 있다. 표기만 달라졌을 뿐 표제 한자에 대하여 『光千』을 비롯 『石千』, 『書千』, 『現代』에 동일한 어사가 훈으로 달려 있는 것으로 16항목이 발견된다. 그리고 음상과 표기가 함께 달라진 것으로 62항목이 있다.

사실상 동일한 어사로 표제 한자의 훈이 달려 있는 것으로 볼 수 있는 이 부류는 한자 자체에서는 이렇다 할 특징이 발견되지 않는다. 이 부류에 속하는 훈으로 쓰인 어휘는 대부분 고유어, 단일어라는 점과 상용성이 강하다는 특징을 지닌다.

음운이나 표기의 변화에 의한 것이 아니고 진정한 의미에서 훈의 변천이 일어난 것으로 볼 수 있는 것은 231항목이다. 『光千』의 훈이 『石千』에서 바뀌어 현대까지 이어져 온 것, 『書千』에서 바뀐 것, 현대에 바뀐 것 그리고 두 번 이상 변화를 입은 것 등이 있다.

『石千』에서 바뀐 것은 60항목인데 이 중 동사류의 형태를 유지하고 있는 것은 43항목이고 명사류로 바뀐 것이 16항목, 부사로 바뀐 것이 1항목이다. 전차훈인 『光千』의 훈으로 쓰인 어사 중에는 현대국어에서 쓰이지 않는 것이 상당수가 있으며 희귀・난해어로 볼 수 있는 것들도 심심치 않게 눈에 띈다. 또한 전차훈과 대체훈 사이에 형태상으로는 거의 유사성이 없으나 의미상으로는 밀접한 관련이 있음이 드러난다.

『書千』에 와서 다른 형태로 훈의 변천이 일어난 것은 34항목이다. 전차훈으로 쓰였던 어휘 중 일부를 제외하고는 현대국어에서 어떤 형태로든 잔존해 있음을 확인할 수 있다. 전차훈은 단일어였으나 대체훈이 파생어나 합성어로 바뀐 것이 보인다. 전차훈과 대체훈의 의미관계에서는 동사류를 유지하고 있는 경우 유의관계에 있는 것이 절대 우세하다 그러나 대체훈이 명사류로 바뀐 경우는 상대적으로 이의관계에 있는 것이 많음을 알 수 있다.

『光千』, 『石千』, 『書千』 등 『千字文』 각 판본에서 같은 어사로 달려 있던 훈이 오늘날 바뀐 것으로 보이는 것이 53항목이다. 이 중 동사류의 형태를 유지하고 있는 것이 39항목이며 동사류〉명사류가 9항목, 동사류〉부사류가 3항목, 동사류〉관형사류가 2항목 등이다. 전차훈과 대체훈에서 발견되는 특징은 앞의 경우와 유사하다.

표제 한자에 대응되는 훈이 『光千』 이후 어느 시점엔가 두 번 이상 변화를 입은 것은 84항목인데 11가지의 유형으로 분류할 수 있다. 11가지의 유형 중 가장 많은 항목이 나타나는 것은 [A - B - B' - D]형으로 20개 항목이 여기에 속한다. 11가지의 유형 중 비교적 생산적인 분포를 보이는 것은 여섯 가지였다. 이 부류에 속하는 한자의 훈은 [A - A' - C - A'']형을 비롯한 일부 항목을 제외하는 앞으로도 동요될 소지를 다분히 내포하고 있는 것으로 보인다.

제16장 한자 새김 대체의 원인

1. 서론

한자가 우리나라에 유입된 후 국어의 음운체계에 맞는 한자음이 형성됨과 아울러 그 훈도 생겨났으리라 보인다. 한자음은 중국의 원음이 모태가 되어 국어의 음운체계에 순응하여 형성된 것으로 볼 수 있다. 그러나 한자 훈의 경우는 한자 학습 나아가 한자 교습의 과정에서 우리 선조들이 독창적으로 개발해 낸 것이다.

이른 시기에 있어서의 훈의 형태가 어떠했는지는 정확히 알 수가 없다. 그런데 훈민정음 창제 이후 오늘날까지의 문헌에 보이는 형태는 '하늘'(天), '갈'(之) 등과 같은 모습이다. 이 훈들은 일반 어휘와는 달리 특정한 한자에 고정되면 좀처럼 변화를 입지 않는 것이 특징이다. 그러나 오랜 세월 속에서 변화하지 않는 것이 없듯이 훈의 경우도 시대와 상황에 따라 대체가 불가피한 것임을 이미 지적한 바 있다.

본장에서는 중세훈이 오늘날 다른 어사로 대체된 것을 어휘사적 측면에서 分析하여 그 원인을 밝히고자 하는 데 그 목적이 있다.

훈도 국어 어휘의 한 부분이므로 훈의 대체를 논의하기 이전에 국어 어휘 전반에 나타나는 어휘의 대체 현상을 살펴 볼 필요가 있다. 이 방면에 관한 연구는 주로 고유어의 한자어 대체에 관심이 모아졌다.

한자의 전래와 더불어 유입되기 시작한 한자어는 신라시대에 이르러 왕명, 인명, 지명 등이 한자로 대체되기에 이른다. 그 후 한자어와 고유어 사이의 경쟁은 끊임없이 계속되어 왔으며 후기 중세국어에서는 한자어가 고유어와 대등한 어휘 분량상의 위치에 오른 것으로 보기도 한다(심재기, 1982: 108). 그리고 근대국어 시기에는 오히려 당시의 어휘를 총망라한 사전을 구성할 수 있다면 한자어가 고유어를 압도하는 현상을 발견하게 될 가능성이 많다(이웅백, 1980: 137). 현대국어에서 한자어는 고유어와 별 이질감을 느끼지 못할 정도로 동화되어 귀화어의 단계에 이르렀다. 실제로 어휘의 양적 측면에서 볼 때도 1957년 한글날에 첫 간행된 한글학회 지은 『큰사전』에 한자어 52%, 고유어 45%로 되어 있다. 그리고 1961년에 초판 간행된 이희승의 『국어대사전』에는 고유어 15%, 한자어 63%로 한자어가 절대 우위에 있음을 알 수 있다.

오랜 세월 속에서 한자어에 의해 고유어가 상당수 침식되었음을 쉽게 짐작할 수 있다. 이런 점을 강조하여 심재기(1982: 35)는 국어 어휘사를 한마디로 말하여 한자 어휘의 증대사라 할 수 있다고 했다. 그러나 한자어에 의해 영향을 받지 않고 당당히 쓰여 온 고유어가 현저히 존재한다는 점에 주목한다면 다른 방향으로의 기술도 가능하다.

국어 어휘의 역사를 바르게 기술하기 위해서는 각 시대별 어휘의 계량, 한자어와 고유어의 기능에 대한 면밀한 검토 등 여러 방면에서의 고찰이 필요하다. 특히 소멸된 어휘와 대체된 어휘의 특성을 살펴 그 원인을 살펴보아야 할 것이다. 성환갑(1983: 55~80)은 고유어가 한자어로 대체된 원인을 11개의 조항으로 나누어 설명하고 있다. 여기서는 일반 어휘, 그 중에서도 고유어가 소멸되고 한자어가 그 자리에 쓰인 경우를 대상으로 삼았다. 그런데 어휘의 대체는 항상 [고유어 → 한자어]로의 과정만이 있는 것이 아니고 [고유어 → 고유어], [한자어 → 고유어], [한자어 → 한자어]의 과정이 있을 수 있다. 이런 과정을 쉽게 접할 수 있는 것이 한자 훈이 아닌가 한다. 본장에서는 국어 어휘의 한 부류인 한자 훈의 형태가 중세의 것과 현대의 것이 달리 현훈된 것을 대상으로 대체의 원인을 살피고자 한다.

2. 본론

2.1. 전차훈으로 사용된 어휘의 不可解性

통시적으로 볼 때 어휘는 신생, 소멸, 발전의 과정을 겪는다는 것은 두루 아는 바다. 현실 언어에서 소멸된 어사가 훈으로는 상당 기간 존속하고 있음을 흔히 본다. 예컨대, '於'의 훈은『光千』이래 20세기 초에 간행된 것으로 추정되는 판본에까지 대부분 '늘'로 나온다. '於'의 훈이 '늘'임은 '楡皮'의 향명 표기가 '於乙邑'(*느릅)이며 지명에도 '於義洞(늘의골), '於田里'(늘앗골) 등이 있음에서도 확인된다. 이렇듯 오늘날까지도 '於'의 훈을 '늘'이라고 하지만 일반 언어에서는 쓰이지 않음이 보통이다. 이런 현상을 훈의 보수성이라고 일컫고 있다. 훈이 보수성을 지니는 이유 중의 하나는 단독으로 나타나는 것이 아니고 표제 한자는 물론 한자음과 함께 제시되는 특성을 지니고 있기 때문이 아닌가 한다. 즉 '늘'의 경우 단독으로 제시된다면 이미 일반 언어에서 소멸된 어사이기 때문에 언중들은 그 존재를 용납할 수 없을 것이다. 그러나 한자의 훈 '늘'은 '於'라는 자형과 그 자음 [어]와 함께 제시되기 때문에 어느 시기까지는 통용될 수 있도록 용납되는 것이 아닌가 한다.

한자 훈이 이상에서 살펴 본 바와 같이 보수성을 지니고 있다 해도 오
랜 세월이 흘러 난해한 어사의 단계에 이르게 되면 다른 어사로 대체될
수밖에 없음을 짐작할 수 있다. 불가해한 훈을 계속해서 사용한다는 것
은 한자 교습의 능률을 저하시킴은 물론 학습자가 그 한자의 의미를 정
확하게 파악하지 못함으로 그 활용에 있어서도 막대한 지장을 초래할
수 있기 때문이다.

요컨대, 전차훈의 불가해성이 원인이 되어 다른 어사로 훈의 대체가
이루어짐을 알 수 있다. 이 부류에 드는 항목의 경우 전차훈은 대부분
고유어임을 알 수 있다. 그리고 대체된 훈의 경우도 고유어인 것이 상대
적으로 우세함을 알 수 있다. 이 부류에 드는 항목 중 일부를 제시하면
다음과 같다.

[고유어 → 고유어]

(1)

간다올 → 서늘(涼)	거러치 → 종(隷)
계츰 → 선비(士)	구의 → 벼슬(官)
그슬 → 숨을(隱)	쉼 → 언덕(阿)
ᄀᆞ숨 → 버금(次)	ᄀᆞ음 → 맡길(任)
긱 → 보습(耧)	나오머글 → 빛날(麗)
나믹 → 볕(陽)	납싸올 → 바로잡을(矯)
노윌 → 두(再)	늣브르 → 업신여길(凌)
도의 → 팔(販)	디새 → 기와(瓦)
마딕 → 위(上)	모개 → 빗장(關)

못→바를(正)	바개→하고자할(欲)
바라→곳(處)	샤옹→지아비(夫)
세비→겨집(女)	쇠롱→벌(羅)
쉬→벼(禾)	안둑→아니(不)
알→어질(良)	엳→이제(今)
오힌→한가지(同)	이믈→곁(傍)
직→옳을(可)	훠→신(靴)
힛귀→빛날(旭)	

(1)의 예는 고유어였던 전차훈이 세월이 흐르면서 일상어에서 소멸되고 마침내 불가해한 어사로 되자 다른 어사로 대체된 것들이다. 대체된 훈의 경우도 고유어인 것만을 예로 들었는데 "지아비(夫), 겨집(女)" 등은 오늘날 훈으로 쓰이는 어사지만 일상어와는 거리가 있는 것으로 느껴진다.

『光千』, 『大千』 그리고 『訓蒙』에서 주로 볼 수 있는 전차훈의 경우 중·근세의 언해문을 비롯한 다른 문헌에서는 보이지 않으며 오늘날 어원 추정이 쉽지 않은 것들이 보인다. "계츰, 씀, 나오머글, 납싸올, 늣브르, 도의, 바라, 알, 이믈" 등이 그것이다. 또한 전차훈 중에는 언중들이 그 어원을 의식하지 못하나 이 분야의 전공자들에 의해 어원이 밝혀진 것도 있다. 예컨대, '나미'는 '南 + 이', '마디'는 '맏 + 이', '디새'는 '딜'(瓦) + '새'(茅) 등에서 왔다는 것이 그것이다. 그리고 전차훈 중에는 예전에 자립형식이던 것이 오늘날 비자립형식으로 바뀌어 접사의 기능만을 담당하고 있는 예도 발견된다.

[고유어 → 한자어]

(2)

걸 → 개천(渠)	고로 → 비단(綾)
곳갓 → 첩(妾)	구룸 → 일만(萬)
그르 → 보배(珍)	노나 → 법(典)
다숨 → 거동(儀)	미르 → 용(龍)
바지 → 장인(工)	순 → 장정(丁)
저즈릴 → 은혜(惠)	즈름 → 거간군(儈)

이상 (2)는 불가해한 전차훈이 한자어로 대체된 예들이다. 역시 어원 추정이 쉽지 않은 것(구룸, 그르, 즈름…… 등), 전공자에 의해 어원 추정이 가능한 것(곳갓, 미르…… 등), 의존형식으로 남아 있는 것 (바지, 순…… 등)이 있음을 알 수 있다.

2.2. 전차훈으로 사용된 어휘의 形態 不安定

Bloomfield(1933: 370)는 언어변화의 가장 일반적인 경향은 특정한 언어형식을 발화할 때 노력을 단순화하려는 데 있다고 했다. 즉 노력을 최소화 하려는 발음 경제가 결국은 언어 변화의 원인으로 작용한다는 것이다. 중세국어 문헌을 통해서 볼 때 "드르 → 들(野), 거우루 → 거울(鏡), 벼르 → 별(崖), 터리 → 털(毛)" 등의 예가 있듯이 이 이론은 타당한 것으로 보인다. 그런데 이와 같은 어형의 축소는 동음어의 증대 현상을 초래하는 등 의미 식별의 기능을 저하시키는 원인이 될 수 있다. 언어 표현은 발음을 쉽게 하려는 측면도 중요하지만 의미 식별의 편의도 제공되어야 한다. 때문에 안정된 어형이란 발음을 쉽게 할 수 있음은 물론 의미 파악에 있어서도 용이한 것이어야 할 것이다.

한자 훈의 경우 가장 안정된 어형으로 보이는 것은 2음절어가 아닌가 한다. 단음절어의 경우 발음은 경제적일 수 있으나 의미 식별에 있어서 다소의 문제를 노정하고 있는 것들이 상당수 눈에 띈다. 그리고 3음절 이상의 훈들 중에는 표제 한자의 의미는 분명하게 제공하고 있으나 형식면에서 훈으로는 부족한 점이 발견되는 경우가 흔하다. 한자 훈의 경우 해당 한자를 보면서 암송하는 형식으로 교습이 이루어지기 때문에 형태상의 안정은 다른 어휘에서보다 중요시되어 왔다고 본다. 그리하여 형태가 불안한 훈이 소멸되면서 안정된 형태의 훈으로 대체되는 현상이 계속되어 왔다.

형태의 안정을 도모하는 방식의 하나는 단음절어의 2 내지 3음절어화가 있고 또 다른 방식으로 4음절 이상의 다음절어가 단순화되는 것이 있다. 우선 단음절어였던 전차훈이 어형의 안정을 위해 2 내지 3음절어로 대체된 항목을 보기로 하자.

(3)

갓 → 가죽(韋)	골 → 왕골(菅)
괴 → 고양이(猫)	굳 → 구덩이(坎)
굴 → 굴뚝(突)	골 → 갈대(葭)
씰 → 깨달을(覺)	낛 → 낚시(鉤)
돌 → 돌아올(回)	맏 → 마당(場)
말 → 말뚝(橛)	매 → 맷돌(磑)
물 → 무리(群)	뭇 → 묶을(束)
밧 → 바깥(表)	살 → 화살(矢)

섥 → 설기(筃)	셔 → 서까래(椽)
셜 → 세울(建)	술 → 숟가락(匙)
슷 → 사이(間)	숡 → 살쾡이(狸)
울 → 울타리(藩)	잇 → 잇기(苔)
채 → 채찍(鞭)	혀 → 서캐(蟣)
홰 → 횃불(炬)	힘 → 힘줄(筋)
고 → 곳집(庫)	고 → 창고(廩)
갑 → 갑옷(甲)	군 → 군사(軍)
담 → 담뇨(毯)	등 → 등나무(藤)
련 → 연꽃(蓮)	벽 → 벽돌(甓)
병 → 호병(壺)	비 → 비석(碑)
셩 → 성품(性)	쇼 → 퉁소(簫)
슌 → 순나물(蓴)	옥 → 감옥(牢)
잔 → 옥잔(斝)	져 → 젓가락(筯)
항 → 항아리(缸)	

이상의 예에서 보듯 1음절어인 전차훈에 접사가 붙기도 하고 다른 어근이 결합하기도 하여 비교적 안정된 형태인 2 내지 3음절어로 훈의 대체가 이루어진 것을 알 수 있다. 새로운 훈의 형성에 참여한 접사들의 형태를 보면 "-i(무리, 설기, 사이, 낚시), -ki(이끼), -Vk(가죽), -Vng(마당), -Vt(바깥), -Vri(항아리), -Tvk(굴뚝, 말뚝), -Vngi(구덩이), -ke(서캐)" 등 다양하게 나타난다.

훈의 형태 중 안정된 어형으로 보이지 않는 것은 단음절어뿐만이 아니고 4음절이 넘는 것들도 이에 포함될 수 있다. 하나의 한자를 가르치고 배우는 과정에 있어서 "훈 + 음"의 형태가 5음절(훈이 4음절일 경우

음까지 5음절이 됨)이상이 되면 발음 경제의 측면에서는 물론 여러 관점에서 볼 때 안정된 어형으로 보이지 않는다. 이 부류에 속하는 훈들은 보다 축소된 어형이면서 안정성을 지닌 어형으로 대체되곤 하는데 다음과 같은 것들이 그것이다.

(4)

녀름됴홀 → 풍년(豊)	녀름지슬 → 농사(農)
더위자블 → 붙들(扶)	머릿되골 → 해골(髏)
ᄆᆞᅀᆞᆷ저버볼 → 용서(恕)	바ᄃᆞ라올 → 위태(殆)
수달마기 → 단추(紐)	숨들이쉴 → 마실(吸)
아ᄎᆞ나들 → 조카(姪)	지조노폴 → 호걸(傑)
겨집동셰 → 동서(姒)	

위의 예들은 4음절어였던 중세훈이 2음절어로 대체된 것만을 뽑아 제시한 것인데[1] 체언인 경우 한자어로 대체된 경우가 대다수임을 발견할 수 있다. "계집동셰 → 동서(姒)"의 경우 전차훈 '계집동셰'와 대체된 형태인 '동서'의 경우는 전차훈이 대체된 훈과 하의관계에 있다. 이 경우 대체된 훈이 형태의 안정은 도모했을지 모르나 한자 '姒'의 의미를 전차훈에 비해 뚜렷이 반영하고 있지 못하여 의미상의 불안정성을 내포하고 있는 듯이 보인다. 그렇지만 한자 훈에서 이 정도의 의미상 불안정은 쉽게 극복되어지는 것임을 알 수 있는데 한자 교습 시 훈은 단독으로 제시되지 않고 한자의 자형 그리고 자음과 함께 제시되기 때문이다. 자형과

---

1 4음절 → 2음절의 경우 외에 3음절 → 2음절(노을압 → 잿불 : 爐), 4음절 → 3음절(민갑드릴 → 선금줄 : 貝僉), 3음절 → 1음절(빗오리 → 실 : 縷) 등의 예도 있다.

音이 결부되지 않은 채 문장 속에서 만나는 '동서'도 전후 문맥에 의해 '妯'인지 '同壻'인지 구분이 가능하다. 하물며 '동서'라는 훈이 그 음인 '축' 그리고 자형인 '妯'과 함께 제시된다면 의미상의 불안정성은 쉽게 해소될 수 있는 것으로 보인다.

2.3. 전차훈으로 사용된 어휘의 意味範圍 廣漠

중세의 한자 훈 중에는 표제 한자에 대하여 그 한자가 지니고 있는 고유의 의미를 표현하는 우리말 어사가 대응되어 있지 않고 그와 유사한 어사(대체로 훈으로 쓰인 어사가 표제 한자가 지닌 의미의 상위어)가 대응되어 있는 경우가 있다. 이 때 훈으로 사용된 어사는 대체로 기본어휘 내지는 기초어휘에 포함될 수 있는 경우가 많다. 예컨대, "看, 見, 觀, 覩, 視, 眺, 瞻, 覽, 覘, 覯, 瞰, 監" 등의 중세훈은 모두 '볼'이다. 이들 12자의 한자는 모두 [보다]라는 의미자질을 공유하고 있으며, 여기에 각기 고유의 의미자질이 덧보태져 있다. 이들 한자들이 의미상 고유의 영역이 있음에도 한결같이 '보다'라는 기본의미로 훈을 달고 있음은 중국에서의 현훈 방식과는 차이가 발견됨을 알 수 있다. 우선 이들 한자들을 『說文解字』에서는 어떻게 풀어 놓았는지 보기로 하자.

(5)

看 : 睎也從手下目 〈說文 四 上 11 b〉

見 : 視也 〈說文 八 下 13 a〉

觀 : 諦視也 〈說文 八 下 14 a〉

覩 : 古文從見 〈說文 四 上 6a〉

視 : 瞻也 〈說文 八 下 13 a〉

眺 : 目不正也 〈說文 四 上 11 b〉

瞻 : 臨視也 〈說文 四 上 7 b〉

覽 : 觀也 〈說文 八 下 14 a〉

覿 : 〈說文〉에 나오지 않음.

觀 : 過見也 〈說文 八 下 15 a〉

瞰 : 〈說文〉에 나오지 않음.

監 : 臨下也 〈說文 八 上 47 b〉

이상에서 보듯 12자의 한자 중 '覿'과 '瞰'은 풀이를 찾을 수 없으며, 이를 제외한 10자에 대한 풀이가 동일한 것은 하나도 발견되지 않는다. '視' 자가 '見, 觀, 瞻'의 풀이로 쓰인 것으로 보아 오늘날 우리나라에서와 같이 당시에도 상용성이 강한 글자였던 것으로 여겨진다. 하지만 '見'만 이 '視也'이고 '觀'은 '諦視也', '瞻'은 '臨視也'일 뿐 의미상 유사점이 발견되는 여타 한자의 풀이에 사용되지 않았다. 이를 통하여 볼 때『說文解字』의 주석이 지닌 특징은 우리나라에서와는 달리 기초적인 어휘에만 매달리지 않고 각기 그 한자의 고유한 의미를 표현할 수 있는 어사를 동원하였다는 점이다.

이제 한문으로 현훈한『全韻玉編』의 경우는 어떤지 살펴보기로 하자.

(6)

看 [간] 視也 〈全玉 下 8 a〉

見 [견] 視也 〈全玉 下 40 b〉

觀 [관] 視也 〈全玉 下 40 b〉

覩 [도] 見也 〈全玉 下 40 b〉

視 [시] 瞻也 〈全玉 下 40 b〉

眺 [됴] 視也 〈全玉 下 8 a〉

瞻 [쳠] 仰視 〈全玉 下 9 a〉

覽 [람] 視也 〈全玉 下 40 b〉

覿 [뎍] 見也 〈全玉 下 40 b〉

覯 [구] 遇見 〈全玉 下 40 b〉

瞰 [감] 俯視 〈全玉 下 9 a〉

監 [감] 視也 〈全玉 下 7 b〉

위에서 볼 수 있는『全韻玉編』의 풀이는『說文解字』의 그것과는 상당
히 다르다는 점을 일견하여 알 수 있다.『說文解字』의 경우 위에서 제시
한 12자의 한자를 각기 다른 어사로 풀이하고 있는데『全韻玉編』의 경
우는 기초한자로 볼 수 있는 '視'를 사용하여 현훈하고 있다. 이는 중세
의『千字文』이나『훈몽자회』에서 볼 수 있는 우리말 훈 '볼'과 대응되는
것으로 중세의 한자초학서와『全韻玉編』이 유사한 방식으로 현훈했음을
알 수 있다. 또한 후대의 문헌인『全韻玉編』이 보다 이른 시기의 훈석류
문헌을 참고하여 새김을 달았음을 짐작케 한다.

『說文解字』의 훈이『全韻玉編』으로 이어진 것은 "見, 視, 觀" 3자에 불
과하며 12자의 한자 중 '視也'로 풀이된 것이 "看, 見, 觀, 眺, 覽, 監" 등
6자이다. 그리고 '見也'를 풀이로 삼은 것은 "覿, 覯" 등 2자이다. 이들 8
자 이외에 '視'를 제외한 "瞻, 監"은 '視'를, '觀'는 '見'을 새김 속에 포함
하고 있다. 이상의 사실을 통하여 볼 때 우리나라에서의 현훈 방식은 중국
과는 달리 한자를 사용하여 훈하든 우리말을 사용하든 표제 한자가 지
니고 있는 기본의미의 어휘로 이루어진다는 사실을 발견할 수 있다. 중
국과는 달리 이런 방식으로의 현훈이 우리나라에서 꾸준히 이어져 온
이유를 든다면 훈은 단독으로 제시되는 법이 없고 언제나 표제 한자와

그 음에 수반되어 나타나기 때문으로 보인다. 그런데 이렇게 현훈하는 방식이 반드시 바람직한 것이라고 말할 수는 없다. 어디까지나 특정 한 자에 관한 의미 정보는 언제나 보다 정밀하기를 요구하고 있기 때문이 다. 이런 반성이 후대의 문헌에 오면서 나타나는데 『字典釋要』와 『新字典』의 훈석들을 살펴보기로 하자.

(7)

看 [간] 視也 볼 간 〈釋要 下 11 b〉

　　[간] 視也 볼 〈新字 3:13 a〉

見 [견] 視也 볼 견[2] 〈釋要 下 64 b〉

　　[견] 識~視也 볼 〈新字 4:1 a〉

觀 [관] 視也 살펴볼 관 〈釋要 下 65 b〉

　　[관] 視也 볼 〈新字 4:1 b〉

覩 [도] 睹 古字 睹 [도] 見也 볼 도 〈釋要 下 13 a〉

　　[도] 見也 볼 〈新字 4:1 a〉

視 [시] 瞻也 볼 시 〈釋要 下 65 a〉

　　[시] 瞻也 볼 〈新字 4:1 a〉

眺 [됴] 視也 볼 조 望也 바라볼 조 〈釋要 下 12 a〉

　　[됴] 遠視 멀리볼 望也 바라볼 〈新字 3:14 a〉

瞻 [첨] 仰視 우러러볼 첨 〈釋要 下 14 a〉

　　[첨] 仰視 치어다볼 〈新字 3:15 b〉

覽 [람] 視也 볼 람 ○ 周觀 두루볼 람 〈釋要 下 65 b〉

---

2 『字典釋要』에 나오는 '見'의 풀이는 "[현] 露也 보일현 ○ 現通 [견] 視也 볼견"으로 나오나 번거로움을 덜기 위하여 본 항에서 필요한 사항만을 가려 쓰기로 한다. 이하 다른 한자의 경우도 같은 방식을 취하기로 한다.

[람] 周觀 두루볼 〈新字 4:1 b〉

覿 [뎍] 見也 볼 적 〈釋要 下 65 b〉

[뎍] 見也 볼 〈新字 4:1 b〉

覯 [구] 遇見 만나볼 구 〈釋要 下 65 b〉

[구] 遇見 맛나볼 〈新字 4:1 a〉

瞰 [감] 俯視 굽어볼 감 〈釋要 下 14 a〉

[감] 俯視 굽으려 볼 〈新字 3:15 b〉

監 [감] 視也 볼 감 ○ 察也 살필 감 〈釋要 下 11 a〉

[감] 察也 살필 ○ 視也 볼 〈新字 3:14 b〉

위의 예를 통해서 보면 『全玉』의 훈과 대체로 유사함을 엿볼 수 있다. 그러나 "觀, 眺, 覽, 監" 등의 경우는 광막한 의미범위를 지닌 중세훈에 비해 보다 정밀한 의미범위를 지닌 어사로 훈의 대체가 이루어졌음을 알 수 있다. 이들 4자에 달린 훈의 특징을 간단히 요약해 보면 다음과 같다. i) '觀'의 훈이 『全玉』에 '視也'인데 『釋要』의 경우 한문으로는 '視也'로 현훈하고 있으나 한글표기 훈은 '살펴볼'이다. ii) '眺'의 훈이 『全玉』에 '視也'인데 『釋要』에도 "視也 볼"이 보인다. 그러나 『釋要』의 다음 항에 "望也 바라볼"이 나온다는 점, 『新字』에서는 '視也'를 볼 수 없고 "遠視 멀리볼"과 '望也 바라볼'로 대체됐다는 점이다. iii) '覽'의 훈도 『全玉』에 보이는 '視也'가 『新字』에서는 보이지 않고 "周觀 두루볼"로 대체 됐다. iv) '監'의 훈 '視也'는 『全玉』에는 물론 『釋要』 『新字』에도 보이나 『新字』에는 "察也 살필"이 '視也 볼'보다 앞쪽에 배치됐다는 점이다. 이 는 '監'의 상용지석, 즉 훈이 '볼' 아닌 '살필'임을 추정하게 하는 것이다.

이상의 논의를 통하여 우리는 중세의 한자 학습서에 광막한 의미범위 를 지닌 것으로 볼 수 있는 '볼'이 해당 한자의 의미범위를 보다 정밀하게 표현하는 어사인 "살펴볼, 우러러볼, 두루볼" 등으로 대체된 현상을 보았다. 이제 이들 한자의 전차훈과 대체훈을 아울러 제시하면 다음과 같다.

(8)

看 : 볼 → 볼　　　　　　　見 : 볼 → 볼

觀 : 볼 → 살펴볼　　　　覩 : 볼 → 볼

視 : 볼 → 볼　　　　　　眺 : 볼 → 바라볼

瞻 : 볼 → 우러러볼　　　覽 : 볼 → 두루볼

覿 : 볼 → 볼　　　　　　覯 : 볼 → 만나볼

瞰 : 볼 → 굽어볼　　　　監 : 볼 → 살필(감독할)

위의 예에서 보면 전차훈 '볼'이 그대로 이어진 경우는 '看, 見, 覩, 視, 覿' 등 5자이고 다른 어사로 대체된 것이 7자이다. 대체로 전차훈 '볼'은 다의어로서 의미범위가 광막하여 해당 한자의 의미 정보를 보다 정밀하게 표현하지 못 했던 것으로 보인다. 이런 이유 때문에 대상 한자를 보다 정밀하게 표현해 줄 수 있는 어형으로 훈의 대체가 이루어지는 것이다. 이 유형에 드는 예들 중 일부만을 제시하면 다음과 같다.

(9) [고유어 → 고유어]

겨집 → 아내(妻)　　　　주름 → 치마주름(襴)

드리 → 돌다리(矼)　　　길 → 지름길(徑)

가마 → 세발가마(錡)　　솥 → 가마솥(鬴)

훍 → 진훍(泥)　　　　　집 → 곁채(廡)

집 → 큰집(廈)　　　　　깁 → 흰비단(紈)

주글 → 일찍주글(夭)　　거릴 → 길갈릴(岐)

틀 → 말탈(騎)　　　　봄놀 → 뛸(躍)

이상은 전차훈이 고유어였던 것이 고유어로 대체된 것들이다. 대체된 훈의 형태를 보면 ⅰ) 전차훈의 어사에 관형형의 요소가 덧붙여진 것(襧, 矼, 徑, 錡, 甯, 泥, 厦, 夭, 岐, 騎 등의 훈)과 ⅱ) 전차훈의 어사와 형태상으로 관련이 없는 것(妻, 鴈, 紈, 躍 등의 훈)으로 나누어 볼 수 있다. 전차훈의 형태가 '볼'이었던 것이 "살펴볼(觀), 바라볼(眺), 우러러볼(瞻), 두루볼(覽), 만나볼(覿), 굽어볼(瞰)" 등으로 대체된 예에서도 알 수 있듯이 ⅱ)의 경우보다 ⅰ)의 경우로 대체되는 것이 우세해 보인다.

위의 예에서 보인 고유어가 고유어로 대체된 경우보다 한자어로 대체된 예가 더 많이 발견된다. 그 이유는 한자어가 고유어에 비해 의미범위가 정밀하고 구체적이어서 그리 된 것으로 보이는데 이 예를 보이면 다음과 같다.

(10) [고유어 → 한자어]

ᄀ룸 → 호수(湖)　　　　　　집 → 대궐(闕)

돌 → 비석(碣)　　　　　　　새 → 봉황(鳳)

집 → 누각(閣)　　　　　　　뎌 → 생황(笙)

돌 → 암초(礁)　　　　　　　개 → 항구(港)

글월 → 전문(箋)　　　　　　글월 → 책(篇)

말잘할 → 아첨할(佞)　　　　ᄀ올 → 대적할(敵)

이바돌 → 호궤할(犒)　　　　클 → 엄할(嚴)

브슬 → 잔질할(酌)　　　　　셜울 → 원통할(寃)

2.4. 전차훈으로 사용된 어휘의 意味範圍 狹小

앞 절에서 논의한 전차훈의 의미범위 광막에서 보았던 현상과는 대립적인 것으로 볼 수 있는 유형이다. 전차훈이 지닌 의미범위가 지나치게 구체적이거나 한 부분만을 과도하게 강조한 경우가 있을 수 있다. 이때 한자가 지닌 의미와, 훈으로 쓰인 낱말이 지닌 의미 사이에 괴리가 생기게 된다. 즉, 훈이 지니는 의미영역이 한자가 지니고 있는 그것보다 좁아서 훈과 한자 사이에 균형이 유지되지 않게 되는 것이다. 예컨대, '男'의 전차훈이 '아들'인데 이는 한자 '男'이 지닌 의미를 흡족하게 반영한 것이 못되는 듯하다. '男'의 의미자질은 [+ 男性] [± 成人] [± 直系卑屬] 등으로 그 의미자질을 설정할 수 있을 것이다. 반면에 '아들'의 의미자질은 [+ 男性] [± 成人] [+ 直系卑屬] 정도로 볼 수 있지 않을까 한다. 여기서 보듯 한자 '男'과 그 훈 '아들'과의 의미영역을 비교해 보면 대체로 유사한 부분이 많기에 [표제 한자 : 훈]의 관계로 맺어 졌을 것이다. 그러나 [-直系卑屬]의 자질을 '男'만이 가지고 있어서 '아들'이 훈으로 적절치 못함을 드러내고 있다. 이런 이유 때문에 의미범위가 협소한 전차훈은 표제 한자의 의미를 보다 적절히 반영할 수 있는 어사인 '사내'에게 자리를 넘겨주게 된다.

이 부류에 속하는 항목은 2.3.에서 살펴 본 것에 비하면 그 예가 훨씬 적은데 예를 들어 보이면 다음과 같다.

(11)

フ는깁 → 비단(繒)   님금 → 성인(聖)

곱 → 기름(膏)   댱방울 → 공(毬)

돗 → 자리(席)   발 → 다리(脚)

셕 → 고삐(轡)	암달마기 → 단추(糸口)
어미 → 처녀(孃)	얼굴 → 법(式)
얼굴 → 모양(狀)	염 → 양(羊)
쥬리 → 고삐(韁)	폴 → 자랑할(衒)
한아비 → 늙은이(翁)	할미 → 시어미(姑)
호왁 → 절구(臼)	힛귀 → 빛날(旭)
힛귀 → 기운(羲)	왜요 → 가마(窯)
자비 → 사랑(慈)	제터 → 단(壇)

(11)에서 보인 항목 외에도 전차훈 중 수식적인 요소를 제거하여 보다 포괄적인 의미를 지닌 어사로 대체된 예가 보이는데 예를 들면 다음과 같다.

(12)

남진종 → 종(奴)	댓무수 → 무(蘿)
딜동히 → 동이(盆)	믈혹 → 혹(瘤)
셧무수 → 무(蔓)	아슨누이 → 누이(妹)

2.5. 전차훈으로 사용된 어휘의 의미변화

한자 훈 대체의 내적 요인으로 볼 수 없고 외적 요인으로 볼 수 있는 현상이다. 일상언어에서 일어난 어휘의 의미변화 때문에 훈과 표제 한자 사이에 대응관계가 무너지게 되고 마침내 다른 어사로 대체되는 경우가 있다. 예컨대, 중세문헌에 '宴'의 훈은 '이바디'이다. 당시에 '아바디'는 [잔치]의 의미를 지닌 어사로 표제 한자 '宴'에 대응되는 지극히 적절한 훈이었다. 아래의 예문에서도 볼 수 있듯이 '宴'에 '이바디'는 잘 대응되는 어사임을 알 수 있다.

(13)

이바디에 머리를 좃ᄉᆞᄫᆞ니 (當宴敬禮) 〈龍歌 95章〉

묽ᄀᆞᆫ 이바디를 마져 니르고져컨마른 (欲告淸宴罷) 〈初杜解 7:25〉

풍뤼며 이바디며 (聲伎游宴) 〈飜小學 10:23〉

그런데 18세기를 전후해서 '이바디'는 [供의 뜻으로 변하였으며 그 후 다시 추상적으로 변하여 [貢獻의 의미를 띠게 되었다. 이렇듯 중세에는 한자 '宴'과 그 훈 '이바디'가 적절히 대응될 수 있는 관계에 있었으나 후대로 오면서 서로 대응될 수 없는 관계에 놓이게 된다. 그리하여 '宴'의 훈은 "이바디 → 잔치"로의 변화를 입게 되는 것이다.

앞에서 살펴 본 2.3.과 2.4.의 예들은 근원적으로 한자와 훈 사이의 괴리 때문에 훈의 대체가 이루어진 경우였다. 그러나 본 절에서 살피고 있는 경우는 근원적으로 한자와 훈 사이의 괴리감에서 훈의 대체가 이루어진 것이 아니고 훈으로 쓰인 어휘가 일상어에서 의미변화를 일으킨 것이 일차적인 원인이 된 것이다. 추측컨대 일상어에서 의미변화를 입은 어사일지라도 일정 기간 이미 결합했던 한자와의 대응관계가 유지됐을 것으로 보인다. 그러나 이런 관계는 상당히 불안한 것으로 해소되지 않으면 안 되는 현상임은 설명을 요하지 않는다. 이제 이 부류에 속하는 예를 보이면 다음과 같다.

(14)

힘 → 힘줄(筋)　　　　　: 힘 [筋·力 → 力]³

가개 → 시렁(棚)	:	가개 〉 가게 [棚 → 商店]
삐니 → 때(時)	:	삐니 〉 끼니 [食時·時 → 食時]
이바디 → 잔치(宴)	:	이바디 〉 이바지 [宴 → 貢獻]
보죠개 → 볼(頰)	:	보죠개 〉 보조개 [頰 → 笑印]
얼굴 → 본보기(型)	:	얼굴 [形狀 → 顔]
온 → 일백(百)	:	온 [百 → 全]
마슬 → 관청(署)	:	마슬 〉 마을 [署·里 → 里]
양 → 위(胃)	:	양 [胃 → 먹거나 마시거나 할 수 있는 분량]
애 → 창자(腸)	:	애 [腸 → 근심]
즛 → 형상(形)	:	즛 〉 짓 [形狀 → 行爲]

이상 (14)는 체언류에서 발견되는 것으로 "힘, 삐니, 얼굴, 마슬" 등은 현대어에서 의미가 축소된 것들이다. 그리고 "가개, 이바디, 온, 애, 즛" 등은 의미의 변전이 일어난 항목들이다. (15)는 용언에서 발견되는 예들이다.

(15)

어릴 → 어리석을(愚)	:	어리다 [愚·迷惑 → 幼]
져믈 → 어릴(幼)	:	졈다 〉 젊다 [幼年·靑年 → 靑年]
두렫 → 둥글(圓)	:	두렫다 〉 뚜렷하다 [圓·全 → 分明]
셩가실 → 파리할(悴)	:	셩가시다 〉 성가시다 [悴 → 귀찮다]
곳다올 → 향기(香)	:	곳답다 〉 꽃답다 [香 → 如花]

---

3 '힘'은 중세국어에서 [筋]의 의미는 물론 [力]의 의미도 지녔으나 현대국어에서는 [力]의 의미만을 지니고 있다는 뜻이다.

바드라올→위태(殆)　　 : 바드랍다 〉부드럽다 [殆→柔]

2.6. 한자의 사용 양상 변화

한자의 사용 양상은 언제나 동일한 것이 아니고 시대와 상황에 따라 달라지기 마련이다. 가령 표제 한자가 A, B, C…… 등 몇 개의 의미를 지니고 있다고 할 때 어느 시기에는 'A'의 의미로 활발하게 쓰이고 다른 의미로는 미미하게 쓰였다고 하자. 그런데 세월이 흐르면서 'A'의 의미는 퇴색되어지고 'B'가 활발하게 쓰일 수도 있다. 이런 경우에 표제 한자의 훈은 'A'에서 'B'로 대체되기에 이른다. 예컨대, '構'의 훈이 중세의 문헌에서는 '닥'이었다. 그러나 오늘날에는 '얽을'로 쓰이는 것이 일반적이다. 이는 창호지를 비롯한 한지를 닥나무로 만들어 쓰던 중세에는 '構'의 훈을 '닥나무'로 삼았으나 오늘날 종이 원료로 닥나무가 퇴색되고 '構'의 쓰임도 닥나무를 나타내는데 쓰이기보다는 "構成, 構造, 構文, 構想……" 등의 낱말에 활발하게 쓰이고 있다. 이렇듯 시대와 상황에 따라 한자의 사용 양상이 달라지면서 훈의 대체가 이루어짐을 알 수 있다.

'御'의 경우에서도 이런 예가 발견되는데 중세훈은 '님금'으로 볼 수 있는데 현대훈은 '모실'이다. 『全玉』에 보면 '御'를 "侍也 統也 進也 主也 禦也" 등으로 풀이하고 있다. 이들 석 중에서 중세에는 '主也'와 대응하는 우리말 '님금'을 훈으로 삼았음을 알 수 있다. 그 이유는 봉건군주 국가에서 임금의 역할이 대단한 것이기에 임금과 관련된 어사가 활발하게 쓰였기 때문으로 보인다. 이때 우리말 '임금'의 사용만이 활발한 것이 아니고 이에 대응되는 한자 '御'의 쓰임도 활발했음을 알 수 있는데 오늘날 현실언어에서 거의 쓰이지 않는 "御街, 御駕, 御覽, 御令, 御笠, 御米, 御書, 御所, 御殿……" 등이 국어사전류에 등재되어 내려옴을 보아서도 알 수 있다. 그런데 시대와 상황이 바뀌면서 '御'는 임금의 뜻보다 다른 의미로 더 활발하게 쓰이게 되었다. 그러자 『全玉』에서 보았던 석의 배열 중 첫 번째 위치에 있는 '侍也'와 대응되는 우리말 어사인 '모실'을 훈으로 삼게 되었다. 이 부류에 속하는 항목을 예로 들면 (16)과 같다.

(16)

수리 → 자을(紡)	ᄆᆞ → 더러울(鄙)
님금 → 베풀(宣)	웃듬 → 돌(斡)
술위 → 구를(轉)	잉아 → 모을(綜)
도의 → 팔(販)	쵀 → 감을(繃)
뎌 → 다를(他)	무올 → 꾀(策)
믿올 → 맏(孟)	씰 → 버릇(套)

2.7. 한자에 대한 지식의 증대

한자가 우리나라에 유입된 이후 고유의 문자를 가지지 못했던 우리의 선조들이 한자, 나아가 한문에 대하여 높은 관심을 가졌던 것은 어쩌면 당연한 귀결이었는지도 모른다. 한자가 우리나라에 유입된 시기를 정확히 추단하기는 어려우나 한자·한문과 관련된 일련의 사건이나 업적들, 예컨대, 사서의 편찬, 일본에 한자 전달, 학교의 설립, 불교의 전래와 불경의 보급 등을 통하여 볼 때 3세기 내지 4세기에는 한자·한문에 능숙한 지식인이 상당수 있었을 것으로 추측된다(심재기, 1989: 92). 한자 유입의 초기단계 내지는 학습의 초기단계에서는 특정한 계층의 일부 사람들만이 한자에 관심을 갖고 배울 수 있었던 것으로 추측할 수 있다. 그러나 세월이 지나면서 점점 많은 사람들에 의해서 한자·한문은 학습되어졌으리라 여겨진다. 특히 훈민정음의 창제와 더불어 한자에 음과 훈을 한글로 표기한『千字文』,『新增類合』,『訓蒙字會』 등이 출현하면서 한자의 학습에 일대 혁신이 일어났을 것으로 보인다. 이렇듯 한자 유입의 이른 시기로부터 현대로 내려오면서 일부 계층의 관심거리였던 한자·한문은 계층을 초월하여 점점 더 많은 사람에 의하여 학습되어지고 마침내는 현실 생활에서 어엿한 국어어휘로 자리 잡게 된 것이 아닌가 한다. 이렇듯 한자에 대한 관심과 더불어 축적된 지식을 바탕으로 사용되기 시작한 한자어 중 일부는 오늘날 순우리말과 구분할 수 없을 정도로 국어어휘화한 것도 있음을 두루 아는 바다.

한자 학습이 일반화되고 더불어 그 사용이 보편화 되면서『千字文』을 비롯한 한자 입문서에 제시된 일부 한자의 경우는 그 음을 훈으로 삼고 있는 것이 보인다. 물론 훈과 음을 동일한 형식으로 취하고 있는 경우는 한자의 유입 당시에도 그 한자와 대응되는 고유어가 존재하지 않았을 수도 있다. 하지만 이런 현상이 후대로 내려오면서 증가함을 볼 때 이는 한자에 대한 지식의 증대 내지는 빈번한 한자의 사용에서 기인한 현상이 아닌가 한다. 또한 2음절 이상으로 된 한자어가 표제 한자의 훈으로 등장함을 우리는 흔히 본다. 이 것 또한 앞에서 살펴 본 현상과 동일한 범주에 드는 것으로 보인다. 이제 전차훈이 고유어였던 것이 한자 사용의 일반화로 한자어로 대체된 항목 중 일부만을 보이면 (17)과 같다.

(17)

가ᅀᆞ멸 → 부자(富) 갓 → 만물(物)

거웃 → 수염(鬚) 걸 → 개천(渠)

곳갓 → 첩(妾) 구무 → 굴(窟)

글월 → 편지(簡) 기르마 → 안장(鞍)

집 → 비단(綺)   ᄀᆞ → 변방(塞)

ᄀᆞ름 → 강(江)   녀름됴홀 → 풍년(豊)

노릇 → 유희(戱)   다락 → 누각(樓)

돌숫 → 석탄(煤)   머귀 → 오동(梧)

멀위 → 포도(葡)   미르 → 용(龍)

몯 → 형(兄)   바ᄃᆞᆯ올 → 위태(殆)

바지 → 장인(工)   순 → 장정(丁)

양 → 위(胃)   애 → 창자(腸)

염 → 양(羊)   오래 → 문(門)

온 → 일백(百)   이바돌 → 제사(祀)

즛 → 형상(狀)   집 → 행랑(廂)

3. 결론

우리나라에 한자가 언제 유입되었는지 믿을 만한 문헌의 기록이 없어 확증하기 어렵다. 그렇지만 우리의 조상인 동이족이 한자를 만드는데 참여했으리라는 가설도 있고, 한사군의 설치(B.C. 108)와 불교의 전래 등 사실을 감안하면 적어도 한대 이전에는 한자가 유입되었을 것으로 추정된다.

한자가 유입될 당시의 한자음은 중국의 것과 비슷한 형태였을 것으로 추측되나 시간적, 공간적 조건에 의해 점차 한국적인 것으로 변용되었을 것이다. 한자의 유입과 같은 시기에 수립된 석도 한자 학습의 일반화가 이루어지면서, 보다 효율적인 학습을 위해 훈의 형성을 초래하였을 것이다. 훈의 성립은 아무리 늦추어 잡아도 한자차용표기에서 訓假字가 출현하기 이전에 이루어진 것이 아닌가 한다.

훈민정음 창제 이전의 표기 방식인 한자차용표기 문헌의 해독을 위해서 선행되어야 할 문제는 우리나라의 고대 한자음과 훈의 재구라고 본다. 한자음의 경우도 그렇지만 훈의 경우 고대훈의 재구를 위해서는 중세훈과 현대훈의 정밀한 연구가 디딤돌이 될 수 있을 것이다. 본 연구는 이러한 회고적 방법을 채택함이 현명한 것으로 믿고 우선 중세훈이 소멸되면서 어떤 방향으로 변화하였는지 알아보고자 한 것이다. 이제 본 논문에서 이미 밝혔던 사실들을 종합하는 의미에서 주요 결과를 적기함으로써 결론을 삼고자 한다.

종래 연구자에 따라 석 또는 훈 등으로 한자의 자의와 관련된 한국어 단어를 일컬어 왔다. 필자는 석의 개념을 一字數義에 대응되는 것으로 문맥적 상황에 따라 한자의 자의와 연합하여 나타나는 한국어 단어나 구절로 정의했다. 그리고 훈은 문맥적 상황과는 관계없이 한자 교습을 위해서 해당 한자와 연합된 한국어 단어로 보고자 한다. 이 단어는 대체로 해당 한자의 主意 즉 일차적인 의미(primary meaning)와 밀접한 관련이 있어서, 한자를 제시하면 관습적으로 연합되는 것이다.

형식적인 관점에서 중세훈과 현대훈의 비교·검토를 통하여 다음과 같은 사실을 발견하였다.

1). 어종적 관점에서 중세훈이든 현대훈이든 자연스러운 형태는 고유어이다. 그런데 현대훈의 경우 중세훈이 고유어였던 것 중 "ᄀᆞᄅᆞᆷ→강(江), ᄇᆞᄅᆞᆷ→벽(壁), ᄆᆞᆮ→형(哥)……" 등 190개 항목이 한자어화했다. 그리고 "현블→등불(燈), 앏→남녁(南)……" 등 92개 항목이 혼종어화했다. 여기서 우리는 훈의 변천 방향 중 하나로 한자어화 및 혼종어화를 들 수 있다.

2) 구조적 측면에서 고유어의 경우 중세훈이 단순구조인 것은 551항

목(71%)임에 비해 현대훈은 313항목(57%)에 머물고 있다. 여기서 우리는 훈의 합성구조화 현상을 엿볼 수 있다. 합성구조화하는 방식은 "맏→마당(場), 낚→낚시(鉤), 새→참새(雀)……" 등과 같이 중세훈에 접사가 결합하는 경우와 "매→맷돌(磑), 붑→쇠북(鐘)……" 등과 같이 어기가 결합되는 경우가 있다. 이는 형태의 안정을 꾀함은 물론 표제 한자에 대하여 보다 구체적이고 정밀한 의미 정보를 제공하고자 하는 데서 기인한 것이다.

3) 음절 분포를 보면 단음절 훈은 중세훈에서 235항목이던 것이 현대훈에서 102항목으로 현저히 감소했다. 반면에 2음절훈은 488항목에서 543항목으로, 3음절훈은 148항목에서 202항목으로, 4음절 이상인 것은 30항목에서 54항목으로 모두 증가했다. 이를 통하여 볼 때 현대로 오면서 훈의 장형화 현상이 일어났음을 알 수 있다. 더불어 중세훈이든 현대훈이든 절반 이상이 2음절 형태의 훈임을 볼 때 가장 일반적인 훈의 형태는 2음절어임을 알 수 있다.

4) 품사적 관점에서 중세훈의 경우 명사류어가 616항목(69%)이었다. 이 중 547항목(89%)은 현대훈에서도 명사류어로 나타나나 '얽을(構)'을 비롯하여 69개 항목(11%)은 동사류어로 대체되었다. 또한 중세훈에서 동사류어는 285항목(32%)이었다. 이 중 215항목(75%)은 현대훈에서도 동사류어로 나타나나 "듯을→사랑(愛)"을 비롯한 70개 항목(25%)은 명사류어로 바뀌었다.

이를 통하여 볼 때 훈의 변천은 같은 유어로 이루어지는 것이 일반적인 경향으로 보인다. 그러나 다른 유어로의 변천도 무시할 수 없는 수치이다.

5) 어휘 사용의 관점에서 중세훈의 어휘로 사용된 것 중 현대국어 단어로 쓰이고 있는 것은 "발(脚), 눗(臉), 아들(男), 되(蠻), 벗(伴), 벼슬

(位)……" 등을 비롯 509항목으로 56%에 이르고 있다. 결국 중세훈으로 쓰였던 901개 항목 중 "느믓(囊), 숨(阿), 마치(隷), 아슴(族), 미르(辰), 쉬(禾)……" 등을 비롯한 392항목은 훈에서도 소멸되고 현대의 일상어에서도 소멸된 어휘이다.

내용적인 관점에서 중세훈과 현대훈에 사용된 어휘의 비교를 통하여 얻어진 사항은 다음과 같다.

1) 중세훈과 현대훈이 완전 유의 관계에 있는 부류 중 중세훈으로 쓰였던 어휘가 현대국어에서 소멸된 것이 많다. 중세 이후 현재까지 존재하는 지시물에 대한 중세어가 소멸되고 새로운 어사로 대체되면서 훈의 변천도 일어난 것이다. 공시적인 입장에서 완전 유의는 전문용어를 제외하고는 존재하기 어려우나 통시적인 측면에서는 상당수 존재할 수 있음을 시사하는 것이다. 이 부류에 속하는 항목으로 "디새 → 기와(瓦), 즈믄 → 일천(千), 벽 → 벽돌(甓)……" 등이 있다.

2) 중세훈으로 쓰인 어사가 의미변화를 입게 되어 표제 한자의 주의와 연합할 수 없게 되면서, 훈의 변천이 일어난 경우가 있다. 이 경우 중세훈은 중세의 관점에서 현대훈은 현대의 관점에서 의미소를 추출해 보면 서로 완전유의의 관계에 있음이 발견된다.

3) 중세훈과 현대훈이 완전 유의 관계에 있는 부류 중의 하나로 중세훈으로 쓰였던 어사가 현대국어 방언으로 쓰이고 있는 것이 발견된다. "부루(苣), 나죄(夕), 귀머리(踝), 골(晋), 술(匙), 도리채(枷)……" 등이 그 예이다. 또한 중세훈과 현대훈으로 쓰인 어사가 오늘날 표준어에서 공존하고 있는 것으로 "내 → 냄새(臭), 머귀 → 오동(梧), 겨를 → 한가(閑)……" 등이 있다.

4) 중세훈과 현대훈으로 쓰인 어사가 부분 유의 관계에 있는 것 중 중세훈으로 쓰인 낱말이 현대훈으로 쓰인 낱말의 상위어에 해당하는 부류

가 상당수 발견된다. 이는 사회·문물의 발달과 사고의 다양화에서 기인한 것으로 표제 한자의 의미를 보다 정밀화하는 과정에서 발생한 것으로 보여 진다. 이런 현상은 같은 낱말을 중세훈으로 삼았던 표제 한자들에서 흔히 발견된다. 예컨대, "드리→돌드리(矼), 집→대궐(闕)" 등의 경우 하위어인 현대훈 '돌드리'와 '대궐'은 여러 개의 한자에 대응되는 훈이 아니다. 그러나 상위어인 '드리'와 '집'은 여러 개의 한자에 대응되는 중세훈이었다.

5) 4)와는 역현상으로 중세훈으로 사용된 어휘가 현대훈으로 사용된 어휘의 하위어인 경우가 발견된다. 이는 중세훈으로 사용된 낱말의 의미범위가 지나치게 구체적이거나 직설적인 배어법을 취하고 있어서 해당 한자의 자의를 충분히 표현할 수 없는 데서 생겨난 것이다. 결국 현대훈에서는 표제 한자의 의미를 포괄적으로 표현할 수 있는 낱말이 채택되기에 이른다. "엇무수→무(蔓), 갈웜→범(虎), 아ᄉ누이→누이(妹), ……" 등의 예가 여기에 속하며 전항의 경우에 비해 활발하지 못하다.

6) 중세훈과 현대훈에 쓰인 어휘의 의미가 중복 관계에 있는 부류는 가장 많이 발견되는 현상이다. 훈에서 뿐만이 아니라 유의 관계에 있는 일반 어휘의 경우도 이 부류에 속하는 것이 가장 많은 것이 아닌가 한다. 여기에 속하는 예로 "ᄀ름 →물(河), 깁→흰비단(紈), 갇→모자(帽), 떨기→모을(叢), 힘셀→굳셀(强)……" 등이 있다.

7) 중세훈과 현대훈에 사용된 낱말의 의미범위가 상호 관련성이 없는 경우를 이의 관계에 있다고 할 수 있을 것이다. 이런 현상은 표제 한자에 부여할 훈의 어휘를 중세국어에서와 현대국어에서 확연히 다르게 취함으로 생겨난 것이다. 이는 상용지석의 교체에 따른 결과로 볼 수 있으며, 중세훈으로 쓰인 어사와 현대훈으로 쓰인 어사가 다른 품사인 경우에 절대적으로 우세하다. 예컨대, [名詞類→動詞類에 속하는 것으로

"님금→베풀(宣), 집→경영할(營), 쵸→베낄(鈔)……" 등이 있으며, [動詞類→名詞類에 속하는 것으로 "미올→맏(孟), 여슬→법(規), 부를→윤달(閏)……" 등이 있다. 반면에 같은 類語로 교체가 일어난 항목은 그 수가 많지 않으며 "마술→무리(曹), 드림→권세(權), 숨내쉴→부를(呼)……" 등이 있다.

중세훈의 소멸과 현대훈으로의 변천 방향을 형식적인 관점 그리고 내용적인 관점에서 탐구하는 동안 발견된 훈의 소멸과 대체의 원인은 다음과 같다.

1) 중세훈의 不可解性 : 한자 훈이 다른 어사에 비해 보수성을 지니고 있다 해도 오랜 세월이 흘러 난해한 어사의 단계에 이르게 되면 다른 어사로 대체될 수밖에 없다. 우리는 이런 현상을 "씀→언덕(阿), 바라→곳(處), 그르→보배(珍), 직→옳을(可), 노월→두(再)……" 등에서 보았다. "씀, 바라, 그르, 직, 노월……" 등과 같이 불가해한 훈을 계속해서 사용한다는 것은 한자 교습의 능률을 저하시키는 것이다. 이는 학습자가 그 한자의 의미를 정확하게 파악하지 못함으로 표제 한자에 대한 정확한 정보는 물론 활용에 있어서도 막대한 지장을 초래하게 된다. 이런 이유 때문에 언중이 흔히 쓰는 다른 어휘(언덕, 곳, 보배, 옳을, 두……)로의 대체는 필연적인 현상으로 보인다.

2) 전차훈으로 사용된 어사의 형태가 안정되지 못함이 대체의 원인으로 작용하는 경우가 있다. 훈의 형태로 가장 안정된 것으로 볼 수 있는 어형은 2음절어가 아닌가 한다. 이 부류에 드는 것으로 "갓→가죽(韋), 맏→마당(場), 굳→구덩이(坎)" 등은 어형이 확대되면서 안정화를 꾀한 것이고, "마슴저버볼→용서(恕), 숨들이쉴→마실(吸)" 등은 음절이 축소되면서 안정을 꾀한 것이다.

3) 한자가 지닌 의미를 적절하게 표현해 주고 있는 훈은 다른 어사로

대체될 이유가 없을 것이다. 그러나 한자보다 그 훈이 지닌 의미범위가 넓다거나 좁을 때, 보다 적절한 훈으로의 대체는 막을 수 없는 현상으로 보여 진다. "집 → 큰집(廈), 깁 → 흰비단(紈)" 등은 전차훈의 의미범위가 廣漠하여 대체의 원인이 된 것이다. 그리고 "댓무수 → 무(蘿), 힛귀 → 빛날(旭)" 등은 전차훈의 의미범위가 狹小하여 훈의 대체가 일어난 것으로 볼 수 있다.

4) 특정 한자에 적절하게 결합하여 훈으로 쓰이던 어사가 일상어에서 의미변화를 일으키자 이미 결합했던 한자의 훈으로 쓰일 수 없게 되면서 다른 어사로 대체되는 경우가 있다. "이바디 → 잔치(宴), 애 → 창자(腸)" 등이 그것인데 '이바디'는 중세국어에서 '宴'의 의미를 지닌 것이었으나 현대국어에서는 '貢獻의 의미를 지니고 있다. 그리고 '애'는 '腸'의 뜻이던 것이 '근심' 또는 '勞苦'의 뜻을 지니고 있다.

5) 한자 사용 양상의 변화가 대체의 원인으로 작용하는 경우가 있다. "닥 → 얽을 (構)"이 그 예인데, 이는 창호지를 닥나무로 만들어 쓰던 중세에는 '構의 훈을 '닥나무'로 삼았었다. 그러나 오늘날 종이 원료로 닥나무가 퇴색되어지고 '構의 쓰임도 닥나무를 나타내는데 쓰이기보다는 "構成, 構造, 構文, 構想……" 등의 낱말에 활발하게 쓰이고 있다. 한자 '構의 사용 양상이 달라지면서 훈의 대체가 이루어진 것임을 알 수 있다.

6) 한자 훈 어사 대체의 또 다른 한 요인으로 한자에 대한 지식의 증대를 들 수 있다. 한자 유입 이후 증대해 온 한자에 대한 지식의 축적과 빈번한 한자어의 사용은 훈의 어사를 한자어화 했다고 볼 수 있다.

參考文獻

〈웹사이트〉

『康熙字典』 http://tool.httpcn.com/KangXi

國家圖書館(臺灣) http://www.ncl.edu.tw

國家測繪地理信息局(中國) http://www.tianditu.cn

국립중앙도서관 http://www.nl.go.kr

國史編纂委員會 http://www.history.go.kr

국토지리정보원 http://www.ngii.go.kr

디지털한글박물관 http://www.hangeulmuseum.org

서울대학교 규장각한국학연구원 http://kyujanggak.snu.ac.kr

『新華字典』 http://xh.5156edu.com

왕실도서관 장서각 디지털 아카이브 http://yoksa.aks.ac.kr

字典通 http://zidiantong.com/

조선시대전자문화지도 http://www.atlaskorea.org

朝鮮王朝實錄 http://sillok.history.go.kr

韓國古典飜譯院 http://itkc.or.kr

한국사 데이터베이스 http://db.history.go.kr/

한국의 지식 콘텐츠(KRpia) http://www.krpia.co.kr/

한국학중앙연구원 한국민족문화백과사전 http://encykorea.aks.ac.kr

漢字字體規範漢字字体規範データベースHNG http://www.joao-roiz.jp/HNG/

〈資料〉(연대순)

『三國史記』 地理志(1145).

『高麗史』(1451~1454).

『朝鮮王朝實錄』(1413~1865).

成俔 外(1493), 『樂學軌範』, 民族文化推進會 國譯『樂學軌範』Ⅰ, Ⅱ(1979).

『千字文』光州本(1575), 단국대학교 東洋學研究所, 영인본(1973).

『千字文』大東急本(16세기 중엽?), 『조선학보』93, 영인본(1979).

『千字文』內賜本(朴贊成 구장본)(1583), 書誌學 7, 영인본(1982).

『千字文』 內閣文庫本(1583), 檀國大學校 東洋學研究所, 영인본(1973).

『千字文』 日本國立公文書館本(1583), 檀國大學校 동양학연구소, 影印本(1973).

『千字文』 庚寅夏重補本(1650), 『국어사자료연구』 제2호, 국어사자료학회, 影印本(2001).

『千字文』 七長寺本(1583), 단국대학교 국어국문학과, 소장본.

『千字文』 辛未本(1691), 신경철, 『漢字字釋研究』, 영인본(1979).

『千字文』 辛未夏重刊本(1691), 高麗大學校 中央圖書館 所藏本, 申景澈, 『漢字字釋研究』, 影印本(1978).

『千字文』 甲戌 重刊本(1694), 국립중앙도서관 소장본.

『千字文』 靈藏寺本(1700), 유탁일 교수 소장본.

『千字文』 松廣寺本(1730), 단국대학교 국어국문학과 소장본.

『千字文』 金國杓書 本(1750), 서울서예박물관 소장본, 『국어사연구』 제12호, 영인본(2011).

『千字文』 甲戌重刊本(1754), 한국학중앙연구원 소장본.

『千字文』 杏谷本(1862), 국립중앙도서관 소장본, 다가서포 영인본(1916).

『千字文』 書陵部本(18세기후반), 『朝鮮學報』 98, 영인본(1981).

『千字文』 李茂實書 四刊本(1894), 서울대학교 규장각 한국학연구원 소장본.

『千字文』 完山本(1905), 한국학중앙연구원 소장본.

『千字文』(1913), 新舊書林, 국립중앙도서관 소장본.

『千字文』(1915), 紙物書册商, 국립중앙도서관 소장본.

『千字文』(1916), 弘壽堂, 국립중앙도서관 소장본.

『千字文』(1916), 翰南書林, 국립중앙도서관 소장본.

『千字文』(1917), 七書店, 국립중앙도서관 소장본.

『千字文』(1919), 天一書館, 국립중앙도서관 소장본.

『千字文』(1925), 滙東書館, 국립중앙도서관 소장본.

『千字文』(1926), 廣安書館, 국립중앙도서관 소장본.

『千字文』(1928), 大昌書院, 국립중앙도서관 소장본.

註解 『千字文』(1752), 南漢 開元寺, 서울대학교 규장각 한국학연구원 소장본.

註解 『千字文』(1804), 京城 廣通坊, 서울대학교 규장각 한국학연구원 소장본, 檀國大學校 東洋學研究所, 影印本.

註解『千字文』(1913), 在田堂書館, 국립중앙도서관 소장본.

註解『千字文』李敦柱 編(1981), 박영사.

『草千字』丁未重刊本((1847), 국립중앙도서관 소장본.

『草千字文』(1923), 新安書林, 국립중앙도서관 소장본.

『草千字文』(1935), 洛濱書堂, 국립중앙도서관 소장본.

三體『草書千字文』(1936), 廣韓書林, 국립중앙도서관 소장본.

『草千字文』(1937), 寧邊 妙香山 晉賢寺, 국립중앙도서관 소장본.

三體『千字文』(1913), 新舊書林, 국립중앙도서관 소장본.

三體註解『千字文』(1916), 滙東書館. 국립중앙도서관 소장본.

篆草諺註『千字文』(1916), 天寶堂, 국립중앙도서관 소장본.

日鮮註解『千字文』(1917), 博文書館.

圖像註解『千字文』(1917), 趙慶勳家.

圖形『千字文』(1922), 匯東書館, 국립중앙도서관 소장본.

漢日鮮三體『千字文』(1925), 영창서관, 국립중앙도서관 소장본.

蒙學圖像『日鮮千字文』(1931), 翰南書林, 국립중앙도서관 소장본.

日鮮『千字文』(1932), 宇宙書林, 국립중앙도서관 소장본.

新釋韓日鮮『四體千字』(1933), 新興書館.

新釋漢日鮮文『四體千字』(1934), 世昌書館.

漢日鮮『千字文』(1934), 世昌書館, 국립중앙도서관 소장본.

日鮮圖像『千字文』(1936), 永昌書館, 국립중앙도서관 소장본.

日鮮『四體千字文』(1937), 廣韓書林.

新釋漢日鮮文『圖象 千字文』(1937), 德興書林.

新釋漢日鮮文『註解 千字文』(1937), 德興書林. 국립중앙도서관 소장본.

日鮮『千字文』(1937), 梁册房, 국립중앙도서관 소장본.

中鮮諺解『四體 千字文』(1945), 廣韓書林.

日鮮解註『千字文』(1948), 中央出版社.

訂正新編『千字文』(1953), 三成書林, 국립중앙도서관 소장본.

四體圖像註釋『世昌 千字文』(1956), 世昌書館.

重刻隋智永千字文(1109), 中國 西安 碑林博物館 拓本.

『(十體)千字文』孫丕顯 編輯, 王基 校閱本(1643), 國立中央圖書館 소장본.

歷代碑帖法書選 編輯組編(1981), 『六體 千字文』, 文物出版社(北京).

孫寶文 編(1997), 『歷代千字文墨寶』Ⅰ~Ⅵ, 吉林美術出版社.

魏文源 編(2010ㄱ), 『智永眞草千字文』, 鳳凰出版社(南京).

魏文源 編(2010ㄴ), 『懷素草書千字文』, 鳳凰出版社(南京).

魏文源 編(2010ㄷ), 『褚遂良千字文』, 鳳凰出版社(南京).

從俊 編(2012), 『歷代千字文精選』, 上海書畵出版社.

眞草行『三體 千字文』(1909), 岡田群鳳堂.

『三體 千字文』(1922), 久榮堂書店.

眞草行『三體 千字文』(1929), 久榮堂書店.

『三體 千字文』(1935), 洛東書院, 서원대학교 교육자료박물관 소장본.

『六體千字文』(1938), 富山房, 국립중앙도서관 소장본.

『小篆千字文』(1943), 淸雅堂, 국립중앙도서관 소장본.

眞行草『三體 千字文』(1944), 萩原星文館. 국립중앙도서관 소장본.

崔世珍(1527), 『訓蒙字會』比叡山文庫本, 檀國大學校 東洋學硏究所, 영인본(1971).

─────(1592년 이전), 『訓蒙字會』東京大學 中央圖書館本, 檀國大學校 東洋學硏究所, 영인본(1971).

─────(1613), 『訓蒙字會』東國書林本, 東國書林, 영인본(1948).

─────(1592년 이전), 『訓蒙字會』光文會本, 朝鮮光文會, 再刊本(1913).

柳希春(1576), 『新增類合』羅孫本, 檀國大學校 東洋學硏究所, 영인본(1971).

宋寅(16세기), 『頤庵先生遺稿集』, 서울대학교 규장각 소장본.

愼以行 等(1690), 『譯語類解』, 亞細亞文化社, 영인본(1974).

洪舜明(17세기말~18세기초), 『倭語類解』, 大提閣, 영인본(1978).

張玉書 等(1716), 『康熙字典』, 啓業書局.

玄文恒(1748), 『同文類解』, 연희대 동방학연구소, 영인본(1956).

李億成(1768), 『蒙語類解』, 大提閣, 영인본(1978).

李義鳳(1789), 『古今釋林』, 亞細亞文化社, 影印本, 1977.

徐命膺(1796), 『全韻玉篇』.

鄭允容(1856), 『字類註釋』, 건국대학교 출판부, 영인본(1974).

丁若鏞(19세기말~20세기초), 『兒學篇』.

李準榮외 4인 편(1895), 『國漢會語』, 韓國語學資料叢書 第一輯, 太學社.

편자 미상(1905), 『訓蒙排韻』 필사본 1권 1책.

池錫永(1906), 『字典釋要』, 亞細亞文化社, 영인본(1976).

崔南善(1915), 『新字典』, 조선광문회.

杭眉居士(盧明鎬)(1918), 『初學要選』, 修文書館.

文世榮(1940), 『조선어사전』, 조선어사전 간행회.

한글학회(1957), 『큰사전』, 을유문화사.

이희승(1961), 『국어대사전』, 민중서림.

劉昌惇(1964), 『이조어사전』, 연세대출판부.

張三植(1964), 『大漢韓辭典』, 省文社.

민중서관 편집국(1967), 『新字海』, 민중서림.

景仁文化社 編輯部(1972), 『書體字典』, 景仁文化社.

신기철·신용철(1974), 『새 우리말 큰사전』, 삼성출판사.

中文大辭典編纂委員會(1979), 『中文大辭典』, 華岡出版有限公司.

金正琦 編(1981), 王羲之書 『四體千字文』, 活文商社.

漢語大字典編輯委員會(1986~1990), 『漢語大字典』 四川辭書出版社.

국립국어연구원(1991), 『우리나라 漢字의 略體調査』.

韓國古代社會研究所(1992), 譯註 『韓國古代金石文』 I, 駕洛國史蹟開發研究院.

국립국어연구원(1993), 『漢字略體調查研究』.

국립국어연구원(1994), 『한자 약체 사용 실태 조사』.

국립국어연구원(1996), 『한자의 자형 조사』 1, 2.

南廣祐 編(1997), 教學 『古語辭典』, 教學社.

南廣祐 編(1995), 『古今漢韓字典』, 仁荷大學校 出版部.

홍윤표외 3인(1995), 『17세기 국어사전』 상·하, 태학사.

檀國大學校 東洋學研究所(1996), 『韓國漢字語辭典』, 檀國大學校 出版部.

南廣祐 編(1997), 『教學 古語辭典』, 教學社.

김민수 편(1997), 『우리말 語源辭典』, 태학사.

檀國大學校 東洋學研究所(1999~2007), 『漢韓大辭典』, 檀國大學校 出版部.

국립국어원(1999), 『표준 국어대사전』, (주)두산동아.

朴在淵 編(2002), 『中朝大辭典』, 鮮文大學校 中韓飜譯文獻研究所.

權仁瀚 編(2005), 『中世韓國漢字音訓集成』, 제이앤씨.

문화체육관광부·국립국어원(2007), 『21세기 세종계획 최종 성과물』.

고려대학교 민족문화연구원(2009), 『한국어대사전』, 고려대학교 민족문화연구원.

선문대학교 중한번역연구소(2010), 필사본 『고어대사전』, 學古房.

국립가야문화재연구소(2011), 『韓國木簡字典』, 국립가야문화재연구소.

諸橋轍次(1966), 『大漢和辭典』, 大修館書店.

段玉裁(1970), 『說文解字注』, 臺北 藝文印書館, 影印本.

陵紹雯 等(1978), 『新修 康熙字典』, 啓業書館.

商務印書館 編輯部編(1982), 『辭源』(修訂本), 商務印書館.

辭海 編輯委員會編(1989), 『辭海』, 上海辭書出版社.

奈良文化財研究所(2008), 『日本古代木簡字典』, 八木書店.

中國社會科學院語言研究所(2011), 『新華字典』 제11판, 商務印書館.

〈論著〉

강명관(1999), 「근대계몽기 출판운동과 그 역사적 의미」, 『민족문학사연구』 제14
집, 민족문학사연구소, 42~75.

姜信沆(1967), 「韓國語學史 上」, 『韓國文化史大系 Ⅴ-上』, 고려대학교 민족문화
연구소.

姜信沆(1973), 『四聲通解 研究』, 신아사.

姜信沆(1980), 『鷄林類事 '高麗方言' 研究』, 성균관대학교 출판부.

姜憲圭(1992), 「公州 地名에 나타난 '고마·熊·懷·公·錦의 어원」, 『웅진문화』
5, 공주향토문화연구회.

姜憲圭(1994), 「三國遺事에 나타난 이른바 '末尸朗'·'眞慈師'에 대하여」, 『논문
집』 32, 공주대학교.

姜憲圭(1995ㄱ), 「'벼록'(崖·厓)와 그 향찰식 표기 '遷'의 관계 고찰」, 『語文研究』
26, 語文研究會, 87~98.

姜憲圭(1995ㄴ), 「백제 지명 '所比浦縣에 대하여」, 『백제문화』 24, 공주대학교 백
제문화연구소.

姜憲圭(2000), 『國語學論文集』, 공주대학교 출판부.

고니시 도시오(1995), 「삼강행실효자도의 한문과 언해문 대조」, 『국어학논집』 2, 서울대학교 국어국문학과.

고정의(1992), 「大明律直解 吏讀 硏究」, 檀國大學校 大學院(博論).

국사편찬위원회 편(2011), 『한국 서예문화의 역사』, 경인문화사.

국어사연구회편(1993), 『국어사자료와 국어학의 연구』, 문학과 지성사.

權冕周(1994), 「『訓蒙字會』同訓 字釋 硏究-하주를 중심으로-」, 圓光大學校 大學院(碩論).

權冕周(1980), 「國語 語彙群의 系統的 相關關係에 관한 硏究-固有語의 漢字語化를 中心으로-」, 圓光大學校 大學院(博論).

권선화(1987), 「삼종 천자문의 비교 연구」, 『동대어문』 5, 동국대학교.

權仁瀚(1997), 「현대국어 한자어의 음운론적 고찰」, 『국어학』 29, 국어학회, 243~260.

權仁瀚(2015), 「한자사전 字音 處理의 原則과 實際에 대한 比較」, 『東洋學』 59, 단국대학교 동양학연구원, 169~187.

金敬淑(1973), 「百聯抄解 解題」, 『국문학연구』 4, 효성여자대학교, 121~167.

金根洙A(前 중앙대 교수)(1971), 「『訓蒙字會』異本攷」, 『學術院論文集』 10, 大韓民國 學術院.

金根洙A(1977), 「『訓蒙字會』의 語學的 考察 序說」, 『韓國學』 15·16.

金根洙A(1979), 『訓蒙字會 硏究』, 청록출판사.

金根洙B(1986), 「漢字訓 硏究」, 仁荷大學校 大學院(碩論).

金基閏(1985), 「漢字의 起源 및 字形變遷考」, 圓光大學校 大學院(碩論).

김남경(2005), 「구급방류 언해서의 국어학적 연구」, 대구가톨릭대학교 대학원(博論).

김동소(2003), 『중세 한국어 개설』, 한국문화사.

김동소(2007), 『한국어의 역사』, 정림사.

김두종, 『한국고인쇄문화사』, 삼성미술재단, 1980.

金斗燦(1987), 「高麗版 『南明集』의 口訣硏究」, 檀國大學校 大學院(博論).

金武林(1999), 『홍무정운역훈 연구』, 도서출판 월인.

金武林((2004), 『국어의 역사』, 한국문화사.

金武林((2011), 「口訣 및 吏讀 漢字音 硏究의 回顧와 展望」, 『口訣硏究』 26, 口訣學會, 55~76.

金敏洙(1956), 「『訓蒙字會』 解題」, 『한글』 통권 119, 한글학회.

金敏洙(1980), 『新國語學史』(全訂版), 一潮閣.

김민환(2010), 「개화기 출판의 목적 연구」, 『언론정보연구』 47권 2호, 서울대학교 언론정보연구소, 100~133.

김상윤(2003), 「『訓蒙字會』 난해자석에 나타난 단음절어 일고찰」, 『인문연구』 35, 중앙대학교.

김선기(1993), 『옛적노래의 새풀이』, 普成文化社.

金仙熙(2012), 「근대 왕인 전승의 변용 양상에 대한 고찰」, 『일본문화연구』 제41집, 동아시아일본학회, 39~59.

김 성(1969), 「石峰 『千字文』 索引」, 『한글』 통권 143, 한글학회.

김세한(1981), 「조선조 초학교재 연구」, 계명대학교 대학원(碩論).

金世煥(2006), 「『千字文』 典故 研究」, 『中國學』 제27집, 대한중국학회, 33~68.

金世煥(2007), 「千字文』의 由來와 大意 考察」, 『中國學研究』 제42집, 중국학연구회, 203~220.

김연주(2003), 「영건의궤류의 차자표기 어휘 연구」, 대구가톨릭대학교 대학원(博論).

김영만(1998), 「地名 散考」, 『地名學』 1, 韓國地名學會, 129~162.

김영만(2004), 「地名 二題」, 『地名學』 10, 韓國地名學會, 5~26.

金英培(1972), 『釋譜詳節 第23, 24 註解』, 일조각.

金永信(1977), 「尊經閣本 『訓蒙字會』 새김의 索引」, 『睡蓮語文論集』 5, 부산여자대학.

金永玉(2002), 「漢字 教育을 위한 漢字 字形 分析 研究-構形學 適用을 中心으로-」, 高麗大學校 大學院(碩論).

金永玉(2012), 「漢文 教育用 基礎 漢字 字形 標準化 研究」, 高麗大學校 大學院(博論).

김용걸(2002), 『한자자형의 세계』, 성신여자대학교출판부.

金完鎭(1960), 「『楞嚴經諺解』에 관한 몇 가지 과제」, 『한글』 통권 127, 한글학회.

金完鎭(1975), 「『飜譯朴通事』와 『朴通事諺解』의 比較研究」, 『東洋學』 5, 檀國大學校 東洋學研究所, 1~14.

金完鎭(1976), 「『老乞大諺解』에 대한 比較研究」, 韓國學研究院.

金完鎭(1980), 『鄉歌解讀法研究』, 서울대학교 출판부.

金完鎭(1985), 「特異한 音讀字 및 訓讀字에 대한 研究」, 『東洋學』 15, 檀國大學校 東洋學研究所, 1~17.

김왕규(2006), 「한자 자훈 이해와 한자어 의미 이해의 상관도」, 『청람어문교육』 30, 청람어문교육학회.

김원기(2002), 「고등학교 교육용 基礎 漢字의 대표 새김 연구」, 전남대학교 교육대학원(碩論).

김유범(1998), 「慕竹旨郎歌 '阿冬音'의 解讀 再構」, 『한국어학』 7, 한국어학회, 99~115.

김유범(2007), 『중세국어 문법형태소의 형태론과 음운론』, 월인.

김정수(1989), 「한자 새김의 표준화를 위한 예비 연구」 1, 『한글』 205, 한글학회, 189~218.

김정수(1994), 「한자 새김의 표준화를 위한 예비 연구」 2, 『세종학연구』 9, 세종대왕기념사업회, 49~188.

김종운(2000), 「조선시대 한자 교재 고찰-『千字文』『類合』을 중심으로-」, 『한국어문교육』 9, 한국교원대학교 한국어문교육연구소.

金鐘塤(1983), 『韓國固有漢字研究』, 집문당.

金鐘塤(2014), 개정증보판 『韓國固有漢字研究』, 도서출판 보고사.

김종택(1998), 「'居昌郡 本 居烈郡 或云 居陁' 研究」, 『地名學』 1, 韓國地名學會, 187~200.

김종택(2000), 「'押梁/押督·奴斯火/其火' 研究」, 『地名學』 3, 韓國地名學會, 5~26.

김종택(2002), 「'於乙買(串)을 다시 해독함」, 『地名學』 7, 韓國地名學會, 89~110.

金宗澤·宋昌善(1991), 「『千字文』, 『類合』, 『訓蒙字會』의 語彙分類體系 對比」, 『語文學』 52, 韓國語文學會, 159~192.

金鍾學(1988), 「鄕藥文獻에 나타난 藥材名語彙 研究」, 中央大學校 大學院(博論).

金鍾學(2000), 「고대지명어소 '忽'에 대하여」, 『地名學』 3, 韓國地名學會, 27~44.

金鍾學·朴英燮(2005), 「古代 人名語素 '宗'의 새김에 대하여」, 『語文研究』 47, 語文研究學會.

金鍾塤(2014), 개정증보판 『韓國固有漢字研究』, 보고사.

김주원(1981), 「삼국사기 지리지 지명 연구」, 서울대학교 대학원(碩論).

김주원(2001), 「소학언해 연구」, 『國語學』 37, 國語學會, 3~32.

金俊榮(1964), 『鄕歌詳解』, 敎學社.

김지용(1966), 「尊經閣本 『訓蒙字會』」, 『한글』 통권 138·139, 한글학회.

金鎭奎(1989), 「『訓蒙字會』의 同訓語 研究」, 仁荷大學校 大學院(博論).

金鎭奎(1993), 『『訓蒙字會』의 語彙 研究』, 형설출판사.

金鎭奎(1994ㄱ), 「『訓蒙字會』 下卷의 목록과 사어 고찰」, 『한글』 224, 한글학회.

金鎭奎(1994ㄴ), 「『訓蒙字會』에 나오는 사어 고찰」, 『우리말 연구의 샘터(연산 도수희선생 화갑기념논총)』, 간행위원회, 634～658.

金鎭奎(1999), 「『訓蒙字會』 어휘의 국어학적 고찰-자모, 목록, 사어를 중심으로-」, 『한힌샘주시경연구』 12, 한글학회.

김진식(2007), 『현대국어의미론연구』, 박이정.

김태곤(1981), 「『小學諺解』의 國語學的 研究」, 仁荷大學校 大學院(博論).

김해정(1995), 「사서언해의 비교연구」, 국민대학교 대학원(博論).

金鉉奎(1990), 「蒙學敎材로서의 『千字文』」, 성균관대학교 교육대학원(碩論).

김홍석(2001), 「『牛海異魚譜』에 나타난 借字表記法 研究」, 『語文研究』 109, 韓國語文敎育研究會, 100～134.

김홍석(2007), 「『牛海異魚譜』 附錄 部門 考察」, 『국어사 연구와 자료』, 태학사, 443～458.

김홍수(1996), 「언해문 간의 차이에 대한 문체적 해석」, 『李基文 敎授 停年退任 紀念論叢』, 신구문화사, 182～201.

金希珍(1987), 「『訓蒙字會』의 語彙的 研究-字訓의 共時的 記述과 國語史的 變遷을 中心으로-」, 숙명여자대학교 대학원(博論).

金希珍(1988ㄱ), 「『訓蒙字會』의 語彙 敎育에 관한 考察(1)-名詞 字訓의 類義關係 構造를 중심으로-」, 『語文研究』 59・60, 韓國語文敎育研究會, 465～494.

金希珍(1988ㄴ), 「『訓蒙字會』의 語彙 敎育에 관한 考察(3)-同音異義關係와 反意關係 構造를 中心으로-」, 『語文研究』 61, 韓國語文敎育研究會, 74～93.

金希珍(1989), 「『訓蒙字會』의 語彙 敎育에 관한 考察(2)-類義關係・多義關係 構造를 中心으로-」, 『배석 조문제박사 정년기념논문집』, 학문사.

南廣祐(1958), 「『訓蒙字會』 索引」, 『論文集』 1, 경희대학교.

南廣祐(1959), 「萬曆 『新增類合』 索引」, 『국어국문학』 21, 국어국문학회, 180～219.

南廣祐(1966), 「『訓蒙字會』의 漢字 音・訓 研究」, 『가람李秉岐先生 頌壽紀念論叢』.

南廣祐(1980ㄱ), 「中世語 文獻에 나타난 순우리말과 漢字對譯語 研究(1)」, 『語文研究』 28, 韓國語文敎育研究會.

南廣祐(1980ㄴ), 「中世語 文獻에 나타난 순우리말과 漢字對譯語 研究(2)」, 『論文

集』9, 인하대학교 인문과학연구소.

南廣祐(1984ㄱ), 「『韓國漢字音訓字典』收錄漢字 中 常用漢字訓 研究(Ⅰ)」, 『論文集』10, 인하대학교 인문과학연구소, 1~43.

南廣祐(1984ㄴ), 「『韓國漢字音訓字典』에 나타난 漢字訓 研究(Ⅱ)」, 『語文研究』44, 韓國語文教育研究會, 545~576.

南廣祐(1985), 「漢字訓 研究-종합적 차원에서-」, 『語文研究』46·47, 韓國語文教育研究會, 234~260.

南廣祐(1987ㄱ), 「『韓國漢字音訓字典』에 나타난 漢字訓 研究(Ⅳ)」, 『語文研究』53, 韓國語文教育研究會, 50~69.

南廣祐(1987ㄴ), 「韓國에 있어서의 漢字問題에 대한 研究」, 『研究報告書』1, 國語研究所.

南廣祐(1996), 『東北亞 시대와 漢字·漢字教育』, 韓國語文教育研究會.

南廣祐編(1995), 『古今漢韓字典』, 仁荷大學校 出版部.

南權熙,(2001), 「1650년 목활자본으로 간행된 韓濩 書『千字文』에 대하여」, 『국어사연구』2, 국어사학회, 287~384.

南基卓(1980), 「漢字 學習書에 나타난 漢字訓 '글월' 攷」, 『語文研究』28, 韓國語文教育研究會.

南基卓(1983), 「漢字 學習書에 나타난 漢字訓 '집' 攷」, 『語文研究』39·40, 韓國語文教育研究會, 574~590.

南基卓(1988), 「『訓蒙字會』身體部 字訓 研究」, 中央大學校 大學院(博論).

南基卓(1998), 「漢字訓 研究-한자학습서류에 나타난-」, 『語文研究』98, 韓國語文教育研究會, 7~34.

南基卓(2003), 「漢字訓 研究」, 『인문과학연구』11, 강원대학교 인문과학연구소, 1~23.

南基卓(2004ㄱ), 「韓國語文教育研究會 選定 1급 配定漢字 代表訓音에 대한 考察(Ⅰ)」, 『語文研究』122, 韓國語文教育研究會, 7~40.

南基卓(2004ㄴ), 「韓國語文教育研究會 選定 1급 配定漢字 代表訓音에 대한 考察(Ⅱ)」, 『語文研究』123, 韓國語文教育研究會, 7~42.

南基卓(2012), 「國語 漢字語 長短音의 發音 樣相」, 『국어학』64, 국어학회, 35~63

南基卓(2015), 「特級 出題 漢字語와 國語辭典 漢字語의 比較」, 『語文研究』제43

권2호, 韓國語文教育研究會, 35～56.

南星祐(1996), 「『月印釋譜』 권13과 『法華經諺解』의 飜譯」, 『한국어문학연구』 7, 한국외국어대학교, 1～98.

南星祐(1997), 「『飜譯小學』 권6과 『小學諺解』 권5의 번역」, 『口訣研究』 2, 口訣學會, 327～471.

南星祐(2001), 『月印釋譜와 法華經의 同義語 研究』, 태학사.

南星祐(2005ㄱ), 「『釋譜詳節』 권21과 『法華經諺解』 권7의 飜譯 研究」, 『한국어문학연구』 21, 한국외국어대학교.

南星祐(2005ㄴ), 「『月印釋譜』 권7과 『阿彌陀經諺解』의 飜譯 研究」, 『한국어문학연구』 22, 한국외국어대학교.

南星祐(2006), 『16세기 國語의 同義語 研究』, 박이정.

남영진(2005), 「조선시대 『千字文』의 역할」, 연세대학교 대학원(碩論).

南豊鉉(1975ㄱ), 「漢字借用表記의 '元字 攺'」, 『國語學』 3, 國語學會, 151～162.

南豊鉉(1975ㄴ), 「漢字借用表記의 發達」, 『國文學論集』 7・8, 檀國大學校.

南豊鉉(1980ㄱ), 「借字表記法의 用字法에 대하여」, 『蘭汀南廣祐博士 華甲紀念論叢』, 일조각.

南豊鉉(1980ㄴ), 「口訣과 吐」, 『國語學』 9, 國語學會, 151～161.

南豊鉉(1981ㄱ), 「漢字・漢文의 受用과 借字表記法의 發達」, 『한국고대문화와 인접문화와의 관계(한국학중앙연구원 보고논총)』 81～1, 한국학중앙연구원.

南豊鉉(1981ㄴ), 『借字表記法 研究』, 檀國大學校 出版部.

南豊鉉(1989), 「韓國의 固有漢字」, 『국어생활』 17, 국어연구소, 96～109.

南豊鉉(1999), 『國語史를 위한 口訣 研究』, 태학사.

南豊鉉(2000), 『吏讀研究』, 태학사.

南豊鉉(2007), 「古代韓國에 있어서 漢籍 佛典의 傳來와 수용에 대하여」, 『書誌學報』 제31호, 한국서지학회, 5～35.

노은주(1990), 「『법화경』 번역에 대한 연구-특히 어휘 및 통사를 중심으로-」, 효성여자대학교 대학원(碩論).

都守熙(1977), 『百濟語 研究』, 아세아문화사.

都守熙(1983), 「百濟語의 '白・熊・泗泌・伐伐'에 대하여」, 『百濟研究』 14, 忠南大學校 百濟研究所.

都守熙(1987ㄱ), 「百濟語의 '泉・井'에 대하여」, 『國語學』 16, 國語學會, 65～90.

都守熙(1987ㄴ), 『百濟語 研究(Ⅰ)』, 百濟文化開發硏究院.

都守熙(1990), 『百濟語 研究(Ⅱ)』, 百濟文化開發硏究院.

都守熙(1994), 『百濟語 研究(Ⅲ)』, 百濟文化開發硏究院.

都守熙(1995), 「'泉・交・宜'의 古釋에 대하여」, 『國語史와 借字表記(素谷 南豊鉉 先生 華甲紀念論叢)』, 太學社, 3~14.

都守熙(1996ㄱ), 「삼국사기의 고유어에 관한 연구」, 『東洋學』 26, 檀國大學校 東洋學硏究所.

都守熙(1996ㄴ), 「지명 속에 숨어 있는 옛 새김들」, 『震檀學報』 82, 震檀學會.

都守熙(1998), 「地名 借字表記 解讀法」, 『地名學』 1, 韓國地名學會, 95~128.

都守熙(2000ㄱ), 『百濟語 研究(Ⅳ)』, 百濟文化開發硏究院.

都守熙(2000ㄴ), 「옛지명 해석에 관한 문제들」, 『地名學』, 3 韓國地名學會, 53~70.

都守熙(2002), 「지명・인명의 차자표기에 관한 해독문제」, 『地名學』, 7 韓國地名學會, 53~70.

都守熙(2003), 『한국의 지명』, 아카넷.

都守熙(2004), 「지명, 왕명과 차자 표기」, 『口訣研究』 13, 口訣學會, 245~288.

도효근(1984ㄱ), 「『千字文』의 綜合的 考察」, 『李珊錫教授 回甲紀念論叢』.

도효근(1984ㄴ), 「『千字文』 六種 異本의 綜合 索引」, 『語文研究』 13, 語文研究會.

文璇奎(1972), 『朝鮮館譯語研究』, 경인문화사.

문수정(2006), 「한・중・일 삼국의 상용한자 비교연구-중복양상과 자형비교를 중심으로-」, 서울대학교 대학원(碩論).

閔丙俊(1985), 「漢字의 標準字體選定을 위한 一攷-중한일 삼국에서 선정된 자체의 비교・검토-」, 『語文研究』 45, 韓國語文教育研究會, 94~112.

閔丙俊(1987ㄱ), 「『孝經諺解』의 漢字釋」, 『國語教育』 61・62, 韓國國語教育研究會.

閔丙俊(1987ㄴ), 「『警民編諺解』에 나타난 漢字釋」, 『國語教育研究』 4, 인하대학교, 국어교육과.

閔丙俊(1988), 「『小學』과 『小學諺解』」, 『語文研究』 59・60, 韓國語文教育研究會, 553~561.

閔丙俊(1990), 「諺解의 漢字 새김 研究」, 仁荷大學校 大學院(博論).

민복기(2002), 「우리말 '집'으로 번역되는 한자 유의어 연구」, 부산대학교 대학원(碩論).

민충환(1981), 「『訓蒙字會』, 『新增類合』, 『千字文』의 比較 硏究」, 仁荷大學校 敎育大學院(碩論).

朴錦子(1995), 「分類解釋 學習書로서의 『訓蒙字會』・『訓蒙字會』의 意味論的 語彙分類와 意味解釋」, 『國語學』 26, 國語學會, 317~340.

朴錦子(1997), 『15세기 언해서의 협주 연구』, 집문당.

朴錦子(1998), 「중세어 문헌의 협주의 성격」, 『주시경학보』 2.

朴杞璿(1998), 「『月印釋譜』 권15와 『法華經諺解』 권4의 文體 比較 硏究」, 한국외국어대학교 대학원(碩論).

朴炳采(1966), 「鄕歌表記의 源流的 考察」, 『국어국문학』 32, 국어국문학회, 1~12.

朴炳采(1967), 「韓國語文字發達史」, 『韓國文化史大系 Ⅴ-上』, 高麗大學校 民族文化硏究所.

朴炳采(1973), 『高麗歌謠의 語釋硏究』, 선명문화사.

朴秉喆(1984), 「『訓蒙字會』 字釋 硏究」, 仁荷大學校 大學院(碩論).

朴秉喆(1986ㄱ), 「『千字文』 訓의 語彙變遷 硏究」, 『國語敎育』 55・56, 韓國國語敎育硏究會, 135~152.

朴秉喆(1986ㄴ), 「『新增類合』의 漢字語 字釋 硏究」, 『東泉趙健相先生 古稀紀念論叢語』, 199~220.

朴秉喆(1987), 「漢字學習書의 訓・音同一字 硏究」, 『國語敎育』 61・62, 韓國國語敎育硏究會, 85~114.

朴秉喆(1989), 「中世訓의 消滅과 變遷에 대한 硏究」, 仁荷大學校 大學院(博論).

朴秉喆(1992), 「漢字訓 語辭 代替의 原因에 관한 硏究」, 『國語敎育』 77・78, 韓國國語敎育硏究會, 363~384.

朴秉喆(1995ㄱ), 「『百聯抄解』 字釋 語彙의 特徵에 관한 硏究-『千字文』 字釋과의 비교를 중심으로-」, 『國語史와 借字表記(素谷南豊鉉先生 華甲紀念論叢)』, 太學社, 731~750.

朴秉喆(1995ㄴ), 「『百聯抄解』 字釋과 文釋의 對比的 硏究(1)-字釋과 文釋이 부분적으로 一致하는 경우를 중심으로-」, 『개신어문연구』 12, 개신어문연구회, 109~130.

朴秉喆(1997ㄱ), 「字釋과 文釋이 一致하는 『百聯抄解』의 釋에 관한 연구-『千字文』 『訓蒙字會』 자석과의 비교를 통한 중세훈 설정을 중심으로-」, 『口訣硏究』 2, 口訣學會, 291~325.

朴秉喆(1997ㄴ), 「『百聯抄解』字釋과 文釋의 對比的 考察-字釋과 文釋이 相異한 경우를 중심으로-」, 『國語史研究』, 國語史研究會, 1125~1154.

朴秉喆(1997ㄷ), 『韓國語 訓釋 語彙 研究』, 이회문화사.

朴秉喆(1997ㄹ), 「動詞類語 訓에 관한 通時的 考察-『千字文』의 漢字訓을 중심으로-」, 『국어학연구의 새 지평』, 태학사, 71~104.

朴秉喆(2000), 「『百聯抄解』 東京大本에 출현하는 漢字 資料와 體言類 漢字의 意味的 特徵에 관한 研究」, 『운강송정헌선생 화갑기념논총』, 661~698.

朴秉喆(2001), 「『百聯抄解』 東京大本과 漢字學習書類에 出現하는 漢字에 관한 比較 研究」, 『語文研究』 111, 韓國語文敎育研究會, 284~302.

朴秉喆(2003), 「堤川 地域 固有地名語에 對應하는 漢字地名語 研究」, 『語文研究』 118, 韓國語文敎育研究會, 5~28.

朴秉喆(2005), 「註解『千字文』과 複數字釋」, 『語文研究』 128, 韓國語文敎育研究會, 7~31.

朴秉喆(2006), 「註解『千字文』의 單數字釋과 文脈之釋의 反映에 관하여」, 『口訣研究』 17, 口訣學會, 239~269.

朴秉喆(2007), 「四體『千字文』과 文脈之釋의 反映에 관한 研究」, 『國語學』 49, 國語學會, 253~276.

朴秉喆(2008ㄱ), 「漢字 새김 研究의 回顧와 展望」, 『口訣研究』 21, 구결학회, 231~276.

朴秉喆(2008ㄴ), 「朝鮮王朝實錄에 나오는 '釋' 관련 어휘에 대한 연구」, 『국어사연구』 8, 국어사학회, 71~106.

朴秉喆(2008ㄷ), 「『千字文』에 나오는 한자의 훈에 관한 연구」, 『국어국문학』 150, 국어국문학회, 101~129.

朴秉喆(2009ㄱ), 「漢字의 새김 관련 用語 確立을 위한 研究-朝鮮王朝實錄에 나오는 '訓' 관련 語彙를 중심으로-」, 『한국어학』 45, 한국어학회, 229~255.

朴秉喆(2009ㄴ), 「『朝鮮王朝實錄』에 나오는 '釋'과 '訓' 관련 어휘의 對比的 研究-한자의 '새김' 관련 用語 確立을 위하여-」, 『어문론집』 42, 중앙어문학회, 43~70.

朴秉喆(2010), 「고유어 '소'와 對應되는 漢字 '潭·湫·淵'에 관한 研究」, 『국어사연구』 11, 국어사학회, 169~193.

朴秉喆(2011), 「지명어의 후부요소 '遷'에 관한 연구」, 『語文研究』 68, 어문연구학회, 55~77.

朴秉喆(2012),「文字 '串'에 관한 研究」,『國語學』제64집, 국어학회, 65~92.

朴秉喆(2013ㄱ),「著作 兼 發行人(金松圭)이 同一한『四體 千字文』의 漢字 音・訓 比較 研究」,『口訣研究』30, 185~218.

朴秉喆(2013ㄴ),「한국의『四體千字文』과 일본의『三體千字文』비교 연구」,『국어국문학』163호, 국어국문학회, 131~159.

朴秉喆(2013ㄷ),「『千字文』編纂의 變貌 樣相에 대한 研究」,『語文研究』159, 韓國語文敎育研究會, 7~35.

朴秉喆(2013ㄹ),「(四體圖像註解)『世昌千字文』研究」,『語文研究』77, 어문연구학회 59~86.

朴秉喆(2015),「『千字文』에 나오는 漢字의 字形 比較 研究-『千字文』光州本・大東急本과『石峰 千字文』의 字形 比較를 中心으로-」,『國語學』제74집, 국어학회 103~141.

朴盛鍾(1996),「朝鮮初期 吏讀資料와 그 國語學的 研究」, 서울대학교 대학원(博論).

朴盛鍾(2002),「吏讀에서의 訓讀에 대하여」,『口訣研究』8, 口訣學會, 129~144.

朴盛鍾(2005),「韓國漢字의 一考察」,『口訣研究』14, 口訣學會, 51~96.

박순서(1998),「『月印釋譜』권12와『法華經諺解』對比 研究」, 한국외국어대학교 교육대학원(碩論).

朴英燮(1986),「國語 漢字語의 起源的 系譜 研究」, 成均館大學校 大學院(博論).

朴英燮(1995),『國語 漢字 語彙論』, 박이정.

朴英燮(1998),『初刊本『杜詩諺解』語彙資料集』, 박이정.

朴英燮(2000),『初刊本『杜詩諺解』漢字 對譯語 研究』, 박이정.

朴英燮(2004ㄱ),『『救急方諺解』漢字對譯語 研究』, 박이정.

朴英燮(2004ㄴ),「『胎産集要諺解』에 나타난 漢字對譯語 研究(1)」,『인문과학논집』7, 강남대학교.

朴英燮・金宗學(2005),「古代 人名語素 '宗'의 새김에 대하여」,『語文研究』47, 語文研究學會.

박진완(2002),「『捷解新語』대역문을 통해 본 근대 한국어 변천의 특성」,『한국어학』16, 한국어학회.

박진호(2008),「鄕歌 解讀과 國語 文法史」,『國語學』51, 국어학회, 313-338.

박추현(2006), 『漢字字素論』, 경상대학교출판부.

朴泰權(1974), 「崔世珍 研究」, 부산대학교 대학원(博論).

朴泰權(1977), 「『四聲通解』 속의 우리말」 어휘, 『국어국문학』 13, 부산대학교.

朴泰權(1980), 「『四聲通解』 속의 우리말 어휘(Ⅱ)」, 『延巖玄平孝博士 回甲紀念論叢』.

朴泰權(1983), 「『訓蒙字會』와 『四聲通解』 研究(Ⅰ)」, 『국어국문학』 21, 부산대학교.

朴泰權(1985), 「『訓蒙字會』와 『四聲通解』 研究(Ⅱ)」, 『朴炳采博士 還甲紀念論文集』, 187~198.

朴泰權(1991), 「『四聲通解』 속의 우리말 어휘」, 『東方學志』 71·72, 연세대학교, 504~529.

박형익(2003), 「『類合』의 표제자 선정과 배열」, 『이중언어학』 23, 이중언어학회, 91~112.

朴喜龍(1988), 『老乞大』의 諺解와 飜譯에 대한 比較研究」, 國語研究 82.

朴喜淑(1985), 「大明律直解의 吏讀 研究」, 明知大學校 大學院(博論).

方鐘鉉(1947), 「訓民正音과 訓蒙字會와의 比較」, 『國學』 2, 국학대학.

方鐘鉉(1954), 「訓蒙字會攷」, 『東方學志』 1, 연세대학교, 35~117.

方鐘鉉(1963), 『一簑 國語學論集』, 民衆書館.

배대온(1995), 「吏讀 '在國'에 대하여」, 『國語史와 借字表記(素谷 南豊鉉先生 華甲紀念論叢)』, 太學社, 385~410.

배대온(2003), 『歷代 吏讀辭典』, 형설출판사.

배영환(2003), 「『자훈언해』에 나타난 釋에 대하여」, 『開新語文研究』 20, 개신어문연구회, 109~142.

백두현(1985), 「15세기의 漢字 釋에 관한 研究(Ⅰ)」, 『全在昊 敎授 回甲紀念 國語學論叢』, 427~448.

백두현(1986), 「15세기의 漢字 釋에 관한 研究(Ⅱ)」, 『논문집』 7, 부산산업대학교, 35~50.

백두현(1988), 「康熙 39년 南海 靈藏寺本 類合과 千字文의 音韻變化」, 『坡田 金戊祚博士 回甲紀念論叢』.

백두현(2005), 『석독구결의 문자체계와 기능』, 한국문화사.

백두현(2007), 「애국지사 김태린이 지은 『童蒙須讀千字文』 연구」, 『語文學』 제95집, 한국어문학회, 55~93.

백두현(2015), 『한글문헌학』, 태학사.

서상규(1997), 『노걸대언해 어휘색인-옛말자료연구총서 2-』, 서광학술자료사.

서수백(2002ㄱ), 「『字類註釋』의 새김말 연구」, 대구효성가톨릭대학교 대학원(碩論).

서수백(2002ㄴ), 「『字類註釋』 草木類의 표기와 새김말」, 『한국말글학』 19, 한글말글학회, 61~86.

서수백(2004), 「한자 새김 자료의 새김 수용 양상 연구」, 『한국말글학』 21, 한글말글학회, 105~146.

서수백(2005), 「『訓蒙字會』의 異字同釋 연구-동일 새김의 한자 5자 이상을 대상으로-」, 『한글말글학』 22, 한글말글학회, 35~68.

서수백(2006), 「『訓蒙字會』와 『字類註釋』의 새김 비교 연구-한문 주석의 비교를 중심으로-」, 『한글말글학』 23, 한글말글학회, 93~132.

서수백(2009), 「『字類註釋』의 사전적 체재 연구」, 대구가톨릭대학교 대학원(博論).

徐在克(1973), 「『百聯抄解』의 釋에 대하여」, 『한국학논집』 1, 계명대학교.

徐在克(1975ㄱ), 『新羅 鄕歌의 語彙 硏究』, 계명대학교 출판부.

徐在克(1975ㄴ), 「『新字典』 새김에 대하여」, 『한글새소식』 40, 한글학회.

徐在克(1976), 「『新字典』의 새김말에 대하여」, 『국문학연구』 5, 효성여자대학교.

徐在克(1980), 『中世國語의 單語族 硏究』, 계명대학교 출판부.

서종학(1989), 「借字 '在'의 意味와 그 起源」, 『素圓 安潤泰博士 華甲紀念論文集』.

서종학(1995), 『吏讀의 歷史的 硏究』, 영남대학교 출판부.

석주연 (2003), 『노걸대와 박통사의 언어』 국어학총서 47, 태학사.

成元慶(1996), 「『字類註釋』 硏究」, 『인문과학논총』 28, 건국대학교, 145~164.

成煥甲(1983), 「固有語의 漢字語 代替에 관한 硏究」, 중앙대학교 대학원(博論).

成煥甲(1987), 「고유어의 한자어화 과정」, 『국어생활』 8, 국어연구소.

成煥甲(1998), 「類義字 結合에 의한 漢字語 형성」, 『語文硏究』 제26권4호, 韓國語文敎育硏究會, 8~26.

成煥甲·金相潤(2003), 「訓蒙字會 字釋에 나타난 單音節語 一考察」, 『人文學硏究』, 中央大學校 人文科學硏究所, 142~154.

成煥甲(2010), 「固有語와 漢字語의 調和」, 『語文硏究』 제38권 1호, 韓國語文敎育硏究會, 35~65.

손병태(1996), 「향약 약제명의 국어학적 연구」, 영남대학교 대학원(博論).

손환일(2009), 『고려말 조선초 조맹부체』, 학연문화사.

孫熙河(1984), 「『千字文』字釋 研究-난해어의 어의 구명을 중심으로-」, 전남대학교 대학원(碩論).

孫熙河(1986), 「『千字文』字釋 研究(2)」, 『어문논총』 9, 전남대학교.

孫熙河(1989), 「『百聯抄解』의 어휘의미론적 고찰-난해어석을 중심으로-」, 『어문논총』 10, 전남대학교, 225～248.

孫熙河(1991ㄱ), 「『千字文』(행곡본)의 새김 연구」, 『어문논총』 12·13, 전남대학교.

孫熙河(1991ㄴ), 「새김 어휘 연구」, 전남대학교 대학원(博論).

孫熙河(1992ㄱ), 「『千字文』(행곡본) 연구」, 『韓國言語文學』 30, 韓國言語文學會, 79～97.

孫熙河(1992ㄴ), 「영남대본 『千字文』의 연구」, 『국어국문학』 108, 국어국문학회, 139～164.

孫熙河(1993), 『千字文(송광사판)-연구, 색인, 자료영인-』, 태학사.

孫熙河(1995), 「'正'자의 고대 새김」, 『國語史와 借字表記(素谷 南豊鉉先生 華甲紀念論叢)』, 太學社, 317～332.

孫熙河(1997), 「15세기 새김 어휘 연구(1)-『楞嚴經諺解』(제1권)을 중심으로-」, 『국어학연구의 새 지평』, 태학사, 140～172.

孫熙河(2000ㄴ), 「이무실 『千字文』 연구-갑오본을 중심으로-」, 『중한인문과학연구』 5, 중한인문과학연구회, 1～34.

孫熙河(2006), 「고구려어 재구를 위한 기초적 연구-'王'자의 고대 새김 재구를 중심으로-」, 『동북아역사논총』 14, 동북아역사재단.

孫熙河(2011ㄱ), 「石峰 『千字文』 板本 研究」, 『韓中人文學研究』 33, 韓中人文學會, 185～210.

孫熙河(2011ㄴ), 「戊戌孟夏西內新刊 『千字文』 研究」, 『韓中人文學研究』 34, 韓中人文學會, 175～200.

孫熙河(2011ㄷ), 「乙巳 季冬 完山 新刊 『千字文』 연구」, 『국어사연구』 12, 국어사학회, 229～274.

宋基中(2001), 「近代 地名에 남은 訓讀 表記」, 『地名學』 6, 韓國地名學會, 177～216.

宋基中외 共編(1994), 『古代國語語彙集成』, 韓國精神文化研究院.

宋河辰(1983), 「『三國史記 地理志』 地名語 研究」, 全南大學校 大學院(碩論).

宋河辰(1993),「三國史記 地理志 地名의 國語學的 研究」, 東國大學校 大學院(博論).

宋秉烈(2010),「千字文類의 變容과 性格 考察」,『漢文學論集』30집, 근역한문학회, 441~466.

申景澈(1978ㄱ),『漢字字釋研究』, 통문관.

申景澈(1978ㄴ),「『新增類合』의 字釋 研究」,『韓國言語文學』16, 韓國言語文學會, 137~157.

申景澈(1986),「歷代『千字文』研究」,『국어국문학』95, 국어국문학회, 37~62.

申景澈(1987),「漢字의 字釋 方式에 대하여」,『논문집』6, 상지전문대학.

申景澈(1988ㄱ),「七長寺本『類合』研究」,『논문집』7, 상지전문대학.

申景澈(1988ㄴ),「七長寺本『千字文』研究」,『語文研究』18, 語文研究會, 51~68.

申景澈(1988ㄷ),「初學教材 千字文類 研究」,『논문집』17, 상지전문대학.

申景澈(1990ㄱ),「『楞嚴經諺解』의 字釋 考察」,『박병채박사 정년기념 한국어학 신연구』.

申景澈(1990ㄴ),「『法華經諺解』의 字釋 考察」,『어문논지(俞昌根 박사 회갑기념 논문집)』6·7, 충남대학교.

申景澈(1990ㄷ),「釋音同一形 字釋 研究」,『語文研究』20, 語文研究會.

申景澈(1991),「『釋譜詳節』의 字釋 研究」,『우산어문학』1, 상지대학교.

申景澈(1992ㄱ),「字釋의 歷史的 研究」, 檀國大學校 大學院(博論).

申景澈(1992ㄴ),「15세기 國語 字釋의 稀貴難解語 一考」,『김민수교수정년기념 국어학연구 100년사』, 일조각.

申景澈(1993),『國語 字釋 研究』, 太學社.

申景澈(1994ㄱ),「15세기 字釋의 特性에 대하여」,『우리말 연구의 샘터』(연산도 수희선생 화갑기념논총)」, 간행위원회, 809~827.

申景澈(1994ㄴ),「『楞嚴經 諺解』의 註釋文의 語彙 考察」,『國文學論文集』14, 檀國大學校 국어국문학과.

申景澈(1994ㄷ),「『圓覺經諺解』의 註釋文의 語彙 考察」,『국어학연구(남천 박갑 수선생 회갑기념논문집)』, 남천 박갑수선생 회갑기념논문집 간행위원회.

申景澈(1995ㄱ),「食生活 字釋語彙의 變遷 考察」,『語文研究』26, 語文研究會, 99~122.

申景澈(1995ㄴ),「衣生活 字釋語彙의 變遷 考察」,『논문집』14, 상지전문대학.

申景澈(1996),「住生活 字釋語彙의 變遷 考察」,『한국어학』4, 한국어학회.

申景澈(1998), 「『內訓』註釋文의 漢字語 語彙」, 『國語語彙의 基盤과 歷史』, 태학사, 461~476.

申東姬(1995), 「『千字文』의 異體字 硏究」, 中央大學校 大學院(碩論).

申相賢(2008), 「朝鮮時代 漢字 字形 硏究」, 高麗大學校 大學院(博論).

申昌淳(1969), 「漢字語 小考」, 『국어국문학』 42·43, 국어국문학회, 249~268.

申昌淳(1994ㄱ), 「漢字·漢文의 特徵과 그 成立 그리고 漢字文化圈에 대하여」, 『한국어문』 3, 한국정신문화연구원.

申昌淳(1994ㄴ), 「漢字의 文字論的 考察그 바른 인식을 위하여-」, 『한국어문』 3, 한국정신문화연구원.

申昌淳(2007), 『國語近代表記法의 展開』, 태학사.

辛兌鉉(1959), 『三國史記 地理志의 硏究』, 우종사.

심경호(2007), 「서예와 한시」, 『서강인문논총』 22, 서강대학교 인문과학연구소, 205~243.

심경호(2011), 「『千字文』의 구조와 조선시대 판본에 관한 일고찰」, 『漢字漢文硏究』 7, 고려대학교 한자한문연구소, 113~158.

沈在箕(1982), 『國語 語彙論』, 集文堂.

沈在箕(1986), 「朝鮮 歷史 『千字文』에 대하여」, 『國語學新硏究 Ⅲ』, 탑출판사, 136~145.

안경상(2002), 「훈몽자회에 반영된 15세기 이후의 고유어 사용실태에 대한 력사적 고찰」, 『남북언어 동질성 회복을 위한 제1차 국제학술회의 논문집』, 국립국어연구원.

安美璟(2004), 『千字文 刊印本 硏究』, 이회문화사.

安秉禧(1971), 「15세기의 漢字音 한글표기에 대하여」, 『김형규박사 송수기념논총』.

安秉禧(1972ㄱ), 「『新增類合』 解題」, 『新增類合』(영인본), 檀國大學校 東洋學硏究所, 213~236.

安秉禧(1972ㄴ), 「개간 『法華經諺解』에 대하여」, 『東方學志』 12, 연세대학교.

安秉禧(1973), 「中世國語 硏究資料의 性格에 대한 硏究」, 『語學硏究』 9~1, 서울대학교.

安秉禧(1974), 「內閣文庫 所藏 石峰『千字文』에 대하여」, 『書誌學』 6, 書誌學會.

安秉禧(1976), 「口訣과 漢文訓讀에 대하여」, 『震檀學報』 41, 震檀學會, 145~162.

安秉禧(1977), 『中世國語 口訣의 硏究』, 일지사.

安秉禧(1982), 「『千字文』系統」, 『정신문화』 1982 봄, 145~161.

安秉禧(1984), 「韓國語 借字表記法의 形成과 特徵」, 『제3회 國際學術會議 論文集』, 韓國精神文化研究院.

安秉禧(1988), 「한글 맞춤법의 歷史」, 『국어생활』 988 여름(제13호), 8~16.

安秉禧(1992ㄱ), 『國語史 研究』, 문학과 지성사.

安秉禧(1992ㄴ), 『國語史 資料 研究』, 문학과 지성사.

安春根(1991), 「王仁博士 日本傳授 千字文 考究-周興嗣의 天地玄黃이 아닌 二儀一月 千字文-」, 『出版學研究』, 한국출판학회, 7~19.

양상호(1998), 「『飜譯小學』 권9와 『小學諺解』 권6의 比較 研究」, 한국외국어대학교 교육대학원(碩論).

양오진(1998), 『노걸대 박통사 연구』, 태학사.

梁柱東(1942), 『古歌研究』, 박문출판사.

梁柱東(1954), 『麗謠箋註』, 을유문화사.

梁柱東(1965), 增訂 『古歌研究』, 일조각.

양희철(1995), 『鄕札文字學』, 새문사.

양희철(2013), 『향찰 연구 16제』, 보고사.

에드리안 뷰조(1980), 「광개토대왕비에 나타난 고유명사 표기자의 기원」, 檀國大學校 大學院(碩論).

여찬영(1987), 「경서류 언해의 번역학적 연구」, 연세대학교 대학원(博論).

여찬영(1998), 「어류 명칭어 한자 훈의 연구」, 『語文學』 65, 韓國語文學會, 87~110.

여찬영(1999ㄱ), 「조류 명칭어 자석의 분석적 연구」, 『語文學』 67, 韓國語文學會, 55~77.

여찬영(1999ㄴ), 「조류 명칭어 한자 자석의 연구」, 『언어과학연구』 16, 언어과학회, 303~325.

여찬영(1999ㄷ), 「남북한 자서류의 명칭어 자석 연구」, 『논문집』 창간호, 국제고려학회.

여찬영(2000), 「말 명칭어 한자 자석의 연구」, 『語文學』 70, 韓國語文學會, 51~71.

여찬영(2001), 「나무 명칭어 한자 자석 연구-떡갈나무류를 중심으로-」, 『語文學』 74, 韓國語文學會, 21~43.

여찬영(2002), 「아가위나무류의 한자 자석 연구」, 『語文學』 77, 韓國語文學會, 25
～46.

여찬영(2003ㄱ), 「지석영 『자전석요』의 한자 자석 연구」, 『語文學』 79, 韓國語文
學會, 193～212.

여찬영(2003ㄴ), 「『자전석요』의 한자 자석 '고을일흠 연구」, 『언어과학연구』 25,
언어과학연구회, 195～214.

여찬영(2006), 「『大學栗谷先生諺解』의 언해 양상 연구」, 『한글말글학』 23, 한글
말글학회, 133～160.

오미영(2007), 「論語 관련 資料의 韓日 比較 研究」, 『일본연구』 33, 193～213.

오미영 외(2014ㄱ), 『일본 논어 훈점본의 해독과 번역』 上, 숭실대학교 출판국.

오미영(2014ㄴ), 「千字文의 受容과 텍스트에 관한 韓日 比較 研究」, 『일본연구』
60, 한국외국어대학교 일본연구소, 405～422.

오미영(2014ㄷ), 「15세기 일본의 천자문 학습-東京大学 国語研究室 소장 『註千字
文』을 대상으로-」, 『일어일문학연구』 89, 185～210.

오완규(2001), 「『千字文』, 『훈몽자회』, 『신증유합』의 자석 연구」, 공주대학교 대
학원(碩論).

오창명(1995), 「朝鮮前期 吏讀의 國語學的 研究」, 檀國大學校 大學院(博論).

오창명·손희하(2005), 「『西闕營建都監儀軌』 번역과 차자표기의 해독 오류에 대
하여-건축관련 어휘를 중심으로-」, 『호남문화연구』 제36집, 호남문화연구소.

오창명·손희하(2007), 「『文禧廟營建廳謄錄』의 차자표기 연구(2)-材木類 어휘를
중심으로-」, 『國際高麗學』 제11호, 國際高麗學會, 309～340.

오창명·손희하(2008), 「『儀軌』류의 고건축 어휘 해독과 건축 용어 선정」, 『호남
문화연구』 제42집, 호남문화연구소.

오창명·손희하·천득염(2007), 「『西闕營建都監儀軌』의 목재류 어휘 분석 연구,
『건축역사연구』 16～1, 건축역사연구회.

오창명·손희하·천득염(2008), 「『西闕營建都監儀軌』의 철물류 어휘 분석 연
구」, 『건축역사연구』 17～3, 건축역사연구회.

王絢(2007), 「韓·中 漢字의 訓 比較 研究」, 中央大學校 大學院(碩論).

원순옥(2005), 「『석보상절』 권24와 『월인석보』 권25의 대조 연구」, 『한글말글학』
22, 한글말글학회, 97～126.

위 진(1997), 「『신증유합』의 새김 고찰」, 전남대학교 대학원(碩論).

兪昌均(1980), 『韓國 古代 漢字音의 硏究 Ⅰ』, 계명대학교 출판부.

兪昌均(1983), 『韓國 古代 漢字音의 硏究 Ⅱ』, 계명대학교 출판부.

兪昌均(1994), 『鄕歌批解』, 螢雪出版社.

劉昌惇(1961), 『國語變遷史』, 통문관.

劉昌惇(1964), 『李朝 國語史 硏究』, 선명문화사.

劉昌惇(1971), 『語彙史 硏究』, 선명문화사.

윤용선(2006), 「『小學諺解』의 구결체계에 대한 검토」, 『震檀學報』 102, 震檀學會.

尹興燮(1986), 「『千字文』에 대한 國語學的 硏究」, 檀國大學校 교육대학원(碩論).

이건식(2009), 「한국 고유한자의 발달-지명 후부 요소 표기를 중심으로-」, 『口訣
    硏究』 第22輯, 口訣學會, 219~259.

이건식(2012), 「한국 고유한자 字形 構成 方法 연구 二題」, 『東洋學』 52, 檀國大
    學校 東洋學硏究院, 87~211.

李果珍(1985), 「敎育 漢字의 代表訓 硏究」, 경남대학교 교육대학원(碩論).

李果珍(1997), 『한자・한자어 편람』, 경상남도 교육연구원.

이광호(1986ㄱ), 「漢字 字釋語 變遷 硏究-현용 자석어 정립을 위하여-」, 慶北大學
    校 大學院(碩論).

이광호(1986ㄴ), 「의미영역에 따른 자석어 변천 고」, 『언어연구』 4, 95~120.

이광호(1989), 「의미의 가치 변화에 따른 자석어 변천」, 『語文論叢』 23, 경북대
    학교, 87~106.

이광호(1993), 「國語 類義語의 通時的 硏究」, 慶北大學校 大學院(博論).

이광호(1995), 『類義語 通時論』, 이회.

이권홍(2011), 「방언자료를 통한 한자훈 연구」, 『한자한문교육』 제27집, 335~
    367.

이근우(2004), 「왕인의 『千字文』, 『論語』 일본전수설 재검토」, 『역사비평』 69, 역
    사문제연구소, 191~217.

이금녀(1994), 「『千字文』 새김(석)의 연구」, 경북대학교 교육대학원(碩論).

李基文(1963), 『國語 表記法의 歷史的 硏究』, 韓國硏究院.

李基文(1965), 「近代 中國語 借用語에 대하여」, 『아세아연구』 8~2, 고려대학교
    아세아문제연구소.

李基文(1968), 「高句麗의 言語와 그 特徵」, 『白山學報』 4, 白山學會, 103~142.

李基文(1970), 「新羅語의 '福(童)에 대하여」, 『국어국문학』 49・50, 국어국문학

회, 201∼210.

李基文(1971ㄱ), 「『訓蒙字會』 解題」, 『訓蒙字會』(영인본), 檀國大學校 東洋學研究所, 365∼377.

李基文(1971ㄴ), 『訓蒙字會 研究』, 서울대학교 출판부.

李基文(1972ㄱ), 「漢字의 釋에 관한 研究」, 『東亞文化』 11, 서울대학교 東亞文化研究所, 231∼269.

李基文(1972ㄴ), 「石峰『千字文』에 대하여」, 『국어국문학』 55·56·57, 국어국문학회, 395∼402.

李基文(1972ㄷ), 『國語史 槪說』, 민중서관.

李基文(1973), 「『千字文』 解題」, 『千字文』(영인본), 檀國大學校 東洋學研究所, 279∼297.

李基文(1978), 『十六世紀 國語의 研究』, 탑출판사.

李基文(1981), 「『千字文』 研究(Ⅰ)」, 『韓國文化』 2, 서울대학교 韓國文化研究所, 1∼17.

李基文(1982), 「百濟語 研究와 관련된 몇 問題」, 『百濟研究』 개교30주년특집호, 충남대학교 백제연구소.

李基文(1989), 「古代國語 研究와 漢字의 새김 問題」, 『震檀學報』 67, 震檀學會, 97∼113.

李基文(1991), 『國語 語彙史 研究』, 동아출판사.

李基文(1999), 「『訓蒙字會』 考」, 『語文研究』 104, 韓國語文教育研究會, 199∼207.

李基文·孫熙河(1995), 『千字文 資料集』(지방 천자문 편), 박이정출판사.

李大周(1982), 「漢字의 音·訓 연구」, 高麗大學校 大學院(碩論).

李德鳳(1963), 「『鄕藥救急方』의 方中鄕藥目 研究」, 『亞細亞研究』 6∼1(a), 6∼2(b), 高麗大學校 亞細亞問題研究所.

李德興(1985), 「『家禮諺解』에 나타난 語彙形成考-特히 漢字語를 중심으로-」, 『語文研究』 48, 韓國語文教育研究會, 435∼453.

李敦柱(1971), 註解 『千字文』, 박영문고 228, 박영사.

李敦柱(1979), 『漢字學 總論』, 박영사.

李敦柱(1985), 「한자 의미의 변별성과 국어 자석의 문제-『訓蒙字會』의 석과 하주를 중심으로-」, 『葛雲 文璇奎 博士 華甲紀念論文集』, 133∼158.

李敦柱(2003), 『韓中漢字音研究』, 태학사.

李東林(1970), 「『東國正韻』研究」, 東國大學校 大學院(博論).

李炳銑(1982), 『韓國古代地名國名研究』, 형설출판사.

李炳銑(1996), 『日本古代地名研究』, 아세아문화사.

李奉奎(1995), 「『釋譜詳節』권20과『月印釋譜』권18의 對比 研究」, 한국외국어대
학교 대학원(碩論).

李石求(1988), 「『類合』에 대한 國語學的 研究」, 檀國大學校 教育大學院(碩論).

李錫祿(1992), 「『月印釋譜』권11・12와『法華經諺解』의 對比 研究」, 한국외국어
대학교 대학원(碩論).

李崇寧(1973), 「『小學諺解』의 戊寅本 과 校正廳本의 比較 研究」, 『震檀學報』36,
震檀學會, 79~97.

李承宰(1992), 『高麗時代의 吏讀』, 태학사.

李承宰(2013), 『漢字音으로 본 백제어의 자음체계』, 태학사.

李庸周(1974), 『韓國 漢字語에 관한 研究』, 삼영사.

이영애(1986), 「『飜譯小學』과『小學諺解』의 比較 研究」, 효성여자대학교 대학원
(碩論).

李完雨(1997), 「石峯 韓濩 書藝 研究」, 韓國精神文化研究院 韓國學大學院(博論).

이우영・정진권(1987), 「『千字文』의 재검토」, 『語文研究』53, 韓國語文教育研究
會, 70~98.

이은규(1993), 「향약구급방의 국어학적 연구」, 효성여자대학교 대학원(博論).

이은규(2006), 『고대 한국어 차자표기 용자 사전』, 제이앤씨.

李乙煥(1982), 「『訓蒙字會』의 意味論的 研究」, 『논문집』23, 숙명여자대학교, 145
~172.

李應百(1975), 『國語教育史研究』新丘文化社.

李應百(1986), 「文教部 制定 漢文 教育用 基礎漢字의 代表訓・音 設定 試案」,
『國語學 新研究 Ⅲ』, 탑출판사, 193~208.

李應百(1989), 「한자 새김의 현실화 문제」, 『국어생활』17, 국어연구소, 81~95.

李翊燮(1992), 『國語 表記法 研究』, 서울대출판부.

이임환(1994), 「기초한자의 전통성에 관한 연구」, 대구대학교 교육대학원(碩論).

이정희(1995), 「『訓蒙字會』와『千字文』字釋 比較 研究」, 成均館大學校 大學院
(碩論).

이중연(2001), 『'책'의 운명』, 도서풀판 혜안.

李喆洙(2002),『國語史의 理解』, 名稱科學出版部.

李 鐸(1958),『國語學論攷』, 정음사.

이태영(2013),『전주의 책 완판본 백선』, 신아출판사.

이태영(2014),『국어사와 방언사 연구』, 역락.

이충구(2012), 해제『교수용 주해천자문』, 전통문화연구회.

이현희(1988),「『小學』의 언해에 대한 비교연구-형태·통사적 측면을 중심으로-」,『한신논문집』5, 한신대학교 국어국문학과.

이현희(1993),「『小學』의 언해본」,『國語史 資料와 國語學의 硏究』, 문학과 지성사, 231~251.

이현희 외(1997),『杜詩 와 杜詩諺解』6·7, 신구문화사.

李浩權(1987),「法華經 諺解에 對한 比較硏究」, 서울대학교 대학원(碩論).

이호열(1995ㄱ),「初刊本 杜詩諺解의 語彙 硏究」, 圓光大學校 大學院(博論).

이호열(1995ㄴ),『杜詩諺解 索引集』, 1·2, 이회문화사.

李孝善(2013),「韓国『千字文』書誌」,『京都大学歷史文化社会論講座紀要』10, 33~55.

李勳鐘(1983),「우리 손으로 이루어진 천자문형 교재의 탐구」,『학술지』27, 건국대학교, 43~65.

李勳鐘·成元慶(1975),「漢字音·訓 變遷 硏究」,『학술지』19, 건국대학교.

李熙昇(1955),『國語學槪說』, 민중서관.

林敬淳(1991),『韓·日 漢字 音·釋의 比較硏究』, 대제각.

임경조(1993),「『字類註釋』의 사전적 성격과 언어적 성격」, 국어연구 111, 국어연구회.

林東錫(2009),「『千字文』의 原流 內容 및 韓國에서의 發展 상황 考察」,『中國語文學論集』56, 中國語文學硏究會, 281~304.

林東錫(2010),『『千字文』역주』, 동서문화사.

林萬榮(1976),「『訓蒙字會』에 대한 考察」,『論文集』8~1, 충주공업고등전문학교, 1~13.

임민규(1987),「『小學諺解』의 國語學的 考察」, 高麗大學校 大學院(碩論).

임지룡(1992),『국어의미론』, 탑출판사.

장경준(2007),『瑜伽師地論 點吐釋讀口訣의 解讀 方法 硏究』, 태학사.

장경준(2015),「조선 초기 대명률의 이두 번역에 대하여」,『우리어문연구』52,

우리어문학회, 451~490.

張光德(1972), 「『類合』小考-七長寺 所藏板의 紹介를 中心으로-」, 『明知語文學』 5, 명지대학교.

張周鉉(1988), 「『訓蒙字會』의 語學的 研究」, 淸州大學校 大學院(碩論).

장세경(1990), 『고대차자복수인명표기연구』, 국학자료원.

장세경(1991), 「백제 인명 표기자 연구」, 『東方學志』 71·72, 연세대학교, 531~ 548.

장세경(2001), 『이두자료 읽기 사전』, 한양대학교 출판부.

장지영·장세경(1976), 『이두 사전』, 정음사.

장윤희(2007), 「안민가의 '狂尸恨과 중세국어의 '어즐ㅎ-'의 어휘론」, 『국어사 연 구와 자료』, 태학사, 289~309.

全在昊(1975), 『杜詩諺解의 國語學的 研究』, 二友出版社.

全在昊(1987), 『國語語彙史 研究』, 경북대학교 출판부.

全在昊(1988), 「漢字 訓의 變遷과 語彙論的 位相」, 『語文論叢』 22, 경북대학교, 1~21.

田蒙秀(1941ㄱ), 「柔名攷(一)」, 『한글』 통권 85, 조선어학회, 2~7.

田蒙秀(1941ㄴ), 「柔名攷,(二)」, 『한글』 통권 86, 조선어학회, 4~10.

田蒙秀(1941ㄷ), 「禾穀名攷」, 『한글』 통권 87, 조선어학회, 3~8.

田蒙秀(1941ㄹ), 「彩色語彙攷(一)-『訓蒙字會』의 研究 一節-」, 『한글』 통권 88, 조 선어학회, 3~5.

田蒙秀(1941ㅁ), 「彩色語彙攷(二)-『訓蒙字會』의 研究 一節-」, 『한글』 통권 89, 조 선어학회, 3~5.

田蒙秀(1941ㅂ), 「彩色語彙攷(二)-『訓蒙字會』의 研究 一節-」, 『한글』 통권 90, 조 선어학회, 4~7.

田蒙秀(1941ㅅ), 「菓名攷(一)-『訓蒙字會』의 研究 一節-」, 『한글』 통권 91, 조선어 학회, 8~10.

田蒙秀(1942), 「菓名攷(二)-『訓蒙字會』의 研究 一節-」, 『한글』 통권 92, 조선어학 회, 3~5.

鄭光(2006), 『譯註 飜譯老乞大와 老乞大諺解』, 신구문화사.

鄭光(2010), 『譯註 原本老乞大』, 박문사.

鄭光 외(2006), 『譯學書와 國語史 研究』, 태학사.

鄭大煥(1981), 「『千字文』의 訓에 관한 研究」, 계명대학교 대학원(碩論).

정렬모(1965), 『향가연구』, 과학원출판사.

정민영(1993), 「國語 漢字語의 單語 形成 研究」, 忠北大學校 大學院(博論).

정성희(1986), 「『千字文』의 釋에 대하여」, 『국어과교육』 6, 부산교육대학.

鄭承喆(1997), 「濟州本『訓蒙字會』에 대한 書誌學的 考察」, 『仁荷語文研究』 3, 인하대학교.

정승혜(2016), 「물명류의 특징과 자료적 가치」, 『국어사연구』 22, 국어사학회, 81~135.

鄭然粲(1977), 「『訓蒙字會』 釋音同一字의 傍點」, 『이숭녕박사 고희기념 국어국문학논총』.

정영호(2005), 「『小學』의 언해본에 대한 국어학적 연구」, 영남대학교 대학원(博論).

정우상(1997), 「초등학교 교육용 기초한자의 선정과 표준 훈음」, 『한자교육신강』, 전통문화연구회.

정우락(2005), 「日帝强占期 金浩直의 東千字 著述과 그 意義」, 『동양한문학연구』 22호, 285~336.

정우영(2008), 『譯註 續三綱行實圖』, 한국문화사.

정우영(2011), 「한글 佛典類의 역주 방법론 연구」, 『국어사연구』 12, 국어사학회, 75~118.

정재영(2006), 「한국의 구결」, 『口訣研究』 17, 구결학회, 125~185.

趙健相(1970), 「『同文類解』의 國語學的 研究(上)」, 『論文集』 3, 충북대학교.

趙健相(1973), 「『同文類解』의 國語學的 研究(下)」, 『論文集』 5, 충북대학교.

조남호(2001ㄱ), 『두시언해 한자어 연구』, 태학사.

조남호(2001ㄴ), 『두시언해 어휘 색인』, 태학사.

조명화(2005), 『漢字의 우리말 표준새김』, 이회문화사.

趙炳舜(1982), 「原本 石峰『千字文』에 대하여」, 『書誌學』 7, 書誌學會.

조수현(2001), 『서예의 이해』, 이화문화출판사.

조항범(1998), 『註解 순천김씨묘출토간찰』, 태학사.

조항범(2014), 『국어 어원론』, 충북대학교 출판부.

趙孝基(1993), 「蒙學二千字 研究」, 忠南大學校 大學院(碩論).

池憲英(1946), 『鄕歌麗謠新釋』, 정음사.

陳泰夏(1975), 『鷄林類事 研究』, 탑출판사.

채 백(2008), 「근대 민족주의의 형성과 개화기 출판」, 『한국언론정보학보』 41권 1호, 7~41.

천소영(1990), 『古代國語의 語彙 研究』, 高麗大學校 民族文化研究所.

천소영(1996), 「지명에 쓰인 '느르'형 어사에 대하여」, 『口訣研究』 1, 口訣學會, 267~286.

천소영(2002), 「'mVrV'형 지명어 재고」, 『地名學』 7, 韓國地名學會, 171~197.

千時權·金宗澤(1982), 修訂版 『國語意味論』, 형설출판사.

최남희(1999), 『고대국어 표기 한자음 연구』, 박이정.

최남희(2005), 『고구려어 연구』, 박이정.

최동언(2001), 『조선식한문연구』, 사회과학출판사.

崔範勳(1975), 「『千字文』의 字釋 攷」, 『국어국문학논문집』 9·10, 동국대학교.

崔範勳(1976ㄱ), 「『字典釋要』에 나타난 難解字釋에 대하여」, 『국어국문학』 70, 국어국문학회, 47~76.

崔範勳(1976ㄴ), 『韓國語學論攷』, 통문관.

崔範勳(1977), 『漢字借用表記體系研究』, 동국대학교 한국학연구소.

崔範勳(1983ㄱ), 「註解『千字文』의 複數字釋에 대하여」, 『국어국문학논문집』 12, 동국대학교, 19~42.

崔範勳(1983ㄴ), 「『百聯抄解』東京大本의 國語學的 研究」, 『논문집』 13, 京畿大學校, 9~38.

崔範勳(1984), 「『訓蒙字會』의 難解字釋 研究(Ⅰ)」, 『대학원논문집』 1, 경기대학교, 9~28.

崔範勳(1985ㄱ), 「『訓蒙字會』의 難解字釋 研究(Ⅱ)」, 『牧泉兪昌均博士 還甲紀念論文集』, 757~774.

崔範勳(1985ㄴ), 「『訓蒙字會』의 難解字釋 研究(Ⅲ)」, 『具壽榮博士 還甲紀念論文集』, 459~470.

崔範勳(1985ㄷ), 「新發見 五字本『訓蒙字會』의 研究」, 『천시권박사 회갑기념 국어학논총』, 725~745.

崔範勳(1985ㄹ), 「새 資料 五言體 百聯抄」, 『論文集』 17~1, 경기대학교.

崔範勳(1986), 「開化期 字釋類 研究」, 『東泉趙健相先生 古稀紀念論叢語』, 341~356.

최세화(1986), 「대마도 역사민속자료관 소장본 천자문의 자석에 대하여」, 『日本

學』5, 東國大學校 日本學研究所, 203~228.

최세화(1987), 『丙子本『千字文』・固城本『訓蒙字會』考』, 태학사.

최세화(1993), 『漢字敎本三書研究』, 태학사.

최지훈(2001), 「『千字文』 새김 어휘 연구-16세기 간행 천자문의 명사류를 중심으로-」, 『한국어의미학』9, 한국어의미학회, 153~178.

최태연(1994), 「중학교 한문교과서 연구」, 계명대학교 교육대학원(碩論).

崔鶴根(1980), 「『千字文』에 대하여」, 『국어국문학』83, 국어국문학회, 215~219.

崔洪烈(2004), 「'도올' 同訓字의 意味 考察」, 『語文研究』123, 韓國語文教育研究會, 61~92.

崔洪烈(2006), 「'언덕' 同訓字의 意味 考察」, 『語文論集』34, 중앙어문학회, 125~152.

최현배(1946), 『글자의 혁명』, 정음사.

최현배(1963), 『한글 가로글씨 독본』, 정음사.

추교신(1982), 「家禮諺解의 國語學的 研究」, 仁荷大學校 大學院(碩論).

편무진(1999), 「千字文類의 일본어에 대하여」, 『단국대학교 논문집』 인문사회과학편 제34집, 159~171.

한국정신문화연구원 인문연구실(1998), 『杜詩와 杜詩諺解 研究』, 태학사.

한상인(1988), 「難解字釋 研究」, 忠南大學校 大學院(碩論).

한상인(1993), 「大明律直解 吏讀의 語學的 研究」, 忠南大學校 大學院(博論).

허정원(2005), 「『月印釋譜』 권19와 『法華經諺解』 권7의 比較 研究」, 한국외국어대학교 교육대학원(碩論).

홍기문(1956), 『향가해석』, 과학원.

홍기문(1957), 『리두연구』, 과학원출판사.

홍순탁(1974), 『이두연구』, 광문출판사.

洪允杓(1985), 「歷代『千字文』과 西部東南方言」, 『羨烏堂 金炯基先生 八耋紀念 國語學論叢』, 창학사, 585~605.

洪允杓(1987), 「龍飛御天歌의 註解文에 대하여」, 『도솔어문』3, 檀國大學校 국어국문학과, 10~27.

洪允杓(1988), 「18,19세기의 한글 註釋本 類書에 대하여」, 『주시경학보』1.

洪允杓(1993), 『國語史 文獻 資料 研究』(近代編Ⅰ), 태학사.

洪允杓(1994), 『近代國語研究(1)』, 태학사.

洪允杓(1997), 「한글자료의 성격과 해제」, 『國語史 研究』, 國語史研究會, 97~138.

洪允杓(2007),「한자 석음 역사 자료에 대한 고찰」,『국어사 연구와 자료』, 태학사, 337~364.

洪允杓(2011),「金國杓 書『千字文』解題」,『국어사연구』12, 국어사학회, 271~278.

洪允杓(2014),「국어 어휘사 연구 방법」,『국어사연구』18, 국어사학회, 7~43.

황금연(1994),「차자표기 '仍·芿에 대한 해석」,『國語學』34, 國語學會, 145~166.

황금연(2000),「'·잉-'·'·인-'형 지명의 한 해석」,『地名學』3 韓國地名學會, 133~154.

황문환(1998),「『자훈언해』」,『문헌과 해석』3, 태학사.

황문환(2013),「조선시대 언간 자료의 종합화와 활용 방안」,『한국어학』59, 한국어학회, 39~74.

黃善峰(1976),「『新字典』用言의 訓釋 研究」, 啓明大學 教育大學院(碩論).

황선엽(2000),「석독구결 '시(尸)'의 해독에 대하여」,『韓國文學論叢』26, 한국문학회, 255~280.

황선엽(2011),「차자표기 자료의 역주에 대하여」,『국어사연구』12, 국어사학회, 143~166.

황선엽 외(2009),『釋讀구결사전』, 박문사.

藤本幸夫(1977),「朝鮮版『千字文』とその地方性」,『國語國文』四六-四, 京都大學文學部 國語國文學 研究室.

藤本幸夫(1980ㄱ),「朝鮮版『千字文』の 系統:其一」,『朝鮮學報』94, 63~117.

藤本幸夫(1980ㄴ),「大東急紀念文庫 所藏『千字文』索引」,『朝鮮學報』97.

藤本幸夫(1982),「宮內廳書陵部 所藏『千字文』索引」,『朝鮮學報』102.

藤本幸夫(1986),「朝鮮童蒙書 漢字本『類合』攷」,『人文學部紀要』11, 富山大學, 256~315.

藤本幸夫(1990),『朝鮮童蒙書 漢字本 '類合'과 新增類合について, アツアの諸言語と一般言語學』, 三省堂.

藤本幸夫(1992),「李朝訓讀攷 其一」,『朝鮮學報』143, 朝鮮學會.

藤本幸夫(1993),「韓國의 訓讀에 대하여」,『國語史 資料와 國語學의 研究』, 문학과 지성사, 642~649.

藤本幸夫(2006),「朝鮮版『千字文』에 대하여」,『연세국학총서』(국어사 연구 어디까지 와 있는가) 66, 태학사, 459~472.

藤本幸夫 編(2014),『日韓漢文訓讀研究』, 勉誠出版.

濱田敦(1970), 『朝鮮資料たよる日本語 研究』, 岩波書店.

濱田敦(1983), 『續朝鮮資料たよる日本語 研究』, 臨川書店.

相澤春洋(1970), 『四體千字文』, 文解堂(東京).

西脇吳石編書, 『三體書鑑』, 淸文堂(東京), 연대미상.

小倉進平(1929), 『鄕歌及吏讀の硏究』, 京城大學文學部紀要.

小川環樹(1966), 「千字文について」, 『書道全集 5』, 平凡社, 8~18.

小川環樹・木田章義(1997), 『千字文(岩波文庫 33-20-1)』, 岩波書店.

木田章義(1997), 「文庫版によせて」, 『千字文(岩波文庫 33-20-1)』, 岩波書店, 427~442.

山崎誠(1983), 「本邦旧伝注千字文攷」, 『平安文学研究』69, 23~34.

安田章(1980), 『朝鮮資料と中世國語』, 笠間書院.

野村茂生(2009), 『千字文を読み説く』, 大修館書店.

汪嘯尹 纂集(1991), 『千字文 釋義』, 中國書店(北京).

田中章夫(1978), 『國語語彙論』, 明治書院.

鮎貝房之進(1931), 『新羅王號攷, 朝鮮國名攷』, 朝鮮印刷株式會社.

黒田彰(1982), 「上野本『注千字文』」, 『国文学』59(関西大学 国文学会), 38~69.

黒田彰外編(1989), 『上野本 注千字文注解』, 和泉書院, 1~196.

Anttila, R.(1977), *Analogy*, The Hague: Mouton.

Anttila, R.(1988), *An Introduction to historical and comparative linguistics*, Second
Edition, New York: Macumillan.

Baldinger, K.(1980), *Semantic Theory*, Oxford: Basil Blackwell.

Bauer. L.(1983), *English Word-formation,* Cambridge: Cambridge University Press.

Bloomfield, L.(1933), *Language*, New York: Holt.

Bolinger, D.(1977), *Meaning and Form*, New York: Longman.

Bréal, M.(1908), *Essai de Semantique*, Fourth edition, Paris.

Bybee, J. L.(1985), *Morphology: A Study Of The Relation Between Meaning And
Form,* Amsterdam/Philadelphia: John Benjamins Publishing Company.

Bynon, T.(1977), *Historical Linguistics*, Cambridge: Cambridge University Press.

Campbell, L.(1999), *Historical Linguistics*, Cambridge, Massachusetts: The MIT Press.

Comrie, B.(1976), *Aspect*, Cambridge: Cambridge University Press.

Comrie, B.(1985), *Tense*, Cambridge: Cambridge University Press.

Cruse D. A.(1986), *Lexical Semantics,* Cambridge: Cambridge University Press.

Harris, A. C. & Campbell, L.(1995), *Historical syntax in cross-linguistic perspective,* Cambridge: Cambridge University Press.

Hock, H. H.(1986), *Principles of Historical Linguistics,* Berlin: Mouton de Gruyter.

Hock, H. H.(2003), *Analogical Change, The Handbook of Historical Linguistics,* Oxford: Blackwell.

Hopper, P. & Elizabeth, T.(1993), *Grammaticalization.* Cambridge: Cambridge University Press.

Langacker, R. W.(1968), *Language and it's Structure: Some Fundamental Linguistic Concepts,* Harcourt, Brace & World, INC.

Leech, G.N.(1974), *Semantics,* Harmondsworth: Penguin.

Lightfoot, D.(1979), *Principles of Diachronic Syntax,* Cambridge: Cambridge University Press.

Lightfoot, D.(1999), *The Development of Language,* Oxford: Blackwell.

Lyons, J.(1968), *Introduction to Theoretical Linguistics,* Cambridge: Cambridge University Press.

Lyons, J.(1977a), *Semantics I ,* Cambridge: Cambridge University Press.

Lyons, J.(1977b), *Semantics II,* Cambridge: Cambridge University Press.

Lyons, J.(1981), *Language and Linguistics,* Cambridge: Cambridge University Press.

Matthews, P. H.(1974), *Morphology: An Introduction to the Theory of Word-Structure,* Cambridge: Cambridge University Press.

Nida, E. A.(1949), *Morphology: The Descriptive Analysis of Words,* Second Edition, Ann Arbor: The University of Michigan Press.

Palmer, F. R.(1976), *Semantics,* Cambridge: Cambridge University Press.

Ramstedt, G. J.(1949), *Studies in Korean Etymology,* Helsinki: Suomalais - Ugriliainen Seura.

Trask, R. L.(1996), *Historical Linguistics,* London: Arnold.

Ullmann, S.(1957), *The Principles of Semantics,* Glasgow: Jackson & Oxford: Basil Blackwell.

Ullmann, S.(1962), *Semantics: An Introduction to the Science of Meaning,* Oxford: Basil Blackwell.

제3부

『千字文』 새김 자료

일러두기

1. 간행 시기를 고려하여 『千字文』 15개 이본의 각 한자에 달려있는 새김과 한자음을 상단에 제시하고, 하단에는 通解가 실려 있는 이본의 경우 그 번호와 함께 제시하기로 한다.

2. 표제 한자는 『石千』의 한자를 제시하기로 하며 이본에 따라 달리 나타는 경우는 해당 한자를 그 훈·음 뒤에 보기와 같이 제시하기로 한다.

   (보기) 표제 한자 烈: 믈글 결(潔)〈光千〉, 믈글 결(潔)〈大千〉, ケツヲ ケツ(潔)〈三千〉

3. 표제 한자에 달려있는 새김과 음은 각 이본에 표기된 형태를 존중, 판각되어 있는 대로 옮기는 것을 원칙으로 한다. 판각하지 않은 글자는 ■, 판독이 어려운 글자는 □로 표시하기로 한다. 판독하되 단정하기 어려운 경우는 (?)를 붙이기로 하며 오각으로 판단되는 경우는 [ ] 안에 바른 글자를 제시하기로 한다.

   (보기) ⑧우와 주난 널으고 커서 시(?)와 맛침이 업나니 상하사방을 우라 하고 왕고래금을 주라 하나니라
   ⑧진과 수난 버리고 베픠[펴]시니 진은 십이진이 잇고 수난 이십팔수가 잇나니라

4. 15개의 이본 중 『千字文』 杏谷本과 完山本은 ⑦에 함께 제시하기로 하며 ⑨에서는 『사천』 1937년 본과 1945년 본을 함께 제시하기로 한다. 이 때 두 이본의 새김과 한자음이 동일하지 않은 경우만 '/'을 경계로 각각 보기와 같이 제시하기로 한다.

   (보기) 지울 칙/기울 칙〈행천/완천〉, 기울 책/기울 측〈사천1937/사천1945〉

5. 본 자료에서 채택한 『천자문』 이본과 각 문헌에 부여한 번호와 약호는 다음과 같다.

   ① 광천: 『千字文』 光州本(1575), 단국대학교 동양학연구소, 영인본(1973).
   ② 대천: 『千字文』 大東急本(16세기 중엽?), 『조선학보』 93, 영인본(1979).
   ③ 석천: 『千字文』 內閣文庫本(1583), 단국대학교 동양학연구소, 영인본(1973).
   ④ 칠천: 『千字文』 七長寺本(1661), 단국대학교 국어국문학과, 소장본.

⑤ 영천: 『千字文』靈藏寺本(1700), 유탁일 교수 소장본.

⑥ 송천: 『千字文』松廣寺本(1730), 손희하, 『千字文〈松廣寺板〉』영인본(1993).

⑦-ㄱ 행천: 『千字文』杏谷本(1862), 국립중앙도서관 소장본, 다가서포 영인본(1916).

⑦-ㄴ 완천: 『千字文』完山本(1905), 한국학중앙연구원 소장본.

⑧ 박천: 日鮮註解『千字文』(1917), 博文書館, 서원대학교 교육자료박물관 소장본.

⑨-ㄱ 사천: 日鮮『四體 千字文』(1937), 廣韓書林, 국립중앙도서관 소장본.

⑨-ㄴ 사천: 中鮮諺解『四體 千字文』(1945), 廣韓書林.

⑩ 중천: 日鮮解註『千字文』(1948), 中央出版社.

⑪ 주천중간: 註解『千字文』(1804), 京城廣通坊, 檀國大學校 東洋學研究所, 影印本(1973).

⑫ 삼천: 三體『千字文』(1935), 洛東書院, 서원대학교 교육자료박물관 소장본.

⑬ 세천: 四體圖像註解『世昌千字文』(1956), 세창서관.

5. 각 이본의 새김과 한자음 그리고 통해를 제시하면서 고려한 사항은 다음과 같다.

(1) ①광천, ②대천: ③석천의 경우 편찬을 기획한 단계에서부터 대자 아래에 새김과 음을 달기로 하고 그 공간을 충분히 배려하였다. 그러므로 좌에서 우로 새김과 음을 한 음절씩 또박또박 기록하였다. 그러나 표제한자에 훈과 음을 단 초기의 문헌인 ①광천과 ②대천에서는 한 음절을 나누어 표기하기도 하고 두 음절을 한 음절이 표기될 위치에 겹쳐 쓰기도 하였다. 이렇듯 특이하게 표기된 것에 대하여는 보기와 같이 원문 이미지 자료를 첨부하기로 한다.

(보기)

| 關 | 집 귀르 | 裳 | 고외샤 ○ | 歸 | 귀 갈라도 | 辭 | 말 ㅅ |

(2) ②대천: 훈음동일자의 경우 한자음을 'ㅅ'으로 표현한 경우 'ㅅ' 뒤에 보기와 같이 해당 한자음을 [ ] 안에 제시하기로 한다.[1]

(보기) 漆(옷칠 ㅅ→옷칠 ㅅ[칠], 輦(련 ㅅ→련 ㅅ[련]

---

1 ② 대천에서 '漆'보다 앞에 나오는 훈음동일자 '唐, 墨, 福, 業' 등에 대하여는 'ㅅ'를 활용하지 않고 각각 '대당당, 믁 믁, 복 복, 업 업' 등과 같이 한자음을 새겨 넣었다.

(3) ⑤영천: 판각의 편의를 위하여 'ㅇ'을 모두 'ㅿ'과 유사하게 새겼는데 'ㅇ'으로 바로 잡아 제시하기로 한다. 30번째 장(자번 925 鈞부터 자번 956 斡까지 2면 8행 32자)이 누락되었다. 이들 항목은 공란으로 두기로 한다.

(4) ⑥송천: 원칙적으로 판본에 나타난 표기대로 옮기기로 한다. 다만 판각의 편의를 위하여 'ㅇ'을 대부분 'ㅿ'과 유사하게 새겼거나 일부는 'ㅁ'으로 새겼는데 'ㅿ'으로 새긴 것만 'ㅇ'으로 바로 잡아 보기와 같이 제시하기로 한다.

(보기) '날 실(日)'은 '날 일(日)'로 바로잡아 옮기기로 하며, '집 무(宇)'는 '집 우(宇)'로 바로 잡지 않고 원본대로 옮기기로 한다.

(5) ⑦-ㄱ행천, ⑦-ㄴ완천: 전주에서 간행된 것으로 大字(漢字)의 자형이 동일할 뿐만 아니라 출판 형식도 유사하다. '구홀 그(求), 져역 셕(夕)' 등과 같이 두 이본에 동일한 오각이 발견되기도 하고, '진 영/질 영(永)'과 같이 방언형을 반영한 경우도 있다. 그런데 행곡본은 말미에 "崇禎紀元後四 壬戌 杏谷開刊"이라는 간기가 적혀 있고 완산본에는 乙巳季冬 完山新刊이라 적혀있다. 주체가 다른 간행자에 의하여 각각 1862년과 1905년에 간행되었음을 알 수 있는데 새김과 음을 달리한 경우도 상당수 있다. 편집, 출판 과정에서의 관련성을 비롯한 두 이본간의 관계에 대하여 논의할 수 있는 기초자료를 제공하고, 나아가 다른 이본과의 비교 자료로 활용할 수 있도록 '/'을 중심으로 '행천/완천'의 새김과 음을 제시하기로 한다.

(6) ⑧박천: 1행을 5단으로 편성하여 각 구 4자의 한자를 제시한 후 하단에 통해를 붙여 놓았다. 각 한자 아래에 한글과 가나로 '하날 텬 アメ テン'과 같이 훈·음을 달아 놓았다. 중간에 사선을 긋고 한·일어 훈·음을 제시하기로 한다. 통해의 문장은 띄어쓰기는 물론 일체의 문장부호가 사용되지 않았다. 본 자료에서는 현용 어문규범에 따라 띄어쓰기를 하여 제시하기로 한다.

(7) ⑨-ㄱ사천, ⑨-ㄴ사천은 廣韓書林에서 金松圭가 저작 겸 발행한 책이다. ⑨-ㄱ은 소화 12년(1937) 9월에, ⑨-ㄴ은 을유년(1945) 10월에 간행되었다. 동일인이 동일한 출판사에서 8년의 시차를 두고 출판하였으나 ⑨-ㄱ에는 대자(한자) 아래에 한글과 가타가나로 훈·음을 달았으며 통해는 제시하지 않았다. 반면에 광복과 함께 편찬된 ⑨-ㄴ은 한글로만 훈·음을 달고 통해를 붙여 놓았다. 훈·음이 달리 나타나는 경우 '/'를 중심으로 제시하기로 하며 하단의 통해는 ⑨-ㄴ에 실려 있는 것을 현용 어문규범에 따라 띄어쓰기를 하여 제시하기로 한다.

(8) ⑩중천: ⑧박천과 같이 1행을 5단으로 편성한 것은 동일하나 상단에 통해를 제시하고 그 아래에 1구 4자의 한자를 훈·음과 함께 제시하였다. 일제강점기에 출판된 ⑧박천의 경우 각 한자의 훈과 음을 한글과 더불어 가나로도 제시하였으나 ⑩중천은 우리말 훈·음만을 제시하였다. 통해의 문장은 ⑧박천과 같이 띄어쓰기는 물론 일체의 문장부호가 사용되지 않았다. 본 자료에서는 현용 어문규범에 따라 띄어쓰기를 하여 제시하기로 한다.

(9) ⑪주천중간: 홍태운의 글씨로 崇禎百七十七年(1804년)에 경성 광통방에서 간행한 註解『千字文』중간본이다. '註解'에서 '註'의 개념은 매 한자마다 그 자의를 한자로 풀이한 것은 물론 자석, 자음, 성조와 청탁 표시부호 및 다른 자체인 전서까지 각 한자와 관련하여 제시된 모든 사항을 포괄하는 개념이다. 그리고 '解'는 각 구를 풀이한 것인데 '通釋'이라 칭하기도 한다. 통석 즉 通解가 ⑪주천중간에는 한문으로 제시되어 있으며 후대에 간행된 이본에는 한글로 제시되었음을 ⑧, ⑨, ⑩; ⑬ 등을 통하여 알 수 있다. ⑪주천중간의 편성방식은 4자1구의 한자를 한 행에 제시하였으며 표제한자인 대자의 우측 상단에 작은 글씨로 전서자를 제시하였다. 그리고 좌측 상단에 청탁표시 부호, 하단에 작은 글자로 좌측부터 시작하여 세로쓰기로 석과 음을 제시한 후 한문주석을 달았다. 일자일훈인 경우도 있지만 표제한자에 따라서는 일자수석을 제시한 경우도 있다. 통해는 각 구의 우측에 한 행으로 제시하였다. 본 자료에서는 각 한자에 한글로 표기된 석·음과 통해의 한문을 제시하기로 한다. 통해의 한문은 원문에 구결을 달아 제시하기로 한다.

(10) ⑫삼천: 일본 京都의 洛東書院에서 1935년에 습자교본을 목적으로 간행한 것이다. 眞(楷)·行·草 삼체 모두를 본문의 대자로 삼았다. 이 책의 뒤편에 '千字文 講義'라 하여 부록을 삼았는데, 상단에는 8자(2구 1절)씩 한자를 중앙에 배열하고 좌측에 각 한자의 훈을 그리고 우측에 음을 작은 글자로 달아 놓았다. 그리고 하단에는 통해를 붙여 놓았다. '千字文 講義'를 일본 大坂의 久榮堂書店에서 1922년에 간행한 『三千』에서는 '千字文 註解'라 하였는데 그 형식이 ⑫삼천과 동일하다. 본 자료에서는 각 한자의 훈과 음을 우리말로 풀이하여 원문과 함께 제시하기로 한다. 하단에 제시할 통해 또한 원문 다음에 우리말 번역문을 함께 제시하기로 한다. 이 작업은 일본어학을 전공한 김정빈 교수의 도움으로 이루어졌다.

(11) ⑬세천: 세창서관에서 1956년에 출판된 四體圖像註解『世昌千字文』도 기존의 편집 방식과 같이 세로편집을 하였으나 각 면을 8행으로 나누고 각 행은 7단으로 구성하였다. 각 행은 1단부터 도해, 삼체(隸書, 篆書, 草書), 통해를 차례

로 제시한 후 4~7단까지 해서체 표제한자 아래에 한글로 좌에서 우로 훈과 음을 달았다. 훈과 음을 좌에서 우로 가로쓰기한 것은 기존의 『千字文』과는 다른 방식이다. 셋째 단에 제시된 통해의 문장을 보면 띄어쓰기를 하지 않았고, 일관되지는 않으나 대부분의 문장에서 띄어 써야할 자리에 구점(,)을 쳤다. 본 자료에서는 원문의 구점(,)은 그대로 두고 현용 어문규정에 따라 띄어쓰기를 하여 제시하기로 한다.

1	①광천1575 ②대천(16C중엽?)	③석천1583 ④칠천1661	⑤영천1700 ⑥송천1730	⑦杏千1862/完千1905 ⑧박천1917	⑨사천1937/1945 ⑩중천1948	⑪주천중간1804 ⑫삼천1935	⑬세천1956
天	하늘 텬	하늘 텬	하늘 쳔	흐늘 쳔	하날 텬	한을 텬	하늘 쳔
	하늘 텬	하늘 쳔	하늘 텬	하날 텬/アメ テン	하날 텬	アメ(아메-하늘) テン (텐-천)	
地	싸 디	싸 디	싸 지	싸 지	따 디/싸 디	싸 디	따 지
	싸 디	싸 디	싸 디	싸 디/ツチ チ	□ 디	ツチハ (츠치와-땅은) チ(치-지)	
玄	가믈 현	가믈 현	가믈 현	가믈 현	감을 현	감을 현	검을 현
	가믈 현	가믈 현	가믈 현	감을 현/クロシ ゲン	감을 현	クロク (쿠로쿠-검고) ゲン(겐-현)	
黃	누를 황	누를 황	누루 항	누루 황	누루황/누루 황	누르 황	누를 황
	누루 황	누루 황	누를 황	누루 황/■クワウ	누루 황	キニ (키니-누런 빛에) クワウ(쿠와우-황)	

⑧ 하날과 싸은 감으며 누루니 하날은 우에 덥힌 고로 그 빗이 감으고 싸은 아래 실닌 고로 빗이 누루니라

⑨ 하날은 우에 덥힌 고록 빗시 감고 싸는 아래 실인 고로 그 빗시 누루이라

⑩ 하날은 우에 덥힌 고로 그 빗시 감고 싸는 아래 실인 고로 그 빗시 누루이라

⑪ 此는 言天地之始也라 易日 天玄而地黃이라하니 天覆於上而其色玄하고 地載於下하여 而其色黃也라

⑫ 天の色は玄乃ち黒く、地の色は黃乃ちきいろなり、(하늘의 빛은 현(玄), 즉 검고, 땅의 빛은 황(黃), 즉 누런 빛이며,)

⑬ 하늘은, 그빛이 검고, 땅은, 그빛이 누르니라

2	①광천1575	③석천1583	⑤영천1700	⑦杏千1862/完千1905	⑨사천1937/1945	⑪주천중간1804	⑬세천1956
	②대천(16C중엽?)	④칠천1661	⑥송천1730	⑧박천1917	⑩중천1948	⑫삼천1935	
宇	집 우	집 우	딥 우	집 우	집 우	쳠하 우	집 우
	집 우	집 우	집 무	집 우/ノ キウ	집 우	オホ(오오-큰) ウ(우-우)	
宙	집 듀	집 듀	딥 듀	집 쥬	집 쥬	집ᄆᆞᄅ 쥬	집 주
	집 듀	집 듀	집 듀	집 주/オホゾラ チウ	집 쥬	ゾラハ 조라와 하늘은) チウ(츄-주)	
洪	너블 홍	너블 홍	너블 홍	너블 홍	넓을 홍	넙을 홍, 클 홍	넓을 홍
	너블 홍	너블 홍	너블 홍	넓을 홍/オホイナリ コウ	넓을 홍	オホイニ (오오이나-크고) コウ(코우-홍)	
荒	거츨 황	거츨 황	거츨 황	거츨 황	것칠 황/것츨 황	클 황, 거츨 황	거칠 황
	거츨 황	거츨 황	거츨 황	것츨 황/ヒロシク ワウ	것칠 황	ヒロシ (히로시-넓다) クワウ(쿠와우-황)	

⑧ 우와 주난 널고 커서 시(?)와 맛침이 업나니 상하사방을 우라 하고 왕고래금을 주라 하나니라

⑨ 우와 쥬는 너르고 커셔 시종이 읍나니 상하사방을 우라하고 왕고래금을 쥬라 한니라

⑩ 우와 쥬는 너르고 커셔 시종이 읍나니 상하사방을 우라하고 왕고래금을 쥬라 한니라

⑪ 天地之內를 橫說則爲上下四方이요 竪說則爲往古來今이니 洪黃而荒遠하여 無涯涘하고 無終極也라

⑫ 宇宙とは大空乃ち天と地の間をいひ、洪荒とは共に大にして廣きをいふ、此の二句及び以下八句は天文を説きたるなり。(우주란 대공(大空), 즉 하늘과 땅의 사이를 말하고, 홍황(洪黃)이란 모두 크게 넓은 것을 말한다. 이 2句 및 이하 8句는 천문(天文)을 말하는 것이다.)

⑬ 하늘과, 땅 사이는 넓고, 시종이 없으며, 끝이 없느니라

3	①광천1575 ②대천(16C중엽?)	③석천1583 ④칠천1661	⑤영천1700 ⑥송천1730	⑦츰千1862/完千1905 ⑧박천1917	⑨사천1937/1945 ⑩중천1948	⑪주천중간1804 ⑫삼천1935	⑬세천1956
日	날 실	날 일	나 일	날 일	날 일	날 일	날 일
	날 일	날 일	날 일	날 일/ ヒ ニチ	날 일	ヒ(히-해)　ジツ(지츠-일)	
月	들 월	들 월	들 월	들 월	달 월	들 월	달 월
	들 월	들 월	들 월	달 월/ ツキ ゲツ	달 월	ツキハ(츠키와-달은) ゲツ(게츠-월)	
盈	출 영	출 영	출 령	출 영	찰 영	출 영	찰 영
	출 영	출 영	출 영	찰 영/ ミツル エイ	찰 영	ミチ(미치-차고) エイ(에이-영)	
昃	기울 칙	기울 칙	지울 측	지울 칙/ 기울 칙	기울 책/ 기울 측	기울 측	기울 측
	기울 칙	기울 칙	기울 칙	기울 책/ カク ショク	기울 □	カタブキ (카타부키-기울고) ショク(쇼쿠-측)	

⑧ 날과 달은 차면 기우나니 날은 가온대한 즉 기울고 달은 찬 즉 이즈러지나니라

⑨ 날과 달은 차며 기우나니 날은 가온대 한즉 기울고 달은 찬즉 이즈리지나니라

⑩ 날과 달은 차며 기우나니 날은 가온대 한즉 기울고 달은 찬즉 이즈러지나니라

⑪ 易曰 日中則昃이요 月盈則虧라하니 日은 一日之內에 中而昃하고 月은 一月之內에 盈而虧하여 經緯錯綜이 如環無端이라

⑫ 盈とは滿ることにて昃とは傾くことなり、日は中して西にかたむき、月出づれば漸くにかくるをいふ、(영(盈)이란 차는 것이며 측(昃)이란 기우는 것이다. 해는 중천에서 서쪽으로 기울며 달이 뜨면 점차 숨는 것을 말한다.)

⑬ 해와 달은, 차면 기울고, 해는 가온대한 즉 서쪽으로 기울고, 달은 차면, 이즈러지느니라

| 4 | ①광천1575 | ③석천1583 | ⑤영천1700 | ⑦츔千1862/完千1905 | ⑨사천1937/1945 | ⑪주천중간1804 | ⑬세천1956 |
	②대천(16C중엽?)	④칠천1661	⑥송천1730	⑧박천1917	⑩중천1948	⑫삼천1935	
辰	미르 진	별 신	미르 진	별 진	별 진	별 진, 째 신	별 진
	미르 신	별 신	별 신	별 진/ホシ シン	별 진	ホシ(호시-별) シン(신-신)	
宿	잘 숙	잘 숙	잘 숙	잘 숙	잘 숙	별 슈, 잘 숙, 본듸 숙	잘 숙(수)
	잘 숙	잘 숙	잘 숙	잘 숙/ヤドル シ ユク	잘 □	ヤドリハ(야도리와-머무는 곳은) シュク(슈쿠-숙)	
列	벌 렬	벌 렬	벌 열	별 녈/버릴 녈	벌 렬	벌 렬	벌릴 렬
	벌 렬	벌 녈	벌 렬	벌 렬/ツラナル レツ	벌 렬	ツラナリ(츠라나리-줄지어) レツ(레츠-열)	
張	베플 댱	베플 댱	베플 쟝	베플 증	베풀 쟝	베플 쟝, 활지을 쟝, 커질 쟝	베풀 쟝
	베플 댱	베플 쟝	볘플 댱	베풀 쟝/ハル チヤウ	베□ □	ハル(하르-펴다) チャウ(챠우-쟝)	

⑧ 진과 수난 버리고 베피[펴]시니 진은 십이진이 잇고 수난 이십팔수가 잇나니라

⑨ 진과 슈는 버리고 베퍼스나 진는 십이진이오 슈는 이십팔슈니라

⑩ 진콰 슈는 버리고 베퍼스나 진는 십이진이고 수는 이십팔슈니라

⑪ 周天之度를 分爲十二次하면 是爲辰이요 而日月會를 分爲二十八次하여 而二十八宿行하여 環列而分張也라

⑫ 又辰은 天의 十二宮、宿とは二十八宿にして共に星の座なリ、日月と共に天に列り懸るをいふ。(또 진(辰)은 하늘의 십이궁(十二宮), 숙(宿)이란 이십팔숙(二十八宿)으로 모두 별자리이며, 해와 달과 함께 하늘에 줄지어 선 것을 말한다.)

⑬ 진과 수는, 버리고 베폈으니, 진(十二辰) 수(二十八宿)는, 성좌를 말함이라

5	①광천1575	③석천1583	⑤영천1700	⑦杏千1862/完千1905	⑨사천1937/1945	⑪주천중간1804	⑬세천1956
	②대천(16C중엽?)	④칠천1661	⑥송천1730	⑧박천1917	⑩중천1948	⑫삼천1935	
寒	출 한	출 한	출 한	출 흔	찰 한	출 한	찰 한
	출 한	출 한	출 한	찰 한/サクシ カン	찰 한	サムサ(사무사-추위(추운 것)) カン(칸-한)	
來	올 리	올 리	올 닉	올 리/올 닉	올 래	보리 릭	올 래
	올 리	올 리	믈 리	올 래/キタル ライ	□ 래	キタリ(키타리-오고) ライ(라이-래)	
暑	더울 셔	더울 셔	더울 셔	더울 셔	더울 셔	더울 셔	더울 서
	더울 셔	더울 서	더울 셔	더울 서/アツシ ショ	더울 셔	アッサ(아츠사-더위(더운 것)) ショ(쇼-서)	
往	갈 왕	갈 왕	갈 왕	갈 왕	갈 왕	갈 왕	갈 왕
	갈 왕	갈 왕	갈 왕	갈 왕/ユク ワウ	□ 왕	ユキ(유키-가는 것) ワウ(와우-왕)	

⑧ 찬 거시 오면 더운 거시 가고 더운 거시 오면 찬 거시 가나니라

⑨ 찬 거시 오면 더운 거시 가고 더운 거시 오면 찬 거시 가나니라

⑩ 찬 거시 오면 더운 거시 가고 더운 거시 오면 찬 거시 가나니라

⑪ 易曰 寒往則暑來하고 暑往則寒來하니 往者는 屈也요 來者는 信也라하니라

⑫ 往は去ることなり、寒さ来れば暑さ去リ、四時循環してかぎりなきをいふ。(왕(往)은 가는 것이며, 추위 오면 더위 가니, 사시순환(四時循環)해서 한없는 것을 말한다.)

⑬ 찬 것이 오면, 더운 것이 가고, 더운 것이 오면, 찬 것이 가느니라

6	①광천1575 ②대천(16C중엽?)	③석천1583 ④칠천1661	⑤영천1700 ⑥송천1730	⑦杏千1862/完千1905 ⑧박천1917	⑨사천1937/1945 ⑩중천1948	⑪주천중간1804 ⑫삼천1935	⑬세천1956
秋	ᄀᆞ슬 츄	ᄀᆞ올 츄	ᄀᆞ올 튜	ᄀᆞ을 츄	가을 츄	ᄀᆞ을 츄	가을 추
	ᄀᆞ슬 츄	ᄀᆞ올 츄	ᄀᆞ올 츄	가을 추/アキ シウ	가을 츄	アキ(아키-가을) シウ(슈-추)	
收	가들 슈	거둘 슈	거두울 슈	기들 수	거들 슈	거들 슈	걷을 수
	가들 슈	거들 슈	거들 슈	거들 수/オサム シウ	거들 슈	ヲサメ(오사메-거두는 것) シウ(슈- 수)	
冬	겨스 동	겨ᅌ 동	져의 동	져의 동/겨의 동	겨을 동	겨을 동	겨울 동
	겨ᅀ 동	겨ᅌ 동	겨ᅌ 동	겨을 동/フユ トウ	겨을 동	フユ(후유-겨울) トウ(토우-동)	
藏	갈믈 장	갈믈 장	갈블 장	갈믈 장	감츌 댱/감챨 댱	금츌 장, 곳집 장	감츌 장
	갈믈 장	갈믈 장	갈믈 장	감출 장/クラ ザウ	감츌 댱	カクス(카쿠스-감추다) ザウ(자우-장)	

⑧ 가을에 거두고 겨울에 감추니 만물이 봄에 나서 어[여]름에 자라나니라

⑨ 가을에 거두고 겨울에 감츄나니라

⑩ 가을에 거두고 겨울에 감츄나니라

⑪ 萬物이 春生夏長하며 秋而成熟則斂而收之하고 冬而肅殺하면 則閉而藏之하나니라

⑫ 又秋に至れば春夏の候に種まき植ゑたるものを取り入れ收め、冬に至ればこれを藏し納むるをいふ。(또 가을이 되면 봄여름에 씨 뿌려 심은 것을 거두고, 겨울이 되면 이것을 저장해 두는 것을 말한다.)

⑬ 가을에, 거두고, 겨울에, 감춰 들이나니라

| 7 | ①광천1575 | ③석천1583 | ⑤영천1700 | ⑦杏千1862/完千1905 | ⑨사천1937/1945 | ⑪주천중간1804 | ⑬세천1956 |
	②대천(16C중엽?)	④칠천1661	⑥송천1730	⑧박천1917	⑩중천1948	⑫삼천1935	
閏	부를 윤	부를 윤	부룬 윤	부를 윤	윤달 윤	윤들 윤	윤달 윤
	부를 윤	부를 윤	부를 윤	윤달 윤/ウルフ シユン	윤달 윤	ウルフ(우루우-윤택하다) ジュン(쥰-윤)	
餘	나믈 여	나믈 여	나블 여	남믈 려	나물 여/남을 려	남을 여	남을 여
	나믈 여	나믈 여	나믈 여	남을 여/アマリ ヨ	나물 여	アマリ(아마리-남은 것) ヨ(요-여)	
成	일 셩	이룰 셩	일울 셩	일월 셩/일울 셩	이를 셩/일울 셩	이올 셩	이를 셩
	일 셩	이룰 셩	이룰 셩	일을 셩/ナル セイ	이를 셩	ナシ(나시-이루는 것) セイ(세이-셩)	
歲	힝 셰	힝 셰	힝 셰	힝 셰	해ㅅ 셰	힝 셰	햇 셰
	힝 셰	힝 셰	힝 셰	햇 세/クラ ザウ	해 ㅅ 셰	トシヲ(토시오-해를) サイ(사이-셰)	

⑧ 남어지를 윤달로 하야 해를 일우니 해마다 스물네 절긔 남어지 시각을 모와 윤달을 두나니라

⑨ 윤달은 일년 이십사절기 나마지 시각을 모와 윤달로 하야 해를 이루나니라

⑩ 윤달은 일년 이십사절기 나마지 시각을 모와 윤달로 하야 해를 이루나니라

⑪ 一歲는 十二朔, 二十四氣니 氣盈朔虛가 積三十二朔이면 則爲二十九日餘라 以置閏而定四時成歲矣니라

⑫ 古の曆はすべて月を本として作れるなり、すなわち四年に一度閏月をおきて歲を定めしをいふ。

  (옛날의 달력은 모두 달을 바탕으로 만드니, 즉 4년에 1번 윤달을 두고 해를 정하는 것을 말한다.)

⑬ 일년이 십사절기 나머지 시각을 모아 윤달로 하여 해를 이루나니라〈구점없음, 珠稱夜光까지(2번째 쪽)〉

8	①광천1575 ②대천(16C중엽?)	③석천1583 ④칠천1661	⑤영천1700 ⑥송천1730	⑦杏千1862/完千1905 ⑧박천1917	⑨사천1937/1945 ⑩중천1948	⑪주천중간1804 ⑫삼천1935	⑬세천1956
律	법쯀 률	법측 뉼	법즉 뉼	법즁 뉼/법즁 뉼	법측 률	곡됴 률, 법측 률	법칙 률
	법측 률	법측 뉼	법측 뉼	법측 률/テウシ リツ	법측 률	リツ(율-률) リツ(율-률)	
呂	법쯀 려	법측 녀	법즉 녀	법즁 녀/법즁 녀	법측 려	곡됴 려, 등무ᄅ 려	법칙 려
	법측 녀	법측 녀	법측 녀	법측 려/フエ リョ	법측 려	リョ(려-려) リョ(려-려)	
調	고를 됴	고를 됴	고로 됴	골올 죠/골로 조	고로 됴	고를 됴, 곡됴 됴, 셸 됴, 긔롱 됴	고를 조
	고를 됴	고를 됴	고를 됴	고로 조/トトノフ テフ	고로 됴	トトノフ(토토노우-간추리다) テウ(됴-됴)	
陽	나미 양	변 양	볏 양	볏 량	볏 양	양긔 양, 양디 양, 볏 양	볕 양
	변 양	변 양	변 양	볏 양/ヒナタ ヤウ	볏 양	ヤウヲ(야우오-양을) ヤウ(야우-양)	

⑧ 률과 려로 양을 고로 하나내니 률은 뉵률이 잇어 양이 되고 려난 뉵려가 잇서 음이 되나니라

⑨ 률과 녀로 음양을 고로게 하니 률은 륙률리니 양이 되고 녀는 륙녀니 음이 되나니라

⑩ 률과 녀로 음양을 고로게 하니 률리니 양이 되고 녀니 륙녀니 음이 되나니라

⑪ 六律爲陽이요 六呂爲陰이라 先王이 考音樂하여 定律呂하니 則陰陽調하여 而萬物理矣니 擧陽則陰在中이라

⑫ 又律呂とは音楽の調子なるも、概して音楽のことをいふ、之を気節に配して陰陽の気を調へるをいふなリ。(또 율여(律呂)란 음악의 가락이 되는 것, 대개 음악에 관한 것을 말한다. 이것을 기후(氣候)나 시절(時節)로 나누어, 음양(陰陽)의 기운을 고르는 것을 말한다.)

⑬ 율과 여는 음양을 고르게 하니 율은 육율이니 양이오 여는 육려니 음이니라

9	①광천1575	③석천1583	⑤영천1700	⑦杏千1862/完千1905	⑨사천1937/1945	⑪주천중간1804	⑬세천1956
	②대천(16C중엽?)	④칠천1661	⑥송천1730	⑧박천1917	⑩중천1948	⑫삼천1935	
雲	구룸 운	구룸 운	구룸 운	구름 운	구름 운	구름 운	구름 운
	구룸운	구룸 운	구룸 운	구름 운/クモ ウン	구름 운	クモ(쿠모-구름) ウン(운-운)	
騰	늘 등	늘 등	늘 등	늘 등	날 등	소슬 등	날 등
	늘 등	늘 등	늘 등	날 등/ノボル トウ	날 등	ノボリテ(노보리테-올라가서) トウ(토우-등)	
致	니를 티	닐월 티	닐월 티	일을 치	이를 치	닐월 치, 극진홀 치	이를 치
	니를 티	닐월 티	닐뭘 티	이를 치/イタス チ	이를 치	イタシ(이타시-이르다) チ(치-치)	
雨	비 우	비 우	비 우	비 우	비 우	비 우, 느릴 우	비 우
	비 우	비 우	비 우	비 우/アメ ウ	비 우	アメヲ(아메오-비를) ウ(우-우)	

⑧ 구름이 날어 비를 일우나니 산과 못에서 구름이 나나니라

⑨ 구름이 날□ 비를 이루나니 □□□□□□……

⑩ 구룸이 날면 비를 이루나니 구룸은 산천기운으로 되나니라

⑪ 山澤出雲하고 雲凝而騰則到雨하니 此는 言雲雨之相仍也라

⑫ 地上の水気大空に立ちのぼり雲となリ、冷気にあへば雨となりて再び地上に降り来る。(지상(地上)의 물기가 큰 하늘에 올라가 구름이 되어, 차가운 기운을 만나면 비가 되어 다시 지상(地上)에 내려온다.)

⑬ 구름이 날면 비를 이루나니 구름은 산천기운으로 되나니라

10	①광천1575	③석천1583	⑤영천1700	⑦杏千1862/完千1905	⑨사천1937/1945	⑪주천중간1804	⑬세천1956
	②대천(16C중엽?)	④칠천1661	⑥송천1730	⑧박천1917	⑩중천1948	⑫삼천1935	
露	이슬 로	이슬 로	이슬 로	이슬 노	이슬 로	이슬 로, 드러날 로	이슬 로
	이슬 로	이슬 로	이츨 로	이슬 로/ツユ ロ	이슬 로	ツユ(츠유-이슬)ロ(로-로)	
結	밀 결	밀 결	밀 결	민질 결	매즐 결	미즐 결	맺을 결
	민□ 결	밀 결	밀 결	미즐 결/ムスブ ゲツ	매즐 결	ムスボリテ(무수보리테-맺혀서)ケツ(케츠-결)	
爲	홀 위	홀 위	홀 위	ㅎ 위	하 위	홀 위, 위홀 위	하 위
	홀 위	홀 위	홀 위	하 위/ナス イ	하 □	ナル(나루-되다)ヰ(위-위)	
霜	서리 상	서리 상	서리 상	셔리 숭	셔리 상	서리 상	서리 상
	서리 상	서리 상	서리 상	서리 상/シモ サウ	셔리 상	シモト(시모토-서리가)サウ(사우-상)	

⑧ 이슬이 매저 서리 되나니 밤긔운이 이슬을 일우고 이슬이 차게 매치면 서리가 되나니라

⑨ 이슬이 매져 셔리 되나니 밤기운이 이슬리 되나니라

⑩ 이슬이 매져 셔리 되나니 밤기운이 이슬리 되나니라

⑪ 夜氣成露하고 露寒而結則爲霜하니 此는 言霜露之相嬗也라

⑫ 又気候漸令かになれば、空中の水気は露となり、其の露が寒気にあへば結ぼりて霜となるをいへるなり。(또 기후(氣候)가 점점 차가워지면 공중(空中)의 물기는 이슬이 되며, 그 이슬이 차가운 기운을 만나면 맺혀서 서리가 되는 것을 말한다.)

⑬ 이슬이 맺어 서리가 되나니 밤기운이 이슬이 되느니라

11	①광천1575	③석천1583	⑤영천1700	⑦杏千1862/完千1905	⑨사천1937/1945	⑪주천중간1804	⑬세천1956
	②대천(16C중엽?)	④칠천1661	⑥송천1730	⑧박천1917	⑩중천1948	⑫삼천1935	
金	쇠 금	쇠 금	쇠 금	쇠 금	쇠 금	쇠 금	쇠 금
	쇠 금	쇠 금	쇠 금	쇠 금/コガネ キン	쇠 금	コガネハ(코가네와-황금은)/キン(킨-금)	
生	날 싱	날 싱	날 싱	날 싱	날 생/날 싱	날 싱, 살 싱	날 생
	날 싱	날 싱	날 싱	날 생/ウマル セイ	날 생	シャウジ(샤우-생기고)/セイ(세이-생)	
麗	나오머글 려	빗날 려	빗날 려	빗날 녀	빗나 려/골 려	고을 려, 브틀 리	빛날 려
	나소머글 려	빗날 려	빗날 려	빗날 려/ウルハシ レイ	□ 나 려	レイ(레이-려)/レイ(레이-려)	
水	믈 슈	믈 슈	믈 슈	믈 슈	믈 슈	믈 슈	물 수
	믈 슈	믈 슈	믈 슈	믈 수/ミズ スイ	믈 슈	スヰヨリ(수위요리-물로부터)/スヰ(수위-수)	

⑧ 금은 려수에서 나니 려수난 물 일홈이니 운남성 영창부에서 나니라

⑨ 금은 려수에서 나니 려수는 물 일홈이라

⑩ 금은 려슈에서 나니 려슈는 일홈이라

⑪ 麗水는 在雲南省永昌府하니 土人이 取沙於水하여 淘汰百鍊하면 則成金하나니라

⑫ 古へ支那にては、麗水と名けし河中より多くの沙金の出しにより、金は麗水より生ずといひ、(예부터 대륙에서는 여수(麗水)라 하여 하천 속에서 많은 사금(沙金)이 나옴에 의해, 금(金)은 여수(麗水)로부터 난다고 말했고,)

⑬ 금은 여수에서 나니 여수는 물 이름이니라

12	①광천1575	③석천1583	⑤영천1700	⑦杏千1862/完千1905	⑨사천1937/1945	⑪주천중간1804	⑬세천1956
	②대천(16C중엽?)	④칠천1661	⑥송천1730	⑧박천1917	⑩중천1948	⑫삼천1935	
玉	구슬 옥	구슬 옥	구슬 옥	구슬 옥	구슬 옥	옥 옥	구슬 옥
	구슬 옥	구슬 옥	구슬 옥	구슬 옥/タマ ギョク	구슬 옥	タマハ(타마와-구슬은) ギョク(교쿠-옥)	
出	날 츌	날 츌	날 츌	날 츌/날 출	날 츌	날 츌, 내칠 츌, 내칠 츄	날 츌
	날 츌	날 츌	날 츌	날 츌/イツル シ ユク	날 츌	イヅ(이즈-나오고) シュツ(슈츠-출)	
崑	묏브리 곤	뫼 곤	뫼 곤	뫼 곤	뫼 곤	뫼 곤	메 곤
	묏브리 곤	뫼 곤	뫼 곤	뫼 곤/ヤマノナ コン	뫼 □	コン(콘-곤) コン(콘-곤)	
岡	묏브리 강	묏부리 강	뫼부리 강	뫼 강	뫼 강	묏무르 강	메곤(오각)
	묏브리 강	뫼 강	묏부리 강	뫼 강/オカ カウ	뫼 강	カウヨリ(카우요리-강으로부터) カウ(카우-강)	

⑧ 옥은 곤강에서 나니 곤은 산 일홈이니 초국사람 변화가 옥을 어더 성왕에게 드리니라

⑨ 옥은 곤강에셔 나니 곤은 산 일홈이라

⑩ 옥은 곤강에셔 나니 곤은 산 얼홈이라

⑪ 崑은 山名이니 在荊山之陽이라 楚人卞和가 得玉於此하여 獻於成王하니 名和氏璧이라 後爲秦璽하니라

⑫ 又崑崗と稱する山中より水晶、琥珀、瑪瑙などの寶玉を多く産せしより、玉は崑崗より出づといへるなり。(또 곤강(崑崗)이라 칭하는 산속에서 수정(水晶), 호박(琥珀), 마노(瑪瑙) 등의 보옥(寶玉)을 많이 생산함에 의해 옥(玉)은 곤강(崑崗)으로부터 난다고 말했다.)

⑬ 옥은 곤강에서 나니 곤강은 산이름이니라

	①광천1575	③석천1583	⑤영천1700	⑦쵸千1862/完千1905	⑨사천1937/1945	⑪주천중간1804	⑬세천1956
13	②대천(16C중엽?)	④칠천1661	⑥송천1730	⑧박천1917	⑩중천1948	⑫삼천1935	
劍	갈 검	갈 검	칼 검	칼 검	칼 금/칼 검	칼 검	칼 금
	갈 검	갈 검	칼 검	칼 금/ツルギ ケン	칼 금	ツルギヲ(츠르기오-칼을) ケン(켄-검)	
號	일홈 호	일홈 호	일홈 호	일흠 호	일홈 호/이름 호	일홈 호, 브롤 호, 호령 호	이름 호
	일홈 호	일홈 호	일홈 호	일홈 호/ナヅク カウ	이름 호	ナヅケ(나즈케-이름짓고) ガウ(가우-호)	
巨	클 거	클 거	클 거	클 거	클 거	클 거	클 거
	클 거	클 거	클 거	클 거/オホイナリ キヨ	□ 거	キヨ(거-거) キヨ(거-거)	
闕	집 궈ㄹ	집 궐	집 궐	집 궐	집 궐	집 궐, 빌 궐	집 궐
	집 궐	집 궐	집 궐	집 궐/カク ケツ	집 궐	ケット(케츠토-걸이라고) ケツ(케츠-걸)	

⑧ 칼 일홈을 거궐이라 하니 구야자의 지은 보금이니라

⑨ 거궐은 칼 일홈이라 구야자에 지은 보금이라

⑩ 거궐은 칼 일홈이라 구야자에 지은 보금이라

⑪ 巨闕은 劍名이니 歐冶子所造라 越王句踐이 滅吳하고 得寶劍六하니 吳鉤, 湛盧, 干將, 莫邪, 魚腸이요 此其一也라

⑫ 古より世に知られたる、趙の國の名劍にて、巨闕と銘せしも、もとは地中より産出する鉄をきたひて作り (예부터 세상에 알려진 趙 나라의 명검(名劍)으로써, 거궐(巨闕)이라고 이름 지은 것도, 원래는 땅 속에서 나는 철을 단련해서 만들었고)

⑬ 거궐은 칼 이름이니 구야자가 만든 보금이니라

14	①광천1575	③석천1583	⑤영천1700	⑦춘千1862/完千1905	⑨사천1937/1945	⑪주천중간1804	⑬세천1956
	②대천(16C중엽?)	④칠천1661	⑥송천1730	⑧박천1917	⑩중천1948	⑫삼천1935	
珠	구슬 쥬	구슬 쥬	구슬 쥬	구실 듀	구슬 쥬	구슬 쥬	구슬 주
	구슬 쥬	구슬 쥬	구슬 쥬	구슬 쥬/タマ シュ	구슬 쥬	タマヲ(타마오-구슬을) ジュ(쥬-주)	
稱	잇ㄱㄹ 친	일ㅋ를 칭	익글를 칭	잇갈를 칭/잇ㄱㄹ 칭	일카를 칭	일ㅋ를 칭, 저울 칭, 들 칭, 맛ㄱ즐 칭, 들 칭	일컬을 칭
	잇ㄱㄹ 친	일ㄱㄹ 칭	일ㅋ를 칙	일카를 칭/ハカル ショウ	일카를 칭	ヨノ(요노-세상의) ショウ(쇼-칭)	
夜	밤 야	밤 야	밤 야	밤 야	밤 야	밤 야, 익 읍	밤 야
	밤 야	밤 야	밤 야	밤 야/ヨル ヤ	밤 야	ヤ(야-야)	
光	빗 광	빗 광	빗 광	빗 광	빗 광	빗 광	빛 광
	빗 광	빗 광	빗 광	빗 광/ヒカリ クワウ	빗 광	クワウ(쿠와우-광) クワウト(쿠와우토-광이라고)	

⑧ 구슬을 야광이라 일커르니 구슬이 빗최여 밤이 낫갓흔 고로 야광쥬라 하니라

⑨ 야광구슬 야광은 구슬일홈이니 빗최여 밤이 낫갓튼 고로 □□□□……

⑩ 야광구슬 야광은 구슬일홈이니 빗최면 밤이 낫 갓튼 고로 야광쥬라 일캇느니라

⑪ 夜光은 珠名이라 春秋時에 隨侯活龍子한대 報以徑寸珠하니 照夜如晝라 獻于楚王하니 王大悅하여 數世에 不加兵於隨하니라

⑫ 又古より、世に稀れなる寶として稱ふる、夜光の珠も、同じ地中より掘り出せるものなるをいふ。(또 예부터 세상에 드문 보물로써 부르는 야광(夜光)의 구슬도 같은 땅 속에서 파내는 것을 말한다.)

⑬ 구슬을 야광이라 일컫나니 비치면 밤이 낮같이 밝으니라

15	①광천1575 ②대천(16C중엽?)	③석천1583 ④칠천1661	⑤영천1700 ⑥송천1730	⑦杏千1862/完千1905 ⑧박천1917	⑨사천1937/1945 ⑩중천1948	⑪주천중간1804 ⑫삼천1935	⑬세천1956
果	여름 과	여름 과	여름 과	과실 과	실과 과	여름 과, 결단홀 과	실과 과
	여름 과	이름 과	여름 과	실과 과/コノミ クワ	실과 과	クダモノハ(쿠다모노와-과일은) クワ(쿠와-과)	
珍	그르 딘	보빈 딘	보빈 딘	보빈 진	보배 진/보빈 진	보빈 진	보배 진
	그르 딘	보빈 딘	보빈 진	보배 진/メヅラシ チン	보배 진	メヅラトシ(메즈라토시-드문) チン(친-진)	
李	외안 니	외얏 니	외얏 니	외얏 이	오얏 리/외얏 리	외얏 리	오얏 리
	와앗 니	외얏 니	외얏 니	외얏 리/スモモ リ	오얏 리	スモモト(스모모토-자두와) リ(리-리)	
奈	멋 내	멋 내	멋 내	멋 닉	벗 내	멋 내, 엇지 내	벗 내
	멋 내	멋 내	밋 내	벗 내/カラナシ タイ	벗 내	ナシヲ(나시오-배를) タイ(타이-내)	

⑧ 실과난 오얏과 벗이 보배니 오얏은 아름다온 품이 잇고 양쥬의 벗은 커셔 가히 포를 만듬 즉하니라

⑨ 실과는 오얏과 벗시 보배라 하나니라

⑩ 실과는 오얏과 벗시 보배라 하나니라

⑪ 李有佳品하니 晉王戎은 恐人傳種하여 鑽其核하니라 奈名蘋婆니 甘如蘋實이요 涼州奈는 可作脯하니 皆果之貴者라

⑫ 果物은 地에 生ずる草木에 實るものなるが, 其の中にも李と奈を最も珍らかなるもとし(과일은 땅에서 나는 초목에 맺는 것인데, 그 가운데에서도 자두와 배를 가장 진귀한 것이라 하고)

⑬ 실과는, 외얏과 벗이, 보배라 하느니라

16	①광천1575	③석천1583	⑤영천1700	⑦杏千1862/完千1905	⑨사천1937/1945	⑪주천중간1804	⑬세천1956
	②대천(16C중엽?)	④칠천1661	⑥송천1730	⑧박천1917	⑩중천1948	⑫삼천1935	
菜	느물 치	느물 치	느물 치	남물 치	나물 채/나물 치	느물 치	나물 채
	느물 치	느물 치	느물 치	나물 채/クサビラ サイ	나물 채	ナハ(나와-나물은) サイ(사이-채)	
重	므거울 듕	므거울 듕	므거울 듕	무기울 즁	무거울 즁	무거울 즁, 겹 즁, 다시 즁	무거울 즁
	므거울 듕	므거울 듕	므기울 즁	무거울 즁/オモシ チョウ	무거울 즁	オモンズ(오몬즈-중하게 여기고) チョウ(죠-중)	
芥	계줏 개	계즈 개	계즈 개	게자 개	겨자 개/겨자 기	계즈 개	겨자 개
	계줃 개	계즈 개	기즈 개	겨자 개/カラシ カイ	겨자 개	カラシト(카라시토-겨자와) カイ(카이-개)	
薑	싱양 강	싱ᅌ 강	싱양 강	싱양 강	새양 강/싱양 강	싱양 강	새양 강
	싱아ᇰ 짱	싱강 강	싱강 강	새양 강/カジカミ ギヤウ	새양 강	ハジカミヲ(하지카미오-생강을) キャウ(캬우-강)	

⑧ 나물은 겨자와 생강이 즁하니 겨자는 비위을 더옵게 하고 생강은 신경을 통하고 악취을 졔하나니라

⑨ 나물은 겨자와 생강이 즁하니라

⑩ 나물은 겨자와 생이 즁하니라

⑪ 芥能溫胃行氣하고 薑能通神明, 去穢惡하니 菜非一種이로되 而重此二者하나니라

⑫ また野菜も種々多あれども、支那にては、芥と薑とを第一として重んずるをいふ。(또 야채도 여러 가지 있지만, 대륙에서는 겨자와 생강을 제일로써 중하게 여기는 것을 말한다.)

⑬ 나물은, 겨자와 생강이, 즁하니라

17	①광천1575 / ②대천(16C중엽?)	③석천1583 / ④칠천1661	⑤영천1700 / ⑥송천1730	⑦杏千1862/完千1905 / ⑧박천1917	⑨사천1937/1945 / ⑩중천1948	⑪주천중간1804 / ⑫삼천1935	⑬세천1956
海	바다 히	바라 히	바라 히	바듸 히	바다 해/바다 히	바다 히	바다 해
	바다 히	바다 히	바라 히	바다 해/ウミ カイ	바다 해	ウミハ(우미와-바다는) カイ(카이-해)	
鹹	뿔 함	뿔 함	뿔 함	쓸 흠	짤 함/쌀 함	뿔 함	짤 함
	뿔 함	뿔 함	뿔 함	쌀 함/シホハユシ カン	짤 함	シホカラク(시오카라쿠-짜고) カン(칸-함)	
河	ᄀ름 하	ᄀ름 하	ᄀ름 하	물 ᄒ	물 하	하슈 하	물 하
	ᄀ름 하	ᄀ름 하	ᄀ름 하	물 하/カワ カ	물 하	カハハ(카와와-강은) カ(카-하)	
淡	물글 담	물글 담	물글 담	말글 담	맑을 담/말글 담	승거울 담, 물거동 담	맑을 담
	물글 담	물글 담	물글 담	맑을 담/アハシ タン	맑을 담	アワシ(아와시-담담하다) タン(탄-담)	

⑧ 바다난 싸고 하수난 말그니 바다난 모든 물이 모히고 하수난 근원이 곤륜산에서 나나니라

⑨ 바다는 쓰고 하슈는 말그니라

⑩ 바다는 짜고 하슈는 말그니라

⑪ 海爲衆水所歸하여 積而不散하며 潤下作鹹하고 河源은 出於崑崙하여 諸水不侵하여 其味最淡하니 莫非理也라

⑫ 水には海の水と河の水とあり、而して海の水は:、しほからく、河の水は、あはくして鹽氣を含まず (물에는 바닷물과 강물이 있으며, 바닷물은 짜고 강물은 담담하여, 염기(鹽氣)를 포함하지 않고)

⑬ 바다는, 짜고, 하수는, 맑으니라

18	①광천1575 ②대천(16C중엽?)	③석천1583 ④칠천1661	⑤영천1700 ⑥송천1730	⑦杏千1862/完千1905 ⑧박천1917	⑨사천1937/1945 ⑩중천1948	⑪주천중간1804 ⑫삼천1935	⑬세천1956
鱗	비늘 린 / 비를 린	비늘 린 / 비늘 린	비늘 린 / 비늘 린	비날 인 / 비늘 린 / ウロコ リン	비늘 린 / 비늘 린	비늘 린 / ウロコハ(우로코와-비늘은) リン(린-린)	비늘 린 /
潛	줌글 줌 / 줌길 줌	줌길 줌 / 줌길 줌	줌길 줌 / 줌길 줌	줌길 줌 / 잠길 잠 / ヒソム セン	잠길 잠 / 잠길 잠	줌길 첨, 첨슈 첨 / ヒソミ(히소미-숨고) セン(센-잠)	잠길 잠 /
羽	지 우 / 질 우	짓 우 / 딧 우	짓 우 / 짓 우	짓 우 / 깃 우 / ハネ ウ	깃 우 / 깃 우	짓 우 / ツバサハ(츠바사와-날개는) ウ(우-우)	깃 우 /
翔	늘개 샹 / 늘개 샹	늘 샹 / 늘 샹	굴 샹 / 늘래 샹	늘개 승 / 날개 샹/ カケル シヤウ	날개 상/날기 상 / 날개 상	늘 샹 / カケル(카케르-날다) シャウ(샤우-상)	날개 샹 /

⑧ 비늘은 잠기고 깃은 날으니 린충은 물에 잇고 우충은 공중에 날으나니라

⑨ 비날 잇는 고기는 물의 잠기고 날개 잇는 새는 공중의 날는나니라

⑩ 비날 잇는 고기는 물의 잠□□ 날개 잇는 새는 공중의 날는나리라

⑪ 記曰 鱗蟲三百六十에 龍爲長이요 羽蟲三百六十에 鳳爲長이라하니 鱗蟲은 藏於水하고 羽蟲은 飛於空하니 皆其性也라

⑫ 又鱗乃ち魚類は水中を潛みて住み、鳥類は空中を棲かとして飛びかけるをいふ. (또 린(鱗), 즉 어류(魚類)는 물속에 숨어 살고, 조류(鳥類)는 공중(空中)을 머무르며 날아가는 것을 말한다.)

⑬ 비늘 있는 고기는 물에 잠기고, 날개 있는 고(?)새는 공중에 나느니라

| 19 | ①광천1575 | ③석천1583 | ⑤영천1700 | ⑦杏千1862/完千1905 | ⑨사천1937/1945 | ⑪주천중간1804 | ⑬세천1956 |
	②대천(16C중엽?)	④칠천1661	⑥송천1730	⑧박천1917	⑩중천1948	⑫삼천1935	
龍	미르 룡	미르 룡	미르 룡	미리 용	룡 룡	미르 룡	용 룡
	미릭 룡	미르 룡	미리 용	룡 룡/タツ リョウ	룡 룡	リュウ(류-용) / リュウ(류-용)	
師	스승 슷	스승 슷	스승 슷	스승 슷	스승 사	벼슬 슷, 스승 슷, 군슷 슷	스승 사
	스승 슷	스승 슷	스승 슷	스승 사/イクサ シ	스승 사	シ(시-사) / シ(시-사)	
火	블 화	블 화	블 화	불 화	불 화	불 화	불 화
	블 화	블 화	블 화	불 화/ヒ カワ	불 화	クワ(쿠와-화) / クワ(쿠와-화)	
帝	님금 뎨	님금 뎨	님금 뎨	림금 졔	임금 뎨/임금 졔	님금 뎨, 샹뎨 뎨	
	님금 뎨	님금 뎨	님금 뎨	님금 뎨/ミカト テイ	임금 뎨	テイ(테이-제) / テイ(테이-제)	임금 제

⑧ 룡스승이요 불님금이니 복희난 룡으로써 벼살을 긔록하고 신녕ㅣ농ㅣ은 블로써 벼살을 긔록하니라

⑨ 룡스승 불임군이라 흠은 복희는 룡으로써 벼살를 기록하고 신농시 블로써 기록하니라

⑩ 룡스승 불임군어라 함은 복희시는 룡으로써 벼살를 기록하고 신농시는 불노써 기록하니라

⑪ 伏義以龍紀官師하니 如蒼龍氏司長養하고 白龍氏主肅殺이 是也라 神農은 有火瑞하여 以火紀官이라 故로 曰火帝라

⑫ 支那의 上古伏義氏의 時에, 龍馬圖를 負ふて 出づ, 因て 伏義氏를 龍氏といひ, 燧人氏는 民에 火食을 敎へしより 火帝と 稱す. (대륙의 먼 옛날 복희(伏義)씨 때에, 용마도(龍馬圖)를 짊어지고 태어나, 그런고로 복희(伏義)씨를 용씨(龍氏)라 말하고, 수인(燧人)씨는 백성에게 화식(火食)을 가르친 것에 의해 화제(火帝)라 부른다.)

⑬ 복희씨는, 용으로써 벼슬을, 기록하고, 신롱씨는, 불로써, 기록하니라

20 / 鳥	①광천1575 / ②대천(16C중엽?)	③석천1583 / ④칠천1661	⑤영천1700 / ⑥송천1730	⑦杏千1862/完千1905 / ⑧박천1917	⑨사천1937/1945 / ⑩중천1948	⑪주천중간1804 / ⑫삼천1935	⑬세천1956
鳥 (위)	새 됴	새 됴	새 됴	싀 죠	새 죠	새 됴	새 조
鳥 (아래)	새 됴	새 됴	새 됴	새 조/トリ テウ	새 죠	テウ(테우-조) / テウ(테우-조)	
官 (위)	귀 관	구의 관	구의 관	벼슬 관	벼슬 관	벼슬 관	벼슬 관
官 (아래)	귀 관	구의 관	구의 관	벼슬 관/ツカサ クワン	벼슬 관	クワン(쿠완-관) / クワン(쿠완-관)	
人 (위)	사룸 인	사룸 인	사룸 인	스름 인	사람 인	사룸 인	사람 인
人 (아래)	사룸 신	사룸 인	사룸 인	사람 인/ヒト ジン	사람 인	ジン(진-인) / ジン(진-인)	
皇 (위)	님금 황	님금 황	님금 황	임금 황	임금 황/임군 황	님금 황, 클 황, 아름다올 황	임금 황
皇 (아래)	닝금 황	님금 황	님금 황	님금 황/オホイナル クワ	임금 황	クワウ(쿠와우-황) / クワウ(쿠와우-황)	

⑧ 새 벼살이며 사람 님금이니 소호난 새로써 벼살을 긔록하고 황뎨난 인문이 크게 갓쵀인 고로 인황이라 하니라

⑨ 소호는 새로써 벼사를 기록하고 황뎨는 인문이 갓초는 고로 인황이라 한이라

⑩ 소호는 새로써 벼살를 기록하고 황뎨는 인문이 갓초는 고로 인황이라 한이라

⑪ 少昊之立에 鳳鳥至라 故로 以鳥紀官하니 如祝鳩司徒와 雎鳩司馬가 是也라 人皇은 黃帝也니 以人文大備故也라

⑫ 又鳥官은 少昊氏の時に鳳凰出でしより官に名け、人皇とは天皇地皇人皇の人皇氏をいふなり。(또 조관(鳥官)은 소호(少昊)씨 때에 봉황(鳳凰)이 나오고부터 관직에 이름 짓고, 인황(人皇)이란 천황(天皇) 지황(地皇) 지황(人皇)씨의 인황(人皇)씨를 말하는 것이다.)

⑬ 소호는, 새로써 벼슬을, 기록하고, 황제는, 인문이, 갖추는 고로, 인황이라 하니라

21	①광천1575 ②대천(16C중엽?)	③석천1583 ④칠천1661	⑤영천1700 ⑥송천1730	⑦츰千1862/完千1905 ⑧박천1917	⑨사천1937/1945 ⑩중천1948	⑪주천중간1804 ⑫삼천1935	⑬세천1956
始	비르슬 시	비르슬 시	비르슬 시	비릇슬 시	비로솔 시	비로슬 시	비로소 시
始	비르슬 시	비르슬 시	비르슬 시	비로솔 시/ハジメ シ	비로솔 시	ハジメテ(하지메테-처음으로)/シ(시-시)	
制	ᄆᆞ를 제	지을 제	믈을 제	마릇슬 제	지을 제	지을 제, 졔도 제	지을 제
制	ᄆᆞ를 제	질을 제	지을 제	지을 제/ツクル セイ	지을 제	セイシ(세이시-제하고)/セイ(세이-제)	
文	글월 문	글월 문	글월 문	글혈 문	글 문	글월 문, ᄭᅮ밀 문	글월 문
文	글월 문	글월 문	글월 문	글월 문/■ ■	글 문	モン(몬-문)/モン(몬-문)	
字	글월 ᄌᆞ	글월 ᄌᆞ	글월 ᄌᆞ	글ᄌᆞ ᄌᆞ	글자 자	그월 ᄌᆞ, 기를 ᄌᆞ	글자 자
字	글월 ᄌᆞ	글월 ᄌᆞ	글월 ᄌᆞ	글자 자/アザナジミ■	글자 자	ジヲ(지오-자)/ジ(지-자)	

⑧ 비로소 문자를 지으니 복희의 신하 창횔이 새 발자최를 보고 글자를 지으니라

⑨ 비로소 문자를 지으니 복희 신하 창힐이 새 발자춰를 보고 글자를 지으니라

⑩ 비로소 문자를 지으니 복희 신하 창힐이 새 발자취를 보고 글자를 지으니라

⑪ 上古에 無文字하여 結繩爲治러니 伏羲始造書契하여 以代結繩하고 其臣蒼頡이 觀鳥跡而制字하니 爲文字之始라

⑫ 上古には文字なく縄を結びて約束又はしるしになせしが、蒼頡といふ人、鳥の足跡を見て始めて 文字を制作し (상고(上古)에는 문자(文字)가 없어 밧줄을 묶어 약속 또는 표시를 했으나, 창힐(蒼 頡)이라는 사람, 새 발자국을 보고 처음으로 문자를 제작하여,)

⑬ 비로소 문자를, 지으니, 복희 신하, 창힐이, 새발자춰를, 보고, 글자를 지으니라

22	①광천1575 / ②대천(16C중엽?)	③석천1583 / ④칠천1661	⑤영천1700 / ⑥송천1730	⑦츔千1862/完千1905 / ⑧박천1917	⑨사천1937/1945 / ⑩중천1948	⑪주천중간1804 / ⑫삼천1935	⑬세천1956
乃	사 내	사 내	사 내	새 닉/이녀 닉	이에 내	이에 내, 너 내	이에 내
	사 내	사 내	사 내	이에 내/スナハチナイ	이에 내	スナワチ(수나와치-즉) タイ(타이-내)	
服	옷 복	니블 복	니블 복	옷 복	닙을 복	니블 복, 옷 복, 항복 복	입을 복
	옷 복	옷 복	니블 복	닙을 복/キル フク	닙을 복	フクス(후쿠스-입다) フク(후쿠-복)	
衣	옷 의	옷 의	옷 의	옷 의	옷 의	옷 의, 니블 의	옷 의
	옷 의	옷 의	옷 의	옷 의/コロモ イ	옷 의	イ(이-의) イ(이-의)	
裳	고외샤 ㅇ	치마 샹	치마 샹	치민 숭	치마 샹	치마 샹	치마 샹
	고외 샹	치마 샹	치마 샹	치마 샹/モスリ シウ	치마 샹	シャウヲ(샤우오-샹을) シャウ(샤우-샹)	

⑧ 이예 의상을 닙게 하니 황뎨가 의상과 관연[면]을 지여 등분을 분별하고 위의를 엄숙하게 하니라

⑨ 이에 의상을 닙게한니 황데가 의관을 지여 등분을 분별하고 위숙게 하니라

⑩ 이에 의상을 닙게하니 황데가 의관을 지여 등분을 분별하고 위숙게 하니라

⑪ 上古에 無衣裳하여 取木葉皮革以蔽體러니 黃帝爲冠冕衣裳하여 以肅觀瞻하고 以別等威하니 爲衣裳之始라

⑫ 夫れより世は次第に進みて人皆な衣裳を作り之れを服するに至れるをいふ。(그로부터 세상은 점차 나아가 사람 모두 의상(衣裳)을 만들어 이것을 입기에 이르렀다고 말한다.)

⑬ 이에 의상을 입게 하니 황제가, 의관을, 지여, 등분을 분별하고 위의를 엄숙케 하니라

23	①광천1575	③석천1583	⑤영천1700	⑦杏千1862/完千1905	⑨사천1937/1945	⑪주천중간1804	⑬세천1956
	②대천(16C중엽?)	④칠천1661	⑥송천1730	⑧박천1917	⑩중천1948	⑫삼천1935	
推	밀 츄	밀 츄	밀 츄	밀 츄	밀 츄	밀 츄, 츠즐 츄, 밀칠 퇴	밀 추
	밀 츄	밀 츄	밀 츄	밀 추/オス スイ	밀 츄	オシ(오시-추천하여) スヰ(수위-추)	
位	벼슬 위	벼슬 위	벼슬 위	벼슬 위	벼살 위	자리 위, 항렬 위	벼슬 위
	벼슬 위	벼슬 위	벼슬 위	벼살 위/クラヰ ヰ	벼살 위	クラヰキ(쿠라위오-자리를) ヰ(위-위)	
讓	신양 양	亽양 양	亽양 양	亽양 양	사양 양	亽양 양, 亽지즐 양	사양 양
	신양 양	亽양 양	亽양 양	사양 양/ウヅル シヤウ	사양 양	ユヅル(유즈르-물려주다) ジャウ(쟈우-양)	
國	나라 국	나라 국	나라 국	나라 국	나라 국	나라 국	나라 국
	나라 국	나라 국	나라 국	나라 국/クニ コク	나라 국	クニヲ(쿠니오-나라를) コク(코쿠-국)	

⑧ 벼살을 미루고 나라를 사양하니 뎨요가 뎨슌에게 전위하신니라

⑨ 벼살을 미루고 나라를 사양하니 뎨요가 뎨슌에게 전위 하시니라

⑩ 벼살을 미루고 나라를 사양하니 뎨요가 뎨슌에개 전위하시니라

⑪ 言推致天子之位하여 以遜讓其國也라

⑫ 前句의 如く世の進むにつれて仁義道德の敎へを重んずる樣になり、聖人出でて位を推し國を讓りて世を治められたり。(전구(前句)와 같이 세상이 나아짐에 따라 인의도덕(仁義道德)의 가르침을 중하게 여기게 되고, 성인(聖人)이 나와 자리를 추천하고 나라를 물려주어 세상을 다스리게 되었다.)

⑬ 벼슬을, 미루고, 나라를, 사양하니, 제요가, 제슌에게, 전위하니라

24	①광천1575	③석천1583	⑤영천1700	⑦杏千1862/完千1905	⑨사천1937/1945	⑪주천중간1804	⑬세천1956
	②대천(16C중엽?)	④칠천1661	⑥송천1730	⑧박천1917	⑩중천1948	⑫삼천1935	
有	이실 유	이실 유	이실 유	이실 유	잇슬 유	이실 유, 쏘 유	있을 유
	이실 유	이실 유	이실 유	이슬 유/アリ イウ	잇슬 유	イウ(이우-유) イウ(이우-유)	
虞	나라 우	혜아릴 우	나라 우	나라 우	나라 우	우국 우, 추우 우, 혜아릴 우	나라 우
	나라 우	나라 우	□야릴 우	나라 우/ソナフ グ	나라 우	グ(구-우) グ(구-우)	
陶	딜아비 도	딜것 도	□것 도	질그릇 도	질그릇 도	딜것 도, 고요 요, 즐길 요, 들릴 도	질 그 릇 도
	딜아비 도	딜깃 도	딜것 도	질그릇 도/ヤシナフコト タウ	질□□ □	タウ(타우-도) タウ(타우-도)	
唐	대랑 당	대당 당	대당 당	나라 당	나라 당	당국 당, 큰말 당, 길 당	나라 당
	댱당 당	대당 당	ㄷ□당 당	나라 당/カラ タウ	나라 당	タウ(타우-당) タウ(타우-당)	

⑧ 유우와 도당이니 유우난 제순이요 도당은 제요니라

⑨ 유우와 도당이니 유우는 뎨슌이오 도당은 뎨요니라

⑩ 유우와 도당이니오니 우유는 뎨슌이오 도당은 뎨요니라

⑪ 有虞는 帝舜이요 陶唐은 帝堯라 堯子丹朱不肖에 讓於舜하고 舜子商均不肖에 讓於夏禹하시니 此即推位讓國也라

⑫ 乃ち帝堯唐陶氏は舜を推して位に即かしめ、帝堯有虞氏は禹を舉げて國を讓られたるをいふ。(즉 제요당도(帝堯唐陶)씨는 순(舜)을 추천하여 자리에 즉위하게 하고, 제요유우(帝堯有虞)씨는 우(禹)를 들어 나라를 물려주었다는 것을 말한다.)

⑬ 유우와, 도당이니 유우는, 제순이오 도당은, 제요니라

25	①광천1575	③석천1583	⑤영천1700	⑦춈千1862/完千1905	⑨사천1937/1945	⑪주천중간1804	⑬세천1956
	②대천(16C중엽?)	④칠천1661	⑥송천1730	⑧박천1917	⑩중천1948	⑫삼천1935	
弔	됴문 됴	됴문 됴	됴문 됴	됴상 됴	됴상 됴	됴문 됴, 니를 덕	조상 조
	됴문 됴	됴문 됴	됴문 됴	조상 조/トムラフ テウ	됴상 됴	イタミ(이타미-아파하고) テウ(테우-됴)	
民	빅셩 민	빅셩 민	빅셩 민	빅셩 민	백셩 민/백셩 민	빅셩 민	백셩 민
	빅셩 민	빅셩 민	빅셩 민	백셩 민/タミ ミン	백셩 민	タミヲ(타미오-백성을) ミン(민-민)	
伐	버힐 벌	베힐 벌	버힐 벌	칠 벌	칠 벌	칠 벌, 쟈랑 벌	칠 벌
	버힐 발	베힐 벌	비힐 벌	칠 벌/ウツ バツ	□ 벌	ウツ(우츠-치다) バツ(바츠-벌)	
罪	허믈 죄	허믈 죄	허믈 지	허믈 죄	허믈 죄	허믈 죄, 그믈 죄	허믈 죄
	허믈 죄	허믈 죄	허믈 죄	허믈 죄/ツミ ザイ	허믈 죄	ツミヲ(츠미오-죄를) ザイ(자이-죄)	

⑧ 백성을 조문하고 죄를 치니 백성을 무휼하고 허믈을 토벌하니라

⑨ 백성을 조문ᄒᆞ고 죄를 치니 백성을 무휼하고 허물을 토벌ᄒᆞ미라

⑩ 백성을 조문하고 죄를 치니 백성을 무휼하고 허물을 토벌하미라

⑪ 恤民而慰之曰弔요 聲罪而討之曰伐이라

⑫ 弔とは恤慰むることにして、暴虐なる君を誅伐して人民を塗炭の苦みより救ひしことなり。(조(弔)란 궁휼히 여겨 위로하는 것으로, 포악한 임금을 주벌(誅伐)하여 인민을 도탄(塗炭)의 괴로움으로부터 구하는 것이다.)

⑬ 백성을, 조문하고, 죄를 치며 백성을, 무휼하고, 허물을, 토벌하니라

26	①광천1575	③석천1583	⑤영천1700	⑦杏千1862/完千1905	⑨사천1937/1945	⑪주천중간1804	⑬세천1956
	②대천(16C중엽?)	④칠천1661	⑥송천1730	⑧박천1917	⑩중천1948	⑫삼천1935	
周	두르 쥬	두루 쥬	두루 쥬	둘우 쥬	두루 쥬	쥬국 쥬, 두루 쥬	두루 주
	두우 쥬	두루 쥬	두루 쥬	두루 주/アマネシ イシウ	두루 쥬	シウ(시우-주) シウ(시우-주)	
發	베풀 발	베풀 발	필 발	필 발	필 발	베풀 발	필 발
	베풀 발	베풀 발	베풀 발	필 발/オコル ハツ	필 발	ハツ(하츠-발) ハツ(하츠-발)	
殷	은국 은	만홀 은	은국 은	은나라 은	나라 은	은국 은, 만홀 은, 검불글 안, 우레소릭 은	나라 은
	은국 은	민홀 은	만홀 은	나라 은/サカンナル イン	나□ □	イン(인-은) イン(인-은)	
湯	더을 탕	쓸홀 탕	델 탕	쓸릴 탕	쯔를 탕	탕슈 탕, 쓸힐 탕, 물결 샹	끓을 탕
	더울 탕	쓸홀 탕	츠글홀 탕	쓸을 탕/ユ タウ	쯔를 탕	タウ(탕-탕) タウ(탕-탕)	

⑧ 주발과 은탕이니 발은 주무왕의 일홈이요 탕은 은왕의 칭호니라

⑨ 쥬발은 쥬무왕의 일홈이오 탕은 은왕의 칭호니라

⑩ 쥬발은 쥬무왕의 일홈이오 탕은 은왕의 칭호니라

⑪ 發은 周武王名이요 湯은 殷王號라 禹之後에 桀無道어늘 湯伐之하시고 湯之後에 紂無道어늘 武王伐之하시니 此卽弔民伐罪也라

⑫ 乃ち殷の湯王は、暴君夏王桀を誅し、周の武王發は、殷の紂王を伐ちて人民を助け安んぜしをいふ。(즉 은(殷)의 탕왕(湯王)은, 폭군 하왕걸(夏王桀)를 베고, 주(周)의 무왕발(武王發)은 은(殷)의 주왕(紂王)을 쳐서 인민(人民)을 도와 편안하게 한 것을 말한다.)

⑬ 주발은, 무왕의 이름이오, 탕은, 은왕의, 칭호니라

27	①광천1575 ②대천(16C중엽?)	③석천1583 ④칠천1661	⑤영천1700 ⑥송천1730	⑦杏千1862/完千1905 ⑧박천1917	⑨사천1937/1945 ⑩중천1948	⑪주천중간1804 ⑫삼천1935	⑬세천1956
坐	안즐 자	안줄 좌	안즐 좌	안질 좌	안질 좌/ 안즐 좌	안즐 좌	앉을 좌
	안즐 자	안줄 좌	안즐 좌	안즐 좌/ スワル ザ	안질 좌	ザシテ(자시테-앉아서) ザ(자-좌)	
朝	아츰 됴	아츰 됴	아츰 죠	아침 죠	아침 조	죠뎡 죠, 아츰 죠, 죠회 죠	아침 조
	아츰 됴	아츰 됴	아츰 됴	아참 조/ アシタ テウ	아침 조	テウニ(테우니-조에) テウ(테우-조)	
問	무를 문	무를 문	무를 문	물을 문	무를 문	무를 문	물을 문
	무를 문	무를 문	무를 문	무를 문/ トフ モン	□□ 문	トヒ(토히-묻고) モン(몬-문)	
道	도릿 도	길 도	도리 도	길 도	길 도	도리 도, 길 도, 닐을 도	길 도
	도릿 도	길 도	길 도	길 도/ ミチ ダウ	길 도	ミチヲ(미치오-길을) ダウ(다우-도)	

⑧ 조정에 안자 도를 뭇나니 인군이 나라 다사리난 법이니라

⑨ 조뎡에 안자 도를 문나니 인군이 나라 다사리는 법이라

⑩ 죠뎡에 안자 도를 문나니 인군이 나라 다사리는 법이라

⑪ 人君爲治之要는 只在恭己而坐朝하여 尊賢問道而已라

⑫ 聖賢なる人君は、朝廷に坐して天下國家を治むるの道を臣下に問ひ諮りて政を行ひ給へるなり
   (성현(聖賢)인 인군(人君)은, 조정(朝廷)에 앉아 천하국가(天下國家)를 다스리는 길을 신하에게
   자문하여 다스리시고,)

⑬ 조정에, 안자, 도를 묻나니, 인군이, 나라를, 다스리는 법이니라

28	①광천1575 ②대천(16C중엽?)	③석천1583 ④칠천1661	⑤영천1700 ⑥송천1730	⑦츰千1862/完千1905 ⑧박천1917	⑨사천1937/1945 ⑩증천1948	⑪주천중간1804 ⑫삼천1935	⑬세천1956
垂	드를 슈	드리울 슈	드리울 슈	들릴 슈	드릴 슈	드리울 슈, 거의 슈	드릴 수
	드리운 슈	드리을 슈	드리울 슈	드릴 수/ タル スイ	드릴 슈	タレ(타레-늘어트리고) スヰ(수위-수)	
拱	고줄 공	고줄 공	고줄 공	쇼질 공	꼬질 공/ 쇼즐 공	고즐 공	꽂을 공
	고줄 공	고츨 공	고줄 공	쇼질 공/ コマネク キヨウ	꼬질 공	コマヌキヲ(코마느키 오-손을 놓고) キョウ(쿄-공)	
平	평흘 평	평흘 평	평흘 평	평흘 평	평할 평	평흘 평, 평이흘 편, 화친흘 평	평할 평
	평흘 평	평흘 평	평흘 평	평할 평/ タヒラカ ヘイ	평할 평	タヒラカニ(타이라카 니-평안하게) ヘイ(헤이-평)	
章	글월 쟝	글월 쟝	글월 장	글혈 증/ 글할 증	글장 장/ 글장 쟝	불글 쟝, 곡됴 쟝, 글 월 쟝, 법 쟝	글월 장
	글월 쟝	글월 쟝	글뙬 쟘	글월 장/ アキラカ シヤウ	글장 장	アキラカナリ(아키라 카나리-훌륭하다) シャウ(샤우-장)	

⑧ 드리오며 숫고 평화케 하며 밝케 함이니 인군이 몸을 공순이 하고 백성을 밝키 다사림이라

⑨ 밝게 하며 평화하게 하니 이 인군이 몸을 공손이 하고 백성을 다사리미라

⑩ 밝게 하며 평화하게 함니 이 인군이 몸을 공손이 하고 백성을 다사리미라

⑪ 書畢命曰 垂拱仰成이라하고 堯典曰 平章百姓이라하니 言恭己尊賢이면 則垂衣拱手하되 而自致均平章明之治也라

⑫ されば衣を垂れ手を拱きて天下は自ら平らかに章らかに治まれるをいふ。(그러면 옷을 늘어트리고 손을 놓아(도), 천하는 저절로 평안하게 멋지게 다스려지는 것을 말한다.)

⑬ 밝게 하며, 평화하게 함이니, 인군이 몸을, 공손이 하고, 백성을 다스림이라

29	①광천1575	③석천1583	⑤영천1700	⑦춈千1862/完千1905	⑨사천1937/1945	⑪주천중간1804	⑬세천1956
	②대천(16C중엽?)	④칠천1661	⑥송천1730	⑧박천1917	⑩중천1948	⑫삼천1935	
愛	둣올 이	스랑 이	스랑 이	스랑 이	사랑 애	스랑 이, 앗길 이	사랑 애
	둣올 이	스랑 이	스랑 이	사랑 애/イチクシム アイ	사랑 애	イックシミ(이츠쿠시미-사랑하고) アイ(아이-애)	
育	칠 휵	칠 육	틸 육	칠 뉵	기를 육	칠 육	기를 육
	칠 육	칠 육	칠 육	기을 육/ソタツ イク	기를 륙	ハグクミ(하구쿠미-보살피며) イク(이쿠-육)	
黎	가믈 려	가믈 려	가믈 여	감을 녀/감믈 녀	감을 려	감을 려, 만흘 려	검을 려
	가믈 려	가믈 녀	가믈 려	감을 려/クロ レイ	감을 려	レイ(레이-려) レイ(레이-려)	
首	마리 슈	머리 슈	며리 슈	머리 슈/미리 쥬	머리 슈	머리 슈, 웃듬 슈	머리 수
	마리 쥬	마리 슈	머리 슈	머리 수/クビ シウ	머리 슈	シュヲ(슈오-수를) シュ(슈-수)	

⑧ 검은 머리를 사랑하고 기를지니 검은 미[메]리난 백성이라 인군이 맛당이 무휼하고 양육할지니라

⑨ 검은 머리는 백성이라 인군이 맛당이 사랑하고 양육할지니라

⑩ 검은 머리는 백성이라 인군이 맛당이 사랑하고 양육할지이라

⑪ 黎首는 猶言黔首니 民也라 民惟邦本이니 人君所當撫愛而養育之也라

⑫ 黎首とは蒼生といふに同じく萬民のことなり、仁君世を知しめして萬民を愛しみ育くみ給ふによりひいて (여수(黎首)란 창생(蒼生)이라 함과 같이 만민을 말함이며, 인군(仁君) 세상을 알려 만민을 사랑하며 보살피심으로부터 인용하여)

⑬ 검은 머리는, 백성이라, 임금이 마땅히, 사랑하고, 양육할지니라

30	①광천1575 ②대천(16C중엽?)	③석천1583 ④칠천1661	⑤영천1700 ⑥송천1730	⑦杏千1862/完千1905 ⑧박천1917	⑨사천1937/1945 ⑩중천1948	⑪주천중간1804 ⑫삼천1935	⑬세천1956
臣	신하 신	신하 신	신하 신	신히 신/신흐 신	신하 신	신하 신	신하 신
	신하 신	신하 신	신하 신	신하 신/ケライ シン	신하 신	シン(신-신) シン(신-신)	
伏	굿블 복	굿쓸 복	굿돌 복	구블 복/굴불 복	업드릴 복	업딀 복, 알 안을 부	업드릴 복
	굿블 복	굿쓸 복	굿쓸 복	업드릴 복/フス フク	업드릴 복	フクセシム(후쿠세시무-복종시키다) フク(후쿠-복)	
戎	되 융	되 융	되 농	되 융	되 융	되 융, 병잠기 융, 너 융, 클 융	되 융
	되 융	되 융	되 융	되 융/ニヒス シユ	되 융	エビ(에비-오랑캐) ジュウ(쥬-융)	
羌	되 강	되 강	되 강	되 강	되 강	되 강	되 강
	되 강	되 강	되 강	되 강/エビス キャウ	되 강	スヲ(수오-오랑캐) キャウ(캬우-강)	

⑧ 융과 강이 신하로 항복하나니 임[인]군이 덕으로써 화하면 성융이 모다 굴복함이라

⑨ 융과 강이 신하로 항복하나니 인군이 덕으로 화하면 융강니 굴복하나니라

⑩ 융과 강이 신하로 항복하나니 인군이 덕으로 화하면 융강니 굴복하나니라

⑪ 戎羌은 皆西戎이로되 而此則總四裔言之也라 人君이 德以懷之하고 威以馭之하면 則咸來臣伏也라

⑫ 戎羌とて西方の遠きエビスの國々までも、其の德を慕ひ来りて臣下となりて伏従せるをいふ。

(오랑캐로써 서방의 먼 미개 나라까지도 그 덕을 사모하여 찾아와 신하가 되어 복종함을 말한다.)

⑬ 융과 강이, 신하로 하나니, 인군이 덕으로, 화하면, 융강이, 굴복하느니라

31	①광천1575 / ②대천(16C중엽?)	③석천1583 / ④칠천1661	⑤영천1700 / ⑥송천1730	⑦杏千1862/完千1905 / ⑧박천1917	⑨사천1937/1945 / ⑩중천1948	⑪주천중간1804 / ⑫삼천1935	⑬세천1956
遐	멀 하	멀 하	멀 하	멀 햐/멀 ᄒ	멀 하	멀 하	멀 하
	멀 하	멀 하	멀 하	멀 하/トホシカ	멀 하	トホキモ(토오키모-먼 것도) カ(카-하)	
邇	갓가올 이	갓싸올 이	갓싸올 이	각가올 리	갓가올 이	갓가올 이	가까올 이
	갓가올 이	갓싸올 이	갓싸올 이	갓가올 이/チカシジ	갓가올 이	チカキモ(치카키모-가까운 것도) ジ(지-이)	
壹	흔 일	흔 일	흔 일	흔 일	한 일	흔 일, 인온 인, 젼일 일	한 일
	흔 일	흔 일	흔 일	한 일/ヒトツイチ	한 일	ヒトツニ(히토츠니-하나에) イツ(이츠-일)	
體	몸 톄	몸 톄	몸 톄	몸 체	몸 톄	몸 톄	몸 체
	몸 톄	몸 톄	몸 톄	몸 체/カラダ テイ	몸 톄	タイヲ(타이오-체를) タイ(타이-체)	

⑧ 멀고 갓가옴을 한갈 갓치 할지니 인군이 텬하 백성 보기를 일체로 함이라

⑨ 멀고 갓가옴을 한길 갓치 하느니 인군이 텬하 백성 보기를 일체로 하미라

⑩ 멀고 갓가옴을 한갈 갓치 하느니 인군이 텬하 백성 보기를 일체로 하미라

⑪ 自臣工而黎庶와 自中夏而外夷히 無遠無近이 視之如一體也라

⑫ 遐とは遠きをいひ邇とは近きをいふ、仁君の德化は遠近の別なく壹體に及びぬるを以て (하(遐)라는 것은 먼 것을 말하고 이(邇)라는 것은 가까움을 말한다. 인군(仁君)의 덕화(德化)는 멀고 가까움의 구분 없이 일체(壹體)에 미치는 것으로써)

⑬ 멀고, 가까움을, 한결같이 함이니, 인군이, 백성 보기를 일체로 함이라

32	①광천1575	③석천1583	⑤영천1700	⑦杏千1862/完千1905	⑨사천1937/1945	⑪주천중간1804	⑬세천1956
	②대천(16C중엽?)	④칠천1661	⑥송천1730	⑧박천1917	⑩중천1948	⑫삼천1935	
率	ᄃ닐 졸	ᄃ릴 솔	ᄃ 솔	거느일 솔	거나릴 솔	ᄃ릴 슐, 조츨 슐, 구률 률, 쟝슈 슈, 그믈 슈	거 나 릴 솔
	ᄃ내 졸	ᄃ릴 솔	ᄃ릴 슬	거나릴 솔/ヒキイルリツ	거나릴 솔	ソツ(소츠-솔) ソツ(소츠-솔)	
賓	손 빙	손 빈	손 빙	손 빈	손 빈	항복 빈, 손 빈, 마줄 빈	손 빈
	손 빈	손 빙	손 빈	손 빈/マレビトヒン	손 빈	ビンモ(빈모-빈도) ビン(빈-빈)	
歸	갈 귀	도라갈 귀	도□□□	도라갈 귀	도라갈 귀	도라갈 귀, 먹일 궤	돌 아 갈 귀
	귀 갈라도	갈 귀	도리갈 기	도라갈 귀/カヘルキ	도라갈 귀	キス(키스돌아오게 하다) キ(키-귀)	
王	긔ᄌ 왕	님금 왕	님 왕	림금 왕/임금 왕	인군 왕/임군 왕	죠회 왕, 님금 왕, 왕홀 왕, 왕셩 왕	임금 왕
	기ᄎ 왕	님금 왕	님굼 왕	님금 왕/キミ ワウ	인군 왕	ワウニ(와우니-왕에게) ワウ(와우-왕)	

⑧ 거나리고 항복하야 황에게 도라옴이니 사람이 덕화를 닙어 복종치 안니 함이 업심이라

⑨ 거나리고 복종ᄒ야 왕의게 도라오니 사람이 덕을 입어 복종치 안이 하미 읍심이라

⑩ 거나리고 복종하야 왕외게 도라오니 사람이 덕을 입어 복종치 안이 하미 읍심이라

⑪ 德化遠曁하여 如上文所言이면 則人皆相率而賓服하여 莫不歸往而王之矣라

⑫ 普天の下率土の賓乃ち國土のはてまでもすべて王化に歸伏せるをいふ。(하늘 끝, 땅 끝 즉 국토의 끝까지 모두 왕에게 돌아와 복종함을 말한다.)

⑬ 거느리고, 복종하여 왕에게, 돌아오니, 사람이, 덕을 입어, 복종치 아니함이 없음이라

33	①광천1575	③석천1583	⑤영천1700	⑦杏千1862/完千1905	⑨사천1937/1945	⑪주천중간1804	⑬세천1956
	②대천(16C중엽?)	④칠천1661	⑥송천1730	⑧박천1917	⑩중천1948	⑫삼천1935	
鳴	울 명	울 명	울 명	울 명	울 명	울 명	울 명
	울 명	울 명	울 명	울 명/ナク メイ	울 명	メイ(메이-명)メイ(메이-명)	
鳳	새 봉	봉황 봉	봉황 봉	시 봉	새 봉	봉황 봉	새 봉
	새 봉	봉황 봉	봉황 봉	새 봉/オ ホ ト リ ホウ	새 봉	ホウハ(호우와-봉은)ホウ(호우-봉)	
在	이실 지	이실 지	이 지	리실 지/이실 지	잇슬 재	이실 지, 슬필 지	있을 재
	이실 지	이실 지	이실 지	잇슬 재/アリ サイ	잇슬 재	アリ(아리-있다)サイ(사이-재)	
樹	나모 슈	나모 슈	나모 슈	나무 수	나무 슈	나무 슈, 시믈 슈	나무 수
	나모 슈	나모 슈	나모 슈	나무 수/キ ジユ	□□ 슈	キニ(키니-나무에)ジユ(쥬-수)	

⑧ 우난 봉이 나무에 잇스니 봉은 오동이 안니면 깃드리지 안니하매 선배[비]에 뜻을 비유함이라

⑨ 우난 봉이 나무에 잇스니 봉은 오동 안이면 깃드리지 안이 하니 션배의 뜻을 비유하니라

⑩ 우난 봉이 나무에 잇스니 봉은 오동 안이면 깃드리지 안이하니 션배의 뜻을 비유함니라

⑪ 詩曰 鳳凰鳴矣라 梧桐生矣라하니 蓋鳳非梧桐이면 不棲하고 非竹實이면 不食하니 喩吉士之得所止也라 樹는 唐本에 作竹하니라

⑫ 聖賢なる人君世を知しめさるさるより天下は太平の瑞兆として、鳳凰は来りて木にやどりて鳴き(성현(聖賢)인 인군(人君) 세상을 알리게 함으로부터 천하는 태평(太平)의 서조(瑞兆)로써, 봉황(鳳凰)은 와서 나무에 머물며 울고,)

⑬ 우는 봉이, 나무에 있으니, 봉은, 오동이 아니면, 깃들이지 안나니, 선비의 뜻을 비유함

| 34 | ①광천1575 | ③석천1583 | ⑤영천1700 | ⑦츙千1862/完千1905 | ⑨사천1937/1945 | ⑪주천중간1804 | ⑬세천1956 |
	②대천(16C중엽?)	④칠천1661	⑥송천1730	⑧박천1917	⑩중천1948	⑫삼천1935	
白	힌 빅	흰 빅	힌 빅	흰 빅	흰 백	흰 빅, 슬을 빅	흰 백
	힌 빅	힌 빅	힌 빅	흰 백/シロシ ハク	흰 백	ハク(하쿠-백) ハク(하쿠-백)	
駒	미야지 구	미야지 구	미야지 □	ᄆ랴지 구/미아지 구	미야지 구/마야지 구	미야지 구	망아지 구
	미야지 구	미야지 구	미아지 구	마아지 구/コマ ク	미아지 구	クハ(쿠와-구는) ク(쿠-구)	
食	밥 식	머글 식	머 식	밥 식	밥 식	먹을 식, 음식 식, 밥 스, 먹일 스, 이긔 이	밥 식
	밥 식	머글 식	머글 식	밥 식/クフ ショク	밥 식	ハム(하무-먹다) ショク(쇼쿠-식)	
場	맏 당	맏 댱	맏 댱	마당 즁	마당 장	마당 쟝	마당 장
	말 댱	맏 댱	맏 댱	마당 장/ニハ ジヤウ	마당 장	ニハニ(니와니-마당에(서)) ヂャウ(쟈우-장)	

⑧ 흰 마야지 마당에서 먹으이니 대개 어진 사람의 마야지 마당의 풀을 먹난 거슬 아름다히 녀김이라

⑨ 흰 매야지 마당애셔 먹으니 어진 사람에 매야지 마당에 풀먹는 거슬 아름다이 여기미라

⑩ 흰 □야지 마당에셔 먹으니 어진 사람에 매야지 마당에 풀먹는 거슬 아름다이 여기리라

⑪ 詩曰 皎皎白駒가 食我場苗라하니 蓋美賢人之來니 其所乘之白駒가 得以暫息於場而食場中之草也라

⑫ 白き駒は出て牧場に食む、乃ち德の禽獸までも及べるをいへるなり。(흰 망아지는 나와서 목장(牧場)에서 먹는다. 즉 덕(德)의 금수(禽獸)까지도 미치는 것을 말함이다.)

⑬ 흰 망아지, 마당에서 먹으니, 어진 사람에 망아지, 마당에 풀 먹는 것을 아름다이 여김이라

35	①광천1575 ②대천(16C중엽?)	③석천1583 ④칠천1661	⑤영천1700 ⑥송천1730	⑦杏千1862/完千1905 ⑧박천1917	⑨사천1937/1945 ⑩중천1948	⑪주천중간1804 ⑫삼천1935	⑬세천1956
化	될 화	될 화	될 화	되오 화/되로 화	될 화	될 화	될 화
	도윌(?) 화	될 화	될 화	될 화/ムグム クワ	될 화	クワハ(쿠와와-화는) クワ(쿠와-화)	
被	니블 피	니블 피	니블 피	리블 피/니블 피	입을 피/닙을 피	미츨 피, 니블 피, 닙을 피	입을 피
	니블 피	니브 피	니블 피	닙을 피/カウムル ヒ	입을 피	オヨボシ(오요보시-미치다) ヒ(히-피)	
草	플 초	플 초	플 초	플 초	풀 초	풀 초, 글초 초	풀 초
	플 초	플 초	플 초	풀 초/クサ サウ	풀 초	クサ(쿠사-풀) サウ(사우-초)	
木	나모 목	나모 목	나믜 목	나무 목	나무 목	나모 목	나무 목
	나모 목	나모 목	나모 목	나무 목/キ モク	나무 목	キニ(키니-나무에) モク(모쿠-목)	

⑧ 덕화가 초목에 닙혀스니 비와 볏이 째로 하매 무지한 초목도 그 어진 덕화를 어더 닙음이라

⑨ 덕화가 초목에 닙혀스니 비와 볏이 짠로 하매 무지한 초목도 어진 덕화를 닙음이라

⑩ 덕회기 초목이 납혀스니 비와 볏이 짜로 하매 무지한 초목도 어언 덕화를 닙음이라

⑪ 極其中和하여 雨暘時若이면 則草木無知나 而霑被仁化라 詩之美周家曰 周王仁厚하여 澤及草木者가 是也라

⑫ 斯く如く國家治まり、人民安らかに、德化は禽獸に及べるのみならず、其の惠みの露は草木にも被り (이와 같이 국가(國家) 다스리고, 인민(人民) 편안하게, 덕화(德化)는 금수(禽獸)에 미칠 뿐만 아니라, 그 은혜의 이슬은 초목(草木)에도 내려 앉아)

⑬ 덕화가, 초목에, 입히니, 왕화가, 사람에게 미칠 뿐, 아니라, 초목에까지 미침이라

	①광천1575 ②대천(16C중엽?)	③석천1583 ④칠천1661	⑤영천1700 ⑥송천1730	⑦츕千1862/完千1905 ⑧박천1917	⑨사천1937/1945 ⑩중천1948	⑪주천중간1804 ⑫삼천1935	⑬세천1956
賴	힘닙블 뢰	힘니블 뢰	힘니블 뢰	심리불 뇌	힘입을 뢰	힘닙을 뢰, 넉넉홀 뢰, 원슈 뢰	힘 입 을 뢰
	힘니블 뇌	힘니블 뢰	침니블 뢰	힘입을 뢰/タノム ライ	힘입을 뢰	ライハ(라이와-뢰는) ライ(라이-뢰)	
及	밋 급	미츨 급	미츨 급	밋칠 급	밋칠 급/ 밋츨 급	미츨 급, 니를 급	미칠 급
	밋 급	미츨 급	미츨 급	밋츨 급/ オヨブ キフ	밋칠 급	オヨブ(오요부-미치다) キフ(키우-급)	
萬	일만 만	일만 만	일만 만	일만 만	일만 만/ 만 만	일만 만, 벌 만	일만 만
	구룸 만 [반룡주]	일만 만	일만 만	일만 만/ ヨロヅ マン	일만 만	バン(반-만) バン(반-만)	
方	못 방	모 방	모 방	모 방	모 방	방소 방, 모 방, 견졸 방, 브야흐로 방	모 방
	못 쌍	모 방	므 방	모 방/ カタ ハウ	모 방	パウ二(파우니-방에) パウ(파우-방)	

⑧ 힘 닙음이 만병에 밋츠니 만병이 지극히 널브나 어진 은덕이 밋지 안니함이 업심이라

⑨ 힘 닙음이 만방에 밋치니 만방이 지극히 너르나 어진 덕이 미치나니라

⑩ 힘 닙음이 만방에 밋치니 만방이 지극히 너르나 어진 덕이 미치나니라

⑪ 如保赤子하여 仁恩覃敷하면 則萬方至廣이나 而罔不永賴라 書之稱夏后曰 烝民乃粒하여 萬方作乂者 是也라

⑫ 其のさいはいは、引て宇宙の萬物にまでも及ぼせるをいふ。(그 행복은 심지어 우주 만물에까지도 미치게 함을 말한다.)

⑬ 힘 입음이, 만방에 미치니, 만방이, 극히 너르나, 어진 덕이 미침이라

37	①광천1575 ②대천(16C중엽?)	③석천1583 ④칠천1661	⑤영천1700 ⑥송천1730	⑦杏千1862/完千1905 ⑧박천1917	⑨사천1937/1945 ⑩중천1948	⑪주천중간1804 ⑫삼천1935	⑬세천1956
蓋	두웨 개	두플 개	두플 개	덥플 개/ 덥플 개	덮을 개	대개 개, 더플 개, 갑가 갑, 고을 합	덮을 개
	두웨 개	두플 개	두플 개	덥흘 기/ ケダシ カイ	덥흘 개	ゲタシ(게타시-대저) カフ(카우-개)	
此	이 ᄎ	이 ᄎ	이 ᄎ	이 ᄎ	이 차	이 ᄎ	이 차
	이 ᄎ	이 ᄎ	이 ᄎ	이 차/ コレ シ	이 차	コノ(코노-이) シ(시-차)	
身	몸 신	몸 신	몸 신	몸 신	몸 신	몸 신	몸 신
	몸 신	몸 신	몸 신	몸 신/ キ シン	몸 신	シン(신-신) シン(신-신)	
髮	터럭 발	터럭 발	터 발	덜럭 불/ 터럭 불	터럭 발	털억 발	터럭 발
	터억 발	터락 발	터럭 발	터럭 발/ カミ ハツ	터럭 발	ハツノ(하츠노-발의) ハツ(하츠-발)	

⑧ 대개 이 몸과 터럭은 사람마다 업난 이가 업나니라

⑨ 대개 이 몸과 터럭은 사람마다 읍난 이가 읍나니라

⑩ 대개 이 몸과 터럭은 사람마다 읍난 이가 읍나니라

⑪ 蓋此는 猶言凡玆也라 人生於世에 莫不具此身體髮膚로되 而其所以爲人者는 則別有在也라

⑫ 蓋し 此の身髮、乃ち我身體髮膚は思ふに父母より受けたるものなれども (대저 이 몸과 머리카락, 즉 우리 신체발부(身體髮膚)는 생각건대 부모로부터 받은 것이나,)

⑬ 대개, 이, 몸과 터럭은, 사람마다 없느니가, 없느니라

38	①광천1575	③석천1583	⑤영천1700	⑦杏千1862/完千1905	⑨사천1937/1945	⑪주천중간1804	⑬세천1956
	②대천(16C중엽?)	④칠천1661	⑥송천1730	⑧박천1917	⑩중천1948	⑫삼천1935	
四	넉 ᄉ	넉 ᄉ	넉 ᄉ	넉 ᄉ	넉사/녯사	넉 ᄉ	넉 사
	넉 ᄉ	넉 ᄉ	넉 ᄉ	넉 사/ヨツ シ	넉 사	シ(시-사)/シ(시-사)	
大	큰 대	큰 대	큰 대	큰 딕	큰 대	큰 대, マ장 태, 큰 다	큰 대
	큰 대	큰 대	큰 대	큰 딕/オホイ タイ	콘 대	ダイ(다이-대)/ダイ(다이-대)	
五	다ᄉ 오	다ᄉ 오	다ᄉ 오	다ᄉ 오	다사 오	다ᄉ 오	다섯 오
	다ᄉ 오	다ᄉ 오	다ᄉ 오	다사 오/イツツ ゴ	다□ □	ゴ(고-오)/ゴ(고-오)	
常	샹녜 샹	샹녯 샹	샹 샹	흥승 승	떳떳 상/쩟쩟 상	덛덛홀 샹, 샹례 샹	떳떳 상
	샹녇 샹	샹녯 샹	샹녜 샴	쩟쩟 상/ツネ ジヤウ	떳떳 상	ジャウ(쟈우-상)/ジャウ(쟈우-상)	

⑧ 네 큰 거와 다섯 씻ᇰ 함이니 하날 싸 인군 어버이 네 가지요 인과 의와 례와 지와 신이 다섯 가지라

⑨ 네 큰 거와 다섯 씻ᇰ 하미니 하날 싸 인군 어버이 네 가지오 인의례지신이 다섯 가지라

⑩ □□□와 다섯 씻々 하미니 하날 싸 인군 어버이 네 가지오 인의례지신이 다섯가지랴

⑪ 四大는 天地君親이요 五常은 仁義禮智信이라 人非四大면 無以生이요 非五常이면 無以成이니 是乃人之所以爲人也라

⑫ 四大乃ち地水火風の陰陽の和合より成り、一小天地を象どれるものなれば、五常乃ち仁義禮智信の道を守るべきなり。(사대(四大) 즉 지수화풍(地水火風)의 음양(陰陽)의 화합으로부터 이루어져, 일소천지(一小天地)를 본뜬 것이라면, 오상(五常) 즉 인의예지신(仁義禮智信)의 길을 지켜야 할 것이다.)

⑬ 네 가지 큰 것과, 다섯 가지 씻씻함이니, 사대는 천, 지, 군, 부요, 오상은 인, 의, 예, 지, 신

39	①광천1575 / ②대천(16C중엽?)	③석천1583 / ④칠천1661	⑤영천1700 / ⑥송천1730	⑦츙千1862/完千1905 / ⑧박천1917	⑨사천1937/1945 / ⑩중천1948	⑪주천중간1804 / ⑫삼천1935	⑬세천1956
恭	온공 공	온공 공	온공 공	온공 공/옹공 공	공손 공	온공 공	공손 공
	온공 공	온공 공	온공 공	공손 공/.ウヤマフ キョウ	공손 공	ツツシミテ(츠츠시미테-조신하여) キョウ(쿄우-공)	
惟	오직 유	오직 유	오직 유	오직 유	오직 유/오즉 유	싱각 유, 오직 유	오직 유
	새 유	오직 유	오직 유	오즉 유/オモフ イ	오직 유	オモフ(오모우-생각하다) ヰ(위-유)	
鞠	칠 국	칠 국	칠 국	칠 국	칠 국	칠 국, 데기 국, 다스릴 국	칠 국
	칠 국	질 국	칠 극	칠 국/ヤシナフ キク	□ 국	キク(키쿠-국) キク(키쿠-국)	
養	칠 양	칠 양	칠 양	칠 양/길을 양	기를 양	칠 양, 공양 양	기를 양
	칠 양	칠 양	칠 양	칠 양/ヤスナフ ヤウ	기를 양	ヤウキ(야우오-양올) ヤウ(야우-양)	

⑧ 국양함을 공손이 하라 사람의 몸이 잇난 것이 부모의 국양하신 은혜[혜]니라

⑨ 국양흠을 공손이 ᄒᆞ라 사람의 몸은 부모의 기르신 은혜라

⑩ 국양함을 공손이 하라 사람의 몸은 부모의 기르신 은혜라

⑪ 人之有此身이 莫非父母鞠養之恩이니 爲子者當敬以思之也라

⑫ されば恭しみ謹みて父母が此の身をはぐくみ養ひたまひし大恩を思ひみては (그렇기 때문에 공손하고 조신하여 부모가 이 몸을 길러 키우신 대은(大恩)을 생각하여)

⑬ 국양함을, 공손이하라, 사람의 몸은, 부모의, 기르신, 은혜라

	①광천1575	③석천1583	⑤영천1700	⑦杏千1862/完千1905	⑨사천1937/1945	⑪주천중간1804	⑬세천1956
40	②대천(16C중엽?)	④칠천1661	⑥송천1730	⑧박천1917	⑩중천1948	⑫삼천1935	
豈	엇뎌 괴	엇쎠 괴	엇 괴	엇지 괴	엇지 기/엇지 괴	엇지 긔, 개데 개, 개가 개	어찌 기
	잇더 괴	엇씨 괴	엇써 괴	엇지 괴/アニ キ	엇지 기	アニ(아니-어찌) ガイ(가이-개)	
敢	구틸 감	구틸 감	구 감	구쎄 감/구태 감	구태 감/구태 감	구틔여 감	구태 감
	구틸 감	구틸 감	귀틔 감	구태 감/アヘテ カン	구태 감	アエテ(아에테-감히) カン(간-감)	
毀	헐 회	헐 훼	헐 훼	헐 훼	헐 회/헐 훼	헐 훼, 허러질 훼, 훼방 훌 훼, 훼방 훼	헐 회
	헐 훼(?)	헐 훼	헐 훼	헐 훼/ソコナフ キ	헐 □	キヅツケ(키즈츠케-상처입히는) キ(키-훼)	
傷	헐 샹	헐 샹	혈 샹	헐 승	상할 상/상할 상	헐 샹, 슬플 샹	상할 상
	헐 샹	헐 샹	헐 샹	상할 상/ヤブル シ ヤウ	상할 상	ヤブラン(야부란-상처입히는) シャウ(샤우-상)	

⑧ 엇지 감히 허루며 상히리요 부모의 끼치신 몸을 훼상치 안니 함이 효도의 비로솜이니라

⑨ 엇지 감히 회상하리요 부모의 끼치신 몸을 상치 아니 함이 효도의 비로소미라

⑩ 엇지 감히 희상하리요 부모의 끼치신 몸을 상치 안니 함이 효도의 비로소미라

⑪ 孝經曰 身體髮膚는 受之父母라 不敢毀傷이 孝之始也라하니 苟思父母鞠養之恩하면 則其必不敢毀傷矣리라

⑫ 豈に何として此の身體髮膚をきづつけやぶるなどの行ひありてなるべき、これ孝道の第一義なりといへるなり。(어찌, 이 신체발부(身體髮膚)를 상처 입히고 해치는 등의 행위 있어야 할까, 이것이 효도(孝道)의 제일의(第一義)라고 말하이다.)

⑬ 어찌 감히, 회[훼]상하리요, 부모의 끼치신 몸을, 상치 아니함이 효도의, 비로슴이라

41	①광천1575 ②대천(16C중엽?)	③석천1583 ④칠천1661	⑤영천1700 ⑥송천1730	⑦츔千1862/完千1905 ⑧박천1917	⑨사천1937/1945 ⑩중천1948	⑪주천중간1804 ⑫삼천1935	⑬세천1956
女	겨집 녀	겨집 녀	졔집 녀	계집 녀	계집 녀	겨딥 녀, 쏠 녀, 너 여, 쏠보낼 녀	계집 녀
	세비 녀	겨집 녀	기짐 녀	계집 녀/ ヲンナ ヂョ	계집 녀	ヲンナハ(온나와여자는) ヂョ(죠-여)	
慕	ᄉ못 모	ᄉ모 모	ᄉ모 모	ᄉ모 모	사모 모	ᄉ모 모	사모 모
	ᄉ뭇 모	ᄉ모 모	ᄉ모 모	사모 모/ シタフ ボ	사모 모	シタ(시타-그리울) ボ(보-모)	
貞	고돈 뎡	고딜 뎡	고딜 뎡	고들 졍	곳을 졍	고들 졍	곧을 정
	고돈 뎡	고딜 뎡	고딜 뎡	곳을 졍/ タタシ テイ	□□ 졍	テイ(테이-정) テイ(테이-정)	
烈	믈굴 결(潔)	미올 렬	미을 렬	미을 렬/ 미을 녈	매울 렬/ 미을 렬	밍렬 렬, 공렬 렬	매울 렬
	믈굴 결(潔)	미올 녈	미을 렬	매울 렬/ ハゲシ レツ	매울 열	ケツキ(케츠오-결을) ケツ(케츠-결)(潔)	

⑧ 녀자난 곳고 매움을 사모할지니 뜻이 졍직하고 행실이 맹렬한 연후에 그 몸이 욕되지 안니 하나 니라

⑨ 녀자는 곳고 미옴을 사모하나니 뜻이 졍결하고 힝실이 미우면 그몸이 욕되지 아니 하나니라

⑩ 녀자는 곳고 매옴을 사모하나니 뜻이 졍결하고 행실이 매우면 그 몸이 욕되지 아니 하나니라

⑪ 此下는 言不敢毁傷之道라 女子는 其志貞하고 其行烈然後에 可以不辱其身이라 故로 有如此者면 則必慕之也라

⑫ 女乃ちすべての婦人は、貞操と潔白との行ひを養ひて、苟くもこれに背かざらんことを期し (여자 즉 모든 부인(婦人)은 정조(貞操)와 결백(潔白)의 행동을 길러, 진실로 이것을 어기지 않을 것을 기약하고)

⑬ 여자는 곧고, 매움을 사모할지니, 정조결백을 사모하여, 이와 배치된 길을, 삼갈지니라
　潔 ⇒ 烈

42	①광천1575 ②대천(16C중엽?)	③석천1583 ④칠천1661	⑤영천1700 ⑥송천1730	⑦춈千1862/ 完千1905 ⑧박천1917	⑨사천1937/ 1945 ⑩중천1948	⑪주천중간1804 ⑫삼천1935	⑬세천 1956
男	아드 남	아들 남	아들 남	아듸 남/ 스나 남	사나희 남/ 사나히 남	스나히 남, 아들 남, 벼슬 일홈 남	사내 남
	아들 남	아들 남	아들 남	사나희 남/ ヲトコ ダン	사나희 남	ヲトコハ(오토코와-남 자는) ダン(단-남)	
效	즈월 효	본볼 효	바 효	본비들 호/ 본ㅂ들 효	본바들 효	본볼 효, 효힘 효, 드 릴 효	본 받을 효
	좃두들 효	본바들 효	본블 효	본바들 효/ ナラフ カウ	본바들 효	ナラフ(나라우-익히다) カウ(카우-효)	
才	죄조 지	직조 지	지조 지	지조 지	재주 재/ 재죠 재	지조 지, 직목 지, 겨 요 지	재조 재
	지조 지	지조 지	지조 지	재조 재/ シ ハ サ ノ サイ	재주 재	サイ(사이-재) サイ(사이-재)	
良	알 량	어딜 냥	어딜 냥	어질 량	어질 양/ 어질 량	어딜 량	어질 량
	말 량	어딜 냥	어질 냥	어질 량/ ヨシ リョウ	어질 양	リャウニ(랴우니-량에) リャウ(랴우-량)	

⑧ 남자난 재조와 어짐을 본바들지니 재덕과 충량이 낫타난 연후에 가히 성가립신하나니라

⑨ 남자는 직조와 어짐을 본바들지니 직덕과 충량이 낫타난 후에 가히 입신량명하나니라

⑩ 남자는 재조와 어짐을 본바들지니 재덕과 충량이 낫타난 후에 가히 입신량명하나니라

⑪ 男子는 才智優하고 忠良著然後에 可以成立이라 故로 有如此者면 則必效之也라 知此二句면 則可以事親矣리라

⑫ 又男子は才能と善良とを手本としてこれにならひ、假にも惡しき行ひなからんことを戒めたるなり。(또 남자는 재능과 선량(善良)을 본보기로 삼고 이것을 익히고, 설령 나쁜 행위를 하지 않을 것을 훈계할 것이다.)

⑬ 남자는 재주와, 어짐을 본받을지니, 조금이라도 옳지 못한, 길을 밟지 말지니라

43	①광천1575 ②대천(16C중엽?)	③석천1583 ④칠천1661	⑤영천1700 ⑥송천1730	⑦杏千1862/完千1905 ⑧박천1917	⑨사천1937/1945 ⑩중천1948	⑪주천중간1804 ⑫삼천1935	⑬세천1956
知	알 디 / 알 디	알 디 / 알 디	알 디 / 알 디	알 지 / 알지/シルチ	알ㅅ 지/알지 / 알 지	알 지, 지혜 지 / シレバ(시레바-알면) チ(치-지)	알 지
過	디날 과 / 디날 과	디날 과 / 디날 과	디낼 과 / 디날 과	지날 과/지닐 과 / 허물 과/アヤマックワ	지날 과 / 지날 과	허물 과, 디날 과 / アヤマチヲ(아야마치오-잘못을) クワ(쿠와-과)	허물 과
必	반득 필 / 반득 필	반득 필 / 반득 필	반득 필 / 반득 필	반들 필/반ᄃ 필 / 반듯 필/カナラズヒツ	반듯 필 / 반듯 팔	반듯 필, 도디게 필 / カナラズ(카나라즈-반드시) ヒツ(히츠-필)	반듯 필
改	가실 기 / 가실 기	고틸 기 / 고틸 기	고틸 기 / 고틸 기	고칠 기 / 곳칠 개/アラタムカイ	곳칠 개 / 곳칠 개	고칠 기 / アラタメ(아라타메-고쳐) カイ(카이-개)	고칠 개

⑧ 허물을 알면 반다시 곳칠지니 공자의 제자 중유난 허물 듯기를 깃거하니라

⑨ 허물을 알면 반다시 곳칠지니 공자의 데자 츔우는 허물 듯기를 깃거하니라

⑩ 허물을 알면 반다시 곳칠지니 공자의 데자 중우는 허물 듯기를 깃거하니라

⑪ 仲由는 喜聞過하여 人有告之以過則喜하니 其聞知而必改之니 可爲百世師也라

⑫ 凡そ人としては必ず過ちなきを保し難し、されば若しも過ちと知りたるならば、必ず速かにこれを改めざるべからず。(무릇 사람으로서는 잘못이 없음을 지키기 어려우니, 그렇기 때문에 혹시나 잘못을 알았다면 재빨리 이것을 고쳐야 한다.)

⑬ 허물을 알면, 반드시 고칠지니, 공자의, 제자, 중우는 허물 듣기를, 기뻐하니라

44	①광천1575 ②대천(16C중엽?)	③석천1583 ④칠천1661	⑤영천1700 ⑥송천1730	⑦杏千1862/完千1905 ⑧박천1917	⑨사천1937/1945 ⑩중천1948	⑪주천중간1804 ⑫삼천1935	⑬세천1956
得	시를 득	어들 득	어들 득	어들 득	얻을 득/ 엇을 득	어들 득	얻을 득
	시를 득	어들 득	어들 득	엇을 득/ ウトク	얻을 득	エテ(에테-얻어서) トク(토쿠-득)	
能	능홀 능	잘홀 능	잘 능	능홀 능	능할 능	잘홀 능, 즘승 능, 쟈라 내, 견딜 내	능할 능
	능홀 능	늘ㅎ 능	잘홀 능	능할 능/ ヨク ノウ	능할 능	ノウキ(노우오-능을) ノウ(노우-능)	
莫	말 막	말 막	알 막	믈 막	말 막	말 막, 져믈 모, ㄴ믈 모, 고요홀 믹	말 막
	말 막	말 막	말 막	말 막/ ナカレ バク	말 막	ナカレ(나카레-있어서 는 아니 된다) バク(바쿠-막)	
忘	니즐 망	니즐 망	나 망	이질 망	잊을 망/ 니즐 망	니즐 망	잊을 망
	니즐 망	니즐 망	니즐 망	니즐 망/ ワスル バウ	잊을 망	ワスルル(와스르르-잊다) バウ(바우-망)	

⑧ 능함을 엇으면 잊지 말지니 능한 거슬 잇지 아니 한즉 학문이 가히 진취ᄃᆞ리라

⑨ 능함을 웃거든 잊지 말지니 능한 거슬 잇지 아니 한즉 학문이 진취되나니라

⑩ 능함을 웃거든 잊지 말지니 능한 거슬 엇지 아니 한즉 학문이 진취되나니라

⑪ 論語曰 月無忘其所能이 是也라 能而無忘하면 則得愈堅而不失하리니 知此二句면 則可以進學矣리라

⑫ 又能とは人の必ず行ふべき道にして、これを知り得たらば決して忘るべからざるをいふ. (또 능(能)이란 사람이 반드시 지켜야 할 길로 삼아 이것을 알았다면 결코 잊지 말아야 함을 말한다.)

⑬ 능함을 얻거든 잊지 말지니, 능함을 잊지 안한 즉, 학문이 진취되느니라

	①광천1575	③석천1583	⑤영천1700	⑦즙千1862/完千1905	⑨사천1937/1945	⑪주천중간1804	⑬세천1956
45	②대천(16C중엽?)	④칠천1661	⑥송천1730	⑧박천1917	⑩중천1948	⑫삼천1935	
罔	거츨 망	업슬 망	엄슬 양	업슬 망	읍슬 망	업슬 망, 그믈 망, 소길 망	없을 망
	기츨 망	업슬 망	업솔 망	업슬 망/ナシ バウ	업슬 망	ナカレ(나카레-있어서는 안 된다) バウ(바우-망)	
談	말슴 담	말슴 담	말솜 담	말슴 담	말삼 담	말슴 담	말슴 담
	말슴 담	말솜 담	말슴 담	말삼 담/カタル ダン	말삼 담	カタル(카타르-말하다) ダン(단-담)	
彼	더 피	뎌 피	뎌 피	져 피	져 피	져 피	저 피
	더 피	뎌 피	뎌 피	져 피/アレ ヒ	져 피	カレノ(카레노-그의) ヒ(히-피)	
短	뎌를 단	뎌릴 단	뎌 단	져울 단/져을 단	짧을 단/져를 단	져를 단, 나무라흘 단	짧을 단
	뎌를 단	뎌릴 단	뎌룰 단	져를 단/ミジカシ タン	□을 단	アヤマチヲ(아야마치오-허물을) タン(탄-단)	

⑧ 저의 져른 거슬 말하지 아니 할지니 남이 착지 못함을 말하다가 그 후환에 엇지하리요

⑨ 져의 져른 거슬 말하지 안니 할지니 남의 잘못하는 거슬 흉보지 말지니라

⑩ 져의 져른 거슬 말하지 안니 할지니 남의 잘못하는 거슬 흉보지 말지니라

⑪ 君子急於自修라 故로 不暇點檢人之長短也라 孟子曰 言人之不善하다가 其如後患何오하시니 所當體念이니라

⑫ 彼とは己れを除きて他のすべての人をいふ、たとへ他人の短所を知りたればとて、必ず其を己れの口より言ひ觸らしてはならぬ。(피(彼)라는 것은 나를 제외하고 다른 모든 사람을 말한다. 예를 들어 다른 사람의 단점을 알았다고 해서 반드시 그것을 나의 입으로 말을 해서는 안 된다.)

⑬ 저의 짤은 것을, 말하지 아니할지니, 남의 잘못을, 흉보지 말지니라

46	①광천1575 ②대천(16C중엽?)	③석천1583 ④칠천1661	⑤영천1700 ⑥송천1730	⑦촘千1862/完千1905 ⑧박천1917	⑨사천1937/1945 ⑩중천1948	⑪주천중간1804 ⑫삼천1935	⑬세천1956
靡	안등 미	아닐 미	아 미	업슬 미	안닐 미	업슬 미, 쓸릴 미, 샤치 미, 흐틀 미	아닐 미
	안독 미	아닐 미	아닐 미	아닐 미/ナビク ヒ	안닐 미	ナカレ(나카레-있어서는 안 된다) ヒ(히-미)	
恃	미들 시	미들 시	미 시	미들 시	밋을 시	미들 시	믿을 시
	미들 시	미들 시	미들 시	밋을 시/タノム ジ	밋을 시	タノム(타노무-믿다) ジ(지-시)	
己	몸 긔	몸 긔	몸 긔	몸 긔/몸 기	몸 긔	몸 긔	몸 기
	몸 긔	몸 긔	몸 긔	몸 긔/オノレ コ	몸 긔	オノレノ(오노레노-나의) コ(코-기)	
長	긴 댱	긴 댱	긴 댱	긴 즁/진 즁	긴 쟝	긴 쟝, 미양 쟝, 어룬 쟝, 기릐 쟝	긴 쟝
	긴 댱	긴 댱	진 쟝	긴 쟝/ナガシ チヤ ウ	긴 쟝	タケタルヲ(타케타르오-격조 높은 점을) チャウ(챠우-쟝)	

⑧ 몸의 긴 거슬 밋지 아니 할지니 스사로 밋드면 그 착한대 더 나아가지 못 하리라

⑨ 늬 몸의 긴 거슬 밋지 안이 할지니 스사로 미드면 그 착한듸 더 나가지 못 하리라

⑩ 내 몸의 긴 거슬 밋지 안이 할지니 스사로 미드면 그 착한대 더 나가지 못 하리라

⑪ 己有長이라도 不可自恃니 恃則無所進益이라 書曰 有厥善이면 喪厥善이라하니 最宜警省이라 知此二句면 則可以修己矣리라

⑫ 又己れの長けたるを、乃ち得意とするとを自慢するとはならぬと戒しめたるなり。(또 나의 격조 높은 점을, 즉 잘하는 것을 자랑해서는 안 된다고 경계해야 한다.)

⑬ 내 몸의, 긴 것을, 밋지 말지니, 스스로 믿으면, 그 착한 데, 더 나가지 못하리라

47	①광천1575	③석천1583	⑤영천1700	⑦츈千1862/完千1905	⑨사천1937/1945	⑪주천중간1804	⑬세천1956
	②대천(16C중엽?)	④칠천1661	⑥송천1730	⑧박천1917	⑩중천1948	⑫삼천1935	
信	미들 신	미들 신	미들 신	미들 신	밋들 신/밋을 신	밋블 신, 미들 신, 긔별 신	믿을 신
	알(?) 신	미들 신	미들 신	밋을 신/マコト シン	밋들 신	マコトハ(마코토와-믿음은)/シン(신-신)	
使	브릴 ᄉ	브릴 ᄉ	브릴 ᄉ	ᄒ야곰 ᄉ/히야금 ᄉ	하야금 사	ᄒ야금 ᄉ, 브릴 ᄉ, 브리일 시	하 여 금 사
	브릴 ᄉ	브릴 ᄉ	브릴 ᄉ	하야금 사/ツカヒ シ	하야금 사	シメ(시메-하게 하고)/シ(시-사)	
可	직 가	올홀 가	올홀 가	올을 ᄀ	오을 가/올을 가	올홀 가, 허홀 가	옳을 가
	직 가	올홀 가	올홀 가	올홀 가/ベシ カ	오을 가	ベカラ(베카라해야 하고)/カ(카-가)	
覆	두플 복	다시 복	두플 복	더플 복/더플 부	덥을 복/덥흘 복	다시 복, 업칠 복, 더플 부	덮을 복
	두플 복	두플 복	다시 복	덥흘 복/カヘル フク	덮을 복	クツガヘス(쿠츠가에스-뒤집다)/フク(후쿠-복)	

⑧ 미듬즉하면 하야금 가혜[히] 회복하나니 신으로 언약하야 맛당한 대 합하면 그 말을 가히 밋으리라

⑨ 미듬즉ᄒ면 하야금 가히 회복하나니 신으로 언약ᄒ야 맛당하면 그 말을 가히 밋으리라

⑩ 미듬즉하면 하야금 가히 회복하나니 신으로 언약하야 맛당하면 그 말을 가히 밋으리라

⑪ 有子日 信近於義면 言可復也라하니 言約信而其事合宜면 則其言可踐也라

⑫ 言とは眞實なり、一旦人と約したることは必ず實行すべからしむ可きを期すべし。(언(言)이라는 것은 진실(眞實)이며, 일단 사람과 약속한 것은 반드시 실행(實行)할 것을 기약해야 한다.)

⑬ 믿음직하면, 하여금 가히 회복하나니, 남과 약속한 것은, 반드시 실행할 찌니라

48	①광천1575	③석천1583	⑤영천1700	⑦杏千1862/完千1905	⑨사천1937/1945	⑪주천중간1804	⑬세천1956
	②대천(16C중엽?)	④칠천1661	⑥송천1730	⑧박천1917	⑩중천1948	⑫삼천1935	
器	긔용 긔	그릇 긔	그릇 긔	그릇 긔/그릇 기	그릇 긔	그릇 긔	그릇 기
	긔용 긔	그릇 긔	긔릇 긔	그릇 긔/ウツハ キ	그릇 긔	ウツハハ(우츠와와-그릇) キ(키-기)	
欲	바개 욕	ᄒ고져홀 욕	ᄒ고져홀 욕	ᄒ고자 욕	하고자할 욕	ᄒ고져홀 욕, 욕심 욕	하 고 자 할 욕
	바개 욕	ᄒ고지홀 욕	ᄒ고져홀 욕	하고자할 욕/ホッス ヨク	하고자할 욕	ホッス(호쓰스-탐내다) ヨク(요쿠-욕)	
難	얼려울 난	어려울 란	어려울 란	어러울 난	어려울 란/어려을 난	어려울 난, 환난 난, 론난 난, 셩할 나	어 려 울 난
	어려울 난	어려욜 란	어려울 난	어려울 난/カタシ ナン	어려울 란	ガタキヲ(가타키오-하기 힘든 것을) ナン(난-난)	
量	혜아리 량	혜아릴 량	혜알 량	혜아릴 량	헤아릴 양/혜아릴 량	혜아릴 량, 말되 량, 한량 량	혜 아 릴 량
	혜아릴 냥	혀아릴 랑	쳬야릴 량	혜아리 량/ハカル リヤウ	헤아릴 양	ハカリ(하카리-재는 것) リャウ(랴우-량)	

⑧ 그릇은 헤아리기 어렵고자 할지니 련니[텬디(天地)]로 더부러 갓흔 연후에 가히 응물홈을 알지니라

⑨ 그릇은 혀아리기 어렵고즈 할지니 텬니[텬디(天地)]로 더부러 갓흔 연후에 가히 알지니라

⑩ 그릇은 헤아리기 어렵고자 할지니 텬니[텬디(天地)]로 더부러 갓흔 연후에 가히 알지니라

⑪ 器有大小하니 斗筲는 固無論이요 江河亦有涯하니 必與天地同然後에 難於測量이라 知此二句면 則可以應物矣리라

⑫ 又器とは器量なり、己れの器量を他人に見すかされてはならぬ、奥床しければ他の畏敬を受くるといへるなり。(또 기(器)라는 것은 기량(器量)이다. 나의 기량을 타인(他人)에게 그대로 보여서는 아니 된다. 그윽하면 남의 외경(畏敬)을 받는다고 말함이다.)

⑬ 그릇은 헤아리기, 어렵고자 할지니, 자기의, 기량을 남이 헤아리기 어렵게 가지라

49	①광천1575 ②대천(16C중엽?)	③석천1583 ④칠천1661	⑤영천1700 ⑥송천1730	⑦춤千1862/完千1905 ⑧박천1917	⑨사천1937/1945 ⑩중천1948	⑪주천중간1804 ⑫삼천1935	⑬세천1956
墨	믁 믁 믁 믁	먹 믁 먹 믁	먹 먹 믹 믁	먹 묵 먹 묵/スミ ボク	먹 묵 먹 묵	믁가 믁, 먹 믁, 형벌 믁 ボクハ(보쿠와-묵은) ボク(보쿠-묵)	먹 묵
悲	슬흘 비 슬흘 비	슬흘 비 슬흘 비	슬흘 비 슬흘 비	슬플 비 슬플 비/カナシミヒ	슬플 비 슬플 비	슬플 비 カナシミ(카나시미-슬퍼하고) ヒ(히-비)	슬플 비
絲	실 스 실 스	실 스 실 스	실 스 실 스	실 스 실 사/イトシ	실 사 실 사	실 스 イトノ(이코노-실의) シ(시-사)	실 사
染	므들 염 므들 염	믈들 염 믈들 염	믈들 염 믈들 염	믈들 염/믈기일 염 믈돌 염/ソム セイ	믈들 염 믈들 염	믈들 염, 더러일 염 ソマルヲ(소마르오-물든 것을) セン(센-염)	믈들 염

⑧ 묵적은 실에 물든 거슬 슬허 하얏시니 흰 실에 검은 물이 들면 다시 희지 못함을 슬허함니라

⑨ 묵적은 실에 물들기를 슬히 하얏스니 흰 실에 검은 물이 들면 다시 희지 못함을 슬혀 하니라

⑩ 묵적은 실에 물들기를 슬허 하얏스니 힌 실에 검은 물이 들면 다시 희지 못함을 슬허함이라

⑪ 墨은 墨翟也라 翟은 見染絲而悲하니 謂人性本善이로되 誘於習染하여 而爲不善하니 如絲本白而今黑이면 不可復白也라

⑫ むかし墨子といへる賢人は、白き絲の種々の色に染るを見て悲み泣けり、そは人も惡き友に交れば惡しき行ひに染るを歎きたるなり。(옛날 묵자(墨子)라고 하는 현인(賢人)은, 하얀 실이 여러 색으로 물든 것을 보고 울었으니. 주위 사람도 나쁜 친구를 사귀면 나쁜 행동에 물드는 것을 한탄한 것이다.)

⑬ 묵적은, 실에 물들기를 슬퍼하였나니, 흰 실에 검은 물이, 들면 다시 희지 못함이라

50	①광천1575	③석천1583	⑤영천1700	⑦杏千1862/ 完千1905	⑨사천1937/ 1945	⑪주천중간1804	⑬세천 1956
	②대천(16C중 엽?)	④칠천1661	⑥송천1730	⑧박천1917	⑩중천1948	⑫삼천1935	
詩	글월 시	글 시	글 시	글 시	글 시	글 시	글 시
	글월 시	글 시	글 시	글 시/ カラウタ シ	글 시	シニハ(시니와-시에는) シ(시-시)	
讚	기릴 찬	기릴 찬	기릴 산	지을 촌/ 지릴 춘	기릴 찬	기릴 찬	기릴 찬
	기릴(?) 찬	기릴 찬	기릴 찬	기릴 찬/ ホム サン	기릴 찬	ホメタリ(호메타리-칭 찬했다) ネン(넨-찬)	
羔	염 고	염 고	염 고	양 고/ 염소 고	염소 고	양 고	염소 고
	섬 고	염 고	염 고	염소 고/ コ ヒ ッ チ コウ	염소 고	カウ(카우-고) カウ(카우-고)	
羊	염 양	양 양	양 양	양 양/ 염소 양	양 양	양 양	양 양
	섬 양	양 양	양 양	양 양/ ヒツチ ヤウ	양 양	ヤウヲ(야우-오-양을) ヤウ(야우-양)	

⑧ 시전 고양편에 기리엿시니 남국 대부가 문왕의 덕화를 닙어 정직하니 사람 성품의 선악을 말함이라

⑨ 시전 고양편에 기리엿시니 남국 딕부가 문왕에 덕를 입어 정직하니 사람의 선악을 말함이라

⑩ 시전 고양편에 기리엿시니 남국 대부가 문왕 덕를 입어 정직하니 사람의 션악을 말함이라

⑪ 羔羊은 詩召南篇名이니 美南國大夫被文王化而節儉正直이라 此二句는 言人性易移하여 可惡可善也라

⑫ 又詩の羔羊篇은, 周の文士の德の南國に及べるを稱讚せしなり. (또 시(詩)의 고양편(羔羊篇)은, 주(周)의 문사(文士)의 덕(德)이, 남국(南國)에 미치는 것을 칭찬했다.)

⑬ 시전 고양편에, 칭찬하였으니, 남국대부가, 문왕의, 덕을 입어 정직하니 사람의 선악을 말함

	①광천1575	③석천1583	⑤영천1700	⑦촹千1862/完千1905	⑨사천1937/1945	⑪주천중간1804	⑬세천1956
51	②대천(16C중엽?)	④칠천1661	⑥송천1730	⑧박천1917	⑩중천1948	⑫삼천1935	
景	볃 경	볃 경	빈 경	볏 경	볏 경	클 경, 볏 경, 그림재 영	볃 경
	볃 경	볃 경	볌 경	볏 경/カゲ ケイ	볏 경	オホイナル(오오이나르-큰 것이다) ケイ(케이-경)	
行	녈 힝	녈 힝	녈 힝	당글 힝/딩길 힝	댕길 행/단길 행	길 힝, 닐 힝, 힝실 힝, 줄 항, 무리 항	단길 행
	녈(?) 힝	녈 힝	녈 힝	단길 행/オコナウ コウ	댕길 행	オコナヒハ(오코나이와-행실은) カウ(카우-행)	
維	얼글 유	얼글 유	어글 유	얼글 유	벼리 유/얼글 유	오직 유, 얼글 유	얽을 유
	얼글 유	얼글 유	얼글 유	얼글 유/ユレイ	벼리 유	コレ(코레-바로) ヰ(이-유)	
賢	어딜 현	어딜 현	어딜 현	어질 현	어질 현	어딜 현, 나올 현	어질 현
	어딜 현	어딜 현	어딜 현	어질 현/カシコシ ケン	어질 현	ケン(켄-현) ケン(켄-현)	

⑧ 행실을 빗나게 하면 오즉 어즈니 대도를 행하면 가히 어진 사람이 되나니라

⑨ 힝실을 빗나게 하면 오즉 어진 사람이 되나니라

⑩ 행실을 빗나게 하면 오즉 어진 사람이 되나니라

⑪ 詩曰 高山仰止하고 景行行止라하니 言知大道之可由면 則可以爲賢也라

⑫ 景とは大なるなり、明らかなるなり、明らかに大ひなる行ある人は必ず維れ賢人である。(경(景)이라는 것은 큰 것이고, 분명한 것이니, 분명히 큰 행실을 하는 사람은 반드시 바로 현인(賢人)이다.)

⑬ 행실을 빛나게, 하면, 오직 어진 사람이 되느니라

52	①광천1575 ②대천(16C중엽?)	③석천1583 ④칠천1661	⑤영천1700 ⑥송천1730	⑦참千1862/完千1905 ⑧박천1917	⑨사천1937/1945 ⑩중천1948	⑪주천중간1804 ⑫삼천1935	⑬세천1956
克	이긜 극	이긜 극	이긜 극	이길 극	이길 극/ 이긜 극	이긜 극	이길 극
	이긜 극	이긜 극	이글 극	이길 극/ カツ コク	이길 극	ヨク(요쿠-자주) コク(코쿠-극)	
念	념홀 념	념홀 념	념홀 념	승각 념/ 싱각 념	생각 렴/ 싱각 념	싱각 념	생각 념
	념홀 념	념홀 념	념홀 념	생각 념/ オモフ ネン	생각 렴	タダシク(타다시쿠-올 바르게) タン(탄-극)	
作	지을 작	지을 작	지을 작	지을 작	지을 작	지을 작, 비ᄅᆞᆯ슬 작, 니 러날 작, 지을 주	지을 작
	지을 작	지을 작	지을 자	지을 작/ ツクル サク	지□ □	ナル(나르-되다) サク(사쿠-작)	
聖	님금 셩	셩인 셩	셩인 셩	셩인 셩/ 셩인 셩	셩인 셩	통명 셩, 셩인 셩	셩인 셩
	님금 셩	셩인 셩	셩인 셩	셩인 셩/ ヒジリ セイ	셩인 셩	セイト(세이토-성이라고) セイ(세이-성)	

⑧ 생각을 이긔면 셩인을 지읏나니 사람이 어리셕고 셩인되미 이 한번 생각에 잇나니라

⑨ 싱각을 지으면 셩인을 지으나니 사람이 어리셕고 셩인되음이 한 번 싱각의 잇나

⑩ 생각을 지으면 셩인을 지으나니 사람이 어리셕고 셩인됨이 한 번 생각의 잇나니

⑪ 書曰 維聖도 罔念이면 作狂이요 維狂도 克念이면 作聖이라하니 言聖狂之分이 只係一念也라

⑫ 又よく古への聖人の言行を思ひ鑑みて、念々忘れざれば、其の人も亦た聖人となるを得べしといへるなり。(또 자주 옛 성인(聖人)의 언행을 돌아보아 깊이 생각하여 잊지 않는다면 그 사람도 또한 성인이 된다고 말함이다.)

⑬ 생각을 지으면, 셩인을 지으나니, 사람이 어리셕고, 셩인됨은 이, 한 번 생각에 있다.

53	①광천1575 ②대천(16C중엽?)	③석천1583 ④칠천1661	⑤영천1700 ⑥송천1730	⑦杏千1862/完千1905 ⑧박천1917	⑨사천1937/1945 ⑩중천1948	⑪주천중간1804 ⑫삼천1935	⑬세천1956
德	큰 덕	큰 덕	큰 덕	싄 덕/큰 덕	큰 덕	큰 덕	큰 덕
	큰 덕	큰 덕	큰 덕	큰 덕/サイワイ トク	큰 덕	トク(토쿠-덕) トク(토쿠-덕)	
建	설 건	셀 건	셀 건	셔울 건/셰울 건	셰울 건	셜 건, 셰울 건	세울 건
	설 건	셀 건	셀 건	세울 건/タチ ケン	셰울 건	タチテ(타치테-세우고) ケン(켄-건)	
名	실홈 명	일홈 명	일홈 명	일홈 명/일홈 명	이름 명/일홈 명	일홈 명	이름 명
	일홈 명	일홈 명	일홈 명	일홈 명/ナ タ[ㄨ]イ	□름 명	ナ(나-이름) メイ(메이-명)	
立	셜 닙	셜 닙	셜 립	셜 닙	셜 입/셜 립	셜 립	셜 립
	셜 린	셜 닙	셜 닙	셜 립/タツ リツ	셜 입	タチ(타치-서고) リツ(리츠-립)	

⑧ 덕을 세우면 일홈을 세우나니 덕은 일홈의 실상이니라

⑨ 덕을 셰우면 일홈을 셰우나니 덕은 일홈에 실상이니라

⑩ 덕을 셰우면 일홈을 셰우나니 덕은 일홈에 실상이니라

⑪ 德은 實也요 名은 實之賓也니 實之所在에 名自隨之也라

⑫ 人が德行を建つれば、その行ひ自ら世に知れ、随つて其の名も著はる。(사람이 덕행을 세우면 그 행실이 스스로 세상에 알려져 따라서 그 이름도 나타난다.)

⑬ 덕을 세우면, 이름을 세우나니, 덕은 이름의 실상이니라

54	①광천1575 ②대천(16C중엽?)	③석천1583 ④칠천1661	⑤영천1700 ⑥송천1730	⑦杏千1862/完千1905 ⑧박천1917	⑨사천1937/1945 ⑩중천1948	⑪주천중간1804 ⑫삼천1935	⑬세천1956
形	즛 형	얼굴 형	얼굴 형	얼굴 형	얼골 형	얼굴 형	형상 형
	즛 형	얼굴 형	얼굴 형	얼골 형/カタチ ケイ	얼골 형	カタチ(카타치-모양) ケイ(케이-형)	
端	근 단	근 단	근 단	싯 단	끗 단/싯 단	바롤 단, 싯 단	끝 단
	근 단	근 단	근 단	싯 단/ハシ タン	끗 단	タダシクシテ(타다시 쿠시테-바르게 해서) タン(탄-단)	
表	밧 표	받 표	받 표	밥 표/밧 표	밧 표	밧 표, 웃웃 표, 글윌 표	걸 표
	밧 표	받 표	받 표	밧 표/オモテ ヘウ	밧 □	オモテ(오모테-곁) ヘウ(혜우-표)	
正	못 정	정흘 정	정흘 정	발롤 정/발롤 정	바를 정	바롤 정, 정욀 정, 솔 가온대 정	바를 정
	못 정	□□	정흘 정	바를 정/タダン[シ] セイ	바를 정	タダシ(타다시-바르다) セイ(세이-정)	

⑧ 형상이 단정하면 밧갓도 바를지니 몸이 바르면 바르지 아니 함이 업나니라

⑨ 형상이 단정하면 밧갓도 바를지니 몸이 바르면 마음도 바르니라

⑩ 형상이 단정하면 밧갓도 바를지니 몸이 바르면 마음도 바르니라

⑪ 形端則影端이요 表正則影正이라 書曰 爾身克正이면 罔敢不正이라하고 孔子曰 子帥以正이면 孰敢不正이리오하시니 正謂此也라

⑫ 乃ち其の形乃ち容姿が端正なるときは、其の表乃ち影も正しく映る如しといへるなり。(즉 그 형(形), 즉 용자(容姿)가 단정할 때는, 그 바깥[表] 즉 그림재[影]도 바르게 비치는 것과 같다고 말함이다.)

⑬ 형상이, 단정하면 바깥도 바를지니, 몸이 바르면, 마음도 바르니라

55	①광천1575 / ②대천(16C중엽?)	③석천1583 / ④칠천1661	⑤영천1700 / ⑥송천1730	⑦杏千1862/完千1905 / ⑧박천1917	⑨사천1937/1945 / ⑩중천1948	⑪주천중간1804 / ⑫삼천1935	⑬세천1956
空	빌 공	빌 공	빌 공	빌 공	빌 공	빌 공, 구무 공, 업슬 공	빌 공
	빌 공	빌 공	빌 공	빌 공/ムナシ クウ	빌 공	クウ(쿠우-공) / クウ(쿠우-공)	
谷	골 곡	골 곡	골 곡	골 곡	골 곡	골 곡, 궁흘 곡	골 곡
	골 곡	골 곡	골 곡	골 곡/タニ コク	골 곡	コク(코쿠-곡) / コク(코쿠-곡)	
傳	옴길 뎐	옴길 뎐	옴길 뎐	젼홀 젼	전할 젼	젼흘 젼, 글월 젼, 역젼 전, 관젼 전	전할 전
	몸글 뎐	옴길 뎐	옴길 젼	전할 전/ツタフ デン	□□ 젼	ツタヘ(츠타에-전해) / デン(덴-전)	
聲	소릭 셩	소릭 셩	소릭 셩	소릭 셩	소리 셩	소릭 셩	소리 셩
	소릭 셩	소릭 셩	소릭 셩	소리 셩/コヱ セイ	소리 셩	コヱキ(코에오-소리를) / セイ(세이-성)	

⑧ 빈 골목에 소래를 전하니 서로 응하야 악한 소래하면 의[악]한 소래를 전하나니라

⑨ 빈 골목에 소릭를 전하니 악한 소릭ᄒ면 악한 소릭를 전하나니라

⑩ 빈 □목에 소리를 전하니 악한 소래햐면 악한 소래를 전하나니라

⑪ 人在空谷에 有聲則谷自響應하여 而傳其聲하나니라 上言影之隨形하고 此言響之隨聲하니 蓋一義也라

⑫ たとへて言へば、空谷に於て聲を發すれば、こだまとなりて其の聲を傳ふる如く(예를 들어 말하면 빈 계곡에서 소리를 내면 메아리가 되어 그 소리를 전하는 것과 같이)

⑬ 빈 골목에, 소리를 전하니, 악한 소리하면, 악한 소리를, 전하느니라

56	①광천1575	③석천1583	⑤영천1700	⑦杏千1862/完千1905	⑨사천1937/1945	⑪주천중간1804	⑬세천1956
	②대천(16C중엽?)	④칠천1661	⑥송천1730	⑧박천1917	⑩중천1948	⑫삼천1935	
虛	뷜 허	뷜 허	뷜 허	빌 허	빌 허/빌 혀	빌 허	빌 허
	뷜 허	뷜 허	뷜 허	빌 허/ムナシ キヨ	빌 허	キヨ(쿄-허)/キヨ(쿄-허)	
堂	집 당	집 당	집 당	집 당	집 당	집 당	집 당
	집 당	집 당	집 당	집 당/ネヤニハトウ	집 당	ダウ(다우-당)/ダウ(다우-당)	
習	비흘 습	니길 습	니길 습	이길 습	익힐 습	니길 습	익힐 습
	비흘 습	니길 습	니길 습	익힐 습/ナラフ シウ	익힐 습	ナラフ(나라우-익히다)/シウ(시우-습)	
聽	드를 텽	드를 텽	드를 텽	들를 청/들을 청	드를 청/드를 텽	드를 텽	들을 청
	드를 뎡	드를 텽	드를 텽	드를 청/キクチヤウ	드를 청	チャウ二(챠우니-청에)/チャウ(차우-청)	

⑧ 뷘 집에서 닉키 드를지니 착한 말을 내면 천리 밧게서도 응하난 잇치니라

⑨ 뷘 집의셔 익키 드를지니 착한 말을 닉면 쳘니 밧게셔도 응하난니라

⑩ 빈 집의서 익키 드를지니 착한 말을 내면 쳘니 밧게셔도 응하난니라

⑪ 虛堂有聲이면 亦可習聽이니 堂之有宖은 猶谷之有谹也라 易曰 出其言이 善이면 則千里之外應之라하니 卽此理也라

⑫ 又何物もなき廣き堂にて音を發すれば、其の響は滿堂に聞ゆる如しといへるなり。(또 아무 것도 없는 넓은 집에서 소리를 내면, 그 울림은 모든 집(滿堂)에 들림과 같다고 말함이다.)

⑬ 빈 집에서, 익혀 들을지니, 착한 말을 하면, 천리, 밖에서도, 응하느니라

57	①광천1575 / ②대천(16C중엽?)	③석천1583 / ④칠천1661	⑤영천1700 / ⑥송천1730	⑦춤千1862/完千1905 / ⑧박천1917	⑨사천1937/1945 / ⑩중천1948	⑪주천중간1804 / ⑫삼천1935	⑬세천1956
禍	지홧 화	지화 화	지화 화	지화 화	재화 화	지화 화	재앙 화
	지홧 화	지화 화	지화 화	재앙 화/ワザハイ クワ	재화 화	ワザワイ(와자아이-재난)/クワ(쿠와-화)	
因	지즐 인	지즐 인	지즐 인	인홀 인	인할 인	인홀 인	인할 인
	지즐 신	지즐 인	지즐 인	인할 인/ヨル イン	인할 인	ヨリ(요리-...로부터)/イン(인-인)	
惡	모딜 악	모딜 악	모지 악	모질 악	모질 악/모딜 악	사오나울 악, 뮈올 오, 엇지 오	모질 알
	모들 악	모지 악	모질 악	모질 악/アシ アク	모질 악	アクノ(아쿠노-악의)/アク(아쿠-악)	
積	물 적	사흘 적	사흘 적	싸힐 적/싸일 적	싸을 적/씨을 적	싸흘 적, 싸흘 ズ	쌓을 적
	사흘 작	사흘 적	사흘 적	싸을 적/ツム セキ	싸을 적	ツモルニ(츠모르니-쌓음에)/セキ(세키-적)	

⑧ 재앙은 악을 싸옴에 인하나니 대개 재앙을 밧난 이난 평일에 적악한 연고니라

⑨ 지앙은 악을 쓰음에 인하나니 딕긔 지앙을 밧는 니난 평일의 적악한 연고니라

⑩ 재앙은 악을 싸움에 인하나니 대개 재앙을 밧난 니난 평일의 적악한 연고니라

⑪ 召禍者는 蓋因平日之積惡이라

⑫ 人の禍害を被むることは、己れが惡しき行ひの積りし結果あれば、日常惡しき行ひなきやう愼まねばならぬ。(사람이 재앙을 입는 것은 내가 나쁜 행실을 쌓은 결과이니, 평소 나쁜 행실이 없도록 조신하지 하지 않으면 안 된다.)

⑬ 재앙은, 악을 쌓음에 인하니, 대개 재앙을 받느 니는, 평일에, 적악한 연고니라

58	①광천1575 ②대천(16C중엽?)	③석천1583 ④칠천1661	⑤영천1700 ⑥송천1730	⑦杏千1862/完千1905 ⑧박천1917	⑨사천1937/1945 ⑩중천1948	⑪주천중간1804 ⑫삼천1935	⑬세천1956
福	복 복	복 복	복 복	복 복	복 복	복 복	복 복
	복 복	복 복	복 복	복 복/サイワイ フク	복 복	サイハヒハ(사이와이와-행복은) フク(후쿠-복)	
緣	말믜 연	말믜 연	말믜 연	인연 연	인연 연	말믜 연, 옷깃 연, 단의 단	인연 연
	말믜 연	말믜 연	말믜 연	인연 연/ヨル エン	인연 연	ヨル(요르-...로부터) エン(엔-연)	
善	어딜 션	어딜 션	어딜 션	어질 션	착할 선/착할 선	어딜 션, 착히너길 션	착할 선
	어딜 션	어딜 션	어딜 션	착할 선/ヨシ ゼン	착할 선	ゼンノ(전노-선의) ゼン(젠-선)	
慶	길걸 경	경하 경	경하 경	경슷 경	경사 경	경슷 경, 어조슷 강	경사 경
	길경 썽	경하 경	경하 경	경사 경/ヨロコブ ケイ	경사 경	タマモノニ(타카모노니-경사에) ケイ(케이-경)	

⑧ 복은 착한 경사를 인연하나니 대개 복을 엇난 이난 적선한 경사를 말매오나니라

⑨ 복은 착한 경슷를 인연하나이 딕기 복을 엇는 니난 적션한 경사를 말믜음이니라

⑩ 복은 착한 경사를 인연하나 이 대개 복을 엇난 니난 젹션한 경사를 말믜음이니라

⑪ 獲福者는 寔緣積善之餘慶이라 孟子曰 禍福이 無不自己求之라하시니 禍福之隨善惡은 猶影響之隨形聲也라

⑫ 又幸福の來るも善事を行ひたる賜ものなれば、勉めて善き行を為すべしといへるなり。(또 행복(幸福)이 오는 것도 착한 일을 하여 받은 것이라면, 힘써 착한 일을 해야 함이라고 말하는 것이다.)

⑬ 복은 착한 경사를 인연하나니, 대개 복을 얻는 이는, 적선한 경사를, 말미암이라

59	①광천1575	③석천1583	⑤영천1700	⑦杳千1862/完千1905	⑨사천1937/1945	⑪주천중간1804	⑬세천1956
	②대천(16C중엽?)	④칠천1661	⑥송천1730	⑧박천1917	⑩중천1948	⑫삼천1935	
尺	자 척	자 척	자 척	ㅈ 척	자 척	자 척	자 척
	자 척	자 척	자 척	자 척/ハカル セキ	자 척	シャクノ(샤쿠노-척의) セキ(세키-척)	
璧	구슬 벽	구슬 벽	구슬 벽	구슬 벽	구실 벽/구슬 벽	규벽 벽	구슬 벽
	구슬 벽	구슬 벽	구슬 벽	구슬 벽/タマ ヘキ	구실 벽	タマハ(타마와-구슬은) ヘキ(헤키-벽)	
非	안득 비	아닐 비	아닐 비	안이 비	안닐 비/아닐 비	아닐 비, 그를 비, 외다 홀 비	아닐 비
	안득 비	아닐 비	아닐 비	아닐 비/アラズ ヒ	아닐 비	アラズ(아라즈있지 않은) ヒ(히-비)	
寶	보빗 보	보비 보	보빌 보	보부 보/보비 보	보배 보/보비 보	보비 보	보배 보
	보밋 보	보빌 보	보비 보	보배 보/タカラ ホウ	보백 보	タカラニ(타카라니-보물이) ハウ(하우-보)	

⑧ 한 자 되난 구슬이 보배 아니라 별노히 보배되미 잇나니라

⑨ 한 자 되는 구슬 보비 안이라 별도히 보빈되미 엇나니라

⑩ 한 자 되는 구슬 보배 안이라 별노히 보배되미 잇나니라

⑪ 寶玉이 其長盈尺이면 則可謂至寶로되 而此猶未足爲寶오 別有可寶者存焉이니라

⑫ 一尺もある程の玉は、世に稀れなるものなれど、決して貴ぶものではない。(한 자나 되는 구슬은 세상에 드문 것이지만, 결코 귀한 것은 아니다.)

⑬ 한 자 되는, 구슬이 보배가, 아니라, 별로 보배됨이 있느니라

60	①광천1575 / ②대천(16C중엽?)	③석천1583 / ④칠천1661	⑤영천1700 / ⑥송천1730	⑦杏千1862/完千1905 / ⑧박천1917	⑨사천1937/1945 / ⑩중천1948	⑪주천중간1804 / ⑫삼천1935	⑬세천1956
寸	ᄆᆞᄃᆡ 촌	ᄆᆞᄃᆡ 촌	ᄆᆞᄃᆡ 촌	치 촌/마듸 촌	마대 촌	치 촌	마디 촌
	ᄆᆞᄃᆡ 촌	ᄆᆞᄃᆡ 촌	미듸 촌	마디 촌/ハカル スン	마대 촌	スン(순-촌) / スン(순-촌)	
陰	ᄀᆞ늘 음	그늘 음	그늘 음	그늘 음	그늘 음	그늘 음, 음긔 음, 음다 음	그늘 음
	ᄀᆞ늘 음	그늘 음	그늘 음	그늘 음/カゲ イン	그늘 음	イン(인-음) / イン(인-음)	
是	이 시	잇 시	잇 시	이 시	이 시	이 시, 올홀 시	이 시
	이 시	잇 시	잇 시	이 시/コレ ゼ	이 시	コレ(코레-이것) / シ(시-시)	
競	ᄃᆞ톨 경	ᄃᆞ톨 경	ᄃᆞ톨 경	다톨 경/다톨 경	다톨 경/닷홀 경	ᄃᆞ톨 경, 강홀 경	다톨 경
	ᄃᆞ톨경	ᄃᆞ톨 경	ᄃᆞ틀 경	닷홀 경/キソフ キヤウ	다톨 경	キソフ(키소우-다투다) / キャウ(캬우-경)	

⑧ 한 치 그늘을 이 다톨지니 하우시난 촌음을 앗기시니라

⑨ 한 치 그늘을 다틀지니 하우시난 촌음을 앗기시니라

⑩ 한 치 그늘을 다들지니 하우시난 촌음을 앗기시니라

⑪ 禹惜寸陰하시니 日晷移寸은 人所忽也로되 而聖人惜之하시니 蓋任重道遠하여 惟日不足故也니라

⑫ 寧ろ寸乃ち僅かなる光陰を惜みて、怠らず勉め励めば、百事成らざることなし、是れこそ眞の寶と謂ふべきなり。(오히려 마디 촌(寸) 즉 아주 작은 광음(光陰)을 아쉬워하여, 게을리 하지 않고 힘쓰면 모든 일이 안 되는 일이 없다. 이것이야 말로 진정한 보물이라고 말해야 할 것이다.)

⑬ 한치 그늘을 다톨지니, 하우씨는, 촌음을, 앗끼시니라

	①광천1575	③석천1583	⑤영천1700	⑦杏千1862/完千1905	⑨사천1937/1945	⑪주천중간1804	⑬세천1956
61	②대천(16C중엽?)	④칠천1661	⑥송천1730	⑧박천1917	⑩중천1948	⑫삼천1935	
資	부뉠 ᄌ	ᄌ뢰 ᄌ	ᄌ뢰 ᄌ	ᄌ로 ᄌ	자뢰 자	ᄌ뢰 ᄌ, ᄌ물 ᄌ, 도울 ᄌ, ᄌ질 ᄌ	자뢰 자
	부릴 ᄌ	ᄌ뢰 ᄌ	ᄌ뢰 ᄌ	자뢰 자/トルシ	자뢰 자	ヨリテ(요리테-의해서) シ(시-자)	
父	아비 부	아비 부	아비 부	아비 부	아비 부	아비 부, 아름다울 보	아비 부
	아비 부	아비 부	아비 부	아비 부/チチ フ	아비 부	チチニ(치치나-아버지를) フ(후-부)	
事	셤길 ᄉ	셤길 ᄉ	셤길 ᄉ	일 ᄉ/셤길 ᄉ	셤길 사	셤길 ᄉ, 일 ᄉ	일 사
	셤길 ᄉ	셤길 ᄉ	셤길 ᄉ	셤길 사/ツカフ ジ	셤길 사	ツカマツル(츠카마츠르-섬기다) ジ(지-사)	
君	님굼 군	님금 군	님금 군	님군 군	인군 군	님금 군, 그듸 군	임금 군
	님금 쑨	님금 군	님굼 군	인군 군/キミ クン	□군 군	キミニ(키미니-임금을) クン(쿤-군)	

⑧ 아비를 자뢰하야 인군을 섬길지니 아비 섬기난 효도를 미루어 인군을 셩[섬]길지라

⑨ 아비를 자뢰하야 인군을 셤길지니 아비 셤기난 효도로 인군을 셤길지라

⑩ 아비를 자뢰하야 인군을 셤길지니 아비 셤기난 효도로 인군을 셤길지라

⑪ 孝經曰 資於事父하여 以事君이라하니 言推事父之道하여 以事君也라

⑫ 我가 父母에 事ふるの 道를 以て 君につかふまつるべし, 必ず 世に 忠臣と 稱せらるべし, これは 孝經より 取りたる 句なり (우리 부모를 섬기는 도(道)로써 임금을 섬겨야 하니, 반드시 세상에 충신(忠臣)이라고 일컬어진다. 이것은 효경(孝經)에서 인용한 구(句)이다.)

⑬ 아비를, 자료하여 임금을, 섬길지니 아비 섬기는, 효도로 임금을, 섬길지니라

62	①광천1575 ②대천(16C중엽?)	③석천1583 ④칠천1661	⑤영천1700 ⑥송천1730	⑦杏千1862/完千1905 ⑧박천1917	⑨사천1937/1945 ⑩중천1948	⑪주천중간1804 ⑫삼천1935	⑬세천1956
日	글 왈	글 왈	글 왈	가로 왈	가로 왈	글 월, 이예 월	가로 왈
	글 왈	글 왈	글 왈	갈 왈/ イワク エツ	가로 왈	イハク(이와쿠-말하기를) エツ(에츠-왈)	
嚴	클 엄	싁싁홀 엄	싁싁홀 엄	엄홀 엄	엄할 엄	싁싁홀 엄, 경계홀 엄	엄할 엄
	클 엄	싁싁홀 엄	싁싁홀 엄	엄할 엄/ オゴソカ ゲン	엄할 엄	イックシミト(이츠쿠 시미토-엄숙하게) ゲン(겐-엄)	
與	다믓 어	더블 여	더블 여	더불 여	더불 여	더불 여, 참여 여, 허흘 여, 어조스 여	더불 여
	디믓 여	더블 여	더블 여	더불 여/ トモニ ヨ	더불 여	ト(토―와(과)) ヨ(요-여)	
敬	공경 경	공경 경	공경 경	공경 경	공경 경	공경 경	공경 경
	공경 셩	공경 경	공경 경	공경 경/ ウヤマウ ケイ	공경 경	ウヤマウ(우야마후-공경하다) ケイ(케이-경)	

⑧ 갈온 엄함과 공경함이니 아비와 인군 섬김에 엄경함은 본래 일례[톄]니라

⑨ 갈온 엄슉함과 공경함이니 아비와 인군 섬기미 엄경함은 일쳬니라

⑩ 갈온 엄슉함과 공경함이니 이비와 인군 섬기미 엄경함은 일쳬니라

⑪ 事父之孝와 事君之忠이 各有攸當하니 竝著下文이어니와 而若其嚴莊敬恭之體는 則事父事君이 本自一致也라

⑫ 乃ち君に事るの道は、おごそかにしていつくしむとうまやふとにあるなり。(즉 임금을 섬기는 길은 엄숙하게 해서 자애와 공경함에 있음이다.)

⑬ 임금을, 섬기는 길은 엄숙함과, 공경함이니, 이는 임금을 섬기는 도를 이름이다.

63	①광천1575	③석천1583	⑤영천1700	⑦춘千1862/完千1905	⑨사천1937/1945	⑪주천중간1804	⑬세천1956
	②대천(16C중엽?)	④칠천1661	⑥송천1730	⑧박천1917	⑩중천1948	⑫삼천1935	
孝	효도 효	효도 효	효도 효	호도 호/효도 효	효도 효	효도 효	효도 효
	효도 효	효도 효	효도 효	효도 효/ヤシナフ カウ	효도 효	カウハ(카우와-효는) カウ(카우-효)	
當	반득 당	맛쌍 당	□□ □	맛당 당	맛당 당	맛당 당, 마즐 당, 쥬흘 당, 던당 당, 밋 당	마땅 당
	반득 당	맛쌍 당	맛쌍 당	맛당 당/アタル トウ	맛당 당	マサニベシ(마사니베시-마땅히 해야 한다) タウ(타우-당)	
竭	다을 갈	다을 갈	다을 갈	다흘 갈	다할 갈	다흘 갈, 무를 걸	다할 갈
	다을 갈	다을 갈	다을 갈	다할 갈/ツクス ケツ	다할 갈	ツクス(츠쿠스-다하다) ケツ(케츠-갈)	
力	힘 녁	힘 녁	힘 녁	심 력/심 역	힘 력	힘 력, 힘쓸 력	힘 력
	힘 력	힘 녁	힘 녁	힘 력/チカラ リゴウ	힘 력	チカラヲ(치카라오-힘을) リョク(료쿠-력)	

⑧ 효도난 맛당히 힘을 다할지니 부모를 섬기매 계으로지 아니 할지니라

⑨ 효도난 맛당히 힘을 다할지니 부모를 섬기매 계르지 안니 할지니니라

⑩ 효도난 맛당히 힘을 다할지니 부모를 섬기매 계르지 안니 할지니라

⑪ 竭力은 謂竭盡其力而不懈니 子夏所謂事父母하되 能竭其力이 是也라

⑫ 孝とは如何なる行ひかといふに, 論語にも言へる如く, 己れの力の及ぶ限り父母の教訓を守り法に背かず行ひを正しくして奉養するをいひ (효(孝)라는 것은 어떠한 행실인가 말하니, 논어(論語)에도 말하는 것과 같이 나의 힘이 닿는 한, 부모의 교훈을 지키고 법에 어긋나지 않는 행실을 올바르게 해서 봉양(奉養)하는 것을 말하니,)

⑬ 효도는, 마땅히 힘을 다할지니, 부모를 섬기매, 게으르지 아니할지니라

64	①광천1575	③석천1583	⑤영천1700	⑦춈千1862/完千1905	⑨사천1937/1945	⑪주천중간1804	⑬세천1956
	②대천(16C중엽?)	④칠천1661	⑥송천1730	⑧박천1917	⑩중천1948	⑫삼천1935	
忠	튱셩 튱	튱셩 튱	튱셩 튱	충셩 충	츙셩 츙/츙셩 츙	츙셩 츙	충셩 충
	튱경 튱	튱셩 튱	튱셤 튱	충셩 충/タダシ ウチ	츙셩 츙	チュウハ(츄우와-충은)チュウ(츄-충)	
則	법즉 즉	법측 측	법측 측	곳 즉	곳 즉	곳 즉, 법 즉	곧 즉
	법즉 즉	법측 측	법측 측	곳 즉/スナハチ ソク	곳 즉	スナハチ(수나와치-즉)ソク(소쿠-측)	
盡	다을 진	다을 진	다을 진	다흘 진	다할 진	다흘 진, 극진 진	다할 진
	다을 진	다을 진	다을 진	다할 진/ツク ジン	다할 진	ツクス(츠쿠스-다하다)ジン(진-진)	
命	목숨 명	목숨 명	목숨 명	목심 명	목숨 명/목슘 명	목숨 명, 명훌 명	목숨 명
	목숨 명	목숨 명	목숨 몀	목숨 명/イノチ メイ	목숨 명	イノチキ(이노치오-이름올)メイ(메이-명)	

⑧ 충셩한 즉 목숨을 다하나니 인군을 섬기매 그 몸을 맛쳐도 사양치 못 하나니라

⑨ 츙셩한 즉 목슘을 다하나니 인군 셤기매 그 몸을 맛쳐도 사양치 안난이라

⑩ 츙셩한 즉 목숨을 다□□ □□□ □□□□ 몸를 밋쳐도 사양치 안난이라

⑪ 盡命은 謂殞喪其身而不辭니 子夏所謂事君에 能致其身이 是也라

⑫ 忠とは則ち身命を抛ちて君命を重んじ奉仕するをいふ. (충(忠)이라는 것은 즉 신명(身命)을 버리고 군명(君命)을 중히 하여 봉사하는 것을 말한다.)

⑬ 충셩한 즉, 목숨을 다하나니, 임금 섬기매, 몸을 바쳐도, 사양치 않느니라

65	①광천1575 ②대천(16C중엽?)	③석천1583 ④칠천1661	⑤영천1700 ⑥송천1730	⑦참천1862/完千1905 ⑧박천1917	⑨사천1937/1945 ⑩중천1948	⑪주천중간1804 ⑫삼천1935	⑬세천1956
臨	디늘 림	디늘 림	디늘 림	다드를 임	임할 임/림할 림	림홀 림, 곡림 림	임할 림
	디늘 림	디늘 림	디늘 림	림할 림/ツソム リン	임할 임	ノゾミ(노조마-바라보며)リン(린-림)	
深	기플 심	기플 심	기플 심	지믈 심/지풀 심	깁풀 심/깁흘 심	기플 심, 기픠 심	깊을 심
	기플 심	기플 심	기플 심	깁홀 심/フカシ シン	깁풀 심	フカキニ(후카키니-깊이에) シン(신-심)	
履	불올 리	불올 리	불올 리	불블 이/슨 이	발불 리	브룰 리, 신 리	밟을 리
	실 리	불올 니	불올 리	발블 리/フム リ	발불 리	フミ(후미-밟으며) リ(리-리)	
薄	열울 박	열울 박	열을 박	열울 박/열을 박	여를 박/열을 박	열울 박, 발 박, 다흘 박, 잠간 박	엷을 박
	열울 박	열울 박	열을 박	여을 박/ウスイ ハク	여를 박	ウスキヲ(우스키오-얇은 곳을) ハク(하쿠-박)	

⑧ 깁흔 대를 림한 듯하며 열른 데를 발보난 듯하니 그 몸을 삼가 훼상치 아니 홈이라

⑨ 깁흔 곳에 림한 듯하며 열른 데를 밥는 다시 그 몸을 삼가 상치 안이 홈이라

⑩ 깁흔 곳에 림한 듯하며 열른 데를 밥는 다시 그 몸을 삼가 상치 안이 홈이라

⑪ 曾子臨終에 曰 詩云 如臨深淵하며 如履薄冰이라하니 而今而後에 吾知免夫라하니 此는 上文所謂 不敢毀傷之道也라

⑫ 忠孝の道は、容易ならぬことで、宛も深き淵に臨むが如く、薄き水を履むが如く、小心翼々と謹み愼みて行はねばならぬ (충효(忠孝)의 길은 용이하지 않는 것으로, 깊고 깊은 연못을 바라봄과 같이, 얕은 물을 밟음과 같이 지나치게 소심하여 삼가 조심하여 행하지 않으면 안 된다.)

⑬ 깊은 곳에 임한 듯하며, 엷은 데를 밟는 듯이, 몸을 삼가 상치 아니 하느니라

66	①광천1575 ②대천(16C중엽?)	③석천1583 ④칠천1661	⑤영천1700 ⑥송천1730	⑦杏千1862/完千1905 ⑧박천1917	⑨사천1937/1945 ⑩중천1948	⑪주천중간1804 ⑫삼천1935	⑬세천1956
夙	녜 슈	이늘 슉	이를 슉	일 슉	일을슉	이를 슉	이를 숙
	녜 슈	이를 슉	미를 슉	일을 슉/ツトニ シユク	일을 슉	ツトニ(츠토니-늘) シュク(슈쿠-숙)	
興	닐 흥	닐 흥	닐 흥	일 흥	일 흥	닐 흥, 흥기 흥	일 흥
	흥샹 흥	닐 흥	닐 흥	일 흥/オコル コウ	일 흥	オキテ(오키테-일어나) コウ(코우-흥)	
溫	두슬 온	두슬 온	두슬 온	다슬 온	다살 온	두슬 온, 온쟈 온, 니킬 온	더울 온
	두슬 온	두슬 온	두슬 온	다살 온/アタタカ オン	다살 온	アタタメ(아타타메-따뜻하게) ヲン(온-온)	
清	출 청	시글 졍	시글 졍	채닐 청/찰 청	서늘 졍/셔늘 졍	서늘 청	서늘 청
	출 졍	시글 졍	시글 졍	서늘 졍/スズシ セイ	셔늘 졍	スズシム(수즈시무-시원하게 한다) セイ(세이-청)	

⑧ 일직 닐어나고 다삿게 하며 서늘케 할지니 어버이 섬기난 절차이니라

⑨ 일직 닐어나고 다삿게 하며 션늘케 할지니 부모 셤기는 절차니라

⑩ 일직 닐어나고 다삿게 하며 션늘케 할지니 부모 셤기는 절차니라

⑪ 詩曰 夙興夜寐라하고 禮曰 冬溫夏凊이라하니 是則事親之疏節也라 此二句는 專言孝하니 孝則忠可移於君故也라

⑫ たとへば朝早く起きて君父の安否を伺ひ、冬はあたたかにし、夏は清涼ならんことに住意す。(예를 들면 아침 일찍 일어나 군부(君父)의 안부를 묻고, 겨울에는 따뜻하게 하고 여름에는 시원하도록 주의를 한다.)

⑬ 일찍 일어나고, 더웁게 하고, 서늘게 할지니, 부모 섬기는 절차니라

67	①광천1575	③석천1583	⑤영천1700	⑦杏千1862/完千1905	⑨사천1937/1945	⑪주천중간1804	⑬세천1956
	②대천(16C중엽?)	④칠천1661	⑥송천1730	⑧박천1917	⑩중천1948	⑫삼천1935	
似	ᄀ틀 ᄉ	ᄀ틀 ᄉ	ᄀ트 ᄉ	가틀ᄉ/가틀 ᄉ	갓흘 사	ᄀ틀 ᄉ, 나을 ᄉ, 향홀 ᄉ	같을 사
	□들 ᄉ	ᄀ틀 ᄉ	ᄀ틀 ᄉ	갓흘 사/ニルジ	갓흘 사	ニテ(니테-로써) ジ(지-사)	
蘭	난초 난	난초 난	난초 난	란초 란/난초 난	란쵸 란	란초 란	난초 란
	난초 □	난초 난	난초 난	란초 란/アララキ ラン	란초 란	ランニ(란니-난에) ラン(란-란)	
斯	이 ᄉ	이 ᄉ	이 ᄉ	이 ᄉ	이 사	이 ᄉ, 째칠 ᄉ	이 사
	이 ᄉ	이 ᄉ	이 ᄉ	이 ᄉ/コレシ	□ 사	コレ(코레-이것) シ(시-사)	
馨	곳다을 향	곳짜올 형	곳다올 형	곳다을 형	향긔 형	곳짜올 형	향기 향
	곳다을 향	곳다을 형	곳짜올 형	향긔 영/カウバシ ケイ	향긔 형	カンバシク(칸바시쿠-향기롭게) ケイ(케이-형)	

⑧ 란초 갓치 이 곳다오니 군자의 지조를 비유함이라

⑨ 난초 갓치 ᄭᅵ다오니 군자의 지됴를 비유하미라

⑩ 난초 갓치 ᄭᅵ다오니 군자의 지됴를 비유하미라

⑪ 蘭之爲艸는 處幽谷而孤馨하니 以喩君子之志操閒遠也라

⑫ 上来述ぶるが如く忠孝の道を盡さんには、たとへば蘭の幽谷に生じて芳香を放つが如く（위에서 말한 것과 같이 충효(忠孝)의 길을 다하는 것에는 예를 들면 난(蘭)의 유곡(幽谷)에 생겨나 향기를 내보는 것과 같이）

⑬ 난초 같이, 꽃다우니, 군자의 지조를 비유함이라

| 68 | ①광천1575 | ③석천1583 | ⑤영천1700 | ⑦杏千1862/完千1905 | ⑨사천1937/1945 | ⑪주천중간1804 | ⑬세천1956 |
	②대천(16C중엽?)	④칠천1661	⑥송천1730	⑧박천1917	⑩중천1948	⑫삼천1935	
如	ᄀ틀 여	ᄀ틀 여	ᄀ틀 여	갓틸 여/갓틀 여	갓홀 여	ᄀ틀 여, 갈 여, 엇지 여	같을 여
	ᄀ틀 여	ᄀ틀 여	ᄀ틀 여	갓홀 여/ゴトシ ジョ	갓홀 여	ゴトシ(고토시-같다) ジョ(죠-여)	
松	솔 숑	솔 숑	솔 숑	솔 숑	솔 송/솔나무 송	솔 숑	솔 송
	솔 숑	솔 숑	솔 숑	솔 송/マツ ショウ	솔 송	マツ(마츠-소나무) ショウ(쇼우-송)	
之	갈 지	갈 지	갈 지	갈 지	갈 지	말ᄊ울지, 갈 지	갈지
	갈 지	갈 지	갈 지	갈지/コレ シ	갈 □	ノ(노--의) シ(시-지)	
盛	셩홀 셩	셩홀 셩	셩홀 셩	셩홀 셩	승할 셩	셩홀 셩, 담을 셩	셩할 셩
	셩홀 셩	졍셩 셩	셩홀 셩	셩할 셩/サカンナリ セイ	승할 셩	サカンナルガ(사칸나르가-무성한 것과) セイ(세이-성)	

⑧ 솔나무와 갓치 성하니 군자의 절개를 비유함이라

⑨ 솔나무와 갓치 성하니 군자의 절개를 비유하미라

⑩ 솔나무와 갓치 성한니 군자의 절개를 비유하미라

⑪ 松之爲木은 傲霜雪而獨茂하니 以喩君子之氣節磊落也라

⑫ 又松の蒼々として靑く、丁々として高く、枝葉繁茂して盛んな如く、人に慕はれ仰がるべしといへるなり。(또 소나무가 창창하게 푸르고 정정하게 높고 가지와 잎이 무성한 것과 같이 사람이 사모하여 우러러 봄과 같다고 말함이다.)

⑬ 소나무와 같이 성하니, 군자의, 절개를 비유함이라

69	①광천1575 ②대천(16C중엽?)	③석천1583 ④칠천1661	⑤영천1700 ⑥송천1730	⑦춤千1862/ 完千1905 ⑧박천1917	⑨사천1937/ 1945 ⑩중천1948	⑪주천중간1804 ⑫삼천1935	⑬세천1956
川	내 천 / 내 천	내 천 / 내 천	내 천 / 내 천	닉 천 / 닉 천/ カワ セイ	내 천 / 내 천	내 천 / カハハ(카와와-강은) セン(센-천)	내 천 /
流	흐를 류 / 흐릴 류	흐를 류 / 흐를 류	흐를 류 / 흐를 류	흘를 유/ 흐를 유 / 흐를 류/ ナガル リウ	흐를 류 / 흐를 류	흐를 류, 내칠 류 / ナガレテ(나가레테-흘러) リウ(리우-류)	흐를 류 /
不	안득 블 / 안득 블	아닐 블 / 아닐 블	아닐 블 / 아닐 블	안릴 블/ 안이 블 / 아닐 불/ アラズ フ	안이 불/ 아닐 불 / 안□ 불	아닐 불, 아닌가 부, 가부 부 / ズ(즈-아니하고) フ(후-불)	아닐 불 /
息	쉴 식 / 쇠즈믈 식	쉴 식 / 쉴 식	쉴 식 / 쉴 식	긋칠 식/ 쉴 식 / 쉴 식/ ヤム ソク	쉴 식 / 쉴 식	그칠 식, 숨 식, 즈식 식, 늘 식 / ヤマ(야마-쉬지) ソク(소쿠-식)	쉴 식 /

⑧ 내 홀너 쉬지 아니하니 군자의 행지를 비유함이라

⑨ 내 홀너 쉬지 안니한니 군자의 행지를 비유하미라

⑩ 내 홀너 쉬지 안니한니 군자의 행지를 비유하미라

⑪ 水之逝者爲川이니 其流日夜不息하니 以喩君子乾惕不已也라

⑫ しかし忠孝は一旦の行ひを以て足れりとすべからず、川の流れて千古息む時なきが如く、終生怠ることなかるべくそれ나 충효(忠孝)는 일단 행실로써 된다고 해서는 안 될 것이며, 강이 흘러 천고(千古)를 쉴 틈이 없는 것과 같이 생이 다하는 날까지 게을리 하는 일 없이

⑬ 내 홀러 쉬지 아니하니, 군자의 행지를 비유함이라

70	①광천1575 ②대천(16C중엽?)	③석천1583 ④칠천1661	⑤영천1700 ⑥송천1730	⑦杏千1862/完千1905 ⑧박천1917	⑨사천1937/1945 ⑩중천1948	⑪주천중간1804 ⑫삼천1935	⑬세천1956
淵	못 연	못 연	못 연	못 연	못 연	못 연, 기플 연	못 연
	못 연	못 연	못 연	못 연/ フチ エン	못 연	フチハ(후치와-연못은) エン(엔-연)	
澄	물글 딩	물글 딩	물글 징	말글 징	맑을 증	물글 징	맑을 증
	물글 둥	물글 딩	몰글 딩	말을 증/ スム トウ	맑을 증	スミテ(수미테-맑고) チョウ(쵸우-징)	
取	아올 쥐	아올 취	아올 취	취홀 취	가질 취	가딜 츄, 자불 추, 혼츄 츄	가질 취
	아올 취	아올 취	아올 취	가질 취/ トル シュ	취할 취	トル(토루-취하다) シュ(슈-취)	
暎	ㅂ일 영	비칠 영	비칠 영	비칠 영	빗칠 영/ 빗칠 령	비칠 영	비칠 영
	ㅂ싈 영	비춰 영	비칠 영	빗칠 영/ ヒカリ エイ	빗칠 영	ウツロヒテ(우츠로이테-비추고) エイ(에이-영)	

⑧ 못이 맑음이 빗최옴을 가저스니 군자의 마음을 비유함이라

⑨ 못이 맑아 빗최옴을 가져스니 군지[재의 맘음을 비유하미라

⑩ 못이 맑아 빗최옴을 가져스니 군지[재의 맘음을 비유하미라

⑪ 水之停者爲淵이니 其澄足以取映하니 以喩君子獨觀昭曠也라

⑫ 又淵の水澄めば萬の影の映るが如くに、飾りなく眞心を盡して行へといへるなり。(또 연못의 물이 맑으면 모든 그림자가 비치는 것과 같이 꾸밈없이 진심을 다해 행하라고 함이다.)

⑬ 못이, 맑아 비춤을 가지니, 군자의 마음을, 비유함이라

71	①광천1575	③석천1583	⑤영천1700	⑦춈千1862/完千1905	⑨사천1937/1945	⑪주천중간1804	⑬세천1956
	②대천(16C중엽?)	④칠천1661	⑥송천1730	⑧박천1917	⑩중천1948	⑫삼천1935	
容	즛 용	즛 용	즛 용	얼굴 용	얼골 용/얼골 룡	얼굴 용, 용납 용	얼굴 용
	즛 용	즛 용	즛 용	얼골 용/カタチ ヨウ	얼골 용	カタチ(카타치-모습) ヨウ(요우-용)	
止	그츨 지	그칠 지	그칠 지	긋칠 지	긋칠 지	그칠지, 어조ᄉ 지	그칠 지
	즛 지	그칠 지	그칠 지	긋칠지/ヤム シ	긋 칠 지	タダシキ(타다시키-올바르게) シ(시-지)	
若	ᄀ틀 약	ᄀ틀 약	ᄀ틀 약	갓틀 약/갓틀 약	갓흘 약	ᄀ틀 약, 향초 약, 슌흘 약, 너 약, 지혜 야	같을 약
	쁜딋(?) 약	ᄀ틀 약	ᄀ틀 약	갓흘 약/ゴトシ ジャク	갓흘 약	ゴトク(고토쿠-같이) ジャク(쟈쿠-약)	
思	ᄉ량 ᄉ	싱각 ᄉ	싱각 ᄉ	싴각 ᄉ/싱각 ᄉ	생각 사	싱각 ᄉ, 어조ᄉ ᄉ, 의 ᄉ ᄉ	생각 사
	ᄉ량 ᄉ	싱각 ᄉ	싱각 ᄉ	생각 사/オモフ シ	생각 사	オモフガ(오모우가-생각함과) シ(시-사)	

⑧ 형용과 행지를 생각하난 듯함은 엄연한 모양이라

⑨ 형용과 행지를 생각한난 듯함은 엄연한 모양이라

⑩ 형용괴[과] 행지를 생각한난 듯함은 엄연한 모양이라

⑪ 容止는 欲其儼然若思니 曲禮所謂儼若思가 是也라

⑫ 人はすがたかたちの端正にして優美なるを思ふ、されど思ふばかりではならぬ、其思ふが如く端正優美ならざるべからず。(사람은 모습을 단정하게 해야 우미(優美)하다고 생각한다. 그렇지만 생각만 해서는 안 된다. 그 생각함과 같이 단정하고 우미하지 않으면 안 될 것이다.)

⑬ 형용과, 행지를 생각하는 듯함은, 엄영한 모양이라

72	①광천1575	③석천1583	⑤영천1700	⑦츔千1862/完千1905	⑨사천1937/1945	⑪주천중간1804	⑬세천1956
	②대천(16C중엽?)	④칠천1661	⑥송천1730	⑧박천1917	⑩중천1948	⑫삼천1935	
言	말슴 언	말슴 언	말슴 언	말슴 언	말삼 언	말슴 언, 어조스 언	말슴 언
	말슴 언	말슴 언	말슴 언	말슴 언/コトバ ゲン	말삼 언	コトバハ(코토바와-말은) ゲン(겐-언)	
辭	말 人	말슴 스	말슴 스	말슴 스	말삼 사	말슴 스, 글월 스, 스양 스	말슴 사
	말슴 스	말슴 스	말슴 스	말슴 사/■■	말삼 사	ジ(지-사) ジ(지-사)	
安	편안 안	편안 안	편안 안	편안 안	편안 안	평안 안, 엇지 안,	편안 안
	안비 안	편안 안	편안 안	편안 안/ヤシ アン	편안 안	ヤスラカニ(야스라카니-편안하게) アン(안-안)	
定	뎡홀 뎡	일뎡 뎡	일뎡 뎡	일뎡 뎡/뎡할뎡	증할 증	일뎡 뎡, 고기 뎡, 니마 뎡	정할 정
	츨 뎡	일뎡 뎡	일뎡 뎡	정할 정/サダム テイ	정할 정	シヅカニス(시즈카니스-조용히 하다) テイ(테이-정)	

⑧ 말슴과 말슴을 안정케 함은 자세하고 살피난 모양이라

⑨ 말삼을 안정케 함은 자셔하고 살피난 모양이라

⑩ 말삼은 안싱케 함은 자셔하고 살피난 모양이라

⑪ 言辭는 欲其詳審安定이니 曲禮所謂安定辭가 是也라

⑫ 而して又ことばは安らかに静かにして、決して輕躁ならぬやうせよといへるなり。(그리고 또 말은 편안하게 조용히 해서 결코 경박하지 않도록 하라고 말함이다.)

⑬ 말슴을 안정케 함은, 자서하고, 살피는 모양이라

73	①광천1575 ②대천(16C중엽?)	③석천1583 ④칠천1661	⑤영천1700 ⑥송천1730	⑦츈千1862/完千1905 ⑧박천1917	⑨사천1937/1945 ⑩중천1948	⑪주천중간1804 ⑫삼천1935	⑬세천1956
篤	도타울 독 도타울 독	도타울 독 도타울 독	도타울 독 도타울 득	돗타울 독 도타울 독/ アツシトク	도타울 독 도타울 독	도타울 독, 심훌 독 アツキハ(아츠키와-두 터운 것은) トク(토쿠-독)	도 타 울 독
初	처엄 초 처엄 초	처엄 초 처엄 초	처암 초 처엄 초	쳐임 초/ 쳐음 초 처음 초/ ハジメ ショ	처음 초/ 처음 쵸 처음 초	처엄 초 ハジメニ(하지메니-처 음에) ショ(쇼-초)	처음 초
誠	정성 성 정성 성	정성 성 정성 성	정성 성 정성 성	진실노 성/ 정성 성 정성 성/ マコト セイ	정성 성 정성 성	진실노 성, 정성 성 マコトニ(마코토니-진 실로) セイ(세이-성)	정성 성
美	아름다울 미 아름다울 미	아름다울 미 아름□올 미	아름다울 미 아름다울 미	아름다울 미/ 아름다울 미 아름다울 미/ ウツクシ ビ	아 름 다 올 미 아 름 다 올 미	아름다울 미 ウルハシク(우루와시 키-아름답게) ビ(비-미)	아 름 다 울 미

⑧ 처음에 돗타이 함이 진실노 아름다오나니라

⑨ 쳠음에 돗탑계 함이 진실노 아름다오니라

⑩ □음에 돗탑계 함이 진실노 아름다오니라

⑪ 人能篤厚於始면 則誠爲美矣로되 而猶未也요

⑫ 事一業を爲すには、必ず其の初めに篤く注意加ふれば、其の事業は誠に美しく成らん。(하나의 일, 하나의 업(業)을 이루기에는 반드시 그 처음에 깊이 주의를 하면, 그 사업은 진정으로 아름답게 이루어질 것이다.)

⑬ 처음에 도타웁게 함이, 진실로 아름다우니라

| 74 | ①광천1575 | ③석천1583 | ⑤영천1700 | ⑦杏千1862/完千1905 | ⑨사천1937/1945 | ⑪주천중간1804 | ⑬세천1956 |
	②대천(16C중엽?)	④칠천1661	⑥송천1730	⑧박천1917	⑩중천1948	⑫삼천1935	
慎	삼갈 신	삼갈 신	삼갈 신	삼갈 신	삼갈 신	삼갈 신	삼갈 신
	삼갈 신	삼갈 신	삼갈 신	삼갈 신/ツツシム シン	삼갈 신	ツツシミ(츠츠시미-신중하게) シン(신-진)	
終	ᄆ츰 종	ᄆ츰 종	ᄆ츰 종	ᄆ츰 종/ᄆ츰 종	맛참 종	ᄆ츰 종	마칠 종
	ᄆ츰 종	ᄆ츰 종	ᄆ츰 동	맛참 종/オハル シユウ	맛참 종	ヲハリヲ(오와리오-마지막을) シュウ(슈우-종)	
宜	맛당 의	맛쌍 의	망쌍 의	맛쌍 의	맛당 의	맛당 의	마땅 의
	□□ 의	마쌍 이	맛쌍 의	맛당 의/ヨロシギ	맛당 의	ヨロシクベシ(요로시쿠베시-좋게 해야 한다) ギ(기-의)	
令	히 령	어딜 령	어말 령	어질 영/ᄒ야금 영	하야금 령	어딜 령, 법령 령, ᄒ야곰 령, 벼슬 일홈 령	하 여 금 령
	히 령	어딜 녕	어딜 영	하야금 령/ヨシレイ	하야금 령	イマシム(이마시무-하게 하다) レイ(레이-영)	

⑧ 맛참을 삼가함이 맛당히 어진이라

⑨ 맛참을 삼가함이 맛당히 어진이라

⑩ 맛삼을 삼가함이 맛당히 어진이라

⑪ 必克愼其終이라야 乃爲盡善이니 詩曰 靡不有初나 鮮克有終이 卽此意也라

⑫ 又其の初めのみである、終りを愼みて鄭重にするときは、其の結果は善良なるべしといへるなり。(또 그 처음만의 마지막을 신중하게 정중하게 할 때에 그 결과는 선량하게 될 것이라고 말함이다.)

⑬ 마침을 삼가함이, 마땅히 어지니라

75	①광천1575 / ②대천(16C중엽?)	③석천1583 / ④칠천1661	⑤영천1700 / ⑥송천1730	⑦杰千1862/完千1905 / ⑧박천1917	⑨사천1937/1945 / ⑩중천1948	⑪주천중간1804 / ⑫삼천1935	⑬세천1956
榮	영화 영	영화 영	영화 영	빗날 영	영화 영	빗날 영, 성흘 영, 영위 영	영화 영
	비을 영	영화 영	영화 영	영화 영/サカエル エイ	영화 영	エイ(에이-영) エイ(에이-영)	
業	업 업	업 업	업 업	업 업	업 업	업 업, 북틀 업, 세간 업, 위틱 업	업 업
	업 입	업 업	업 업	업 업/ワザ ケフ	업 업	ゲフ(게우-업) ゲフ(게우-업)	
所	바 소	바 소	바 소	바 소	바 소/바 쇼	바 소, 곳 소	바 소
	바 소	바 소	바 소	바 소/ドコロ ショ	바 소	トコロ(토코로-바) ショ(쇼-소)	
基	터 긔	터 긔	터 긔	터 긔/터 기	터 긔	터 긔	터 기
	터 긔	터 긔	터 긔	터 긔/モトヒキ	터 긔	モトヅク(모토즈쿠-바탕을 두고) キ(키-기)	

⑧ 영광의 사업을 긔본한 바이니 곳 아비를 자뢰하야 인군을 섬기난 신하의 일이라

⑨ 영광의 사업을 긔본한 바이니 신하 인군 섬기는 일이니라

⑩ 영광의 사업을 긔본한 바이니 신하 인군 섬기는 일이니라

⑪ 榮業은 卽榮耀事業이니 其所基本은 卽資父事君以下事也라

⑫ 榮業とは、官途に就くことなり、以上述ぶろが如く身の行ひを正しくすることは、乃ち高位高官に上る基るである。(영광의 사업이라는 것은, 관도(官途)에 오르는 것이니, 위에서 말한 것과 같이 몸의 행실을 올바르게 하는 것은, 즉 고위고관(高位高官)에 오르는 기본이다.)

⑬ 영광의 사업을, 기본한 바이니, 신하가 임금을 섬기는 일이라

76	①광천1575	③석천1583	⑤영천1700	⑦참千1862/完千1905	⑨사천1937/1945	⑪주천중간1804	⑬세천1956
	②대천(16C중엽?)	④칠천1661	⑥송천1730	⑧박천1917	⑩중천1948	⑫삼천1935	
籍	글월 적	글월 적	글일 적	호적 적	호적 적	숫두어릴 적, 글월 적, 어즈러울 적	호적 적
	글월 적	글월 적	글월 적	호적 적/フミ セキ	호적 적	セキ(세키-적) セキ(세키-적)	
甚	심홀 심	심홀 심	심홀 심	심홀 심	심할 심	심홀 심, 므슴 심	심 할 심
	심홀 심	심홀 심	심홀 심	심할 심/ハチ[ナ]ハダシ ジン	심할 심	ジン(진-심) ジン(진-심)	
無	업슬 무	업슬 무	업슬 무	업슬 무	업슬 무	업슬 무, 성홀 무	없을무
	업슬 무	업슬 무	업슬 무	업슬 무/ナシ ム	업슬 무	ナシ(나시-없다) ム(무-무)	
竟	ᄆ춤 경	ᄆ춤 경	ᄆ춤 경	ᄆ춤 경	맛참 경	ᄆ춤 경, 디경 경	마침 경
	모롤 경	ᄆ춤 경	ᄆ촌 겸	맛참 경/オハル ケイ	맛참 경	ヲハリ(오와리-마지막) キャウ(캬우-경)	

⑧ 랑자함이 심하야 맛참이 업나니 그 명예가 랑자히 전하야 다함이 업나니라

⑨ 랑자함이 심하야 맛참이 웁나니 그 명예가 낭자히 전함이라

⑩ 랑자함이 심하야 맛참이 웁나니 그 명예가 낭자히 전함이라

⑪ 人能修業하여 而有所基本이면 則聲譽籍甚하여 殆無終極也라

⑫ さすれば名聲籍甚とて、其の譽れは終りなく傳へらるべしといふ。(그렇게 하면 명성이 심히 알려져 그 명예는 끝없이 전해질 것이라 함이다.)

⑬ 낭자함이, 심하여 마침이 없으니 그 명예가 낭자히 전함이라

	①광천1575	③석천1583	⑤영천1700	⑦참千1862/完千1905	⑨사천1937/1945	⑪주천중간1804	⑬세천1956
77	②대천(16C중엽?)	④칠천1661	⑥송천1730	⑧박천1917	⑩중천1948	⑫삼천1935	
學	빈홀 흭	빈홀 흑	빈홀 흑	비을 학/비을 학	배울 학	비홀 학, 학교 학, ㄱ른칠 효	배울 학
	빈홀 흑	빈홀 흑	빈홀 흑	배홀 학/マナブ ガク	배울 학	ガク(가쿠-학)/ガク(가쿠-학)	
優	어글어울 우	나을 우	나을 우	넉넉 우	넉넉 우	넉넉 우, 나을 우, 창우 우	넉넉 우
	어울 우	나을 우	나을 무	넉넉 우/ユタカ イウ	넉넉 우	マサリテ(노보리테-뛰어난)/イウ(이우-우)	
登	틀 등	오를 등	오를 등	올을 등	오를 등	오를 등	오를 등
	들 등	오를 등	오를 등	오를 등/ノボル トウ	오를 등	ノボリ(노보리-오르고)/ト(토-등)	
仕	벼슬 ᄉ	벼슬 ᄉ	벼슬 ᄉ	벼슬 ᄉ	벼슬 사/벼살 사	벼슬 ᄉ	벼슬 사
	ᄉ관 ᄉ	벼슬 ᄉ	벼슬 ᄉ	벼살 사/ツカフ シ	벼슬 사	ツカヘニ(츠카에니-벼슬에)/シ(시-사)	

⑧ 배온 거시 넉ᄯ하면 벼살에 오로나니라

⑨ 배온 거시 넉ᄯ하면 벼살에 오르나니라

⑩ 배온 거시 넉ᄾ하면 벼살에 오르나니라

⑪ 子夏曰 學而優則仕라하니 蓋學有餘力而仕면 則驗其學者益廣也라

⑫ 學問が衆人に優れたる人は、仕乃ち官途に就くことが容易でありて (학문이 대중에 뛰어난 사람은 사(仕) 즉 벼슬에 오르는 것이 용이하고)

⑬ 배운 것이, 넉넉하면, 벼슬에 오르나니라

78	①광천1575	③석천1583	⑤영천1700	⑦춍千1862/完千1905	⑨사천1937/1945	⑪주천중간1804	⑬세천1956
	②대천(16C중엽?)	④칠천1661	⑥송천1730	⑧박천1917	⑩중천1948	⑫삼천1935	
攝	자블 섭	자블 섭	자블 섭	씰 섭	잡을 섭/잡을 섭	겸홀 섭, 자블 섭	잡을 섭
	자블 섭	자블 섭	자블 섭	잡을 섭/オサム セフ	잡을 섭	トリ(토리-잡고) セツ(세츠-섭)	
職	벼슬 직	벼슬 직	벼슬 직	벼슬 직	벼슬 직/벼살 직	벼슬 직, 맛들 직, 전혀 직	벼슬 직
	벼ㅅ 직	벼슬 직	벼슬 직	벼살 직/ツカサ シヨク	벼슬 □	ショクヲ(쇼쿠오-자리를) ショク(쇼쿠-직)	
從	조츨 종	조츨 종	조츨 종	조칠 종	조칠 종/죳츨 즁	조츨 종, 조츤 종, 결← 종, 총용 총	좃을 종
	조츨 종	조츨 종	조츨 종	죳츨 종/シタガフ シユウ	조칠 종	シタガフ(시타가우-따르다) ジュウ(쥬우-종)	
政	졍ㅅ 졍	졍ㅅ 졍	졍ㅅ 졍	졍ㅅ 덩	졍사 졍	졍ㅅ 졍	졍사 졍
	졍ㅅ 졍	졍ㅅ 졍	졍ㅅ 졍	졍사 졍/マツリゴト セイ	졍사 졍	マツリゴトニ(마츠리고토니-섬기는 일에) セイ(세이-정)	

⑧ 벼살을 잡어 정사를 좃치니 국가의 정사를 섭종함이라

⑨ 벼살을 잡아 정사를 좃치니 국가의 정사를 섭종함이라

⑩ 벼살을 잡아 정사를 좃치니 국가의 정사를 섭죵함이라

⑪ 學優則可以攝官守之職하여 從國家之政이니 如子路之果와 子貢之達과 冉有之藝를 夫子皆許從政也하시니라

⑫ 遂には重要なる職を執り、國政に從ふの高位高官に昇り得らるべしといへるなり。(결국에는 중요한 자리를 잡아, 국정에 종사하는 고위고관에 오를 수 있을 것이라고 말함이다.)

⑬ 벼슬을 잡어, 정사를 좃으니, 국가의 정사를 섭종함이라

79	①광천1575 ②대천(16C중엽?)	③석천1583 ④칠천1661	⑤영천1700 ⑥송천1730	⑦杏千1862/完千1905 ⑧박천1917	⑨사천1937/1945 ⑩중천1948	⑪주천중간1804 ⑫삼천1935	⑬세천1956
存	이실 존	이실 존	이실 존	이실 존	잇슬 존	이실 존, 무를 존	있을 존
	이실 존	이실 존	이실 존	잇슬 존/アリ ソン	잇슬 존	ナガラヘルトキ(나가에르토키-오래살 때) ソン(손-존)	
以	뻐 이	뻐 이	뻐 이	써 이/씨 이	써 이	뻐 이	써 이
	뻐 이	뻐 이	뻐 이	써 이/モツテ イ	써 이	モツテ(모츠테-로써) イ(이-이)	
甘	돌 감	돌 감	돌 감	돌 감	달 감	돌 감	달 감
	돌 감	돌 감	돌 감	달 감/アマシ カン	달 감	カン(칸-감) カン(칸-감)	
棠	아가외 당	아가외 당	아가외 당	아マ비 등	아가위 당	아가외 당	아 가 위 당
	아가외 당	아가외 당	아가비 당	아가위 당/ナシ トウ	아가위 당	タウヲ(타우오-당을) タウ(타우-당)	

⑧ 주나라 소공케[께]서 남국에 계실 쌔에 아가위 나무 아의[릐]서 백성을 교화하니라

⑨ 쥬나라 소공계셔 남국의 계실 적에 아가위 나무 아리셔 빅성을 교화한니라

⑩ 쥬나라 소공계셔 남국의 계실 쌔에 아가위 나무 아래셔 백성을 교화하니라

⑪ 周召公奭이 在南國之日에 止舍於甘棠之下하니 南國之人이 無不從其敎化焉하니라

⑫ 斯くの如くなれば、此の世に生存する間は、古へ周の邵公が甘棠の下にて政を聽き、萬民其の德惠に浴したるが如く、(이와 같이 되면 이 세상에 생존하는 동안에는, 옛 주(周)의 소공(邵公)이 단배나무 아래에서 정사를 물어 만민이 그 덕혜에 따르고자 함과 같이)

⑬ 주나라 소공이, 남국의 아가위 나무 아래에서, 백성을 교화하니라

80	①광천1575 ②대천(16C중엽?)	③석천1583 ④칠천1661	⑤영천1700 ⑥송천1730	⑦杏千1862/完千1905 ⑧박천1917	⑨사천1937/1945 ⑩중천1948	⑪주천중간1804 ⑫삼천1935	⑬세천1956
去	갈 거	갈 거	갈 거	갈 거	갈 거	갈 거, 덜 거	갈 거
	갈 거	갈 거	갈 거	갈 거/サル キョ	갈 거	サリテ(사리테-가고) キョ(쿄-거)	
而	마리 이	말리을 이	말 리	말 이/마 리	마리 이	말니을 이, 나롯 이, 너 이	마 리 을 이
	마리 이	말 리을 이	말녀 리	말리 이/シカシテ ジ	마리 이	シカラシテ(시카라시테-그리하여) ジ(지-이)	
益	더을 익	더을 익	더을 익	더흘 익	더할 익	더을 익	더할 익
	더을 익	더을 익	더을 이	더할 익/マス エキ	더할 익	マスマス(마스마스-점점) エキ(에키-익)	
詠	이플 영	으플 영	으플 영	을플 영	읊흘 영	을플 영	읊을 영
	이플 영	으플 영	으플 영	읊흘 영/ウタフ エイ	읊흘 영	ウタハル(우타와루-노래 부르다) エイ(에이-영)	

⑧ 가시되 더욱 읊흐니 남국 백성이 소공의 덕화를 사모하야 감당시를 읊흐나니라

⑨ 가시되 더욱 읊흐니 남국 빅성이 소공 덕을 사모하야 감당시를 읊흐니라

⑩ 가시되 더욱 읊흐니 남국 백셩이 소공 덕을 사모하야 감당시를 읊흐니라

⑪ 及其去也에 則民益思慕하여 作甘棠詩하여 曰 蔽芾甘棠을 勿翦勿伐이어다 召伯所茇이라하니 可見其澤之入人深也라

⑫ 又死して後は詩經の甘棠篇の甘棠勿伐の句の如く益其の德を謳歌せらるべきなり。(또 죽어서 나중에는 시경(詩經)의 감당편(甘棠篇)의 감당물벌(甘棠勿伐)의 구(句)와 같이 자주 그 덕을 읊게 해야 함이다.)

⑬ 가되 더욱 읊으니, 남국백성이, 소공의 덕을, 사모하여, 감당시를, 읊으니라

81	①광천1575 / ②대천(16C중엽?)	③석천1583 / ④칠천1661	⑤영천1700 / ⑥송천1730	⑦杏千1862/完千1905 / ⑧박천1917	⑨사천1937/1945 / ⑩중천1948	⑪주천중간1804 / ⑫삼천1935	⑬세천1956
樂	낙흘 락	풍뉴 악	풍뉴 악	풍뉴 악	풍류 악/풍우 악	풍류 악, 즐길 락, 됴히 너길 요	풍유 악
	락흘 탁	풍뉴 악	풍뉴 악	풍유 악/タノシム ガク	풍류 악	ガクハ(가쿠와-악은) ガク(가쿠-악)	
殊	다를 슈	다늘 슈	다로 슈	다를 슈/드를 슈	다를 슈	다를 슈, 주글 슈, 어조스 슈	다를 수
	다를 슈	다를 슈	다를 슈	다를 수/コトニ シユ	다를 슈	コトニ(코토니-특히) シュ(슈-수)	
貴	귀흘 귀	귀흘 귀	귀흘 귀	귀흘 귀	귀할 귀	귀흘 귀	귀할 귀
	귀흘 귀	귀흘 귀	귀흘 귀	귀할 귀/タウトシキ	□할 귀	シタツトキ(시타츠토키-가르칠 때) トキ(토키-귀)	
賤	천흘 천	천흘 천	천흘 천	천흘 천	천할 천	천흘 천	천할 천
	천흘 천	천흘 천	천흘 천	천할 천/イヤシ セン	천할 천	イヤシキヲ(이야시키오-천함을) セン(센-천)	

⑧ 풍유난 귀하고 천한 이가 다르니 천자난 팔일 제후난 뉴일 대부난 사일 서서인은 이일이니라 일은 [佾

⑨ 풍뉴는 귀천이 다르니 천자난 팔일 제후 뉴일 대부난 사일 서셔인난 이일이니라 일은 佾

⑩ 풍뉴는 귀천이 다르니 천자난 팔일 제후 뉴일 대부난 사일 서셔인난 이일이니라 일은 佾

⑪ 樂有等威하니 如天子八佾, 諸侯六佾, 大夫四佾, 士庶人二佾之屬이니 此는 貴賤之殊也라

⑫ 古へより音樂には、天子、諸侯、士大夫、庶民と種々區別あり、各其の分によりて樂しみ、(예부터 음악에는 천자(天子), 제후(諸侯), 사대부(士大夫), 서민(庶民)과 종종 구별이 있어, 각 그 분수에 따라 즐겼고,)

⑬ 풍류는, 귀천이 다르니, 천자는 팔일, 제후는 육일, 사대부는 사일, 서인은 이일

82	①광천1575 ②대천(16C중엽?)	③석천1583 ④칠천1661	⑤영천1700 ⑥송천1730	⑦杏千1862/完千1905 ⑧박천1917	⑨사천1937/1945 ⑩중천1948	⑪주천중간1804 ⑫삼천1935	⑬세천1956
禮	절 례	네도 네	네도 네	네돈 네	례도 례	례돗 례	예도 례
	절 례	네도 네	네도 네	례도 례/ノリ レイ	례도 례	レイハ(레이와-예는) レイ(레이-예)	
別	다룰 별	다늘 별	다골 별	다룰 별/□별 별	다를 별	다룰 별, ㄴ홀 별, 써날 별	다를 별
	다룰 별	다룰 별	다룰 별	다룰 별/ワカツ ベツ	다를 별	ワカツ(와카츠-나누다) ベツ(베츠-별)	
尊	존흘 존	노풀 존	노풀 존	노풀 존/노풀 존	놉흘 존	노풀 존, 술준 준	높을 존
	존흘 존	노풀 존	노풀 존	놉흘 존/タットブ ソン	놉흘 존	タカキト(타카키토-높음과) ソン(손-존)	
卑	ㄴ줄 비	ㄴ줄 비	ㄴ줄 비	ㄴ즐 비	나즐 비	ㄴ줄 비	낮을비
	ㄴ가올 비	ㄴ줄 비	ㄴ줄 비	나즐 비/イヤシ ヒ	나즐 비	ヒクキヲ(히쿠키오-낮음을) ビ(비-비)	

⑧ 례도에 놉고 나즘을 분별하엿스나 군신 부자 부ː 장유 붕우의 차별이 잇나니라

⑨ 례도에 놉고 나즘을 분별하야스니 군신 부자 부ː 강유 붕우의 차별이 넛난이라

⑩ 례도에 놉고 나즘을 분별하야스니 군신 부자 부ゝ 강유 봉우의 차별이 넛난이라

⑪ 先王制五禮하여 朝廷엔 有君臣之儀하고 家庭엔 有父子之倫하며 以至夫婦長幼朋友之屬에도 皆有尊卑之別하니라

⑫ 又冠、婚、喪、祭などの禮式も、それぞれ貴賎上下の別ありて、整然として調へリ。(또 관(冠), 혼(婚), 상(喪), 제(祭) 등의 예식(禮式)도 각각 귀천상하(貴賎上下)의 구별이 있어 정연하게 연주했다)

⑬ 예도에 존비의, 귀천이 있나니, 군신, 부자, 부부, 장유, 붕우의 차별이 있느니라

83	①광천1575	③석천1583	⑤영천1700	⑦杏千1862/ 完千1905	⑨사천1937/ 1945	⑪주천중간1804	⑬세천1956
	②대천(16C중엽?)	④칠천1661	⑥송천1730	⑧박천1917	⑩중천1948	⑫삼천1935	
上	마디 샹	웃 샹	웃 샹	웃 숭	웃 샹	웃 샹, 오를 샹, 더을 샹, 숩샹 샹	윗 샹
	마디 샹	웃 샹	웃 샹	웃 샹/ カミ ジヤウ	웃 샹	カミ(카미-위) シャウ(샤우-상)	
和	고를 화	고를 화	고를 화	고를 화	화할 화	화홀 화, 고를 화, 딕답 화	화할 화
	고를 화	고를 화	고를 화	화할 화/ ヤ ハ ラ グ クワ	화할 화	ヤワラギ(야와라기-부드럽고) クワ(쿠와-화)	
下	아래 하	아래 하	아래 하	아리 하/ 아리 하	아래 하	아래 하, ᄂᆞ릴 하, ᄂᆞ죽이홀 하	아래 하
	아래 하	아래 하	아래 하	아리 하/ シ モ ゲ	아래 하	シモ(시모-아래) カ(카-하)	
睦	고를 목	화목 목	화목 목	화목 목	화목 목	화목 목	화목 목
	고를 목	화목 목	화목 목	화목 목/ ム ツ マ ジ ボク	화목 목	ムツビ(무츠비-화목하고) ボク(보쿠-목)	

⑧ 우에서 교화하면 아래선난 화목하나니라

⑨ 우에셔 교화하면 아리셔난 화목하꼬

⑩ 우에셔 교화하면 아래셔난 화목하고

⑪ 在上者愛而有敎曰和요 在下者恭而盡禮曰睦이니 父慈子孝兄愛弟敬之類가 是也라

⑫ 天下平らかに國家よく治まり、人君は臣民を愛くしみあはれみ、臣民は君主を尊み敬ひて上下和らぎ睦び (천하(天下) 태평하게 국가 잘 다스려, 인군(人君)은 신민(臣民)을 자애와 긍휼로써 가엾게 여기고 신민(臣民)은 군주(君主)를 존경하여 상하(上下) 화목하게)

⑬ 위에서 교화하며, 아래서는 화목하고

84	①광천1575 ②대천(16C중엽?)	③석천1583 ④칠천1661	⑤영천1700 ⑥송천1730	⑦춈千1862/ 完千1905 ⑧박천1917	⑨사천1937/ 1945 ⑩중천1948	⑪주천중간1804 ⑫삼천1935	⑬세천 1956
夫	샤옹 부	짓아비 부	지아비 부	뎌아비 부/ 지아비 부	지아비 부	짓아비 부, 쟝부 부, 어조스 부	지 아 비 부
	샤옹 부	지아비 부	짓아비 부	지아비 부/ オット フ	지아비 부	ヲット(오츠토-남편) フ(후-부)	
唱	브를 챵	브를 챵	브를 챵	부를 충/ 부를 충	부를 챵	몬져홀 챵, 부를 챵	부를 챵
	브를 챵	브를 챵	브를 챵	부를 챵/ ウタフ シヤ ウ	부를 챵	ミチビキ(미치비키-안 내하고) シャウ(샤우-챵)	
婦	며ᄂ리 부	며ᄂ리 부	며롤리 부	며ᄂ리 부	며나리 부	안해 부, 며ᄂ리 부	며 ᄂ 리 부
	며느리 부	며ᄂ리 부	며ᄂ리 부	며나리 부/ ヨメ フ	며나리 부	ツマ(츠마-아내) フ(후-부)	
隨	조출 슈	조출 슈	조출 슈	쏠을 슈	따를 수/ 싸를 슈	조출 슈	따를 수
	조출 슈	조출 슈	조출 슈	싸를 수/ シタガフ ズイ	따를 수	シタガフ(시타가우-따 르다) ズヰ(즈위-수)	

⑧ 지아비가 창도하면 지어미난 싸르나니 화순함이라

⑨ 지아비가 창도하면 지어미난 쓰르나니 화순함이라

⑩ 지아비가 창도하면 지어미난 싸르나니 화순함이라

⑪ 夫以剛義而倡之하고 婦以柔順而隨之니라

⑫ 又一家にありては、夫たる男子の命令に、女たる女子は能く服従して和合するをいふ。(또 한 가정에 있어서는 남편인 남자의 명령에 부인인 여자는 잘 복종하여 화합하는 것을 말한다.)

⑬ 지아비가 창도하면, 지어미가 따르나니 화순함이라

85	①광천1575 / ②대천(16C중엽?)	③석천1583 / ④칠천1661	⑤영천1700 / ⑥송천1730	⑦杏千1862/完千1905 / ⑧박천1917	⑨사천1937/1945 / ⑩중천1948	⑪주천중간1804 / ⑫삼천1935	⑬세천1956
外	밧 외	밧 외	밧 외	붓 외	밧 외	밧 외, 물리칠 외	밖 외
	밧 외	밧 외	밧 외	밧 외/ ホカ クワイ	밧 외	ソトニ(소토니-바깥에) グワイ(구와이-외)	
受	틀 슈	바들 슈	바들 슈	벗들 슈	밧을 수/ 밧들 슈	바들 슈	받을 수
	틀 슈	바들 슈	바들 슈	밧들 수/ ウクジュ	□을 수	ウケ(우케-받고) ジュ(쥬-수)	
傳	스승 부	스승 부	스승 부	스승 부	스승 부	스승 부, 도울 부, 부틀 부, 부회 부	스승 부
	스승 부	스승 부	스승 부	스승 부/ カシヅキ フ	스승 부	カシヅキノ(카시즈키노-시중들며 보살피는) フ(후-부)	
訓	ᄀᆞᄅ칠 훈	ᄀᆞᄅ칠 훈	ᄀᆞᄅ칠 훈	가ᄅ칠 훈	가라칠 훈	ᄀᆞᄅ칠 훈, 훈고 훈	가르칠 훈
	ᄀᆞ글칠 훈 [홀천局 ᄀ]	ᄀᆞᄅ칠 훈	ᄀᆞᄅ칠 훈	가라칠 훈/ オシフ グン	가라칠 훈	ヲシヘヲ(오시에오-가르침을) クン(쿤-훈)	

⑧ 밧그로 스승의 가라침을 밧나니 남자난 팔세 되면 소학을 배오나니라

⑨ 밧그로 스승의 가라침을 밧나니 남자는 팔세 되면 학교의 가 빗우나니라

⑩ 밧그로 스승의 가라침을 밧나니 남자는 팔세 되면 학교의 가 배우나니라

⑪ 男子十季이면 出就外傳而學焉이라 故로 曰外受傳訓이라하니라

⑫ 傳とは、守役のことにて猶ほ家庭教師の如きをいふ、外に出ては傳師の訓へを受けてよくこれを守リ (부(傳)라는 것은 수역(守役)에 관한 것으로써, 또한 가정교사와 같은 것을 말한다. 밖에 나가서는 부사(傳師)의 가르침을 받고 이것을 잘 지키고)

⑬ 밖으로, 스승의, 가르침을, 밧나니, 남자는 팔세면, 학교에 가 배우느니라

86	①광천1575	③석천1583	⑤영천1700	⑦츔千1862/完千1905	⑨사천1937/1945	⑪주천중간1804	⑬세천1956
	②대천(16C중엽?)	④칠천1661	⑥송천1730	⑧박천1917	⑩중천1948	⑫삼천1935	

入	들 입	들 입	들 입	들 입	들 입/들 립	들 입, 드릴 입	들 입
	들 입	들 입	들 임	들 입/イル ニウ	들 입	イリテハ(이리테와-들어가서는) ジュ(입-입)	

奉	바들 봉	받들 봉	바들 봉	붓들 봉	밧들 봉	밧들 봉, 록봉 봉	받들 봉
	바들 봉	바들 봉	받들 봉	밧들 봉/タテマツル ホウ	밧들 봉	ウク(우쿠-받들다) ボウ(보우-봉)	

母	어미 모	어미 모	어미 모	어미 모	어미 모	어미 무	어미 모
	어미 모	어미 모	어미 모	어미 모/ハハ ボウ	어미 모	ハハノ(하하노-어머니) ボ(보-모)	

儀	다슴 의	거동 의	거동 의	거동 의	거동 의	거동 의	거동 의
	다슴 외	거동 의	거동 의	거동 의/ノリ ギ	거동 의	ノリキ(노리오-모범을) ギ(기-의)	

⑧ 들어서 어미의 거동을 밧들지니 녀자난 십셰 되면 문외에 나지 아니 하나니라

⑨ 드러셔 어미의 거동을 밧들지니 녀자난 십셰 되면 가정교육을 밧나니라

⑩ 드러셔 어미의 거동을 밧들지니 녀자난 십셰 되면 가정교육을 밧나니라

⑪ 女子十季이면 不出하며 聽從姆敎라 故로 曰入奉母儀라하니라

⑫ 又家에잇어서는 母의 敎へを奉じてこれに違ふべきなり、儀とは範といふに同じ。(또 집에 있어서는 어머니의 가르침을 받들고 이것을 지켜야 한다. 의(儀)라는 것은 범(範)이라는 것과 같다.)

⑬ 들어서는 어미의 거동을, 받들지니, 여자는 십세면, 가정교육을 받느니라

	①광천1575 / ②대천(16C중엽?)	③석천1583 / ④칠천1661	⑤영천1700 / ⑥송천1730	⑦츰千1862/完千1905 / ⑧박천1917	⑨사천1937/1945 / ⑩중천1948	⑪주천중간1804 / ⑫삼천1935	⑬세천1956
諸	모들 졔	모들 졔	모들 졔	모들 졔	모들 졔	모들 져, 어조ㅅ 져	모들 졔
	모들 졔	모들 졔	모들 졔	모들 졔/モロモロ ショ	모들 졔	モロモロノ(모로모로노-모든) ショ(쇼-제)	
姑	할미 고	할미 고	할미 고	할미 고	할미 고	아즈미 고, 싀어미 고, 아직 고	할미 고
	할미 고	할미 고	할미 고	할미 고/オバ コ	할미 고	ヲバ(오바-고모) コ(코-고)	
伯	믇 빅	믇 빅	믓 빅	믓 빅	맛 백	믓 빅, 벼슬 일홈 빅, 왕파 파	맏 백
	하나비 빅	믓 빅	몯 빅	맛 백/オヂ ハク	맛 백	ヲ(오-아저씨) ハク(하쿠-백)	
叔	아자비 슉	아자비 슉	아자비 슉	아ᄌ비 슉	아자비 슉/아ᄌ비 슉	버금 슉, 거둘 슉, 수슉 슉, 콩 슉	아재비 슉
	아자비 슉	아자비 슉	아가비 슈	아자비 슉/オヂ シユク	아자비 슉	ヂ(지-아저씨) シユク(슈쿠-숙)	

⑧ 모든 아지미난 고모요 백은 백부요 숙은 슉부니 모다 아비의 형제 자매니라

⑨ 모든 아지미는 고모요 빅부 슉부는 모다 아비의 형제 자매니라

⑩ 모든 아지미는 고모효 백부 숙부는 모다 아비의 형제 자매니라

⑪ 此는 言父之姉妹兄弟也라 伯叔은 卽兄弟之稱이어늘 而俗以伯爲父之兄하고 叔爲父之弟하니 此亦 承俗謬也라

⑫ 父の姉妹を姑乃ち「をば」といひ、父の兄弟を伯叔乃はち「をぢ」といふ、すべての「をぢ」「をば」こ となり (아버지의 자매(姉妹)를 고(姑), 즉 '고모'라 하고, 아버지의 형제를 백숙(伯叔), 즉 '아저씨' 라 하니, 모든 '고모', '아저씨'이며,)

⑬ 모든 아지미는, 고모요, 백부, 숙부는 아비의, 형제자매니라

88	①광천1575	③석천1583	⑤영천1700	⑦杏千1862/完千1905	⑨사천1937/1945	⑪주천중간1804	⑬세천1956
	②대천(16C중엽?)	④칠천1661	⑥송천1730	⑧박천1917	⑩중천1948	⑫삼천1935	
猶	오힐 유	ᄀ틀 유	ᄀ틀 유	ᄀ틀 유/ᄌ홀 유	갓흘 유	ᄀ틀 유, 개 유, 오히려 유, 쇠 유	같을 유
	오힐 유	ᄀ틀 유	ᄀ틀 유	갓흘 유/ナホ イウ	갓흘 유	イウ(이우-같다) イウ(이우-유)	
子	아ᄃ ᄌ	아들 ᄌ	아들 ᄌ	아들 ᄌ	아들 자	ᄌ식 ᄌ, 벼슬 일홈 ᄌ, 그딕 ᄌ	아들 자
	아ᄃ ᄌ	아들 ᄌ	아들 ᄌ	아들 자/コ シ	아들 자	シハ(시와-자식은) シ(시-자)	
比	ᄀ줄 비	견줄 비	견줄 비	젼줄 비	견즐 비/견줄 비	견줄 비, 빅빅 비, 미츨 비, 추례 필	견줄 비
	ᄀ줄 비	견줄 비	견줄 비	젼쥴 비/ナラブ ヒ	견줄 비	クラブ(쿠라브-비교하다) ヒ(히-비)	
兒	아히 ᄋ	아히 ᄋ	아히 ᄋ	인히 ᄋ/ᄋ히 ᄋ	아해 아/아희 아	아히 ᄋ, 예가 예	아해 아
	아희 ᅀ	아히 ᄋ	아히 ᄋ	아히 아/ヲゴ ジ	아□ 야	コ ニ(코니-아이와) ジ(지-아)	

⑧ 아달 갓치 하며 아해에게 견줄지니 형계에 아달을 자긔의 아달과 아해 갓치 볼지니라

⑨ 아달 갓치 하며 아해에게 견줄지니 형뎨 아달을 자긔의 아달과 갓치 볼지니라

⑩ 아달 갓치 하며 아해에게 견쥴지니 □제 아달을 자긔의 아달과 갓치 볼지니라

⑪ 此는 言兄弟之子也라 自諸姑伯叔視之하면 猶己子而比己兒也라

⑫ 又猶子とは、兄弟の子をいふ、兄弟の子は猶ほ子の如しといふより、すべての「をひ」「めい」をいふ「をひ」と「めい」は猶ほ我子の如くに愛しくめといふなり。(또한 유자(猶子)라는 것은 형제의 자식을 말하니, 형제의 자식은 또한 자기 자식과 같다는 것으로부터 모든 '조카', '질녀'라고 말하는 '조카', '질녀'는 또한 나의 자식과 같이 사랑하라고 하는 것이다.)

⑬ 아들같이 아해에게 견줄지니 형제의 아들을, 자기의 아들 같이 볼지니라.

| 89 | ①광천1575 | ③석천1583 | ⑤영천1700 | ⑦참千1862/完千1905 | ⑨사천1937/1945 | ⑪주천중간1804 | ⑬세천1956 |
	②대천(16C중엽?)	④칠천1661	⑥송천1730	⑧박천1917	⑩중천1948	⑫삼천1935	
孔	구무 공	구무 공	구무 공	구며 공/구무 공	구멍 공	심홀 공, 구무 공	구멍 공
	구무 공	구무 공	구무 공	구멍 공/ハナハタ コウ	구멍 공	ハナハダ(하나하다-매우 심히) コウ(코우-공)	
懷	훈츨 회	푸믈 회	푸울 회	품을 회/품을 회	품을 회	싱각 회, 품을 회	품을 회
	몸츨 회	푸믈 회	푸믈 회	품을 회/オモフ クワイ	품을 회	オモト(오모토-생각하다) イウ(이우-회)	
兄	묻 형	묻 형	묻 형	밋 형/맛 형	맛 형	밋 형, 부를 황	맏 형
	묻 형	묻 형	묻 형	맛 형/アニ キョウ	맛 형	ケイ(케이-형) ケイ(케이-형)	
弟	아ᅀ 데	아ᅀ 데	아ᅀ 데	아ᅀ 졔/아우 졔	아오 졔	아ᅀ 뎨, 효뎨 뎨, 츠례 뎨	아우 제
	아ᅀ 데	아ᅀ 데	아ᅀ 데	아오 졔/オトウト ダイ	아오 졔	テイヲ(테이오-제를) テイ(테이-제)	

⑧ 사람이 형과 아오를 간절히 생각하나니라

⑨ 사람이 형과 아오를 간절이 생각하나니라

⑩ 사람이 형과 아오를 간절이 생각하나니라

⑪ 詩曰 死喪之威에 兄弟孔懷라하니 言死喪之事는 獨於兄弟之親에 思念倍切也라

⑫ 孔は、「はなはだ」にして別段にの意あり、兄弟は特別に親しみ愛しくしむべし、何となれば同じく父母の氣を受けたるものにして (공(孔)은 '매우 지극하게'로써 특별한 뜻이 있으니, 형제는 특별히 친하고 사랑해야 할 것이니, 왜냐하면 같은 부모의 기운을 받은 것으로써)

⑬ 사람이, 형과 아우를 간절히, 생각하느니라

90	①광천1575 / ②대천(16C중엽?)	③석천1583 / ④칠천1661	⑤영천1700 / ⑥송천1730	⑦杏千1862/完千1905 / ⑧박천1917	⑨사천1937/1945 / ⑩중천1948	⑪주천중간1804 / ⑫삼천1935	⑬세천1956
同	오힌 동	오힌 동	오힌 동	흔가지 동	한가지 동	흔가지 동, 술그릇 동	한 가 지 동
	오힌 동	오힌 동	오힌 동	한가지 동/オナジ トウ	한가지 동	オナジクシ(오나지쿠시-한가지로 하는)ドウ(도우-동)	
氣	긔운 씌	긔운 긔	긔운 긔	기운 기/긔운 긔	긔운 긔	긔운 긔	기운 기
	기운 끠	긔운 긔	긔운 긔	긔운 긔/イキ キ	긔운 긔	キヲ(키오-기를)キ(키-기)	
連	니을 런	니을 련	니을 던	이을 년/년흘 년	연할 련	런흘 련	연할 련
	니을 련	니을 년	니을 년	런할 련/ツラナル レイ	런할 련	ツラヌ(츠라느-이을)レン(렌-련)	
枝	가지 지	가지 지	가지 지	가지 지	가지 지/가지 디	가지 지, 견딜 지	가지 지
	가지 지	가지 지	가지 지	가지 지/エダ シ	가지 지	エダヲ(에다오-가지를)シ(시-지)	

⑧ 형뎨난 부모의 긔운을 한 가지 밧으니 나무에 비하면 형제난 가지니라

⑨ 형졔난 부모의 긔운을 한가지 바다스니 나무에 비하면 가지와 가흐니라

⑩ 형졔난 부모의 긔운을 한가지 바다스니 나무에 비하면 가지와 갓흐니라

⑪ 兄弟는 同受父母之氣하니 比諸樹하면 父母는 根也요 兄弟는 枝之連也라 爲兄弟者知此하면 則豈有不相愛者乎아

⑫ たとへば多くの技葉の一本の幹より分れたるが如く、一身同樣なるべきをいふ。(예를 들면 많은 가지 잎사귀가 하나의 줄기로부터 갈라짐과 같이, 한 몸같이 되어야 함을 말한다.)

⑬ 형제는 부모의, 기운을 같이 받았으니 나무에 비하면, 가지와 같으니라

91	①광천1575 ②대천(16C중엽?)	③석천1583 ④칠천1661	⑤영천1700 ⑥송천1730	⑦杏千1862/完千1905 ⑧박천1917	⑨사천1937/1945 ⑩중천1948	⑪주천중간1804 ⑫삼천1935	⑬세천1956
交	사괼 교	사괼 교	사괼 교	스괼 교	사괼 교/ 사괴일 교	사괼 교, 서ㄹ 교	사괼 교
	사괼 교	사괼 교	사괼 교	사괴일 교/ マジハル カウ	사괼 교	マジハル(마지와르-사귀다) カウ(카우-교)	
友	벋 우	벋 우	벋 우	볏 우/벗 우	벗 우	벗 우, 우이 우	벗 우
	벋 우	벋 우	벋 우	벗 우/ トモ イウ	벗 우	トモニ(토모니-친구를) イウ(이우-우)	
投	머드리 투	더딜 투	더딜 투	더질 투	던질 투/ 더질 투	더질 투, 줄 투	던질 투
	머므리 투	더딜 투	더딜 투	던질 투/ ナゲル トウ	던질 투	トウジ(토우지-던지다) トウ(토우-투)	
分	는홀 분	는홀 분	는홀 분	는홀 분/ ㄴ늘 분	난을 분/ 난홀 분	분수 분, 는홀 분, 분촌 분	나눌 분
	는홀 분	는홀 분	는홀 분	난홀 분/ ワカツ ブン	난을 분	ブンニ(분니-분에) ブン(분-분)	

⑧ 벗을 사괴되 직분으로 의탁할지니 오륜에 붕우지분이 잇나니라

⑨ 벗을 사괴되 직분으로 의탁할지니 오륜에 붕지분이 잇나니라

⑩ 벗을 사괴되 직분으로 의탁할지니 오륜에 붕지분이 잇나니라

⑪ 朋友는 以義合이로되 而父子君臣長幼夫婦之倫이 賴朋友而明이라 故로 必託之以朋友之分焉이니라

⑫ 常に交はる友は、其の分に應じて意氣相合ふものを擇むべきなリ (늘 사귀는 벗은 그 분(分)에 따라 서로 의기가 맞는 것을 택해야 하니,)

⑬ 벗을 사귀되, 직분으로 의탁할지니, 오륜에 붕유지분이 있느니라

92 / 切磨箴規	①광천1575 / ②대천(16C중엽?)	③석천1583 / ④칠천1661	⑤영천1700 / ⑥송천1730	⑦杏千1862/完千1905 / ⑧박천1917	⑨사천1937/1945 / ⑩중천1948	⑪주천중간1804 / ⑫삼천1935	⑬세천1956
切	근절 절	그츨 절	그츨 절	간졀 절	간졀 절	버힐 졀, 근졀 졀, 급흘 졀	간졀 졀
切	근졀 졀	그츨 졀	그츨 졀	간졀 절/キル セツ	간졀 졀	キリ(키리-자르고) セツ(세츠-절)	
磨	굴 마	굴 마	글 마	갈 마	갈 마	굴 마, 매 마	갈 마
磨	굴 마	굴 마	굴 마	갈 마/ミガクマ	갈 마	ミガク(미가쿠-갈다) マ(마-마)	
箴	빈혀 줌	경계 줌	경계 줌	잠계 줌	경계 잠	경계 침, 바늘 침	경계 잠
箴	빈혀 줌	경계 줌	경계 줌	경계 잠/イ マ シ メ シン	곙계 잠	イマシメヲ(이마시메오-훈계를) シン(신-잠)	
規	여울 규	법식 규	법즉 규	법식 규/법규	법 규	경계 규, 규구 규, 즈규 규	법 규
規	여슬 규	법 규	법식 규	법 규/タダス キ	법 규	キ(키-규) キ(키-규)	

⑧ 버히며 갈고 경계하고 법으로 하나니 붕우책선하난 직분이 이갓흐니라

⑨ 간절하며 갈고 경계하며 법으로 하니 붕우책선하난 직분이 이갓흐니라

⑩ 간절하며 갈고 경계하며 법으로 하니 붕우책선하난 직분이 이갓흐니라

⑪ 切磋琢磨는 講習克治之功이요 箴戒規警은 責善交修之意니 無此면 則不可謂盡朋友之分也라

⑫ 而して相共に切るが如く磨するが畑くに、文學技藝を研き勵みて、互ひに其の言行をいましめ
ただすべきをいふ。(그리하여 서로 모두 자르듯이 연마하여, 문학기예(文學技藝)를 힘써 다듬어,
서로 그 언행을 훈계하여 바로잡아야 하는 것을 말한다.)

⑬ 간걸하며, 갈고 경계하며 법으로 하니, 붕우책선함이, 이 같으니라

93	①광천1575	③석천1583	⑤영천1700	⑦杏千1862/完千1905	⑨사천1937/1945	⑪주천중간1804	⑬세천1956
	②대천(16C중엽?)	④칠천1661	⑥송천1730	⑧박천1917	⑩중천1948	⑫삼천1935	
仁	클 인	클 인	클 인	어질 인	어질 인	어딜 인, 삐 인	어질 인
	클 인	클 인	클 인	어질 인/イックシムジン	어질 인	イックシミ(이즈쿠시미-불쌍히 여기고) ジン(진-인)	
慈	ㅈ비 ㅈ	ㅈ빈 ㅈ	ㅈ빈 ㅈ	ㅈ비 ㅈ/옛불 ㅈ	사랑 자	ㅈ비 ㅈ	사랑 자
	ㅈ비 ㅈ	ㅈ빈 ㅈ	ㅈ빈 ㅈ	사랑 자/イックシムジ	사랑 자	ジ(지-자) ジ(지-자)	
隱	그을 은	수믈 은	수믈 은	슈믈 은	숨을 은	슬플 은, 수물 은, 비길 은	숨을 은
	그슬 은	수믈 은	수믈 은	숨을 은/カタス イン	숨을 은	イタム(이타무-아파하다) イン(인-은)	
惻	슬흘 측	슬흘 측	슬흘 측	슬플 측	슯흘 측/슬플 측	슬플 측	슬플 측
	슬흘 측	슬흘 측	슬흘 측	슬플 측/イタム ソク	슯흘 측	ココロハ(코코로와-마음은) ソク(소쿠-측)	

⑧ 어질며 사랑하며 측은함이니 사람을 사랑함은 어진 마음을 씀이요 측은함은 어진 마음의 싯이라

⑨ 어질고 사랑하미 측은함이니 사랑함은 어진 마음이오 측은함은 어진 마음의 싯이라

⑩ 어질고 사랑하미 측은함이니 사랑함은 어진 마음이오 측은함은 어진 마음의 싯이라

⑪ 仁者는 心之德이며 愛之理也니 慈愛는 仁之用也요 惻隱은 仁之端也라

⑫ 人たるものは常に他を愛しくしみあはれみて情け深け、他の難義を見てはこれをいたみ慰めて救ひ助くること謂ゆる同情にあつかるべし。(사람은 늘 남을 사랑하고 불쌍히 여겨 깊은 정으로, 다른 난의(難義)를 보면 이것을 아파하고 위로하며 도와주는 것, 소위 동정에 맡겨야 할 것이다.)

⑬ 어질고, 사랑하며, 측은함이니, 이는 다 동정하는, 마음이니라

	①광천1575	③석천1583	⑤영천1700	⑦杏千1862/完千1905	⑨사천1937/1945	⑪주천중간1804	⑬세천1956
94	②대천(16C중엽?)	④칠천1661	⑥송천1730	⑧박천1917	⑩중천1948	⑫삼천1935	
造	지을 조	지을 조	지을 조	지을 조	지을 죠	조ᄎ 조, 지을 조, 갈 조	지을 조
	지슬 조	지을 조	지을 조	지을 조/ツクル ソウ	지을 조	ザウ(자우-조) ザウ(자우-조)	
次	ᄆ숨 ᄎ	ᄆ음 ᄎ	ᄆ음 ᄎ	버금 ᄎ	버금 차	조ᄎ ᄎ, 머물 ᄎ, 버금 ᄎ, ᄎ례 ᄎ, 슈식 ᄎ	버금 차
	ᄆ숨 ᄎ	ᄆ음 ᄎ	ᄆ음 ᄎ	버금 차/ツギ ジ	버금 차	ジ(지-차) ジ(지-차)	
弗	덜 블	말 블	말 블	말 블	말 불	아닐 불, 불져 불	말 불
	덜 블	말 블	말 블	말 불/アラズ フツ	말 불	ザル(자르-않다) フツ(후츠-불)	
離	여휠 리	여휠 리	여휠 리	써날 이/이별 이	떠날 리/써날 니	써날 리, 굇고리 리, 브릴 리, 브틀 리	떠날 리
	여히 리	여휠 리	여휠 리	써날 리/ハナル リ	떠날 리	ハナレ(하나레-떠나지) リ(리-리)	

⑧ 잠깐이라도 써나지 아닐지니 군자난 조차라도 어진 마음이 업지 아니 하니라

⑨ 잠깐이라도 써나지 안일지니 군자난 조차라도 어진마음이 업지 아니하니라

⑩ 잠간이라도 써나지 안일지니 군자난 조챠라도 어진 마음이 업지 아니하니라

⑪ 孔子曰 君子는 無終食之閒違仁하여 造次必於是라하시니 仁之不可離 如此라

⑫ 又造次とは暫しの間をいふなり、寸時も此心に乖き離るべからざるをいふ。(또 조차(造次)라는 것은 잠깐 동안을 말하는 것이니, 아주 짧은 시간도 이 마음을 떠나지 않아야 할 것임을 말한다.)

⑬ 잠간이라도, 떠나지 않을지니, 군자는 조차라도 어진 마음, 없지 아니하니라

조차(造次)≒조차간(造次間) 1. 얼마 되지 않는 짧은 시간. 2. 아주 급작스러운 때.

	①광천1575	③석천1583	⑤영천1700	⑦츕千1862/完千1905	⑨사천1937/1945	⑪주천중간1804	⑬세천1956
95	②대천(16C중엽?)	④칠천1661	⑥송천1730	⑧박천1917	⑩중천1948	⑫삼천1935	
節	무딘 절	무딘 절	무딘 절	무 디 절/무딘 절	마대 절	절조 절, 무딘 절, 존절 절	마디 절
	무딘 절	무딘 절	민딘 절	마대 절/フシ セツ	마대 절	セツ(세츠-절)/セツ(세츠-절)	
義	클 의	올흘 의	올흘 의	올홀 의	오을 의/오를 의	올홀 의	옳을 의
	클 의	올흘 의	올흘 의	올을 의/ヨシ ギ	오을 의	ギ(기-의)/ギ(기-의)	
廉	발 렴	청렴 렴	청념 념	쳑념 념/청념 념	청염 염/청염 렴	청렴 렴, 모날 렴	청렴 렴
	발 렴	싱념 념	청념 념	청염 염/イサギヨシ レン	청염 염	レン(렌-렴)/レン(렌-렴)	
退	므늘 퇴	므를 퇴	므를 퇴	물를 퇴/믈너갈 퇴	물너갈 퇴	므를 퇴, 물리칠 퇴	물러갈 퇴
	므를 퇴	므를 퇴	므를 퇴	물나갈 퇴/シリゾク タイ	물너갈 퇴	タイハ(타이와-퇴는)/タイ(타-퇴)	

⑧ 절개와 의와 청렴함과 물너가믄 사대부의 조심함이라

⑨ 절개와 의와 청렴함과 믈너감은 군자의 조심함이라

⑩ 절개와 의와 청렴함과 믈너감은 군자의 조심함이라

⑪ 砥節守義하고 礪廉勇退는 士大夫之所以操心飭躬者也라

⑫ 節義とは、みさをを守り義理を重んずると、又廉退とは直くして利欲に或はず人にへりくだり讓ることにて意志の堅くして正しきをいひ (절의(節義)라는 것은 정조를 지키고 의리를 중히 여기는 것과, 또 염퇴(廉退)라는 것은 올바르게 해서 이욕(利欲)에 현혹되지 않고 사람에게 자신을 낮추어 양보하는 것에서 의지를 굳게 해서 올바른 것을 말하고)

⑬ 절개와, 의와, 청렴함과, 물러감은 군자의 조심함이니라

96	①광천1575	③석천1583	⑤영천1700	⑦杏千1862/完千1905	⑨사천1937/1945	⑪주천중간1804	⑬세천1956
	②대천(16C중엽?)	④칠천1661	⑥송천1730	⑧박천1917	⑩중천1948	⑫삼천1935	
顚	업더딜 던	업더딜 던	업더딜 던	입더질 젼	업더딜 젼/업더질 던	업더딜 던, 니마 던, 묏부리 던	업 더 질 젼
	업더딜 던	업더딜 던	업더딜 젼	업더질 젼/タフル テン	업더질 젼	テン(텐-전)/テン(텐-전)	
沛	졋바딜 패	졋쌔딜 패	졋쌔딜 패	줏ᄇ질 픠	잣바질 패/잣바질 픠	졋쌔딜 패, 물 패, 비올 패	자 빠 질 패
	졋바닐 패	졋쌔딜 패	졋쌔딜 패	잣바질 패/ノ セ ドモ ハイ	잣바질 패	パイ二モ(파이니모-패에도)/パイ(파이-패)	
匪	이즐 비	아닐 비	아닐 비	안이 비/안이 미	안닐 비	아닐 비, 그릇 비, 빗날 비, 눈홀 분	아닐 비
	이즐 비	이즐 비	이닐 비	아닐 비/アラズ ヒ	안닐 비	ズ(즈-않고)/ヒ(히-비)	
虧	이즐 휴	이즐 휴	이즐 휴	이쥴 휴	이 즈 러 질 휴	이즐 규	이 지 러 질 휴
	어즐 휴	이즐 휴	이즐 휴	이 즈 러 질 휴/カ ク キ	이 즈 러 질 휴	カケ(카케-잠깐사이)/キ(키-휴)	

⑧ 업더지고 잣바저도 이지러지〮 아닐지니 비록 환난을 당하나 절의렴퇴하난 지조를 이즈러지게 안일지니라

⑨ 업더지고 잣바져도 이즈러지디 안일지니 비록 환란 즁이라도 절의념퇴를 잇지 안니미라

⑩ 업더지고 잣바져도 이지러지디 안일지니 비록 환란 즁이라도 절의념퇴를 잇지 아니미라

⑪ 雖患難顚沛之際라도 不可使節義廉退之操로 有一分虧缺也라

⑫ 顚沛とは物の倒るる間乃ちつかの間も此の心を虧くべからざるをいふ。(전패(顚沛)라는 것은 사물이 넘어지는 사이 즉 잠깐의 틈에도 이 마음을 이지러지지 않도록 해야 할 것임을 말하다.)

⑬ 엎더지고, 자빠져도, 이지러지지 않을지니, 비록 환란 중이라도, 절, 의, 염, 퇴를, 잊지마라

97	①광천1575 ②대천(16C중엽?)	③석천1583 ④칠천1661	⑤영천1700 ⑥송천1730	⑦杏千1862/完千1905 ⑧박천1917	⑨사천1937/1945 ⑩중천1948	⑪주천중간1804 ⑫삼천1935	⑬세천1956
性	성 성 / 셩식 셩	성 성 / 셩 셩	성 성 / 셩 셩	성졍 성 / 성품 셩/ココロ セイ	성품 성/성품 성 / 성품 셩	성픔 셩 / ココロ(코코로-마음) セイ(세이-성)	성품 셩
靜	괴오 정 / 졍홀 졍	고요홀 정 / 고오 졍	고요 정 / 고요홀 졍	고요 정 / 고요 졍/シズカ セイ	고요 졍/고요 졍 / 고요 졍	고요 졍 / シヅカナレバ(시즈카나레바-조용하다면) セイ(세이-정)	고요 졍
情	뜯 졍 / 뜯 졍	뜯 졍 / 뜯 졍	뜯 졍 / 뜯 졍	쯧 졍 / 쯧 졍/コロロ セイ	뜻 졍/쯧 졍 / 뜻 졍	쯧 졍 / ジャウ(쟈우-정) ジャウ(쟈우-정)	뜻 졍
逸	안일 일 / 아닐 일	편안홀 일 / 편안 일	편안 일 / 편라홀 일	편아홀 일/편홀 일 / 편안 일/ヤスイ イツ	편안 일 / 편안 일	노홀 일, 편안 일, 쵸일홀 일, 숨을 일 / ヤスク(야스쿠-편안하게) イツ(이츠-일)	편안 일

⑧ 성품이 고요하면 뜻이 편안하니 고요한 것은 천성이요 동작하난 것은 정이라

⑨ 성품이 고요하면 뜻이 편안하니 고요함은 텬셩이오 동작함은 인졍이니라

⑩ 성품이 고요하면 뜻이 편안하니 고요함은 텬셩이오 동작함은 인졍이니라

⑪ 人生而靜者爲性也요 感物而動者爲情也니 縱逸은 亦動之意也라

⑫ 人の性質おちつきてしずかならば、其の情ものびらかに自から安らかなるべく。(사람의 성질이 차분하고 조용하다면, 그 정도 편안하게 스스로 안락해질 것이다.)

⑬ 성품이 고요하면, 뜻이 편안하니, 고요함은, 천성이오, 동작함은 인정이니라

98	①광천1575 / ②대천(16C중엽?)	③석천1583 / ④칠천1661	⑤영천1700 / ⑥송천1730	⑦杏千1862/完千1905 / ⑧박천1917	⑨사천1937/1945 / ⑩중천1948	⑪주천중간1804 / ⑫삼천1935	⑬세천1956
心	ᄆᆞᅀᆞᆷ 심	ᄆᆞ음 심	ᄆᆞ음 심	ᄆᆞ음 심/ ᄆᆞ음 심	마음 심	ᄆᆞ음 심	마음 심
	ᄆᆞ흠 심	ᄆᆞ음 심	ᄆᆞ음 심	마음 심/ ココロ ジン	마음 심	ココロ(코코로-마음) シン(신-심)	
動	뮐 동	뮐 동	뮐 동	움즈길 동/ 움즈길 동	움작일 동	움죽일 동	움직일 동
	뮐 동	뮐 동	뮐 동	움작일 동/ ウゴク トウ	움작일 동	ウゴケバ(우고케바-움직이면) ドウ(도우-동)	
神	실령 신	신령 신	신령 신	신영 신/ 귀신 신	귀신 신	정신 신, 귀신 신	귀신 신
	신령 신	신령 신	신령 신	귀신 신/ カミ シン	귀신 신	シン(신-신) シン(신-신)	
疲	시드러올 피	ᄀᆞᆺ블 피	ᄀᆞᆺ블 피	갑불 피	갓불 피	잇쌀 피	가쁠 피
	시므러올 피	ᄀᆞᆺ블 피	ᄀᆞᆺ블 피	갓불 피/ ツカル ヒ	갓불 피	ツカル(츠카르-지치다) ヒ(히-피)	

⑧ 마음이 움작이면 신긔가 피곤하나니 마음이 외물에 요동하면 신긔 피곤하니라

⑨ 마음이 동하면 신긔가 피곤하나니 마음이 외물에 요동하면 신긔 편치 못 함이라

⑩ 마음이 동하면 신긔가 피곤하나니 마음이 외물에 요동하면 신긔 편치 못함이라

⑪ 心은 統性情者也니 心若逐物而動하여 淵淪天飛하면 則不能全其性하여 而使神氣疲倦也라

⑫ 又之れに反して心定まらず、動き易きは、其の行ひも亦た輕躁になり、隨て精神も疲れ勞るるをいふ。(또 이것에 반해서 마음이 정해지지 않고 움직이기 쉬움은 그 행실도 또한 경박하고 초조해지니 따라서 정신도 지치는 것을 말한다.)

⑬ 마음이 동하면, 신긔가 피곤하나니, 마음이 안정치 않으면 신긔가 편치 못하니라

	①광천1575	③석천1583	⑤영천1700	⑦참천1862/完千1905	⑨사천1937/1945	⑪주천중간1804	⑬세천1956
	②대천(16C중엽?)	④칠천1661	⑥송천1730	⑧박천1917	⑩중천1948	⑫삼천1935	
守	딕힐 슈	디킬 슈	디클 슈	직킬 슈	직힐 수/직할 슈	직킬 슈, 슈령 슈	지킬 수
	딕일(?) 슈	디클 슈	디킬 슈	지힐 수/マモル シユ	직힐 수	マモレバ(마모레바-지키면) シュ(슈-수)	
眞	춤 진	츰 진	츰 진	참 진	참 진	츰 진	참 진
	츰 진	츰 진	츰 진	참 진/マコト シン	참 진	マコトナ(마코토나-참된) シン(신-진)	
志	뜯 지	뜯 지	듯 지	쯧 지	뜻 지/쯧 지	뜻 지, 긔록홀 지	뜻 지
	뜯 지	듯 지	뜯 지	뜻 지/ココロザシ シ	뜻 지	ココロザシ(코코로자시-뜻) シ(시-지)	
滿	출 만	출 만	출 말	가득홀 만	가들할 만	출 만	가득할 만
	출 만	출 만	출 만	가득할 만/ミツ マン	가득할 만	ミチ(미치-가득 찰) マン(만-만)	

⑧ 참을 직히면 뜻이 가득하나니 군자대도를 직흰 즉 뜻이 편만하니라

⑨ 참을 직희면 뜻이 가득하나니 군자대도를 직힌 즉 뜻이 편만하미라

⑩ 참을 직희면 뜻이 가득하나니 군자대도를 직힌 즉 뜻이 편만하미라

⑪ 眞은 道也니 守道則心體虛明하여 無係著하고 無虧欠이라 故로 曰志滿이라하니 滿은 平滿之意라 與書經志不可滿之滿으로 異하니라

⑫ 人道の眞を明らめ身の本分を守らんには、意志も圓らかに滿足せたるべく。(인도(人道)의 진리를 밝혀 본분을 지키려고 하면 의지도 원만하게 만족시킬 것이다.)

⑬ 참을 지키면, 뜻이 가득하나니, 군자의 도를 지킨 즉, 뜻이, 편안하니라
  편만-하다(遍滿-): 널리 그득 차다.

100	①광천1575 ②대천(16C중엽?)	③석천1583 ④칠천1661	⑤영천1700 ⑥송천1730	⑦杏千1862/完千1905 ⑧박천1917	⑨사천1937/1945 ⑩중천1948	⑪주천중간1804 ⑫삼천1935	⑬세천1956
逐	조츨 튝	坚츨 튝	坚츨 튝	조칠 축/조칠 축	쫏츨 축/쪼츨 축	조츨 축, 쪼츨 축	쫏을 축
	저츨 튝	坚츨 튝	坚츨 튝	쫏츨 축/オフ チク	쫏츨 축	オヘバ(오에바-쫓으면) チク(치쿠-축)	
物	갓 믈	것 믈	갓 믈	만믈 믈	만믈 믈	것 믈, 일 믈	만믈 믈
	갓 믈	갓 믈	것 믈	만믈 믈/モノ ブツ	만믈 믈	モノヲ(모노오-사람을) ブツ(부츠-물)	
意	뜯 의	뜯 의	뜯 의	쯧 의	뜻 의/쯧 의	쯧 의, 억탁 억	뜻 의
	뜯 의	뜯 의	뜯 의	쯧 의/ココロ イ	뜻 의	ココロバセ(코코로바세-뜻을) イ(이-의)	
移	옴길 이	옴길 이	올믈 이	온길 이/옴길 이	읍길 니/옴길 니	옴길 이	옮길 이
	옴길 이	올믈 이	옴길 이	옴길 니/ウツル イ	옴길 니	ウツル(우츠르-옮기다) イ(이-이)	

⑧ 만물{물}을 쫏츤 즉 뜻이 옴기나니 대돌 능히 직히지 못하난이라

⑨ 만물을 쫏츤 즉 뜻이 옴기나니 대도를 능히 직히지 못하나니라

⑩ 만물을 쫏츤 즉 뜻이 옴기나니 대도를 능히 직히지 못하나니라

⑪ 不能守道하여 而逐物於外하면 則心無定向하여 而意自移矣라

⑫ 又事物の變遷を見てそれに惑ひ動かさるるものは、意志も常に移り變りて定らず、到底事業を成し遂げ難きをいふ。(또 사물의 변천을 보고 그것으로 인해 현혹되거나 움직이지 않는 자는, 의지도 늘 바뀌어 일정하지 않아, 도저히 사업을 이루기 어려움을 말한다.)

⑬ 만물을, 쫏은 즉, 뜻이 옮기나니, 대도를 능히 지키지 못하느니라

101	①광천1575	③석천1583	⑤영천1700	⑦杏千1862/完千1905	⑨사천1937/1945	⑪주천중간1804	⑬세천1956
	②대천(16C중엽?)	④칠천1661	⑥송천1730	⑧박천1917	⑩중천1948	⑫삼천1935	
堅	구들 견	구들 견	구들 견	구들 견	구들 견/굿을 견	구들 견	굳을 견
	구들 견	구들 견	구들 견	굿을 견/カタシ ケン	구들 견	カタク(카타쿠-견실하게) ケン(켄-견)	
持	디닐 씨	가질 디	가질 디	가질 지	가질 지	가딜 지	가질 지
	디린 디	가질 디	가질 디	가질지/タモツ チ	가질 지	タモテバ(타모테바-지키면) ヂ(지-지)	
雅	물굴 아	물굴 아	물굴 아	물글 아	맑을 아	바롤 아, 가마괴 아, 샹례 아, 풍류 아	맑을 아
	몬굴 아	물굴 아	물굴 마	맑을 아/タダシ ガ	맑을 아	タダシキ(타다시키-올바른) ガ(가-아)	
操	자불 조	자불 조	자불 조	ᄌᆞ불 조	잡을 조/잡을 죠	졀조 조, 잡을 조, 곡됴 조	잡을 조
	자불 잔	자불 조	자불 조	잡을 조/ミサホ ソウ	잡을 조	ミサヲキ(미사오오-지조를) サウ(사우-조)	

⑧ 맑은 지조를 굿게 가지면 내게 잇난 도리를 극진히 함이라

⑨ 맑은 지조를 굿게 가지면 나에 도리를 극진히 하미라

⑩ 맑은 지조를 굿게 가지면 나에 도리를 극진히 하미라

⑪ 固守正節하여 惟當盡在我之道而已니라

⑫ 堅く正しきみさをを保ち守リ、この美徳を離さざるときは、自然と世に知られ人に尊み敬まはれて (견실하게 올바른 지조를 보존하고 지켜, 이 미덕으로부터 벗어나지 않을 때는, 자연히 세상에 알려져 사람에게 존경받고)

⑬ 맑은 지조를, 굳게 가지면 나의 도리를 극진히 함이라

102	①광천1575	③석천1583	⑤영천1700	⑦杏千1862/完千1905	⑨사천1937/1945	⑪주천중간1804	⑬세천1956
	②대천(16C중엽?)	④칠천1661	⑥송천1730	⑧박천1917	⑩중천1948	⑫삼천1935	
好	됴ᄒᆞᆯ 호	됴ᄒᆞᆯ 호	됴ᄒᆞᆯ 호	죠흘 호/ 졸 호	졸 호/됴흘 호	됴ᄒᆞᆯ 호, 묘히 너길 호, 구무 호	좋을 호
	됴ᄒᆞᆯ 호	됴ᄒᆞᆯ 호	됴ᄒᆞᆯ 호	죠흘 호/ ヨシ コウ	졸 호	ヨキ(요키-좋은) カウ(카우-호)	
爵	벼ᄉ 쟉	벼슬 쟉	벼슬 작	벼슬 작	벼살 쟉	벼슬 쟉, 새 쟉, 그릇 쟉	벼슬 작
	비슬 작	벼슬 쟉	벼슬 쟉	벼살 작/ ツカサ シヤク	벼살 작	クラヰオ(쿠라이오-지위를) シヤク(샤쿠-작)	
自	스스리 ᄌ	스스리 ᄌ	즈스리 ᄌ	스스리 ᄌ/ 스스로 ᄌ	스사로 자	싀스리 ᄌ, 븩틀 ᄌ	스스로 자
	스스리 ᄌ	스스로 ᄌ	스스리 즈	스사로 자/ ミヅカラジ	스사로 자	オノヅカラ(오노즈카라-스스로부터) ジ(지-자)	
靡	얼글 미	얼글 미	얼글 미	얼글 미	얼글 미	얼킬 미	얽을 미
	얼글 미	얼글 미	얼글 미	얼글 미/ マトハルヒ	얼글 미	マトハル(마토와르-두르다) ビ(비-미)	

⑧ 조흔 벼살이 스사로 얼키나니 내게 잇는 천작을 극진히 하면 인작이 스사로 이로나니라

⑨ 됴흔 벼살이 스사로 얼키나니 내게 잇는 텬작을 극진이 하면 인작이 스사로 이르나니라

⑩ 됴흔 벼실이 스사로 얼카나니 내게 잇는 텬작을 극진이 하면 연작이 스사로 이르□니라.

⑪ 在我之道旣盡이면 則祿在其中이라 易曰 我有好爵하여 吾與爾靡之라하니 卽所謂修其天爵而人爵自至也라

⑫ もとめずして好き官爵にも備はり、欲せずして富貴も自ら来り集り身にまとはるべきをいふ。(구하지도 않은 좋은 관작(官爵)도 갖추고 욕심내지 않고 부귀도 스스로 찾아와 몸을 두르는 것을 말한다.)

⑬ 조흔 벼슬이, 스스로 얽히나니, 나의 천착을, 극진히 하면, 인작이 스스로 이르느니라

천작(天爵): 하늘에서 받은 벼슬이라는 뜻으로, 남에게서 존경을 받을 만한 선천적인 덕행을 이르는 말.

인작(人爵): 사람이 정하여 주는 벼슬이라는 뜻으로, 공경(公卿)·대부(大夫)의 지위를 이르는 말.

103	①광천1575	③석천1583	⑤영천1700	⑦杏千1862/完千1905	⑨사천1937/1945	⑪주천중간1804	⑬세천1956
	②대천(16C중엽?)	④칠천1661	⑥송천1730	⑧박천1917	⑩중천1948	⑫삼천1935	
都	모돌 도	모돌 도	모들 도	도읍 도	도읍 도	도읍 도, 모돌 도, 이실 도, 아름다올 도	도읍 도
	모돌 도	모돌 도	모들 도	도읍 도/ミヤコト	도읍 도	卜(토-도) 卜(토-도)	
邑	고을 읍	고올 읍	고을 읍	고을 읍	고을 읍	고을 읍, 슬플 읍	고을 읍
	고을 읍	고을 읍	고을 읍	고을 읍/サトイフ	고을 읍	イフ(이우-읍) イフ(이우-읍)	
華	빈날 화	빈날 화	빗날 화	빗놀 화	빗날 화	즁화 화, 곳 화, 빗날 화, 화산 화	빛날 화
	빗날 화	빗날 화	빗날 화	빗날 화/ハナクワ	빗날 화	クワ(쿠와-화) クワ(쿠와-화)	
夏	녀름 하	녀름 하	녀르 햐	여름 ᄒ/여름 ᄒ	여름 하	화하 하, 녀름 하, 클 하, 집 하	여름 하
	녀름 하	녀름 하	녀름 하	여름 하/ナツカ	여름 하	カ(카-하) カ(카-하)	

⑧ 화하에 도읍하니 도읍은 시대를 싸라 다르니라

⑨ 화하에 도읍하니 도읍은 시대를 싸라 다르니라

⑩ 화하에 도읍하니 도읍은 시대를 싸라 다르니라

⑪ 都邑之在華夏者 隨代而異也라

⑫ 都邑とは、都曾繁華の市をいふなれど、ここにては單に「みやこ」乃ち王城の在る所をいふ。(도읍(都邑)이라는 것은 도회번화(都會繁華)의 도시를 말하는 것이지만, 여기에서는 단순히 '수도 서울' 즉 왕(王)의 성(城)이 있는 곳을 말한다.)

⑬ 화하에, 도읍하니, 도읍은, 시대를 따라 다르니라

104	①광천1575	③석천1583	⑤영천1700	⑦杏千1862/完千1905	⑨사천1937/1945	⑪주천중간1804	⑬세천1956
	②대천(16C중엽?)	④칠천1661	⑥송천1730	⑧박천1917	⑩중천1948	⑫삼천1935	
東	동녁 동	동녁 동	동녁 동	동녁 동	동녁 동	동녁 동	동녁 동
	동녁 동	동녁 동	동녁 동	등녁 동/ヒガシ トウ	동녁 동	トウ(토우-동)/トウ(토우-동)	
西	션녁 셔	션녁 셔	션녁 셔	셧녁 셔	션녁 셔/셔녁 셔	셔녁 셔	서녁 서
	셧녁 셔	션녁 셔	션녁 셔	서녁 서/ニシ セイ	션녁 셔	ザイ(자이-서)/ザイ(자이-서)	
二	두 이	두 이	두 이	두 이	두 이	두 이	두 이
	두 이	두 이	두 이	두 이/フタツ ニ	두 이	ジ(지-이)/ジ(지-이)	
京	셔울 경	셔울 경	셔울 경	셔울 경	서울 경/셔울 경	서울 경, 클 경, 두던 경, ㄱ틀 경	서울 경
	셔울 경	셔울 경	셔울 경	서울 경/ミヤコ ケイ	서울 경	ケイ(케이-경)/ケイ(케이-경)	

⑧ 동과 서의 두 서울이니 동경은 락양이요 서경은 장안이라

⑨ 동과 셔의 두 셔울이니 동경은 낙양이요 셔경은 장안이라

⑩ 동과 셔의 두 셔울이니 동경은 낙양이요 셔경은 장안이라

⑪ 東京은 洛陽이니 東周東漢魏晉石趙後魏都焉하고 西京은 長安이니 西周秦西漢後秦西魏後周隋唐都焉하니라

⑫ 華夏とは支邪人が己の國を自尊していへるなり、又東西二京は、洛陽と長安の二つの都をいふ。

(화하(華夏)라는 것은 대륙 사람이 자기나라를 높여서 부르는 것이고, 또 동서이경(東西二京)은 낙양(洛陽)과 장안(長安)의 두 도시를 말한다.)

⑬ 동과 서의 두 서울이니, 동경은 낙양이오, 서경은 장안이라

105	①광천1575 / ②대천(16C중엽?)	③석천1583 / ④칠천1661	⑤영천1700 / ⑥송천1730	⑦杏千1862/完千1905 / ⑧박천1917	⑨사천1937/1945 / ⑩중천1948	⑪주천중간1804 / ⑫삼천1935	⑬세천1956
背	질 빙	등 빙	등 빙	등 빙	등 배	등 빙, 어걸 패	등 배
背	뒤 빙	등 빙	등 빙	등 배/セナカ ハイ	등 배	ソムキ(소무키-등에 이고) ハイ(하이-배)	
邙	터 망	터 망	터 망	터 망	터 망	뫼 망	터 망
邙	티 밍	터 망	터 망	터 망/ヤマノナ バウ	터 망	バウニ(바우니-망에) バウ(바우-망)	
面	눈 면	눗 면	눗 면	낫 면	낫 면	눗 면	낫 면
面	눗 면	눗 면	눗 면	낫 면/オモテ メン	낫 면	ムカヒ(무카이-바라보고) メン(멘-면)	
洛	믓ㅈ 낙	낙슈 낙	나슈 나	낙슈 낙	낙수 락/낙슈 락	락슈 락	낙수 락
洛	믓ㅈ 락	낙슈 낙	낙슈 낙	낙수 락/ミヤコ ラク	낙수 락	ラクニ(라쿠니-락에) ラク(라쿠-락)	

⑧ 망산을 등지고 락수를 낫하엿스니 동경에는 북에 망산이 잇고 남에 락수가 잇나니라

⑨ 망산을 등지고 락슈를 낫하야스니 동경은 북에 망산이 넛고 남에 낙슈가 잇나니라

⑩ 망산을 등지고 락슈를 낫하야스니 동경은 북캐 망산이 넛고 남에 낙슈가 잇나니라

⑪ 東京은 則邙山在其北하고 洛水經其南이라

⑫ 東の都は、北は北邙山を負ひ、南は洛川に臨む、故に洛陽と稱し (동쪽의 수도는 북쪽은 북망산(北邙山)을 두고, 남쪽으로는 낙천(洛川)을 보고 있다. 그런 고로 낙양이라 부르고)

⑬ 망산을 등지고, 낙수를 낮하였으니 동경은, 북에, 망산이 있고 남에, 낙수가 있느니라

106	①광천1575	③석천1583	⑤영천1700	⑦츕千1862/完千1905	⑨사천1937/1945	⑪주천중간1804	⑬세천1956
	②대천(16C중엽?)	④칠천1661	⑥송천1730	⑧박천1917	⑩중천1948	⑫삼천1935	
浮	쁠 부	쁠 부	쁠 부	쓸 부	쓸 부	쓸 부	뜰 부
	쁠 부	쁠 부	쁠 부	쓸 부/ウカブ ブ	뜰 부	ウカビ(우카비-뜨고) フ(후-부)	
渭	믓ㄨ 위	위슈 위	위슈 위	위슈 위	위수 위/위슈 위	위슈 위	위수 위
	믈 위	위슈 위	의슈 위	위수 위/ミヅノナイ	위수 위	ヰニ(이니-위) ヰ(이-위)	
據	누를 거	루를 거	루를 거	웅거 거	웅거 거/웅거할 거	누를 거	웅거할 거
	누를 겨	루를 거	루를 기	웅거할 거/ヨル キヨ	웅거 거	ヨル(요르-의거하다) キョ(쿄-거)	
涇	믓ㄨ 경	경슈 경	경슈 경	경슈 경	경수 경/경슈 경	경슈 경	경수 경
	믈ㄨ 경	경슈 경	경슈 경	경수 경/ミヅノナ ケイ	경수 경	ケイニ(케이니-경에) ケイ(케이-경)	

⑧ 위수에 쓰고 경수를 눌넛스니 서경 서북에 경수 위수 두 물이 잇나니라

⑨ 위슈에 쓰고 경슈를 눌너스니 셔경서 북의 위슈 경슈 두 물이 잇나니라

⑩ 위슈에 쓰고 경슈를 눌너스니 셔경 셔복의 위슈 경슈 두 물이 엇나니라

⑪ 西京은 則涇渭二水가 橫其西北하니 此는 言二京之形勝也라

⑫ 又西の都長安は、渭水に面し涇川に據りて、両京都共に地勢は山河襟帯の好位置を占めたる有名の王城なり。(또 서쪽의 수도 장안은 위수(渭水)를 바라보고 경천(涇川)에 의거하여 양쪽의 경도(京都) 모두 지세는 산하금대(山河襟帯)의 좋은 위치를 차지한 유명한 왕성(王城)이다.)

⑬ 위수에 뜨고, 경수를 눌럿으니, 서경 서북에 위수, 경수 두 물이 있느니라

107	①광천1575	③석천1583	⑤영천1700	⑦츰千1862/完千1905	⑨사천1937/1945	⑪주천중간1804	⑬세천1956
	②대천(16C중엽?)	④칠천1661	⑥송천1730	⑧박천1917	⑩중천1948	⑫삼천1935	
宮	집 궁	집 궁	집 궁	집 궁	집 궁	집 궁, 형벌 궁	집 궁
	집 궁	집 궁	집 궁	집 궁/ミヤ キウ	집 궁	キュウ(큐우-궁) キュウ(큐우-궁)	
殿	집 던	집 던	집 전	집 전	집 전/집 던	집 던, 뒤딜 던, 뎡흘 던	전각 전
	집 던	집 전	집 던	집 전/トノ テン	집 전	デン(덴-전) デン(덴-전)	
盤	서릴 반	서릴 반	서릴 반	소분 분	서릴 반/셔릴 반	서릴 반, 그릇 반	소반 반
	서리 반	시릴 반	서릴 반	서닐 반/メグル バン	소반 반	バン(반-반) バン(반-반)	
鬱	덤쎄울 을	덥쎄츨 울	덥거츨 울	덧거츨 울/답답 울	답답 울	딥거츨 울, 답답흘 울	답답 울
	덤쎄울 을	덥쎄츨 울	덥쎄츨 물	답답 울/シケル ウツ	답답 울	ウッシ(우츠시-울하고) ウツ(우츠-울)	

⑧ 궁과 전이 서린듯 셩하고

⑨ 궁과 던인 셔린 듯 셩하고

⑩ 궁과 던인 셔린 듯 졍하고

⑪ 端居를 謂之宮이요 臨御를 謂之殿이라 盤鬱은 攢簇之意라

⑫ 帝都洛陽及び長安に造營せられたる宮殿は、盤桓とひろがり、鬱平と建て列なリ (제도낙양(帝都洛陽) 및 장안(長安)에 만들어진 궁전(宮殿)은, 넓어지고 울평(鬱平)하게 세워져)

⑬ 궁과, 전이 서린 듯 졍하고

108	①광천1575	③석천1583	⑤영천1700	⑦杏千1862/完千1905	⑨사천1937/1945	⑪주천중간1804	⑬세천1956
	②대천(16C중엽?)	④칠천1661	⑥송천1730	⑧박천1917	⑩중천1948	⑫삼천1935	
樓	룻 루	다락 누	다략 누	다락 누	다락 루	다락 루	다락 루
	류락다	다락 누	다락 누	다락 루/タカトノロウ	다락 루	ロウ(로우-루)/ロウ(로우-루)	
觀	볼 관	볼관	볼관	볼 관	볼 관	집 관, 볼 관, 뵐 관	볼 관
	볼 관	볼 관	블 관	볼 관/ミルクワン	볼 관	クワンハ(쿠완와-관은)/クワン(쿠완-관)	
飛	늘 비	늘 비	늘 비	늘 비	날 비	늘 비	날 비
	늘 비	늘 비	늘 비	날 비/トブヒ	날 비	トベッカト(토베르카토-날릴까하고)/ヒ(히-비)	
驚	놀날 경	놀날 경	놀랄 경	놀랄 경/놀닐 경	놀날 경	놀날 경	놀날 경
	놀랄 경	놀랄 경	놀랄 경	놀날 경/オドロクキヤウ	놀날 경	オドロク(오도로쿠-놀라다)/キャウ(캬우-경)	

⑧ 루와 관은 나난 듯 놀나으니라

⑨ 루와 관은 나는 듯 놀나온이라

⑩ 루외 관은 나는 듯 놀나온니라

⑪ 憑眺를 謂之樓요 延覽을 謂之觀이라 飛驚은 翬革之貌라

⑫ 其の中の樓觀乃ち高き物見臺は遥かに高く聳え立てられ、人をして空中に飛べるかと驚かしむ。

　　(그 가운데의 누관(樓觀) 즉 높은 전망대는 훨씬 높게 솟아올라 세워져, 사람들로 하여금 공중에 날릴까하고 놀라게 할 것이다.)

⑬ 누와 관은 나는 듯 놀라움이라

	①광천1575 / ②대천(16C중엽?)	③석천1583 / ④칠천1661	⑤영천1700 / ⑥송천1730	⑦춤千1862/完千1905 / ⑧박천1917	⑨사천1937/1945 / ⑩중천1948	⑪주천중간1804 / ⑫삼천1935	⑬세천1956
圖 (상)	그림 도	그림 도	그림 도	그림 도	그림 도	그림 도, 도모홀 도	그림 도
圖 (하)	그림 그	그림 도	그림 도	그림 도/ハカルト	그림 도	エガキ(에가키-그림을) ト(토-도)	
寫 (상)	슬 샤	슬 샤	슬 샤	슬 사/쎌 사	쓸 사	그릴 샤, 쏘들 샤	쓸 사
寫 (하)	슬 샤	슬 샤	슬 샤	쓸 사/ウツスシャ	쓸 사	ウツシ(우츠시-옮기고) シャ(샤-사)	
禽 (상)	새 금	새 금	새 금	식 금	새 금	새 금, 사로자블 금	새 금
禽 (하)	새 금	새 금	새 금	새 금/トリキン	새 금	トリ(토리-새) キン(킨-금)	
獸 (상)	즘승 슈	즘승 슈	즘승 수	즘싱 슈/김싱 슈	즘생 수/즘생 슈	즘승 슈	짐승 수
獸 (하)	즘승 슈	즘승 슈	즘승 슈	즘생 수/ケダモノジウ	즘생 수	ケモノヲ(케모오오-짐승을) ジウ(지-수)	

⑧ 새와 즘생을 그리고 썻습엇으니 궁전루관의 룡과 봉을 그림이라

⑨ 새와 즘생을 그리고 써스니 궁던류관에 룡봉을 그리미라

⑩ 새와 즘생을 그리고 써스니 궁던루관에 룡봉을 그리미라

⑪ 宮殿樓觀에 必圖寫龍虎麟鳳之狀하여 以爲美觀也라

⑫ さてその宮殿の梁及 楹などには、鳥けものの形を寫して彫り刻み (그런데 그 궁전의 들보(梁) 및 기둥(楹) 등에는 새 모양을 베껴 새겨놓고)

⑬ 새와, 짐승을, 그리고 썼으니, 궁전누각에 용봉을, 그림이라

110	①광천1575	③석천1583	⑤영천1700	⑦杏千1862/完千1905	⑨사천1937/1945	⑪주천중간1804	⑬세천1956
	②대천(16C중엽?)	④칠천1661	⑥송천1730	⑧박천1917	⑩중천1948	⑫삼천1935	
畵	그림 화	그림 화	그림 화	그림 화/그림 화	그림 화	그릴 홰, 그을 획	그림 화
	그림 화	그림 화	그림 화	그림 화/エガク クワ	그림 화	エガキ(에가키-그림) グワ(구와-화)	
綵	빗날 치	치식 치	치식 치	처식 치	채색 채	비단 치, 치식 치	채색 채
	빗랄 치	치식 치	치식 치	채색 채/イロトル サイ	채색 채	イロドル(이로도르-칠하다) サイ(사이-채)	
仙	션간 션	선인 선	션인 션	신션 션/신션 션(僲)	신션 션	신선 선	신선 선
	션간 션	선인 선	션인 션	신션 션/ヤマヒト セン	신션 션	セン(센-선) セン(센-선)	
靈	녕홀 령	녕홀 녕	녕홀 녕	실령 령	신령 령	신령 령, 어딜 령	신령 렬
	령홀 령	녕홀 홀 녕	녕홀 녕	신령 령/タマシイ レイ	신령 령	レイヲ(레이오-영을) レイ(레이-영)	

⑧ 신션과 신령을 그리고 채색하니라

⑨ 신션과 신령을 그리고 채색한이라

⑩ 신션과 신령을 그리고 채색한이라

⑪ 亦以五釆로 畵神仙靈怪之物也라

⑫ 又其の襖や障子の如きも神仙の像を極彩色もて書きたる等其の構造の莊嚴なるを稱讚せるなり。

　(또 그 도포(襖)나 장지문 같은 것도 신선 모양을 극채색으로써 그리는 등 그 구조의 장엄함을 칭찬하는 것이다.)

⑬ 신션과, 신령을, 그리고, 채색함이라

　仙 ⇔ 僲〈杏千/完千〉

111	①광천1575	③석천1583	⑤영천1700	⑦츈千1862/完千1905	⑨사천1937/1945	⑪주천중간1804	⑬세천1956
	②대천(16C중엽?)	④칠천1661	⑥송천1730	⑧박천1917	⑩중천1948	⑫삼천1935	
丙	믈 병	남녁 병	남녁 병	남녁 병	남녁 병	남녁 병	남녁 병
	몬 병	남녁 병	남녁 병	남녁 병/ヒノヘ ヘイ	남녁 병	ヘイ(헤이-병) ヘイ(헤이-병)	
舍	집 샤	집 샤	집 샤	집 ㅅ	집 샤/집 샤	집 샤, 쉴 샤, 브릴 샤, 노훌 셕	집 샤
	집 샤	집 샤	짐 샤	집 샤/ヤトリ シャ	집 샤	シャ(샤-사) シャ(샤-사)	
傍	겯 방	겯 방	겻 방	젓 방	겻 방	겻 방, 갓가올 방, 잇블 핑, 지혈 방	곁 방
	이믈(?) 방	겻 방	겯 밤	겻 방/カタ ハラ バウ	겻 방	カタワラヨリ(카타와라요리-옆으로부터) バウ(바우-방)	
啓	여틀 계	열 계	잉 계	열 계	열계/열ㅅ계	열 계, 알윌 계	열 계
	엄틀(?) 계	열 계	열 계	열 계/ヒラク ケイ	열 계	ヒラキ(히라키-열고) ケイ(케이-계)	

⑧ 병사난 겻해 열엿스니 병사난 전각 좌우에 잇서 신하가 거처아난 집이라

⑨ 병사난 겻해 열엿스니 병사는 뎐각 좌우 신하 거처하는 집이라

⑩ 병사난 겻해 열엿스니 병사는 뎐각 좌우 신하 거처하는 집이라

⑪ 丙舍는 殿前左右之舍니 侍臣所居가 相向兩傍而開也라

⑫ 而して又兵舍とて、宮殿の内にある或る家の如きは、門の傍をひらきて其の小家より出入せしむる様に造られ (그리고 또 병사(兵舍)라고 해서 궁전 안에 있는 어떤 집은 문 옆을 열어 그 작은 집으로부터 출입하도록 만들어지고)

⑬ 병사는, 곁에 열렸으니, 병사는 전각 좌우 신하 거처하는 집

112	①광천1575	③석천1583	⑤영천1700	⑦杏千1862/完千1905	⑨사천1937/1945	⑪주천중간1804	⑬세천1956
	②대천(16C중엽?)	④칠천1661	⑥송천1730	⑧박천1917	⑩중천1948	⑫삼천1935	
甲	갑 갑	갑 갑	갑 갑	갑읍 갑	갑옷 갑	류갑 갑, 겁질 갑, 갑옷 갑	갑옷 갑
	갑 갑	갑 갑	갑 갑	갑옷 갑/キノエ カウ	갑옷 갑	カフ(카후-갑) カフ(카후-갑)	
帳	댱 댱	댱 댱	댱 댱	즁막 즁	장막 장	쟝 쟝	장막 장
	댱 댱	댱 댱	댱 댱	장막 장/トバリ チヤウ	장막 장	チャウ(챠우-장) チャウ(챠우-장)	
對	샹딧 디	딧답 디	딧흘 디	딧흘 디	대답 대/대할 대	딧흘 디, 딧답 디	대답 대
	샹딧 디	딧흘 디	딧답 디	대답 대/カヘル タイ	대답 대	タイス(타이스-대하다) タイ(타이-대)	
楹	딕누리 영	기동 영	기동 영	기동 영	기동 영	기동 영	기둥 영
	믹누리 명	기동 영	기둥 영	기동 영/ハシラ エイ	기동 영	ハシラニ(하시라니-기둥에) エイ(에이-영)	

⑧ 갑장은 기동을 대하엿스니 동방삭이 갑장을 지으니 인군이 잠시 정지하는 곳이라
⑨ 갑장은 기동을 대하야스니 동방삭이 갑장을 지어 이인군이 잠시 정지하는 곳이라
⑩ 갑징은 기동을 대하야스니 동방삭이 갑장을 지어 이인군이 잠시 정지하는 곳이라
⑪ 東方朔이 造甲乙帳하니 人君暫止之處에 分對於兩楹之間也라
⑫ 又甲帳乃ち美しき「とばり」は金玉を鏤めたる柱に對して、その裝飾の美麗いはんがたなし。(또 갑장(甲帳) 즉 아름다운 '방장(房帳)'은 금옥(金玉)을 새긴 기둥에 대하여 그 장식의 아름다움은 말하기 어렵다.)
⑬ 갑장은 기동을 대하였으니, 동방삭이 갑장을 지어, 임금이 잠시 정지하는 곳이니라

113	①광천1575	③석천1583	⑤영천1700	⑦촘千1862/完千1905	⑨사천1937/1945	⑪주천중간1804	⑬세천1956
	②대천(16C중엽?)	④칠천1661	⑥송천1730	⑧박천1917	⑩중천1948	⑫삼천1935	
肆	베플 ᄉ	베플 ᄉ	베플 ᄉ	벼풀 ᄉ	베풀 사	베플 ᄉ, 이에 ᄉ	베풀 사
	배플 ᄉ	베플 ᄉ	베플 ᄉ	베플 사/キハム シ	베풀 사	ノベ(노베-베풀고)シ(시-사)	
筵	돗 연	디의 연	지의 연	ᄌ리 연	자리 연	자리 연	자리 연
	돗 연	지의 연	디의 연	자리 연/ムシロ エン	□□ 연	ムシロヲ(무시로오-거문고를)エン(엔-연)	
設	베플 셜	베플 셜	베플 셜	벼풀 셜/베풀 셜	베풀 셜	베플 셜, 셜ᄉ 셜	베풀 셜
	베플 셜	베플 셜	베플 셜	베플 셜/マウク セツ	베풀 셜	マウケ(마우케-마련하고)セツ(세츠-설)	
席	돗 셕	돗 셕	돗 셕	ᄌ리 셕	자리 셕	자리 셕	자리 셕
	돗 셕	돗 셕	돗 셕	자리 셕/ムシロ セキ	자리 셕	セキヲ(세키오-자리를)セキ(세키-석)	

⑧ 자리를 베풀고 돗을 베푸니 잔채하난 째 좌셕이라

⑨ 자리를 베풀고 돗을 베푸니 잔채하는 좌셕이라

⑩ 자리를 베풀고 돗을 베푸니 잔채하는 좌셕이라

⑪ 詩大雅行葦篇之詞니 言燕會之際에 排列筵席也라

⑫ 斯の如き莊麗なる宮殿に於て、時に筵を布きのべて席を設けて宴を賜はることあり (이 같은 장엄하고 아름다운 궁전에서 때로 돗자리를 깔아 자리를 만들어 연회를 하며)

⑬ 자리를 베풀고, 돗을 베푸니, 잔치하는 좌셕이니라

114	①광천1575 ②대천(16C중엽?)	③석천1583 ④칠천1661	⑤영천1700 ⑥송천1730	⑦츰千1862/完千1905 ⑧박천1917	⑨사천1937/1945 ⑩중천1948	⑪주천중간1804 ⑫삼천1935	⑬세천1956
鼓	붑 고	갓붑 고	갓붑 고	북 고	북 고	틀 고, 칠 고	북 고
	붑 고	갓붑 고	갓붑 고	북 고/ツヅミ コ	북 고	ウチナラシ(우치나라시-때려 울리고) コ(코-고)	
瑟	비화 슬	비화 슬	비화 슬	피파 슬	비파 슬	금슬 슬, 싁싁홀 슬	비파 실
	비화 슬	비화 슬	비화 슬	비파 슬/コト シツ	비파 슬	コトヲ(코토오-거문고를) ヒツ(히츠-필)	
吹	불 취	불 츄	불 추	불 취	불 취	블 취, 풍류 취	불 취
	불 취	불 취	불 츄	불 취/フク スイ	불 취	フク(후쿠-불다) スヰ(수이-취)	
笙	뎌 싱	뎌 싱	뎌 싱	상황 생/뎌 싱	져 생/뎌 싱	싱황 싱, 자리 싱	저 생
	뎌 싱	녀 싱	뎌 싱	저 생/フエ シヤウ	져 생	シヤウヲ(샤우오-생을) シヤウ(샤우-생)	

⑧ 비파를 두다리고 저를 부니 잔채하난 옛 풍뉴이라

⑨ 비파를 두다리고 져를 부니 잔채하는 풍뉴이라

⑩ 비파를 두다리고 져를 부니 잔채하는 풍뉴이라

⑪ 詩小雅鹿鳴篇之詞니 言燕會之時에 迭奏笙瑟也라

⑫ 其の際には、瑟乃ち大なる「こと」を彈き鳴らし、又笙といへる笛などを吹きて歡樂を添へしむるなり。(그 때는 슬(瑟) 즉 커다란 거문고를 울리고 또 생(笙)이라는 피리를 불어 환락(歡樂)을 더하는 것이다.)

⑬ 비파를 두드리고, 저를 부니, 잔치하는 퓌풍류니라

115	①광천1575	③석천1583	⑤영천1700	⑦杏千1862/完千1905	⑨사천1937/1945	⑪주천중간1804	⑬세천1956
	②대천(16C중엽?)	④칠천1661	⑥송천1730	⑧박천1917	⑩중천1948	⑫삼천1935	
陞	되 승	오를 승	오를 승	올을 승	오를 승	오를 승,	오를 승
	오를 승	오를 승	오를 승	오를 승/ノボルシヤウ	오를 승	ノボリ(노보리-오르고) ショウ(쇼우-승)	
階	버텅 계	ᄃ리 계	ᄃ리 계	셤 계	셤계/쓸계	셤 기	셤돌 계
	느닐 계	ᄃ리 계	ᄃ리 게	셤 계/キザハシカイ	셤 계	カイニ(카이니-계단을) カイ(카이-계)	
納	드릴 납	드릴 랍	드릴 랍	들일 납/들릴 납	드릴 납	드릴 납, 루비 납	드릴 납
	드릴 랍	드릴 랍	드릴 랍	드릴 납/オサムドウ	드릴 납	イル(이르-들어가다) ナフ(나후-납)	
陛	버텅 폐	셤 폐	셤 폐	셤 폐/셤 폐	뜰 폐/쓸 폐	셤 폐	뜰 폐
	셤 계	셤 계	셤 폐	쓸 폐/キザハシベイ	뜰 폐	ヘイニ(헤이니-계에) ヘイ(헤이-계)	

⑧ 계에 오르며 폐에 드리니 신하 닌군게 보이난 절치[채]라

⑨ 계에 오르며 폐에 드리니 신하 인군게 보이난 절차라

⑩ 계에 오르며 폐에 드리니 신하 인군게 보이난 철차라

⑪ 階在堂外하니 諸臣所陞이요 陛在堂內하니 尊者之陛라 曰 納陛는 謂鑿殿基爲陛하여 納于雷下하여 不使露而陛也라

⑫ 召に應じて參する諸侯百官は、階を上りて宮殿内に入るもの引きも切らず、其の參列せしを見れば孰れも綺麗を飾リ (부름에 응해서 모인 제후백관은 계단을 올라 궁전 안에 들어가는 자 끝없고, 그 참례함을 보면 누구든 아름답게 꾸미고)

⑬ 계에 오르며, 폐에 드리니, 신하 임금께 보이는 절차니라

116	①광천1575	③석천1583	⑤영천1700	⑦춘千1862/完千1905	⑨사천1937/1945	⑪주천중간1804	⑬세천1956
	②대천(16C중엽?)	④칠천1661	⑥송천1730	⑧박천1917	⑩중천1948	⑫삼천1935	
弁	곡도 변	곳갈 변	곳갈 변	곳갈 변/곳갈 병	곳갈 변/곳쌀 변	관 변, 늘애칠 반	곳갈 변
	복도 변	곳갈 변	곳갈 변	곳갈 변/カンムリベン	곳갈 변	カンムリハ(칸무리와-고깔은)ベン(벤-변)	
轉	술위 던	구을 던	구을 던	궁글 전/구을 견	굴을 전/구를 전	구울 전, 구울일 전	구를 전
	슬위 던	구을 던	구을 전	굴을 전/メグルテン	굴을 전	ウタタ(우타타-몹시)テン(텐-전)	
疑	의심 의	의심 의	의심 의	이심 의	의심 의	의심 의, 바로셜 을, 바로셜 억	의심 의
	의심 의	이심 이	의심 의	의심 의/의심 의/ウタガウ ギ	의심 의	ウタガハル(우타가와루-의심하다)ギ(기-의)	
星	별 성	별 성	별 성	별 성	별 성	별 성	별 성
	별 성	별 성	별 성	별 성/ホシ セイ	별 성	ホシカト(호시카토-별인가하고)セイ(세이-성)	

⑧ 관이 구르매 별인가 의심하니 관에 구슬 잇셔 빗최미라

⑨ 관이 구르매 별인가 의심하니 관에 구슬이 잇셔 밋최미라

⑩ 관이 구르매 별인가 의심하니 관에 구슬이 임셔 빗최미라

⑪ 弁有三梁五梁七梁之別하니 梁皆有珠라 羣臣升降之際에 見弁珠環轉如星하니 詩曰 會弁如星이 是也라

⑫ 弁乃ち冠リの輝くさまは、さながら天上の星かと疑はるるなり。(변(弁) 즉 고깔이 번쩍이는 모습은 마치 천상(天上)의 별인가 하고 의심스러워진다.)

⑬ 관이 구르매, 별인가 의심하니, 관에 구슬이, 있어 비침이라

117	①광천1575	③석천1583	⑤영천1700	⑦츙千1862/完千1905	⑨사천1937/1945	⑪주천중간1804	⑬세천1956
	②대천(16C중엽?)	④칠천1661	⑥송천1730	⑧박천1917	⑩중천1948	⑫삼천1935	
右	올흘 우	올흘 우	올흘 우	올흘 우	오를 우/오롤 우	올흘 우, 도올 우	오를 우
	올흘 우	올흘 우	올흘 우	오를 우/ミギ イウ	오를 우	ミギ(미기-오른 쪽)/イウ(이우-우)	
通	ᄉᄆ츨 통	ᄉᄆ츨 통	ᄉᄆ츨 통	ᄉᄆ칠 통	통할 통	ᄉᄆ츨 통	통할 통
	ᄉᄆ츨 통	ᄉᄆ츨 통	ᄉᄆ츨 통	통할 통/トホリ ツウ	통할 통	カヨヒ(카요이-다니고)/ツウ(츠우-통)	
廣	너블 광	너블 광	너볼 광	널울 광/너을 광	너를 광	너블 광, 너븨 광, 수류 광	넓을 광
	너블 광	너블 광	너블 광	너를 광/ヒロシ クワウ	너를 광	クワウ(쿠와우-광)/クワウ(쿠와우-광)	
內	안 ᄂ□	안 닉	안 닉	안 닉	안 내	안 닉, 드릴 납	안 내
	안 닉	안 닉	안 닉	안 내/ウチ ナイ	안 내	ダ二(다이니-내에)/ダイ(다이-내)	

⑧ 오른편에 광내가 통하니 광내난 한나라 비셔를 감초난 집이라

⑨ 오른편에 광닉가 통하니 광내는 나라 비셔를 감추는 집이라

⑩ 오른편에 광내가 동하니 광내는 나라 비셔를 감추는 집이라

⑪ 漢正殿之右에 有延閣廣內하니 皆藏秘書之室이라

⑫ 而して 其の宮殿の廣大にして 建て列なれる、右すれば廣內といふ宮殿に通じ (그리고 그 궁전의 광대하게 세워져 있어 오른 쪽을 보면 광내(廣內)라는 궁전으로 통하고)

⑬ 오른편에, 광내가 통하니, 광내는 나라 비셔를 두는 집이라

118	①광천1575 / ②대천(16C중엽?)	③석천1583 / ④칠천1661	⑤영천1700 / ⑥송천1730	⑦杏千1862/完千1905 / ⑧박천1917	⑨사천1937/1945 / ⑩중천1948	⑪주천중간1804 / ⑫삼천1935	⑬세천1956
左	월 좌 / 월 좌	월 자 / 월 자	월 좌 / 월 좌	월 좌/윈 좌 / 윈 좌/ヒダリ サ	윈좌 / 윈 좌	월 자, 도올 자 / ヒダリ(히다리-왼쪽) サ(사-좌)	윈 좌 /
達	스ᄆᆞᆯ 달 / 스ᄆᆞᆯ 달	스ᄆᆞᆯ 달 / 스ᄆᆞᆯ 달	스ᄆᆞᆯ 달 / 스ᄆᆞᆯ 달	스ᄆᆞ칠 달 / 사모칠 달/イタル タツ	통달 달 / 통달 달	스ᄆᆞᆯ 달, 겨근양 달 / イタル(이타르-다다르다) タツ(타츠-달)	사 무 칠 달 /
承	니을 승 / 니을 승	니을 승 / 니을 승	니을 승 / 니을 승	이을 승 / 이을 승/ウク ショウ	이를 승/이을 승 / 이을 승	니을 승, 도을 승 / ショウ(쇼우-승) ショウ(쇼우-승)	이을 승 /
明	붉글 명 / 볽글 명	붉글 명 / 붉글 명	붉글 명 / 붉글 명	붉글 명 / 밝을 명/アキラカ メイ	밝을 명/발글 명 / 밝을 명	붉글 명 / メイニ(메이니-명에) メイ(메이-명)	밝을 명 /

⑧ 윈편에 승명이 사못치니 승명은 사기를 교렬하난 집이라

⑨ 윈편에 승명이 사못치니 승명은 사긔를 교열하는 집이라

⑩ 윈편에 승명이 사못치니 승명은 사긔를 교열하는 집이라

⑪ 有承明廬石渠閣이 在金馬門左하니 亦校閱書史之室이라

⑫ 左すれば承明と名けたる宮殿に達するなり、此の二句は其の廣大なる一斑を示せるなり。(왼쪽을 보면 승명(承明)이라 이름 지은 궁전에 도달하게 된다. 이 2구(句)는 그 광대한 일반(一斑)을 보이는 것이다.)

⑬ 윈편에, 승명이 사모치니, 승명은 사기를, 교열하는 집이라

119	①광천1575 ②대천(16C중엽?)	③석천1583 ④칠천1661	⑤영천1700 ⑥송천1730	⑦杏千1862/完千1905 ⑧박천1917	⑨사천1937/1945 ⑩중천1948	⑪주천중간1804 ⑫삼천1935	⑬세천1956
旣	이믜 긔	이믜 긔	이믜 긔	이무 긔	임의 기/ 임의 긔	이믜 긔, 다흘 긔, 록희	이미 기
	임의 씌	이믜 긔	이믜 긔	임의 긔/ スデニ キ	임의 기	スデニシテ(수데니시테-이미) キ(키-기)	
集	모들 집	모들 집	모들 집	모들 집/ 모들 집	모들 집	모들 집, 일올 집	모을 집
	모들 집	모들 집	모들 집	모들 집/ アツマル シフ	모들 집	アツメ(아츠메-모으다) シフ(시후-집)	
墳	무덤 분	무덤 분	무덤 분	무덤 분	무덤 분	클 분, 짜 소솔 분, 무덤 분	무덤 분
	무덤 분	무덤 분	무덤 분	무덤 분/ ハカ フン	무덤 분	フン(분-분) フン(분-분)	
典	법 뎐	법 뎐	법 뎐	법 뎐	법 전/법 뎐	법 뎐, 글월 뎐, 직횔 뎐, 뎐당 뎐	법 전
	노나 뎐	법 뎐	법 뎐	법 전/ ノリ テン	법 전	テンヲ(텐오-전을) テン(텐-전)	

⑧ 임의 분과 전을 모되엿스니 삼황의 글은 삼분의[이]요 오제의 글은 오제[뎐]이라

⑨ 임의 분과 뎐을 모되으니 삼황의 글은 삼분이요 오데의 글은 오뎐이라

⑩ 임의 분과 뎐을 모되으니 삼황의 글요 삼분이요 오제의 글은 뎐이라

⑪ 三皇書曰三墳이니 言高大也요 五帝書曰五典이니 言可法也라 不言九丘八素諸經百家는 擧大包小也라

⑫ 又此의 宮殿內에는、旣に三墳五典などいへる古き書物を夥多しく寄せ集められ (또 이 궁전 안에는 이미 삼분오전(三墳五典)이라고 하는 오래 된 책을 엄청나게 모아 두고)

⑬ 이미 분전을 모았으니 삼황의 글은, 삼분이오, 오제의 글은, 오전이니라

삼분(三墳): 중국 고대의 삼황(三皇)인 복희(伏羲)·신농(神農)·황제(黃帝)의 사적(事跡)을 적은 책. 오늘날은 전하지 않는다.

120	①광천1575	③석천1583	⑤영천1700	⑦杏千1862/完千1905	⑨사천1937/1945	⑪주천중간1804	⑬세천1956
	②대천(16C중엽?)	④칠천1661	⑥송천1730	⑧박천1917	⑩중천1948	⑫삼천1935	
亦	쏘 역	쏘 역	쏘 역	쏘 역	또 역/쏘 역	쏘 역, 겨드랑 익	또 역
	쏘 역	쏘 역	쏘 역	쏘 역/マダ エキ	또 역	マタ(마타-또) エキ(에키-역)	
聚	모들 취	모들 취	모들 취	모들 취/모들 취	모들 취	모들 츄, 거둘 츄, ᄆᆞ을 츄	모들 취
	모들 취	모들 취	모들 취	모들 취/アツマル シウ	모들 취	アツム(아츠무-모으다) シウ(시우-취)	
群	물 군	물 군	물 군	물이 군	무리 군	무리 군	무리 군
	물 군	물 군	물 군	무리 군/ムラガル グン	무리 군	グン(군-군) グン(군-군)	
英	곳부리 영	곳샐리 영	곳부리 영	곳부리 영	꽂부리 영/꼿부리 영	영웅 영, 곳부리 영	꽃부리 영
	곳부리 영	곳쎌리 영	곳쎌리 밍	꽂부리 영/ハナヤカ エイ	꽂부리 영	エイヲ(에이오-영을) エイ(에이-영)	

⑧ 쏘한 여려 영웅을 모으니 분뎐을 강론하얘야 치국하난 드[도]를 밝힘이니라

⑨ 쏘한 여러 영웅을 모으니 분젼을 강론하야 치국하는 도를 밝히미라

⑩ 쏘한 여러 영웅을 모으니 분젼을 강론하야 치국하는 도를 밝히미라

⑪ 旣集墳典하고 又必徵訪英賢하여 聚於廣內承明하여 講明討論하여 以昭治道也라

⑫ 夫れのみならず古今東西の世にすぐれたる多くの物を聚め納められたり。(그뿐만 아니라 고금동서의 세상에서 뛰어난 많은 물건을 모아 넣어두었다.)

⑬ 또한 여러 영웅을 모으니, 분전을 강론하여, 치국하는 도를 밝힘이라

121	①광천1575 ②대천(16C중엽?)	③석천1583 ④칠천1661	⑤영천1700 ⑥송천1730	⑦츰千1862/完千1905 ⑧박천1917	⑨사천1937/945 ⑩중천1948	⑪주천중간1804 ⑫삼천1935	⑬세천1956
杜	진들위 두	마글 두	마글 두	두가 두/막을 두	막을 두	두가 두, 아가외 두, 마글 두	막을 두
	진들위 두	마글 두	마글 두	막을 두/フサグ ト	막을 두	ト(토-두) ト(토-두)	
藁	딥 고(槀)	딥 고	딥 고	집 고	집 고	글초 고, 집 고	집 고(槀)
	딥 고(槀)	딥 고	딥 고	집 고/ワラ コウ	집 고	カウ(카우-고) カウ(카우-고)(槀)	
鍾	붐 종	종ㅈ 종	종ㅈ 종	북 종	쇠북 종	종가 종, 그릇 종, 모들 종, 북 종	쇠북 종
	붐 종	종ㅈ 종	종ㅈ 종	쇠북 종/アツマル シヤウ	쇠북 종	ショウ(쇼우-종) ショウ(쇼우-종)	
隷	마치 예	글시 예	글시 예	맛질 례/글시 녜	글시 예	례셔 례, 종 례, 맛딜 례	글씨 예
	마치 예	글시 예	글시 예	글시 예/テシタ レイ	글시 예	レイ(레이-예) レイ(레이-예)	

⑧ 두가의 초셔와 종가에 례셔를 지으니 두조난 동한 사람이오 쇩죵ㅣ유난 위국 사람이라

⑨ 두가의 쵸셔와 종가의 례셔니 두묘난 동한 사람이오 종유난 위국사람이라

⑩ 두가의 초셔와 종가의 례셔니 두묘난 동한 사람이오 종유난 위국사람이라

⑪ 蒼頡造書러니 三代互有損益하며 秦隷人程邈은 作隷書하고 東漢杜操는 作草書하고 魏鍾繇는 作小隷하니 今楷字也라

⑫ 漢の丞相杜操ははじめて草書を作リ、魏の太夫鍾隷はじめて隷書を作れリ。(한의 승상 두조(杜操)는 처음으로 초서(草書)를 만들고, 위(魏)의 태부종예(太夫鍾隷) 처음으로 예서(隷書)를 만들었다.)

⑬ 두가의 초서와, 종가의 예셔니 두조는 동한 사람이오, 종유는 위국의 사람이라

槀 ⇒ 藁

122	①광천1575 / ②대천(16C중엽?)	③석천1583 / ④칠천1661	⑤영천1700 / ⑥송천1730	⑦츙千1862/完千1905 / ⑧박천1917	⑨사천1937/1945 / ⑩중천1948	⑪주천중간1804 / ⑫삼천1935	⑬세천1956
漆	옷칠 칠	옷 칠	옷 칠	옷 칠	옷 칠	옷 칠, 칠슈 칠	옷 칠
	옷칠 ᄎ[칠]	옷 칠	옷 칠	옷 칠/ウルシ シツ	옷 칠	シツ(시츠-칠) / シツ(시츠-칠)	
書	글월 셔	글월 셔	글월 셔	글셔	글 셔	글 셔, 쓸 셔, 편지 셔	글 서
	글월 셔	글월 셔	글월 셔	글 서/カク ショ	글 셔	ショ(쇼-서) / ショ(쇼-서)	
壁	ᄇ름 벽	ᄇ름 벽	ᄇ름 벽	ᄇ람 벽/벽 벽	벽 벽	ᄇ름 벽	벽 벽
	ᄇ름 벽	ᄇ름 벽	ᄇ름 벽	벽 벽/カベ ヘキ	벽 벽	ヘキ(헤키-벽) / ヘキ(헤키-벽)	
經	디날 경	글월 경	글월 경	글 경	글 경	글월 경, 눌 경, 덧덧홀 경, 디날 경, 목밀 경	글 경
	디닐 경	글월 경	글월 경	글 경/ツネ ケイ	글 경	ケイ(케이-경) / ケイ(케이-경)	

⑧ 한공왕이 공자 사당을 수리할 새 옷으로 쓴 서경을 벽에서 어든 고로 벽경이라

⑨ 한공왕이 공자 사당을 슈리할 새 옷으로 쓴 셔적을 벽에서 어든 고로 벽경이라

⑩ 한공왕이 공자 사당을 슈리할 새 옷으로 쓴 셔적을 벼[벽]에셔 어든 고로 벽경이라

⑪ 漢魯恭王이 修孔子廟라가 壞古牆壁하여 得尙書하니 以古篆으로 畫漆書於竹簡者也라 得於孔壁이라 故로 曰壁經이라

⑫ 乃ち此等の珍書のみならず漢の靈帝が石櫃の中より得たる漆にて書きたる書、孔子の壁中より得たる六經までも藏せられたるをいふ。(즉 이들의 진서(珍書)뿐만 아니라 한(漢)의 영제(靈帝)가 석궤(石櫃) 속에서 얻은 옻칠로써 적은 책, 공자의 벽중에서 얻은 육경(六經)까지도 넣어두었다고 한다.)

⑬ 한공왕이 공자의 사당을, 수리할 새, 옷으로 쓴, 서적을 벽에서 얻은 고로 벽경이니라

123	①광천1575	③석천1583	⑤영천1700	⑦참千1862/完千1905	⑨사천1937/1945	⑪주천중간1804	⑬세천1956
	②대천(16C중엽?)	④칠천1661	⑥송천1730	⑧박천1917	⑩중천1948	⑫삼천1935	
府	마을 부	마을 부	마을 부	마을 부	마을 부	마을 부, 장부 부	마을 부
	마을 부	마을 부	마믈 부	마을 부/クラフ	마을 부	フニハ(후니와-부에는) フ(후-부)	
羅	쇠룽 라	벌 라	벌 라	벌나[바]단나	벌 라	벌 라, 그물 라, 깁 라	벌 라
	버릴 라	벌 라	벌 라	벌 라/ツラネ ラ	벌 라	ツラネ(츠라네-이어지고) ラ(라-라)	
將	쟝슈 쟝	쟝슈 쟝	쟝슈 쟝	장슈 장	장수 장/쟝슈 쟝	쟝슈 쟝, 쟝츳 쟝, 보낼 쟝, 가딜 쟝, 나아갈 쟝	장수 장
	쟝슈 쟝	쟝슈 장	쟝슈 쟝	장수 장/マサニ シャウ	장수 장	シャウ(샤우-장) シャウ(샤우-장)	
相	서르 샹	서르 샹	서르 샹	셔로 샹/셔류 샹	셔로 샹	정승 샹, 막대 샹, 서르 샹, 볼 샹	서로 샹
	서룻 샹	서르 샹	서르 샹	서로 샹/タスク ショウ	셔로 샹	シャウキ(샤우오-상을) シャウ(샤우-상)	

⑧ 마을에 장상이 비[버]러스니 좌우 마을에 혹 장수와 정승이 버리[러] 잇나니라

⑨ 마을 좌우에 장슈와 정승이 버려 잇난이라

⑩ 마을 좌우에 □슈와 정승이 버려 잇난이라

⑪ 皇居左右에 府第羅列하니 或將或相也라

⑫ 又政府には、天下に名を轟かせる良將、人民其の德を慕へる賢相をはじめ百官羅り列りて政を執り (또 정부에는 천하에 이름을 떨친 양장(良將), 인민 그 덕을 사모하는 현상(賢相)을 비롯하여 백관이 나열하여 정무를 잡고)

⑬ 마을 좌우에, 장수와 정승이, 벌려있느니라

124	①광천1575 / ②대천(16C중엽?)	③석천1583 / ④칠천1661	⑤영천1700 / ⑥송천1730	⑦춈千1862/完千1905 / ⑧박천1917	⑨사천1937/1945 / ⑩증천1948	⑪주천중간1804 / ⑫삼천1935	⑬세천1956
路	길 로	길 로	길 로	길 노	길 로	길 로, 수뤄 로, 클 로	길 로
	길 로	길 로	길 로	길 로/ミチ ロ	길 로	ミチニハ(미치니와-길에는) ロ(로-로)	
侠	길 협	씰 협	삘 협	씰 셥	낄 협/씰 협	씰 협, 협긕 협, 겻흘 협	낄 협
	셀 협	삘 협	삘 협	씰 협/タモツ ケフ	□ 협	ナラブ(나라부-줄짓다) ケフ(협-협)	
槐	누튀 괴	괴화 괴	괴화 괴	괴화 괴	괴화 괴	회화 회	괴화 괴
	누퇴 괴	괴화 괴	괴화 괴	괴화 괴/エンジュ クワウ	괴화 괴	クワイ(쿠와이-괴) クワイ(쿠와이-괴)	
卿	벼슬 경	벼슬 경	벼슬 경	버실 경/볘실 경	벼슬 경/벼살 경	벼슬 일홈 경, 그딕 경	벼슬 경
	벼슬 경	벼슬 경	벼슬 경	벼살 경/キミ ケイ	벼슬 경	ケイヲ(케이오-경을) ケイ(케이-경)	

⑧ 왕게 됴회하난 길에 삼괴를 심어 삼공이 위를 정하고 구극을 심어 구경이 위를 정하니라

⑨ 임군게 됴회한는 길에 삼괴를 심어 삼공위를 정하고 구극을 심어 구경위를 정하니라

⑩ 인군게 됴회한는 길에 삼괴를 심어 삼공위를 정하고 구극을 심어 구경위를 정하니라

⑪ 路는 王朝之路也라 夾路左에 植三槐하니 三公位焉하고 右植九棘하니 九卿位焉이라 槐는 謂三公也라

⑫ 路에는 三公九卿의 車는 絡繹과 ならび續けるをいふ. (길에는 삼공구경(三公九卿)의 차(車)는 명주를 풀어놓은 것과 같이 이어졌다고 한다.)

⑬ 길에 괴경이 끼었으니, 괴경은 삼공구경이니, 길에 삼공구경 부질함이라

125	①광천1575 ②대천(16C중엽?)	③석천1583 ④칠천1661	⑤영천1700 ⑥송천1730	⑦촘千1862/完千1905 ⑧박천1917	⑨사천1937/1945 ⑩중천1948	⑪주천중간1804 ⑫삼천1935	⑬세천1956
戶	입 호	지게 호	지게 호	지계 호/지게 호	지게 호	만호 호, 지게 호	지게 호
	입 호	지게 호	지거 호	지게 호/卜 コ	지게 호	コ二(코니-호에) コ(코-호)	
封	봉흘 봉	봉흘 봉	봉흘 봉	봉흘 봉	봉할 봉	봉흘 봉, 클 봉, 봉읍 봉	봉할 봉
	봉흘 봉	봉흘 봉	봉흘 봉	봉할 봉/サカヒ ホウ	봉할 봉	ホウジ(호우지-봉하고) ホウ(호우-봉)	
八	여듧 팔	여듧 팔	여듧 팔	여들 팔/야들 팔	여덜 팔	여듧 팔, 분별 팔	여덟 팔
	어듧 팔	여듧 팔	여듧 팔	여덜 팔/ヤツ ハチ	여덜 팔	ハツ(하츠-팔) ハツ(하츠-팔)	
縣	고을 현	고을 현	고을 현	고을 현	고을 현/골 현	고올 현, 들 현	골 현
	고올 현	고을 현	고을 현	고을 현/アガク ゲン	고을 현	ケンヲ(켄오-현을) ケン(켄-현)	

⑧ 한국이 천하를 평정하고 여덜 고을 민호를 주어 공신을 봉하니라

⑨ 한국이 텬하를 평뎡하고 여덜 골 민호를 쥬어 공신을 봉하니라

⑩ 한국이 텬하를 평뎡하고 여덜 골 민호를 쥬어 공신을 봉하니라

⑪ 漢平定天下하고 大封功臣할새 重者는 食八縣民戶하여 爲侯國하니라

⑫ 一戶の家祿として八縣の土地を宛て行ひ, 其の功勞偉勳に報い, (한 호(戶)의 가록(家祿)으로써 8현의 토지를 주어 그 공로위훈(功勞偉勳)에 보답하고)

⑬ 한나라가, 천하를 평정하고, 여덟 골 민호를, 주어, 공신을 봉하니라

126	①광천1575	③석천1583	⑤영천1700	⑦杏千1862/完千1905	⑨사천1937/1945	⑪주천중간1804	⑬세천1956
	②대천(16C중엽?)	④칠천1661	⑥송천1730	⑧박천1917	⑩중천1948	⑫삼천1935	
家	집 가	집 가	집 가	집 가	집 가	집 가	집 가
	집 가	집 가	집 가	집 가/イヱカ	집 가	イヘニ(이헤니-집에)カ(카-가)	
給	줄 급	줄 급	줄 급	줄 급	줄급/줄ㅅ급	넉넉홀 급, 줄 급, 민쳡홀 급	줄 급
	줄 급	줄 급	즐 급	줄 급/タマウ キウ	줄 급	タマフ(타마후-받다)キフ(키후-급)	
千	즈믄 쳔	일쳔 쳔	일쳔 쳔	일쳔 쳔/일쳔 쳔	일쳔 쳔/일쳔 쳔	일쳔 쳔	일쳔 쳔
	즈믄 쳔	일쳔 쳔	밀쳔 쳔	일쳔 쳔/チベ セン	일쳔 쳔	セン(센-쳔)セン(센-쳔)	
兵	병맛 병	병마 병	병마 병	군ᄉ 병	군ㅅ 병/군사 병	군ᄉ 병, 병잠기 병	군사 병
	병맛 병	병마 병	병마 병	군사 병/ツ ハ モ ノ ヘイ	군사 병	ペイヲ(페이오-병을)ペイ(페이-병)	

⑧ 집에 쳔병을 주니 제후 나라에 일쳔 군사를 주어 그 집으로 외[회]위하니라

⑨ 제후나라에 일쳔 군사를 쥬어 그 집을 호위한니라

⑩ 졔후나라에 일쳔 군사를 쥬어 그 집을 호위한니라

⑪ 侯國에 許置兵千人하여 以衛其家하니라

⑫ 又功勳ある人の家には千人の兵士の給ひて守護附隨せしめ、其の所屬として指揮せしむなり。

(또 공훈(功勳)이 있는 집에는 천명의 병사를 주어 곁에서 수호(守護)하게 하며, 그 소속으로써 지휘하게 한다.)

⑬ 제후나라에, 일쳔 군사를, 주어 그 집을 호위하니라

	①광천1575 ②대천(16C중엽?)	③석천1583 ④칠천1661	⑤영천1700 ⑥송천1730	⑦杏千1862/完千1905 ⑧박천1917	⑨사천1937/1945 ⑩중천1948	⑪주천중간1804 ⑫삼천1935	⑬세천1956
高	노플 고	노플 고	노플 고	놉플 고	놉흘 고	놉흘 고	높을 고
	노플 고	노플 고	노플 고	놉흘 고/タカシ コウ	놉흘 고	タカクシテ(타카쿠시테-높이 해서) コウ(코우-고)	
冠	곳갈 관	곳갈 관	곳갈 관	갓 관	갓 관	관 관, 관쓸 관, 읏듬 관	갓 관
	곳갈 관	곳갈 관	곳갈 관	갓 관/カンムリ クワン	갓 관	カンムリキ(칸무리오-의관올) クワン(쿠완-관)	
陪	뫼실 빈	뫼실 빈	뫼실 빈	뫼실 빈	뫼실 배	뫼실 빈	모실 배
	모실 빈	□실 빈	믜실 빈	뫼실 배/ハベル バイ	뫼실 배	シタガヒ(시타가이-따르며) バイ(바이-배)	
輦	술위 년	년 년	년 년	련 련/수리[레] 련	련 련/연 년	련 련, 시룰 련	연 년
	련 [런]	년 년	년 년	련 련/テグルマ レン	련 련	レンニ(렌니-련에) レン(렌-련)	

⑧ 놉흔 관으로 련을 뫼시니 제후가 나매 고관 대대한 군사가 련을 뫼시나니라

⑨ 놉흔 관을 쓰고 련을 뫼시니 제후 인군을 뫼시미라

⑩ 놉흔 관을 쓰고 련을 뫼시니 제후 인군을 뫼시미라

⑪ 諸侯出하면 則有高冠大帶之士가 左右陪輦也라

⑫ 高位高官の臣は、きらびやかなる衣冠を着けて、天子の鳳輦に陪従し(고위고관의 신하는 번쩍이는 의관을 입고 천자의 수레를 따르고)

⑬ 높은 관을 쓰고, 연을 모시니, 제후 임금을 모심이라

128	①광천1575 ②대천(16C중엽?)	③석천1583 ④칠천1661	⑤영천1700 ⑥송천1730	⑦침千1862/完千1905 ⑧박천1917	⑨사천1937/1945 ⑩중천1948	⑪주천중간1804 ⑫삼천1935	⑬세천1956
驅	몰 구	몰 구	몰 구	몰 구	몰구/몰ㅅ구	몰 구	몰 구
	몰 구	몰 구	몰 구	몰 구/カク ク	몰 구	ハセ(하세-몰다) ク(구-구)	
轂	술위 곡	술위통 곡	술위통 곡	슈리 곡	박회 곡	수뤼통 곡	바퀴 곡
	술위 곡	술위통 곡	술위통 곡	박회 곡/コシキ コク	박회 곡	コクヲ(코쿠오-수레를) コク(코쿠-곡)	
振	너틸 진	떨 진	떨 진	썰칠 진	뜰칠 진/쓸칠 진	썰 진, 거둘 진, 만흘 진	떨칠 진
	니틸(?) 진	떨 진	떨 진	썰칠 진/フルウ シン	뜰칠 진	フルフ(후루후-흔들다) シン(신-진)	
纓	갇긴 영	긴 영	긴 영	싄 영	끈영/갓끈영	씬 영, 늣믓 영	끈 영
	긴 영	긴 영	괴 영	싄 영/ソノヒモ エイ	끈 영	エイヲ(에이오-영을) エイ(에이-영)	

⑧ 수래박희를 몰매 싄이 썰치니 제후 출행하매 종자가 수래를 몰고 행하니 거마의 싄이 진동함이라

⑨ 수레를 몰매 갓싄이 쓸지니 인군이 출행하매 제후와 종자의 위의라

⑩ 수레를 몰매 갓싄이 쓸치니 이군어 출행하매 제후의 종자의 위의라

⑪ 諸侯從者가 驅轂而行하면 振動其車馬之纓旒也라

⑫ 轂乃ち車を驅せ走らせて冠の紐を振り、意気揚々として供奉す、其の儀仗の盛んなるを形容したるなり。(곡(轂) 즉 차를 몰아 달리는 의관의 끈을 휘날리며 의기양양하게 받들어 모신다. 그 행차할 때의 위용을 형용한 것이다.)

⑬ 수레를 몰매, 갓끈이 떨치니, 임금 출행에, 제후와, 종자의 위의니라

	①광천1575 / ②대천(16C중엽?)	③석천1583 / ④칠천1661	⑤영천1700 / ⑥송천1730	⑦춤千1862/完千1905 / ⑧박천1917	⑨사천1937/1945 / ⑩중천1948	⑪주천중간1804 / ⑫삼천1935	⑬세천1956
世	누릴 셰	인간 셰	인간 셰	디[디] 셰/인간 셰	인간 세	딋 셰, 셰상 셰	인간 세
	누릴 셰	인간 세	인간 세	인간 세/ヨ セイ	인간 세	ヨヨニシテ(요요니시테-세상에) セ(세-세)	
祿	녹 녹	녹 녹	녹 녹	록 록	록록	록 록, 어딜 록	녹록
	록〻[록]	녹 녹	녹 녹	록 록/タマモノ ロク	록록	ロクヲ(로쿠오-록을) ロク(로쿠-록)	
侈	샤치 치	샤치 치	사치 치	스치 치	샤치 치	샤치 치	사치 치
	샤치〻[치]	샤치 치	샤치 치	사치 치/オゴルシ	사치 치	オゴリ(오고리-사치하다) シ(시-치)	
富	가슴멸 부	가ᄋᆞ멸 부	가ᄋᆞ멸 부	위홀 부/부홀 부	부자 부	가ᅀᆞᆷ열 부	부자 부
	가ᅀᆞ멸 부	가ᄋᆞ멸 부	가ᄋᆞ멸 부	부자 부/トミフ	부자 부	トミ(토미-풍부하다) フ(후-부)	

⑧ 대〻로 록이 사치하고 부성하니 제후 자손이 세〻 관록을 상전함이라

⑨ 대〻로 록이 샤치하고 무성하니 제후 자손이 셰〻 관록을 상전함니라

⑩ 대々로 록이 사차하고 무성하니 제후 자손이 셰〻관록을 상□함이라

⑪ 功臣子孫이 世享祿位하여 侈大富盛也라

⑫ 祿을 世々にするとは、父祖に給はりたる家祿を承け襲ぐをいふ、其の為に家は富み勞えて侈りに 長じ (녹(祿)을 대대로 한다는 것은 조상이 받던 가록(家祿)을 이어 받는 것을 말한다. 그렇기 때문에 집은 풍족하여 사치가 오래되고)

⑬ 대대로 녹이 사치하고, 무성하니, 제후 자손이, 세세관록을, 상전함이라

130	①광천1575	③석천1583	⑤영천1700	⑦杏千1862/完千1905	⑨사천1937/1945	⑪주천중간1804	⑬세천1956
	②대천(16C중엽?)	④칠천1661	⑥송천1730	⑧박천1917	⑩중천1948	⑫삼천1935	
車	술위 챠	술위 거	술위 거	수리 거/슈리 거	수레 거/수레 거	수뤼 챠, 수뤼 거	수 레 거(차)
	술 챠	술위 거	술위 거	수레 거/クルマ シヤ	수레 거	シャ(샤-차)/シャ(샤-차)	
駕	멍에 가	멍에 가	멍에 가	멍어 가/멍이 가	멍에 가	메울 가	멍에 가
	멍에 가	멍에 가	명메 가	멍에 가/ノリモノ ガ	멍에 가	ガハ(가와-가는)/ガ(가-가)	
肥	술질 비	술질 비	술질 비	술질 비	살질 비	술질 비	살찔 비
	술질 비	술질 비	술질 비	살질 비/コユ ヒ	살질 비	コエテ(코에테-살찌고)/ヒ(히-비)	
輕	가비야울 경	가 빈 야 울 경	가 비 야 울 경	가 빈 아 을 경/가부아을 경	가비울 경/가 비 여 울 경	가비야울 경	가 벼 울 경
	가빈아올 경	가 빈 야 을 경	가 비 야 울 경	가벼울 경/カロシ ケイ	가비울 경	カロシ(카로시-가볍다)/ケイ(케이-경)	

⑧ 수레와 말이 살지고 가벼오니라

⑨ 수레와 말이 살지고 가비야오니라

⑩ 수레와 말이 살지고 가비오니라

⑪ 其所乘之車輕하고 其所駕之馬肥也라

⑫ 其の乘る所の車馬は肥え太りて、着る所の衣裳は輕やかに華美なる狀をいふ。(그 타는 곳의 수레 말은 살찌고, 입던 의상은 가볍게 화려하고 아름다운 모양을 말한다.)

⑬ 수레와, 말이 살지고, 가벼우니라

131	①광천1575 / ②대천(16C중엽?)	③석천1583 / ④칠천1661	⑤영천1700 / ⑥송천1730	⑦杏千1862/完千1905 / ⑧박천1917	⑨사천1937/1945 / ⑩중천1948	⑪주천중간1804 / ⑫삼천1935	⑬세천1956
策	무을 칙	막대 칙	막대 칙	막딕 측/쇠 측	꾀 책/쇠 칙	죽칙 칙, 쇠 칙, 채 칙, 막대 칙	꾀 책
	무을 칙	막대 칙	막대 칙	쇠 책/ハカリゴト サク	꾀 책	サクスル(사쿠스루-책략을 하다) サク(사쿠-책)	
功	공봇 공	공 공	공 공	공 공	공 공	공 공	공 공
	공봇 무(?)	공 공	공 공	공 공/イサヲ コウ	공 공	コウヲ(코우오-공을) コウ(코우-공)	
茂	덤거울 무	거츨 무	거츨 무	거친 무/거칠 무	승할 무/셩할 무	힘쓸 무, 셩홀 무	셩할 무
	덤써울 무	거츨 무	기츨 무	셩할 무/シゲル モ	승할 무	モ(모-무) モ(모-무)	
實	염믈 실	염글 실	염글 슬	여믈 실/열미 실	열매 실	진실 실, 메올 실, 열매 실	열매 실
	여믈 실	여를 실	염글 실	열매 실/ミノル ジツ	□매 실	ジツ(지츠-실) ジツ(지츠-실)	

⑧ 공을 긔록하매 무성하고 충실하니라

⑨ 공을 긔록하매 무성하고 충실하다

⑩ 공을 긔록하매 무성하고 충실하니라

⑪ 紀績曰策功이라 茂實은 懋實也니 功懋懋賞之意라

⑫ 斯くの如くに功勳ある人々の富貴を極むるを見ては、勳功偉勳を立つもの多く出て来る。(이와 같이 공훈(功勳)이 있는 사람들의 부귀가 더할 나위 없는 것을 보고는 훈공위훈(勳功偉勳)을 세우는 사람이 많이 나온다.)

⑬ 공을 기록하매, 무성하고, 충실하니라

| 132 | ①광천1575 | ③석천1583 | ⑤영천1700 | ⑦杏千1862/完千1905 | ⑨사천1937/1945 | ⑪주천중간1804 | ⑬세천1956 |
	②대천(16C중엽?)	④칠천1661	⑥송천1730	⑧박천1917	⑩중천1948	⑫삼천1935	
勒	굴에 륵	굴에 륵	굴에 륵	굴릭 특[륵]/굴네 늑	구례 륵	사길 륵, 굴에 륵, 누를 륵	구레 륵
	굴에 륵	굴에 륵	굴에 륵	구례 륵/キザム ロク	굴례 륵	ロクシ(로쿠시-륵하고)ロク(로쿠-륵)	
碑	빗 비	빗 비	빗 비	비 비/비셕 비	비셕 비	비셕 비	비석 비
	빗 비	빅 비	빗 비	비석 비/イシブミ ヒ	비셕 비	イシブミニ(이시부미니-비석에)ヒ(히-비)	
刻	사길 극	사길 극	사길 극	싀글 각	삭일 각	사길 긱	새길 각
	사길 극	사길 극	사길 극	삭일 각/キサム コク	삭일 각	キザム(키자무-새기다)コク(코쿠-각)	
銘	조을 명	조을 명	조을 명	조을 명/싀길 명	삭일 명	긔록홀 명	새길 명
	조을 명	조을 명	조을 명	삭일 명/シルス メイ	삭일 명	メイヲ(메이오-명을)メイ(메이-명)	

⑧ 비를 삭이고 일홈을 삭이니 그 공신을 대우함이니라

⑨ 비를 삭이고 일홈을 삭이니 그 공신을 대우함니라.

⑩ 비를 삭이고 일홈을 삭이니 그 공신을 대우함이니라

⑪ 以其功烈로 勒之爲碑하고 刻之爲銘하니 待功臣이 其亦厚矣라

⑫ 又功勳ある人は生前富貴を極むるのみならず、死して後は之れを碑石に刻みて後世に傳へらるるなり。(또 공훈(功勳)이 있는 사람은 생전에 부귀를 다 할뿐만 아니라, 죽은 후에도 이것을 비석에 새겨 후세에 전해지는 것이다.)

⑬ 비를 새기고, 이름을 새기니 그 공신을, 대우함이라

133	①광천1575	③석천1583	⑤영천1700	⑦杏千1862/完千1905	⑨사천1937/1945	⑪주천중간1804	⑬세천1956
	②대천(16C중엽?)	④칠천1661	⑥송천1730	⑧박천1917	⑩중천1948	⑫삼천1935	
磻	돌 반	돌 반	돌 반	반계 반/돌 반	돌 반	반계 반, 돌 파	돌 반
	돌 반	돌 반	돌 반	돌 반/イツノヤ ハン	돌 반	バン(반-반) / バン(반-반)	
溪	시내 계	시내 계	시내 계	시ᄂᆡ 계/셔ᄂᆡ 게	시내 계	시내 계	시내 계
	실내 계	시내 계	시내 계	시내 계/タニ ケイ	시내 계	ケイ(케이-계) / ケイ(케이-계)	
伊	소얌 이	저 이	저 이	저 이/뎌 이	저 이/져 이	져 이, 어조ᄉ 이	저 이
	디명(?) 이	저 이	저 이	져 이/コレ イ	저 이	イ(이-이) / イ(이-이)	
尹	믇 윤	믇 윤	믇 윤	뭣 윤	맛 윤	다스릴 윤, 옥빗 윤	맛 윤
	몬 윤	믇 윤	믇 윤	맛 윤/ヒトノナ イン	맛 윤	ヰン(인-윤) / ヰン(인-윤)	

⑧ 문왕은 반계에서 강태공을 맞고 탕왕은 신야에서 이윤을 맞지니라

⑨ 문왕은 반계에셔 강태공을 맞고 은왕은 신야에셔 이윤을 마지니라

⑩ 문왕은 반계에셔 강태공을 맞고 은왕은 신야에셔 이윤을 마지니라

⑪ 周文王은 聘呂尙于磻谿하고 殷湯은 聘伊尹于莘野也라

⑫ 磻溪는, 古へ周の文王を補佐したる太公望の甞て釣を垂れし處、伊尹は殷の湯王の臣にして官は阿衡(後の丞相と同し)に至る。(반계(磻溪)는 옛날 주(周)의 문왕을 보좌했던 태공망(太公望)이 일찍이 낚시를 드리웠던 곳, 이윤(伊尹)은 은(殷)의 탕왕(湯王)의 신하로써 관직은 아형(阿衡)(후의 승상과 같다)에 이른다.)

⑬ 문왕은, 반계에셔 강태공을 맞고, 은왕은 신야에서, 이윤을 맞이니라

134	①광천1575 / ②대천(16C중엽?)	③석천1583 / ④칠천1661	⑤영천1700 / ⑥송천1730	⑦杏千1862/完千1905 / ⑧박천1917	⑨사천1937/1945 / ⑩중천1948	⑪주천중간1804 / ⑫삼천1935	⑬세천1956
佐	도올 좌	도올 자	도올 좌	도올 좌/ 도울 좌	도올 좌	도올 자	도올 좌
佐	도을 좌	도올 좌	도딜 자	도울 좌/ タスク サ	도울 좌	タスクル(타스쿠르-돕다) サ(사-좌)	
時	삐니 시	시졀 시	시졀 시	쩐 시	때 시/쩐 시	시졀 시, 쩨 시	때 시
時	삐니 시	시졀 시	시졀 시	쩨 시/ トキ ジ	때 시	トキヲ(토키오-때를) ジ(지-시)	
阿	씀 아	두던 아	두던 아	두던 아	언덕 아	의지홀 아, 고블 아, 언덕 아	언덕 아
阿	씀 아	두던 아	두던 아	언덕 아/ オモネル ア	언덕 아	ア(아-아) ア(아-아)	
衡	저울 형	저울대 형	저울대 형	져울대 형/ 져울디 형	저울대 형/ 져울대 형	평홀 형, 저울대 형, 빗길 횡	저울대 형
衡	저울 형	저울대 형	저울대 형	저울대 형/ ハカリ ケイ	저울대 형	カウ(카우-형) カウ(카우-형)	

⑧ 째를 도웁난 아형이니 아형은 상나라 재상의 칭호니라

⑨ 석를 돕는 아형이니 아형은 상나라 지상의 칭호니라

⑩ 때를 돕는 아형이니 아형은 상나라 저상의 칭호니라

⑪ 呂尙이 釣磻谿라가 得玉璜하니 有文曰 姬受命, 呂佐時라하니라 阿衡은 商宰相之稱이라

⑫ 共に暴戾の君をを亡ぼして時の人民を助けたる賢人なり。(모두 폭려(暴戾)의 임금을 멸망시킬 때 인민을 도왔던 현인이다.)

⑬ 때를 돕는, 아형이니, 아형은, 상나라의 재상의 칭호니라

135	①광천1575 ②대천(16C중엽?)	③석천1583 ④칠천1661	⑤영천1700 ⑥송천1730	⑦츰千1862/完千1905 ⑧박천1917	⑨사천1937/1945 ⑩중천1948	⑪주천중간1804 ⑫삼천1935	⑬세천1956
奄	클 엄	믄득 엄	믄득 엄	분[문]득 음/문득 음	문득 엄	문득 엄, 고쟈 엄	문득 엄
	집 암	믄득 엄	믄득 엄	문득 엄/タモツ エン	문득 엄	オホイニ(오호이니-크게) エン(엔-엄)	
宅	집 틱	집 틱	집 틱	집 틱	집 택	집 칙	집 택
	집 틱	집 틱	집 틱	집 택/イヘ タク	집 택	イヘス(이에스-집에) タク(타쿠-택)	
曲	고블 곡	고블 곡	고블 곡	구불 곡	굽을 곡	곱을 곡	굽을 곡
	고블 곡	고블 곡	고블 곡	굽을 곡/マガル キョク	굽을 곡	キョク(쿄쿠-곡) キョク(쿄쿠-곡)	
阜	두던 부	두던 부	두덕 부	두덕 부	언덕 부	언덕 부, 만흘 부	언덕 부
	두던 부	두덕 부	두던 부	언덕 부/オカ フ	언덕 부	フニ(후니-부에) フ(후-부)	

⑧ 주공이 큰 공이 잇난 고로 로국을 봉하니 곡부 싸에 도읍을 정하니라

⑨ 쥬공이 큰 공이 잇는 고로 로국을 봉하니 곡부 싸에 도읍하니라

⑩ 쥬공이 큰 공이 잇는 고로 로국을 봉하니 곡부 ᄯᅡ에 도읍하니라

⑪ 曲阜는 魯地라 周公이 有大勳勞하시니 封於魯하여 定都於曲阜也라

⑫ 曲阜とは周の地名なり、周公旦は武王を補佐して殷の紂王を伐ち、此處に大なる宮殿を建て周八百歳の基を開きしなり。(곡부(曲阜)라는 것은 주(周)의 지명이고 周公旦은 무왕을 보좌해서 은(殷)의 주왕(紂王)을 물리치고, 여기에 커다란 궁전을 지어 주(周) 800년의 근본을 열었던 것이다.)

⑬ 주공이, 큰 공이, 있는 고로, 노국을 봉하니, 곡부 땅에 도읍하니라

136	①광천1575 / ②대천(16C중엽?)	③석천1583 / ④칠천1661	⑤영천1700 / ⑥송천1730	⑦춈千1862/完千1905 / ⑧박천1917	⑨사천1937/1945 / ⑩중천1948	⑪주천중간1804 / ⑫삼천1935	⑬세천1956
微	아츨 미	쟈글 미	쟈글 미	어릴 미/긴간을 미	적을 미/져글 미	아닐 미, 적을 미	작을 미
	아츨 미	자글 미	쟈글 미	적을 미/カスカ ビ	적을 미	ナカツセバ(나카츠세바-아니라면) ビ(비-미)	
旦	아츰 단	아츰 됴	아츰 됴	아침 죠	이룰죠/이를 죠(黽)	아츰 단	이 를 조(黽)
	아츰 단	아츰 됴	이츰 됴	이를 조(黽)/アシタ ショ	이를 조(黽)	タン(탄-단) タン(탄-단)	
孰	누국 슉	누구 슉	누구 슉	누기 숙	누구 슉	누구 슉, 닉을 숙	누구 슉
	니글(?) 슉	누구 슉	누구 슉	누구 슉/ダレ シュク	누구 슉	タレカ(타레카-누가) シュク(슈쿠-숙)	
營	집 영	지을 영	지을 영	경영 영	경영 영	혜아릴 영	경영 영
	집 영	지을 영	지을 영	경영 영/イトナム エイ	경영 영	イトナマン(이토나만-경영할까) エイ(에이-영)	

⑧ 단이 아니면 누가 경영하리요 주공의 큰 공이 아니면 누가 쓴 사업을 경영하리요

⑨ 단이 아니면 뉘가 큰 사업을 경영하리오 단은 쥬공의 일홈이라

⑩ 단이 아니면 뉘가 큰 사업을 경영하리오, 단은 쥬공의 일흠이라.

⑪ 旦은 周公名이니 言非周公之勳이면 孰能營此鴻基也리오

⑫ もし周公旦なかりしならば、何人が此の經營を爲すことを得べきぞといへるなり。(만일 주공단(周公旦)이 아니라면 몇 사람이 이 경영을 이룰 수 있을가라고 말함이다.)

⑬ 단이 아니면, 누가 큰 사업을, 경영하하리오, 단은 주공의 이름이다

旦 ⇒ 黽

137	①광천1575	③석천1583	⑤영천1700	⑦杏千1862/完千1905	⑨사천1937/1945	⑪주천중간1804	⑬세천1956
	②대천(16C중엽?)	④칠천1661	⑥송천1730	⑧박천1917	⑩중천1948	⑫삼천1935	
桓	나모 환	세와들 환	체와들 환	환못 환/나무 환	굿셀 환	굿셀 환, 환목 환	굳셀 환
	나모 환	세와들 환	ㅅ□와들 환	굿셀 환/タケシ クワン	굿셀 환	クワン(쿠완-환) クワン(쿠완-환)	
公	공정 공	구의 공	구의 공	공평 공/귀 공	귀 공	벼슬 일홈 공, 공평 공, 언룬 공	귀 공
	구이(?) 공	구의 공	구의 공	귀 공/キミ コウ	귀 공	コウ(코우-공) コウ(코우-공)	
匡	광짓 광	고틸 광	광녈 광	발울 광/광졍 광	발을 광/바를 광	바룰 광, 그릇 광	바를 광
	광졩(?) 광	고틸 광	고틸 광	발을 광/タダス キヤウ	발을 광	タダシ(타다시-올바르게) キャウ(캬우-광)	
合	모들 합	모들 합	모들 합	모들 합/흡흘 흡	모들 합	모돌 합, 맛당 합, 흔흡 갑, 마즐 갑	모을 합
	모들 합	모들 합	모들 합	모들 합/アハス コウ	모들 합	アハセテ(아와세테-합쳐서) ガフ(가후-합)	

⑧ 횐[환]공은 바르제[게]하고 모도왓스니 제환공이 일광천하하고 구합제후하니라

⑨ 졔환공은 바르게 하고 모도왓스니 일광턴하하고 구합졔후하니라

⑩ 졔환공은 바르게 하고 모도왓스니 일광턴하하고 구합졔후하니라

⑪ 桓公은 齊君小白이니 五霸之一이라 用管仲하여 一匡天下하고 九合諸侯하니라

⑫ 其の後ち齊の桓公は、周の諸侯伯をただし合せ、自ら其の覇者となリ、周の天子を補佐して天下
を治めんとし (그 후 제(齊)의 환공(桓公)은 주(周)의 제후백(諸侯伯)을 바로잡아 스스로 그 패자
가 되어 주(周)의 천자(天子)를 보좌해서 천하를 다스리고자 하여)

⑬ 제나라 환공은, 바르게 하고 모았으니, 일광천하하고, 구합제후하니라

	①광천1575	③석천1583	⑤영천1700	⑦杏千1862/ 完千1905	⑨사천1937/ 1945	⑪주천중간1804	⑬세천 1956
138	②대천(16C중 엽?)	④칠천1661	⑥송천1730	⑧박천1917	⑩중천1948	⑫삼천1935	
濟	거닐 제	건널 제	건널 제	건널 제	건널 제	건널 제, 졔슈 제, 성홀 제	건늘 제
	거리칠 제	건딜 제	건널 제	건널 제/ スクフ サイ	건널 제	スクヒ(수쿠이-구하고) サイ(사이-제)	
弱	바드라올 약	약홀 약	약홀 약	약홀 약	약할 약	약홀 약, 어릴 약	약할 약
	바드라올 야	약홀 약	약홀 약	약할 약/ ヨハシ ジヤ ク	약할 약	ヨワキヲ(요와키오-약 함을) ジャク(쟈쿠-약)	
扶	더위자블 부	븐들 부	븐들 부	붓들 부	붓들 부	붓들 부	붙들 부
	더위자블 부	브들 부	븐들 부	부들 부/ タスク フ	붓들 부	タスク(타스쿠-돕다) フ(후-부)	
傾	기울 경	기울 경	기울 경	지울 경/ 기울 경	기울 경	기울 경	기울 경
	기울 경	기울 경	기믈 경	기울 경/ カタムク ケイ	기울 경	カタムキヲ(카타무키 오-기우는 것을) ケイ(케이-경)	

⑧ 약함을 구게[제]하고 기우러짐을 붓드니 환공이 주양왕의 미약과 위경을 구제하다

⑨ 약함을 구제ᄒ고 기우러짐을 붓드니 환공이 쥬양왕의 미약을 구제한이라

⑩ 약함을 구제하고 기우러짐을 붓드니 환공이 쥬양왕의 미약을 구제한이라

⑪ 定周襄王之位하여 濟之於微弱하고 扶之於傾危하니 卽匡合之實也라

⑫ 貧弱なる國をすくひ助け、傾き倒れんとする諸侯を興されたるをいふ. (빈약한 나라를 구하고 기울어 쓰러지려고 하는 제후(諸侯)를 일으켰다고 한다.)

⑬ 약함을 구제하고, 기우러짐을 붇[붙]드니 환공이, 주양왕을 구제함이라

139	①광천1575	③석천1583	⑤영천1700	⑦杏千1862/完千1905	⑨사천1937/1945	⑪주천중간1804	⑬세천1956
	②대천(16C중엽?)	④칠천1661	⑥송천1730	⑧박천1917	⑩중천1948	⑫삼천1935	
綺	깁 긔	깁 긔	깁 긔	비단 긔/비딘 기	깁 긔/비단 긔	깁 긔	비단 기
	긴 긔	깁 긔	깁 긔	김 긔/アヤ キ	깁 긔	キハ(키와-기는)/キ(키-기)	
回	도로 회	도라올 회	도라옴 회	도라올 회	도라올 회	둘을 회, 샤곡흘 회, 도라올 회	돌 아 올 회
	돈 희	도라올 회	도라올 회	도라올 회/カエス クワイ	도라올 회	カヘシ(카에시-되돌아가고)/クワイ(쿠와이-회)	
漢	하늘 한	한슈 한	한슈 한	한슈 흔	한수 한/한슈 한	한국 한, 한슈 한	한수 한
	나라 한	한슈 한	한슈 한	한수 한/アマノカワ カン	한수 한	カン(칸-한)/カン(칸-한)	
惠	은혜 혜	은혜 혜	은혜 혜	은혜 혜	은혜 혜	은혜 혜, 슌흘 혜	은혜 혜
	저즈릴 혜	은혜 혜	은혜 혜	은혜 혜/メグム ケイ	은혜 혜	ケイヲ(케이오-혜를)/ケイ(케이-혜)	

⑧ 긔난 한나라 혜[혜]제를 회복하니 긔리게난 상산사호의 일인이니 태자를 도와 혜뎨가 되니라

⑨ 긔난 한나라 혜뎨를 회복한이 긔난 상산사호의 일인이라 태자를 도와 혜졔가 되니라

⑩ 긔난 한나라 혜졔를 회복한이 긔난 상산사호의 일언이라 태자를 도와 혜졔가 되니라

⑪ 綺는 綺里季니 商山四皓之一이라 漢高帝將廢太子러니 四皓從游하여 成羽翼하여 使漢惠로 太子之位 轉而安焉하니라

⑫ 綺里季는 漢의 四賢의 人なり、惠帝가 未だ太子たりし時、殆んど廢せられんとせしを諷諫して回復したるなり。(기리계(綺里季)는 한(漢)의 사현(四賢)의 한 사람이고, 혜제(惠帝)가 아직 태자일 때, 거의 망하려고 하는 것을 풍간(諷諫)하여 회복했던 것이다.)

⑬ 기는 한나라, 혜제를 회복하니, 기는 한나라, 네 현인의 한 사람이니라

| 140 | ①광천1575 | ③석천1583 | ⑤영천1700 | ⑦츈千1862/完千1905 | ⑨사천1937/1945 | ⑪주천중간1804 | ⑬세천1956 |
	②대천(16C중엽?)	④칠천1661	⑥송천1730	⑧박천1917	⑩중천1948	⑫삼천1935	
設	니를 셜	니늘 셜	니를 셜	말삼 셜	깃불 열	깃글 열, 말슴 셜, 달낼 셰	말슴 셜
	니를 셜	니늘 셜	니를 셜	깃불 열/モノイフ セツ	깃불 열	エツハ(에츠와-열은) エツ(에츠-열)	
感	깃글 감	늣길 감	늘길 감	늣길 감	늣길 감	늣길 감	느낄 감
	느길(?) 감	늣길 감	늘길 감	늣길 감/イタム カン	늣길 감	カンゼジム(칸제시무-느끼다) カン(칸-감)	
武	미올 무	미올 무	미올 무	호반 무	호반 무	호반 무, 자쳐 무	호반 무
	미올 무	이올 무	미올 무	호반 무/タケシ ブ	호반 무	ブ(부-부) ブ(부-부)	
丁	슌 뎡	장뎡 뎡	장뎡 뎡	남뎡 뎡/곰빅 뎡	장정 졍	남녁 뎡, 장뎡 뎡, 만날 뎡, 소리 징	장정 졍
	슌 뎡	장뎡 뎡	장뎡 뎡	장정 정/ヒノト テイ	장정 졍	テイキ(테이오-정을) テイ(테이-정)	

⑧ 열은 무정에게 감동되엿스니 부열이 들에 역사하매 무정이 쑴에 감동되야 곳 정승을 삼으니라

⑨ 열은 부열이니 들에 역사하미 무뎡의 쑴에 감동되야 곳 정승을 삼으니라

⑩ 열은 부열이니 들에 역사하매 무뎡의 쑴에 감동되야 곳 정승을 삼으니라

⑪ 說은 傳說이라 築於傅巖之野러니 商王武丁이 夢帝賚良弼일새 旁求天下하여 爰立作相하니 是는 說感夢於武丁也라

⑫ 又殷の傳説は、高宗武帝が夢に感じて政務を托せられたる忠良の人なり。(또 은(殷)의 전설은 고종 무제(武帝)가 꿈에 느끼고 정무를 맡겨진 어질고 충성스런 사람이다.)

⑬ 부열이 들에서, 역사함매, 무정의 꿈에, 감동되어, 곧 정승을 삼으니라

141	①광천1575 ②대천(16C중엽?)	③석천1583 ④칠천1661	⑤영천1700 ⑥송천1730	⑦츙千1862/完千1905 ⑧박천1917	⑨사천1937/1945 ⑩중천1948	⑪주천중간1804 ⑫삼천1935	⑬세천1956
俊	어딜 쥰	미올 쥰	미올 쥰	쥰걸 쥰/쥰걸 쥰	쥰걸 쥰	쥰걸 쥰	쥰걸 쥰
	미올 쥰	미올 쥰	미올 쥰	쥰걸 쥰/カシコキ シユン	쥰걸 쥰	シュン(슌-쥰) シュン(슌-쥰)	
乂	어딜 애	어딜 예	어딜 예	지조 애	재조 예/지됴 예	지조 예, 다스릴 예	어질 예
	미올 애	어딜 예	어딜 예	재조 예/オサムル カイ	재조 예	カイ(카이-예) カイ(카이-예)	
密	볼 밀	븩븩홀 밀	븩븩홀 밀	쎅쎅홀 밀/볐쎅홀 밀	빽빽 밀/쎅쎅 밀	븩븩홀 밀, 비밀홀 밀	뺙 뺙할 밀
	덮기울 밀	븩븩홀 밀	빅빅홀 밀	쎅쎅 밀/ヒソカニ ミツ	빽빽 밀	ミツ(미츠-밀) ミツ(미츠-밀)	
勿	말 믈	말 믈	말 믈	말 물/말 믈	말 물	말 물, 긔 물	말 물
	말 믈	말 믈	말 믈	말 물/ナカレ ブツ	말 물	フツ(후츠-물) フツ(후츠-물)	

⑧ 쥰걸과 재조가 밀물하니 쥰걸 재사가 모다 조정에 모혀 쎅ㅅ함이라

⑨ 쥰걸과 지사가 조정 와 모혀 쎅ㅅ하미라

⑩ 쥰걸과 재사가 조정 와 모혀 빽々하미라

⑪ 大而千人之俊과 小而百人之乂가 咸集于朝하여 經緯密勿也라

⑫ 俊乂とは才智の拔群なる人、密勿とは親しみ用ゐるの意なり、聖賢なる君は、才智拔群なる人物を選拔して親任せらるるが故に (쥰예(俊乂)라는 것은 재지(才智)가 발군인 사람, 밀물(密勿)이라는 것은 친하게 이용하는 뜻이고 성현인 임금은 재지발군(才智拔群)인 인물을 선발하여 친임(親任)하게 하는 까닭에)

⑬ 쥰걸과, 재사가 조정에, 모여 빽빽함이라

142	①광천1575 ②대천(16C중엽?)	③석천1583 ④칠천1661	⑤영천1700 ⑥송천1730	⑦츙千1862/完千1905 ⑧박천1917	⑨사천1937/1945 ⑩중천1948	⑪주천중간1804 ⑫삼천1935	⑬세천1956
多	할 다	할 다	할 다	만흘 다	만을 다	만흘 다	많을 다
	할 다	할 다	할 다	마흘 다/オホシタ	만을 다	タ(타-다) タ(타-다)	
士	계츔 스	션비 스	션비 스	션비 스	션배 사/션빅 사	션빅 스, 일 스, 군스 스	선비 사
	됴슷 스	션빅 스	션빅 스	선배 사/サムライ シ	선배 사	シ(시-사) シ(시-사)	
寔	클 식	잇 식	잇 식	이 식	이 식	이 식, 진실홀 식	이 식
	클 시	잇 식	잇 식	이 식/マコトニ ショク	이 식	マコトニ(마코토니-정말로) ショク(쇼쿠-식)	
寧	안령 령	편흘 령	편흘 령	편안 녕	편안 영	편안 녕, 츌아리 녕, 엇지 녕, 어조스 녕	편안 녕
	안령 ʳ[령]	편흘 령	편흘 령	편안 녕/ヤスシ ネイ	편안 영	ヤスク(야스쿠-편안하게) ネイ(네이-영)	

⑧ 선배 만흐미에이(?) 편안하도다 준걸 재사가 조정에 만흐니 국가 안령함이라

⑨ 준결 지사가 됴정에 만흐니 국가 안령하미라

⑩ 준걸 재사가 됴정에 만흐니 국가 안령하미라

⑪ 俊乂在官하여 國以寧謐하니 詩云 濟濟多士이 文王以寧이 是也라

⑫ 濟濟たる多士とて、人材多く集り政を執るを以て、天下はまこと安寧静謐なり。(많고 많은 선비라는 인재를 많이 모아 정사를 잡는 것으로써 천하는 진정으로 안녕정밀(安寧静謐)해진다.)

⑬ 준걸과 재사가, 조정에 많이 모였으니 국가가 안정함이라

143	①광천1575 ②대천(16C중엽?)	③석천1583 ④칠천1661	⑤영천1700 ⑥송천1730	⑦츔千1862/ 完千1905 ⑧박천1917	⑨사천1937/ 1945 ⑩중천1948	⑪주천중간1804 ⑫삼천1935	⑬세천1956
晉	진국 진	진국 진	진국 진	진나라 진	나라 진	진국 진, 나을 진	나라 진
	진국 진	진국 진	진국 진	나라 진/ クニ ジン	나라 진	シン(신-진) シン(신-진)	
楚	초국 초	초국 초	초국 초	초나라 초	나라 초	초국 초, 가이 초	나라 초
	초국 초	초국 초	초국 초	나라 초/ クニノナ ソ	나라 초	ソハ(소와-초는) ソ(소-초)	
更	가실 깅	고틸 깅	다시 깅	다시 깅	다시 갱/ 다시 깅	굴무들일 경, 고칠 경, 다시 깅, 경 경	다시 갱
	가실 깅	다시 깅	고틸 깅	다시 갱/ カバル カウ	다시 갱	カハルガハル(카와르 가와르-번갈아 가며) カウ(카우-갱)	
霸	사홈 패	웃듬 패	웃듬 패	웃듬 패/ 웃듬 픽	웃듬 패/ 웃듬 픽	자불 파, 들정긔 빅	으뜸 패
	사홈 패	웃듬 패	웃듬 패	웃듬 패/ ハタガラシ ラ ハ	웃듬 패	ハタリ(하타리-으뜸) ハ(하-패)	

⑧ 진과 초난 다시 웃듬이 듸[되]니 진문공과 초장왕이 디[대]시 패왕이 되니라

⑨ 진과 초난 다시 웃듬이 되니 진문공과 초장왕이 다시 픽왕이 되니라

⑩ 진과 초난 다시 웃듬이 되니 진문공과 초장왕이 다시 패왕이 되니라

⑪ 春秋時에 晉文公이 敗楚成王于城濮而霸러니 至靈公하여 失霸하고 楚莊王이 又稱霸하니 是는 晉與楚更迭而霸也라

⑫ 天下亂るるに及んで、人道漸く衰へ、天子は在れどもなきが如く、彼の晉と楚の兩國が、かはるがはる霸業を争ひ (천하가 어지러워져 사람의 도가 쇠퇴해지고 천자는 있어도 없음과 같아 그의 진(晉)과 초(楚)의 양국이 번갈아가며 패업(霸業)을 다투고)

⑬ 진과 초가, 다시 으뜸이 되니, 진문공, 초장왕이 패왕이 되느니라

144	①광천1575 / ②대천(16C중엽?)	③석천1583 / ④칠천1661	⑤영천1700 / ⑥송천1730	⑦초千1862/完千1905 / ⑧박천1917	⑨사천1937/1945 / ⑩중천1948	⑪주천중간1804 / ⑫삼천1935	⑬세천1956
趙	됴국 됴	됴국 됴	됴국 됴	죳나라 죠/ 조나라 조	나라 됴	죠국 죠, 풀밀 죠	나라 조
	됴국 됴	됴국 됴	됴국 됴	나라 조/ クニノナ テウ	나라 됴	テウ(테우-조) テウ(테우-조)	
魏	위국 위	위국 위	위국 위	윗나라 위	나라 위	위국 위, 놉흘 위	나라 위
	위국 위	위국 위	위국 뮈	나라 위/ クニノナ ギ	나라 위	ギハ(기와-위는) ギ(기-위)	
困	잇쌜 곤	잇블 곤	잇블 곤	곤홀 곤	곤할 곤	又블 곤	곤할 곤
	잇블 곤	잇블 곤	잇블 곤	곤할 곤/ コマル コン	곤할 곤	ナヤム(나야무-괴로워하다) コン(콘-곤)	
橫	비길 횡	빗씰 횡	빗길 횡	빗길 횡	빗길 횡	빗길 횡, 거스를 횡	비낄 횡
	빗글 횡	빗씰 횡	빗씰 횡	빗길 횡/ ヨコ クワウ	빗길 횡	ワウニ(와우니-횡에) ワウ(와우-횡)	

⑧ 조와 위난 횡에 곤하니 뉵국 째에 횡인들이 진국을 섬기자 하야 뉵국이 곤하니라

⑨ 됴와 위난 횡의 곤하니 뉵국 썩의 진나라를 셤기자 함을 횡이라 하니라

⑩ 됴와 위난 횡의 곤하니 뉵국 째의 진나라를 셤기자 함을 횡이라 하니라

⑪ 戰國時에 縱人은 欲以六國伐秦하고 橫人은 欲使六國事秦이러니 六國이 終困于橫하니라 六國에 只擧趙魏하니 其餘可見이라

⑫ 又趙と魏は合縱の策を講じて秦に抗せしも、反つて秦の連橫の計に苦しめられたり。(또 조(趙)와 위(魏)는 합종(合縱)의 책략을 강구하여 진(秦)에 대항하여도 오히려 진(秦)의 연횡(連橫)의 계략에 당하였다.)

⑬ 조와 위는, 횡에 곤하니, 육국 때의, 진나라를, 섬기자 함을, 횡이라 하니라

	①광천1575 ②대천(16C중엽?)	③석천1583 ④칠천1661	⑤영천1700 ⑥송천1730	⑦춤千1862/完千1905 ⑧박천1917	⑨사천1937/1945 ⑩중천1948	⑪주천중간1804 ⑫삼천1935	⑬세천1956
假	빌 가	빌 가	빌 가	빌 가	빌 가/빌ㅅ 가	빌 가, 거즛 가, 말미 가, 니룰 격	거짓 가
	빌 가	빌 가	빌 가	빌 가/カリ カ	빌 가	カリテ(카리테-빌려) カ(카-가)	
途	길 도	길 도	길 도	길 도	길 도	길 도	길 도
	길 도	길 도	길 도	길 도/ミチ ト	길 도	ミチヲ(미치오-길을) ト(토-도)	
滅	쩔 멸	쩔 멸	쩔 멸	써질 멸/업실 멸	멸할 멸	쓸 멸, 쌔딜 멸	멸할 멸
	쩔 멸	쩔 멸	쩔 멸	멸할 멸/ホロブ メツ	멸할 멸	ホロボシ(호로보시-멸망시키고) メツ(메츠-멸)	
虢	나라 괵	괵국 괵	괵국 괵	괵나라 괵	나라 괵	괵국 괵	나라 괵
	나라 외	괵구 괵	괵국 괵	나라 괵/クニノ ナ クワク	나라 괵	クワクヲ(쿠와쿠오-괵을) クワク(쿠와쿠-괵)	

⑧ 길을 빌어 괵국을 멸하니 진헌공이 우공에게 길을 빌어 괵국을 멸하니라

⑨ 길을 비러 괵국을 멸하니 진헌공이 우국에 길를 비러 괵국을 멸하니라

⑩ 길을 비러 괵국을 멸하니 진헌공이 우국에 □□ 비러 괵국을 멸하니□

⑪ 晉獻公이 欲伐虢하여 假途於虞하니 虞公이 不聽宮之奇之諫而假之러니 及晉滅虢에 立滅虞하니라

⑫ 晋の獻供の如きは虞の國を征すとて、道を虢の國にかり、虞を討ちて歸えるとき、遂に虢を亡ぼしたり。(진(晉)의 헌공(獻供) 같은 자는 우(虞)의 나라를 정벌하고자 해서 길을 괵(虢)의 나라로부터 빌려 우(虞)를 치고 돌아올 때, 마침내 괵(虢)을 멸망하게 했다.)

⑬ 길을 빌려, 괵국을 멸하니, 진흔공이 우국에 길을 빌려 괵국을 멸하니라

	①광천1575 / ②대천(16C중엽?)	③석천1583 / ④칠천1661	⑤영천1700 / ⑥송천1730	⑦杏千1862/完千1905 / ⑧박천1917	⑨사천1937/1945 / ⑩중천1948	⑪주천중간1804 / ⑫삼천1935	⑬세천1956
踐	불올 천	불을 천	불올 천	불불 천	발불 천/발불 천	브룰 천	밟을 천
	불운 전	블올 천	블올 천	발불 천/フム セン	발불 천	セン(센-천)/セン(센-천)	
土	흙 토	흙 토	흙 토	흙 토/흑 토	흑 토	흙 토, 나모겁질 두	흙 토
	흙 토	흙 토	흙 토	흑 토/ツチ ト	흑 토	トニ(토니-토에)/ト(토-토)	
會	모들 회	모들 회	모들 회	뫼들 회/모들 회	모들 회	모돌 회, 마츰 회, 헬괴, 두에 괴	모을 회
	모돌 회	모들 회	모들 회	모들 회/アフ クワイ	모들 회	クワイ(쿠와이-회)/クワイ(쿠와이-회)	
盟	밍셋 밍	밍셔 밍	밍셔 밍	밍셰 밍	맹셰 맹	밍셔 명, 밍진 밍	맹세 맹
	밍셋 밍	밍셔 밍	밍셔 밍	맹세 맹/チカフ ベイ	맹셰 맹	メイス(메이스-맹세하다)/メイ(메이-맹)	

⑧ 천토에 모되여 맹세하니 진문공이 제후을 천토 모도와 밍세하고 협쳔자 영제후 하니라

⑨ 진문공이 제후를 천토애 모도와 밍셰ᄒᆞ고 협쳔자 영졔후하니라

⑩ 진문공이 □□□□ □□□□ 천토에 모도□□□□ 하고 협쳔자 영□□□니라

⑪ 踐土는 地名이니 晉文公이 約諸侯할새 會盟於此하고 召周襄王於河陽而朝之하니 是는 挾天子以令諸侯也라

⑫ 又晋の文公は、踐土に諸侯伯を會し、相一致して周の天子を敬ひ朝貢を怠らざらんことを盟ひしも、終に行はれざりしなり。(또 진(晉)의 문공(文公)은 천토(踐土)에 제후백(諸侯伯)을 만나, 서로 일치하여 주(周)의 천자를 공경하여 조공(朝貢)을 게을리 하지 않을 것을 맹세하여도 나중에는 행하지 않게 되었다.)

⑬ 진문공이, 제후를 천도에 모와 맹세하고, 협쳔자, 영제후하니라

	①광천1575 ②대천(16C중엽?)	③석천1583 ④칠천1661	⑤영천1700 ⑥송천1730	⑦杏千1862/完千1905 ⑧박천1917	⑨사천1937/1945 ⑩중천1948	⑪주천중간1804 ⑫삼천1935	⑬세천1956
何	엇디 하	엇디 하	엇디 하	엇지 ㅎ	엇지 하/웃지 하	엇지 하, 무를 하	엇지 하
	엇 하	엇디 하	엇디 하	엇지 하/ナンカ	엇지 하	ガハ(가와-하는) カ(카-하)	
遵	준흘 준	조츨 준	조츨 준	좃츨 쥰	좃칠 준/좃츨 쥰	조츨 준	좃을 준
	존 존	조츨 준	조츨 준	좃츨 쥰/シタガフ ジュン	좃칠 준	シタガヒ(시타가이-따르고) ジュン(쥰-준)	
約	긔약 약	언약 약	언약 약	긔약 약	언약 약	언약 약, 간략 약, 밋불 약	언약 약
	긔약 ᄀ[약]	언약 약	언약 약	언약 약/ツツマヤカ ヤク	언약 약	ヤク(야쿠-약) ヤク(야쿠-약)	
法	법홀 법	법 법	법 법	법 법/법 법	법 법	법 법, 본바들 법	법 법
	무룰 법	법 법	법 법	법 법/ノリ ホウ	법 법	ハフ二(하후니-법에) ハフ(하후-법)	

⑧ 하난 긴약한 법을 조츠니 소하가 한고조로 약법삼장을 정하여[야] 준행[힝]하니라

⑨ 소하난 한고조로 더부러 약법삼장을 정하야 준힝하니라

⑩ 소하난 한고조로 더부러 약법삼장을 정하야 준행하니라

⑪ 何는 蕭何也라 漢高祖約法三章이러니 蕭何損益而遵行之하여 漢歷季四百하고 何亦子孫榮顯하니 寬大之效也라

⑫ 漢の高祖が天下を定めし時は、蕭何之れを補佐して、秦の苛法を除きて法を三章に約して國治まれり (한(漢)의 고조가 천하를 평정할 때는, 소하(蕭何)가 이것을 보좌하여 진(秦)의 가법(苛法)을 제거하고 법을 3장으로 줄여서 나라를 다스렸으니)

⑬ 소하는 한고조로 더불어, 약법삼장을, 정하여, 준행하니라

148	①광천1575	③석천1583	⑤영천1700	⑦杏千1862/完千1905	⑨사천1937/1945	⑪주천중간1804	⑬세천1956
	②대천(16C중엽?)	④칠천1661	⑥송천1730	⑧박천1917	⑩중천1948	⑫삼천1935	
韓	나라 한	한국 한	한국 한	흔나라 흔	나라 한	한국 한, 우물담 한	나라 한
	나라 한	한국 한	한국 한	나라 한/ クニノナ カン	나라 한	カンハ(칸와-한은) カン(칸-한)	
弊	폐홀 폐	히여딜 폐	히여딜 폐	혈 폐	해질 폐/ 히질 폐	흥야질 폐, 결단흘 폐, 죽을 폐	해칠 폐
	마(?)릴 폐	히여딜 폐	히여딜 폐	해질 폐/ ヤブル ヘイ	해질 폐	ツカル(츠카르-피로해 지다) ヘイ(헤이-폐)	
煩	어즈러올 번	어즈러울 번	어즈러울 번	번거흘 번	번거 번	어즈러울 번, 又블 번	번거할 번
	어즈러울 번	어즈러울 번	어즈러을 번	번거 번/ ワズラフ ハン	번거 번	ハン(한-번) ハン(한-번)	
刑	형벌 형	형벌 형	형벌 형	형벌 형	형벌 형	형벌 형, 법 형	형벌 형
	형벌 형	형벌 형	형벌 형	형벌 형/ ツミス ケイ	형벌 형	ケイニ(케이니-형에) ケイ(케이-형)	

⑧ 한비는 한국공자라 진왕을 달내여 형벌을 번거히 하다가 힘[한]비도 그 형벌에 죽다

⑨ 한비난 한국공자라 진왕을 달내 형벌 번거이 하다가 그 형벌의 죽으니라

⑩ 한비난 한국공자라 진왕을 달내 형벌을 번거이 하다가 그 형벌의 죽으니라

⑪ 韓은 韓非也니 以慘刻說秦王하고 著書十餘萬言하니 皆刻薄之論이러니 秦二世而亡하고 韓亦誅死하니 煩刑之弊也라

⑫ 然るに韓非は秦の相たる時、さまざまの苛酷なる法令を布きしかば、其の煩はしき爲に政は廢れ國はつかれたるなり。(그런데 한비(韓非)는 진(秦)이 그러할 때, 다양한 가법(苛法)을 펼쳤더니, 그 번잡함 때문에 정사는 무너지고 나라는 지쳤던 것이다.)

⑬ 한비는, 진왕을, 달래, 형벌을 펴다가 그 형별에 죽으니라

149	①광천1575	③석천1583	⑤영천1700	⑦츰千1862/完千1905	⑨사천1937/1945	⑪주천중간1804	⑬세천1956
	②대천(16C중엽?)	④칠천1661	⑥송천1730	⑧박천1917	⑩중천1948	⑫삼천1935	
起	닐긔	닐긔	닐긔	니려닐긔	닐긔/일러날긔	닐긔	일어날기
	릴긔	닐긔	닐긔	닐긔/オコル キ	닐긔	キ(키-기)/キ(키-기)	
翦	버릴전	굴길전	굴길전	굴길전	갈길전	굴길전	갈길전
	버릴전	굴길전	굴길전	갈길전/キル セン	갈길전	セン(센-전)/セン(센-전)	
頗	즈믹파	즈믹파	즈모파	즈못프	자못파	즈뭇파, 기울파	자못파
	즈믹차	즈모파	즈모파	자못파/スコブル ハ	자못파	ハ(하-파)/ハ(하-파)	
牧	칠믁	칠목	칠무	칠목/메길목	칠목	쇼목, 칠목	칠목
	모일목	칠목	칠목	칠목/ヤシナフ ボク	칠믁	ボク(보쿠-목)/ボク(보쿠-목)	

⑧ 긔와 전과 파와 목이니 백긔의[와] 왕전은 진국 장수요 령파와 리목은 조국 장수라

⑨ 빅긔와 왕전는 진나라 장슈요 려파와 리목은 됴나라 장슈라

⑩ 백긔와 왕전는 진나라 장슈요 렴파와 리목은 됴나라 장슈라

⑪ 白起王翦은 秦將이요 廉頗李牧은 趙將이라

⑫ 起는 自起にして剪은 王剪なり、共に秦の將軍たり、又頗とは廉頗をいひ牧とは李牧をいふ。(기(起)는 자기(自起)로 삼고 전(剪)은 왕전(王剪)이 되어, 모두 진(秦)의 장군이다. 또 염파(廉頗)라는 목(牧)이라는 것은 이목(李牧)을 말한다.)

⑬ 백기와 왕전은, 진나라, 장수요 염파와 이목은, 조나라 장수니라

150	①광천1575 ②대천(16C중엽?)	③석천1583 ④칠천1661	⑤영천1700 ⑥송천1730	⑦츰千1862/完千1905 ⑧박천1917	⑨사천1937/1945 ⑩중천1948	⑪주천중간1804 ⑫삼천1935	⑬세천1956
用	뻐 용	뻐 용	뻐 용	쓸 용	쓸 용	쓸 용	쓸 용
	뻐 용	뻐 용	뻐 웅	쓸 용/ モチヰル ヨウ	쓸 용	モチヰル(모치이르-이용하다) ヨウ(요우-용)	
軍	군 군	군 군	군 군	군ㅅ군	군사 군	군ㅅ군	군사 군
	군 쇼	군 군	군 군	군사 군/ イクサ グン	군사 군	グンキ(군오-군을) グン(군-군)	
最	안직 최	ㄱ장 최	ㄱ장 치	ㄱ중 최	가장 최	ㄱ장 최	가장 최
	안직 최	ㄱ장 최	ㄱ장 최	가장 최/ モツトモ サイ	가장 최	モットモ(모츠토모-가장) サイ(사이-최)	
精	솝 졍	졍흘 졍	졍흘 졍	졍흘 졍/ 졍흘 졍	졍할 정	졍흘 졍, 쁠 졍, 졍긔 졍	졍할 정
	솝 졍	졍흘 졍	졍흘 졍	졍할 정/ クハシ セイ	졍할 졍	クハシ(쿠와시-자세하게) セイ(세이-졍)	

⑧ 군사 쓰기를 가장 졍결케 하니라

⑨ 군사 쓰기를 가장 졍결리 하니라

⑩ 군사 쓰기를 가장 졍결리 하니라

⑪ 言用軍之法이 四將最精也라

⑫ 此の二人は趙の將軍なり、此の四人は軍略に長じ用兵に最も精しくて、世にすぐれたる名將なりしなり。(이 두 사람은 조(趙)의 장군이다. 이 네 사람은 군략(軍略)에 경험 많고 용병에도 가장 자세하며, 세상에서 뛰어난 명장(名將)이라는 것이다.)

⑬ 군사 쓰기를, 가장 졍결함이라

151	①광천1575 ②대천(16C중엽?)	③석천1583 ④칠천1661	⑤영천1700 ⑥송천1730	⑦츙千1862/完千1905 ⑧박천1917	⑨사천1937/1945 ⑩중천1948	⑪주천중간1804 ⑫삼천1935	⑬세천1956
宣	님굼 션	베플 션	펼 션	펼 션/베플 션	베풀 션	베플 션	베풀 션
	님금 션	펼 션	베플 션	베플 션/ノブ セン	베풀 션	ノベ(노베-베풀) セン(센-선)	
威	위엄 위	위엄 위	위엄 위	위엄 위	위엄 위	위엄 위	위엄 위
	위엄 위	위엄 위	위임 위	위엄 위/イキオヒ イ	위엄 위	ヰキ(이오-위를) ヰ(이-위)	
沙	몰애 사	몰애 사	몰애 사	모릭 스	모래 사	모래 사	모래 사
	몰애 사	몰애 사	몰애 사	모래 사/スナ サ	모래 사	サ(사-사) サ(사-사)	
漠	아득홀 막	아득홀 막	어득홀 □	아득홀 막	아득할 막	너를 막	아 득 할 막
	아디굴 막	악득홀 막	아득홀 막	아득할 막/ヒロシ バク	아득할 막	バクニ(바쿠니-막에) バク(바쿠-막)	

⑧ 위엽[엄]을 사막에 베풀[푸]니 잠[장]수되여 위엄과 무예를 섹삭]북변방에 베푼다.

⑨ 위엄을 사막에 베푸니 장슈되여 무예를 변방에 베푸미라

⑩ 위엄을 사막에 베푸니 장수되여 무예를 변방에 베푸미라

⑪ 沙漠은 朔北極邊之地니 言爲將者能宣揚威武於沙漠也라

⑫ されば此等の將軍は、其の威名は普く四海轟かし、(그러므로 이들 장군은 그 위명(威名)을 널리 사해(四海)에 울리고,)

⑬ 위엄을, 사막에, 베푸니, 장수되어, 무예를, 변방에 베품이라

152	①광천1575	③석천1583	⑤영천1700	⑦杏千1862/完千1905	⑨사천1937/1945	⑪주천중간1804	⑬세천1956
	②대천(16C중엽?)	④칠천1661	⑥송천1730	⑧박천1917	⑩중천1948	⑫삼천1935	
馳	들일 티	들일 티	들얼 틔	들일 치	달닐 치	들릴 치	달릴 치
	들일 티	들일 티	들일 티	달닐 치/ハシル チ	다닐 치	ハス(하스-달리다) チ(치-치)	
譽	소릭 예	기릴 예	기릴 녜	기릴 예/겨믈 예	기릴 예	기림 여, 기릴 여, 즐길 여	기를 예
	소릴 에	기릴 녜	기릴 예	기닐 예/ホマレ ヨ	기릴 예	ホマレテ(호마레테-높이 사) ヨ(요-예)	
丹	블글 단	블글 단	블글 단	블글 단/불글 단	붉을 단/붉글 단	블글 단, 단사 단	붉을 단
	블글 단	블글 단	블글 단	붉을 단/アカシ タン	붉을 단	タン(탄-단) タン(탄-단)	
青	프롤 청	프를 청	프를 청	푸를 청	풀을 청	푸를 청	푸를 청
	푸롤 청	프를 청	프를 청	풀을 청/アヲシ セイ	풀을 청	セイニ(세이니-청에) セイ(세이-청)	

⑧ 태공이 잇스면 단청으로 그 형상을 긔림[린]각에 그리여 명예를 위[위]전하나니라

⑨ 대공이 잇으면 단청으로 그 형상을 그린각의 그려 명예를 유전하나니라

⑩ 대공이 잇스면 단청으로 그 형상을 그린각의 그려 명예를 유전하나니라

⑪ 丹青은 圖其形貌라 樹功則圖形하여 而馳名譽於永久하니 如漢宣帝圖畫功臣於麒麟閣이 是也라

⑫ 武勳은 天下에 かがやきしのみならず其の像を畫かれ其の功績を記されて、誉れを後世に傳たへられたるなり。(무훈(武勳)은 천하에 빛날 뿐만 아니라 그 초상(肖像)을 그려 그 공적을 기록하여 명예를 후세에 전달하는 것이다.)

⑬ 영예를, 당청으로 달지니, 그 초상을 기린각에, 그리고, 공적을 유전하니라

153 九州禹跡	①광천1575 / ②대천(16C중엽?)	③석천1583 / ④칠천1661	⑤영천1700 / ⑥송천1730	⑦杏千1862/完千1905 / ⑧박천1917	⑨사천1937/1945 / ⑩중천1948	⑪주천중간1804 / ⑫삼천1935	⑬세천1956
九	아홉 구 / 아홉 구	아홉 구 / 아홉 구	아홉 구 / 아홀 구	아홉 구 / 아홉 구/ ココノツ キウ	아홉 구 / 아홉 구	아홉 구, 모돌 규 / キウ(키우-구) キウ(키우-구)	아홉 구 /
州	고을 쥐 / 고을 쥐	고을 쥬 / 고을 쥬	고을 쥬 / 고을 쥬	고을 쥬 / 골 주/ クニ シウ	골 쥬 / 골 쥬	고을 쥬, 물ㅈ 쥬 / シウ(시우-주) シウ(시우-주)	골 주 /
禹	님금 우 / 님금 우	님군 우 / 님금 우	님금 우 / 님금 우	님금 우 / 님금 우/ ノブ ウ	님금 우 / 님금 우	하우 우 / ウノ(우노-우의) ウノ(우-우)	임금 우 /
跡	자최 적 / 자최 적	자최 적 / 자최 적	자최 적 / 자최 적	ㅈ최 적 / 자최 적/ アト セキ	자최 적 / 자최 적	자최 적 / アシアト(아시아토-발자국) セキ(세키-적)	자취 적 /

⑧ 하우시가 구주를 분별하시니 긔주 연주 쳥주 셔주 양주 형주 예주 량주 옹쥬니라

⑨ 하우시가 구쥬를 분별하시니 긔, 연, 쳥, 셔, 양, 형, 예, 량, 옹쥬니라

⑩ 하우씨가 구쥬를 분별하시니 긔 연 쳥 셔 양 형 예 젼 옹쥬니라

⑪ 九州는 冀兗青徐揚荊豫梁雍也라 夏禹隨山刊木하여 分別九州하시니 九州는 皆禹所經이라 故로 曰禹跡이라하니라

⑫ 九州とは支那古代の本土にして、冀、青、徐、楊、兗、荊、豫、梁、雍の九州をいふ、兎は此の九州を巡りて水利を治め農業を勸めて天下を治められたり。(구주(九州)라는 것은 대륙 본토로서 기(冀), 청(青), 서(徐), 양(楊), 태(兗), 형(荊), 상(豫), 양(梁), 옹(雍)의 아홉 개의 주(州)를 말한다. 우(禹)는 이 구주(九州)를 순방하여 물을 다스려 농업을 권장하여 천하를 다스렸다.)

⑬ 하우씨가, 구주를 분별하시니, 기, 연, 청, 서, 양, 형, 예, 양, 옹, 구쥬니라 출판의 기본은 기획이다. 요즘 트렌드가 시시각각 어떻게 변해가고 있는지를 파악하는 것도 편집자의 몫이다. 또한 기획된 도서의 구성요소를 어떻게 준비해 나가느냐를 결정하는 것도 참으로 중요하다. 저자에게 원고를 받기까지 원활한 소통과 함께 잘 진행될 수 있도록 하며, 기획에 부합하지 않거나 미흡한 부분은 파악하여 저자에게 수정과 보완을 의뢰하는 방법 등을 훈련하였다.

154	①광천1575 / ②대천(16C중엽?)	③석천1583 / ④칠천1661	⑤영천1700 / ⑥송천1730	⑦참千1862/完千1905 / ⑧박천1917	⑨사천1937/1945 / ⑩중천1948	⑪주천중간1804 / ⑫삼천1935	⑬세천1956
百	온 빅	온 빅	온 빅	임[일]백 백/일빅 빅	일빅 백/백 백	일빅 빅	일백 백
	온 빅	온 빅	온 빅	일백 백/モモ ヒヤク	일백 백	ヒャク(햐쿠-백)/ヒャク(햐쿠-백)	
郡	고을 군	고을 군	고을 군	고을 군	골 군	고을 군	골 군
	고을 군	고을 군	그을 군	골 군/コホリ グン	골 군	グン(군-군)/グン(군-군)	
秦	나라 진	진국 진	진곡 진	진ㄴ르 진	나라 진	진국 진	나라 진
	나라 진	나라 진	진국 진	나라 진/クニノナ シン	나라 진	シン(신-신)/シン(신-신)	
幷	아올 병	아올 병	아올 병	아올 병	아오를 병	아올 병	아우를 병
	아을 병	아을 병	아올 병	아오를 병/アハス ヘイ	아오를 병	アハス(아와스-합치다)/ヘイ(헤이-병)	

⑧ 백군을 진이 아올느니 진시황이 천하의 봉건하난 법을 폐하고 일백 고을을 두다

⑨ 진시황이 텬하 봉군하는 법을 폐하고 일빅 고을 두니라

⑩ 진시황이 텬하 봉군하는 법을 폐하고 일백 고을 두니라

⑪ 秦始皇이 有天下에 廢封建之制고 置郡이 凡三十六이러니 歷代增益하여 乃至百郡하니 而置郡이 始於秦이라 故로 曰秦幷이라하니라

⑫ 秦의 始皇이 天下를 一統하는에 至리 國을 百郡에 分たれり。 (진(秦)의 시황(始皇)이 천하를 통일하기에 이르러 나라를 백 개의 군(郡)으로 나누었다.)

⑬ 진시황이, 천하 봉분하는 법을 폐하고, 일백 골을 두니라

155	①광천1575 ②대천(16C중엽?)	③석천1583 ④칠천1661	⑤영천1700 ⑥송천1730	⑦첨千1862/完千1905 ⑧박천1917	⑨사천1937/1945 ⑩중천1948	⑪주천중간1804 ⑫삼천1935	⑬세천1956
嶽	묏부리 악	묏부리 악	뫼부리 악	뫼부리 악	묏부리 악/뫼 악	묏부리 악	메 뿌리 악
	묏부리 악	묏부리 악	묏부리 악	뫼샌리 악/タケ ガク	뫼부리 악	ガクハ(가쿠와-악은) ガク(가쿠-악)	
宗	무르 종	무르 종	무르 종	무로 종	마루 종/마루 종	무르 종, 겨릭 종	마루 종
	무르 종	무르 종	무르 종	마루 종/ムネ ソウ	마루 종	ソウトシ(소우토시-종으로 하고) ソウ(소우-종)	
恒	흥샹 흥	샹네 흥	샹녜 흥	흥승 흥	항상 항	흥산 흥, 샹례 흥, 조곰 흥	항상 항
	흥샹 흥	샹녜 흥	샹녜 흥	항상 항/ツネ カウ	항상 항	コウ(코우-항) コウ(코우-항)	
岱	뫼 딕	뫼 딕	뫼 딕	뫼 딕	뫼 대	딕산 딕	메 대
	뫼 딕	뫼 딕	뫼 딕	뫼 대/ヤマ タイ	뫼 대	タイキ(타이오-대를) タイ(타이-대)	

⑧ 오악에 항산과 태산이 조종이니 동태산 서화산 남형산 북항산 중앙에 숭산이라

⑨ 오악은 동틱산 셔화산 남형산 북항산 즁숭산이니 항산과 틱산 죠종니라

⑩ 오악은 동태산 셔화산 남형산 북항산 즁숭산이니 항산과 태산 죠종이니라

⑪ 言五嶽은 以恒岱爲宗也라 恒은 唐本作泰하니 泰岱는 東嶽이라

⑫ 嶽とは山なり、乃ち山には恒山と岱山とをたつとぶ、謂ゆる天下の名山となしてたつとび。(악(嶽)이라는 것은 산이다. 즉 산에는 항산(恒山)과 대산(岱山)을 높이 샀다. 소위 천하의 명산(名山)으로서 높이 샀다.)

⑬ 오악은, 동태산, 서화산, 남형산, 북항산, 중숭산, 이니 항산과 태산 조종이라

156	①광천1575 / ②대천(16C중엽?)	③석천1583 / ④칠천1661	⑤영천1700 / ⑥송천1730	⑦춘千1862/完千1905 / ⑧박천1917	⑨사천1937/1945 / ⑩중천1948	⑪주천중간1804 / ⑫삼천1935	⑬세천1956
禪	션뎡 션	터닷글 션	터 닷글 션	터닷글 션	터닥글 션	터닷글 션, 괴요홀 션, 젼홀 션	터 닥 을 션
	션뎡 션	닷글 션	터닷글 션	터닥글 션/ユヅル ゼン	터닥글 션	ゼンハ(젠와-선은) ゼン(젠-선)	
主	님 쥬	님 쥬	님 쥬	쥬즁 쥬	님금 쥬/인군 쥬	쥬홀 쥬, 님금 쥬, 쥬인 쥬	임금 주
	님 쥬	님 쥬	님 쥬	님금 주/アルジ シュウ	님금 쥬	シュトス(슈토수-주로 삼다) シュ(슈-주)	
云	マ를 운	니를 운	니를 운	이를 운	니를 운/이를 운	니를 운, 구름 운, 셩홀 운	이를 운
	マ를 운	니를 운	니를 운	닐을 운/イフ ウン	니를 운	ウン(운-운) ウン(운-운)	
亭	뎡즈 뎡	뎡즈 뎡	뎡즈 잉	졍즈 졍	졍자 졍	뎡즈 뎡, 바롤 뎡	졍자 졍
	뎡즛 뎡	뎡즈 뎡	뎡즈 뎡	졍사 졍/トトマル テイ	졍자 졍	テイキ(테이오-정을) テイ(테이-정)	

⑧ 터 닷금은 운과 졍을 주장하니 운ヽ과 졍ヽ은 태산에 잇스니 천자 태산에 봉션하고 제사하나니라
⑨ 운과 졍은 텬자봉션하고 졔사하는 곳이니 운ㅅ졍ㅅ이 퇴산의 잇나이라
⑩ 운과 졍은 텬자봉션하고 졔사하는 곳이니 운ㅅ졍ㅅ 태산의 잇나니라
⑪ 天子는 十二季年)에 一巡狩할새 必封禪泰岱하니라 云云亭亭은 泰岱下小山이니 必主宿於是하여 齋沐而後祀岱宗焉하니라
⑫ 又封禪の地としては、云々山と亭々山を主となしたり、これより以下八句は支郡古代の地理形勢を示したるなり。(또 봉선(封禪)의 땅으로서는 운운산(云々山)과 정정산(亭々山)을 주(主)를 이루었고, 이것으로부터 이하 팔구(八句)는 대륙 고대의 지리형세(地理形勢)를 보인 것이다.)
⑬ 운과 졍은, 천자봉선하고, 제사하는 곳이니, 운졍은, 태산에 있느니라

	①광천1575	③석천1583	⑤영천1700	⑦杏千1862/完千1905	⑨사천1937/1945	⑪주천중간1804	⑬세천1956
157	②대천(16C중엽?)	④칠천1661	⑥송천1730	⑧박천1917	⑩중천1948	⑫삼천1935	
雁	그러기 안	그려기 안	그려기 안	기러기 안	기러기 안	기러기 안	기 러 기 안
	그러기 안	그러기 안	그려기 안	기러기 안/カリ カン	기러기 안	ガン(간-안) ガン(간-안)	
門	오래 문	오래 문	오래 문	문 문	문 문	문 문	문 문
	오래 문	오래 문	오래 문	문 문/カド モン	문 문	モン(몬-문) モン(몬-문)	
紫	블글 ㅈ	블글 ㅈ	블글 ㅈ	블글 ㅈ	불글 자	불글 ㅈ	붉을 자
	블글 ㅈ	블글 ㅈ	블글 ㅈ	붉글 자/ムラサキ シ	불글 자	シ(시-자) シ(시-자)	
塞	ᄀ 식	마글 식	마글 식	마글 식	변방 새	변방 싀, 막을 식, 메올 식	변방 색
	ᄀ 식	마글 식	마글 식	변방 새/サカヒ シ	변방 새	サイ(사이-새) サイ(사이-새)	

⑧ 안문과 자새니 봄 기러기 그 굉[괴]을을 넘어 북으로 가난 고로 안문이요 흙이 붉근 고로 자세[새]라 하나니라

⑨ 안문는 봄기러기 북오로 가는 고로 안문이오 자시는 흙이 불근 고로 자시라

⑩ 안문는 봄기러기 북오로 가는 고로 안문이오 자새는 흙이 불근 고로 자니라

⑪ 雁門은 郡名이니 在幷州하니 春雁北歸踰此라 故로 名이라 紫塞는 地名이니 秦築長城할새 土色皆紫하니라

⑫ 鴈門とは山の名にして、鳥も越えかぬるといへる高山なり、紫塞は萬里の長城にして、其の色よりして稱せらる。(안문(鴈門)이라는 것은 산의 이름으로서 새도 넘지 못한다는 높은 산이다. 자새(紫塞)는 만리(萬里)의 장성(長城)으로서, 그 이름에 의해 부른다.)

⑬ 안문은, 기러기 북으로 가는 고로 안문이오 자색은, 흙이 붉은 고로 자색이라

158	①광천1575	③석천1583	⑤영천1700	⑦춈千1862/完千1905	⑨사천1937/1945	⑪주천중간1804	⑬세천1956
	②대천(16C중엽?)	④칠천1661	⑥송천1730	⑧박천1917	⑩중천1948	⑫삼천1935	
鷄	둙 계	둙 계	둙 계	둙 계/득 계	닭 계/닥 계	둙 계	닭 계
	닭 계	둙 계	둙 계	닭 계/ニワドリ ケイ	닭 계	ケイ(케이-계) ケイ(케이-계)	
田	받 던	받 던	받 던	밧 전	밧 전	밧 던, 산영 던	밭 전
	받 던	받 던	받 던	밧 전/タ デン	밧 전	デン(덴-전) デン(덴-전)	
赤	블글 적	블글 적	블글 적	불글 적	불글 적/붉글 적	불글 적	붉을 적
	블글 적	블글 적 $	블글 적	붉글 적/アカ セキ	불글 적	セキ(세키-적) セキ(세키-적)	
城	잣 성	잣 성	잣 성	지 성	재ㅅ 성	셩 셩	재 성
	잣 성	자 성	잣 졍	재 셩/シロ シヤウ	재ㅅ 성	ジャウ(쟈우-성) ジャウ(쟈우-성)	

⑧ 계전의 서수문공은 숫닭을 어더 왕이 되니 웅주에 잇고 적성은 기주에 잇나니라

⑨ 계젼는 웅쥬의 잇는 고을이오 적성은 괴쥬의 잇는 고을이라

⑩ 계젼는 웅주의 잇는 고을이오 젹성은 긔주의 잇는 고을이라

⑪ 雞田은 在雍州라 昔에 周文은 獲雌而王하고 秦穆은 獲雌而霸하니라 下有寶雞祠하니 秦郊祀處라 赤城은 在夔州魚腹縣하니라

⑫ 又雞田とは古驛騎の名にして、赤城は周時代の關門のありし所なり。(또 계전(雞田)이라는 것은 고역기(古驛騎)의 이름으로서 적성(赤城)은 주시대(周時代)의 관문(關門)이 있던 곳이다.)

⑬ 계전은, 웅주에 있는 골이오, 적성은, 기주에 있는 골이라

	①광천1575 ②대천(16C중엽?)	③석천1583 ④칠천1661	⑤영천1700 ⑥송천1730	⑦杏千1862/完千1905 ⑧박천1917	⑨사천1937/1945 ⑩중천1948	⑪주천중간1804 ⑫삼천1935	⑬세천1956
昆	믄 곤	믄 곤	믄 곤	믓 곤	맛 곤	믓 곤, 나죵 곤, 즘슝 곤, 혼론 혼	맏 곤
	몬 곤	믄 곤	믓 곤	맛 곤/コノカミ コン	맛 곤	コン(콘-곤) / コン(콘-곤)	
池	못 디	못 디	못 디	못 지	못 지	못 지, 물 타	못 지
	못 디	못 디	못 디	못 지/イケチ	못 지	チ(치-지) / チ(치-지)	
碣	돌 갈	돌 갈	돌 갈	돌 갈	돌 갈	갈셕 갈, 비셕 갈, 비셕게, 비셕 걸	돌 갈
	돌 갈	돌 갈	돌 갈	돌 갈/イシブミ ケツ	돌 갈	ケツ(케츠-갈) / ケツ(케츠-갈)	
石	돌 셕	돌 셕	돌 셕	돌 셕	돌 셕/돌ㅅ셕	돌 셕, 셤 셕	돌 셕
	돌 셕	돌 셕	돌 셕	돌 셕/イシ セキ	돌 셕	セキ(세키-석) / セキ(세키-석)	

⑧ 곤디와 갈셕이니 곤디난 운남 곤명현에 잇고 갈셕은 부평현에 잇나니라

⑨ 곤지는 운남 곤명현에 잇고 갈셕은 부평현에 잇난니라

⑩ 곤지는 운남 곤명현에 잇고 갈셕은 부평현에 잇난니라

⑪ 昆池는 在雲南昆明縣하니 漢武欲通雲南하여 鑿昆明池하여 以習水戰하니 亦曰昆池라 碣石은 在北平郡黎城縣하니라

⑫ 昆池とは昆陽と稱する有名なる池にして、碣石は著名なる山なり。(곤지(昆池)라는 것은 곤양(昆陽)이라 부르는 유명한 연못이고, 갈석(碣石)은 저명한 산이다.)

⑬ 곤지는, 운람 곤명현에, 잇고, 갈셕은, 부평현에 있느니라

160	①광천1575 / ②대천(16C중엽?)	③석천1583 / ④칠천1661	⑤영천1700 / ⑥송천1730	⑦杏千1862/完千1905 / ⑧박천1917	⑨사천1937/1945 / ⑩중천1948	⑪주천중간1804 / ⑫삼천1935	⑬세천1956
鉅	톱 거	톱 거	톱 거	톱 거	톱 거	클 거, 굿셀 거	톱 거
	톱 거	톱 거	톱 거	톱 거/ ツリ ナリ キョ	톱 거	キョ(교-거) キョ(교-거)	
野	뫼 야	드르 야	드르 야	들 야	들 야/들 랴	들 야, 야흘 야	들 야
	뫼 야	드르 야	드르 야	들 야/ ノ ヤ	들 야	ヤ(야야) ヤ(야야)	
洞	골 동	골 동	골 동	골 동	골 동	빌 동, 공경 동, 골동, 거리 동	골 동
	골 동	골 동	골 동	골 동/ ホラ トウ	골 동	ドウ(오우-동) ドウ(도우-동)	
庭	뜰 뎡	뜰 뎡	뜰 졍	쓸 졍	뜰 졍/쓸 뎡	쓸 뎡	뜰 졍
	뜰 뎡	뜰 졍	뜰 뎡	쓸 졍/ ニワ テイ	뜰 졍	テイ(테이-정) テイ(테이-정)	

⑧ 거야와 동정이니 거야군은 태산 동편의 잇고 동정은 악주 대강 남편에 잇나니라

⑨ 거야군은 틱산 동편의 잇고 동졍은 악쥬 대강 남편의 잇나니라

⑩ 거야군은 태산 동편의 잇고 동졍은 악주 대강 남편의 잇나니라

⑪ 鉅野郡은 在泰山之東하고 洞庭湖는 在岳州大江之南과 彭蠡之西하니라

⑫ 又鉅野とは、鉅鹿と稱する所の廣き、原野にして、洞庭は楚の國と吳の國との間にある湖水の名なり。

　(또 거야(鉅野)라는 것은 거록(鉅鹿)이라 부르는 곳이 넓은 평원이고, 동정(洞庭)은 초나라와 오나라와의 사이에 있는 호수 이름이다.)

⑬ 거야군은, 태산 동편에 있고, 동정은 악주 대강 남편에 있느니라

| 161 | ①광천1575 | ③석천1583 | ⑤영천1700 | ⑦杏千1862/完千1905 | ⑨사천1937/1945 | ⑪주천중간1804 | ⑬세천1956 |
	②대천(16C중엽?)	④칠천1661	⑥송천1730	⑧박천1917	⑩중천1948	⑫삼천1935	
曠	힛긔 광	너를 광	희굴 광	빌 광	빌 광	빌 광	빌 광
	희쉬 광	너르 광	광 를너	빌 광/ムナシク ワウ	빌 광	ヒロク(히로쿠-넓게) クワン(콴-광)	
遠	멀 원	멀 원	멀 원	멸 원	멀 원	멀 원, 멀리홀 원	멀 원
	멀 원	멀 원	밀 원	멀 원/トホシ エン	멀 원	トホク(토오쿠-멀리) ユン(엔-원)	
綿	소옴 면	소옴 면	소옴 면	소옴 면	솜 면	멀 면, 소옴 면, 약홀 면	솜 면
	소솜 면	소옴 면	면 옴쇼	솜 면/ワタ メン	솜 면	ツラナリ(츠라나리-잇다) メン(멘-면)	
邈	아닥홀 막	멀 막	멀 막	멸 막	멀 막	멀 막	멀 막
	모맷 막	멀 막	밀 막	멀 막/ハルカ バウ	멀 막	ハルカナリ(하루카나리-머나먼) バク(바쿠-막)	

⑧ 뷔이고 멀며 아득하고 머니 이우의 말한 모든 산천이 다 갓흐니라

⑨ 뷔이고 멀며 아득하고 머니 모든 산천을 말합니라

⑩ 뷔이고 멀며 아득하고 머니 모든 산천을 말합니라

⑪ 上文所列山川이 皆空曠而遙遠也라

⑫ 以上の原野、湖水其の他名所古蹟など、ひろく遠くはるかに連り (이상의 평원, 호수, 그 외 명소고적(名所古蹟) 등, 넓게 훨씬 멀리 이어지고)

⑬ 비고 멀고, 아득하며 머니, 모든 산천을, 말함이라

162	①광천1575 ②대천(16C중엽?)	③석천1583 ④칠천1661	⑤영천1700 ⑥송천1730	⑦춘千1862/完千1905 ⑧박천1917	⑨사천1937/1945 ⑩중천1948	⑪주천중간1804 ⑫삼천1935	⑬세천1956
巖	바회 암	바회 암	바회 암	바회 암/바우 암	바위 암	바회 암, 험홀 암	바위 암
	바회 암	바회 암	바회 암	바위 암/イハホ ガン	바위 암	イワホ(이와호-바위) ガン(간-암)	
岫	묏부리 슈	묏쌱리 슈	묏쌱리 슈	밋부리 슈	묏부리 슈/뫼쌱리 슈	묏부리 슈	메 뿌리 추
	묏부리 슈	묏쌱리 슈	밋쌱리 슈	뫼쌱리 수/クキ シウ	묏부리 슈	イワマ(이와마-바위) チウ(치우-틈)	
杳	아득홀 묘	아득홀 묘	아득홀 묘	아득홀 묘	아득할 묘	아득홀 요, 깁플 요	아 득 할 묘
	아득홀 묘	아득홀 묘	아득츨 묘	아득홀 모/아득할 묘/ハハカ エウ	아득할 묘	ハルカニ(하루카나리-멀리) エウ(에우-묘)	
冥	아득홀 명	아득홀 명	아르홀 명	아득홀 명	어둘 명	아득홀 명, 바다 명	아 득 할 명
	아득홀 명	아득홀 명	아득홀 명	아득할 명/クラシ メイ	어둘 명	カスカナリ(카스카나리-어렴풋한) メイ(메이-명)	

⑧ 바위와 묏부리난 묘연하고 아득하니라

⑨ 바위와 묏부리난 묘연하고 아득하니라

⑩ 바위와 뫼ㅅ부리난 묘연하고 아득하니라

⑪ 巖岫는 山之岌嶪而不可登이요 杳冥은 水之淵深而不可測也라

⑫ 又巖岫乃ちけはしく高き大なる山々は遥かに遠く散在して、幽かに見ゆるが如く見えぬが如くなるといふ。(또 암수(巖岫) 즉 험하고 높으며 커다란 산들은 훨씬 멀리 산재(散在)하여, 어렴풋이 보이듯, 안 보이듯 한 것을 말한다.)

⑬ 바위와 메뿌리는 묘연하고, 아득하니라

163	①광천1575	③석천1583	⑤영천1700	⑦杏千1862/完千1905	⑨사천1937/1945	⑪주천중간1804	⑬세천1956
	②대천(16C중엽?)	④칠천1661	⑥송천1730	⑧박천1917	⑩중천1948	⑫삼천1935	
治	다스릴 티	다스릴 티	다스릴 티	다스리 치	다사릴 치	다스릴 치, 치슈 치, 다슬 치	다 스 릴 치
	다스릴 티	다스릴 티	다스릴 티	다사릴 치/オサマル ジ	다사릴 치	チハ(치와-치는) チ(치-치)	
本	믿 본	믿 본	믿 본	밋 본	밋 본/근본 본	밋 본	근본 본
	믿 본	믿 본	믿 본	근본 본/モト ボン	밋 본	モトヅキ(모토즈키-바탕을 두다) ホン(혼-본)	
於	늘 어	늘 어	늘 어	늘 어	늘 어	늘 어, 슬플 오	늘 어
	늘 어	늘 어	늘 어	늘 어/オイテ オ	늘 어	ニ(니--에) ヨ(요-어)	
農	녀늠지을 롱	녀름 지을 롱	녀음 지를 농	농사 농	농사 농	녀름 지을 농	농사 농
	녀름지을 롱	녀름 지을 롱	녀름 지을 롱	농사 농/タックル ノウ	농사 농	ノウ(노우-농) ノウ(노우-농)	

⑧ 다사람[림]은 농사를 근본하나니 인군은 백성을 근본하고 백성은 법[밥]으로써 하날을 삼나니라

⑨ 다사리믄 농사로 근본 삼나니 인군은 빅성으로 근본하고 빅성은 먹는 거스로 하날삼나(니라)

⑩ 다사리믄 농사로 근본 삼나니 인군은 백성으로 근본하고 백성은 먹는 거스로 하날 삼나니

⑪ 帝王爲治에 必以農爲本하니 蓋君은 以民爲天하고 民은 以食爲天故也라

⑫ 天下를 治むるの要素는 農を以て本とす. (천하(天下)를 다스리는 요소(要素)는 농(農)으로써 근본으로 삼는다.)

⑬ 다스리되, 농사를 근본으로 하나니, 정치의 대요는, 농사를 근본으로 하니라

164	①광천1575 ②대천(16C중엽?)	③석천1583 ④칠천1661	⑤영천1700 ⑥송천1730	⑦杏千1862/完千1905 ⑧박천1917	⑨사천1937/1945 ⑩중천1948	⑪주천중간1804 ⑫삼천1935	⑬세천1956
務	힘쓸 무	힘쓸 무	힘쓸 무	심쓸 무	심쓸 무/ 힘쓸 무	힘쓸 무	힘쓸 무
	힘쓸 무	힘쓸 무	힘쓸 무	심쓸 무/ ツトム ム	심쓸 무	ツトメテ(츠토메테-힘써) ム(무-무)	
茲	일 즈	이 즈	잇 즈	이 즈	이 자	이 즈, 거믈 즈	이 자
	임 즈	이 즈	이 즈	이 자/ コレ シ	이 자	コニ(코코니-여기에) シ(시-자)	
稼	시믈 가	곡식시믈 가	곡식 거들 가	시믈 가	심을 가	곡식 시믈 가, 벼 가,	심을 가
	시믈 가	곡식 거들 가	곡식 시믈 가	심을 가/ ウエル カ	심을 가	カ(카-가) カ(카-가)	
穡	벼뷜 식	곡식 거둘 식	곡식 거들 식	거들 식	거들 색	곡식 거둘 식	걷을 색
	시믈 식	곡식 거들 식	곡식 거들 식	거들 색/ カリオサム ショク	거들 색	ショクス(쇼쿠스-색하다) ショク(쇼쿠-색)	

⑧ 이 삼심고며 거듬옴을 힘써 봄에 심으고 가을에 거두어 그 째를 일치 아니 함이라

⑨ 봄에 심으고 가을의 거두어 그 쩍를 일치 아니 함이라

⑩ 봄에 심으고 가을의 거두어 그 째를 일치 아니 함이라

⑪ 以農爲本이라 故로 必令專力於春稼秋穡하여 不奪其時也라

⑫ 乃ち農は國を立つる基礎なるが故に務めて稼穡の道を怠らさらんことを期するといふ。蓋し稼とは植えること穡とは收むることなり。(즉 농(農)은 나라를 세우는 기초가 되는 까닭에 힘써 심고 거두는(稼穡) 길을 게을리 하지 않을 것을 기약한다고 말한다. 대저 가(稼)라는 것은 심는 것, 색(穡)이라는 것은 거두는 것이다.)

⑬ 봄에 심고, 가을에 거두어, 그 때를 잃지 아니함이라

165	①광천1575 ②대천(16C중엽?)	③석천1583 ④칠천1661	⑤영천1700 ⑥송천1730	⑦杏千1862/完千1905 ⑧박천1917	⑨사천1937/1945 ⑩중천1948	⑪주천중간1804 ⑫삼천1935	⑬세천1956
俶	비르슬 슉	비륵슬 슉	비륵슬 슉	비륵슬 슉	비로솔 슉	비륵슬 슉, 놉플 텩	비로소 슉
	시믈(?) 슉	비륵슬 슉	비륵슬 슉	비로솔 속/ハジメ シュク	비로솔 슉	ハジメテ(하지메테-처음으로) シュク(슈쿠-숙)	
載	시르 지	시룰 지	시룰 지	시룰 지/시을 지	시를 재	일 지, 히 지, 비르슬 지, 시룰 지	실을 재
	시르 지	시룰 지	시룰 지	시를 재/ノス サイ	시를 재	ハコビ(하코비-나르고) サイ(사이-재)	
南	앏 남	앏 남	앏 남	남역 남	남녁 남	남녁 남	남녁 남
	앏 남	압 남	앏 남	남녁 남/ミナミ ナン	남녁 남	ナン(난-남) ナン(난-남)	
畝	이랑 묘	이럼 묘	이럼 묘	두든 모/두든 묘	이랑 묘/일랑 묘	이렁 무	이랑 묘
	이럼 묘	이렁 묘	이럼 묘	일랑 묘/ウネ ホウ	이랑 묘	ポニ(포니-묘에) ポ(포-묘)	

⑧ 비로소 남녁 이랑에 일하니

⑨ 비로소 남녁 일랑에 일하니

⑩ 비로소 남녁 일랑에 일하니

⑪ 詩小雅大田篇之詞니 言始事於南畝也라

⑫ 俶은 始메てなり。乃ちはじめて日あたりよき南向の田畝に耕作して (숙(俶)은 처음이다. 즉 처음으로 양지바른 남향의 밭을 경작하여)

⑬ 비로소, 남녁 이랑에, 일하니

166	①광천1575 ②대천(16C중엽?)	③석천1583 ④칠천1661	⑤영천1700 ⑥송천1730	⑦杏千1862/完千1905 ⑧박천1917	⑨사천1937/1945 ⑩중천1948	⑪주천중간1804 ⑫삼천1935	⑬세천1956
我	나 아	나 아	나 아	나 ㅇ	나 아	나 아	나 아
	나 아	나 아	나 아	나 아/ ワレ ガ	나 아	ワレハ(와레와-나는) ガ(가-나)	
藝	지조 예	시믈 예	시믈 예	지조 예/ 지죠 녜	심을 예	시믈 예, 지조 예	심을 예
	시□ 예	시믈 예	시믈 예	심을 예/ ワザ ケイ	심을 예	ウウ(우우-) ゲイ(게이-예)	
黍	기장 □	기장 셔	기장 셔	기즁 셔	기장 셔	기장 셔	기장 서
	기장 셔	기장 셔	기장 셔	기장 서/ キビ ショ	기장 셔	キビト(키비토-수수) ショ(쇼-서)	기장 서
稷	피 직	피 직	피 직	피 직	피 직	조 직	피 직
	피 직	피 직	피 직	피 직/ ヒエオ ショク	피 직	アハヲ(아와오-조) ショク(쇼쿠-직)	

⑧ 나온 지[기]장과 피를 심으니다

⑨ 나은 기장과 피를 심으리라

⑩ 낙은 기장과 피를 심으리라

⑪ 詩小雅楚茨篇之詞니 有田祿而奉祭祀者가 自言種其黍稷也라

⑫ 我는「きび」や「あは」などの穀物を種まきうゑて、農業を勉め勵みて怠らずといへるなり。(나는 '수수'나 '조' 등의 곡물을 씨앗을 뿌리고 심어 농업을 힘써 장려해서 게을리 하지 않는 것을 말하는 것이다.)

⑬ 나는, 기장과, 피를 심으리라

167	①광천1575	③석천1583	⑤영천1700	⑦杏千1862/完千1905	⑨사천1937/1945	⑪주천중간1804	⑬세천1956
	②대천(16C중엽?)	④칠천1661	⑥송천1730	⑧박천1917	⑩중천1948	⑫삼천1935	
稅	이삭 셰	낙 셰	낙 셰	거둘 셔/기둘 셰	구슬 셰/부셰 셰	거둘 셰, 쉴 셰, 버슬 탈, 츄복홀 태	구슬 셰
	이상 셰	낙 셰	낙 셰	구슬 셰/オサムルセイ	부셰 셰	ミツギ(츠르기-공물) ゼイ(제이-세)	
熟	니글 슉	니글 슉	니글 슉	니글 슉	익을 슉/닉을 슉	니글 슉	익을 슉
	니글 슉	니글 슉	니글 슉	익을 슉/ミノルシュク	익을 슉	ミノレルヲ(미노르오-익을) ジュク(쥬크-숙)	
貢	바틸 공	바틸 공	바틸 공	바칠 공	밧칠 공	바칠 공	바칠 공
	바틸 공	바틸 공	바틸 공	밧칠 공/ミツギコウ	밧칠 공	ミツギ(미츠기-공물) コウ(코우-공)	
新	새 신	새 신	새 신	새 신/식 신	새 신	새 신	새 신
	새 신	새 신	새 신	새 신/アラタシン	새로울 신	アラタナルヲ(아라타나르오-새로운 것을) シン(신-신)	

⑧ 닉으면 부셰하고 새겻[깃슨 진공하니 부셰하야 국용을 준비하고 신곡으로 종묘에 제사하나니라

⑨ 닉으면 부셰하야 국용을 준비하고 신곡으로 종묘 제사 하나니라

⑩ 닉으면 부셰하야 국용을 준비하고 신곡으로 종묘 제사 하나니라

⑪ 稅以田畝호되 必用熟以備國用하고 貢以土産호되 必用新以薦宗廟니라

⑫ さて其の穀物が實り熟したならば、其の幾分を租税として納め、其の新しきを貢として奉ること、これ農家の務めなり、(그런데 그 곡물이 익어 열매 맺었다면, 그 얼마간을 조세(租稅)로서 바치고, 그 햇곡식을 공물로서 바치는 것, 이것이 농가의 임무이다.)

⑬ 익으면 부셰하여, 국용을 준비하고, 신곡으로 종묘에, 제사하니라

	①광천1575	③석천1583	⑤영천1700	⑦杏千1862/完千1905	⑨사천1937/1945	⑪주천중간1804	⑬세천1956
168	②대천(16C중엽?)	④칠천1661	⑥송천1730	⑧박천1917	⑩중천1948	⑫삼천1935	
勸	권홀 권	권홀 권	권홀 권	힘쓸 권	권할 권	힘쓸 권	권할 권
	권홀 권	권홀 권	권홀 권	권할 권/ススム ク ワン	권할 권	ススメル(스스메르-권하다)/カン(칸-권)	
賞	샹홀 샹	샹홀 샹	샹홀 상	상줄 상	상즐 상	샹줄 샹, 구경 샹	상줄 상
	샹홀 샹	샹홀 샹	샹홀 샹	상줄 상/タマモノ ショウ	상즐 상	シャウ(샤우-상)/シャウ(샤우-상)	
黜	내조출 튤	내틸 튤	내틸 틸	닉칠 출	닉칠 츌/내칠 츌	내칠 츌	내칠 쥴
	내조출 튤	내틸 틸	내틸 튤	내칠 출/シリゾク チユツ	내칠 출	チュツ(츄츠-출)/チュツ(츄츠-출)	
陟	올릴 텩	오를 텩	오를 틱	올을 쳑	올일 쳑/올닐 쳑	올올 쳑	오를 쳑
	내조출 텩	오를 텩	오를 텩	올닐 쳑/ノボル チョク	올일 쳑	チョクス(쵸크스-척하다)/チョク(쵸쿠-척)	

⑧ 상 주어 권하며 내치고 올이니 농관이 근한 자난 상주고 나타한 자난 내치나이라

⑨ 농관이 근한 자는 상쥬고 나타한 자 닉치나니라

⑩ 농관이 근한 자는 상주고 나타한 자 내쳐나니라

⑪ 田事旣成이어든 農官이 賞其勤者以勸之하고 黜其惰者以戒之하니 陟亦賞也라

⑫ されば上は其の業を勸め勵ますに賞を以てし, 其の勤怠によりて, 或は位をさづけ又はしりぞくるなり。(그러므로 위는 그 업을 장려하기를 상(賞)으로서 하고, 그 근태(勤怠)에 의하여 혹은 지위를 주거나, 또는 물리치는 것이다.)

⑬ 농과[농관이, 근한 자는, 상을 주고, 게을리 하는 자는, 출척하나니라

	①광천1575 / ②대천(16C중엽?)	③석천1583 / ④칠천1661	⑤영천1700 / ⑥송천1730	⑦참千1862/完千1905 / ⑧박천1917	⑨사천1937/1945 / ⑩중천1948	⑪주천중간1804 / ⑫삼천1935	⑬세천1956
孟	미울 밍	믄 밍	믇 밍	밍가 밍	맛 멩/맛 맹	밍가 밍, 뭇 밍, 밍랑 망	맏 맹
	미을 밍	믄 밍	믇 밍	맛 맹/ハジメ モウ	맛 맹	マウ(마우-맹) マウ(마우-맹)	
軻	술위 가	술위 가	술위 가	슈리 가	슈레 가/ 수레 가	수뤼 가	수레 가
	술위 가	술의 가	술위 가	수레 가/クルマ カ	슈레 가	カワ(카와-가는) カ(카가)	
敦	도타올 돈	두터울 돈	도타올 돈	돗타올 돈/돗타올 돈	돗타올 돈/돗타올 돈	도타올 돈, 조을 퇴, 모돌 단, 사길 됴, 그릇 듸	도 타 울 돈
	도타올 돈	돈타올 돈	두터물 돈	돗타올 돈/アッシトン	돗타올 돈	アックシテ(아츠쿠시테-두텁게해서) トン(톤-돈)	
素	힐 소	힐 소	힛 소	본듸 소	흘 소/힐 쇼	질박홀 소, 깁 소, 흴 소, 본듸 소, 빌 소	힐 소
	힐 소	힛 소	힐 소	흴 소/スナホ ソ	흴 소	スナホニ(스나오니-솔직하게) ソ(소-소)	

⑧ 맹자는 소양함애 돗타오시니 그 모친의 교훈을 바다 자사 문하에 배오시니라

⑨ 밍자는 그 모친의 교훈을 바다 자사 문하에 빋오신니라

⑩ 맹자는 그 모친의 교훈을 바다 자사 문하에 배오신니라

⑪ 孟子는 名은 軻이니 幼被慈母之敎하고 長遊子思之門하여 厚其素養也하시니라

⑫ 軻は世に名高き賢人孟子の名なり、孟軻乃ち孟子は、其性質厚くしてすなほなる人であつて　(가(軻)는 세상에 이름 높은 현인(賢人) 맹자(孟子)의 이름이다. 맹가(孟軻) 즉 맹자는 그 성질이 온후하고 솔직한 사람이었고)

⑬ 맹자는, 그 모친의 교훈을 받아, 자사 문하에 배우니라

170	①광천1575 / ②대천(16C중엽?)	③석천1583 / ④칠천1661	⑤영천1700 / ⑥송천1730	⑦杏千1862/完千1905 / ⑧박천1917	⑨사천1937/1945 / ⑩중천1948	⑪주천중간1804 / ⑫삼천1935	⑬세천1956
史	스귀 스	스귀 스	스귀 스	스그 스	사귀 사	스가 스, 스귀 스	사기 사
	스귓 스	스귀 스	스귀 스	사귀 사/フミ シ	사귀 사	シ(시-사) シ(시-사)	
魚	고기 어	고기 어	고기 어	고그 어	고기 어	고기 어	고기 어
	고기 어	고기 어	고기 어	고기 어/ウヲ キョ	고기 어	ギョハ(교와-어는) ギョ(교-어)	
秉	자블 병	자블 병	자블 병	줍불 병	잡을 병	잡을 병, 벼므슴 병	잡을 병
	자블 병	자블 병	자블 병	잡을 병/トル ヘイ	잡을 병	マコトニ(마코토니-진실로) ヘイ(헤이-병)	
直	고든 딕	고든 딕	고든 딕	고들 직	곳을 직	곳믈 직, 쓸 직, 다만 직	곧을 직
	고든 딕	고든 딕	고든 딕	곳을 직/タタッ チョク	곳을 직	ナホシ(나오시-고치다) チョク(쵸쿠-직)	

⑧ 사어난 곳은 거슬 잡으니 공자 왈 사어여 곳기가 살갓다 하시니라

⑨ 사어난 곳은 거슬 잡으니 공자게셔 사어는 곳기 살갓다 하시니라

⑩ 사어난 곳은 거슬 잡으니 공자께셔 사어는 곳기 살갓다 하시니라

⑪ 史魚는 衛大夫니 名鰌요 字子魚니 有尸諫하니라 孔子曰 直哉라 史魚여 邦有道에 如矢하며 邦無道에 如矢라하시니라

⑫ 又衛の太夫史魚は、秉直とて少しもまがりたる心なき至つて直き人にてありしなり。(또 위(衛)의 태부 사어(太夫史魚)는 병직(秉直)이라고 해서 조금도 굽은 마음이 없는 곧은 사람이었다는 것이다.)

⑬ 사어는, 곧은 것을 잡으니, 공자께셔 사어는, 곧게 살겠다 하시니라

	①광천1575 / ②대천(16C중엽?)	③석천1583 / ④칠천1661	⑤영천1700 / ⑥송천1730	⑦杏千1862/完千1905 / ⑧박천1917	⑨사천1937/1945 / ⑩중천1948	⑪주천중간1804 / ⑫삼천1935	⑬세천1956
庶	물 셔	물 셔	물 셔	거의 셔	못 셔/거의 셔	거의 셔, 만흘 셔, 셔얼 셔	거의 서
	물 셔	물 셔	물 셔	거의 서/モモモロ シ	못 셔	コヒネガヒ(코이네가이-간절히 바라고) ショ(쇼-서)	
幾	멋마 긔	거의 긔	거의 기	거의 긔	멋 긔/멋 긔	거의 긔, 긔미 긔, 멋 긔	거의 기
	멋맛 긔	거이 긔	거의 긔	거의 긔/イクバク キ	멋 긔	キ(키-기) キ(키-기)	
中	가온딕 듕	가온대 듕	가은대 듕	가온딕 듕	가온대 즁/가온딕 즁	즁도 즁, 가온대 즁, 마칠 즁, 마즐 즁	가 운 데 즁
	가온댓 듕	가온대 듕	가 온 ᄃ □ 듕	가온대 즁/ナカ チウ	가온대 즁	チュウ(츄우-중) チュウ(츄우-중)	
庸	듕용 용	샹녜 용	샹녜 용	슝례 용	떳떳 용/썻썻 용	샹례 용, 쓸 용, 엇지 용	떳떳 용
	듕용 용	샹태 용	샹녜 용	썻썻 용/ツネ ヨウ	떳떳 용	ヨウキ(요우오-용을) ヨウ(요우-용)	

⑧ 중용에 도닌[너 편벽되고 의지하며 과불퉁하지 아니 하니 힘쓰면 저의 되나니라

⑨ 중용에 도는 과하지 아니하고 불급지도 아니 한니 힘쓸지라

⑩ 중용에 도는 과하지 아니하고 불급지도 아니 한니 힘쓸지라

⑪ 中庸은 不偏不倚無過不及而平常之理니 人所難能이나 而亦庶幾勉而至也라

⑫ 中とはがたよらぬこと、庸とは常にしてかはらぬことなり、この中庸ならんことを希ひ望みて之れを得。(중(中)이라는 것은 치우치지 않는 것, 용(庸)이라는 것은 늘 변함없는 것, 이 중용(中庸)이 될 것을 바라고 이것을 얻어)

⑬ 중용의 도는, 과하지 아니하고, 불급지도 아니하니라

| | ①광천1575 | ③석천1583 | ⑤영천1700 | ⑦杏千1862/完千1905 | ⑨사천1937/1945 | ⑪주천중간1804 | ⑬세천1956 |
172	②대천(16C중엽?)	④칠천1661	⑥송천1730	⑧박천1917	⑩중천1948	⑫삼천1935	
勞	잇블 로	잇쌜 로	잇블 뢰	잇블 뢰	슈고를 로/수고러을 로	브즈런홀 로, 곳블 로, 위로홀 로	수 고 로 올 로
	잇블 로	잇쌜 로	잇쌜 로	수 고 러을 로/イタハル ロ	슈고를 로	ツトメテ(츠토메테-힘써서) ロウ(로우-노)	
謙	말솜 겸	겸손 겸	겸손 겸	겸숀 겸	겸슨 겸/겸손 겸	겸양 겸	겸손 겸
	말솜 겸	겸손 겸	겸손 겸	겸손 겸/ヘリグタル ケン	겸슨 겸	ユヅリツ(유즈리테-양보하여) ケン(켄-겸)	
謹	말솜 근	삼갈 근	삼갈 근	삼갈 근	삼갈 근	삼갈 근	삼갈 근
	말솜 근	삼갈 근	삼갈 근	삼갈 근/ツツシミツ キン	삼갈 근	ツツシミツ(츠츠시미츠-신중하게 하다) キン(킨-근)	
勅	저릴 틱	정히홀 틱	덕히홀 틱	쳑셔 쳑	칙셔 칙	다스릴 칙, 칙셕 칙	칙셔 칙
	우리길 틱	정히홀 틱	정히홀 틱	칙셔 칙/ミコトノリ チョク	칙셔 칙	ツツシム(츠츠시무-신중하다) チョク(쵸쿠-칙)	

⑧ 근로하고 겸손하며 삼가고 신칙할지니 이 갓치 하면 즁용에 도에 거의 하리라

⑨ 수고하고 겸손하며 삼가고 신칙할지니 이 갓치 하면 즁용지도의 이르리라

⑩ 수고하고 겸손하며 삼가고 신칙할지니 이 갓치 하면 즁용지도의 이르리라

⑪ 勤勞謙遜하고 畏謹勅勉이면 則可以戒愼恐懼하여 而庶幾中庸也리라

⑫ 又勞謙とは、もつぱら人にへりくだりゆづり、謹講乃ち其の言行をつつしみて、方正實直なるなり。(또 노겸(勞謙)이라는 것은 오로지 사람에게 자기를 낮추어 근강(謹講) 즉 그 언행(言行)을 삼가 신중히 하며, 태도가 단정하고 성실하며 정직(方正實直)한 것이다.)

⑬ 근로하고, 겸손하며, 삼가하고, 신칙하면, 중요의 도에 이르리라

	①광천1575 ②대천(16C중엽?)	③석천1583 ④칠천1661	⑤영천1700 ⑥송천1730	⑦杏千1862/完千1905 ⑧박천1917	⑨사천1937/1945 ⑩중천1948	⑪주천중간1804 ⑫삼천1935	⑬세천1956
聆	드룽 령	드룰 령	들룰 령	들을 영	드룰 영/들을 령	드룰 령	들을 령
	드블 령	들룰 령	드룰 령	들을 영/キクレイ	드룰 영	キイテ(키이테-듣다) ケン(켄-령)	
音	소릭 음	소릭 음	소릭 음	소릭 음/소릭 음	소리 음/소래 음	소리 음	소리 음
	소릭 음	소릭 음	소릭 음	소래 음/コヘ イン	소리 음	オトヲ(오토오-소리를) オン(온-음)	
察	술필 찰	술필 찰	술필 찰	술필 출	살필 찰	술필 찰	살필 찰
	술필 찰	술필 찰	술필 할	살필 찰/ミル サツ	살필 □	サッシ(사츠시-찰하고) サツ(사츠-찰)	
理	고틸 리	다스릴 리	다스릴 리	다스룰 리	다사릴 리	스리 리, 다스릴 리	다스릴 리
	다스릴 리	다스릴 리	다스릴 리	다사릴 리/コトハ リリ	다사릴 리	リキ(리오-이를) リ(라-리)	

⑧ 음성을 듯고 리치를 살피나니 공자난 자로에 거문고 소래를 드르시고 북비의 살별[벌]을 아르시
니라

⑨ 음성을 듣고 리치를 살피나니 공자는 자로의 거문고 소래를 듯고 살벌을 아르시니라

⑩ 음성을 듯고 리치를 살피나니 공자는 자로의 거문고 소래를 듯고 살벌을 아르시니라

⑪ 上智之人은 則聆其聲音하여 而察其事理하니 如孔子聽子路鼓琴하시고 而謂其有北鄙殺伐之聲者가
是也라

⑫ 其の音聲を聞きて其のすぢみちを察し知リ、(그 음성(音聲)을 듣고 그 줄거리를 살펴 알고,)

⑬ 음성을, 듣고, 이치를 살피나니, 조그마한 일이라도, 주의할 지니라

| 174 | ①광천1575 | ③석천1583 | ⑤영천1700 | ⑦杏千1862/完千1905 | ⑨ 사 천 1937/1945 | ⑪주천중간1804 | ⑬ 세 천 1956 |
	②대천(16C중엽?)	④칠천1661	⑥송천1730	⑧박천1917	⑩중천1948	⑫삼천1935	
鑑	거우로 감	거우루 감	거울 감	거올 감	거울 감/거을 감	거울 감, 비칠 감	거울 감
	거우로 감	거울 감	거우루 감	거을 감/カガミ カン	거울 감	カンガミテ(칸가미테-비추어 보다) カン(칸-감)	
貌	즛 모	양준 모	양준 모	얼굴 모 모	모양 모	얼굴 모, 그릴 막	모양 모
	즛 모	양준 모	양즈 모	모양 모/カタチ バウ	모양 모	カタチヲ(카타치오-모양을) バウ(바우-모)	
辨	굴힐 변	굴힐 변	굴힐 변	가실 변/가일 변	분변 변	굴힐 변, 두루 변, 말슴 변	분변 변
	굴힐 변	굴힐 변	굴힐 변	분변 변/ワキマフ ベン	분변 변	ワキマフ(와키마우-분별하다) ペン(벤-변)	
色	빗 식	빗 식	빗 식	빗 식	빗 식/빗 색	빗 식, 칙식 식	빛 색
	빗 식	빗 식	빗 식	빗 색/イロ ショク	빗 식	イロヲ(이로오-빛깔을) ショク(쇼쿠-색)	

⑧ 모양을 보고 긔색을 분별하나니 제환공에 부인은 위나라 설 줄을 몬저 아르니라

⑨ 모양을 보고 긔싁을 분변하나니라. 鑑貌에서 鑑은 거울이고, 貌는 모양으로 거울에 비치는 모양(속내)을 살핀다는 뜻이다

⑩ 모양을 보고 긔색을 분별하나니라

⑪ 以容貌辭色으로 亦可以鑑其情, 辨其意하니 如齊桓公夫人之知欲伐衛와 管仲之知欲救衛者가 是也라

⑫ 又其の容貌を見て喜怒哀樂の情を辨別するなり、乃ち何事にも注意を怠けずして、是非善惡を見別けよとの意なり。(또 그 용모(容貌)를 보고 희노애락(喜怒哀樂)의 정(情)을 변별(辨別)하는 것이다. 즉 어떤 일이든 주의(注意)를 게을리 하지 않고, 반드시 선악을 구분하라는 뜻이다.)

⑬ 모양을 보고, 기색을, 분변하느니라

	①광천1575 / ②대천(16C중엽?)	③석천1583 / ④칠천1661	⑤영천1700 / ⑥송천1730	⑦杏千1862/完千1905 / ⑧박천1917	⑨사천1937/1945 / ⑩중천1948	⑪주천중간1804 / ⑫삼천1935	⑬세천1956
175							
貽	기틸 이	줄 이	줄 이	줄 이	줄 이	줄 이	줄 이
	즘닐 이	줄 이	줄 이	줄 이 / イコス イ	줄 이	ノコシ(노코시-남기고) / イ(이-이)	
厥	적 궐	그 궐	그 궐	그 궐	그 궐	그 궐, 돌굴 굴	그 궐
	직 궐	그 궐	그 궐	그 궐 / ソノ ゲツ	그 궐	ソノ(소노-그) / ケツ(케츠-궐)	
嘉	아룸다올 가	아 룸 다 올 가	아 룸 다 올 가	아 롬 다 올 가	아 룸 다 을 가 / 아 롬 다 을 가	아룸다을 가	아 름 다 올 가
	아룸다올 가	아 룸 다 올 가	마 룸 다 올 가	아룸다을 가 / ヨシ カ	아 룸 다 을 가	カ(카-가) / カ(카-가)	
猷	쇠 유	쇠 유	쇠 유	쇠 유	쬐 유 / 쇠 유	쇠 유	쬐 유
	쇠 유	쇠 유	쇠 유	쇠 유 / ハカル イウ	쇠 유	イウヲ(이우오-유를) / イウ(이우-유)	

⑧ 그 아름다온 쇠로 주나니 군자난 착한 거스로써 자손에게 주나니라

⑨ 그 아름다온 쇠로 주나니 군자는 착한 거스로 자손에게 쥬나니라

⑩ 그 아름다온 쇠로 주나니 군자는 착한 거스로 자손에게 주나니라

⑪ 君子貽厥子孫에 當以嘉猷니 如蕭何以儉하고 楊震以淸하고 龐德公以安이 皆是善貽也라

⑫ 嘉猷とは、よきはかりごとなり、人道を守りてよく一家を經營するの計畫を子孫にのこし (가유(嘉猷)라는 것은 좋은 측량기이다. 사람의 도를 지켜 일가(一家)를 잘 경영(經營)하는 계획을 자손에게 남기고)

⑬ 그 아름다운 꾀로, 주나니, 군자는 착한 것으로, 자손에게 주나니라

	①광천1575 / ②대천(16C중엽?)	③석천1583 / ④칠천1661	⑤영천1700 / ⑥송천1730	⑦杏千1862/完千1905 / ⑧박천1917	⑨사천1937/1945 / ⑩중천1948	⑪주천중간1804 / ⑫삼천1935	⑬세천1956
勉	힘쓸 면	힘쓸 면	힘쓸 면	심쓸 면	힘쓸 면	힘쓸 면	힘쓸 면
	힘쓸 면	힘쓸 면	힘쓸 면	힘쓸 면/ ツトム ベン	힘쓸 면	ツトメヨ(츠토메요-힘써라) ベン(벤-면)	
其	적 기	그 기	그 기	그 기	그 기	그 기, 어조스 긔	그 기
	직 기	그 기	그 기	그 기/ ソノ キ	그 기	ソノ(소노키-그) キ(키-기)	
祇	오직 지	공경 지	공경 지	공경 지	공경 지	공경 지, 귀신 기, 다만 지, 마춤 지	공경 지
	오직 지	공경 지	공경 지	공경 지/ ツツシム ギ	공경 지	ギ(기-기) ギ(기-기)	
植	시믈 식	시믈 식	시믈 식	시믈 식	심을 식/ 시믈 식	시믈 식, 셰울 치, 둘 치	심을 식
	시믈 식	시믈 식	시믈 식	심을 식/ ウエル ショク	심을 식	ショクヲ(쇼쿠오-식을) ショク(쇼쿠-식)	

⑧ 그 공경하야 시무기를 힘쓸지니 착한 도를 공경하야 사무면 아름다온 쇠를 써러 차지 아니 하리라

⑨ 착한 도를 공경하야 시무면 아름다온 쇠를 써러치지 안니 하리라

⑩ 착한 도를 공경하야 시무면 아름다온 시니리라

⑪ 勗其敬植善道하여 毋墜所貽之嘉猷也라

⑫ 又常に仁義忠孝の道を守り、勉めて身を立て家を興すべしとの教へなり、祇はつつしむこと植は立つることなり。(또 늘 인의충효(仁義忠孝)의 길을 지키며 힘써 입신(立身)하여 집안을 일으켜 세워야 한다는 가르침이다. 지(祇)는 신중하게 삼가라는 것, 식(植)은 세우는 것이다.)

⑬ 착한 도를, 공경하여, 심으면, 아름다운 꾀니라

177	①광천1575	③석천1583	⑤영천1700	⑦츰千1862/完千1905	⑨사천1937/1945	⑪주천중간1804	⑬세천1956
	②대천(16C중엽?)	④칠천1661	⑥송천1730	⑧박천1917	⑩중천1948	⑫삼천1935	
省	슬필 싱	슬필 셩	슬필 셩	슬필 셩	살필 셩	슬필 셩,마을 싱,덜 싱	살필 셩
	스필 싱	슬필 셩	슬필 셩	살필 셩/カヘリミルセイ	살필 셩	カヘリミテ(카에리미테-살펴보고) セイ(세이-셩)	
躬	몸 궁	몸 궁	몸 궁	몸 궁	몸 궁	몸 궁	몸 궁
	몸 궁	몸 궁	몸 궁	몸 궁/ミキュウ	몸 궁	ミキ(미오-몸을) キュウ(쿠우-궁)	
譏	우슬 긔	긔롱 긔	긔롱 긔	긔롱 긔	긔롱 기/긔롱 긔	긔롱 긔, 슬필 긔	기롱 기
	말슴 긔	긔롱 긔	긔롱 긔	긔롱 긔/ソシルキ	긔롱 긔	キ(키-기) キ(키-기)	
誡	브즈런흔 계	경곗 계	경곗 계	경계 계	경계 게	경계 계	곙계 계
	말슴 계	경곗 계	경곗 계	경계 계/イマシムカイ	경계 게	カイ(카이-계) カイ(카이-계)	

⑧ 몸을 살펴여 긔롱과 롱계함이 잇슬가 넘녀함이라

⑨ 몸을 살피어 긔롱과 롱계함이 잇슬가 넘여함이라

⑩ 몸을 살피어 긔롱과 롱계함이 잇슬가 넘를 셔러치지 안니하여 함이라

⑪ 人臣이 自省其躬하여 每念譏諷規諴之來하면 則自當難進而易退也라

⑫ 自からかへりみて過ちなきやうと心がけ, 事と物とに注意して愼しみいましむべし. (스스로 돌아보아 허물없도록 주의를 하고, 사물에 주의를 하여 신중하게 경계해야 할 것이다.)

⑬ 몸을 살피어, 기롱과 경계함이 있을까 염려함이라

178	①광천1575 ②대천(16C중엽?)	③석천1583 ④칠천1661	⑤영천1700 ⑥송천1730	⑦침千1862/完千1905 ⑧박천1917	⑨사천1937/1945 ⑩중천1948	⑪주천중간1804 ⑫삼천1935	⑬세천1956
寵	괴일 통	필 통	필 통	괴일 총	고일 종/괴일 총	필 총, 사랑 총	고일 총
	비을 통	필 통	필 통	고일 총/サカユ チョウ	고일 총	イツクシミ(이츠쿠시미-애지중지하고) チョウ(쵸우-총)	
增	더을 증	더을 증	더을 증	더홀 증	더할 증	더홀 증	더할 증
	더을 증	더을 증	더을 증	더할 증/マス ゾウ	더할 증	マセバ(마세바늘어나면) ソウ(소우-증)	
抗	マ재 항	결울 항	결울 항	결울 항/막을 항	겨룰 항	놉흘 강, 막을 강, 들 강	겨룰 항
	マ재 항	결울 항	결울 항	겨울 할[항]/フセグ カウ	겨룰 항	アラカヒ(아라카이-겨루고) カウ(카우-항)	
極	マ재 극	マ재 극	マ재 극	가중 극	가장 극	マ장 극, 모르 극, 다홀 극	극진 극
	マ재 극	マ재 극	マ재 극	극진 극/キ ハ マル キョク	다함 극	イタル(이타르-도달하다) キョク(쿄쿠-극)	

⑧ 영총이 더할사록 극함의 근심을 더할지니 군자난 편안함에 위태함을 생각하나니라

⑨ 영총이 더할사록 극히 조심할지니 군자는 편안함의 위퇴함을 싱각하나니라

⑩ 영총이 더할사록 극히 조심할지니 군자는 편안함의 위태함을 생각하나니라

⑪ 榮寵愈增이면 當存亢極之憂니 古人之居寵思危는 以此也라

⑫ 君の寵愛增すときは、他の嫉み妬みを受け、遂には讒訴せられて無實の咎を蒙むるころあるべきなり。(군(君)의 총애(寵愛)가 늘어날 때는 다른 질투를 받고 결국에는 참소(讒訴) 당하여 억울한 재앙을 입을 것이다.)

⑬ 총애가, 더할수록 조심할지니, 능히 그 정도를 지킬지니라

179	①광천1575	③석천1583	⑤영천1700	⑦杏千1862/完千1905	⑨사천1937/1945	⑪주천중간1804	⑬세천1956
	②대천(16C중엽?)	④칠천1661	⑥송천1730	⑧박천1917	⑩중천1948	⑫삼천1935	
殆	바ᄃᆞ라올 틔	바 ᄃᆞ 라 올 틔	바 ᄃᆞ 라 올 틔	ᄌᆞ못 틔	위태 태/ 위태 틔	거의 틔, 위틔 틔	위태 태
	갓가올 틔	바 ᄃᆞ 라 올 틔	바 ᄃᆞ 라 올 틔	위태 태/ ホトンド タイ	위태 태	チカヅキ(치카즈키-근접하여) タイ(타이-태)	
辱	욕ᄒᆞᆯ 욕	욕ᄒᆞᆯ 욕	욕ᄒᆞᆯ 욕	욕ᄒᆞᆯ 욕	욕할 욕	욕ᄒᆞᆯ 욕	욕할 욕
	욕 ᄫ[욕] 	욕ᄒᆞᆯ 욕	욕ᄒᆞᆯ 욕	욕할 욕/ ハヅカシム ジヨク	욕할 욕	ハヅカシメニ(하즈카시메니-부끄러워하여) ジョク(죠쿠-욕)	
近	갓가올 근	갓까올 근	갓까올 근	각가올 근	갓가을 근	갓가올 근, 갓가이ᄒᆞᆯ 근	가 까 울 근
	갓가올 근	갓까올 근	강까올 근	갓가올 근/ チカシ キン	갓가울 근	チカヅキ(치카즈키-다가가) キン(킨-근)	
恥	붓그릴 티	붓그릴 티	붓그릴 티	붓글럴 치/ 붓글널 치	붓 그 어 울 치/붓그러을 치	붓그릴 치	부 끄 러 울 치
	붓그리 ᄐᆡ 	붓그릴 티	붓그릴 티	부그러울 치/ ハヂ チ	붓 그 어 울 치	ハヂニ(하지니-창피하여) チ(치-치)	

⑧ 위대하고 욕되며 붓고러옴에 갓가오리니 사람이 부귀하되 능히 점[겸]퇴할지니라

⑨ 위틔하고 욕되며 붓그러옴의 갓가오리니 부귀히도 능히 겸퇴할지니라

⑩ 위태하고 욕되며 붓그러옴의 갓가오리니 부귀헤도 능히 겸퇴할지니라

⑪ 老子曰 知足不辱하고 知止不殆라하니 人臣이 富貴而不能退하면 則必殆辱而近恥也라

⑫ 君の寵愛いやまして高位厚祿を給はるときは、他のねたみを受け寃罪に陷しいれらるるも計られず、(군(君)의 총애(寵愛)가 날로 더해 고위후록(高位厚祿)을 받을 때는, 다른 시샘을 받고 원죄(寃罪)에 빠질지도 알 수 없으니,)

⑬ 위태하고 욕되면, 부끄러움이 가까우니, 부귀해도, 겸손할지니라

180	①광천1575	③석천1583	⑤영천1700	⑦杏千1862/完千1905	⑨사천1937/1945	⑪주천중간1804	⑬세천1956
	②대천(16C중엽?)	④칠천1661	⑥송천1730	⑧박천1917	⑩중천1948	⑫삼천1935	
林	수플 림	수플 림	수플 림	숨플 임	슈플 림	수풀 림	수풀 림
	수플 림	수플 님	수플 림	숙풀 림/ハヤシ リン	슈풀 림	リン(린-림) / リン(린-림)	
皐	두던 고	두던 고	두던 고(皐)	두던 고	언덕 고(皐)	언덕 고, 나올 고, 부를 호, 소릭그을 고(皐)	언덕 고(皐)
	두던 도	두던 고	두딘 고	언덕 고/キシ コウ皐	언덕 고(皐)	カウ(카우-고) / カウ(카우-고)	
幸	힝홀 힝	힝혀 힝	힝혀 힝	힝여 힝	고일 행/고일 힝	힝혀 힝, 브랄 힝, 괴일 힝, 순힝 힝	다행 행
	힝홀 힝	힝혀 힝	힝혀 힝	고일 행/サイハヒ コウ	고일 행	サイハヒ二(사이와이 니-다행스럽게) / カウ(카우-행)	
卽	고 즉	즉제 즉	즉제 즉	즉즈 즉	곳 즉	나아갈 즉, 즉제 즉, 곳 즉	곧 즉
	고 즉	즉제 즉	즉제 즉	곳 즉/スナハチ ソク	곳 즉	ツク(츠쿠-오를) / ソク(소쿠-즉)	

⑧ 수풀 언덕에 나아가난 거시 다행하니 사람이 업의 족하면 겸퇴할지니라

⑨ 수풀 언덕에 나아가미 다힝하니 사람이 임의 족하면 겸퇴할지라

⑩ 수풀 언덕에 나아가미 다행하니 사람이 임의 족하면 겸퇴할지라

⑪ 旣有知止知足之志하면 則可幸就林皐之下하여 以全其天也라

⑫ されば斯る兆しあらば、速かに身を退きて、山林に隱遁せよといへるなり。(그러면 이러한 조짐이 있으면 재빨리 몸을 비켜, 산림(山林)에 은둔하라고 하는 것이다.)

⑬ 수풀 언덕에, 나아감이, 다행하니 부귀할지라도, 겸퇴할지니라

皐⇔皐⇔皐

181	①광천1575	③석천1583	⑤영천1700	⑦杏千1862/完千1905	⑨사천1937/1945	⑪주천중간1804	⑬세천1956
	②대천(16C중엽?)	④칠천1661	⑥송천1730	⑧박천1917	⑩중천1948	⑫삼천1935	
兩	두 냥	두 냥	두 냥	두 냥	두 양/두 냥	두 량, 수뤄 량	두 양
	두 냥	두 냥	두 냥	두 냥/フタツ リ ヤウ	두 양	リャウ(랴우-량) リャウ(랴우-량)	
疏	섯글 소	소통흘 소	소통 소	글 소	글 쇼	소가 소, 석길 소, 소통 소, 베플 소	글 소
	석글 소	소통 소	소통흘 소	글 소/ウトシ ソ	글 쇼	ソ(소-소) ソ(소-소)	
見	볼 견	볼 견	볼 견	볼 견	볼 견	볼 견, 드러날 현, 뵐 현	볼 견
	볼 견	볼 견	볼 견	볼 견/ミル ケン	볼 견	ミル(츠르-보다) ケン(켄-견)	
機	틀 긔	틀 긔	틀 긔	틀 긔	기틀 긔/틀 긔	긔미 긔, 고동 긔, 틀 긔, 긔회 긔	틀 긔
	틀 듸	틀 긔	틀 긔	틀 긔/ハタ キ	기틀 긔	キヲ(키오-기를) キ(키-기)	

⑧ 한국 태부 소광 소수난 상소하야 해골을 비러 고향에 도라가니라

⑨ 한국 딕부 소광과 소슈난 기트를 보고 상소하야 고항에 도라가니라

⑩ 한국 대부 소광과 소수난 기드를 보고 상소하야 고항에 도라가니라

⑪ 兩疏는 漢太傅疏廣과 及其兄子少傅疏受라 上疏乞骸骨하니 蓋見幾而作也라

⑫ 古へ疏廣、疏愛といへる賢人あり、父の疏廣は足るをしれば危ふがらずといひ、子の疏愛は功成り名遂ぐといひて隱遁せり。(옛날 소광(疏廣), 소애(疏愛)라 부르는 현인(賢人)이 있어 아버지인 소광은 충족함을 알거든 의심스러워 말라고 하고, 아들인 소애는 공(功)을 이루고, 이름이 다하였다고 말하고 은둔했다.)

⑬ 한나라의 소광과 소수는 기틀을 보고, 상소하여, 고향으로 가니라

182	①광천1575	③석천1583	⑤영천1700	⑦杏千1862/完千1905	⑨사천1937/1945	⑪주천중간1804	⑬세천1956
	②대천(16C중엽?)	④칠천1661	⑥송천1730	⑧박천1917	⑩중천1948	⑫삼천1935	
解	그르 히	그를 히	그를 히	슬를 히	풀 해	글을 기, 풀 기, 알 히, 초시 기, 흐틀 히	풀 해
	구를 히	그를 히	그를 히	풀 해/トクカイ	풀 해	トクハ(토쿠와-푸는 것은) カイ(카이-해)	
組	인찐 조	인찐 조	인찐 조	인쓴 죠	인끈 죠/인쓴 죠	인찐 조, 쓸 조	인끈 조
	잇김 □	인찐 조	인찐 조	인쓴 조/クミソ	인끈 죠	ソヲ(소오-조를) ソ(소-조)	
誰	누굿 슈	누구 슈	누구 슈	누기 슈	누구 수	누구 슈	누구 수
	누굿 슈	누구 슈	누구 슈	누구 수/ダレスイ	누구 수	タレカ(타레카-누구인가) スヰ(수이-수)	
逼	버길 핍	갓까올 핍	갓까올 핍	각가올 필	갓가올 핍/갓가올 핍	갓가올 벽	가까올 핍
	버힐 핍	갓까올 핍	갓까올 핌	갓가올 핍/セマルヒョク	갓가올 핍	セマラン(세마란-다가갈) ヒョク(효쿠-핍)	

⑧ 인쓴을 풀어 놋코 도라가니 누가 핍박하리요

⑨ 인쓴을 풀어 놋코 도리가니 누가 핍박하리오

⑩ 인쓴을 풀어 놋코 도라가니 누가 핍박하리오

⑪ 解脫印綬하고 浩然長往하니 誰能逼迫而尼其行哉리오

⑫ 斯く機を見て冠の組紐を解き去らば、誰がまた之れを讒し之れを陷しいれんとするものあらんといへるなり。(이러한 기회를 보고 갓(冠)의 끈을 풀고 사라지면, 누가 또 이것을 중상하여 위험에 빠지는 것이 없을 것이라고 말하는 것이다.)

⑬ 인끈을 풀어 놓고 돌아가니, 누기[개 핍박하리오

183	①광천1575	③석천1583	⑤영천1700	⑦杏千1862/完千1905	⑨사천1937/1945	⑪주천중간1804	⑬세천1956
	②대천(16C중엽?)	④칠천1661	⑥송천1730	⑧박천1917	⑩중천1948	⑫삼천1935	
索	노 삭	노 삭	노 삭	노 삭	차질 색	흐틀 삭, 노 삭, 다흘 삭, 츠줄 식	찾을 색
	노 삭	노 삭	노 삭	차질 색/ナワ サク	차질 색	モトメ(모토메-구할) サク(사쿠-색)	
居	살 거	살 거	살 거	살 기[거]/슬 겨[거]	살 거/살ㅅ 거	살 거, 어조ㅅ 긔	살 거
	살 가	살 거	아 거	살 거/オル キョ	살 거	キョヲ(쿄오-거를) キョ(쿄-거)	
閑	겨늘 한	겨른 한	겨른 한	흔가 흔	한가 한(閒)	한가 한, ㅅ이 간, 틈 간, 반간 간(閒)	한가 한(閒)
	거른 한	거른 한	거른 한	한가 한/ヒマ カン閒	한가 한(閒)	カン(칸-한) カン(칸-한)	
處	바라 쳐	곧 쳐	곧 쳐	곳 쳐	곳 쳐	이실 쳐, 곳 쳐	곳 쳐
	바라 쳐	곳 쳐	곧 쳐	곳 쳐/トコロ ショ	곳 쳐	ショニ(쇼니-쳐에) ショ(쇼-쳐)	

⑧ 한가한 곳을 차자 사니

⑨ 한가한 곳을 차자 사니

⑩ 한가한 곳을 차자 사니

⑪ 散居而靜處하니 卽休退者之事也라

⑫ 斯くして住居を閑靜なる所にもとめ, 富貴榮華にあこがれずして (이렇게 해서 주거(住居)를 한 적하고 조용한 곳을 구하고, 부귀영화(富貴榮華)를 동경하지 않으며)

⑬ 한가한 곳을, 찾아 사니

閑⇔閒

184	①광천1575 ②대천(16C중엽?)	③석천1583 ④칠천1661	⑤영천1700 ⑥송천1730	⑦杏千1862/完千1905 ⑧박천1917	⑨사천1937/1945 ⑩중천1948	⑪주천중간1804 ⑫삼천1935	⑬세천1956
沈	드믈 팀	드믈 팀	드믈 팀	즘길 침	잠길 침	즘길 침, 나라 심, 삼가 심	잠길 침
	드믈 팀	드믈 팀	드믈 팀	잠길 침/ヅツム ジン	잠길 침	ン(친-침) チン(친-침)	
黙	괴외 믁	즘즘 믁	즘즘 믁	즘즘 묵	잠잠 묵	즘즘 믁	잠잠 묵
	괴외 믁	즘즘 믁	즘즘 믁	잠잠 묵/タマル モク	잠잠 묵	モク(모쿠-묵) モク(모쿠-묵)	
寂	괴외 젹	괴오 젹	괴요 젹	고요 젹	고요 젹	괴요 젹	고요 젹
	괴외 젹	괴오 젹	괴오 젹	고요 젹/シヅカ セキ	고요 젹	セキ(세키-적) セキ(세키-적)	
寥	괴외 료	괴오 료	괴오 료	고요 요	고요 요	빌 료	고요 요
	괴외 료	괴오 료	괴오 료	고요 요/シヅカ リヤウ	고요 요	レウ(레우-요) レウ(레우-요)	

⑧ 침묵하고 적요하도다

⑨ 참[침]묵하고 적요하도다

⑩ 참묵하고 적요하도다

⑪ 沈黙은 不與人上下言議也요 寂寥는 不與人追逐過從也라

⑫ 世上の交りを絶ち世事にたづさはらずしてあらば、人と爭ひを生ずることもなく、のどかに樂しく世を送らるるなり。(세상과의 교류를 끊고 세상일에 관여하지 않는다면, 사람과의 다툼을 만들 일도 없으며, 호젓하게 즐기며 이 세상을 보낼 수 있을 것이다.)

⑬ 침묵하고, 적요하도다

185	①광천1575 / ②대천(16C중엽?)	③석천1583 / ④칠천1661	⑤영천1700 / ⑥송천1730	⑦杏千1862/完千1905 / ⑧박천1917	⑨사천1937/1945 / ⑩중천1948	⑪주천중간1804 / ⑫삼천1935	⑬세천1956
求	구훌 구	구훌 구	구훌 구	구훌 그	구할 구	츠즐 구	구할 구
求	구훌 구	구훌 구	구훌 구	구할 구/モトム キウ	구할 구	モトメテ(모토메테-구하여)/キウ(키우-구)	
古	녜 고	녜 고	녜 고	예 고	예 고	녜 고	예 고
古	녜 고	녜 고	녜 고	예 고/イニシヘ コ	예 고	フルキヲ(후르키오-오래 된 것을)/コ(코-고)	
尋	츠즐 심	츠즐 심	츠즐 심	차질 심/츠질 심	차질 심	츠즐 심, 이윽 심, 길 심	찾을 심
尋	츠즐 심	츠즐 심	츠즐 심	차질 심/タヅヌ ジン	차질 심	ツイデ(츠이데-찾아서)/ジン(진-심)	
論	말숨 논	의논 논	의논 논	의논 논	의론 론	의론훌 론, 의론 론	의론 론
論	말숨 논	의논 논	의논 논	의른 론/アラソフ ロン	의론 론	ロンジ(론지-논하고)/ロン(론-논)	

⑧ 녜를 구하야 차자 의론하니 고인의 출처를 구하야 차자 토론함이라

⑨ 녜를 차자 의논하니 고인을 차자 토론하미라

⑩ 녜를 차자 의논하니 고인을 차자 토론하미라

⑪ 君子閒居에 必有事焉하여 求古人之出處本末하여 而尋索討論하니 則身雖退로되 而有補於世敎가 大矣라

⑫ 而して古人の書を讀み、古人の道を尋ねてそをあげつらひ、其の眞理を究めんには、世の煩さき 交りもなくなり (그리하여 고인(古人)의 글을 읽고, 고인(古人)의 도(道)를 물어 왈가왈부하고, 그 진리를 구하려는 번뇌의 교류도 없어지고)

⑬ 예를 찾아, 의론함은, 고인을 찾아 토론함이라

186	①광천1575	③석천1583	⑤영천1700	⑦杏千1862/完千1905	⑨사천1937/1945	⑪주천중간1804	⑬세천1956
	②대천(16C중엽?)	④칠천1661	⑥송천1730	⑧박천1917	⑩중천1948	⑫삼천1935	
散	흐를 산	흐틀 산	흐틀 산	훗틀 슨	헛칠 산/혜칠 산	흐틀 산, 잡고기 산, 곡됴 산, 잔 산, 약ㄱ르 산	흐틀 산
	흐를 산	흐틀 산	흐틀 산	헛을 산/チル サン	헛칠 산	サンジテ(산지테-흩어지고) サン(산-산)	
慮	ᄉ년 려	ᄉ념 녀	ᄉ념 녀	싱각 녀	색각 여/생각 여	싱각 려, 근심 려, 츰 려	생각 려
	ᄉ렬 려	ᄉ념 녀	ᄉ념 녀	생각 려/オモンバカル リョ	색각 여	オモンパカリヲ(오모바카리-생각만 하고) リョ(료-여)	
逍	아ᄉ라올 쇼	노닐 쇼	노닐 쇼	뇨일 쇼	노닐 쇼/논닐 쇼	노닐 쇼	노닐 소
	아ᄉ라슬 쇼	노닐 쇼	노닐 쇼	노닐 소/アソブ セウ	노닐 쇼	セウ(세우-소) セウ(세우-소)	
遙	아ᄉ라올 요	노닐 요	노닐 요	노일 요	노닐 요	노닐 요, 멀 요	노닐 요
	아ᄉ라솔 요	노닐 요	노닐 요	노닐 요/ハルカ ヨウ	노닐 요	エウス(에우스-요) エウ(에우-요)	

⑧ 생각을 훗히[허] 바리고 소요하니 세상 생각을 이저 한가히 노닐며 즐겨함이라

⑨ 셰상 싱각을 훗터 바리고 한가히 노닐며 즐겨하미라

⑩ 세상 생각을 훗터 바리고 한가히 노닐며 즐겨하미라

⑪ 又當散其思慮하여 不以世事攖其心하고 逍遙而自適也라

⑫ 隨つて心を勞はすにも及ばず、天眞瀾漫の樂みを得らるべきなり。(따라서 마음을 고생시킬 것도 없이 천진난만(天眞瀾漫)의 즐거움을 얻을 것이다.)

⑬ 세상 생각을, 흐터 버리고, 한가히 놀며 즐겨함이라

	①광천1575	③석천1583	⑤영천1700	⑦츔千1862/完千1905	⑨사천1937/1945	⑪주천중간1804	⑬세천1956
	②대천(16C중엽?)	④칠천1661	⑥송천1730	⑧박천1917	⑩중천1948	⑫삼천1935	
欣	깃글 흔	깃슬 흔	깃쓸 흔	깃쓸 흔	깃불 흔	깃글 흔	기쁠 흔
	깃글 흔	깃슬 흔	깃쓸 흔	깃불 흔/ ヨロコブ キン	깃불 흔	ヨロコビ(요로코비-기뻐하고) キン(킨-흔)	
奏	스올 주	슬올 주	슬올 주	아롤 주	아뢸 쥬	나올 주, 졀주 주, 분주 주	아뢸 주
	스을 주	슬올 주	슬올 주	아월 주/ スツム ソウ	아뢸 쥬	イタル(이타르-다다르다) ソウ(소우-주)	
累	띠 류	더러일 류	더러울 류	려여 누	여러 누	더러울 류, 얼킬 류, 포갤 류, 죄류 류	여러 루
	띠 류	더러일 류	여러일 류	여러 누/ ハシラヒ ルイ	여러 누	ワヅラヒ(와즈라이-앓다) ルヰ(루이-루)	묶을 루
遣	보낼 견	보낼 견	보낼 견	보날 건	보낼 견/ 보닐 견	보낼 견, 견던 견	보낼 견
	보낼 견	보낼 견	보낼 견	보낼 건/ ツカハス ケン	보낼 견	サリ(사리-갈) ケン(켄-견)	보낼 견

⑧ 깃거움은 알외오고 더러옴은 보내며

⑨ 깃거움은 알외고 더러옴은 보닉며

⑩ 깃거움은 알외고 더젹[러]옴은 보내며

⑪ 言居閒散慮하면 則欣賞之情自進하고 而冗累之事自退矣라

⑫ かかれば心は常に樂しくして欣嬉の情は内心に動き、世故のわづらひはいつしか皆な去りつくすべし。(그리하면 마음은 늘 즐겁게 하고 흔희(欣嬉)의 정은 마음속에서 움직이며, 세상으로 말미암은 우환은 어느 틈에 모두 사라져 버릴 것이다.)

⑬ 기쁨은 아뢰고 더러움은 보내니

188	①광천1575	③석천1583	⑤영천1700	⑦杏千1862/完千1905	⑨사천1937/1945	⑪주천중간1804	⑬세천1956
	②대천(16C중엽?)	④칠천1661	⑥송천1730	⑧박천1917	⑩중천1948	⑫삼천1935	
感	슬흘 척	슬플 척	슬플 척	슬플 척	슬플 척	슬플 척	슬플 척
	슬흘 척	슬플 척	슬플 척	슬플 척/カナシイ セキ	슬플 척	ウレヒ(우레이-슬퍼) セキ(세키-척)	
謝	샤넷 샤	샤례 샤	샤례 샤	사여 사	사례 사	스양 샤, 샤례 샤	사례 사
	샤넷 샤	샤례 샤	샤례 샤	사례 사/サル シヤ	사례 사	サリ(사리-사라지다) シャ(샤-사)	
歡	깃글 환	즐길 환	즐길 환	질길 환	깃불 환	즐길 환	기쁠 환
	깃글 한	즐길 환	즐길 환	깃불 환/ヨロコブ クワン	깃불 환	ヨロコビ(요로코비-기뻐하고) クワン(콴-환)	
招	브를 툐	브를 툐	브를 툐	불를 초	부를 초	브를 쵸, 들 교, 곡됴 쇼	부를 초
	브르 툐	브를 툐	브를 툐	부를 초/マネク セウ	부를 초	イタル(이타르-다다르다) セウ(세우-초)	

⑧ 슯혼 거슨 사례하야 가고 즐거옴은 부른 듯 오나니라

⑨ 슯혼 거슨 사례하야 가고 즐거옴은 부른 듯 오나니라

⑩ 슯혼 거슨 사례하야 가고 질거옴은 부른 듯 오나니라

⑪ 疚感之思日去하고 而歡樂之趣日來矣라

⑫ されば悲しみ憂ふるなどの事は其の身より謝し去り、ただ喜ばしき事のみ招かずとも自から來るべきなり。(그러면 슬픔, 두려움 등의 일은 그 몸으로부터 인사하고 사라지며, 그저 기쁜 일만이 부르지도 않았는데 스스로 찾아올 것이다.)

⑬ 슬픈 것은, 사례하여 가고, 즐거움은 부른 듯이 오나니라

189 渠 荷 的 歷	①광천1575 ②대천(16C중엽?)	③석천1583 ④칠천1661	⑤영천1700 ⑥송천1730	⑦杏千1862/完千1905 ⑧박천1917	⑨사천1937/1945 ⑩중천1948	⑪주천중간1804 ⑫삼천1935	⑬세천1956
渠	걸 거	기천 거	길 거	기천 거	개천 거	기천 거, 널을 거, 저 거	개천 거
	걸 거	기천 거	기천 거	개천 거/ミゾ キョ	개천 거	キョ(쿄-거) キョ(쿄-거)	
荷	년 하	년 하	년 하	연 ㅎ	연 하	런 하, 멜 하	연 하
	년 하	년 하	년 하	연 하/ハツカ	연 하	カハ(카와-하) カ(카-하)	
的	마줄 덕	마줄 덕	마줄 덕	적실 적/적실 적	맛질 적/마질 적	불글 덕, 쥰덕 덕, 런밤 덕	맞을 적
	마줄 덕	마줄 덕	마줄 덕	마질 적/マト テキ	맛질 적	テキ(테키-적) テキ(테키-적)	
歷	디날 력	디날 력	디날 력	지날 력	지날 역/지날 력	빗날 력, 지날 력	지날 력
	디날 력	디날 녁	디날 력	지날 역/ツモル レキ	지날 역	レキタリ(레키타리-력하고) レキ(레키-력)	

⑧ 개천에 련꼿이 젹력하니 솟다온 향긔를 가히 잡아볼만 하니라

⑨ 기쳔의 연쏫이 젹력하니 쏘다온 향긔를 볼만하니라

⑩ 개천의 연꽂이 젹력하니 솟다온 향긔를 볼만하니라

⑪ 溝渠之荷가 當夏盛開하여 的歷然芳香可把也라

⑫ 渠とは溝のことなり、荷は蓮なり、みぞの中に咲きたる蓮も的歷と鮮かに美はしく (거(渠)라는 것은 도랑(溝)에 관한 것이고, 하(荷)는 연꽃(蓮)이다. 도랑 소에서 핀 연꽃도 젹력(的歷)하고 상큼하며 아름답게)

⑬ 개천에, 연꽃이 젹력하니, 향기를 잡아, 볼 만하니라

190	①광천1575	③석천1583	⑤영천1700	⑦杏千1862/完千1905	⑨사천1937/1945	⑪주천중간1804	⑬세천1956
	②대천(16C중엽?)	④칠천1661	⑥송천1730	⑧박천1917	⑩중천1948	⑫삼천1935	
園	위원 원	동산 원	동산 언	동산 원	동산 원	동산 원, 룽침 원	동산 원
	위원 원	동산 원	동산 원	동산 원/ソノ エン	동산 원	エン(엔-원)/エン(엔-원)	
莽	쌔일 망	플 망	플 망	플 앙/플 망	풀 망	풀 망, 풀 무, 덤블 모	풀 망
	쌔일 망	플 망	플 망	풀 망/クサ モウ	풀 망	モウハ(모우와-망)/モウ(모우-망)	
抽	쌔일 듀	쌔일 튜	쌜 튜	쌜 츄	쎄닐 츄/쎈닐 츄	쌔힐 츄	뺄 추
	쌔일 튜	쌔일 튜	쌔일 튜	쌔질 추/ヒク チウ	쎄낼 츄	ヌキンズ(느킨즈-뛰어나올)/チウ(치우-추)	
條	올 됴	올 됴	올 됴	가지 죠	가지 죠/가지 됴	가지 됴, 됴목 됴	가지 조
	올 됴	올 됴	올 됴	가지 조/エダ デウ	가지 죠	エダヲ(에다오-가지를)/デウ(데우-조)	

⑧ 동산에 풀이 가지를 쌔혀나니 그 푸른 거슬 가히 사랑하얌즉 하니라

⑨ 동산의 풀이 가지를 쎄여나니 그 풀는 거슬 가히 샹새랑하미라

⑩ 동산의 풀이 가지를 쎄여니니 그 풀는 거슬 가히 샹새랑하미라

⑪ 園林之艸가 方春交翠하여 蒙茸然抽條可愛也라

⑫ 園に生ずる莽乃ち雑草も枝のぬきんでたるときは、青々と清らかなり、蓋し泥中の花も園内の雑草も強ち捨つべからざるをいふ。(정원에 생긴 망(莽) 즉 잡초도 가지가 뻗어 나왔을 때는 푸릇푸릇하고 청초로우니, 대저 진흙 속의 꽃도 정원 안의 잡초도 결코 버려서는 안 된다는 것을 말하는 것이다.)

⑬ 동산에, 풀이 가지를 빼나니, 그 푸른 것을 가히, 사랑함이라

| 191 | ①광천1575 | ③석천1583 | ⑤영천1700 | ⑦춈千1862/完千1905 | ⑨사천1937/1945 | ⑪주천중간1804 | ⑬세천1956 |
	②대천(16C중엽?)	④칠천1661	⑥송천1730	⑧박천1917	⑩중천1948	⑫삼천1935	
枇	나모 피	나모 비	나모 비	비파 비	나무 비	비파 비, 춈빗 비	나무 비
	나모 피	나모 비	나모 비	나무 비/コノミ ビ	나무 비	ビ(비-비) ビ(비-비)	
杷	나모 파	나모 파	나모 파	비파 파	나무 파	비파 파, 써흐레 파, 지ㄹ 파	나무 파
	나모 파	나모 파	나모 파	나무 파/サラヒ ハ	나무 파	ハハ(하와-파는) ハ(하-파)	
晚	느즐 만	느즐 만	느즐 만	느질 만	느질 만	느즐 만	늦질 민
	느즐 만	느즐 만	느즐 만	느질 만/オソシ バン	느질 만	オソク(오소쿠-늦게) バン(반-만)	
翠	프늘 취	프를 취	프를 취	플를 취/□을 □	푸를 취	프를 취, 비취 취	푸를 취
	프를 취	프를 취	프를 취	푸를 취/ミドリ スヰ	푸를 취	ミドリニ(미도리니-푸르게) スヰ(스이-취)	

⑧ 비파난 늦게 푸르고

⑨ 비파난 는[늦]게 푸르고

⑩ 비파난 는[늦]계 푸르고

⑪ 枇杷는 値寒節而乃花라 故로 日晚翠라하니라

⑫ 枇杷는, さまで見どころなきものなれども、其の葉は冬に至るも色うつろはずして綠なり (비파(枇杷)는 모양으로 볼 것이 없는 것이지만, 그 잎은 겨울에 이르면 빛깔이 바래지지 않고 푸르게 되니)

⑬ 피[비]파는 늦게 푸르고

| 192 | ①광천1575 | ③석천1583 | ⑤영천1700 | ⑦杏千1862/完千1905 | ⑨사천1937/1945 | ⑪주천중간1804 | ⑬세천1956 |
	②대천(16C중엽?)	④칠천1661	⑥송천1730	⑧박천1917	⑩중천1948	⑫삼천1935	
梧	머귀 오	머귀 오	머귀 오	메귀 오/머귀 오	오동 오	머귀 오, 견딜 오, 클 오	오동 오
	머귀 오	머귀 오	머귀 오	오동 오/キリ ゴ	오동 오	アヲ(아오-오동) ゴ(고-오)	
桐	머귀 동	머귀 동	머귀 동	메귀 동/머귀 동	오동 동	머귀 동	오동 동
	머위 동	머귀 동	머귀 동	오동 동/キリ ドウ	오동 동	ギリハ(기리와-오동나무는) トウ(토우-동)	
早	이를 조	이를 조	이를 조	일직 조	일를 조	일을 조	이를 조
	이를 조	이를 조	이를 조	일를 조/ハヤシ サウ	일을 조	ハヤク(하야쿠-이르게) サウ(사우-조)	
凋	뜯드를 됴	뻐러딜 됴	내리딜 됴	더어질 죠	마를 됴	이울 됴, 사귈 됴, 그릴 됴	마를 조
	뜯드를 됴	버러딜 됴	뻐러딜 됴	마를 조/シボム テウ	마를 됴	シボメリ(시보메리-메말라) テウ(테우-조)	

⑧ 오동은 일즉 마르나니라

⑨ 오동은 일즉 마르나니라

⑩ 오동은 일즉 마르나니라

⑪ 梧桐은 得金氣而先零이라 故로 曰早彫라하니라

⑫ 又あをぎりはすぐれて大なる葉なれども、他の木よりは早く凋み落つるものなり。(또 오동나무는 뛰어나며 커다란 잎이지만, 다른 나무보다는 일찍 시들어 떨어지는 것이다.)

⑬ 오동은 일찍이 마르나니라

	①광천1575	③석천1583	⑤영천1700	⑦츕千1862/完千1905	⑨사천1937/1945	⑪주천중간1804	⑬세천1956
193	②대천(16C중엽?)	④칠천1661	⑥송천1730	⑧박천1917	⑩중천1948	⑫삼천1935	
陳	무글 딘	무글 딘	무글 딘	무글 진/구글 진	묵을 진	무글 진, 베플 진, 진 진	묵을 진
	무글 딘	무글 딘	무글 딘	묵을 진/フルシ チン	묵을 진	フルキ(후르키-낡게) チン(친-진)	
根	불희 근	불휘 근	불희 근	불이 근/부이 근	뿌리 근/샢리 근	불히 근	뿌리 근
	불휘 근	불희 근	불휘 근	샢리 근/ネ コン	뿌리 근	ネハ(네와-뿌리는) コン(콘-근)	
委	ᄇᆞ릴 위	ᄇᆞ릴 위	ᄇᆞ릴 위	ᄇᆞ일 위	바랄 위	ᄇᆞ릴 위, 맛질 위, 싲 위, 싸힐 위, 구븨 위	버릴 위
	ᄇᆞ릴 위	ᄇᆞ릴 위	ᄇᆞ릴 위	바릴 위/シボミ イ	바랄 위	スタレ(스타레-소용없어지고) ヰ(이-위)	
翳	ᄀᆞ릴 예	ᄀᆞ릴 예	ᄀᆞ릴 예	갈릴 에/□ 예	가릴 에	ᄀᆞ릴 예, 어조스 예	가릴 예
	ᄀᆞ릴 예	ᄀᆞ릴 예	ᄀᆞ릴 예	가릴 예/シボム エイ	가릴 에	ナヘ(나에-시들어) エイ(에이-예)	

⑧ 묵은 샢리난 가리잇[엣]스니 백초가 겨울에난 묵은 샢리가 싸 잇나니라
⑨ 묵은 샢리는 가리엇스니 빅초가 겨울에는 묵은 샢리가 싸에셔 자라나니라
⑩ 묵은 샢리는 가리엇스니 백초가 겨울에는 묵은 샢리가 싸애셔 자라나니라
⑪ 百艸至冬而枯零하여 陳宿之根이 委蔽於地也라
⑫ 古き根はすたれしぼみ、おち葉は風にひるがへる、(오래 된 뿌리는 쇠퇴하여 시들고 낙엽은 바람에 뎅군다.)
⑬ 묵은 뿌리는, 가려졌으니, 이는 가을의, 쓸쓸함이라

194	①광천1575 / ②대천(16C중엽?)	③석천1583 / ④칠천1661	⑤영천1700 / ⑥송천1730	⑦촹千1862/完千1905 / ⑧박천1917	⑨사천1937/1945 / ⑩중천1948	⑪주천중간1804 / ⑫삼천1935	⑬세천1956
落	딜 락	딜 낙	딜 낡	써려질 낙	떠러질 낙/써러질 락	써러질 락, 비릇슬 락, 무을 락	떨 어 질 락
	딜 락	딜 낙	딜 낙	써러질 락/■■	떠러질 락	オチ(오치-떨어지고) ラク(라쿠-락)	
葉	닙 엽	닙 엽	닙 엽	입 엽	입 엽/입새 렵	닙 엽, 디 엽, 고을 섭	잎 사 귀 엽
	닙 엽	닙 엽	닙 엽	입귀귀 엽/ハ エフ	입 엽	バハ(바와-잎은) エフ(에후-엽)	
飄	나봇필 표	부칠 표	부칠 표	부칠 표	날닐 표	부칠 표	날릴 표
	나봇필 표	부칠 표	부칠 표	날닐 표/ヒルガヘル ヘフ	날닐 표	ヒルガヘル(히르가에르-뒤집다) ヘウ(헤우-표)	
颻	나봇필 요	부칠 요	부칠 요	부칠 요	날닐 요	부칠 요	날닐 요
	나봇필 요	부칠 요	부칠 요	날닐 요/ヒルガヘル ヨウ	날닐 요	エウ(에우-요) エウ(에우-요)	

⑧ 써러지난 입사귀가 날니고 나부기나니라

⑨ 써리지는 입식는 날이고 나부기미니라

⑩ 써러지난 입새는 날이고 나부기미니라

⑪ 萬木經霜而搖落하여 蕭疎之葉이 飄舞於空也라

⑫ 以上六句は人生の榮枯盛衰一樣ならず、富貴も羨むべからず、貧賤も侮るべからざるを諷諭せる
ものなり。(이상 6구(句)는 인생의 영고성쇠(榮枯盛衰)가 한결같지 않고 부귀(富貴)도 부러워하
지 말고 빈천(貧賤)도 후회하지 말 것을 풍자하여 비유한 것이다.)

⑬ 떨어지는 잎사귀는, 날리고 나부낀다

195	①광천1575 ②대천(16C중엽?)	③석천1583 ④칠천1661	⑤영천1700 ⑥송천1730	⑦杏千1862/完千1905 ⑧박천1917	⑨사천1937/1945 ⑩중천1948	⑪주천중간1804 ⑫삼천1935	⑬세천1956
游	노릴 유	노닐 유	노닐 유	놀 유	놀 유/놀류	놀 유	놀 유
	노릴 유	노닐 유	노닐 유	놀 유/アソブ ユウ	놀 유	イウ(이우-유) イウ(이우-유)	
鵾	뭇둙 곤	새 곤	새 곤	고기 곤(鯤)	고기 곤(鯤)	큰 고기 곤, 고기싯기 곤(鯤)	고기 곤(鯤)
	뭇둙 곤	새 곤	새 곤	고기 곤(鯤)/オホウ コン	고기 곤(鯤)	コンハ(콘와-곤은) コン(콘-곤)	
獨	홀을 독	홀 독	홀 독	홀 독	홀노 독	홀 독, 큰 진납 독, 즈식 업슬 독	홀로 독
	홀 독	홀 독	홀 독	홀노 독/ヒトリ ドク	홀노 독	ヒトリ(히토리-홀로) ドク(도쿠-독)	
運	옴길 운	옴길 운	옴길 운	옴길 운	운전 운	옴길 운, 운수 운	운전 운
	옴길 운	옴길 운	옴길 운	운전 운/メグル ウン	운전 운	メグリテ(메구리테-옮겨서) ウン(운-운)	

⑧ 노난 곤어가 홀노 운전하니 곤어난 북해에 큰 고기라 홀노 창해를 옴기나니라
⑨ 노난 곤어가 홀노 운전하니 곤어는 북희에 큰 고기라 홀노 창희를 옴기나니라
⑩ 노난 곤어가 홀노 운전하니 곤어는 북해에 큰 고기라 홀노 창해를 옴기나니라
⑪ 鯤은 莊周所謂北溟之魚니 其遊也獨運於滄海라 鯤은 俗本作鵾하니 誤라
⑫ 鵾とは、莊子にいふところの空中をかけり舞ふ大なる鳥の名なリ、此遊鵾は他の鳥類と離れて濁り大空を遊び運リ、(곤(鵾)이라는 것은 장자(莊子)가 말하는 공중(空中)을 날아 춤추는 커다란 새의 이름이다. 이 유곤(遊鵾)은 다른 조류(鳥類)와 떨어져 탁한 하늘을 날아 옮겨 다니며)
⑬ 곤어는 큰 고기니, 홀로 창해를, 옴기나니라
　鵾 ⇒ 鯤

| 196 | ①광천1575 | ③석천1583 | ⑤영천1700 | ⑦杏千1862/完千1905 | ⑨사천1937/1945 | ⑪주천중간1804 | ⑬세천1956 |
	②대천(16C중엽?)	④칠천1661	⑥송천1730	⑧박천1917	⑩중천1948	⑫삼천1935	
凌	업쇼올 룽	오룰 룽	오룰 룽	어일 룽	오를 룽	넘을 룽, 얼음 룽	능멸 능
	늣브르 룽	오룰 룽	오룰 룽	룽멀 룽/シノクレウ	오룰 룽	シノギ(시노기-오르고) リョウ(료우-룽)	
摩	ᄆ릴 마	믄질 마	믄질 마	만질 마	만질 마	믄질 마, 글 마	만질 마
	ᄆ릴 마	믄실 마	믄질 마	만질 마/サスル マ	만질 마	スル(스루-스치다) マ(마-마)	
絳	불글 강	불글 강	불글 강	불글 강	불글 강	불글 강	붉을 강
	ᄂ릴 강	블글 강	블글 강	붉글 강/アカシ コウ	불글 강	カウ(카우-강) カウ(카우-강)	
霄	하늘 쇼	하늘 쇼	하늘 쇼	흔을 소	한날 소/하날 소	한을 쇼	하늘 소
	밤 쇼	하늘 쇼	하늘 쇼	하날 소/ソラ セウ	한날 소	セウキ(세우오-소를) セウ(세우-소)	

⑧ 곤어가 화하야 붕새되여 한 번 날면 구천을 치나니 사람 운수를 비함이라

⑨ 곤어가 화하야 붕시되여 한 번 날면 구천의 이르나니 사람의 운수를 말함니라

⑩ 곤어가 화하야 붕새되여 한 번 날면 구천의 이르나니 사람의 운수를 말함니라

⑪ 鯤化爲鳥하면 其名曰鵬이니 背負靑天하여 一飛九萬里하니 卽凌摩絳霄也라 此는 喩人之飛騰潛運이 各有時也라

⑫ 絳霄乃ち日の暮方の赤き空を凌ぎて高く飛びかけるさまをいふ. (봉소(絳霄) 즉 해질 녘의 붉은 하늘을 지나 높이 날아오르는 모양을 말한다.)

⑬ 곤어가 붕새로, 화하여 한 번 날면, 구천에 이르나니, 사람의 운수를 말함이라

197	①광천1575 / ②대천(16C중엽?)	③석천1583 / ④칠천1661	⑤영천1700 / ⑥송천1730	⑦춈千1862 / 完千1905 / ⑧박천1917	⑨사천1937/1945 / ⑩중천1948	⑪주천중간1804 / ⑫삼천1935	⑬세천1956
耽	귀울 탐	즐길 탐	즐길 탐	질길 탐	즐길 탐	즐길 담, 귀드리울 담	즐길 탐
耽	됴히녀기리 탐 〔담리녁칠丘〕	즐길 탐	즐길 탐	즐길 탐/ フケル タン	즐길 탐	フケリ(흐케리-즐기고) / タン(탄-탐)	
讀	닐글 독	닐글 독	닐글 독	닐글 독	닐글 독	닐글 독, 구두 두	읽을 독
讀	닐글 독	닐글 독	닐글 독	닐글 독/ ヨム ドク	닐글 독	ヨムコトニ(요무코토니-읽고) / ドク(도쿠-독)	
翫	샹원 완	구경 완	구경 완	구경 완	구경 원/ 구경 완	귀경 완, 니글 완	구경 완
翫	샹원 〻[원] 〔ㄴ윈샹〕	구경 완	구경 완	구경 왕/ モデアソブ クワン	구경 원	モテアソビ(모테아소비-가지고 놀고) / グワン(관-완)	
市	져제 시	져제 시	져재 시	져ᄌ 시	져자 시	져제 시, 살 시	저자 시
市	져제 시	져자 시	져졔 시	저자 시/ イチ シ	져자 시	イチニ(이치니-시장에) / シ(시-시)	

⑧ 글 닐기를 즐겨 저자를 귀경하니 한인 왕충이 매양 책사예 가서 글을 구경하니라

⑨ 글닐기를 즐겨 저자를 구경하니 한인 왕충이 칙사의 가셔 글을 구경하니라

⑩ 글일기를 질겨 저자를 구경하니 한인 왕충이 책사의 가셔 글을 구경하니라

⑪ 漢上虞王充이 家貧하여 好學而無書일새 每向書肆하여 覽其書하면 終身不忘하니라

⑫ 出ては、古へ王氏が市に出で、書肆の店頭にて讀書にふけりし如くし (더 나아가, 옛날 왕씨(王氏)가 도시에 나와 서사(書肆)의 가게 앞에서 책읽기에 푹 빠져 있었고)

⑬ 글 읽기를 즐겨, 저자를 구경하니, 왕충[충]이 책사에게, 글을 구경하니라

198	①광천1575	③석천1583	⑤영천1700	⑦杏千1862/完千1905	⑨사천1937/1945	⑪주천중간1804	⑬세천1956
	②대천(16C중엽?)	④칠천1661	⑥송천1730	⑧박천1917	⑩중천1948	⑫삼천1935	
寓	브를 우	브틸 우	브틸 우	부칠 우	붓칠 우/부칠 우	브틸 우	붙일 우
	브틀 우	브틸 우	브틸 우	부칠 우/ヨス グ	붓칠 우	ヤドス(야쿠스-머금다) グウ(구우-우)	
目	눈 목	눈 목	눈 목	눈 목	눈 목	눈 목, 됴목 목	눈 목
	눈 목	눈 목	눈 목	눈 목/メ モク	눈 목	メ キ(메오-눈을) モク(모쿠-목)	
囊	ᄂᆞ믓 랑	ᄂᆞ믓 낭	ᄂᆞ믓 낭	쥬메이 낭/쥬미이 낭	쥬머니 낭/주머니 낭	주머니 낭	주머니 낭
	ᄂᆞ믓 랑	ᄂᆞ믓 낭	ᄂᆞ믓 낭	주머니 낭/フクロ ナウ	쥬머니 낭	ナウ(나우-낭) ナウ(나우-낭)	
箱	샹ᄌᆞ 샹	샹ᄌᆞ 샹	샹ᄌᆞ 샹	상ᄌᆞ 상	상자 상/샹자 샹	샹ᄌᆞ 샹, 수뤼젼 샹, 곳집 샹, 집 샹	상자 상
	샹ᄌᆞ 샹	샹ᄌᆞ 샹	샹ᄌᆞ 샹	상자 상/ハコ シヤウ	상자 상	サウニ(사우니-상에) サウ(사우-상)	

⑧ 왕충이 글을 한 번 보고 잇지 아니하니 글을 주머니와 상자에 둠미 갓흐니라

⑨ 왕충이 글을 해혼 번 보면 잇지 아니하니 글을 주머니나 상자에 둠과 갓다함니라

⑩ 왕충이 글은 한번 보면 잇지 아니하니 글을 주머니나 상자에 둠과 갓다하니라

⑪ 人稱王充寓目囊箱이라하니 以其一寓目하면 輒不忘하여 如貯書於囊箱之中也라

⑫ 入りては、眼を書籍を納めたるふくろや箱に寄せて、ひたすらに文學を研究して他を顧みず、蓋し學に志すものは斯樣に勵むべしいへるなり。(들어가서는 눈을 서적을 넣은 자루나 상자로 돌려 오로지 문학을 연구하고, 다른 일을 거들떠보지도 않았으니, 대저 배움에 뜻을 둔 자는 이와 같이 힘써야 할 것임을 말하는 것이다.)

⑬ 왕충이 글은 한번 보면, 잇지 아니하니 글을 주머니와, 졍ᄉᆡᆼ자에 둠과 같다 하니라

199	①광천1575 / ②대천(16C중엽?)	③석천1583 / ④칠천1661	⑤영천1700 / ⑥송천1730	⑦춤千1862/完千1905 / ⑧박천1917	⑨사천1937/1945 / ⑩중천1948	⑪주천중간1804 / ⑫삼천1935	⑬세천1956
易	밧꼴 셕	밧골 역	밧골 역	쉬을 이	쉬울 이/쉬울 이	쉬울 이, 다스릴 이, 밧골 역	쉬울 이
	밧꼴 셕	밧골 역	밧골 역	쉬울 이/ヤスィ	쉬울 이	イ(이-이) / イ(이-이)	
輶	술위 유	가비야올 유	가비야올 유	가ᄇ야올 유/가ᄇ야올 유	가벼을 유	가비야올 유	가벼울 유
	술위 유	말미ᄋ을 유	기비야올 유	가벼울 유/ツッシム ユウ	가벼을 유	イウ(이우-유) / イウ(이우-유)	
攸	배 유	바 유	바 유	바 유	바 유	바 유, 유연 유	바 유
	바 유	바 유	바 유	바 유/トコロ イウ	바 유	トコロ(토코로-바) / シウ(시우-유)	
畏	저흘 외	저흘 외	저흘 외	져흘 외/져히[흘] 외	두려을 외	저흘 위	두려울 외
	저흘 외	저흘 외	져흘 외	두려울 외/オソル イ	두려을 외	オソル(오소르-두려워하다) / ルヰ(루이-외)	

⑧ 쉽고 가배옴이 두려온 바니 말을 쉽게 하고 가배입게 함을 군자 두려하난 배니라

⑨ 쉽고 가비엽이 두려온 빈니 군자는 쉽고 가벼여이 말함을 두려하나니라

⑩ 쉽고 가비염이 두려온 배니 군자는 쉽고 가비여이 맘함을 두려하나니라

⑪ 此는 言言不可不愼也라 輕易其言하면 則必致差失하니 君子之所畏也라

⑫ 易輶とは輕卒なることにて、すべて事に臨みて深思熟考して、輕忽をおそれ愼むべし (역유(易輶)라는 것은 경졸(輕卒)한 것으로서, 모든 일에 임해서는 심사숙고(深思熟考)하고, 경홀(輕忽)을 두려워하여 신중히 할 것이며)

⑬ 쉽고 가벼움이 두려온 배니, 군자는 쉽고 가벼히, 말함을 두려워 하니라

200	①광천1575 / ②대천(16C중엽?)	③석천1583 / ④칠천1661	⑤영천1700 / ⑥송천1730	⑦杏千1862/完千1905 / ⑧박천1917	⑨사천1937/1945 / ⑩중천1948	⑪주천중간1804 / ⑫삼천1935	⑬세천1956
屬	브틀 쇽	브틸 쇽	브빌 쇽	부칠 쇽	붓칠 쇽/부칠 쇽	니을 쵹, 부틸 쇽, 권당 쇽, 의탁홀 쵹, 공경 쵹	붙일 쇽
	브틀 쇽	브틸 쇽	브틸 쇽	부칠 쇽/ツク ショク	붓칠 쇽	アツム(아츠무-모으다) ショク(쇼쿠-속)	
耳	귀 이	귀 이	귀 이	귀 이	귀 이	귀 이, 어조스 이	귀 이
	귀 이	귀 이	귀 이	귀 이/ミミ ジ	귀 이	ミミ ヲ(미미오-귀를) ジ(지-이)	
垣	담 원	담 원	담 원	담 원	담 원/담 원	담 원	단 원
	담 원	담 원	담 원	담 원/カキ エン	담 원	クワン(콴-원) クワン(콴-원)	
墻	담 쟝	담 쟝	담 쟝	담 즁(牆)	담 쟝	담 쟝(牆)	담 쟝
	담 쟝	담 댱	담 쟝	담 쟝/カキ シャウ	담 쟝	シャウニ(샤우니-장에) シャウ(샤우-장)	

⑧ 귀를 담에 븟처스니 말을 경솔히 하면 사람이 귀를 담에 븟치고 드를가 두려함이라

⑨ 말을 경솔히 하면 사람이 귀를 담에 븟치고 드를가 두려함이라

⑩ 말을 경솔히 하면 사람이 귀를 담에 븟치고 드를가 두려함이라

⑪ 詩曰 君子無易由言이어다 耳屬于垣이라하니 言不可易於其言하니 恐耳屬于垣也라

⑫ 又諺にも壁に耳ありかきに目ありといへば、人無きところにても宜しく言行を愼むべしといへるなり。(또 말에도 벽에 귀가 있고 담장에 눈이 있다고 하니, 사람 없는 곳에서도 언행을 신중히 잘 해야 할 것임을 말하는 것이다.)

⑬ 말을 경솔히 하면 사람이, 귀를 담에 붙이고 들을가 두려우니라

　墙⇔牆

201	①광천1575 / ②대천(16C중엽?)	③석천1583 / ④칠천1661	⑤영천1700 / ⑥송천1730	⑦杏千1862/完千1905 / ⑧박천1917	⑨사천1937/1945 / ⑩중천1948	⑪주천중간1804 / ⑫삼천1935	⑬세천1956
具	ᄀᆞᄌᆞᆫ 구	ᄀᆞ촐 구	구츨 구	ᄀᆞ츌 구	갓촐 구	ᄀᆞ촐 구	갖출 구
	ᄀᆞᄌᆞ 구	ᄀᆞ촐 구	ᄀᆞᄌᆞᆯ 구	갓촐 구/ ソナフ グ	갓촐 구	ソナヘ(소나에-갖추고) グ(구-구)	
膳	션믈 션	차반 션	차반 션	ᄇᆞᆫ찬 션	반찬 션	차반 션	반찬 선
	션믈 션	차반 선	차반 선	반찬 선/ ソナフ ゼン	반찬 션	ゼンヲ(젠오-선을) ゼン(젠-선)	
飡	반찬 찬	밥 손	밥 손	밥 숀/밥 손	밥 손(飧)	먹을 찬, 밥 손(湌)	밥손(飧)
	반찬 ᄒᆞ[찬] 	밥 손	밥 손	밥 손(飧)/ メシ ソン	밥 손(湌)	クラフ(쿠라후-먹다) サン(산-손)	
飯	법 반	밥 반	밥 반	밥 반	밥 반	밥 반, 먹을 반	밥 반
	밥 반 ᄒᆞ 	밥 반	밥 반	밥 반/ メシ ハン	밥 반	メシヲ(메시오-밥을) パン(반-반)	

⑧ 반찬을 갓초고 밥을 먹으니

⑨ 반찬을 갓초고 밥을 먹으니

⑩ 반찬을 갓초고 밥을 먹으니

⑪ 備膳而啖飯은 日用飲食之常也라

⑫ 飲食するには、必らす膳をそなへて禮儀ただしくすべし、食物は美味を擇むやうな賛擇を爲すべからす、(먹고 마시는 것은 반드시 밥상을 갖추고 예의(禮儀) 바르게 해야 할 것이며, 먹는 것은 맛있음을 고르는 것과 같은 사치를 해서는 안 되며,)

⑬ 반찬을 갖추고 밥을 먹으니

飡 ⇒ 湌 ⇒ 飧

202	①광천1575	③석천1583	⑤영천1700	⑦츔千1862/完千1905	⑨사천1937/1945	⑪주천중간1804	⑬세천1956
	②대천(16C중엽?)	④칠천1661	⑥송천1730	⑧박천1917	⑩중천1948	⑫삼천1935	
適	마즐 덕	마즐 덕	마줄 적	마즘 적/마츰 적	맛침 적/맛츰 적	마즐 셕, 갈 셕, 마츰 셕, 조츨 덕, 덕실 덕	맛침 적
	마즐 덕	마즐 턱	마즐 덕	맛참 적/カナフ テキ	맛침 적	カナヒ(카나이-갖추고) テキ(테키-적)	
口	십 구	입 구	입 구	입 구	입 구	입 구	입 구
	십 구	입 구	입 구	입 구/クチ コウ	입 구	クチニ(쿠치니-입에) コウ(코우-구)	
充	출 츙	출 츙	출 츙	출 츙	채일 츙/채일 충	출 츙	채일 충
	출 츙	출 츙	출 츙	치일 충/ミツ シウ	채일 츙	ミツ(미츠-차다) ジュウ(쥬우-충)	채일 충
腸	새 댱	애 댱	애 댱	애 장/이 증	창자 장	챵ᄌ 쟝	창자 장
	애 댱	애 댱	애 댱	창자 장/ハラワタ チヤウ	창자 장	チャウニ(챠우니-장에) チャウ(챠우-장)	창자 장

⑧ 입에 마즈면 창자를 채으나니라

⑨ 입에 마즈면 창자를 채우나니라

⑩ 입에 마즈면 창자를 채우나니라

⑪ 飮食은 只當適吾之口하고 充吾之腸하여 不飢而已요 不可侈也라

⑫ 口にかなひ腸に滿らて、飢渴を凌ぎ得れば足れりと思ふべきなり。(입에 들어가고 장을 채워, 기 갈(飢渴)을 없앨 수 있으면 족하다고 생각해야 할 것이다.)

⑬ 입에 맞으면 창자를 채우나니라

203	①광천1575	③석천1583	⑤영천1700	⑦참千1862/完千1905	⑨사천1937/1945	⑪주천중간1804	⑬세천1956
	②대천(16C중엽?)	④칠천1661	⑥송천1730	⑧박천1917	⑩중천1948	⑫삼천1935	
飽	비출 포	비브를 포	비블 포	비부를 포/비부를 포	배부를 포	빈불을 포	배 부를 포
	비츨 포	비브를 포	비브를 포	배부를 포/アク ハウ	배부를 포	アキテハ(아키테와-배부르면)/ハウ(하우-포)	
飫	빈츌 어	슬밀 어	슬밀 어	슬늘 어/슬을 여	시를 예/스를 예	슬흘 어	배 부를 어
	술믈 □	슬밀 어	슬밀 어	슬흘 여/イトフヨ	시를 예	アキ(아키-질리다)/ヨ(요-예)	
烹	슬믈 핑	슬믈 핑	슬믈 핑	슬믈 핑	삶을 팽	슬믈 핑	삶을 팽
	술 핑	슬믈 핑	슬믈 핑	삶을 팽/ニル ハウ	삶을 팽	ハウ(하우-팽)/ハウ(하우-팽)	
宰	사홀 지	버힐 지	버히 지	말가슬 지	재상 재	음식 달홀 지, 직횔 지, 다스릴 지	재상 재
	즈샹 지	버흐 지	버힐 지	재상 재/ノカサ サイ	재상 재	サイニ(사이니-재에)/サイ(사이-재)	

⑧ 배부르매 팽재한 것도 슬흐며 ○ 팽재난 진품 음식을 살무며 장만한다난 말이라

⑨ 빈부르면 핑재라도 슬으니 핑지난 진품음식을 살무미라

⑩ 배부르면 팽재라도 슬으니 팽재난 진품음식을 살무미라

⑪ 方其飽時하여는 則雖烹宰珍品이라도 亦厭飫而不甞矣라

⑫ 我人とも充分飲食したるときは、たとひ美味珍羞たりとも飽きて食ふことを欲せず (사람들과 함께 충분히 먹고 마셨을 때는 가령 진수성찬이었다고 하더라도 배불리 먹을 것을 욕심내지 않고)

⑬ 배부르면, 팽재라도 싫으니, 팽재는 진품 음식을 삶음이라

204	①광천1575 / ②대천(16C중엽?)	③석천1583 / ④칠천1661	⑤영천1700 / ⑥송천1730	⑦츰千1862/完千1905 / ⑧박천1917	⑨사천1937/1945 / ⑩중천1948	⑪주천중간1804 / ⑫삼천1935	⑬세천1956
飢	주릴 긔	주릴 긔	쥬릴 긔	쥬릴 긔	쥬릴 긔/주릴 긔	주릴 긔	주릴 기
	주릴 긔	주릴 긔	주릴 긔	주릴 긔/アヱル キ	쥬릴 긔	ウエテハ(우에테와-굶주려서는)キ(키-기)	
厭	아쳘 염	슬흘 염	슬흘 염	슬늘 념/슬을 념	시를 염/스를 염	비불을 염, 슬흘 염, 누롤 압, 항복홀 염, 굼촐 암	싫을 염
	아쳐 염	슬흘 염	슬흘 염	슬을 염/イトフ エン	시를 염	アク(아쿠-싫어하다)エン(엔-염)	
糟	스라기 조	지강 조	지강 조	지강 조/졔 조	재강 조	지강 조	재강 조
	스라긔 조	지강 조	지강 조	재강 조/カス サウ	재장 조	サウ(사우-조)サウ(사우-조)	
糠	겨 강	겨 강	져 강	져 강/졔 강	겨 강	겨 강	겨 강
	겨 강	겨 강	겨 강	겨 강/ヌカ コウ	져 강	カウニ(카우니-강)カウ(카우-강)	

⑧ 주리면 재강과 겨도 염족하니라 ○ 염족은 달고 아름다히 여긴다난 말이라

⑨ 쥬리면 지강과 겨도 염족하니 염족은 달고 아름다이 여긴단 말리라

⑩ 주리면 재강과 거드[겨되] 염족하니 염족은 달고 아름다이 여견단 말리라

⑪ 及其飢也하여는 則雖糟糠薄具라도 必厭足而甘美矣라

⑫ 又これに反して飢ゑて空腹なるときは、糟糠の如き粗食にてもいとはず喜びて食するをいふ。
  (또 이것과 반대로 굶주려 공복일 때는 조와 수수 같은 변변찮은 음식이라도 마다하지 않고 기뻐하며 먹는 것을 말한다.)

⑬ 주리면, 재강도 염족하니, 염족은 달고 아롬다이 여긴단 말이라

205	①광천1575 / ②대천(16C중엽?)	③석천1583 / ④칠천1661	⑤영천1700 / ⑥송천1730	⑦츰千1862/完千1905 / ⑧박천1917	⑨사천1937/1945 / ⑩중천1948	⑪주천중간1804 / ⑫삼천1935	⑬세천1956
親	이버이 친	친홀 친	친홀 친	ᄉ란 친/ᄉ랑 친	치할 친	겨레 친, 사돈 친, ᄉ랑 친, 갓가올 친	친 할 친
	어버이 청	친홀 친	친홀 친	친할 친/オヤ シン	친할 친	シン(신-친)/シン(신-친)	
戚	아ᅀᆷ 척	아ᅀᆷ 척	아ᅀᆷ 척	절네 척/절네 척	겨레 척/겨레 척	겨레 척, 도싁 척, 근심 척	겨레 척
	아ᅀᆷ 척	아ᅀᆷ 척	아ᅀᆷ 척	겨레 척/ヤカラ セキ	겨레 척	セキ(세키-척)/セキ(세키-척)	
故	주글 고	늘글 고	늘글 고	날글 고	연고 고	늘글 고, 짐츳 고, 연고 고	연고 고
	주글 고	늘글 고	늘글 고	연고 고/ユエニ コ	연고 고	コ(코-고)/コ(코-고)	
舊	녜 구	녜 구	녜 구	녜 구	예 구/녜 구	녜 구	예 구
	녜 구	녜 구	녜 구	녜 구/クルシ キウ	예 구	キウ(키우-구)/キウ(키우-구)	

⑧ 친척과 고구니 동성지친은 친이요 이셩지친은 척이요 벗을 고구라 하나니라

⑨ 친은 동셩지친이오 척은 이셩지친이오 벗은 고구라하나니라

⑩ 친은 동셩지친이오 척은 이셩지친이오 벗은 고구라하나니라

⑪ 同姓之親曰親이요 異姓之親曰戚이요 舊要曰故舊니 皆有品節也라

⑫ 親族家族ならびに故き知合ひは、互ひに往來音信して其の交情を溫め親密なるべく (친족과 가족 못지않게 오랜 지인은 서로 서신 왕래하여 그 교분(交分)을 따뜻하게 친밀하게 해야 할 것이며)

⑬ 친은, 동셩지친이오, 척은, 이셩지친이오 벗은 고우라 하느니라

	①광천1575	③석천1583	⑤영천1700	⑦杏千1862/完千1905	⑨사천1937/1945	⑪주천중간1804	⑬세천1956
206	②대천(16C중엽?)	④칠천1661	⑥송천1730	⑧박천1917	⑩중천1948	⑫삼천1935	
老	늘글 로	늘글 로	늘글 로	늘글 로	늙을 로/늘글 로	늘글 로, 치ᄉ흘 로	늙을 로
	늘글 노	늘글 로	늘글 로	늙을 로/オユ ロウ	늙을 로	ラウ(라우-로) ラウ(라우-로)	
少	아히 쇼	겨믈 쇼	졀믈 쇼	졀믈 소	졂을 소/졀믈 쇼	졈을 쇼, 젹을 쇼, 나므라홀 쇼	졂을 소
	아히 쇼	졀믈 쇼	져믈 져	졂을 소/ワカシ セウ	졂을 소	セウ(세우-소) セウ(세우-소)	
異	다를 이	다를 이	다를 이	다를 이/다를 이	다를 이	다를 이	다를 이
	다를 이	다를 이	다를 이	다를 이/コトナル イ	다를 이	コトニス(코토니스-다르게 하다) イ(이-이)	
糧	양식 량(粮)	냥식 냥	냥식 냥	양식 량/양식 양	양식 양	량식 량	양식 량
	양식 량(粮)	양식 냥	냥식 냥	양식 양/カテ リヤウ	양식 양	カテヲ(카테오-식량) ラウ(라우-양)	

⑧ 늘근이와 절믄이 량식이 다르니 늘근이난 고기 안이면 배부르지 안이함니라

⑨ 늘근이와 절무니 양식이 다르니 늘근이난 고기 안이면 빈부르지 안니하미라

⑩ 늘근이와 절무니 양식이 다르니 늘근이난 고기 안애이면 배부르지 안니하미라

⑪ 老者는 非帛不煖하고 非肉不飽하며 少者亦宜節其飮食하고 愼其愛養이니 禮所謂十五以上老少異食이 是也라

⑫ 又老人と少年とは其の食事を異にすべきものなり、これは貴賤老若其の分を守るべきをいへるなり。(또 노인과 소년은 그 식사를 따로 해야 할 것이다. 이것은 귀천노약(貴賤老若)의 본분을 지켜야 함을 말하는 것이다.)

⑬ 노소의, 양식이 다르니, 늙은 이는, 고기가 아니면, 배가 부르지 아니 하니라

粮⇒糧

| 207 | ①광천1575 | ③석천1583 | ⑤영천1700 | ⑦초천1862/完千1905 | ⑨사천1937/1945 | ⑪주천중간1804 | ⑬세천1956 |
	②대천(16C중엽?)	④칠천1661	⑥송천1730	⑧박천1917	⑩중천1948	⑫삼천1935	
妾	곳갓 첩	첩 첩	첩 첩	첩 첩	첩 첩/첩 첩	첩 첩	첩 첩
	곳갓 첩	칩 첩	첩 첩	첩 첩/メカケ セウ	첩 첩	セフハ(세후와-첩은) セフ(세후-첩)	
御	님금 어	뫼실 어	뫼실 어	모실 어	뫼실 어	뫼실 어, 거느릴 어, 나올 어, 마즐 아	모실 어
	임금 어	뫼실 어	뫼실 어	뫼실 어/オサム ゴ	뫼실 어	ギヨシ(교시-어하고) ギヨ(교-어)	
績	쑤리 방(紡)	질삼 적	질삼 적	길삼 적	길삼 적	질삼 적, 공 적	질삼 적
	쑤리 적	질삼 적	질삼 적	길삼 적/ツムク セキ	길삼 적	セキ(세키-적) セキ(세키-적)	
紡	쑤리 적(績)	질삼 방	질삼 방	길삼 방	길삼 방	질삼 방	질삼 방
	쑤리 방	질삼 방	질삼 방	길삼 방/ツムク ハウ	길삼 방	バウニ(바우니-방에) バウ(바우-방)	

⑧ 첩은 뫼시고 질삼하나니 왕공 부인도 그 가부를 위하야 질삼하나니라

⑨ 첩은 뫼시고 길삼하나니 왕공에 부인 가부를 위하야 길삼하나니라

⑩ 첩은 뫼시고 길삼하나니 왕공에 부인 가부를 위하야 질삼하나니라

⑪ 妾御는 妾也라 然이나 自王后織紝으로 至庶士以下之衣其夫에 皆有其職하니 紡績이 豈止於妾이리오 此는 偶不言妻耳라

⑫ 妾とは、「そばめ」なり、御とは取扱ふことなり、妾は妻より賤しきものなれば、絲をとり絲をつむぐことを取扱ふべく (첩(妾)이라는 것은 '소실(小室)'이며, 어(御)라는 것은 다루는 것이다. 첩은 처(妻)보다 낮은 것이니, 실을 잡고 실을 뽑는 것을 다루어야 할 것이며)

⑬ 첩을 모시고, 길쌈하나니, 안해의 버금자리인, 첩은 길쌈할지니라

紡 ⇔ 績(妾御紡績〈광천〉, 다른 이본 妾御績紡)

208	①광천1575	③석천1583	⑤영천1700	⑦참千1862/完千1905	⑨사천1937/1945	⑪주천중간1804	⑬세천1956
	②대천(16C중엽?)	④칠천1661	⑥송천1730	⑧박천1917	⑩중천1948	⑫삼천1935	
侍	뫼실 시	뫼실 시	모실 시	모실 시	뫼실 시	뫼실 시	모실 시
	뫼실 시	모실 시	뫼실 시	뫼실 시/ハベル シ	뫼실 시	ジハ(지와시는) ジ(지-시)	
巾	뫼 건	슈건 건	슈건 건	슈건 건/수건 건	수건 건/슈건 건	슈건 근, 두건 근	수건 건
	뫼 건	슈건 건	슈건 건	수건 건/テヌグイ キン	수건 건	キンス(킨스-건하다) キン(킨-건)	
帷	댱 유	댱 유	당 유	장막 유/장목 유	장막 유/휘장 유	쟝 유	장막 유
	댱 유	낭 유	댱 유	장막 유/カクヒライ	장막 유	ヰ(이-유) ヰ(이-유)	
房	구돌 방	방 방	방 방	구들 방/방 방	방 방	구돌 방	방 방
	견 방	방 방	방 방	방 방/ヘヤ ハウ	방 방	バウニ(바우니-방) バウ(바우-방)	

⑧ 유방에서 뫼시고 수건을 밧드나니 이거슨 쳔[처]첩에 하난 일이니라

⑨ 유방에셔 뫼시고 수건을 밧드나니 쳔[처]첩에 하는 일이라

⑩ 유방에셔 뫼시고 수거을 밧드나니 쳔[처]첩에 하일이라

⑪ 侍巾櫛於帷房之內者는 亦妻妾之事也라

⑫ 又侍乃ちそばつかへの女は、帷(とばり)房(へや)などを掃除するが役目なり。(또 시(侍) 즉 시중 드는 여자는 수레에 씌우는 덮개, 방 등을 청소하는 것이 역할이다.)

⑬ 유방에서 모시고, 수건을 받으니 처첩이 하는 일이라

	①광천1575 ②대천(16C중엽?)	③석천1583 ④칠천1661	⑤영천1700 ⑥송천1730	⑦杏千1862/完千1905 ⑧박천1917	⑨사천1937/1945 ⑩중천1948	⑪주천중간1804 ⑫삼천1935	⑬세천1956
紃	깁 환	깁 환	기 한	깁 환	깁 환	깁 환	흰깁 환
	깁 환	깁 휘ㄴ	깁 환	깁 환/ シ ロ キ ヌ クワン	깁 환	グワン(관-환) グワン(관-환)	
扇	부체 선	부체 선	부체 선	부치 션	붓채 선/ 부채 선	부채 선, 문짝 선, 부 츨 선	부채 선
	부체 선	부채 선	브체 선	붓채 선/ アフギ セン	붓채 선	セン(센-선) セン(센-선)	
圓	두리 원	두런 원	두런 원	두렷 원	둥굴 원/ 둥글 원	둥굴 원, 두렷 원	둥글 원
	두릴 원	두릴 인	두런 뭔	둥글 원/ マロシ エン	둥굴 원	マロク(마로쿠-둥글 게) エン(엔-원)	
潔	츨 결	조흘 결	존흘 결	조흘 결	힐 결/흘 결	조흘 걸	맑을 결
	츨 결	조흘 결	조흘 결	맑을 결/ イサキヨシ ケツ	힐 결	キヨラカニ(키요라카 니-깨끗하게) ケツ(케츠-결)	

⑧ 깁붓채난 둥글고 조출하며

⑨ 깁부치난 둥글고 조출하며

⑩ 깁붓채는 둥글고 조출하며

⑪ 裁紃爲扇하니 團圓潔白也라 潔은 唐本作絜하니 誤라

⑫ 紃扇とは絹にて張りし扇子にして、其の形は丸くして清らかなるものなり、熱ければこれにて凉を納れ、(환선(紈扇)이라는 것은 명주를 대어 부채를 만들어, 그 모양은 둥글게 하여 깨끗한 것이니, 더우면 이것으로서 서늘하게 하고)

⑬ 깁부채는 둥글고 조출하니라

| 210 | ①광천1575 | ③석천1583 | ⑤영천1700 | ⑦杏千1862/完千1905 | ⑨사천1937/1945 | ⑪주천중간1804 | ⑬세천1956 |
	②대천(16C중엽?)	④칠천1661	⑥송천1730	⑧박천1917	⑩중천1948	⑫삼천1935	
銀	은 은	은 은	은 은	은 은	은 은	은 은	은 은
	은 ㆍ[은]	은 은	믄 은	은 은/シロカネ ギン	은 은	ギン(긴-은) ギン(긴-은)	
燭	쵸 촉	쵸 촉	촉 촉	촉 촉/촉불 촉	촉불 촉	쵸 촉, 비췰 촉	초불 촉
	쵸 촉	촉 촉	쵸 촉	촉불 촉/トモシビ ショク	촉불 촉	ショク(쇼쿠-촉) ショク(쇼쿠-촉)	
煒	홰 휘	빗날 위	빗날 □	빗날 위	빗날 위	빗날 위	빛날 위
	홰 휘	빗날 위	빗날 위	빗날 위/アキラカイ	빗날 위	サカンニ(사칸니-왕성하게) カウ(카우-위)	
煌	홰 황	빗날 황	빗날 황	빗날 황	빗날 황	빗날 황	빛날 황
	홰 황	빗날 황	빗날 황	빗날 황/カガヤク クワウ	빗날 황	カガヤク(카가야쿠-빛나다) クワウ(쿠와우-황)	

⑧ 은촉불은 빗나고 빗나도다

⑨ 은촉불은 빗나고 빗나도다

⑩ 은촉불은 빗나고 빗나도다

⑪ 古者에 束薪爲燭이러니 後世에 用蠟燭하니 其光明如銀이라 故로 曰銀燭이라 煒煌은 亦光明之意라

⑫ 又白かねの燭臺に火を點すれば、室内は光りまばゆくかがやき渡りて晝の如きなり。(또 은(銀)촉대에 불을 붙이면 실내는 빛이 깜박이며 퍼져 낮과 같이 된다.)

⑬ 은 촛불은 빛나고, 빛나도다

211	①광천1575	③석천1583	⑤영천1700	⑦杏千1862/完千1905	⑨사천1937/1945	⑪주천중간1804	⑬세천1956
	②대천(16C중엽?)	④칠천1661	⑥송천1730	⑧박천1917	⑩중천1948	⑫삼천1935	
晝	낫 듀	낫 듀	낫 듀	낫 쥬	낫 주/낫 쥬	낫 쥬	낫 주
	낫 듀	낫 듀	낫 듀	낫 주/ヒル チユウ	낫 주	ヒル ノ(히르노-낮의) チウ(치우-주)	
眠	조스름 면	조올 면	조을 면	조을 면	조을 면/죠름 면	조올 면	졸 면
	조스름 면	소롤 면	조믈 면	조을 면/ネムル ミン	조을 면	ネムリ(네무리-졸리고) ミン(민-면)	
夕	나죄 셕	나죄 셕	나조 셕	져역 셕	져녁 셕	나죄 셕	저녁 석
	나죄 셕	나조 셕	나죄 셕	저녁 셕/ユフベ セキ	저녁 셕	ユフベ(유우베-저녁) セキ(세키-석)	
寐	잘 미	잘 미	잘 미	줌 미	잘 매	잘 미	잘 매
	잘 미	잘 미	잘 미	잘 매/イネビ	잘 매	ハイヌルニ(하이느르니-들어가 잘 때) ビ(비-매)	

⑧ 낫에 조를고 저녁에 자니 한가한 사람에 일이라

⑨ 낫에 조을고 져역[녁]에 자니 한가한 사람에 일이라

⑩ 낫에 조을고 저녁에 자니 한가□ 사람에 일이라

⑪ 晝而眠하고 夕而寐는 閒人自適之事라 然이나 宰我晝寢이어늘 孔子比於朽木糞墻하시니 君子惟 當夙興而夜寐也라

⑫ 晝ねむくなれば眠り、夜ねむければ寢ね。(낮에 졸리면 자고, 밤에 잠이 오면 눕는다.)

⑬ 낮에 졸고, 밤에 자니, 한가한 사람의 일이라

212	①광천1575 / ②대천(16C중엽?)	③석천1583 / ④칠천1661	⑤영천1700 / ⑥송천1730	⑦杏千1862/完千1905 / ⑧박천1917	⑨사천1937/1945 / ⑩중천1948	⑪주천중간1804 / ⑫삼천1935	⑬세천1956
藍	족 남	족 남	족 남	쪽 남	쪽 람/쪽 남	족 람	쪽 남
	족 남	족 남	족 남	쪽 람/アヰ ラン	쪽 람	ラン(란-남) / ラン(란-남)	
筍	대 슌	듁슌 슌	듀소 슌	죽슌 슌/죽슌 슌	댓슌 슌/댓슌 슌	대수뤼 슌, 죽슌 슌	댓슌 슌
	대 슌	듁슌 슌	듁슌 슌	대슌 슌/タケノコ ジュン	댓슌 슌	ジュント(쥰토-슌과) / ジュン(쥰-슌)	
象	고□리 샹	고키리 샹	고키리 샹	코키니 샹/쾨코리 샹	코기리 샹	코길이 샹, 얼굴 샹, マ틀 샹	코끼리 샹
	고기 샹	고키리 샹	고기리 샹	코기리 샹/カタチ ショウ	코기리 샹	ザウ(쟈우-상) / シャウ(샤우-상)	
床	나모 상	상 상	상 상	평승 승	상 상(牀)	평상 장(牀)	상 상(牀)
	나모 상	상 상	상 상	상 상(牀)/ユカ シャウ	상 상(牀)	シャウト(샤우토-상과) / シャウ(샤우-상)	

⑧ 푸른 대수례와 고기리 상이니 한가한 사람에 거처하난 긔물이라

⑨ 푸른 대슌과 코기리 상이니 한가한 사람에 거쳐하는 긔물이라

⑩ 푸른 대슌과 코기리 상이니 한가한 사람에 거쳐하는 긔물이라

⑪ 藍은 恐當作籃이니 籃筍은 籠竹爲輿也라 象牀은 桯笄니 間以象骨飾之者라

⑫ しかも眠り寢ぬるには、靑竹にて作れる寢臺或は象牙をもて飾りたる寢床を用ひて、安らかに眠り又寢ることなり。(게다가 누워 자는 데에는 청죽(靑竹)으로 만든 침대(寢臺) 혹은 상아(象牙)로서 꾸민 침상(寢床)을 이용하여 편안하게 자거나 또는 눕는 것이다.)

⑬ 푸른 대슌과, 코끼리 상이니, 한가한 사람에게, 거처하는 기물이니라

床 ⇒ 牀

213	①광천1575 ②대천(16C중엽?)	③석천1583 ④칠천1661	⑤영천1700 ⑥송천1730	⑦杏千1862/完千1905 ⑧박천1917	⑨사천1937/1945 ⑩중천1948	⑪주천중간1804 ⑫삼천1935	⑬세천1956
絃	시울 현	시울 현	시울 현	줄 현/줄 현	줄 현/줄 현	줄 현, 활시위 현	줄 현
	시울 현	시울 현	시울 현	줄 현/ ツルイト ゲン	줄 현	ゲン(겐-현) ゲン(겐-현)	
歌	놀애 가	놀애 가	놀애 가	노래 가/ 노릭 ㄱ	노래 가	노래 가	노래 가
	놀애 가	놀애 가	놀애 가	노래 가/ ウタ カ	노래 가	カ(카-가) カ(카-가)	
酒	술 쥬	술 쥬	술 쥬	슐 쥬	술 쥬/슐 쥬	술 쥬	술 주
	술 쥬	술 쥬	술 쥬	술 주/ サケ シュ	술 주	シュ(슈-주) シュ(슈-주)	
讌	잔치 연	이바디 연	이바디 연	이바지 연/ 연□ 연	잔채 연	잔치 연	잔치 연
	말슴 연	이바디 연	이바디 연	잔채 연/ サカモリ エン	잔채 연	エン(엔-연) エン(엔-연)	

⑧ 거문고 줄을 타며 노래하고 술 먹으며 잔채하니

⑨ 거문고를 타며 노래하고 슐 먹으며 잔치하니

⑩ 거문고를 타며 노래하고 술 먹으며 잔채하니

⑪ 絃歌迭奏는 所以侑酒也요

⑫ 絃とは琴などの絲を彈きて鳴らす樂器をいふ、時しては樂を奏し詩歌を吟唱して酒宴を催ほし

（현(絃)이라는 것은 거문고 등의 실을 연주하여 울리는 악기를 말한다. 때로는 악기를 연주하고 시가(詩歌)를 부르며 주연(酒宴)을 벌이고）

⑬ 거문고를 타며 노래하고, 술마시며 잔치하며

214	①광천1575 ②대천(16C중엽?)	③석천1583 ④칠천1661	⑤영천1700 ⑥송천1730	⑦츙千1862/完千1905 ⑧박천1917	⑨사천1937/1945 ⑩중천1948	⑪주천중간1804 ⑫삼천1935	⑬세천1956
接	브틀 접	브틀 접	브틀 접	부칠 접	부칠 접/붓칠 접	브틸 접	접할 접
	브틀 접	브틀 접	브틀 접	접할 접/ヅク セツ	부칠 접	ツラネ(츠라네-일행)/セツ(세츠-첩)	
杯	잔 빈	잔 빈	잔 빈	잔 빈	잔 배	잔 빈	잔 배
	잔 민	잔 빈	잔 빈	잔 배/サカズキ バイ	잔 배	ホトギヲ(오토기오-잔을)/パイ(바이-배)	
舉	들 거	들 거	들 거	들 거	들 거	들 거, 다 거	들 거
	들 거	들 거	들 거	들 거/アゲ キョ	들 거	アグ(아구-들다)/キョ(교-거)	
觴	잔 샹	잔 샹	잔 샹	잔 샹	잔 샹	잔 샹	잔 샹
	잔 샹	잔 샹	잔 샹	잔 샹/サカズキ シヤク[ウ]	잔 샹	サカヅキヲ(사카즈키오-잔을)/シャウ(샤우-상)	

⑧ 술잔을 접하기도 하며 술잔을 들기도 하니 취흥에 하난 모양이라
⑨ 슐잔을 접하기도 하며 슐잔을 들기도 하니 취즁에 하난 모양이라
⑩ 술잔을 접하기도 하며 술잔을 들기도 한이 취중에 하난 모양이라
⑪ 杯觴交錯은 所以節歡也라
⑫ 互ひに杯をまじへ又 觴をあげて酌み交はし遊び興ずるをいふなり。(서로 잔을 돌리며 또 잔을 들어 올려 마시며 흥겨워하는 것을 말한다.)
⑬ 술잔을 접하기도 하고, 술잔을 들기도 하니, 취중에 하는 모양이라

215	①광천1575	③석천1583	⑤영천1700	⑦츰千1862/完千1905	⑨사천1937/1945	⑪주천중간1804	⑬세천1956
	②대천(16C중엽?)	④칠천1661	⑥송천1730	⑧박천1917	⑩중천1948	⑫삼천1935	
矯	납짜올 교	들 교	들 고	들 교	들 교	들 교, 거즛 교, 굿셸 교	들 교
	납째□ 교	들 교	들 교	들 교/タム ケウ	들 교	ヲサメ(오사메-거두다) ケウ(케우-교)	
手	손 슈	손 슈	손 슈	손 슈	손 수/손 슈	손 슈, 잡을 슈	손 수
	손 슈	손 슈	손 슈	손 수/テ シュ	손 수	テヲ(테오-손을) シュ(슈-수)	
頓	조을 돈	구를 돈	구를 돈	조을 돈	두다릴 돈	조을 돈, 문득 돈, 무될 둔, 믁돌 돌	두드릴 돈
	□슬 돈	구를 돈	구를 돈	두다릴 돈/ソカク トン	두다릴 돈	ソバタテ(소바다테-옆으로 세이고) トン(톤-돈)	
足	발 죡	발 죡	발 죡	발 죡	발 죡/발 죡	발 죡, 넉넉홀 죡, 보밸 주	발 죡
	발 죡	발 죡	발 죡	발 죡/アシ ソク	발 죡	アシヲ(아시오-다리를) ソク(소쿠-족)	

⑧ 손을 들며 발을 구로니 춤추고 쒸난 거동이라

⑨ 손을 들며 발을 구르니 츰추고 쒸난 거동이라

⑩ 손을 들며 발을 구르니 츰추고 쒸난 거동이라

⑪ 矯頓은 手舞足蹈之貌라

⑫ 酒宴遊興の間には、或は手をさげたり足をあげたりなどして舞ひ踊りて歡樂を爲す。(주연에서 놀며 흥을 돋울 때 혹은 손을 내리거나 다리를 올리기도 하고 춤추면서 즐거움을 이룬다.)

⑬ 손을 들며, 발을 구르니, 춤추고 뛰는 거동이라

216	①광천1575 ②대천(16C중엽?)	③석천1583 ④칠천1661	⑤영천1700 ⑥송천1730	⑦참천1862/完千1905 ⑧박천1917	⑨사천1937/1945 ⑩중천1948	⑪주천중간1804 ⑫삼천1935	⑬세천1956
悅	깃글 열	깃쓸 열	깃쓸 열	깃쓸 열/ 깃글 열	깃불 열	깃글 열	기쁠 열
	깃글 열	깃쓸 열	멸쓸 열	깃불 열/ ヨロコブ エツ	깃불 열	ヨロコビ(요로코비-기뻐하고) エツ(에츠-열)	
豫	미리 예	즐길 예	즐길 예	미이 예	미리 예	깃글 여, 편안홀 여, 미리 여	미리 예
	미리 예	즐길 예	즐길 예	미리 예/ アラカジメ ヨ	미리 예	タノシミ(타노시미-즐기며) ヨ(요-예)	
且	쏘 챠	쏘 챠	쏘 챠	쏘 차/쏘 츠	또 차/쏘 차	쏘 챠, 도마 조, 어조스 져, 아직 챠	또 차
	쏘 챠	쏘 챠	챠 티	쏘 차/ マタシヤ	또 차	カツ(카츠-또한) ショ(쇼-차)	
康	안강 강	편안 강	편안 강	편안 강	편안 강	편안 강, 거리 강, 겨 강	편안 강
	안 강	편안 강	편안 강	편안 강/ ヤスシ コウ	편안 강	ヤスラカナリ(야스라카나리-편안해지다) カウ(카우-강)	

⑧ 깃부고 깃부며 쏘 편안하도다

⑨ 깃부고 깃부며 쏘 편안하도다

⑩ 깃부고 깃부며 쏘 편안하도다

⑪ 絃觴歌舞는 所以悅豫而康樂也라

⑫ されば色よろこひ心たのしくして且つやすらかなるをいふ、以上十數句は富貴にして一家團欒の樂しみを盡すのさまをのべしなり。(그래서 기뻐하고 즐거워하며 또한 편안해지는 것을 말한다. 이상, 십수구(十數句)는 부귀한 일가단란(一家團欒)의 즐거움을 다하는 모양을 말한 것이다.)

⑬ 기쁘고 기쁘며 편안하도다

217	①광천1575	③석천1583	⑤영천1700	⑦춤千1862/完千1905	⑨사천1937/1945	⑪주천중간1804	⑬세천1956
	②대천(16C중엽?)	④칠천1661	⑥송천1730	⑧박천1917	⑩중천1948	⑫삼천1935	
嫡	덕실 덕	덕실 덕	덕실 덕	춤 적	맛 적	덕실 덕	맛 적
	어늘 덕	덕실 덕	덕실 덕	맛 적/ハジメノコ テキ	맛 적	チャク(챠쿠-적) チャク(챠쿠-적)	
後	뒤 후	뒤 후	뒤 후	뒤 후	뒤 후	나중 후, 뒤 후	뒤 후
	뒤 후	뒤 후	뒤 후	뒤 후/ノチ ゴ	뒤 후	ゴハ(고와후는) ゴ(고-후)	
嗣	니을 ᄉ	니을 ᄉ	니을 ᄉ	이을 ᄉ	니을 사	니을 ᄉ	이을 사
	니을 ᄉ	니을 ᄉ	니을 ᄉ	니을 사/マツル シ	니을 사	シ(시-사) シ(시-사)	
續	니을 속	니을 속	니을 속	이을 속	니을 속	니을 속	이을 속
	니을 속	니을 속	니을 속	니을 속/ツク ゾク	니을 속	ソクヲ(소쿠오-속을) ソク(소쿠-속)	

⑧ 적실은 뒤를 사속하니 걍쟝자가 그 후대를 니음이라

⑨ 적실은 뒤를 계속한니 장자가 후딕를 니음이라

⑩ 적실은 뒤를 계속하니 장자가 후대를 니음이라

⑪ 嫡後는 嫡長之爲後者요 嗣續은 繼其代也라

⑫ 嫡とは、正妻の長子にして惣領息子なり、父の後を嗣ぎて一家を相續するものなり。(적(嫡)이라는 것은 정처(正妻)의 장자(長子)로서 모든 것을 관장(管掌)하는 아들이며, 아버지의 뒤를 이어 일가(一家)를 상속하는 자이다.)

⑬ 적실은 뒤를 계속하니, 장자가 후대를 이움이라

218	①광천1575 / ②대천(16C중엽?)	③석천1583 / ④칠천1661	⑤영천1700 / ⑥송천1730	⑦杏千1862/完千1905 / ⑧박천1917	⑨사천1937/1945 / ⑩중천1948	⑪주천중간1804 / ⑫삼천1935	⑬세천1956
祭	이바들 제	졔ᄉ 졔	졔ᄉ 졔	졔ᄉ 졔	졔사 제	졔ᄉ 졔, 나라 채	제사 제
	이바들 제	졔ᄉ 졔	졔ᄉ 졔	제사 제 マツリ サイ	졔사 제	サイ(사이-제) サイ(사이-제)	
祀	이바들 ᄉ	졔ᄉ ᄉ	졔ᄉ ᄉ	졔ᄉ ᄉ	졔사 사	졔ᄉ ᄉ, 희 ᄉ	제사 사
	이바들 ᄉ	졔ᄉ ᄉ	졔ᄉ ᄉ	제사 사 マツル シ	졔사 사	シ(시-사) シ(시-사)	
蒸	띨 증	띨 증	띨 증	찔 증	찔 증	졔ᄉ 증, 섭 증, 만홀 증, 찔 증	찔 증
	띨 증	띨 증	띨 증	찔 증 スム ジョウ	찔 증	ジョウ(죠우-증) ジョウ(죠우-증)	
嘗	맛볼 샹	맛볼 샹	맛볼 샹	맛볼 샹	맛볼 샹	졔ᄉ 샹, 맛볼 샹, 일즉 샹	맛볼 샹
	맛볼 샹	맛볼 샹	맛볼 샹	맛볼 샹 ナス シャウ	맛볼 샹	シャウス(샤우스-상하다) シャウ(샤우-상)	

⑧ 제사ᄒᆞᆯ대 증이며 샹이니 겨울 제사난 증이라 하고 가을 제사난 샹이라 하나니라

⑨ 제사ᄒᆞ듸 증과 샹이니 겨을 졔사는 증이라 하고 가을 졔사는 샹이라 하나니라

⑩ 제사ᄒᆞ□ 증과 샹이니 겨울 졔사는 증이라 하고 가을 졔사는 샹이라 하나니라

⑪ 言祭祀之禮也니 只擧秋嘗冬蒸이나 而春祠夏禴도 亦可包也라

⑫ されば四時に怠らず祖先の祭典をつとむべし、其の祭典は、春は？、夏に禘、秋は薰、冬は嘗といふなり。(그러므로 4시에 게을리 하지 말고 조상의 제전(祭典)을 맡아야 할 것이며, 그 제전(祭典)은 봄에는 윤(錀), 여름에는 체(禘), 가을에는 훈(薰), 겨울에는 상(嘗)이라고 하는 것이다.)

⑬ 제사하되 겨울 제사는 증이라 하고, 가을 제사는, 샹이라 하나니라

	①광천1575 / ②대천(16C중엽?)	③석천1583 / ④칠천1661	⑤영천1700 / ⑥송천1730	⑦杏千1862/完千1905 / ⑧박천1917	⑨사천1937/1945 / ⑩중천1948	⑪주천중간1804 / ⑫삼천1935	⑬세천1956
219							
稽	니마 계	조을 계	조을 계	조슬 계/ 조을 계	조을 계	조을 계, 머믈 계, 샹고 계	조을 계
	니마 계	조을 계	조을 계	조을 계/ カナフ ケイ	조을 계	ケイ(케이-계) ケイ(케이-계)	
顙	니마 상	니마 상	니마 상	이믜 상	니마 상	니마 상	이마 상
	니마 상	니마 상	니마 삼	니마 상/ ヒタイ サウ	니마 상	サウ(사우-상) サウ(사우-상)	
再	노올 지	두 지	다시 지	두 지	두 재	두 지	두 재
	노윌 지	다시 지	두 지	두 재/ フタタビ サイ	두 재	サイ(사이-재) サイ(사이-재)	
拜	절 빈	절 빈	절 빈	절 빈	절 배	절 빈	절 배
	절 빈	절 빈	절 빈	절 배/ オガム ハイ	절 배	ハイシ(하이시-배하고) ハイ(하이-배)	

⑧ 니마를 조아 두 번 절하니 례를 자조함이라

⑨ 니마를 조와 두 변 절하니 례를 갓초미라

⑩ 니마를 조와 두 번 절하니 례를 갓쵸미라

⑪ 禮數之勤也요

⑫ 稽顙とは、頭を地につくることなり、乃ち祭典の時には、頭を地につけて再び拜をなし (계상(稽顙)이라는 것은 머리를 땅에 붙이는 것이다. 즉 제전(祭典) 때에는 머리를 땅에 붙여 다시 절을 하고)

⑬ 이마를 조와 두 번 절하니, 예를 갖춤이라

	①광천1575 / ②대천(16C중엽?)	③석천1583 / ④칠천1661	⑤영천1700 / ⑥송천1730	⑦춘千1862/完千1905 / ⑧박천1917	⑨사천1937/1945 / ⑩중천1948	⑪주천중간1804 / ⑫삼천1935	⑬세천1956
悚	저흘 속	두릴 송	두릴 송	두흘 송/두렬 송	두려을 송/두려울 송	두릴 송	두려울 송
	저흘 속	두릴 송	두릴 송	두려울 송/オソル シヤウ	두려울 송	ショク(쇼쿠-송) ショク(쇼쿠-송)	
懼	저흘 구	두릴 구	두릴 구	두릴 구/두렬 구	두려울 구	두릴 구	두려울 구
	저흘 구	두릭 구	두릴 구	두려을 구/オソル ク	두려울 구	ク(쿠-구) ク(쿠-구)	
恐	저흘 공	저흘 공	저흘 공	져흘 공/두렬 공	두려울 공	저흘 공, 헤아릴 공	두려울 공
	저흘 공	저흘 공	저흘 공	두려을 공/オソル キヤウ	두려울 공	キョウ(쿄우-공) キョウ(쿄우-공)	
惶	저흘 황	저흘 황	저흘 황	져흘 황/두렬 황	두려울 황	저흘 황	두려울 황
	저흘 황	저흘 황	저흘 황	두려울 황/オソル クワウ	두려울 황	クワウス(쿠와우스-황하다) クワウ(쿠와우-황)	

⑧ 송구하고 공황하니 황송하야 엄중공경함이 지극함이라

⑨ 송구하고 공황하니 엄중공경하미 지극하미라

⑩ 송구하고 공황하니 엄중공경하미 지극하미라

⑪ 嚴敬之至也라

⑫ おそれみおそれみおそれみかしこみて、祖先の功勞を拜謝し、眞心もて之れを營むべきものなる をいふ。(공손하고 또 공손하게, 거듭 공손하게 해서 조상의 공로(功勞)에 대해 절을 하며 감사 하며, 진심을 가지고 이것을 경영해야 함을 말하는 것이다.)

⑬ 송구하고, 공황하니, 엄중공경함이 지극하라

221	①광천1575	③석천1583	⑤영천1700	⑦츕千1862/完千1905	⑨사천1937/1945	⑪주천중간1804	⑬세천1956
	②대천(16C중엽?)	④칠천1661	⑥송천1730	⑧박천1917	⑩중천1948	⑫삼천1935	
牋	글월 전	죠히 전	죠히 전	죠히 전/조히 전	편지 전	긔록 전	편지 전
牋	글월 전	죠히 전	죠히 전	편지 전/フダ セン	편지 전	セン(센-전) セン(센-전)	
牒	글월 텹	글월 텹	글월 텹	글훌 첩	편지 첩	글월 텹, 공수 텹	편지 첩
牒	글월 텹	글월 텹	글월 텹	편지 첩/フダ テウ	편지 첩	テフハ(테우와-첩) テフ(테우-첩)	
簡	글월 간	간략 갈	갈략 간	갈략 간	댓족 간/대쪽 간	간략 간, 셜 간, 쥭칙 간	대쪽 간
簡	글월 간	갈략 간	갈략 간	대족 간/エラ カン	댓족 간	カン(칸-간) カン(칸-간)	
要	요강 요	종요 요	종요 요	종요 요	종요 요	종요 요, 부를 요, 구홀 요, 기드릴 요, 허리 요	종요 요
要	요강 요	종요 요	종요 요	종요 요/カナメ エウ	종요 요	エウニ(에우니-요에) エウ(에우-요)	

⑧ 글월과 편지난 간략 종요케 할지니 우에 올니난 글은 전이요 평등에 하난 편지난 첩이니라

⑨ 글월과 편지는 간략 종요케 할지니 우에 올이는 글은 전이오 평등하는 글은 텹이니라.

⑩ 글월과 편지는 간략 종요케 할지니 우에 올이는 글은 전이오 평등하는 글은 텹이니라

⑪ 啓上曰牋이요 平等曰牒이니 欲其簡嚴而要切也라

⑫ 牋牒は共に紙のことなり、されど此處にては手紙をいふ、すべて手紙を認むるには、くだくだしからぬやう、手短かに其の越要を摘みて書くべし。(전첩(牋牒)은 모두 종이에 관한 것이다. 그러므로 여기에서는 편지를 말한다. 모든 편지를 말하기를 장황하게 되지 않도록 짧게 그 요점을 적어야 할 것이다.)

⑬ 글과, 편지는, 간략, 종요케 할지니라

222	①광천1575 / ②대천(16C중엽?)	③석천1583 / ④칠천1661	⑤영천1700 / ⑥송천1730	⑦杏千1862/完千1905 / ⑧박천1917	⑨사천1937/1945 / ⑩중천1948	⑪주천중간1804 / ⑫삼천1935	⑬세천1956
顧	도라볼 고	도라볼 고	도라볼 고	도라볼 고	도라볼 고	도라볼 고, 싱각 고	도라볼 고
顧	도라볼 고	도라볼 고	도극 볼 고	도라볼 고/カヘリミルコ	도라볼 고	コ(코-고) コ(코-고)	
答	딕답 답	딕답 답	딕답 답	딕답 답	딕답 답/대답 답	딕답 답	대답 답
答	딕답 ヽ[답]	딕답 답	딕답 답	대답 답/コタフ トウ	딕답 답	タフハ(타우와답은) タフ(타우-답)	
審	슬필 심	슬필 씸	슬필 심	슬필 심	살필 심	슬필 심	살필 심
審	슬필 심	슬필 심	슬필 씸	차질 심/ツマビラカ シン	살필 심	シン(신-심) シン(신-심)	
詳	슬필 샹	ᄌ셰 샹	ᄌ셰 샹	ᄌ상 상	자세 샹/자셔 샹	ᄌ셰 샹	자세 상
詳	슬필 샹	ᄌ셰 샹	ᄌ셰 샹	자세 상/ツマビラカ ショウ	자상 상	シャウニス(샤우니스-상으로 하다) シャウ(샤우-상)	

⑧ 도라보며 대답하되 살피고 자세할지니 안부를 고라하고 답장은 답이니라

⑨ 도라보고 대답하며 살피고 자셔할지니 안부를 고라하고 답장을 답이니라.

⑩ 돌아보고 대답하며 살피고 자셔할지니 안부을 고라하고 답이니라

⑪ 通候曰顧요 報覆曰答이니 欲其審辨而詳明也라

⑫ 去りながら訪ひおとづれの文は、委しくつまびらかに認むべきなり。(그렇지만 안부를 찾아 묻는 글은 자세하고 소상하게 해야 할 것이다.)

⑬ 돌아보고, 대답하며 살피고, 자세히 할지니라

223	①광천1575	③석천1583	⑤영천1700	⑦杏千1862/完千1905	⑨사천1937/1945	⑪주천중간1804	⑬세천1956
	②대천(16C중엽?)	④칠천1661	⑥송천1730	⑧박천1917	⑩중천1948	⑫삼천1935	
骸	썌 히	썌 히	썌 히	쎼 히/□ 히	썌 해/쎄 해	썌 히	뼈 해
	골 회	썌 히	썌 히	쎄 해/カラタ ガイ	썌 해	カバネ(카바네-시체)ガイ(가이-해)	
垢	띠 구	띠 구	띠 구	씬 구	때 구/씬 구	씬 구	때 구
	띠 구	띠 구	띠 구	째 구/アカ コウ	때 구	アカツケバ(아카츠케바-때 묻으면)コウ(코우-구)	
想	슷칠 샹	스칠 샹	스칠 샹	싱각 상/숭즉 상	생각 상	싱각 샹	생각 상
	슷츨 샹	스칠 샹	스칠 샹	생각 상/オモフ サウ	생각 상	オモヒ(오모이-생각하고)サウ(사우-상)	
浴	모욕 욕	목욕 욕	목욕 욕	모욕 욕	목욕 욕	목욕 욕	목욕 욕
	모욕 ː[욕]	목욕 욕	목욕 욕	목욕 욕/アラフ ヨク	목욕 욕	ユアミヲ(유아미오-목욕을)ヨク(요쿠-욕)	

⑧ 몸에 째 있으면 목욕하기를 생각하고

⑨ 몸에 째 잇스면 목욕하기를 싱각하고

⑩ 몸에 째 잇스면 목욕하기을 생각하고

⑪ 體有垢하면 則必思澡浴하고

⑫ 骸とは身體のことなり、身體垢つけば湯あみして洗ひ淸めんことを思ひ (해(骸)라는 것은 신체(身體)에 관한 것이며, 몸에 때가 묻으면 물을 부어 씻어 깨끗하게 할 것을 생각하고)

⑬ 몸에 때가, 있으면 목욕할 것을 생각하고

224	①광천1575	③석천1583	⑤영천1700	⑦杏千1862/完千1905	⑨사천1937/1945	⑪주천중간1804	⑬세천1956
	②대천(16C중엽?)	④칠천1661	⑥송천1730	⑧박천1917	⑩중천1948	⑫삼천1935	
執	자블 집	자블 집	자블 집	자블 집/자불 집	잡을 집	잡을 집	잡을 집
執	자블 집	자블 집	자블 집	잡을 집/トル ツツ[기]	잡을 집	オホハレバ(오오와레바-잡으면) シフ(시후-집)	
熱	더울 열	더울 열	더울 열	더울 열	더울 열/더울 널	더울 열	더울 열
熱	더울 열	더울 열	더울 열	더울 열/アツシ ネツ	더울 열	アツキニ(아츠키니-더위에) ネツ(네츠-열)	
願	원홀 원	원홀 원	원홀 원	원할 원	원할 원/원할 원	원홀 원	원할 원
願	원홀 원	원홀 원	원홀 원	원할 원/ネガイ クワン	원할 원	ネガフ(네가후-바라다) グワン(관-원)	
涼	간다올 량	서늘 냥	서늘 냥	셔늘 량	셔늘 량	서늘 량	서늘 량
涼	츨 량	서늘 냥	서늘 냥	서늘 량/スズ シ リョウ	셔늘 량	スズシキヲ(스즈시키오-서늘함을) リャウ(랴우-량)	

⑧ 더운 거슬 잡으면 서늘하기를 원하나니라

⑨ 더운 거슬 잡으면 셔늘하기를 원하나니라

⑩ 더운 거슬 잡으면 셔늘하기을 원하나니라

⑪ 手執熱하면 則必求淸涼이라

⑫ 又あつきにおほはるときには涼気を納れんことを願ふ、人情の自然にして免れがたき所なり。(또 더울 때에는 서늘한 기운을 넣을 것을 원한다. 인정(人情)이 자연스럽게 벗어나기 어려운 곳이다.)

⑬ 더운 것을, 잡으면, 서늘하기를 원하나니라

225	①광천1575 / ②대천(16C중엽?)	③석천1583 / ④칠천1661	⑤영천1700 / ⑥송천1730	⑦참千1862/完千1905 / ⑧박천1917	⑨사천1937/1945 / ⑩중천1948	⑪주천중간1804 / ⑫삼천1935	⑬세천1956
驢	나괴 려	나귀 려	나귀 려	나구 녀	나귀 여	나귀 려	나귀 려
	라귀 려	나귀 려	나귀 려	나귀 여/ウサギウマ ㅁ	나귀 여	ㅁ(로-여) / ㅁ(로-여)	
騾	노새 로	로새 라	로새 라	노ᄉᆡ 라/노ᄉᆡ 나	노새 나	노새 라	노새 라
	로□ 류(?)	로새 라	로새 라	노새 나/ウバ ラ	노새 나	ラ(라-라) / ラ(라-라)	
犢	쇼야지 독	쇠야지 독	쇠야지 독	소야치 독	소아치 독	쇼야지 독	송아치독
	숑아지 독	쇠야지 독	쇠야지 목	소아치 독/コウシ トク	소아치 독	トク(토쿠-독) / トク(토쿠-독)	
特	쇼 특	쇼 특	쇼 특	특기 특	소 특	쇼 특, 다만 특, 특별 특, 짝 특	소 특
	쇼 특	쇼 특	쇼 특	소 특/コトニ トク	소 특	トク(토쿠-특) / トク(토쿠-특)	

⑧ 나귀와 노새와 소아지와 소난

⑨ 나귀와 노ᄉᆡ와 소아지와 소난

⑩ 나귀와 노새와 소아지와 소난

⑪ 言時平民富하여 畜養蕃盛也라

⑫ 驢는「うさぎうま」騾는 小さき馬、犢는「こうし」特は豕の兒なり。(여(驢)는 '나귀', 라(騾)는 '작은 말(노새)', 독(犢)은 '송아지' 특(特)은 돼지 새끼이다.)

⑬ 나귀와, 노새와 송아지와, 소는

226	①광천1575 ②대천(16C중엽?)	③석천1583 ④칠천1661	⑤영천1700 ⑥송천1730	⑦杏千1862/完千1905 ⑧박천1917	⑨사천1937/1945 ⑩중천1948	⑪주천중간1804 ⑫삼천1935	⑬세천1956
駭	롤랄 히	놀랄 히	놀랄 히	놀날 히	놀날 해	놀날 히	놀날 해
	놀랄 히	놀랄 히	놀랄 히	놀날 해/ オドロク カイ	놀날 해	ガイ(가이-해) ガイ(가이-해)	
躍	봉노을 약	뛸 약	뛸 약	뜀 약/뒨 약	뛸 약/뛀 약	뛀 약	뛸 약
	□□ 약	뛸 약	뛸 약	뛀 약/ オトル ヤク	뛸 약	ヤク(야쿠-약) ヤク(야쿠-약)	
超	건널 툐	뛸 툐	뛸 툐	뒬 초/뒬 초	뛀 쵸/뛀 쵸	뛀 쵸, 너믈 쵸	뛸 초
	거늘 툐	뛸 툐	뛸 툐	뛀 초/ コユ テウ	뛀 쵸	テウ(테우-초) テウ(테우-초)	
驤	굴월 양	들일 양	들릴 양	들밍 양/ 물밀 양	달이 량/ 달닐 양	들릴 샹, 들 샹	달릴 양
	븜느르 양 [양ㄹ느븜]	들길 양	들일 양	날닐 양/ アガル シヤウ	달이 량	ジャウ(쟈우-양) ジャウ(쟈우-양)	

⑧ 놀나 쒸며 쒸고 달이니 이난 인민이 부요하고 뉵축이 번성함을 말함이라

⑨ 놀다며 쒸고 달이니 뉵축이 번성함이라

⑩ 놀나며 쒸고 달이니 뉵축이 번성함이라

⑪ 駭躍은 放逸驚跳之貌요 超驤은 奔走騰踏之狀이라

⑫ 又駭는(おどろき)躍は(をどる)超は(こゆる)驤は(あがる)なり、これ等のすべての家畜は、斯くして遊び戲れつつあるをいふ。(또 해(駭)는 '놀라다', 약(躍)은 '춤추다', 초(超)는 '넘다', 양(驤)은 '오르다'이다. 이러한 모든 가축은 이렇게 놀며 계속 즐기는 것을 말한다.)

⑬ 놀래며, 뛰고 달리니, 육축이 번성함이라

227	①광천1575	③석천1583	⑤영천1700	⑦杏千1862/ 完千1905	⑨사천1937/ 1945	⑪주천중간1804	⑬세천 1956
	②대천(16C중엽?)	④칠천1661	⑥송천1730	⑧박천1917	⑩중천1948	⑫삼천1935	
誅	버힐 듀	버힐 듀	버힐 듀	버힐 쥬	버힐 쥬	버힐 쥬, 쑤지즐 쥬	벨 주
	비힐 듀	버힐 뉴	버힐 듀	버힐 주/ コロス チュウ	비힐 쥬	チュウ(추우-주) チュウ(츄우-주)	
斬	버힐 참	버힐 참	버힐 참	버힐 춤/ 벼힐 즘	버힐 참	버힐 참, 다홀 참	벨 참
	비힐 참	버힐 참	버힐 참	버힐 참/ キル サン	버힐 참	ザンシ(잔시-참하고) ザン(잔-참)	
賊	도적 적	도적 적	도적 적	도적 적/ 도적 적	도적 적	도즉 즉, 해흘 즉	도둑 적
	도죽 적	도적 적	도적 적	도적 적/ ヌスム ゾク	도적 적	ゾク(조쿠-적) ゾク(조쿠-적)	
盜	도적 도	도적 도	도적 도	도적 도/ 도적 도	도적 도	도즉 도	도둑 도
	도죽 도	도적 도	도적 도	도적 도/ ヌスム ドウ	도적 도	タウヲ(타우오-도를) タウ(타우-도)	

⑧ 역적과 도적을 죽이고 버히며

⑨ 역적과 도적을 죽기고 버히며

⑩ 역적과 도적을 죽기고 버히며

⑪ 有殘賊竊盜者하면 則聲罪而斷首하고

⑫ すべての人を害ひ、物を奪ひ盜みなどする兇悪なるものを斬りころし (모든 사람을 해체고 물건을 뺏어 훔치는 등을 하는 흉악한 자를 베어 죽이고)

⑬ 역적과, 도적을 죽기고, 베이며

228	①광천1575 ②대천(16C중엽?)	③석천1583 ④칠천1661	⑤영천1700 ⑥송천1730	⑦杏千1862/完千1905 ⑧박천1917	⑨사천1937/1945 ⑩중천1948	⑪주천중간1804 ⑫삼천1935	⑬세천1956
捕	자블 보	자블 포	자블 포	자블 포	잡을 포	잡을 포	잡을 포
	자블 보	자블 포	자블 포	잡을 포/トフ[ラ]ウ ホ	잡을 포	ホ(호-포) ホ(호-포)	
獲	시를 획	어들 획	어들 획	어들 획	어들 획	어들 획, 종 획	얻을 획
	시르 획	어골 회	어들 획	엇들 획/トリコクワク	어들 획	クワクス(쿠와쿠스-획하다) クワク(쿠와쿠-획)	
叛	빅반 반	빅반 반	빅반 반	빅반 반	배반 반	빅반 반	반할 반
	빅반 ◌[반]	빅반 반	빅반 반	반할 반/ソムク ハン	배반 반	ハン(한-반) ハン(한-반)	
亡	주글 망	업슬 망	업슬 망	도망 망	도망 망 山	도망 망, 업슬 망, 업슬 무	도망 망
	주글 망	업슬 망	엄슬 망	도망 망 망/ニグル バウ	도망 망	バウヲ(바우오-망을) バウ(바우-망)	

⑧ 배반하고 도망하난 자들[를] 집[잡]으며 사로잡으니 이님[넌 죄를 치며 법을 바르게 함이라

⑨ 배반하고 도망하난 자를 잡으며 죄를 주어 법을 발키미라

⑩ 배반하고 도망하난 자를 잡으며, 죄을 주어 법을 발키미라.

⑪ 有叛負亡逸者하면 則擒獲而正法이라

⑫ 又君に背ける判反人或は惡事を爲せる逃亡人などは、悉く捕へてそれぞれ刑罰を行ふべきなり。

　(또한 군(君)을 배반하는 배신자, 악한 일을 한 도망자 등은 모두 잡아 각각 형벌을 해야 한다.)

⑬ 배반하고, 도망하는 자를, 잡으며, 죄를 주어, 법을 밝힘이라

229	①광천1575	③석천1583	⑤영천1700	⑦杏千1862/完千1905	⑨사천1937/1945	⑪주천중간1804	⑬세천1956
	②대천(16C중엽?)	④칠천1661	⑥송천1730	⑧박천1917	⑩중천1948	⑫삼천1935	
布	뵈 포	뵈 포	뵈 포	벼 포	벼 포/베포	뵈 포, 펼 포	베 포
	뵈 포	뵈 포	뵈 포	뵈 포/クシフ	벼 포	フガ(후가-포가) フ(후-포)	
射	쏠 샤	쏠 샤	쏠 샤	쏠 사	쏠 사	쏠 샤, 마칠 셕, 슬흘 역, 복야 야	쏠 사
	쏠 샤	쏠 샤	쏠 샤	쏠 사/ユミイルシャ	쏠 사	シャ(샤-사) シャ(샤-사)	
遼	료동 료	멀 료	멀 료	동관 료/멀로	멀 요	동관 료(僚)	멀 료
	료동 료	멀 료	멀 료	멀 료/ハルカ レウ	멀 요	レウガ(레우가-요가) レウ(레우-요)	
丸	모작 환	탄ᄌ 환	탄ᄌ 환	튼ᄌ 환/ᄆᆞᄌ 환	탄자 환	탄ᄌ 환	탄자 환
	모작 환	탄ᄌ 환	탄ᄌ 환	탄자 환/マルシ グワン	탄자 환	グワン(관-환) グワン(관-환)	

⑧ 한국 려포은 활 쏘와 원술의 군사를 헛치고 초국 은웡의료난 탄자 두 개를 한 손의 놀이니라

⑨ 한국 여포은 활씌[쐬]와 원슬의 군사를 물이치이라

⑩ 한국 여포은 활씌[쐬]와 원슬의 군사을 물이치이라

⑪ 漢呂布는 射戟에 中小枝하여 解昭烈袁術兵하고 楚熊宜僚는 弄三丸에 以手遞承하여 旋轉不墜하니라 僚는 俗本作遼하니 誤라

⑫ 布는 呂布といひて弓射ることに長けたる人、遼は宜遼とて手玉を取るに妙を得たる人 (포(布)는 여포(呂布)라고 하며 활을 쏘는 것을 잘하는 사람, 요(遼)는 의요(宜遼)라고 해서 공기놀이를 잡는 데에 재주를 가진 사람)

⑬ 한나라, 여포는 활 쏘아, 원수의 군사를 물리치니라

遼 ⇒ 僚

230	①광천1575 / ②대천(16C중엽?)	③석천1583 / ④칠천1661	⑤영천1700 / ⑥송천1730	⑦杏千1862/完千1905 / ⑧박천1917	⑨사천1937/1945 / ⑩중천1948	⑪주천중간1804 / ⑫삼천1935	⑬세천1956
嵇	희강 히 / 희산 히	히가 히 / 히가 히	히가 히 / 히가 히	혜가 혜/히가 히 / 해가 해/ウヂ ケイ	뫼 해/해가 해 / 외 해	혜가 혜, 혜산 혜 / ケイガ(케이가-해가) ケイ(케이-해)	메 혜 /
琴	거믄고 금 / 고 금	거믄고 금 / 거믄고 금	거믄고 금 / 거믄고 금	거문고 금 / 검은고 금/コト キン	검은고 금 / 검은고 금	거문고 금 / コト(코토-거문고) キン(킨-금)	거문고 금 /
阮	완적 완 / 완적 완	완가 완 / 완가 완	완가 완 / 완가 완	완가 완/완가 완 / 완가 완/ヤマチ ゲン	성 완/완가 완 / 성 완	원가 원, 나라 원 / ゲンガ(겐가-완이) ゲン(겐-완)	성 완 /
嘯	푸람 쇼 / 푸람 쇼	푸람 쇼 / 푸람 쇼	푸람 쇼 / 푸람 쇼	슈파람 소 / 수파람 소/ウソブク ショウ	쉬파람 소 / 쉬파람 쇼	푸람 쇼 / ウソブキ(우소부키-휘파람) セウ(세우-소)	수파람 소 /

⑧ 위국 해강은 검은고를 잘타고 완적은 수파람을 즐[잘] 부니라

⑨ 위국 희강은 거문고를 잘 타고 완적은 수파람을 잘 부니라

⑩ 위국 해강은 거문고□ 잘 타고 완적은 수파람을 잘 부니라

⑪ 魏嵇康은 善琴하여 廣陵散一曲이 妙絶當時하고 阮籍은 善嘯하여 嘗遇孫登於蘇門山하니 山有嘯臺는 卽孫阮嘯處라

⑫ 又嵇는 嵇叔夜といひて琴を彈ずるに巧になる人、阮は阮嗣宗とて頻る詩吟を能くせり。(또 혜(嵇)는 혜숙야(嵇叔夜)라고 하며 거문고를 타는 데에 재주를 가진 사람, 완(阮)은 완사종(阮嗣宗)이라 하며 시낭송을 아주 잘했다.)

⑬ 위국 혜강은, 거문고를, 잘 타고, 완적은 휘파람을 잘 부니라

231	①광쳔1575	③셕쳔1583	⑤영쳔1700	⑦츰千1862/完千1905	⑨사쳔1937/1945	⑪쥬쳔즁간1804	⑬셰쳔1956
	②대쳔(16C중엽?)	④칠쳔1661	⑥송쳔1730	⑧박쳔1917	⑩즁쳔1948	⑫삼쳔1935	
恬	알렴 렴	안졍 념	안졍 념	편안홍 염/편안 □	편안 염	편안 텸	편안 념
	목념 〃[념]	안졍 념	안졍 념	편안 념/ヤスシテン	편안 염	テンガ(텐가-염이)/テン(텐-염)	
筆	붇 필	붇 필	붓 필	붓 필	붓 필	붓 필	붓 필
	붇 필	붓 필	붇 필	붓 필/フデ ヒツ	붓 필	フデ(후데-붓)/ヒツ(히츠-필)	
倫	물 룬	물 륜	물 륜	물 뉸	인륜 륜	무리 륜, 츠례 륜	인륜 륜
	물 륜	믈 륜	물 륜	인륜 륜/ミチ リン	인륜 륜	リンガ(린가-륜이)/リン(린-륜)	
紙	죠희 지	죠희 지	죠희 지	조회 지/조의 지	죠희 지/죠희 지	죠희 지	종이 지
	죠희 지	죠희 지	죠희 지	조희 지/カミ シ	죠희 지	カミ(카미-종이)/シ(시-지)	

⑧ 진국 몽념은 토씨털로 붓을 매고 후한 채륜은 솜으로 죠히를 만드니라

⑨ 진국 봉념은 토씨털로 붓을 만들고 후한 치륜은 솜으로 죠히를 만드니라

⑩ 진국 몽념은 토씨털로 붓을 만들고 후한 채륜은 솜으로 죠히를 만드니라

⑪ 古者에 削竹爲冊하여 畫漆而書러니 秦蒙恬이 始造兎毫筆, 松煙墨하며 後漢宦者蔡倫이 始用楮皮敗絮하여 爲紙하니라

⑫ 又秦の蒙恬は, 創てめ筆を作り、漢の蔡倫は創めて紙を作り. (또 진(秦)의 몽념(蒙恬)은 처음으로 붓을 만들었고, 한(漢)의 채륜(蔡倫)은 처음으로 종이를 만들었다.)

⑬ 진국 봉념은, 토끼털로, 붓을 만들고, 후한 채윤은, 솜으로, 종이를 만드니라

	①광천1575 / ②대천(16C중엽?)	③석천1583 / ④칠천1661	⑤영천1700 / ⑥송천1730	⑦杏千1862/完千1905 / ⑧박천1917	⑨사천1937/1945 / ⑩중천1948	⑪주천중간1804 / ⑫삼천1935	⑬세천1956
鈞	도관 균	므거울 균		무거울 균	무거울 균/무거울 균	무거울 균, 고롤 균	무거울 균
	낡 구	므거울 균	므거울 균	무거울 균/ヒヒシ キン	무거울 균	キンガ(킨가-균이) キン(킨-균)	
巧	공곳 교	공곳 교		공교 교/공고 교	공교 교	공교 교	공교 교
	공곳 교	공곳 곳	공곳 교	공교 교/タクシ カウ	공교 교	タクミ(타쿠마-교묘하게) カウ(카우-교)	
任	ᄀ음 임	맛들 임		맛길 림/맛들 님	맛길 임	임가 임, 견딜 임, 아당 임, 맛들 임, 이글 임	맡길 임
	임ᄉ 임	맛들 임	맛들 임	맛길 임/マカス ジン	맛길 임	ジンガ(진가-임이) ジン(진-임)	
釣	낙쓸 됴	랏실 됴		낙시 됴	낙시 죠	낙글 됴	낚시 균
	낙쓸 됴	랏실 됴	랏실 됴	낙시 조/ツリ テウ	낙시 죠	ツリ(츠리-낚다) テウ(테우-조)	

⑧ 위국 마근은 지날[넘거를 짓고 전국 째 임공자난 백근 되난 낙시를 지으니라

⑨ 위국 마균는 지남거를 짓고 젼국 썩 임공자는 백근 되난 낙시를 지으니라

⑩ 위국 마균는 지남거를 짓고 전국 쌔 임공자는 백는 되난 낙시를 지으니라

⑪ 魏馬鈞은 有巧思하여 造指南車하니 車有木人하여 指必向南하고 戰國任公子는 爲百鈞之鉤하여 垂竿東海하여 釣巨魚하니라

⑫ 釣馬といへる人は巧みなる指南車をつくり、任公といひし人は魚を釣るに妙なる得たり、以上は何れも天下に名高き人々なり。(작마(釣馬)라고 하는 사람은 능숙하게 지남차(指南車)를 만들었고, 임공(任公)이라는 사람은 물고기를 잡는 데에 기술을 얻었다. 이상은 모두 천하에 이름 높은 사람들이다.)

⑬ 위국 마균은, 지남거를 짓고, 전국 때 임공자는, 백근 되는 낚시를 지으니라

	①광천1575 / ②대천(16C중엽?)	③석천1583 / ④칠천1661	⑤영천1700 / ⑥송천1730	⑦杳千1862/完千1905 / ⑧박천1917	⑨사천1937/1945 / ⑩중천1948	⑪주천중간1804 / ⑫삼천1935	⑬세천1956
釋	그를 셕	그릴 셕		노흘 셕/노을 셕	놀 셕/노을 셕	풀 셕, 노흘 셕, 훈셕 셕	놓을 셕
	그르 셕	그릴 셕	그릴 셕	노흘 셕/トク セキ	놀 셕	トキ(토키-풀이) シャク(샤쿠-석)	
紛	어즈러울 분	어즈러울 분		어지려울 분/이기러울 분	어지러울 분/어즈러울 분	어즈러울 분	어지러울 분
	어즈러울 분	어즈리울 분	이즈리울 분	어즈러울 분/マギル フン	어지러을 분	ミダレタルヲ(미다레타르오-어지러운 것을) フン(훈-분)	
利	늘카올 리	니흘 리		이로울 니	리할 리	리흘 리, 칼들 리	이할 리
	늘카올 리	니흘 리	니흘 리	리할 리/トシリ	리할 리	リス(리스-리하다) リ(리-리)	
俗	풍쇽 쇽	풍쇽 쇽		풍속 속	풍속 속	풍쇽 쇽, 야쇽 속	풍속 속
	쇽 쇽	풍쇽 쇽	픙쇽 쇽	풍속 속/ナラヒ ゾク	풍속 속	ゾクヲ(조쿠오-속을) ゾク(조쿠-속)	

⑧ 이상 팔인이 각ᄼ 재조를 다하야 어즈러움을 해석하야 풍속의 리롭게 하니라

⑨ 이상 팔인이 각ᄼ 직조를 다하야 어즈러움을 해석하야 풍속의 리롭게 하니라

⑩ 이상 팔인이 각々 재소를 다하야 어즈러움을 해석하야 풍속의 리롭게 하니라

⑪ 上文八子는 技術之巧가 固有長短得失이나 而要之皆能釋紛而利俗也라

⑫ 粉々と亂れたる事物を埋め解きて、世俗に種々の利益を興ふることに其の身を委ねたる人々は、

　　(어지러이 흐트러진 것을 풀어 세상에 여러 가지 이익을 일으키는 일에 그 몸을 맡긴 사람들,)

⑬ 이상 팔인이, 재주를 다하여, 어지러움을, 풀어 풍속에 이롭게 하니라

	①광천1575 ②대천(16C중엽?)	③석천1583 ④칠천1661	⑤영천1700 ⑥송천1730	⑦춘千1862/完千1905 ⑧박천1917	⑨사천1937/1945 ⑩중천1948	⑪주천중간1804 ⑫삼천1935	⑬세천1956
並	다믓 병	굴올 병		아울 병	아오를 병	아올 병, 굴올 병, 굴올 방, 동반 반	아 우를 병
	다믓 병	골올 병	굴올 병	아오를 병/ ナラブ ヘイ	아오를 병	ナラビニ(나라비니-아울러) ヘイ(헤이-병)	
皆	다 기	다 기		드 기	다 개	다 기	다 개
	다 기	다 기	다 기	다 개/ ミナ カイ	다 개	ミナ(미나-모두) カイ(카이-개)	
佳	됴홀 가	아름다올 가		아름다올 가/아름다올 マ	아름다올 가/아름다올 가	아름다올 가, 아름다올 개	아름다올 가
	아름다올가	아름다올 가	아름다올 가	아름다올 가/ ヨシ カ	아름다올 가	カ(카가) カ(카가)	
妙	미묫 묘	묘홀 묘		묘홀 묘	묘할 묘	묘홀 묘, 나 젹을 묘, 죠홀 묘	묘할 묘
	긔묫 묘	모홀 묘	묘홀 묘	묘할 묘/ タヘ メウ	묘할 묘	メウナリ(메우나리-묘하다) メウ(메우-묘)	

⑧ 아울나 다 아람다오며 묘하니라

⑨ 아울나 다 아람다오며 묘하니라

⑩ 아울나 다 아람다오며 묘하니라

⑪ 言其技術俱佳美也라

⑫ 並びに皆な其の藝術に達して佳妙の境に入るたるなり。(및 모든 그 예술에 통달하여 아름다운 경지에 들어간 것이다.)

⑬ 아우러, 다, 아름다우며, 묘하니라

235	①광천1575	③석천1583	⑤영천1700	⑦춘千1862/完千1905	⑨사천1937/1945	⑪주천중간1804	⑬세천1956
	②대천(16C중엽?)	④칠천1661	⑥송천1730	⑧박천1917	⑩중천1948	⑫삼천1935	
毛	터럭 모	터럭 모		터럭 모	털 모/터럭 모	터럭 모	터럭 모
	터럭 모	터럭 모	터럭 모	터럭 모/ケ マウ	털 모	マウ(마우-모)/マウ(마우-모)	
施	베플 시	베플 시		베플 시	베플 시	베플 시, 줄 시, 미츨 이	베플 시
	베플 시	베플 시	베플 시	베플 시/ホトコス シ	베플 시	シノ(시노-시의)/シ(시-시)	
淑	물글 슉	물글 슉		물글 슉/물글 숙	말글 슉	어딜 슉, 물글 숙	맑을 숙
	물글 슉	물글 슉	물글 슉	말을 슉/キヨシ シユク	말글 슉	キヨキ(키요키-맑은)/シュク(슈쿠-숙)	
姿	고올 ᄌᆞ	양ᄌᆞ ᄌᆞ		양ᄌᆞ ᄌᆞ	모양 자	ᄌᆞ틱 ᄌᆞ	모양 자
	ᄌᆞᆺ ᄌᆞ	양ᄌᆞ ᄌᆞ	양ᄌᆞ ᄌᆞ	모양 자/スガタ シ	모양 자	スガタ(수가타-모습)/シ(시-자)	

⑧ 모와 시에 말근 자태이니 모장과 서시난 다 녯 이[미]인이라

⑨ 모와 시에 말근 자태니 모장과 셔시난 녯 미인이라

⑩ 모와 시에 말근 자태니 모장과 셔시난 옛 미인이라

⑪ 毛嬙西施는 皆古之美女니 言其美姿絶世也라

⑫ 毛とは呉の毛吇のこと、施とは越の西施がことなり、此の二人は共に姿容優れて清らかなる美人にして (모(毛)라는 것은 오(呉)의 모타(毛吇), 시(施)라는 것은 서시(西施)이다. 이 두 사람은 자태와 용모가 뛰어나고 청초로운 미인으로서)

⑬ 모와 시는 모양이 맑으니, 이, 두 사람은 옛날 유명한, 미인이니라

	①광천1575	③석천1583	⑤영천1700	⑦杏千1862/完千1905	⑨사천1937/1945	⑪주천중간1804	⑬세천1956
236	②대천(16C중엽?)	④칠천1661	⑥송천1730	⑧박천1917	⑩중천1948	⑫삼천1935	
工	바지 공	바치 공		바치 공	장인 공	공교 공, 쟝인 공, 벼슬 공	장인 공
	바지 공	바지 공	바치 공	장인 공/タクミ コウ	장인 공	タクミニ(타쿠미니-능숙하게) コウ(코우-공)	
嚬	삥일 빙	삥긜 빈		징긜 빙/씽긜 빈	찡긜 빈/쯩길 빈	씽긜 빈, 우음 빈	찡 그릴 빈
	삥윌 빙	빙긜 빙	삥긜 빈	쯩그릴 빈/ヒソム ビン	찡긜 빈	ヒンシテ(힌시태-빈하고) ヒン(힌-빈)	
妍	나머글 연	고을 연		고을 년	고을 연/고흘 연	고을 연	고을 연
	나마글 □	고올 연	고을 연	고흘 연/カ ホ ヨ シ ケン	고을 연	アデニ(아데니-곱게) ケン(켄-연)	
笑	우음 쇼	우음 쇼		우음 쇼/우슴 쇼	우슴 쇼	우음 쇼	웃음 소
	우움 쇼	우움 쇼	우움 쇼	우슴 소/ワラフ セウ	□슴 쇼	ウルハシ(우르와시-아름다움) ビ(비-미)	

⑧ 공교하게 씽그리며 곱게 웃으니 절세미인이 씽기고 웃난 거시 다 아름다옴니라

⑨ 공교하계 씽기고 곱게 우스니 절셰미인이 씽기고 웃는거시 다 아름다오니라

⑩ 공교히게 씽기고 곤곱게 우스니 절세미인이 씽기고 웃는거시 다 아름다오니라

⑪ 美姿絶世라 故로 愁而嚬하고 喜而笑에 皆美라

⑫ 殊に西施の嚬とて、眉をしわめて悩める様をなし、巧みに艶なる、又毛㜷が笑を含みたる妍やかさ、共に見るものをして恍惚たらしめしなり。(특히 서시(西施)는 눈썹을 찌푸리고 고민스러워하는 모습을 지으며 교묘하게 요염하다. 또 모타(毛㜷)가 웃음을 머금은 단아함, 모두 보는 사람으로 하여금 황홀하게 한다.)

⑬ 공교하게, 씽기고, 곱게 우스니, 절세미인이 씽기고, 웃는 것이, 다 아름다우니라

237	①광천1575 ②대천(16C중엽?)	③석천1583 ④칠천1661	⑤영천1700 ⑥송천1730	⑦杏千1862/完千1905 ⑧박천1917	⑨사천1937/1945 ⑩중천1948	⑪주천중간1804 ⑫삼천1935	⑬세천1956
年	히 년	히 년		히 년	해 년	히 년	해 년
	히 년	히 년	히 년	햇 연/トシネン	해 년	ネン(넨-년)/ネン(넨-년)	
矢	살 시	살 시		슬 시	살 시	살 시, 베플 시, 밍셔 시, 쏭 시	살 시
	살 시	살 시	살 시	살 시/ヤシ	살 시	シ(시-시)/シ(시-시)	
每	니으 미	미양 미		미양 미	미양 매/매양 매	미양 미, 아름다올 미	매양 매
	미슴 미	미양 미	미양 미	매양 매/オノオノ マイ	미양 매	ツネニ(츠네니-늘)/マイ(마이-매)	
催	뵈알 최	뵈알 최		직족 최	재촉 최	빈알 최	재촉 최
	봐알 최	뵈얄 죄	뵈알 최	재촉 최/モヨホス サイ	재촉 최	セマリ(세마리-재촉하다)/サイ(사이-최)	

⑧ 해난 살 갓치 매양 재촉하니
⑨ 해는 살 갓치 매양 재촉하니
⑩ 해는 살 갓치 매양 개촉하니
⑪ 歲色如箭하여 每相催迫也라
⑫ 年矢とは、年月のことにて、光陰は矢の如く、時々刻々にうつり往きてまた還らざれど (연시(年矢)라는 것은 연월(年月)의 것이며, 광음(光陰)은 화살과 같이, 시시각각으로 움직여 가고 또 돌아오지 않아도)
⑬ 해는, 살같이, 매양 재촉하니라

238	①광천1575	③석천1583	⑤영천1700	⑦츰千1862/完千1905	⑨사천1937/1945	⑪주천중간1804	⑬세천1956
	②대천(16C중엽?)	④칠천1661	⑥송천1730	⑧박천1917	⑩중천1948	⑫삼천1935	
義	힛귀 희	힛귀 희		히씌 희(曦)	복희 희/복히 희	희화 희, 복희 희	복희 희
	희하 희	힛귀 희	힛귀 희	복히 희/ヒノヒカリ 키	복희 희	キ(키-희)/キ(키-희)	
暉	힛귀 휘	힛귀 휘		히씌 휘	날빗 휘	희빗 휘	날빛 휘
	히쉬 휘	힛귀 휘	힛귀 휘	달빗 휘/ヒノヒカリ 키	날빗 휘	キ(키-휘)/キ(키-휘)	
朗	물글 랑	물글 랑		불글 랑	발글 낭/발글 랑	불글 랑	밝을 랑
	믈글 랑	물글 랑	물글 랑	밝을 랑/ホガラカ ラウ	발글 낭	ラウ(라우-랑)/ラウ(라우-랑)	
曜	빗날 요	비췰 요		비날 요	빗날 요	비췰 요, 히빗 요	빛날 요
	빗날 요	비췰 요	비췰 요	빗날 요/カガヤク エウ	빗날 요	エウ(에우-요)/エウ(에우-요)	

⑧ 희교[화]의 날빗치 밝으며 빗나니 희화난 당우 째 책력 맛흔 관원이라

⑨ 희화의 날빗치 밝으며 빗나니 희화는 당우 썬 쳐력 맛흔 관원이라

⑩ 희화의 날빗치 밝으며 빗나니 희화는 당우 때 책력 맛흔 관원이라

⑪ 義和는 唐虞主曆日之官이라 故로 謂日爲義暉也니 言日光明照하고 運行不息也라

⑫ 日乃ち太陽は照りかがやきて、月は光り朗らかに、萬物其の惠みを受くることは變りなきなり。

　(해 즉 태양은 비추며 번쩍이고, 달은 밝게 비추며 만물 그 혜택을 받는 것은 변함없다.)

⑬ 희화의 날빛이, 밝으며 빛나니, 희화는 당우 때, 책력 맡은 관원이라

　義⇔曦

239	①광천1575 / ②대천(16C중엽?)	③석천1583 / ④칠천1661	⑤영천1700 / ⑥송천1730	⑦츈千1862/完千1905 / ⑧박천1917	⑨사천1937/1945 / ⑩중천1948	⑪주천중간1804 / ⑫삼천1935	⑬세천1956
璇	구슬 션	구슬 션		구슬 션	구슬 션	구슬 션	구슬 션
	구슬 션(旋)	구슬 션	구슬 션	구슬 션 / タマ セン	구슬 션	セン(셴-선) / セン(셴-선)(旋)	
璣	구슬 긔	구슬 긔		구슬 긔	구슬 긔	션긔 긔, 구슬 긔	구슬 기
	구슬 긔	구슬 긔	구슬 긔	구슬 긔 / タマ キ	구슬 긔	キ(키-기) / キ(키-기)	
懸	들 현	들 현		달 현	달 현	들 현, 싼허질 현	달 현
	들 현	들 현	들 현	달 현 / カク ゲン	달 현	カカリ(카카리-달다) / ケン(켄-현)	
斡	웃듬 간	돌 알		돌 알	돌 알	돌 관, 돌 알	돌 알
	웃쓸 간	돌 알	돌 알	돌 알 / メグル アツ	돌 알	メグリ(메구리-돌다) / アツ(아츠-알)	

⑧ 구슬로 긔계를 맨다러 하날이 모든 형상으로 된 거시니 즉 션긔옥형이라

⑨ 구슬로 긔계를 만드러 하날에 모든 형상으로 된 거시니 즉 션긔옥형이라

⑩ 구슬로 긔계을 만드러 하날에 모든 형상으로 된 거시니 즉 션긔옥형이라

⑪ 璣는 機也니 以璿飾璣하여 懸布斡旋하니 象天之轉也라

⑫ 璇璣とは、渾天璣のことにして、天文を窺ひ見る器械なり、懸斡とは、高きにがかりめぐること、(선기(璇璣)라는 것은 혼천기(渾天璣)를 말하는 것으로서, 천문(天文)을 살펴보는 기계이며, 현알(懸斡)이라는 것은 높이 걸어 둘러싼 것)

⑬ 구슬로, 기계를, 만드러 하늘에 모든 형상으로 된 것이니, 즉 션긔옥경[형]이라

　旋⇔璿

240	①광천1575 ②대천(16C중엽?)	③석천1583 ④칠천1661	⑤영천1700 ⑥송천1730	⑦杏千1862/完千1905 ⑧박천1917	⑨사천1937/1945 ⑩중천1948	⑪주천중간1804 ⑫삼천1935	⑬세천1956
晦	그믐 회	그믐 회	그몸 회	그음 회	금음 회	그믐 회, 어두을 회	그믐 회
	그믐 회	그믐 회	그믐 회	금음 회/ クラシ クワイ	금음 회	クワイ(쿠와이-회) クワイ(쿠와이-회)	
魄	넉 빅	넉 빅	넉 빅	넉 빅	넉 백/넉 빅	들정긔 빅, 넉 빅, 직강 박, 락박 박	넋 혼
	넉 빅	넉 빅	넉 빅	넉 백/ タマシ ハク	넉 백	ハク(하쿠-백) ハク(하쿠-백)	
環	골히 환	골회 환	골회 환	고리 환	고리 환	둘올 환, 골히 환	고리 환
	골히 환	골히 휘ㄴ	골회 환	고리 환/ メグル クワン	고리 환	メグリ(메구리-돌다) クワン(쿠완-환)	
照	비일 죠	비췰 죠	비칠 죠	비칠 죠	빗칠 됴	비췰 죠	비칠 조
	비슬 죠	비칠 죠	비칠 조	빗칠 조/ テラス シヤウ	빗칠 됴	テラス(테라스-비추다) セウ(세우-조)	

⑧ 회백은 고리 갓치 빗쳐니 달이 금음이 되면 어둡고 초생이 되면 다시 밝은 고로 달을 회백이라 하니라

⑨ 회빅은 고리 갓치 비쳐니 달이 금음이면 어둡고 초싱이면 발근 고로 달을 회빅이라 하니라

⑩ 회백은 고라갓치 빗쳐니 달이 금음이면 어둡고 초생이면 발근 고로 달을 회백이라 하니라

⑪ 晦魄은 月影이 晦則明盡하고 朔則明蘇하며 望後生魄이니 言日往日來하여 循環照曜也라

⑫ 又晦は(つごもり)のこと、魄は月の體なり、すなはち日月が常に運行循環して天地間を照らすをいふなり。(또 회(晦)는 그믐을 말하고, 백(魄)은 달의 몸이다. 즉 일월(日月)이 늘 운행순환(運行循環)하면서 천지간(天地間)을 비추는 것을 말함이다. を照らすをいふなり。)

⑬ 회백이 고리 같이 빛이니, 회백은 달을 이름이라

241	①광천1575	③석천1583	⑤영천1700	⑦杏千1862/完千1905	⑨사천1937/1945	⑪주천중간1804	⑬세천1956
	②대천(16C중엽?)	④칠천1661	⑥송천1730	⑧박천1917	⑩중천1948	⑫삼천1935	
指	손가락 지	ᄀᆞᄅ칠 지	ᄀᆞᄅ칠 지	가ᄅ칠 지	가라칠 지	손가락 지, ᄀᆞᄅ칠 지	가르킬지
	가락 지	ᄀᆞᄅ칠 지	ᄀᆞᄅ칠 지	가라칠지/ユビ シ	가라칠 지	サシテ(사시테-가르치고) シ(시-지)	
薪	섭 신	섭 신	섭 신	셥 신	셥 신	섭 신	셥 신
	□ 신	섭 신	섭 신	셥 신/タキギ シン	셥 신	タキギヲ(타키기오-땔나무를) シン(신-신)	
脩	길 슈	닷실 슈	닷실 슈	닷글 슈	닥글 수/닥글 슈(修)	닥글 슈, 포육 슈, 길 슈, 어딜 슈	닦을 수(修)
	닷글 슈	닷실 슈	닷실 슈	닥글 수/オサムシウ修	닥글 수(修)	ナガク(나가쿠-오래) シウ(시우-수)	
祐	도을 우	복 우	복 우	복 우	복 우	도을 우	복 우
	복 우	복 우	복 우	복 우/サイハヒ イウ	복 우	ヤクス(야크수-태우다) グ(유-우)	

⑧ 섭흘 가라쳐 복을 닥그니 적션수복함이 불[븰] 일어남과 갓단 말이라

⑨ 섭을 가라쳐 복을 닥그니 적션쥬복함이 불 일어남과 갓단 말이다

⑩ 섭을 가리쳐 복을 닥그니 적션주복함이 불 일어남과 갓단 말이라

⑪ 積善修福은 可以指薪爲喩니 如薪盡火傳하여 永久不滅也라

⑫ 指薪とは、薪を指しくぶれば燃えて盡くることなきが如く、我人も行ひ正ふし道に乖かずして勉め勵めば世を終るまで安寧なるべく。(지신(指薪)이라는 것은 땔감(薪)을 넣어 태워 다함없는 것과 같이, 우리도 행실을 올바르게 도(道)에 어긋나지 않도록 힘써 다하면 세상을 마치는 날까지 안녕해질 것이다.)

⑬ 셥을 가르켜, 복을 닦으니, 적션쥬[쉬]복함이 불 일어남과, 같단 말이라

　脩⇔修

	①광천1575 ②대천(16C중엽?)	③석천1583 ④칠천1661	⑤영천1700 ⑥송천1730	⑦杏千1862/完千1905 ⑧박천1917	⑨사천1937/1945 ⑩중천1948	⑪주천중간1804 ⑫삼천1935	⑬세천1956
永	긴 영	길 영	길 영	진 영/질 영	길 영	길 영	길 영
	긴 영	길 영	길 영	길 영/ ナガシ エイ	길 영	ナガク(나가쿠-오래) エイ(에이-영)	
綏	편흘 유	편안 유	편안 유	편안 유	편안 유	편안 슈, 수뤼줄 슈, 관인 유	편안 유
	긴 유	편안 유	편안 유	편안 유/ ヤスシ スヰ	편안 유	ヤスクシテ(야스쿠시테-편안하게 해서) スヰ(수이-수)	
吉	멀 길	길흘 길	길흘 길	글흘 글/ 길흘 길	길할 길	길흘 길	길할 길
	멀 길	길흘 길	길흘 길	길할 길/ ヨシ キツ	길할 길	ヨロコビ(요로코비-기쁨) キツ(키츠-길)	
邵	힘쁠 쇼 (劭)	노폴 쇼	노폴 쇼	노폴 소	놉흘 쇼(劭)	놉흘 쇼(劭)	높을 소
	□□ 쇼(劭)	노폴 쇼	노폴 쇼	놉흘 소/ タカシ セウ	놉흘 쇼	ツトム(츠토무-높이다) セウ(세우-소)(劭)	

⑧ 영구히 편안하고 길함이 놉흐니라

⑨ 영구히 편안하고 길함이 놉으리라

⑩ 영구히 편안하고 길함이 놉흐리라

⑪ 如是면 則永以爲綏而吉祥自邵也라

⑫ 幸福を得て永く安らかなれば、心も樂しくして喜びて務めに服し得べきなり。(행복을 얻어 영원토록 편안해지면 마음도 즐거워 기뻐하며 임무를 다 할 수 있다.)

⑬ 영구이 편안하고 길함이 높으리라

劭 ⇒ 邵(邵)

243	①광천1575 ②대천(16C중엽?)	③석천1583 ④칠천1661	⑤영천1700 ⑥송천1730	⑦杏千1862/完千1905 ⑧박천1917	⑨사천1937/1945 ⑩중천1948	⑪주천중간1804 ⑫삼천1935	⑬세천1956
矩	고븐자 구	모날 구	모날 구	모날 구	법 구	모날 구	법 구
	□□□	모날 구	모날 구	법 구/ノリク	법 구	ハカリ(하카리-재다) キョ(쿄-구)	
步	거름 보	거름 보	거름 보	거음 보/거름 보	거름 보	거름 보, 보수 보, ㄴ ㄹ 보	거름 보
	거□□	거름 보	거름 보	거름 보/アユム ホ	거름 보	アユミテ(아유미테-걸어서) ホ(호-보)	
引	혈 인	혈 인	혈 인	써 인/쓸 인	잇끌 인/잇쓸 인	드릴 인, 길 인	이끌 인
	혈 인	혈 인	혈 인	잇쓸 인/ヒクイン	잇끌 인	ヒキ(히키-당기고) イン(인-인)	
領	목 령	깃 녕	깃 녕	옷깃 령/옷깃 영	옷깃 영	옷깃 령, 목 령, 거ㄴ릴 령, 바들 령	거ㄴ릴 영
	드랄 령	깃 녕	깃 녕	옷깃 령/エリ レイ	옷깃 엉	クビク(쿠비오-목을) レイ(레이-영)	

⑧ 거름을 법으로 하고 옷깃을 인도하니 보제 엄숙함이라

⑨ 거름을 법으로 하고 옷깃을 인도하니 보제 엄숙함이라

⑩ 거름을 법으로 하고 옷깃을 인도하니 보제 엄숙함이라

⑪ 矩步는 折旋中矩也요 引領은 猶絜領이니 言整齊衣衿也라

⑫ 道を行くには、一步も法に違はざるべく、領を上げて正しく步むべし。(길을 가는 데에는 한 걸음도 법에 어긋나서는 안 되며, 목을 들어 올려 바르게 걸어야 한다.)

⑬ 걸음을, 법으로 하고, 옷깃을, 인도하니, 위의가, 엄숙함이라

	①광천1575	③석천1583	⑤영천1700	⑦杏千1862/完千1905	⑨사천1937/1945	⑪주천중간1804	⑬세천1956
	②대천(16C중엽?)	④칠천1661	⑥송천1730	⑧박천1917	⑩중천1948	⑫삼천1935	
俯	구블 부	구블 부	구블 부	구블 부	굽흐릴 부	구블 부	굽으릴 부
	구블 부	구블 부	구블 부	굽흐릴 부/フス フ	굽흐릴 부	フシ(후시-부하고)/フ(후-부)	
仰	울월 앙	울얼 앙	울얼 앙	우령 앙/우러 앙	우럴 앙	울럴 앙, 미들 앙	우럴 앙
	울월 랑	울얼 앙	울얼 암	우럴 앙/アフグ ギヤウ	우럴 앙	アフグ(아우구-우러러보다)/ギャウ(갸우-앙)	
廊	힝낭 낭	힝낭 낭	힝낭 낭	흥낭 낭/힝낭 낭	행랑 랑	뎐 아래 집 랑	행랑 랑
	힝랑 ፡[랑]	힝낭 낭	힝낭 낭	행랑 랑/ワタドノ ラウ	행랑 랑	ラウ(라우-랑)/ラウ(라우-랑)	
廟	종묘 묘	종묘 묘	종묘 묘	ᄉ당 되/ᄉ당 묘	사당 묘	종묘 묘	사당 묘
	무덤 묘	종묘 묘	종묘 묘	사당 묘/ヤシロ ベウ	사당 묘	ベウニ(베우니-묘하게)/ベウ(베우-묘)	

⑧ 랑묘에서 부앙하니 랑묘난 종묘와 묘정이니 부앙은 주선하난 모양이라

⑨ 랑묘에셔 부앙한니 랑모난 종모와 묘정이니 부앙은 쥬선하는 모양이라

⑩ 랑묘에셔 부양하니 랑보난 종모와 묘정이니 부앙은 주선하는 모양이라

⑪ 俯仰은 猶周旋也라 廊은 宗廟之廊也니 古者有事에 必行於宗廟라 故로 謂朝廷爲廊廟라

⑫ 廊廓とは宮殿廓のことにて、斯る所にては出入に俯仰拜揖し、謹みて禮儀を守るべきものなるをいふ。(낭곽(廊郭)이라는 것은 궁전곽(宮殿郭)을 말하며, 이러한 곳에서는 출입에 부앙배읍(俯仰拜揖)하여 신중하게 예의를 지켜야 함을 말한다.)

⑬ 남묘에서, 부앙하니 남묘는, 종묘와 묘정이니, 부앙은, 주선하는 모양이라

245	①광천1575 / ②대천(16C중엽?)	③석천1583 / ④칠천1661	⑤영천1700 / ⑥송천1730	⑦츙千1862/完千1905 / ⑧박천1917	⑨사천1937/1945 / ⑩중천1948	⑪주천중간1804 / ⑫삼천1935	⑬세천1956
束	못 속	뭇쓸 속	뭇쓸 속	무글 속	묵글 속/묵글 속	묵글 속, 약속 속	묶을 속
	못 속	뭇쓸 속	뭇쓸 속	묵글 속/ツカル ソク	묵글 속	ソク(소쿠-속) ソク(소쿠-속)	
帶	씌 딕	씌 딕	씌 딕	뛰 딕/쎨 딕	띠대/쎠대	씌 딕, 쎨 딕	띠 대
	씌 딕	씌 딕	씌 딕	씌 대/オビ タイ	띠 대	タイ(타이-대) タイ(타이-대)	
矜	쟈랑 긍	쟈랑 긍	쟈랑 긍	ᄌ랑 긍	자랑 긍	닷글 긍, 슬플 긍, 쟈랑 긍, 창 근, 홀아비 관	자랑 긍
	금깅 슴	쟈랑 긍	쟈랑 긍	자랑 긍/オゴル キョウ	자랑 긍	カザリ(카자리-꾸미다) キン(킨-긍)	
莊	ᄲ밀 쟝	츰될 장	츰돌 쟝	ᄲ밀 즁	씩씩 장	싁싁홀 장, 거리 장, 뎐장 장	씩 씩 할 장
	ᄲ밀 장	츰될 장	츰딀 장	씩씩할 장/サカンナリ サウ	씩씩 장	カザリテ(카자리테-꾸며서) サウ(사우-장)	

⑧ 씌를 단속하고 싁ㅅ케 하니 조정이 잇서난 해대[태]하지 안니 함이라

⑨ 씌를 단속하야 공경하고 싁ㅅ하니 됴졍의 잇셔 해태하지 안니 하미라

⑩ 씌을 단속하야 공경하고 싁싁하니 됴졍의 잇셔 해태하지 안이 하미라

⑪ 束帶立於朝에 當矜持莊敬이요 不可懈也라

⑫ 束帶とは、衣冠束帶の略にして、官位に相應したる服裝を着けたるときは、其の容儀をかざり、坐作進退威儀を保つべきなり。(속대(束帶)라는 것은 의관속대(衣冠束帶)의 생략으로서, 관위에 상응하는 복장을 입을 때에는 그 얼굴과 모습(容儀)을 꾸미고 좌작진퇴위의(坐作進退威儀)를 지켜야 할 것이다.)

⑬ 띠를 단속하여, 공경하고, 씩씩하니, 조정에 있어 해태하지 아니함이라

| 246 | ①광천1575 | ③석천1583 | ⑤영천1700 | ⑦杏千1862/完千1905 | ⑨사천1937/1945 | ⑪주천중간1804 | ⑬세천1956 |
	②대천(16C중엽?)	④칠천1661	⑥송천1730	⑧박천1917	⑩중천1948	⑫삼천1935	
徘	머믈 빈	머믈 빈	머믈 빈	머믈 빈/돌 빈	배회 배/빈회 빈	머믈 빈	배회 배
	머믈 빈	머믈 빈	머믈 빈	배회 배/タチモトホル ハイ	배회 배	タチ(타치-서고) ハイ(하이-배)	
徊	머믈 회	머믈 회	머믈 회	머믈 회/돌 회	배회 회/빈회 회	머믈 회	배회 회
	머믈(?) 회	머믈 회	머믈 회	배회 회/タチモトホル クワイ	배회 회	ヤスラヒテ(야스라이테-머물며) クワイ(쿠와이-회)	
瞻	볼 첨	볼 첨	볼 첨	볼 첨	볼 첨	볼 첨	볼 첨
	볼 첨	볼 첨	볼 첨	볼 첨/ミル セン	볼 첨	ノゾミ(노조미-바라보고) セン(센-첨)	
眺	볼 됴	볼 됴	볼 됴	볼 조	볼 죠	볼 됴, 브랄 됴	볼 조
	볼 됴	볼 됴	볼 됴	볼 조/ノゾム チウ	볼 죠	ナガム(나가무-멀리보다) テウ(테우-조)	

⑧ 배회하며 첨조하니 이리 저리 거닐면서 보난 모양이라

⑨ 배회하며 첨죠하니 이리져리 거닐면서 보는 모양이라

⑩ 배회하며 첨죠하니 이리저리 건일면셔 보는 모양이라

⑪ 矜莊有素면 則徘徊之間에 可以聳動瞻眺니 詩曰 民具爾瞻이 是也라

⑫ 又徘徊とはゆきつもどりつすること、瞻眺とはながめ見ることなり。(또 배회(徘徊)라는 것은 가거나 돌아오거나 하는 것, 첨조(瞻眺)라는 것은 멀리 바라보는 것이다.)

⑬ 배회하며, 첨조하니, 이리 저리, 거닐면서, 보는 모양이라

	①광천1575	③석천1583	⑤영천1700	⑦杏千1862/完千1905	⑨사천1937/1945	⑪주천중간1804	⑬세천1956
247 / ②대천(16C중엽?)	④칠천1661	⑥송천1730	⑧박천1917	⑩중천1948	⑫삼천1935	
孤	외ᄅ올 고	외로올 고	외로올 고	외로올 고	외로울 고/외로올 고	외로울 고, 아비 업슬 고, 져ᄇ릴 고	외 로 올 고
	외ᄅ올 고 (고올열)	외로올 고	외로올 고	외로올 고/ミナシゴ コ	외로올 고	コ(코-고) コ(코-고)	
陋	더러울 루	더러울 루	더러울 루	더려울 누/더러울 누	더러울 누	좁을 루, 더러울 루	더 러 울 루
	더러올 루 (루올녈)	디리올 루	더더울 루	외로올 누/イヤシ ロウ	더러울 누	ロウニシテ(로우니시테-누하고) ロウ(로우-누)	
寡	홀어비 과	쟈글 과	쟈글 과	져글 과	젹을 과	젹을 과, 과부 과	적을 과
	홀아비 과	쟈글 과	쟈글 과	적을 과/スクナ クワ	젹을 과	スクナク(수쿠나쿠-적게) クワ(쿠와-과)	
聞	드늘 문	드를 문	드를 문	들을 문	드를 문	드를 문, 소문 문	들을 문
	든를 문	드를 문	드를 문	드를 문/キク ブン	드를 문	キケルコト(키케르코토-듣는 것) ブン(분-문)	

⑧ 고루하야 드른 거시 적으면

⑨ 고루하야 드른 거시 젹으며

⑩ 고루하야 드른 거시 젹으며

⑪ 學記曰 獨學無友면 則孤陋寡聞이라하니 是以로 貴在相觀而善이라

⑫ 孤陋とは、才智なく識量の狹きをいひ、寡聞とは、見聞のすくなきをいふ (고루(孤陋)라는 것은 재지(才智)없이 식량(識量)의 좁음을 말하며, 과문(寡聞)이라는 것은 보고 들은 것이 적음을 말한다.)

⑬ 고루하여, 들은 것이, 젹으며

248	①광천1575	③석천1583	⑤영천1700	⑦츙千1862/完千1905	⑨사천1937/1945	⑪주천중간1804	⑬세천1956
	②대천(16C중엽?)	④칠천1661	⑥송천1730	⑧박천1917	⑩중천1948	⑫삼천1935	
愚	어릴 우	어릴 우	어릴 우	어일 우	어릴 우	어릴 우	어리석을 우
	어릴 우	어릴 우	어릴 우	어릴 우/オロカ グ	어릴 우	グ(구-우) グ(구-우)	
蒙	니블 몽	니블 몽	니블 몽	어일 몽	어릴 몽	어릴 몽, 덥플 몽, 닙을 몽	어릴 몽
	니□ 몽	니블 몽	니블 몽	어일 몽/オサナシ モン	어릴 몽	モウト(모우토-몽) モウ(모우-몽)	
等	굴을 등	굴을 등	굴을 등	우딕 동	무리 등	マ즉 등, 무리 등, 기드릴 등, 추례 등	무리 등
	굴올 등	곧올 등	굴올 등	무리 등/ナド トウ	무리 등	ヒトシ(히토시-평등하다) トウ(토우-등)	
誚	꾸숑 쵸	구지즐 쵸	구지즐 쵸	구지칠 초	꾸지즐 초/꾸지즐 쵸	쑤지즐 쵸	꾸짖을 초
	말솜 쇼	구지즐 쵸	구지즐 쵸	쑤지즐 초/セムル セウ	꾸지즐 초	ウスソシリテ(우수소시리테-꾸짖고) セウ(세우-초)	

⑧ 어리석고 몽매한 무리를 쑤짓나니라

⑨ 어리셕고 몽매한 무리를 쑤짓나니라

⑩ 어리셕고 몽매한 무리을 쑤짓난이라

⑪ 獨學寡聞이면 則與愚迷蒙昧者로 同其譏焉이라

⑫ 己れは斯る器物なれば、無智文盲の輩と同じくそしり笑れんは期する所なりと、業者自身を謙遜せし句なり。(나는 이러한 기물(器物)이니, 무지문맹(無智文盲)의 소인배와 같음은 당연하다고 자기 자신을 겸손(謙遜)하게 하는 구(句)이다.)

⑬ 어리석고, 몽매한 무리를, 꾸짖느니라

249	①광천1575	③석천1583	⑤영천1700	⑦춈千1862/完千1905	⑨사천1937/1945	⑪주천중간1804	⑬세천1956
	②대천(16C중엽?)	④칠천1661	⑥송천1730	⑧박천1917	⑩중천1948	⑫삼천1935	
謂	니늘 위	니를 위	니을 위	일을 위/이을 위	닐을 위	닐을 위	이를 위
	더(?)길 위	니를 위	니를 위	일을 위/イフ イ	닐을 위	ㅟ(이-위) ㅟ(이-위)	
語	말슴 어	말슴 어	말슴 어	말씀 어/말심 어	말삼 어	말슴 어, 닐을 어	말슴 어
	말슴 어	말슴 어	말슴 어	말삼 어/カタル ゴ	말삼 어	ゴ(고-어) ゴ(고-어)	
助	도올 조	도올 조	도올 조	도을 조	도을 됴	도을 조	도올 조
	도올 조	도올 조	도올 조	도를 조/タスク ジョ	도을 됴	ジョト(죠토-조) ジョ(죠-조)	
者	놈 쟈	놈 쟈	늠 쟈	놈 즈	놈 쟈	놈 쟈, 어조ㅅ 쟈,	놈 쟈
	늠 쟈 / 쟈놈	놈 쟈	놈 쟈	놈 쟈/モノ シャ	늠 쟈	モノハ(모노와사람은) シャ(샤-자)	

⑧ 닐오대 어조라 하난 거슨 글자의 히[허]하게 쓰난 자와 실상으로 쓰난 거슬 말함니라

⑨ 어죠라 하난 거슨 글자의 허하게 쓴는 자와 실상으로 쓰는 거슬 말함니라

⑩ 어죠라 하난 거슨 글자의 허하게 쓰는 자와 실상으로 쓰는 거슬 말함이라

⑪ 文字有實有虛하니 虛字亦不可無라 其起結承接之際에 可以聯綴爲文者니 卽所謂語助辭也라

⑫ 語助とは、すべて文章には「たすけことば」といふものあり (어조(語助)라는 것은 모든 문장(文章)에는 '조자(助字)'라는 것이 있으며)

⑬ 어조사라 하는 것은, 글자의, 허하게 쓰는 자와, 실상으로, 쓰는 것을 말함이라

250	①광천1575	③석천1583	⑤영천1700	⑦杏千1862/完千1905	⑨사천1937/1945	⑪주천중간1804	⑬세천1956
	②대천(16C중엽?)	④칠천1661	⑥송천1730	⑧박천1917	⑩중천1948	⑫삼천1935	
焉	입겻 언	입겻 언	익겻 언	잇그 연/잇그 언	잇기 언	어조스 언, 졔비 연, 엇지 언	이끼 언
	언졍(?) 언 연경얼	입겻 언	입겻 언	잇기 언/ㄱ ㄱ[エ]ン	잇기 언	コレ(코레-이것) エン(엔-언)	
哉	입겻 지	입겻 지	익겻 지	잇그 지	잇기 재	어조스 지, 비릇슬 지	이끼 재
	입겻 지 저졋업	입겻 지	입겻 지	잇기 재/カナ サイ	잇기 재	カナ(카나-일까) サイ(사이-재)	
乎	온 호	온 호	온 호	은 호	온 호	온 호	온 호
	온 호	온 호	은 후	온 호/カ コ	은 호	ヤ(야-이어라) コ(코-호)	
也	입겻 야	입겻 야	입겻 야	잇그 야	잇기 야	입긔 야	이끼 야
	입곗 야	입겻 야	입겻 야	잇기 야/ナリ ヤ	□기 야	ナリ(나리-이다) ヤ(야-야)	

⑧ 언과 재와 호와 야니 이 제[네] 글자난 어조재[새]라 하나니라

⑨ 언과 재와 호와 야니 이 네 글자난 어죠사라 하나니라

⑩ 언과 재와 호와 야니 이 네 글자난 어죠사라 하나니라

⑪ 若焉若哉若乎若也는 是語辭니 而耶歟矣兮之屬이 皆其類也라

⑫ 其の數少なからざるも、中に就て常に最も多く用ひらるものは、焉、哉、乎、也の四字なり。

　(그 수가 적지 않은데, 그 가운데 늘 가장 많이 이용하는 것은 언(焉), 재(哉), 호(乎), 야(也) 4자(字)이다.)

⑬ 언과 재와 호와 야니 이 네 글자는, 어조사라 하나니라

═찾아보기═

나. 천자문 한자 음순 찾아보기

한자음	한자	자번	수록면
가	可	0187	557
가	家	0501	636
가	駕	0518	640
가	假	0577	655
가	稼	0655	674
가	軻	0674	679
가	嘉	0699	685
가	歌	0850	723
가	佳	0935	744
각	刻	0527	642
간	簡	0883	731
갈	竭	0251	573
갈	碣	0635	669
감	敢	0158	550
감	甘	0315	589
감	感	0558	650
감	鑑	0693	684
갑	甲	0445	622
강	岡	0048	522
강	薑	0064	526
강	羌	0120	540
강	絳	0783	706
강	糠	0816	714
강	康	0864	726
개	芥	0063	526
개	蓋	0145	547
개	改	0172	553
개	皆	0934	744
갱	更	0571	653
거	巨	0051	523
거	去	0317	590
거	據	0423	616
거	車	0517	640
거	鉅	0637	670
거	居	0730	693
거	渠	0753	699
거	擧	0855	724
건	建	0210	563

건	巾	0830	718
검	劍	0049	523
견	堅	0401	611
견	見	0723	691
견	遣	0748	697
결	結	0038	520
결	潔	0164	551
결	潔	0836	719
겸	謙	0686	682
경	景	0201	561
경	慶	0232	568
경	競	0240	570
경	敬	0248	572
경	竟	0304	586
경	京	0416	614
경	涇	0424	616
경	驚	0432	618
경	經	0488	632
경	卿	0496	634
경	輕	0520	640
경	傾	0552	648
계	啓	0444	621
계	階	0458	625
계	溪	0530	643
계	雞	0629	668
계	誡	0708	687
계	稽	0873	729
고	羔	0199	560
고	姑	0346	597
고	鼓	0453	624
고	藁	0482	631
고	稾	0482	631
고	高	0505	637
고	皐	0718	690
고	皋	0718	690
고	辜	0718	690
고	古	0738	695
고	故	0819	715
고	顧	0885	732
고	孤	0985	757
곡	谷	0217	565
곡	轂	0510	638

군	君	0244	571
군	群	0479	630
군	軍	0598	660
군	郡	0614	664
궁	宮	0425	617
궁	躬	0706	687
권	勸	0669	678
궐	闕	0052	523
궐	厥	0698	685
귀	歸	0127	542
귀	貴	0323	591
규	規	0368	602
균	鈞	0925	742
극	克	0205	562
극	極	0712	688
근	謹	0687	682
근	近	0715	689
근	根	0770	703
금	金	0041	521
금	禽	0435	619
금	琴	0918	740
급	及	0142	546
급	給	0502	636
긍	矜	0979	755
기	豈	0157	550
기	己	0183	556
기	器	0189	558
기	基	0300	585
기	氣	0358	600
기	旣	0473	629
기	綺	0553	649
기	起	0593	659
기	幾	0682	681
기	其	0702	686
기	譏	0707	687
기	機	0724	691
기	飢	0813	714
기	璣	0954	749
길	吉	0967	752
낙	落	0773	704
난	難	0191	558
남	男	0165	552

독	獨	0779	705
독	讀	0786	707
독	犢	0899	735
돈	敦	0675	679
돈	頓	0859	725
동	冬	0023	516
동	同	0357	600
동	動	0390	608
동	東	0413	614
동	洞	0639	670
동	桐	0766	702
두	杜	0481	631
득	得	0173	554
등	騰	0034	519
등	登	0307	587
등	等	0991	758
라	羅	0490	633
락	洛	0420	615
란	蘭	0266	577
랑	朗	0951	748
랑	廊	0975	754
래	來	0018	515
량	良	0168	552
량	量	0192	558
량	糧	0824	716
량	粮	0824	716
량	凉	0896	734
려	呂	0030	518
려	麗	0043	521
려	黎	0115	539
려	慮	0742	696
려	驢	0897	735
력	力	0252	573
력	歷	0756	699
련	連	0359	600
련	輦	0508	637
렬	烈	0164	551
렴	廉	0379	605
령	令	0296	584
령	靈	0440	620
령	聆	0689	683
령	領	0972	753

맹	盟	0584	656
맹	孟	0673	679
면	面	0419	615
면	緜	0643	671
면	勉	0701	686
면	眠	0842	721
멸	滅	0579	655
명	鳴	0129	543
명	名	0211	563
명	命	0256	574
명	明	0472	628
명	銘	0528	642
명	冥	0648	672
모	慕	0162	551
모	母	0343	596
모	貌	0694	684
모	毛	0937	745
목	木	0140	545
목	睦	0332	593
목	牧	0596	659
목	目	0790	708
몽	蒙	0990	758
묘	杳	0647	672
묘	畝	0660	675
묘	妙	0936	744
묘	廟	0976	754
무	無	0303	586
무	茂	0523	641
무	武	0559	650
무	務	0653	674
묵	墨	0193	559
묵	默	0734	694
문	文	0083	531
문	問	0107	537
문	門	0626	667
문	聞	0988	757
물	物	0398	610
물	勿	0564	651
미	靡	0181	556
미	美	0292	583
미	糜	0408	612
미	微	0541	646

봉	鳳	0130	543
봉	奉	0342	596
봉	封	0498	635
부	父	0242	571
부	夫	0333	594
부	婦	0335	594
부	傅	0339	595
부	浮	0421	616
부	府	0489	633
부	富	0516	639
부	阜	0540	645
부	扶	0551	648
부	俯	0973	754
분	分	0364	601
분	墳	0475	629
분	紛	0930	743
불	不	0275	579
불	弗	0375	604
비	悲	0194	559
비	非	0235	569
비	卑	0328	592
비	比	0351	598
비	匪	0383	606
비	飛	0431	618
비	肥	0519	640
비	碑	0526	642
비	枇	0761	701
빈	賓	0126	542
빈	嚬	0942	746
사	師	0074	529
사	四	0149	548
사	使	0186	557
사	絲	0195	559
사	事	0243	571
사	似	0265	577
사	斯	0267	577
사	思	0284	581
사	辭	0286	582
사	仕	0308	587
사	寫	0434	619
사	舍	0442	621
사	肆	0449	623

선	僊	0439	620
선	宣	0601	661
선	禪	0621	666
선	膳	0802	711
선	扇	0834	719
선	璇	0953	749
선	旋	0953	749
설	設	0451	623
설	說	0557	650
섭	攝	0309	588
성	成	0027	517
성	聖	0208	562
성	聲	0220	565
성	盛	0272	578
성	誠	0291	583
성	性	0385	607
성	星	0464	626
성	城	0632	668
성	省	0705	687
세	歲	0028	517
세	世	0513	639
세	稅	0665	677
소	所	0299	585
소	素	0676	679
소	疏	0722	691
소	逍	0743	696
소	霄	0784	706
소	少	0822	716
소	嘯	0920	740
소	笑	0944	746
소	邵	0968	752
소	劭	0968	752
소	邵	0968	752
속	屬	0797	710
속	續	0868	727
속	俗	0932	743
속	束	0977	755
손	飡	0803	711
솔	率	0125	542
송	松	0270	578
송	悚	0877	730
수	收	0022	516

신	神	0391	608
신	新	0668	677
신	薪	0962	751
실	實	0524	641
심	深	0258	575
심	甚	0302	586
심	心	0389	608
심	尋	0739	695
심	審	0887	732
아	兒	0352	598
아	雅	0403	611
아	阿	0535	644
아	我	0661	676
악	惡	0227	567
악	樂	0321	591
악	嶽	0617	665
안	安	0287	582
안	雁	0625	667
알	斡	0956	749
암	巖	0645	672
앙	仰	0974	754
애	愛	0113	539
야	夜	0055	524
야	野	0638	670
야	也	1000	760
약	若	0283	581
약	弱	0550	648
약	約	0587	657
약	躍	0902	736
양	陽	0032	518
양	讓	0091	533
양	養	0156	549
양	羊	0200	560
양	驤	0904	736
어	於	0651	673
어	魚	0678	680
어	飫	0810	713
어	御	0826	717
어	語	0994	759
언	言	0285	582
언	焉	0997	760
엄	嚴	0246	572

외	外	0337	595
외	畏	0796	709
요	寥	0736	694
요	遙	0744	696
요	飆	0776	704
요	要	0884	731
요	曜	0952	748
욕	欲	0190	558
욕	辱	0714	689
욕	浴	0892	733
용	容	0281	581
용	用	0597	660
용	庸	0684	681
우	宇	0005	512
우	羽	0071	528
우	虞	0094	534
우	優	0306	587
우	友	0362	601
우	右	0465	627
우	禹	0611	663
우	寓	0789	708
우	祐	0964	751
우	愚	0989	758
우	雨	0036	519
운	雲	0033	519
운	云	0623	666
운	運	0780	705
울	鬱	0428	617
원	遠	0642	671
원	園	0757	700
원	垣	0799	710
원	圓	0835	719
원	願	0895	734
월	月	0010	513
위	爲	0039	520
위	位	0090	533
위	渭	0422	616
위	魏	0574	654
위	威	0602	661
위	委	0771	703
위	謂	0993	759
유	有	0093	534

임	林	0717	690
임	任	0927	742
입	入	0341	596
자	字	0084	531
자	資	0241	571
자	子	0350	598
자	慈	0370	603
자	自	0407	612
자	紫	0627	667
자	茲	0654	674
자	姿	0940	745
자	者	0996	759
작	作	0207	562
작	爵	0406	612
작	適	0805	712
잠	潛	0070	528
잠	箴	0367	602
장	張	0016	514
장	藏	0024	516
장	章	0112	538
장	場	0136	544
장	長	0184	556
장	帳	0446	622
장	將	0491	633
장	墻	0800	710
장	牆	0800	710
장	腸	0808	712
장	莊	0980	755
재	在	0131	543
재	才	0167	552
재	載	0658	675
재	宰	0812	713
재	再	0875	729
재	哉	0998	760
적	績	0228	567
적	籍	0301	586
적	跡	0612	663
적	赤	0631	668
적	寂	0735	694
적	的	0755	699
적	續	0827	717
적	嫡	0865	727

조	照	0960	750
조	助	0995	759
족	足	0860	725
존	存	0313	589
존	尊	0327	592
종	終	0294	584
종	從	0311	588
종	鍾	0483	631
종	宗	0618	665
좌	坐	0105	537
좌	左	0469	628
좌	佐	0533	644
죄	罪	0100	535
주	洪	0006	512
주	珠	0053	524
주	周	0101	536
주	州	0610	663
주	主	0622	666
주	奏	0746	697
주	晝	0841	721
주	酒	0851	723
주	誅	0905	737
준	俊	0561	651
준	遵	0586	657
중	重	0062	526
중	中	0683	681
즉	則	0254	574
즉	即	0720	690
증	增	0710	688
증	蒸	0871	728
지	地	0002	511
지	知	0169	553
지	之	0271	578
지	止	0282	581
지	枝	0360	600
지	志	0395	609
지	持	0402	611
지	池	0634	669
지	祇	0703	686
지	紙	0924	741
지	指	0961	751
직	職	0310	588

초	楚	0570	653
초	招	0752	698
초	超	0903	736
초	誚	0992	758
촉	燭	0838	720
촌	寸	0237	570
총	寵	0709	688
최	最	0599	660
최	催	0948	747
추	秋	0021	516
추	推	0089	533
추	抽	0759	700
축	逐	0397	610
출	出	0046	522
출	黜	0671	678
충	忠	0253	574
충	充	0807	712
취	取	0279	580
취	吹	0455	624
취	聚	0478	630
취	翠	0764	701
측	昃	0012	513
측	惻	0372	603
치	致	0035	519
치	侈	0515	639
치	馳	0605	662
치	治	0649	673
치	恥	0716	689
칙	敕	0688	682
친	親	0817	715
칠	漆	0485	632
침	沈	0733	694
칭	稱	0054	524
탐	耽	0785	707
탕	湯	0104	536
태	殆	0713	689
택	宅	0538	645
토	土	0582	656
통	通	0466	627
퇴	退	0380	605
투	投	0363	601
특	特	0900	735